Quantenalgorithmen

Johannes A. Buchmann

Quantenalgorithmen

Eine Einführung

Springer Spektrum

Johannes A. Buchmann
Fachbereich Informatik
TU Darmstadt
Darmstadt, Hessen, Deutschland

ISBN 978-3-662-71176-7 ISBN 978-3-662-71177-4 (eBook)
https://doi.org/10.1007/978-3-662-71177-4

Die Deutsche Nationalbibliothek verzeichnet diese Publikation in der Deutschen Nationalbibliografie; detaillierte bibliografische Daten sind im Internet über https://portal.dnb.de abrufbar.

Springer Spektrum ist ein Imprint der eingetragenen Gesellschaft Springer-Verlag GmbH, DE und ist ein Teil von Springer Nature.
Die Anschrift der Gesellschaft ist: Heidelberger Platz 3, 14197 Berlin, Germany

Competing Interests Der/die Autor*in hat keine für den Inhalt dieses Manuskripts relevanten Interessenkonflikte.

Inhaltsverzeichnis

1 Einleitung ... 1

2 Klassische Berechnungen ... 9

2.1 Deterministische Algorithmen ... 9

2.1.1 Grundlagen ... 10

2.1.2 Datentypen ... 12

2.1.3 Variablen ... 13

2.1.4 Instruktionen ... 14

2.1.5 Definition deterministischer Algorithmen ... 19

2.1.6 Entscheidungsalgorithmen ... 24

2.1.7 Zeit- und Platzkomplexität ... 24

2.2 Probabilistische Algorithmen ... 27

2.2.1 Definition probabilistischer ... 27

2.2.2 Probabilistische Entscheidungsalgorithmen ... 32

2.3 Analyse probabilistischer Algorithmen ... 34

2.3.1 Ein diskreter Wahrscheinlichkeitsraum ... 34

2.3.2 Erfolgswahrscheinlichkeit ... 38

2.3.3 Erwartete Laufzeit ... 39

2.3.4 Erhöhung der Erfolgswahrscheinlichkeit ... 40

2.4 Komplexitätstheorie ... 44

2.4.1 Berechnungsprobleme ... 44

2.4.2 Komplexität von Berechnungsproblemen ... 45

2.4.3 Komplexitätsklassen ... 46

2.5 Das Schaltkreismodell ... 51

2.5.1 Logische Gatter ... 52

2.5.2 Boolesche Schaltkreise ... 52

2.5.3 Universelle Mengen von Gattern ... 55

2.6 Schaltkreisfamilien ... 58

2.6.1 Uniforme Schaltkreisfamilien ... 60

2.6.2 Schaltkreiskomplexität ... 61
2.7 Reversible Schaltkreise ... 62
2.7.1 Grundlagen ... 62
2.7.2 Konstruktion von reversiblen Schaltkreisen ... 65
2.7.3 Universalität reversibler Schaltkreise ... 66

3 Hilberträume ... 73
3.1 Kets und Zustandsräume ... 74
3.1.1 Kets ... 74
3.1.2 Zustandsräume ... 74
3.1.3 Vektordarstellungen ... 76
3.2 Innere Produkte ... 77
3.2.1 Grundlagen ... 77
3.2.2 Konstruktion von inneren Produkten ... 79
3.2.3 Bras ... 81
3.2.4 Hilberträume ... 82
3.2.5 Norm ... 83
3.2.6 Orthogonalität ... 86
3.2.7 Orthogonale Komplemente ... 90
3.3 Lineare Abbildungen ... 91
3.3.1 Matrixdarstellung ... 91
3.3.2 Adjungierte ... 94
3.3.3 Hilbert-Schmidt-Skalarprodukt ... 97
3.4 Endomorphismen ... 98
3.4.1 Grundlagen ... 98
3.4.2 Hermitesche Matrizen und Operatoren ... 101
3.4.3 Unitäre Matrizen und Operatoren ... 102
3.4.4 Äußere Produkte ... 104
3.4.5 Projektionen ... 107
3.4.6 Schur-Zerlegung ... 110
3.4.7 Spektralsatz ... 113
3.4.8 Definite Operatoren und Matrizen ... 119
3.4.9 Singulärwertzerlegung ... 120
3.4.10 Funktionen von Operatoren ... 123
3.5 Tensorprodukte ... 125
3.5.1 Grundlagen und Bezeichnungen ... 126
3.5.2 Inneres Produkt ... 128
3.5.3 Zustandsräume als Tensorprodukte ... 129
3.5.4 Homomorphismen ... 130
3.5.5 Endomorphismen ... 131
3.5.6 Schmidt-Zerlegungssatz ... 133

4 Quantenmechanik 137
4.1 Zustandsräume 138
4.1.1 Zustandsraum-Postulat 138
4.1.2 Quantenbits 139
4.1.3 Sphärische Koordinaten 140
4.1.4 Bloch-Kugel 143
4.1.5 Quantenregister 147
4.2 Zustandsräume zusammengesetzter Quantenysteme 149
4.2.1 Zusammengesetzte-Systeme-Postulat 149
4.2.2 Verschränkte Zustände 149
4.3 Evolution 150
4.3.1 Evolutionspostulat 150
4.3.2 Quantengatter 151
4.3.3 Komposition von Operatoren 153
4.3.4 Quantenschaltkreise 154
4.4 Messungen 156
4.4.1 Messpostulat 156
4.4.2 Messung von Quantensystemen in einer orthonormalen Basis 158
4.4.3 Partielle Messungen 161
4.5 Dichteoperatoren 163
4.5.1 Definition 163
4.5.2 Gemischte Zustände und Dichteoperatoren 166
4.6 Die Quantenpostulate für gemischte Zustände 172
4.6.1 Zustandsraum-Postulat 172
4.6.2 Evolutionspostulat 173
4.6.3 Messpostulat 174
4.6.4 Die Beschreibungen durch Zustandsvektoren und Dichteoperatoren sind äquivalent 176
4.7 Partielle Spur und reduzierte Dichteoperatoren 177
4.7.1 Die partielle Spur auf $\mathbb{H}_{AB}$ 178
4.7.2 Herausspuren von Teilsystemen 180

5 Die Theorie der Quantenalgorithmen 185
5.1 Einfache Ein-Qubit-Operatoren 186
5.1.1 Identitätsgatter 186
5.1.2 Pauli-Gatter 186
5.1.3 Hadamard-Gatter 188
5.2 Mehr Geometrie in $\mathbb{R}^3$ 189
5.2.1 Allgemeine sphärische Koordinaten 189
5.2.2 Rotationen 195

5.2.3 Zerlegung von Rotationen ... 201
5.3 Rotationsoperatoren ... 206
5.3.1 Grundlagen ... 206
5.3.2 Gruppe der Rotationsoperatoren ... 208
5.3.3 Rotationsoperatoren und Rotationen auf der Bloch-Kugel ... 211
5.3.4 Zerlegung von Rotationsoperatoren ... 214
5.3.5 Phasenverschiebungsgatter ... 216
5.4 Kontrollierte Operatoren ... 217
5.4.1 Kontrollierte NOT-Gatter ... 218
5.4.2 Kontrollierte U-Operatoren ... 220
5.4.3 Allgemeine kontrollierte Operatoren ... 222
5.4.4 Quanten-Toffoli-Gatter ... 224
5.4.5 $C^k(U)$-Operatoren ... 224
5.4.6 Transpositionsoperatoren ... 225
5.5 Swap- und Permutationsoperatoren ... 226
5.6 Ancilla- und Löschgatter ... 227
5.7 Quantenschaltkreise neu betrachtet ... 229
5.8 Implementierung kontrollierter Operatoren ... 233
5.8.1 Implementierung von $C^1(U)$-Operatoren ... 233
5.8.2 Implementierung von $C^2(U)$-Operatoren ... 233
5.8.3 Implementierung allgemeiner kontrollierter Operatoren ... 235
5.9 Universelle Mengen von Quantengattern ... 239
5.9.1 Grundlagen ... 239
5.9.2 Zwei-Ebenen-Operatoren ... 242
5.9.3 Eine weitere perfekt universelle Menge von Quantengattern ... 245
5.9.4 Eine universelle Menge von Quantengattern ... 248
5.9.5 Effizienz der Approximation ... 256
5.10 Quantenalgorithmen und Quantenkomplexität ... 257
5.10.1 Quantenalgorithmen ... 257
5.10.2 Quantenberechnungsplattform ... 259
5.10.3 Implementierung von $C^1(U)$ ... 261
5.10.4 Zeit- und Platzkomplexität ... 262
5.10.5 Quanten-Komplexitätsklassen ... 263

6 Die Algorithmen von Deutsch und Simon ... 265
6.1 Deutsch-Algorithmus ... 266
6.1.1 Klassisches Problem ... 266
6.1.2 Quanten-Version und ihre Lösung ... 267
6.1.3 Orakel-Komplexität ... 269
6.2 Deutsch-Jozsa-Algorithmus ... 270
6.2.1 Klassisches Problem ... 270

6.2.2 Quantenversion und ihre Lösung ... 271
6.3 Simons Algorithmus ... 274
6.3.1 Klassisches Problem ... 274
6.3.2 Die Quanten-Version und ihre Lösung ... 275
6.4 Verallgemeinerung von Simons Algorithmus ... 281

7 Die Algorithmen von Shor ... 285
7.1 Idee des Faktorisierungsalgorithmus ... 286
7.2 Die diskrete Fourier-Transformation ... 287
7.3 Die Quanten-Fourier-Transformation ... 289
7.3.1 Motivation und Definition ... 290
7.3.2 Schaltkreise für QFT_n und QFT_n^{-1} ... 293
7.4 Quanten-Phasenschätzung ... 297
7.5 Ordnungsbestimmung ... 303
7.5.1 Problem ... 303
7.5.2 Operator U_c ... 304
7.5.3 Algorithmus ... 306
7.5.4 Modulare Exponentiation ... 310
7.6 Faktorisierung ganzer Zahlen ... 315
7.7 Berechnung diskreter Logarithmen ... 319
7.7.1 DL-Problem in $\mathbb{Z}_N^*$ ... 319
7.7.2 Diskrete Logarithmen in anderen Gruppen ... 323
7.8 Relevanz für die Kryptografie ... 323
7.9 Verborgene-Untergruppe-Probleme ... 324
7.9.1 Problem ... 324
7.9.2 Verborgene-Untergruppe-Versionen der Deutsch- und Simon-Probleme ... 325
7.9.3 Verborgene-Untergruppe-Version des Ordnungsproblems ... 326
7.9.4 Verborgene-Untergruppe-Version des Diskrete-Logarithmen-Problems ... 326

8 Quanten-Suche und Quanten-Zählen ... 329
8.1 Quanten-Suche ... 330
8.1.1 Klassisches Suchproblem ... 330
8.1.2 Grover-Suchalgorithmus für eine bekannte Anzahl von Lösungen ... 331
8.1.3 Grover-Iterator ... 333
8.1.4 Implementierung des Grover-Iterators ... 337
8.1.5 Analyse des Suchalgorithmus für eine bekannte Anzahl von Lösungen ... 340
8.1.6 Grover-Suchalgorithmus für Suchprobleme mit unbekannter Anzahl von Lösungen ... 342

8.1.7 Fall $M = 0$ ... 345
8.2 Quanten-Zählalgorithmen ... 345
8.2.1 Implementierung des kontrollierten Grover-Iterators ... 346
8.2.2 Approximativer Quanten-Zählalgorithmus ... 346
8.2.3 Quanten-Zählalgorithmus mit vorgegebenem Fehler ... 350
8.2.4 Exaktes Zählen ... 353

9 Der HHL-Algorithmus ... 355
9.1 Problem ... 355
9.2 Überblick ... 357
9.3 Analyse und Anwendungen ... 360

A Grundlagen ... 363

Lineare Algebra ... 395

Wahrscheinlichkeitstheorie ... 441

Lösungen ausgewählter Übungen ... 447

Literatur ... 461

Stichwortverzeichnis ... 465

Einleitung

1

Quantencomputer und Quantenalgorithmen

Computeralgorithmen sind in sämtlichen Bereichen der Gesellschaft, Wirtschaft, Wissenschaft und Technik unverzichtbar geworden. Der Umfang und die Komplexität der Probleme, die mithilfe von Computern gelöst werden sollen, nehmen stetig zu und damit auch die Nachfrage nach Rechenleistung. Seit vielen Jahrzehnten ermöglicht das Mooresche Gesetz ein exponentielles Wachstum der Computerressourcen. Allerdings deutet sich an, dass aufgrund von physikalischen Gesetzen eine Fortsetzung dieses Trends infrage gestellt ist. Um dieser Herausforderung zu begegnen, sind innovative Lösungsansätze unerlässlich. Neue Computerarchitekturen und entsprechende Algorithmen, die klassischen Systemen deutlich überlegen sind, könnten die Informatik revolutionieren und die Möglichkeit eröffnen, bisher unlösbare Probleme in Angriff zu nehmen.

Ein solches innovatives Konzept ist der Quantencomputer, der die Prinzipien der Quantenmechanik nutzt. Während in der klassischen Informationsverarbeitung Bits entweder den Wert „0" oder „1" haben, können Quantenbits oder Qubits als Überlagerungen dieser beiden Werte existieren. Diese Eigenschaft ermöglicht es Quantenregistern mit mehreren Qubits, exponentiell mehr Informationen zu speichern und zu verarbeiten als klassische Register mit einer entsprechenden Anzahl von Bits. Wie in diesem Buch gezeigt, stellt die Nutzung dieser Eigenschaft von Quantencomputern jedoch eine erhebliche Herausforderung dar.

Das Konzept des Quantencomputers nahm Anfang der 1980er Jahre dank der visionären Arbeit mehrerer Forscher Gestalt an. Der Mathematiker und Physiker Yuri Manin [Man80], [Man99] untersuchte, ob Computer, die auf den Prinzipien der Quantenmechanik beruhen, die Church-Turing-These herausfordern und die Fähigkeiten von Turing-Maschinen übertreffen können. Der Physiker Paul Benioff [Ben80] schlug das Modell einer Quanten-Turing-Maschine vor und legte damit die theoretischen Grundlagen für Quantenalgorithmen.

J. A. Buchmann, *Quantenalgorithmen*,
https://doi.org/10.1007/978-3-662-71177-4_1

Der Physik-Nobelpreisträger Richard Feynman [Fey82] erkannte das enorme Potenzial von Quantencomputern, physikalische Experimente mit quantenmechanischen Effekten effizient zu simulieren.

1994 wurden Quantenalgorithmen weltweit bekannt, als Peter Shor [Sho94] seine Arbeit über Quanten-Polynomzeitalgorithmen zur Faktorisierung ganzer Zahlen und Berechnung diskreter Logarithmen vorstellte. Shors Arbeit alarmierte die Welt, weil sie zeigte, dass fast die gesamte Public-Key-Kryptografie, eine der wichtigen Säulen der Cybersicherheit, durch Quantencomputer angreifbar ist. Ein weiterer früher und viel beachteter Quantenalgorithmus stammt von Lov Grover [Gro96]. Dieser Algorithmus bietet eine quadratische Beschleunigung für unstrukturierte Suchprobleme und weckte großes Interesse, da er ein sehr generisches Problem löst und daher viele potenzielle Anwendungen hat.

In den Jahrzehnten nach diesen frühen Entwicklungen wurden weitere Quantenalgorithmen entdeckt. Ein Beispiel dafür ist der HHL-Algorithmus [HHL09], der verwendet werden kann, um Eigenschaften von Lösungen großer, dünn besetzter linearer Gleichungssysteme zu finden. Dieser Algorithmus bietet eine exponentielle Beschleunigung im Vergleich zu klassischen Lösungsverfahren wie der Gauß-Elimination. Da die lineare Algebra eines der wichtigsten Werkzeuge in allen Bereichen der Wissenschaft und Technik ist, hat der HHL-Algorithmus vielfältige Anwendungen. Dazu gehört auch das maschinelle Lernen, das heute eine der bedeutendsten Techniken in der Informatik darstellt.

Dieser Fortschritt darf jedoch nicht darüber hinwegtäuschen, dass die Entwicklung neuer Quantenalgorithmen eine große Herausforderung darstellt. Manchmal wird der Eindruck erweckt, Quantencomputer könnten einfach alle Berechnungen parallelisieren und damit erheblich beschleunigen. Dies ist jedoch nicht der Fall. Tatsächlich erfordert jeder neue Quantenalgorithmus eine neue, originelle Idee. Derzeit können solche Algorithmen nur die Lösung einiger Berechnungsprobleme beschleunigen, und nur wenige davon führen zu einer exponentiellen Geschwindigkeitssteigerung.

Dieses Buch gibt eine Einführung in die Algorithmen für universelle, gatterbasierte Quantencomputer. Daneben gibt es auch Quantenannealer und Quantensimulatoren. Quantenannealer nutzen Annealing-Techniken, um Optimierungsprobleme zu lösen, indem sie den Zustand mit der niedrigsten Energie eines physikalischen Systems finden. Quantensimulatoren dienen der Simulation von Quantensystemen und der Untersuchung von Quantenphänomenen. In diesem Buch liegt jedoch der Schwerpunkt auf universellen Quantencomputern, da diese aufgrund ihrer Vielseitigkeit aus der Sicht der Informatik am interessantesten sind.

Das Ziel des Buches

Dieses Buch führt in die Theorie der Quantenalgorithmen ein und stellt wichtige Quantenalgorithmen wie die Shor-Algorithmen zur Faktorisierung und Berechnung diskreter Logarithmen und den Grover-Suchalgorithmus vor. Das Buch vermittelt auch die Grundlagen der Informatik, Mathematik und Physik, die für das Verständnis von Quantenalgorithmen notwendig sind. Es eignet sich daher für alle Leser:innen, die ein fundiertes Verständnis von Quantenalgorithmen entwickeln wollen, aber vielleicht nicht über alle notwendigen

Vorkenntnisse verfügen. Leser:innen können ihr Wissen im Bereich Algorithmen und Komplexitätstheorie durch das Studium von Kap. 2 erweitern. Ebenso können diejenigen, denen bestimmte Kenntnisse in den Bereichen der linearen Algebra, Algebra oder Wahrscheinlichkeitstheorie fehlen, diese Lücken im Kap. 3 und im Anhang schließen. Darüber hinaus vermittelt das Kap. 4 die Grundkenntnisse im Bereich der Quantenphysik, die für das Verständnis der folgenden Kapitel notwendig sind.

Da in diesem Buch alle Grundlagen ausführlich behandelt werden, ist es möglich, dass einige Leser:innen bereits über Kenntnisse verfügen, die in den einführenden Kapiteln behandelt werden. Aber auch sie werden in den einführenden Kapiteln neue und wichtige Informationen finden, die für das Verständnis von Quantenalgorithmen unerlässlich sind. So bietet das Kap. 2 eine Einführung in die Theorie reversibler Schaltkreise, die in der Informatikausbildung normalerweise nicht vorkommt. Das Kap. 3 führt die Dirac-Notation ein, die häufig von Physiker:innen, aber weniger von Mathematiker:innen verwendet wird. Kap. 4 erweitert das Verständnis von Physiker:innen, indem es die Postulate der Quantenmechanik auf Quantengatter und Quantenschaltkreise anwendet. Daher empfehle ich auch denjenigen, die bereits über Vorkenntnisse verfügen, die einführenden Kapitel zu lesen, um sich mit der im Buch verwendeten Notation vertraut zu machen und die für sie neuen Inhalte zu erlernen.

Die Struktur des Buches

Wie beschrieben, machen die ersten drei Kapitel die Leser:innen mit den Grundlagen aus Informatik, Mathematik und Physik vertraut, die sie für das Verständnis von Quantenalgorithmen benötigen.

Kap. 2 behandelt die Theorie klassischer Berechnungen, soweit sie für das Verständnis von Quantenalgorithmen notwendig ist. Das Kapitel beginnt mit der Theorie klassischer Algorithmen. Ein Schwerpunkt liegt auf probabilistischen Algorithmen und deren Komplexitätsanalyse. Quantenalgorithmen können nämlich als probabilistische Algorithmen mit Quantenschaltkreisen als Unterprogrammen betrachtet werden. Darum kann die Analyse probabilistischer Algorithmen leicht auf die Analyse von Quantenalgorithmen übertragen werden. Die anschließend vorgestellten klassischen Komplexitätsklassen dienen als Vorlage für die Definition von Quantenkomplexitätsklassen. Der zweite Teil des Kapitels ist den klassischen Booleschen Schaltkreisen gewidmet und insbesondere der Theorie reversibler Schaltkreise, die in Quantenschaltkreise übersetzt werden können. Das Kapitel zeigt, dass jede boolesche Funktion von einem booleschen Schaltkreis berechnet werden kann und behandelt sogenannte universelle Mengen klassischer Gatter sowie uniforme Schaltkreisfamilien und ihre Beziehung zu klassischen Algorithmen und deren Komplexität. Es wird auch gezeigt, dass jeder boolesche Schaltkreis in einen reversiblen Schaltkreis umgewandelt werden kann – ein wichtiges Ergebnis, das später verwendet wird, um zu zeigen, dass jede boolesche Funktion von einem Quantenschaltkreis berechnet werden kann.

Kap. 3 stellt die Theorie endlich-dimensionaler Hilberträume vor. Sie ist grundlegend für die die Modellierung der Physik, die für Quantenalgorithmen und die Formulierung der relevanten quantenmechanischen Postulate benötigt wird. Das Kapitel beginnt mit den notwendigen Grundlagen, einschließlich wichtiger Konzepte wie innere Produkte, Orthogonalität und lineare Abbildungen. Es führt auch den Zerlegungssatz von Schur ein, der im folgenden sehr wichtig wird. Im weiteren Verlauf macht das Kapitel die Leser:innen mit Hermiteschen, unitären, normalen und anderen für die Quantenmechanik wichtigen Operatoren vertraut. Von besonderer Bedeutung ist der Spektralsatz und seine Konsequenzen, die wichtige Eigenschaften dieser Operatoren zeigen. Außerdem befasst sich das Kapitel mit Tensorprodukten endlich-dimensionaler Hilberträume, die für die Modellierung von Quantenalgorithmen eine entscheidende Rolle spielen. In diesem Zusammenhang wird auch der Schmidtsche Zerlegungssatz behandelt, der es erlaubt, verschränkte Quantensystemen zu charakterisieren.

Kap. 4 behandelt die Grundlagen der Quantenmechanik, die für das Verständnis von Quantenalgorithmen notwendig sind, insbesondere die relevanten quantenmechanischen Postulate. Um deren Bedeutung für Quantenalgorithmen zu verdeutlichen, werden sie angewendet, um grundlegende Konzepte wie Quantenbits, Quantenregister, Quantengatter und Quantenschaltkreise einzuführen. Einfache Beispiele für Quantenberechnungen sollen das Verständnis der Leser:innen weiter vertiefen. Darüber hinaus erläutere ich die geometrische Interpretation der Zustände von Quantenbits als Punkte auf der sogenannten Blochkugel und stelle eine alternative Beschreibung der Quantenmechanik mithilfe sogenannter Dichteoperatoren vor. Dieser Ansatz erlaubt es, die Eigenschaften von Komponenten zusammengesetzter Quantensysteme zu modellieren.

Aufbauend auf den Grundlagen der Informatik, Mathematik und Physik aus den ersten drei Kapiteln behandelt Kap. 5 die Theorie der Quantenalgorithmen. Zunächst führe ich Ein-Qubit-Gatter wie die Pauli- und das Hadamard-Gatter ein und zeige, dass deren Operationen als Drehungen der Blochkugel im dreidimensionalen Raum interpretiert werden können. Danach diskutiere ich Mehr-Qubit-Operatoren, insbesondere sogenannte kontrollierte Operatoren. Außerdem stelle ich Ancilla-Operatoren vor, die zusätzliche Qubits in Quantenschaltkreise einfügen und Löschgatter, die Qubits entfernen können. Ergebnisse aus der Theorie klassischer reversibler Schaltkreise werden verwendet, um zu zeigen, dass jede Boolesche Funktion von einem Quantenschaltkreis berechnet werden kann. Im Gegensatz zum klassischen Szenario ist es im Quantenfall jedoch unmöglich, alle Quantenoperatoren mit endlich vielen Quantengattern zu implementieren. Stattdessen stelle ich endliche Mengen von Quantengattern vor, mit deren Hilfe alle Quantenoperatoren beliebig genau approximiert werden können. Schließlich führt das Kapitel in die Quantenkomplexitätstheorie ein und nutzt dabei die Analogie zwischen klassischen probabilistischen Algorithmen und Quantenalgorithmen. Dabei wird auch die Komplexitätsklasse BQP (Bounded-Error Quantum Polynomial Time) definiert.

Die folgenden vier Kapitel befassen sich mit wichtigen Quantenalgorithmen.

Kap. 6 stellt frühe Algorithmen vor, die die Arbeitsweise von Quantencomputern illustrieren. Ich beginne mit dem Algorithmus von David Deutsch aus seiner bahnbrechenden Arbeit von 1985 [Deu85] und der Verallgemeinerung durch David Deutsch und Richard Jozsa aus dem Jahr 1991 [DJ92]. Danach beschreibe ich den von Daniel R. Simon 1994 vorgeschlagenen Algorithmus [Sim94]. Es ist der erste Quantenalgorithmus, der eine exponentielle Beschleunigung gegenüber den entsprechenden besten klassischen deterministischen Algorithmen bietet. Bei der Beschreibung dieser Algorithmen werden zwei Schlüsselprinzipien deutlich, die wesentlich dazu beitragen, dass Quantenalgorithmen klassischen Berechnungsverfahren überlegen sein können. Das erste Prinzip ist die Quantenparallelität, die ausnutzt, dass sich Quantenregistern in einer Überlagerung von Quantenzuständen befinden können. Das zweite Prinzip ist die Quanteninterferenz, die es Quantenalgorithmen ermöglicht, die Wahrscheinlichkeit erwünschter Ergebnisse sehr groß zu machen, während unerwünschte Ergebnisse unterdrückt werden. Hierfür wird häufig der wichtige Phase-Kickback-Trick verwendet, der ebenfalls in diesem Kapitel erläutert wird.

Kap. 7 behandelt die bekanntesten Quantenalgorithmen, nämlich Peter Shors Algorithmen zur Faktorisierung ganzer Zahlen und Berechnung diskreter Logarithmen [Sho94]. Ich skizziere zunächst Shors Faktorisierungsalgorithmus und gebe so einen Leitfaden für die nachfolgenden Konzepte und ihre Verwendung. Anschließend stelle ich das wichtigste Hilfsmittel von Shors Algorithmen vor: die Quanten-Fourier-Transformation. Ich erkläre, wie dieser Operator und sein Inverses mithilfe einfacher Quantengatter implementiert werden können. Mithilfe der Quanten-Fourier-Transformation wird das Problem der sogenannten Quantenphasenschätzung gelöst. Diese Methode ermöglicht die Entwicklung eines polynomiellen Quantenalgorithmus zur Berechnung der Ordnung einer ganzen Zahl modulo einer anderen positiven ganzen Zahl. Dieser Ordnungsalgorithmus erlaubt dann die Faktorisierung ganzer Zahlen in Polynomzeit. Darüber hinaus erläutere ich in diesem Kapitel, wie mittels Quantenphasenschätzung diskrete Logarithmen modulo positiver ganzer Zahlen in Polynomzeit berechnet werden können.

Kap. 8 präsentiert den Grover-Suchalgorithmus aus dem Jahr 1996, einen weiteren bedeutenden Quantenalgorithmus mit vielfältigen Anwendungen. Dieser Algorithmus sucht nach einem Element mit einer bestimmten Eigenschaft in einer unstrukturierten Menge und bietet einen quadratischen Geschwindigkeitsvorteil gegenüber herkömmlichen Techniken. In diesem Zusammenhang erläutere ich auch das Konzept der Amplitudenverstärkung, die im Grover-Algorithmus eine zentrale Rolle spielt. Darüber hinaus behandele ich die Quantenzählalgorithmen von Gilles Brassard, Peter Høyer und Alain Tapp aus dem Jahr 1998 [BHT98]. Sie nutzen den Grover-Algorithmus und die Quantenphasenschätzung, um die Lösungsanzahl des oben erwähnten Suchproblems zu bestimmen.

Kap. 9 skizziert den HHL-Algorithmus, der Eigenschaften von Lösungen großer, dünn besetzter linearer Gleichungssysteme über den komplexen Zahlen finden kann. Der Hauptzweck dieses Kapitels ist es zu zeigen, wie die Ideen der zuvor in diesem Buch vorgestellten Algorithmen den Entwurf eines solchen fortgeschrittenen Algorithmus ermöglichen.

Das Buch enthält auch einen umfangreichen Anhang. Er führt die mathematische Notation ein, die im Buch verwendet wird und behandelt grundlegende Konzepte, die nicht Teil der mathematischen Standardausbildung an Hochschulen sind. Anhang A enthält grundlegende mathematische Konzepte wie Gruppen, Ringe und Körper ein. Dann werden die notwendigen Themen der Zahlentheorie behandelt, wie z. B. der größte gemeinsame Teiler und seine Berechnung, Primfaktorzerlegung und Kettenbrüche. Außerdem stellt dieser Teil des Anhangs trigonometrische Identitäten und Ungleichungen vor, die im Hauptteil des Buches eine Rolle spielen. Anhang B ist der linearen Algebra gewidmet. Der erste Teil gibt einen kurzen Überblick über wichtige Begriffe und Ergebnisse. Der zweite Teil behandelt ausführlich das Konzept der Tensorprodukte, das für die Quantenmechanik von großer Bedeutung ist aber normalerweise in Einführungskursen in die Lineare Algebra nicht behandelt wird. Schließlich enthält Anhang C die notwendigen Begriffe und Resultate aus der Wahrscheinlichkeitstheorie. Diese sind für die Analyse von probabilistischen Algorithmen und Quantenalgorithmen unerlässlich.

Was nicht behandelt wird

Der Schwerpunkt dieses Buches liegt auf der Theorie der Quantenalgorithmen und nicht auf den technischen Aspekten ihrer Implementierung. Ich erwähne hier jedoch zwei wichtige Aspekte, die bei der Realisierung von Quantencomputern berücksichtigt werden müssen, auch wenn ich sie in diesem Buch nicht behandle.

Zunächst kann die Wechselwirkung von Quantensystemen mit ihrer Umgebung sogenannte Dekohärenz verursachen, die zu Fehlern in Quantenberechnungen führen kann. Daher ist Quantenfehlerkorrektur notwendig, um Quantenalgorithmen zuverlässiger und robuster zu machen.

Ein weiterer zentraler Aspekt ist die physikalische Realisierung von Quantencomputern. Derzeit werden verschiedene Ansätze erforscht, um Qubits und Quantengatter für praktische Quantencomputer zu realisieren. Diese Ansätze umfassen die Verwendung von supraleitenden Schaltkreisen, Ionenfallen, photonischen Qubits, topologischen Qubits und Quantenpunkten, um nur einige zu nennen. Jeder dieser Ansätze hat seine Vorteile und Herausforderungen, und viele Forscher arbeiten aktiv an der Entwicklung skalierbarer und effizienter Technologien für Quantencomputer.

Für Lehrende

Dieses Buch ist als Lehrbuch für Einführungskurse über Quantenalgorithmen gedacht und wurde auch schon zu diesem Zweck verwendet. Ich gebe hier einige Empfehlungen für Lehrende, die einen solchen Kurs unterrichten.

Wenn die meisten Teilnehmer:innen bereits über die notwendigen Grundkenntnisse aus den Bereichen Algorithmen und Komplexität, lineare Algebra, Algebra und Wahrscheinlichkeitstheorie verfügen, sollte der Kurs die Kap. 4, 5, 6, 7, 8 und 9 (in dieser Reihenfolge) behandeln und so die verschiedenen Aspekte von Quantenalgorithmen beleuchten. Studierende, denen bestimmte Grundkenntnisse fehlen, können diese Lücken durch Selbststudium der entsprechenden Teile des Buches schließen. Wenn die Mehrheit der Kursteilnehmer:innen Nachholbedarf bei bestimmten grundlegenden Themen hat, kann der/die Dozent:in diese Themen entweder in einer einführenden Vorlesung oder im Laufe des Kurses behandeln.

Je nach den Absichten des/der Dozent:in und der zur Verfügung stehenden Zeit kann sich der Kurs mehr auf Theorie und Beweise oder auf praktische Aspekte der Funktionsweise von Quantenalgorithmen konzentrieren. In beiden Fällen können Studierende, die mehr Hintergrundwissen wünschen, als in der Vorlesung behandelt wird, dies durch Selbststudium der entsprechenden Buchabschnitte ergänzen.

Danksagungen
Mein aufrichtiger Dank gilt den folgenden Personen, die mich während des gesamten Entstehungsprozesses dieses Buches maßgeblich unterstützt haben: Gernot Alber, Gerhard Birkl, Jintai Ding, Samed Düzlü, Fritz Eisenbrand, Marc Fischlin, Mika Göös, Iryna Gurevich, Matthieu Nicolas Haeberle, Taketo Imaizumi, Michael Jacobson, Nigyasa Jigyasa, Norbert Lutkenhaus, Alastair Kay, Juliane Krämer, Gen Kimura, Michele Mosca, Jigyasa Nigam, Rom Pinchasi, Ahamad-Reza Sadeghi, Masahide Sasaki, Alexander Sauer, Florian Schwarz, Tsuyoshi Takagi, Shusaku Uemura, Thomas Walther, Yuntao Wang und Ho Yun. Ihr Engagement und ihre Expertise waren von unschätzbarem Wert, und ich bin ihnen für ihre Bereitschaft zu aufschlussreichen Diskussionen und konstruktivem Feedback sehr dankbar. Mein herzlicher Dank gilt auch Ina Mette vom AMS-Verlag, wo das englische Original erschienen ist. Ihr Glaube an das Potenzial dieses Buches und ihre Ermutigung, das Projekt weiterzuverfolgen, haben wesentlich zu seiner Verwirklichung beigetragen. Für ihre unermüdliche Unterstützung und Beratung während des gesamten Schreibprozesses bin ich sehr dankbar.

Ich habe viel aus den Büchern über Quantencomputing von Michael A. Nielsen und Isaac L. Chuang [NC16] und von Phillip Kaye, Raymond Laflamme und Michele Mosca [KLM06] gelernt.

Die Erstellung dieses Buches wäre ohne die unschätzbare Unterstützung zahlreicher Open-Source-LaTeX-Pakete nicht möglich gewesen. Sie haben die Darstellung komplexer Konzepte erheblich erleichtert. Den Entwickler:innen und Betreuer:innen dieser Pakete sei an dieser Stelle herzlich gedankt.

- Die `TikZ`-Bibliothek [1] und ihre Erweiterungen `circuitikz`[2] haben die Veranschaulichung von Schaltkreisen und Diagrammen ermöglicht.
- Ich habe den Open Source `TikZ`-Code für die Illustration der Rechte-Hand-Regel benutzt[3].
- Für die Darstellung von Quantenschaltkreisen wurde `quantikz`[4] verwendet.
- Um Quantenzustände auf der Blochkugel darzustellen, habe ich das `blochsphere`-Paket[5] benutzt.

---

[1] https://tikz.net/
[2] https://ctan.org/pkg/circuitikz
[3] https://tikz.net/righthand_rule/
[4] https://ctan.org/pkg/quantikz
[5] https://ctan.org/pkg/blochsphere

- Die Pakete `algorithm` und `algorithmpseudocode`[6] haben es mir erlaubt, Algorithmen in strukturierter und leicht verständlicher Weise darzustellen.
- Für die Dirac-Notation habe ich das Paket `physics` package[7] verwendet.

Ich bin der Open-Source-Gemeinschaft sehr dankbar für die Bereitstellung dieser und vieler anderer Werkzeuge, die die Qualität dieses Buches verbessert und seine Erstellung vereinfacht haben.

Schließlich möchte ich mich für die Unterstützung durch ChatGPT[8] und DeepL[9] bei der Verbesserung vieler Formulierungen bedanken.

[6] https://www.overleaf.com/learn/latex/Algorithms

[7] https://www.ctan.org/pkg/physics

[8] https://chat.openai.com/

[9] https://www.deepl.com/

2 Klassische Berechnungen

Bei zahlreichen Berechnungsaufgaben sind Quantenalgorithmen den besten bekannten klassischen Algorithmen überlegen. Um dies beweisen zu können, verwenden wir mathematische Modelle. Sie erlauben es, klassische und Quantenalgorithmen formal zu beschreiben, die Lösbarkeit von Berechnungsproblemen mit beiden Algorithmentypen zu untersuchen und die Leistungsfähigkeit dieser Berechnungen zu quantifizieren.

Dieses Kapitel führt grundlegende Modelle für die Beschreibung klassischer Algorithmen ein. Sie bilden die Grundlage für die entsprechenden Quantenberechnungsmodelle, die in Kap. 5 behandelt werden. Wir erläutern zunächst ein Modell für klassische deterministische und probabilistische Algorithmen und geben einen Überblick über wichtige Konzepte und Ergebnisse der klassischen Komplexitätstheorie. Besonderes Augenmerk liegt auf der Analyse probabilistischer Algorithmen. Da Quantenalgorithmen grundsätzlich probabilistisch sind, können diese Analysemethoden direkt auf sie übertragen werden.

Im zweiten Teil des Kapitels behandeln wir die Modellierung klassischer Berechnungen mithilfe von Schaltkreisen. Das schließt auch reversible Schaltkreise ein, die unmittelbar in Quantenschaltkreise umgewandelt werden können. Daraus können wir in Kap. 5 folgern, dass Quantenalgorithmen Turing-vollständig sind, also jede Berechnung ausführen kann, die auch auf einem klassischen Computer möglich ist.

2.1 Deterministische Algorithmen

Es gibt verschiedene formale Modelle für Computeralgorithmen. Das bekannteste ist das Modell der Turing-Maschine. Es wurde 1936 von dem Mathematiker Alan Turing entwickelt und ist mathematisch präzise. Sein Zusammenhang mit praktisch relevanten Programmiersprachen ist jedoch nicht leicht zu verstehen und zu beschreiben. Deshalb führen wir ein

J. A. Buchmann, *Quantenalgorithmen*,
https://doi.org/10.1007/978-3-662-71177-4_2

Berechnungsmodell ein, das ein Kompromiss ist zwischen einer formalen Beschreibung und einer Darstellung, die realen Programmiersprachen ähnelt. Eine ausgezeichnete und umfassende Darstellung von Computeralgorithmen, die eine ähnliche Modellierung verwendet, findet sich im Buch von Thomas H. Cormen, Charles E. Leiserson, Ronald L. Rivest und Clifford Stein [CLRS22].

2.1.1 Grundlagen

Um unser Modell erklären zu können, stellen wir einige grundlegende Konzepte und Resultate vor. Wir beginnen mit dem Begriff des Alphabets.

Definition 2.1.1 Ein *Alphabet* ist eine endliche, nicht leere Menge.

Beispiel 2.1.2 Das kleinste Alphabet ist das *unäre Alphabet*f {I}, das nur das Symbol I enthält[1]. In der Informatik wird meist das *binäre Alphabet* $\{0, 1\}$ verwendet, dessen Elemente als *Bits* bezeichnet werden. Andere in der Informatik häufig verwendete Alphabete sind die Menge $\{0, 1, 2, 3, 4, 5, 6, 7, 8, 9\}$ der *Dezimalziffern,* die Menge $\{0, 1, 2, 3, 4, 5, 6, 7, 8, 9, A, B, C, D, E, F\}$ der *Hexadezimalziffern,* und das *lateinische Alphabet* $\mathcal{R} = \{$a, ..., z, A, ..., Z, ␣}, das die kleinen und großen lateinischen Buchstaben sowie das Symbol „␣" enthält.

Als Nächstes führen wir Wörter über Alphabeten ein.

Definition 2.1.3 Sei Σ ein Alphabet.

1. Mit Σ^* bezeichnen wir die Menge aller endlichen Folgen von Elementen aus Σ einschließlich der leeren Folge, die als () geschrieben wird.
2. Die Elemente von Σ^* werden *Wörter* oder *Strings* über Σ genannt.
3. Wenn $\mathbf{s}$ ein Wort über Σ ist, dann nennen wir seine Elemente die *Zeichen* von $\mathbf{s}$ und $|\mathbf{s}|$ bezeichnet die Länge von $\mathbf{s}$.
4. Die Menge der Wörter der Länge $n \in \mathbb{N}_0$ über Σ wird mit Σ^n bezeichnet.
5. Für $n \in \mathbb{N}_0$ und $\mathbf{s} \in \Sigma^n$ schreiben wir $\mathbf{s} = s_0 s_1 \cdots s_{n-1}$, $\mathbf{s} =$ „$s_0 \cdots s_{k-1}$" oder $\mathbf{s} = (s_0, s_1 \ldots, s_{n-1})$. Wir verwenden auch andere Nummerierungen der Zeichen eines Wortes. Zum Beispiel kann die Nummerierung mit 1 beginnen.

Beispiel 2.1.4 Die Folge III ist ein Wort über dem unären Alphabet {I}. Die Folge $(0, 1, 0)$ ist ein Wort über dem binären, dezimalen und hexadezimalen Alphabet. Die Folge $(0, 1, 2)$ ist ein Wort über dem dezimalen und hexadezimalen Alphabet. Die Folge $(0, 1, A)$ ist ein

[1] Natürlich kann „I" durch jedes andere Symbol ersetzt werden.

Wort über dem hexadezimalen Alphabet. Diese Wörter haben alle die Länge 3. Schließlich ist „another␣failure" ein Wort über dem lateinischen Alphabet.

Als Nächstes definieren wir Kodierungen.

Definition 2.1.5 Eine *Kodierung* einer Menge S mithilfe eines Alphabets Σ ist eine injektive Abbildung $e : S \rightarrow \Sigma^*$.

Beispiel 2.1.6 Eine einfache Kodierung der Menge $\mathbb{N}_0$ der nichtnegativen ganzen Zahlen ist

$$e : \mathbb{N}_0 \rightarrow \{\mathrm{I}\}^*, \quad a \mapsto \mathrm{I}^a = \underbrace{\mathrm{I} \cdots \mathrm{I}}_{a\,\mathrm{mal}}. \tag{2.1}$$

Für $a \in \mathbb{N}_0$ nennen wir $e(a) = \mathrm{I}^a$ die *unäre Darstellung* von a. Ihre Länge ist a.

Eine andere wichtige Kodierung nichtnegativer ganzer Zahlen ist ihre binäre Darstellung, die wir jetzt einführen.

Proposition 2.1.7 Sei $a \in \mathbb{N}$. Dann gibt es eine eindeutig bestimmte Folge $\mathbf{b} = (b_0, \ldots, b_{n-1}) \in \{0, 1\}^*$ mit $b_0 = 1$ und

$$a = \sum_{i=0}^{n-1} b_i 2^{n-i-1}. \tag{2.2}$$

Die Länge dieser Folge ist $n = \lfloor \log_2 a \rfloor + 1$.

Übung 2.1.8 Beweisen Sie Proposition 2.1.7.

Definition 2.1.9 Sei $a \in \mathbb{N}$.

1. Die Folge $\mathbf{b}$ aus Proposition 2.1.7 wird *Binärentwicklung* oder *binäre Darstellung* von a genannt.
2. Die positive ganze Zahl $n = \lfloor \log_2 a \rfloor + 1$ heißt *binäre Länge* oder *Bitlänge* von a. Sie wird bitLength(a) geschrieben.
3. Die *Binärentwicklung* oder *binäre Darstellung* von 0 ist als die Folge (0) definiert. Die *binäre Länge* oder *Bitlänge* von 0 wird auf 1 gesetzt.

Beispiel 2.1.10 Die Binärentwicklung von 7 ist 111, weil $7 = 2^2 + 2^1 + 2^0$ gilt. Die binäre Länge von 7 ist also 3.

Übung 2.1.11 Bestimmen Sie die Binärentwicklung und die Bitlänge von 251.

Wie wir gesehen haben, ist jede endliche Bitfolge, die mit 1 beginnt, die Binärentwicklung einer eindeutig bestimmten natürlichen Zahl. Wir ordnen nun allen Bitfolgen, also auch solchen, die mit 0 beginnen, nichtnegative ganze Zahlen zu.

Definition 2.1.12 Für alle $\mathbf{b} = (b_0, \ldots, b_{n-1}) \in \{0, 1\}^*$ setzen wir

$$\text{stringToInt}(\mathbf{b}) = \sum_{i=0}^{n-1} b_i 2^{n-i-1} \tag{2.3}$$

und nennen diesen Wert die *von* **b** *dargestellte ganze Zahl.*

Man beachte, dass jede nichtnegative ganze Zahl durch unendlich viele Bitfolgen dargestellt wird. Man erhält sie, indem man vor ihre Binärentwicklung beliebig lange endliche Bitfolgen schreibt, die nur Nullen enthalten.

Übung 2.1.13 Verwenden Sie Proposition 2.1.7, um zu zeigen, dass die Abbildung (2.3) für festes n eine Bijektion ist.

2.1.2 Datentypen

Algorithmen führen Operationen auf Objekten aus, die einen bestimmten Datentyp haben, also zum Beispiel Bits oder ganze Zahlen sind. Dabei verstehen wir unter *Datentyp* eine nicht leere Menge, deren Elemente *Datentypobjekte* heißen.

In dem hier vorgestellten Modell sind die *elementaren Datentypen* folgende Mengen:

- Die Menge $\{0, 1\}$ der Bits,
- die Menge $\mathbb{Z}$ der ganzen Zahlen,
- die Menge $\mathcal{R}$ der kleinen und großen lateinischen Buchstaben, einschließlich des Symbols ␣.

In den meisten Programmiersprachen sind nur ganze Zahlen einer begrenzten binären Länge, typischerweise 64, zulässig. Ganze Zahlen mit größerer Bitlänge müssen durch Vektoren dargestellt werden, deren Elemente solche kurzen ganzen Zahlen sind. Um die Beschreibung zu vereinfachen, erlaubt unser Modell jedoch ganze Zahlen beliebiger Länge.

Ein weiterer häufig verwendeter Datentyp sind *Fließkommazahlen*. Sie stellen Annäherungen an reelle Zahlen dar. Die Analyse von Algorithmen, die diesen Datentyp verwenden, ist jedoch wesentlich schwieriger, da Rundungsfehler und Fehlerfortpflanzung berücksichtigt werden müssen. Für unsere Zwecke benötigen wir keine Fließkommazahlen und betrachten diesen Datentyp daher nicht.

Tab. 2.1 Elementare Datentypen und ihre Größe

Datentyp	Element	Größe
$\{0, 1\}$	b	$\text{size}(b) = O(1)$
$\mathcal{R}$	x	$\text{size}(x) = O(1)$
$\mathbb{Z}$	a	$\text{size}(a) = O(\text{bitLength}(\|a\|))$

Elementare Datentypobjekte werden durch endliche Bitfolgen repräsentiert und als solche gespeichert. Für lateinische Buchstaben wählt man geeignete endliche Bitfolgen. Ganze Zahlen werden durch die binäre Darstellung ihres Betrags und eine geeignete Repräsentation ihres Vorzeichens codiert.

Die Größe eines Datentypobjekts a ist die Anzahl der Bits, die für seine Darstellung verwendet werden. Sie wird mit $\text{size}(a)$ oder $\text{size}\, a$ bezeichnet und kann je nach verwendeter Rechnerplattform, Programmiersprache oder abhängig von anderen relevanten Faktoren variieren. Abschätzungen für die Größe der elementaren Datentypobjekte finden sich in Tab. 2.1.

Die komplexeren Datentypen unseres Modells umfassen Vektoren und Matrizen über anderen Datentypen. Vektoren und Matrizen werden in den Abschn. B.1.1 und B.3 näher beschrieben. So ist zum Beispiel $(1, 2, 3)$ ein ganzzahliger Vektor und $\begin{pmatrix} 0 & 1 \\ 1 & 0 \end{pmatrix}$ ist eine Bitmatrix. Vektoren und Matrizen werden unter Verwendung der Kodierung der entsprechenden Datentypen ebenfalls durch Bits dargestellt. Hierbei gilt Folgendes: die Größe der Kodierung eines Vektors $\mathbf{s} = (s_0, \ldots, s_{k-1})$, $k \in \mathbb{N}$, über einem bestimmten Datentyp erfüllt

$$\text{size}(\mathbf{s}) = O\left(\sum_{i=0}^{k-1} \text{size}\, s_i\right). \tag{2.4}$$

Genauso erfüllt die Größe der Kodierung einer Matrix $M = (m_{i,j})_{i\in\mathbb{Z}_k, j\in\mathbb{Z}_l}$, $k, l \in \mathbb{N}$, über einem bestimmten Datentyp

$$\text{size}(M) = O\left(\sum_{i\in\mathbb{Z}_k, j\in\mathbb{Z}_l} \text{size}\, m_{i,j}\right). \tag{2.5}$$

2.1.3 Variablen

Eine *Variable* eines Datentyps ist ein Symbol, das auf einen Speicherbereich verweist, der ein entsprechendes Datentypobjekt speichern kann. In vielen Programmiersprachen müssen Variablen explizit deklariert werden, bevor sie verwendet werden können. Diese Deklaration

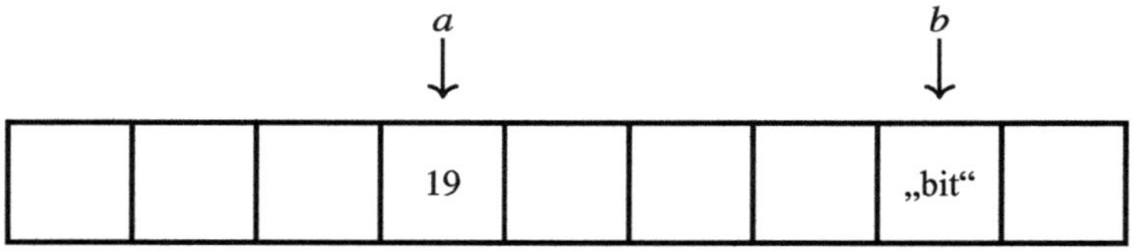

Abb. 2.1 Die Variablen a und b repräsentieren Speicherzellen, die 19 bzw. „bit“ enthalten

legt den Datentyp der Variablen fest, reserviert den Platz für den Wert der Variablen und gibt der Variablen einen Namen, der im Code benutzt werden kann. Um die Beschreibung von Algorithmen zu vereinfachen, verzichten wir auf die Deklaration von Variablen und gehen davon aus, dass sich Name und Datentyp aus dem Kontext ergeben, in dem die Variablen verwendet werden. Außerdem legen wir fest, dass sich innerhalb der Beschreibung eines Algorithmus der Datentyp einer Variablen nicht ändert.

Der *Wert* einer Variablen ist das Datentypobjekt in der entsprechenden Speicherzelle. Die Größe der Variablen ist die Größe ihres Wertes. Dieses Konzept ist in Abb. 2.1 dargestellt. Dort repräsentiert die Variable a eine Speicherzelle, welche die ganze Zahl 19 enthält. Die Variable b repräsentiert die Speicherzelle b, deren Inhalt das Wort „bit“ ist. Daher ist der Wert von a die Zahl 19 und der Wert von b ist „bit“.

2.1.4 Instruktionen

Instruktionen sind wichtige Bausteine von Algorithmen und spielen eine zentrale Rolle bei der Spezifikation ihrer Funktionalität. In diesem Abschnitt beschreiben wir die Instruktionen, die Algorithmen in unserem Modell ausführen können und geben obere Schranken für ihre Laufzeit und ihren Speicherbedarf an. Statt „Instruktion“ verwenden wir auch den Begriff „Anweisung“ für diese wichtigen algorithmischen Komponenten.

Solange nicht anders gesagt, messen wir die Laufzeit von Algorithmen in *Bitoperationen*. Darunter verstehen wir alle Operationen, die ein Computer auf einem oder zwei Bits ausführen kann. Eine Sammlung von Bitoperationen, die auf den meisten Computern verfügbar sind, findet sich in Tab. 2.3. Wir gehen davon aus, dass alle Operationen mithilfe der verfügbaren Bitoperationen ausgeführt werden. Diese Annahme ist dadurch gerechtfertigt, dass, wie in Abschn. 2.5.3 gezeigt wird, alle Operationen unter Benutzung der Operatoren NOT, AND, und OR implementiert werden können. Entsprechend messen wir den Platzverbrauch eines Algorithmus, indem wir die Anzahl der Speichereinheiten zählen, die der Algorithmus benutzt.

Die grundlegendste Instruktion ist die *Zuweisung*

$$a \leftarrow b. \tag{2.6}$$

Sie setzt den Wert einer Variable a eines bestimmten Datentyps auf ein Element b dieses Datentyps oder auf den Wert einer Variablen b dieses Datentyps. Die Laufzeit und der Speicherbedarf dieser Operation sind von der Größenordnung $O(\text{size}\, b)$.

Algorithmen können einer Variablen auch den Wert einer Operation zuweisen. Ein Beispiel für eine solche Zuweisung ist

$$a \leftarrow b + 3. \tag{2.7}$$

Die rechte Seite dieser Zuweisung ist der arithmetische Ausdruck $b+3$. Bei dieser Instruktion wird zunächst der arithmetische Ausdruck ausgewertet. Im Beispiel hängt das Ergebnis vom Wert der Variablen b ab. Dann wird dieses Ergebnis der Variablen a zugewiesen. Dabei ist es erlaubt, dass die Variable auf der linken Seite auch auf der rechten Seite verwendet wird. Beispielsweise erhöht die Instruktion

$$c \leftarrow c + 1 \tag{2.8}$$

den Zähler c um 1.

Als Nächstes stellen wir die Operationen vor, die in Ausdrücken auf der rechten Seite von Instruktionen verwendet werden dürfen. Die erlaubten Operationen auf ganzen Zahlen sind in Tab. 2.2 aufgeführt, einschließlich ihrer Zeit- und Speicheranforderungen. Die Ergebnisse der Operationen Absolutbetrag, Abrunden, Aufrunden, nächste ganze Zahl, Addition, Subtraktion, Multiplikation, Division und Rest sind ganze Zahlen. Die Ergebnisse der Vergleiche sind die Bits 0 oder 1, wobei 1 für „wahr" und 0 für „falsch" steht. Eine Beschreibung und Analyse dieser Algorithmen finden sich in [AHU74] und [Knu82].

Da im hier vorgestellten Modell ganze Zahlen von beliebiger Bitlänge zur Verfügung stehen, sind auch die entsprechenden Operationen auf alle ganzen Zahlen anwendbar. Laufzeit und Platzbedarf dieser Operationen finden sich ebenfalls in Tab. 2.2. Allerdings gibt es Algorithmen für diese Operationen, die asymptotisch noch deutlich effizienter sind. So hat zum Beispiel der Multiplikationsalgorithmus von David Harvey und Joris van der Hoeven [HvdH21] die Laufzeit $O(n \log n)$ für n-Bit Operanden. Außerdem ist bekannt, dass es für jeden Multiplikationsalgorithmus mit Laufzeit $M(n)$ Algorithmen für die Division mit Rest und die Berechnung von Quadratwurzeln gibt mit Laufzeit $O(M(n))$ (siehe [AHU74] Theorem 8.5). Aber in der Praxis sind solche Algorithmen nur für sehr große Zahlen den Standardalgorithmen überlegen.

Unsere Algorithmen können auch logische Operationen auf den Bits 0 und 1 ausführen. Eine Übersicht über diese Operationen findet sich in Tab. 2.3. Sie implementieren die in Tab. 2.4 gezeigten Funktionen und haben Laufzeit und Platzbedarf $O(1)$.

Übung 2.1.14 Zeigen Sie, dass $\oplus$ die Addition in $\mathbb{Z}_2$ und $\wedge$ die Multiplikation in $\mathbb{Z}_2$ ist.

Algorithmen können auch die Verzweigungsanweisungen **for, while, repeat** und **if** verwenden. Sie bewirken, dass eine Folge von Anweisungen ausgeführt wird, wenn eine bestimmte Bedingung erfüllt ist. Die Laufzeit und der Platz, die dafür benötigt werden, setzen sich

Tab. 2.2 Erlaubte Operationen auf ganzen Zahlen, ihre Laufzeiten und Speicheranforderungen für Operanden der Größe $O(n)$

Operation	Operanden	Resultat	Zeit	Platz
Absolutbetrag	$a \in \mathbb{Z}$	$\|a\|$	$O(n)$	$O(n)$
Addition	$a, b \in \mathbb{Z}$	$a + b$	$O(n)$	$O(n)$
Subtraktion	$a, b \in \mathbb{Z}$	$a - b$	$O(n)$	$O(n)$
Multiplikation	$a, b \in \mathbb{Z}$	$a * b = ab$	$O(n^2)$	$O(n)$
Abrunden	$a, b \in \mathbb{Z}, b \neq 0$	$\lfloor a/b \rfloor$	$O(n^2)$	$O(n)$
Aufrunden	$a, b \in \mathbb{Z}, b \neq 0$	$\lceil a/b \rceil$	$O(n^2)$	$O(n)$
Nächste ganze Zahl	$a, b \in \mathbb{Z}, b \neq 0$	$\lfloor a/b \rceil$	$O(n^2)$	$O(n)$
Rest	$a, b \in \mathbb{Z}, b \neq 0$	$a \bmod b$	$O(n^2)$	$O(n)$
Quadratwurzel	$a \in \mathbb{Z}$	$\lfloor \sqrt{a} \rfloor$	$O(n^2)$	$O(n)$
Bitlänge	$a \in \mathbb{N}_0$	bitLength(a)	$O(n)$	$O(n)$
Ganze Zahl aus Bitstring	$\mathbf{s} \in \{0, 1\}^*$	stringToInt($\mathbf{s}$)	$O(n)$	$O(n)$
Gleichheit	$a, b \in \mathbb{Z}$	$a = b$	$O(n)$	$O(n)$
Kleiner als	$a, b \in \mathbb{Z}$	$a < b$	$O(n)$	$O(n)$
Kleiner als oder gleich	$a, b \in \mathbb{Z}$	$a \leq b$	$O(n)$	$O(n)$

Tab. 2.3 Zulässige logische Operationen

Name	Logischer Operator
AND	$\wedge$
OR	$\vee$
NOT	$\neg$
NAND	$\uparrow$
NOR	$\downarrow$
XOR	$\oplus$

zusammen aus Laufzeit und Platz für die Evaluation der Verzweigungsbedingung und gegebenenfalls für die möglicherweise mehrfache Ausführung der entsprechenden Sequenz von Anweisungen. Verzweigungsanweisungen zusammen mit der nachfolgenden Anweisungsfolge werden als *Schleifen* bezeichnet.

Tab. 2.4 Funktionen, die von den zulässigen logischen Operationen implementiert werden

a	b	$a \wedge b$	$a \vee b$	$\neg a$	$a \uparrow b$	$a \downarrow b$	$a \oplus b$
0	0	0	0	1	1	1	0
0	1	0	1	1	1	0	1
1	0	0	1	0	1	0	1
1	1	1	1	0	0	0	0

Wir beschreiben nun die Verzweigungsanweisungen genauer. Entsprechende Beispiele finden sich in den Abb. 2.2 und 2.3 unter Verwendung von Pseudocode der in Abschn. 2.1.5 genauer erklärt wird.

Eine **for**-Anweisung steht am Anfang einer Anweisungssequenz und wird durch eine **end for**-Anweisung beendet. Diese Anweisungssequenz wird, wie in der **for**-Anweisung angegeben, für alle Werte einer bestimmten Variablen ausgeführt. In der **for**-Schleife in Abb. 2.2 ist diese Variable i, und die Anweisung $p \leftarrow 2p$ wird für alle i von $i = 1$ bis $i = e$ ausgeführt. Nach i Durchläufen dieser Anweisung hat p den Wert 2^i. Nach Abschluss der **for**-Schleife beträgt der Wert von p also 2^e.

Auch **while**-Anweisungen stehen am Anfang einer Anweisungssequenz, gefolgt von einer **end while**-Anweisung. Die Anweisungssequenz wird so lange ausgeführt, wie die Bedingung in der **while**-Anweisung wahr ist. Zum Beispiel berechnet die **while**-Schleife in Abb. 2.2 ebenfalls 2^e. Hierzu wird die Zählvariable i auf 1 initialisiert und die Variable p wird anfangs auf 1 gesetzt. Vor jeder Runde der **while**-Schleife wird der logische Ausdruck $i \leq e$ ausgewertet. Ist dieser wahr, wird die Anweisungssequenz in der **while**-Schleife ausgeführt. In unserem Beispiel wird p auf $2p$ gesetzt, und die Zählvariable i wird um 1 erhöht. Nach der k-ten Iteration der **while**-Schleife hat p den Wert 2^k und die Zählvariable ist $i = k + 1$. Daher gilt nach der e-ten Iteration der **while**-Schleife $p = 2^e$ und $i = e + 1$. Die **while**-Bedingung ist somit verletzt, und die Berechnung wird mit der ersten Anweisung nach der **while**-Schleife fortgesetzt.

Als nächstes erklären wir **repeat**-Anweisungen. Sie stehen am Anfang einer Anweisungssequenz, die durch eine **until**-Anweisung beendet wird, die eine Bedingung enthält. Wenn diese Bedingung erfüllt ist, wird die Berechnung mit der ersten Anweisung nach der **until**-Anweisung fortgesetzt. Andernfalls wird die Anweisungssequenz erneut ausgeführt. Im Beispiel in Abb. 2.2 wird die Anweisung $p \leftarrow 2p$ ausgeführt, bis die Zählvariable i gleich e ist. Man beachte, dass die Anweisungssequenz mindestens einmal ausgeführt wird. Daher kann diese **repeat**-Schleife die Potenz 2^0 nicht berechnen.

Übung 2.1.15 Finden Sie **for**-, **while**- und **repeat**-Schleifen, die für $\mathbf{b} \in \{0, 1\}^*$ den Wert stringToInt($\mathbf{b}$) berechnet.

$p \leftarrow 1$
for $i = 1$ to e **do**
    $p \leftarrow 2p$
end for
	$i \leftarrow 1$
	$p \leftarrow 1$
	while $i \leq e$ **do**
	    $p \leftarrow 2p$
	    $i \leftarrow i + 1$
	end while
		$i \leftarrow 0$
		$p \leftarrow 1$
		repeat
		    $p \leftarrow 2p$
		    $i \leftarrow i + 1$
		until $i = e$

Abb. 2.2 **for**-, **while**- und **repeat**-Schleifen, die 2^e berechnen

Nun erläutern wir **if**-Anweisungen. Die drei verschiedenen Varianten sind in Abb. 2.3 dargestellt. Einer solchen Anweisung folgt eine Folge von Instruktionen, die durch eine **end if**-Anweisung beendet wird. Die Anweisungssequenz kann durch eine **else**-Anweisung oder durch eine oder mehrere **else if**-Anweisungen unterbrochen werden. Das Code-Segment auf der linken Seite von Abb. 2.3 überprüft, ob $a < 0$ ist, und führt im positiven Fall die Anweisung $a \leftarrow -a$ aus. Andernfalls wird die Berechnung mit der Anweisung nach der **end if**-Anweisung fortgesetzt. Dieses Code-Segment berechnet den Absolutbetrag von a, da a auf $-a$ gesetzt wird, wenn a negativ ist und andernfalls a unverändert bleibt. Das Code-Segment in der Mitte von Abb. 2.3 überprüft, ob a durch 11 teilbar ist. Wenn dies der Fall ist, wird die Variable s auf 1 gesetzt, andernfalls auf 0. Schließlich überprüft das Code-Segment auf der rechten Seite von Abb. 2.3 zuerst, ob $a > 0$ ist, und setzt bei positiver Antwort s auf 1. Wenn $a = 0$ ist, wird s auf 0 gesetzt. Schließlich wird s auf -1 gesetzt, wenn $a < 0$ ist. Das Ergebnis ist das Vorzeichen s von a.

Eine Berechnung endet, wenn die **return**-Anweisung ausgeführt wird. Diese Anweisung stellt das Berechnungsergebnis für die Verwendung außerhalb des Algorithmus zur Verfügung und hat die Form

$$\textbf{return}(a). \tag{2.9}$$

Dabei ist a ein Element oder eine Variable eines bestimmten Datentyps oder eine Folge solcher Objekte. Der Zeit- und Speicherbedarf für diese Operation beträgt $O(S)$, wobei S die Summe der Größen der Objekte in der **return**-Anweisung ist.

Algorithmen können auch das Ergebnis von Ausdrücken zurückgeben. Zum Beispiel kann eine **return**-Anweisung die Form haben:

$$\textbf{return}(2 * a + b). \tag{2.10}$$

if $a < 0$ **then**
    $a \leftarrow -a$
end if
	if a mod $11 = 0$ **then**
	    $s \leftarrow 1$
	else
	    $s \leftarrow 0$
	end if
		if $a > 0$ **then**
		    $s \leftarrow 1$
		else if $a = 0$ **then**
		    $s \leftarrow 0$
		else if $a < 0$ **then**
		    $s \leftarrow -1$
		end if

Abb. 2.3 **if**-Anweisungen

In diesem Fall wird der Ausdruck zuerst ausgewertet, und dann wird das Ergebnis zurückgegeben. Der Zeit- und Platzbedarf dieser Anweisung ist $O(t)$ und $O(s)$, wobei t und s die für die Auswertung des entsprechenden Ausdrucks benötigte Zeit und der benötigte Platz sind.

Schließlich wird in unserem Modell auch der Aufruf eines Unterprogramms als gültige Anweisung betrachtet. Er hat die Form

$$a \leftarrow A(b) \tag{2.11}$$

wobei A ein Algorithmus ist. Was damit gemeint ist, wird im folgenden Abschnitt näher erläutert wird. Zum Beispiel kann eine solche Anweisung wie folgt aussehen:

$$b \leftarrow \mathsf{power}(a, e). \tag{2.12}$$

Hier wird das Unterprogramm $\mathsf{power}(a, e)$ aufgerufen, die das Ergebnis von a^e zurückgibt, wobei a eine ganze Zahl und e eine nichtnegative ganze Zahl ist.

Die Zeit- und Speicheranforderungen eines Unterprogrammaufrufs, sind $O(t)$ und $O(s)$, wobei t und s Zeit- und Platzbedarf des Unterprogramms sind. Abschn. 2.4 erläutert, wie diese Werte bestimmt werden.

2.1.5 Definition deterministischer Algorithmen

Wir erläutern nun das Konzept eines deterministischen Algorithmus und zeigen, wie ein solcher Algorithmus mithilfe von Pseudocode dargestellt werden kann. Pseudocode dient der übersichtlichen Darstellung der Logik und der Schrittfolge eines Algorithmus und erleichtert das Verständnis für den menschlichen Leser. Der Einfachheit halber nennen wir „deterministische Algorithmen“ oft einfach „Algorithmen“. Im Gegensatz dazu werden im nächsten Abschnitt probabilistische Algorithmen vorgestellt.

Wie bereits erwähnt, ist unser Berechnungsmodell ein Kompromiss zwischen einer formalen Beschreibung und einer Darstellung, die in einer Programmiersprache geschriebenen Algorithmen ähnelt. Daher verwenden wir in diesem Abschnitt keine formalen Definitionen. In den nächsten Abschnitten werden wir jedoch die Eigenschaften von Algorithmen formal definieren. Die Begriffe in diesem Abschnitt können aber präzisiert werden, wenn ein formales Modell der Berechnung verwendet wird, wie z. B. das Turing-Maschinenmodell.

Wir veranschaulichen unser Algorithmusmodell anhand des euklidischen Algorithmus. Der entsprechende Pseudocode ist in Algorithmus 2.1.16 dargestellt.

Algorithmus 2.1.16 Euklidischer Algorithmus

Input: $a, b \in \mathbb{Z}$
Output: $\gcd(a, b)$
1: $\gcd(a, b)$
2: $\quad a \leftarrow |a|$
3: $\quad b \leftarrow |b|$
4: $\quad$ **while** $b \neq 0$ **do**
5: $\qquad r \leftarrow a \bmod b$
6: $\qquad a \leftarrow b$
7: $\qquad b \leftarrow r$
8: $\quad$ **end while**
9: $\quad$ **return** a
10: **end**

Ein Algorithmus A hat also die folgenden Komponenten:

1. Ein **Input**-Statement. Es spezifiziert eine endliche Anzahl von *Eingabevariablen,* ihre Datentypen und die zulässigen Werte dieser Variablen. Die Menge aller zulässigen Eingabewerttupel wird mit $\text{Input}(A)$ bezeichnet.
2. Ein **Output**-Statement. Für jedes $a \in \text{Input}(A)$ spezifiziert es die korrekten Ausgaben. Die Korrektheit hängt im Allgemeinen von a ab. Die Menge aller korrekten Ausgaben für die Eingabe a wird mit $\text{Output}(A, a)$ bezeichnet.
3. Ein Algorithmusname, gefolgt von der Folge der Input-Variablen. Dies wird verwendet, wenn A aufgerufen wird, zum Beispiel als Unterprogramm von anderen Algorithmen.
4. Eine endliche Folge von Anweisungen, die mit **end** endet.

Im euklidischen Algorithmus besagt das **Input**-Statement beispielsweise, dass der Input aus zwei ganzzahligen Eingabevariablen besteht, die beliebige Werte in $\mathbb{Z}$ annehmen können. Gemäß des **Output**-Statements liefert der Algorithmus den größten gemeinsamen Teiler von a und b. Der Name des Algorithmus und die Folge der Eingabevariablen sind in Zeile 1 des Pseudocodes zu sehen: $\gcd(a, b)$. Es folgen 8 Anweisungen. Die letzte Zeile des Pseudocodes ist **end.**

Wir beschreiben deterministische Algorithmen allgemein: Sei A ein Algorithmus mit k Eingabevariablen $v_0, \dots, v_{k-1}$ der Datentypen $D_0, \dots, D_{k-1}$. Dann erfüllt die Menge $\text{Input}(A)$ aller erlaubten Eingabewerte von A die Bedingung $\text{Input}(A) \subset D_0 \times \cdots \times D_{k-1}$. Für den euklidischen Algorithmus gilt $k = 2$, $D_0 = D_1 = \mathbb{Z}$ und $\text{Input}(A) = \mathbb{Z} \times \mathbb{Z}$. Wird A mit der Eingabe $a = (a_0, \dots, a_{k-1}) \in \text{Input}(A)$ ausgeführt, so weist A für alle $i \in \mathbb{Z}_k$ der Eingabevariablen v_i den Wert a_i zu. Dann führt der Algorithmus seine Anweisungssequenz aus. Dieser Vorgang wird als *Durchlauf* von A mit der Eingabe a bezeichnet.

Wir nennen nun Anforderungen, die jeder deterministische Algorithmus erfüllen muss.

1. Jeder Durchlauf des Algorithmus mit einer erlaubten Eingabe führt eine **return**-Anweisung aus. Das bedeutet, dass der Algorithmus für jede Eingabe $a \in \text{Input}(A)$ terminiert.
2. Wenn der Algorithmus eine **return**-Anweisung ausführt, ist der Rückgabewert korrekt, d. h., er erfüllt die in der **Output**-Anweisung festgelegten Eigenschaften.
3. Das Ausführen der **return**-Anweisung ist die einzige Möglichkeit, wie der Algorithmus terminieren kann. Das bedeutet, dass nach der Ausführung einer Anweisung, die keine **return**-Anweisung ist, immer eine nächste Anweisung existiert, die der Algorithmus ausführt.

Beispiel 2.1.17 Wir beschreiben den Durchlauf des euklidischen Algorithmus mit der Eingabe $(a, b) = (100, 35)$. Die Anweisungen in den Zeilen 2 und 3 ersetzen a und b durch ihre Absolutwerte. Für die gewählte Eingabe haben sie jedoch keine Auswirkung. Da $b = 35$ ist, ist die **while**-Bedingung erfüllt. Also führt der euklidische Algorithmus $r \leftarrow 100 \bmod 35 = 30$, $a \leftarrow b = 35$ und $b \leftarrow r = 30$ aus. Nach diesem Schritt ist die **while**-Bedingung immer noch erfüllt, da $b = 30$ gilt. Der euklidische Algorithmus führt also $r \leftarrow 35 \bmod 30 = 5$, $a \leftarrow b = 30$ und $b \leftarrow r = 5$ aus. Auch nach dieser Iteration der **while**-Schleife ist die **while**-Bedingung weiterhin erfüllt, da $b = 5$ ist. Der euklidische Algorithmus führt $r \leftarrow 30 \bmod 5 = 0$, $a \leftarrow b = 5$ und $b \leftarrow r = 0$ aus. Nun ist die **while**-Bedingung verletzt. Daher wird die **while**-Schleife nicht mehr ausgeführt. Stattdessen wird die **return**-Anweisung nach **end while** durchgeführt. Das bedeutet, dass der Algorithmus 5 zurückgibt, was dem Wert $\gcd(100, 35)$ entspricht.

Wir modellieren den Durchlauf eines Algorithmus A mit einer Eingabe $a \in \text{Input}(A)$ als eine Folge von *Zuständen*. Ein Zustand beschreibt die Situation des Algorithmus unmittelbar vor der Ausführung einer Anweisung. Er enthält die Inhalte der Speicherzellen, die den Variablen im Algorithmus entsprechen, sowie die nächste auszuführende Anweisung. Betrachte z. B. den Durchlauf des euklidischen Algorithmus mit der Eingabe $(100, 35)$. In den Tab. 2.5 und 2.6 sind die Zustände am Anfang und am Ende dieses Durchlaufs dargestellt.

Wenn der Algorithmus in einem bestimmten Zustand ist, führt er die entsprechende Anweisung aus. Dabei können sich die Werte der Variablen ändern. Wenn die Anweisung nicht die **return**-Anweisung ist, geht der Algorithmus in den nächsten Zustand über, da in unserem Modell ein Ende der Berechnung nur möglich ist, wenn die **return**-Anweisung ausgeführt wird. Dieser nächste Zustand ist eindeutig durch den vorherigen Zustand bestimmt. Daher bestimmt die Eingabe $a \in \text{Input}(A)$ eindeutig den Durchlauf des Algorithmus und seinen Rückgabewert, der mit $A(a)$ bezeichnet wird. Dies erklärt den Namen „deterministischer Algorithmus“. Betrachte zum Beispiel Zustand 3 in Tab. 2.5. Der Wert von b ist 35. Daher ist die **while**-Bedingung erfüllt. Die Ausführung der **while**-Anweisung ändert die Werte von a, b oder r nicht und führt dazu, dass die nächste Anweisung $r \leftarrow a \bmod b$ ist. Zustand 4 ist also eindeutig durch Zustand 3 bestimmt.

Tab. 2.5 Anfang des Durchlaufs des euklidischen Algorithmus mit der Eingabe (100, 35)

Zustand#	Speicherinhalt			Nächste Anweisung
	a	b	r	
1	100	35		$a \leftarrow \|a\|$
2	100	35		$b \leftarrow \|b\|$
3	100	35		**while** $b \neq 0$ **do**
4	100	35		$r \leftarrow a \bmod b$
5	100	35	30	$a \leftarrow b$
6	35	35	30	$b \leftarrow r$
7	35	30	30	**end while**
8	35	30	30	**while** $b \neq 0$ **do**

Tab. 2.6 Ende des Durchlaufs des euklidischen Algorithmus mit der Eingabe (100, 35)

Zustand#	Speicherinhalt			Nächste Anweisung
	a	b	r	
1	30	5	5	**while** $b \neq 0$ **do**
2	30	5	5	$r \leftarrow a \bmod b$
3	30	5	0	$a \leftarrow b$
4	5	5	0	$b \leftarrow r$
5	5	0	0	**end while**
6	5	0	0	**while** $b \neq 0$ **do**
7	5	0	0	**return** a

Da wir von deterministischen Algorithmen verlangen, dass sie bei jeder Eingabe terminieren, kann derselbe Zustand nicht wiederholt in einem Algorithmus-Durchlauf auftreten. Andernfalls würde der Algorithmus in eine Endlosschleife geraten. Die Zustände in Algorithmus-Durchläufen sind also paarweise unterschiedlich.

Es ist wichtig, die *Korrektheit eines Algorithmus* zu beweisen. Das bedeutet, dass der Algorithmus bei jeder Eingabe $a \in \text{Input}(A)$ terminiert und seine Ausgabe die spezifizierten Eigenschaften hat. In Beispiel 2.1.18 präsentieren wir den Korrektheitsbeweis des euklidischen Algorithmus.

Beispiel 2.1.18 Wir beweisen die Korrektheit des euklidischen Algorithmus. Zunächst ist zu beachten, dass nachdem b durch seinen Absolutwert ersetzt wurde, die Folge der Werte von b streng monoton fällt. Denn ab dem zweiten b ist jeder solche Wert der Rest einer Division durch den vorherigen Wert von b. Irgendwann muss also $b = 0$ gelten, was bedeutet, dass der Algorithmus terminiert. Wie Übung 2.1.19 gezeigt, ist der Wert von $\gcd(a, b)$ in Zeile 4 immer gleich. Aber wenn der Algorithmus terminiert, ist $b = 0$ und daher $\gcd(a, b) = \gcd(a, 0) = a$. Die Tatsache, dass $\gcd(a, b)$ sich nicht ändert, wird als *Algorithmus-Invariante* bezeichnet. Solche Invarianten werden häufig in Korrektheitsbeweisen von Algorithmen verwendet.

Übung 2.1.19 Zeigen Sie, dass in Zeile 4 des euklidischen Algorithmus der Wert von $\gcd(a, b)$ immer gleich ist.

Als weiteres Beispiel präsentieren wir einen deterministischen Faktorisierungsalgorithmus. Wir erinnern daran, dass eine ganze Zahl a *zusammengesetzt* ist, wenn sie als $a = bc$ geschrieben werden kann, wobei b und c ganze Zahlen sind und b ein *echter Teiler* von a ist, d. h., $a \bmod b = 0$ und $1 < |b| < |a|$ gilt. Das Ziel eines Faktorisierungsalgorithmus ist es, einen echten Teiler einer zusammengesetzten Zahl a zu finden. Algorithmus 2.1.21 ist ein solcher Algorithmus. Er basiert darauf, dass jede zusammengesetzte Zahl a einen echten Teiler b mit $1 < b \leq \sqrt{|a|}$ hat. Dies wird in Übung 2.1.20 bewiesen. Die Eingabe des Algorithmus ist eine Zahl $a > 1$. Der Algorithmus durchläuft alle Zahlen b mit $1 < b \leq \sqrt{a}$ und überprüft, ob b ein Teiler von a ist. Wenn kein Teiler gefunden wird, ist a eine Primzahl, und in diesem Fall gibt der Algorithmus 0 zurück.

Übung 2.1.20 Zeigen Sie, dass jede zusammengesetzte Zahl a einen echten Teiler b hat mit $1 < b \leq \sqrt{|a|}$.

Algorithmus 2.1.21 Ein deterministischer Faktorisierungsalgorithmus

Input: $a \in \mathbb{Z}_{>1}$
Output: Ein echter Teiler b von a, falls a zusammengesetzt ist, oder 0, falls a eine Primzahl ist

```
detFactor(a)
  for all b = 2, ..., ⌊√a⌋ do
    if a mod b = 0 then
      return b
    end if
  end for
  return 0
end
```

Übung 2.1.22 Sei $a = 35$. Bestimmen Sie die ersten drei und die letzten drei Zustände des Durchlaufs des Algorithmus 2.1.21.

2.1.6 Entscheidungsalgorithmen

In der klassischen Komplexitätstheorie spielen *Entscheidungsalgorithmen* eine wichtige Rolle. Ein solcher Algorithmus entscheidet, ob ein String $\mathbf{s} \in \{0, 1\}^*$ zu einer Teilmenge L von $\{0, 1\}^*$ gehört, die als *Sprache* bezeichnet wird. Die Eingabe eines Entscheidungsalgorithmus ist also ein String $\mathbf{s}$ in $\{0, 1\}^*$. Die Ausgabe ist 0 oder 1, wobei 1 bedeutet, dass die Eingabe $\mathbf{s}$ zu L gehört, und 0 bedeutet, dass $\mathbf{s}$ zum Komplement von L in $\{0, 1\}^*$ gehört. Man sagt auch, dass der Algorithmus die Sprache L *entscheidet.*

Beispiel 2.1.23 Algorithmus 2.1.24 entscheidet die Sprache L, die aus allen Folgen $\mathbf{s} \in \{0, 1\}^*$ besteht, die zusammengesetzte Zahlen darstellen. Er funktioniert ähnlich wie Algorithmus 2.1.21, mit dem Unterschied, dass die Ausgabe für eine zusammengesetzte Zahl 1 ist, und die Ausgabe 0 ist, wenn die Eingabefolge $\mathbf{s}$ entweder (), 0 oder 1 ist oder eine Primzahl darstellt.

Tatsächlich besteht eine enge Verbindung zwischen Entscheidungsalgorithmen und allgemeineren Algorithmen. Beispiel 2.4.21 zeigt, dass ein Algorithmus, der entscheidet, ob eine ganze Zahl einen echten Teiler unter einer gegebenen Schranke hat, in einen Faktorisierungsalgorithmus für ganze Zahlen mit nahezu derselben Effizienz umgewandelt werden kann. Diese Methode kann auf viele algorithmische Probleme angewendet werden.

Algorithmus 2.1.24 Algorithmus zur Entscheidung der Zusammengesetztheit

Input: $\mathbf{s} \in \{0, 1\}^*$
Output: 1 falls stringToInt($\mathbf{s}$) zusammengesetzt ist, und 0 andernfalls

```
decideComp(s)
   a ← stringToInt(s)
   for alle b = 2, ..., ⌊√a⌋ do
      if a mod b = 0 then
         return 1
      end if
   end for
   return 0
end
```

2.1.7 Zeit- und Platzkomplexität

Sei A ein Algorithmus. Seine Effizienz hängt von seiner Zeit- und Platzkomplexität ab, die wir in diesem Abschnitt diskutieren.

Definition 2.1.25

1. Die *Laufzeit* oder *Zeitkomplexität* von A für eine Eingabe $a \in \text{Input}(A)$ ist die Summe der für das Lesen der Eingabe a benötigten Zeit, die $\text{O}(\text{size}(a))$ beträgt, und der Laufzeiten der während des Algorithmuslaufes mit Eingabe a ausgeführten Anweisungen.
2. Die *Worst-Case-Laufzeit* oder *Worst-Case-Zeitkomplexität* von A ist die Funktion

$$\text{wTime}_A : \mathbb{N} \to \mathbb{R}_{\geq 0} \tag{2.13}$$

die eine positive ganze Zahl n, welche die Größe einer Eingabe von A ist, auf die maximale Laufzeit von A über alle Eingaben der Größe n abbildet. Falls n nicht die Größe einer Eingabe von A ist, dann setzen wir $\text{wTime}_A(n) = 0$.

Als Nächstes definieren wir die Platzkomplexität des Algorithmus A.

Definition 2.1.26

1. Die *Platzkomplexität* von A für eine Eingabe a ist die Gesamtmenge an Platz, die während des Algorithmuslaufs mit Eingabe a verwendet wird.
2. Die *Worst-Case-Platzkomplexität* von A ist die Funktion

$$\text{wSpace}_A : \mathbb{N} \to \mathbb{N} \tag{2.14}$$

die eine positive ganze Zahl n, welche die Größe einer Eingabe von A darstellt, auf die maximale Platzkomplexität von A über alle Eingaben der Größe n abbildet. Falls n nicht die Größe einer Eingabe von a ist, setzen wir $\text{wSpace}_A(n) = 0$.

Unter Verwendung der Definitionen 2.1.25 und 2.1.26 definieren wir die asymptotische Zeit- und Platzkomplexität deterministischer Algorithmen.

Definition 2.1.27 Sei $f : \mathbb{N} \to \mathbb{R}_{\geq 0}$ eine Funktion. Wir sagen, dass A eine *asymptotische Worst-Case-Zeit- oder Platzkomplexität* $\text{O}(f)$ hat, wenn $\text{wTime}_A = \text{O}(f)$ bzw. $\text{wSpace}_A = \text{O}(f)$ ist. Die Wörter „asymptotisch" und „Worst-Case" können auch weggelassen werden.

Es ist üblich, spezielle Bezeichnungen für bestimmte Zeit- und Platzkomplexitäten zu verwenden. Die für uns relevanten sind in Tab. 2.7 aufgeführt.

Übung 2.1.28 Zeigen Sie, dass quasilineare Zeit- oder Platzkomplexität impliziert, dass die Laufzeit bzw. der Platzbedarf $n^{1+\text{o}(1)}$ ist. Zeigen Sie auch, dass subexponentielle Komplexität als $2^{\text{o}(n)}$ abgeschätzt werden kann, polynomielle Komplexität als $n^{\text{O}(1)}$ oder $2^{\text{O}(\log n)}$ und exponentielle Komplexität als $2^{n^{\text{O}(1)}}$.

Tab. 2.7 Bezeichnungen der asymptotischen Zeit- und Platzkomplexität bei Eingabelänge n

Name	Zeit- oder Platzkomplexität
Konstant	$O(1)$
Logarithmisch	$O(\log n)$
Linear	$O(n)$
Quasilinear	$O(n(\log n)^c)$ für ein $c \in \mathbb{N}$
Quadratisch	$O(n^2)$
Kubisch	$O(n^3)$
Polynomiell	$O(n^c)$ für ein $c \in \mathbb{N}$
Subexponentiell	$O(2^{n^\varepsilon})$ für alle $\varepsilon \in \mathbb{R}_{>0}$
Exponentiell	$O(2^{n^c})$ für ein $c \in \mathbb{N}$

Beispiel 2.1.29 Wir analysieren die Zeit- und Platzkomplexität des euklidischen Algorithmus 2.1.16. Sei $(a, b) \in \mathbb{Z}^2$ die Eingabe des Algorithmus und sei n das Maximum von $\text{size}(a)$ und $\text{size}(b)$. Die Zeit, um die Eingabe (a, b) zu lesen, beträgt $O(n)$. Nach den Operationen in den Zeilen 2 und 3 gilt $a, b \geq 0$. Die Zeit- und Platzkomplexität dieser Anweisungen beträgt $O(n)$. Wenn $b = 0$ ist, wird die **while**-Schleife nicht ausgeführt und a wird zurückgegeben, was Zeit $O(n)$ benötigt. Wenn $b \neq 0$ und $a \leq b$ ist, gilt nach der ersten Iteration der **while**-Schleife $b < a$. Aus Übung 2.1.30 folgt, dass die Gesamtzahl der Ausführungen der **while**-Schleife $O(n)$ ist. Außerdem ist nach dieser Übung die Größe der Operanden, die bei den Ausführungen der **while**-Schleife verwendet werden, $O(n)$. Daher beträgt die Laufzeit jeder Iteration $O(n^2)$ und der Speicherbedarf beträgt $O(n)$. Dies zeigt, dass Worst-Case-Laufzeit des euklidischen Algorithmus $O(n^3)$ und Worst-Case-Platzkomplexität $O(n)$ beträgt. Somit hat der euklidische Algorithmus kubische Laufzeit. Mit komplizierteren Argumenten kann sogar gezeigt werden, dass dieser Algorithmus quadratische Laufzeit hat (siehe Theorem 1.10.5 in [Buc04]).

In Hinblick auf die praktische Relevanz der Worst-Case-Laufzeit ist Folgendes zu beachten: Seien A und A' zwei Algorithmen, die dasselbe Problem lösen, zum Beispiel die Berechnung des größten gemeinsamen Teilers. Wenn der Algorithmus A eine kleinere asymptotische Laufzeit als der Algorithmus A' hat, bedeutet dies nicht notwendig, dass A in der Praxis besser ist als A'. Dieser Vergleich zeigt nur, dass A ab einer bestimmten Eingabelänge schneller ist als A'. Diese Eingabelänge kann jedoch so groß sein, dass sie für alle praktisch interessanten Anwendungsfälle irrelevant ist. Zum Beispiel wird in [AHU74] gezeigt, dass für jeden ganzzahligen Multiplikationsalgorithmus mit einer Worst-Case-Laufzeit von $M(n)$ ein ggT-Algorithmus mit einer Worst-Case-Laufzeit von $O(M(n)\log(n))$ existiert. Zu dem Multiplikationsalgorithmus aus [HvdH21] mit einer Worst-Case-Laufzeit von $O(n \log n)$ gehört also ein ggT-Algorithmus mit einer Worst-Case-Laufzeit von $O(n \log^2 n)$. Er ist dem klassischen $O(n^2)$-ggT-Algorithmus asymptotisch weit überlegen. In der Praxis bringt das aber möglicherweise nur für sehr große Eingaben einen Vorteil.

Übung 2.1.30 Seien $(a, b) \in \mathbb{N}^2$ mit $a > b$ die Eingabe des euklidischen Algorithmus. Setze $r_0 = a$ und $r_1 = b$. Bezeichne mit k die Anzahl der Iterationen der **while**-Schleife, die im Algorithmus ausgeführt werden und mit $r_2, r_3, \ldots, r_{k+1}$ die Folge der Reste r, die in Zeile 5 des euklidischen Algorithmus berechnet werden. Zeigen Sie, dass die Folge $(r_i)_{0 \leq i \leq k+1}$ streng monoton fällt und dass $r_{i+2} < r_i/2$ für alle $i \in \mathbb{Z}_k$ gilt. Schließen Sie daraus: $k = O(\operatorname{size} a)$.

Beispiel 2.1.31 Wir bestimmen die Worst-Case-Zeit- und Platzkomplexität des deterministischen Faktorisierungsalgorithmus 2.1.21. Sei $n = \operatorname{bitLength} a$. Die Anzahl der Iterationen der **for**-Schleife in diesem Algorithmus ist $O(2^{n/2})$. Jede Iteration der **for**-Schleife benötigt Zeit $O(n^2)$ und Platz $O(n)$. Daher ist die Worst-Case-Zeitkomplexität des Algorithmus 2.1.21 $O(n^2 2^{n/2}) = 2^{O(n)}$ und die Worst-Case-Platzkomplexität ist $O(n)$. Somit hat der Algorithmus exponentielle Laufzeit und lineare Platzkomplexität.

2.2 Probabilistische Algorithmen

Quantenalgorithmen sind inhärent probabilistisch, d. h. ihre Ausgabe ist nicht eindeutig durch ihre Eingabe bestimmt, sondern folgt einer Wahrscheinlichkeitsverteilung über die möglichen Ausgaben. Dieser Abschnitt behandelt klassische probabilistische Algorithmen. In vielen Fällen sind sie wesentlich effizienter als die entsprechenden deterministischen Verfahren. Ein Beispiel ist die probabilistische Lösung des Deutsch-Jozsa-Problems in Übung 6.2.3.

2.2.1 Definition probabilistischer

Ein probabilistischer Algorithmus hat die gleichen vier Komponenten wie ein deterministischer Algorithmus: die **Input**- und **Output**-Anweisung, einen Algorithmus-Namen gefolgt von der Sequenz der Eingabevariablen und eine Folge von Anweisungen, die mit **end** beendet wird. Darüber hinaus werden Zustände, Durchläufe und Komplexitäten von probabilistischen Algorithmen genauso definiert wie bei deterministischen Algorithmen. Die Unterschiede zwischen den beiden Arten von Algorithmen werden nun beschrieben. Zunächst legen wir fest, dass coinToss ein probabilistischer Algorithmus ist. Er hat keine Eingabe. Ruft man ihn auf, gibt er 0 oder 1 zurück, jeweils mit einer Wahrscheinlichkeit von $\frac{1}{2}$. Außerdem hat jeder probabilistische Algorithmus A folgende Eigenschaften:

1. A darf andere probabilistische Algorithmen als Unterprogramme aufrufen, wenn sie die folgende Bedingung erfüllen. Bei einer zulässigen Eingabe terminieren sie und geben eine von endlich vielen möglichen Ausgaben gemäß einer Wahrscheinlichkeitsverteilung zurück.
2. Der Durchlauf von A bei Eingabe eines $a \in \text{Input}(A)$ hängt von a und den Rückgabewerten der während des Algorithmusablaufs aufgerufenen probabilistischen Unterprogramme ab. Daher ist dieser Ablauf im Gegensatz zu deterministischen Algorithmen möglicherweise nicht eindeutig durch die Eingabe a bestimmt.
3. A terminiert möglicherweise nicht, da die Terminierung von bestimmten Rückgabewerten eines probabilistischen Unterprogramms abhängen kann, die vielleicht niemals auftreten.
4. Sei $a \in \text{Input}(A)$ und angenommen, dass A bei Eingabe von a mit der Ausgabe o terminiert. Dann ist o möglicherweise nicht eindeutig durch a bestimmt, sondern kann, wie in Punkt 2 schon festgestellt, auch von den Rückgabewerten der Aufrufe von probabilistischen Unterprogrammen während des Ablaufs von A abhängen. Außerdem gibt es für o folgende Möglichkeiten: Entweder ist $o =$ „Failure". Das bedeutet, dass der Algorithmus keine korrekte Ausgabe gefunden hat. Oder o hat einen anderen Wert. Ist dabei $o \in \text{Output}(A, a)$, so ist o ein *korrekter Rückgabewert*. Andernfalls ist o kein korrekter Rückgabewert.
5. Aufgrund der speziellen Bedeutung des Rückgabewertes „Failure" darf dieser niemals ein korrektes Ergebnis sein, also zu $\text{Output}(A, a)$ gehören.

Auf die Bedingung, dass alle aufgerufenen Unterprogramme eines probabilistischen Algorithmus terminieren müssen, könnte man auch verzichten. Aber sie vereinfacht die Analyse probabilistischer Algorithmen und die Übertragbarkeit auf die Analyse von Quantenalgorithmen. Sie stellt auch keine Einschränkung dar, da probabilistische Algorithmen geschrieben werden können, ohne dass andere Unterprogramme als coinToss aufgerufen werden. In Proposition 2.3.5 werden wir zeigen, dass die zulässigen Unterprogramme probabilistischer Algorithmen genau die sogenannten Monte-Carlo-Algorithmen sind, die weiter unten eingeführt werden.

Wir geben zwei Beispiele für probabilistische Algorithmen, die als Unterprogramme in anderen probabilistischen Algorithmen verwendet werden können.

Beispiel 2.2.1 Bei Eingabe von $k \in \mathbb{N}$ gibt Algorithmus 2.2.2 eine der 2^k möglichen Bitfolgen der Länge k zurück, und zwar gemäß der Gleichverteilung. Bei derselben Eingabe gibt Algorithmus 2.2.3 eine ganze Zahl a zurück, die kleiner als 2^k ist, und zwar wiederum gemäß der Gleichverteilung. Beide Algorithmen erfüllen also die Bedingung in der Eigenschaft 1, die probabilistische Algorithmen erfüllen müssen.

Algorithmus 2.2.2 Auswahl eines gleichverteilt zufälligen Bitstrings fester Länge

Input: $k \in \mathbb{N}$
Output: $\mathbf{s} \in \{0, 1\}^k$
randomString(k)
  for $i = 0$ to $k - 1$ **do**
    $s_i \leftarrow$ coinToss
  end for
  return $\mathbf{s} = (s_0, \ldots, s_{k-1})$
end

Algorithmus 2.2.3 Auswahl einer gleichverteilt zufälligen positiven ganzen Zahl mit beschränkter Bitlänge

Input: $k \in \mathbb{N}$
Output: $b \in \mathbb{N}_0$ with $bitLength(b) \leq k$
randomInt(k)
  $\mathbf{s} \leftarrow$ randomString(k)
  $b \leftarrow$ stringToInt($\mathbf{s}$)
  return b
end

Ein probabilistischer Algorithmus, der bei Terminierung immer ein korrektes Ergebnis oder „Failure" zurückgibt, wird als „fehlerfrei" bezeichnet. Nicht alle probabilistischen Algorithmen müssen fehlerfrei sein, wie das folgende Beispiel zeigt:

Beispiel 2.2.4 Ein wichtiges Problem der algorithmischen Zahlentheorie besteht darin, zu entscheiden, ob eine ganze Zahl $a > 1$ eine Primzahl ist oder zusammengesetzt. Dazu kann man *Primzahltests* verwenden. Bei Eingabe einer ganzen Zahl a, die größer als 1 ist, geben sie 1 aus, wenn a eine Primzahl ist. Für jede Primzahl a ist also $\text{Output}(A, a) = \{1\}$. Außerdem geben sie 0 ausgeben, wenn a keine Primzahl ist. Für zusammengesetztes a ist damit $\text{Output}(A, a) = \{0\}$.

Man kann als Primzahltest zum Beispiel den *Fermat-Test* verwenden. Bei Eingabe von $a \in \mathbb{N}_{>1}$ wählt er gleichverteilt zufällig $b \in \mathbb{Z}_a$ und testet, ob die folgende Bedingung erfüllt ist:

$$\gcd(a, b) > 1 \vee b^{a-1} \not\equiv 1 \bmod a. \tag{2.15}$$

Nach dem kleinen Satz von Fermat (siehe [Buc04], Theorem 2.11.1) folgt aus (2.15), dass a zusammengesetzt ist. In diesem Fall gibt der Algorithmus 0 zurück; andernfalls gibt er 1 zurück.

Dieser Algorithmus ist kein fehlerfreier Primzahltest. Wenn er 0 zurückgibt, ist zwar sicher, dass die Eingabe a zusammengesetzt ist. Gibt er aber 1 zurück, kann a eine Primzahl sein oder zusammengesetzt. Die Eingabe kann z. B. eine *Carmichael-Zahl* sein, also eine zusammengesetzte Zahl, die für alle $b \in \mathbb{Z}_a^*$ die Bedingung $b^{a-1} \equiv 1 \bmod a$ erfüllt. Die ersten drei Carmichael-Zahlen sind 561, 1105 und 1729 und wie in [AGAP94] gezeigt wird, gibt es tatsächlich unendlich viele Carmichael-Zahlen.

Übung 2.2.5

1. Schreiben Sie Pseudo-Code für den in Beispiel 2.2.4 beschriebenen Fermat-Test.
2. Finden Sie eine zusammengesetzte Zahl a, die keine Carmichael-Zahl ist, und bei deren Eingabe der Algorithmus aus Beispiel 2.2.4 manchmal 0 und manchmal 1 zurückgibt.

Es gibt die folgenden zwei Arten von probabilistischen Algorithmen:

1. *Monte-Carlo-Algorithmen.* Sie terminieren immer, sind aber möglicherweise nicht immer erfolgreich, d. h. ihre Ausgabe ist möglicherweise nicht korrekt.
2. *Las-Vegas-Algorithmen.* Sie terminieren möglicherweise nicht, aber wenn sie terminieren, sind sie erfolgreich, d. h., die Ausgabe ist korrekt.

Wie schon erwähnt, werden wir in Proposition 2.3.5 sehen, dass Monte-Carlo-Algorithmen genau die erlaubten Unterprogramme probabilistischer Algorithmen sind, d. h., sie terminieren bei jeder erlaubten Eingabe und geben eine von endlich vielen möglichen Ausgaben gemäß einer Wahrscheinlichkeitsverteilung zurück. Die Konzepte der Zeit- und Platzkomplexität und der entsprechenden Worst-Case-Komplexitäten aus Abschn. 2.1.7 übertragen sich wörtlich auf Monte-Carlo-Algorithmen.

Die Algorithmen 2.2.2 und 2.2.3 sind Beispiele für Monte-Carlo-Algorithmen. Ein weiteres Beispiel für einen Monte-Carlo-Algorithmus ist das folgende:

Beispiel 2.2.6 Algorithmus 2.2.8 ist ein fehlerfreier Monte-Carlo-Faktorisierungsalgorithmus, der auf der Tatsache beruht, dass eine zusammengesetzte Zahl $a \in \mathbb{N}$ einen echten Teiler $b \in \mathbb{N}$ hat mit

$$\text{bitLength}(b) \leq \text{m}(a) = \lceil (\text{bitLength}\ a)/2 \rceil. \tag{2.16}$$

Dies wird in Übung 2.2.7 gezeigt. Bei Eingabe von $a \in \mathbb{Z}_{>1}$ berechnet Algorithmus 2.2.8 zunächst eine gleichverteilt zufällige ganze Zahl b mit Bitlänge $\leq \text{m}(a)$. Der Algorithmus gibt b zurück, wenn diese Zahl ein echter Teiler von a ist. Dann war der Algorithmuslauf erfolgreich. Andernfalls gibt er „Failure“ zurück, was bedeutet, dass der Algorithmus keinen echten Teiler von a gefunden hat. Der Algorithmus terminiert immer, da er nur ein einziges b testet. Er ist auch fehlerfrei, aber möglicherweise nicht immer erfolgreich.

Übung 2.2.7 Zeigen Sie, dass jede zusammengesetzte Zahl $a \in \mathbb{N}$ einen echten Teiler mit Bitlänge $\leq \text{m}(a)$ hat. Zeigen Sie außerdem, dass $\text{m}(a)$ in linearer Zeit berechnet werden kann.

Algorithmus 2.2.8 Monte-Carlo-Faktorisierungsalgorithmus

Input: $a \in \mathbb{N}_{>1}$
Output: Ein echter Teiler $b \in \mathbb{N}$ von a

```
mcFactor(a)
    b ← randomInt(m(a))
    if 1 < b < a ∧ a mod b = 0 then
        return b
    end if
    return „Failure“
end
```

Beispiel 2.2.9 Algorithmus 2.2.10 ist ein Las-Vegas-Faktorisierungsalgorithmus, der mcFactor aufruft, bis ein echter Teiler von a gefunden wird. Dies kann ewig dauern. Aber wenn der Algorithmus terminiert, dann ist er erfolgreich.

Algorithmus 2.2.10 Las-Vegas-Faktorisierungsalgorithmus

Input: $a \in \mathbb{N}_{>1}$
Output: Ein echter Teiler $b \in \mathbb{N}$ von a

```
lvFactor(a)
    repeat
        b ← mcFactor(a)
    until b ≠ „Failure“
    return b
end
```

Algorithmus 2.2.11 ist eine Verallgemeinerung von Algorithmus 2.2.10 und transformiert jeden fehlerfreien Monte-Carlo-Algorithmus A in einen Las-Vegas-Algorithmus. Bei Eingabe von $a \in \text{Input}(A)$ führt er $A(a)$ so oft aus, bis ein korrektes Ergebnis gefunden wird. Da dies einem Bernoulli-Experiment entspricht, nennen wir ihn den *Bernoulli-Algorithmus für A*.

Andererseits kann jeder Las-Vegas-Algorithmus in einen fehlerfreien Monte-Carlo-Algorithmus umgewandelt werden. Dazu wird der Las-Vegas-Algorithmus so modifiziert, dass er zusätzlich einen Zähler erhöht. Wenn der Las-Vegas-Algorithmus erfolgreich ist, gibt der Monte-Carlo-Algorithmus das entsprechende Ergebnis zurück. Wenn vorher der Zähler einen gewissen Wert überschreitet, gibt der Monte-Carlo-Algorithmus „Failure“ zurück.

Übung 2.2.12 Transformieren Sie Algorithmus 2.2.10 in einen fehlerfreien Monte-Carlo-Algorithmus, der bei Eingabe von $a \in \mathbb{Z}_{>1}$ nicht mehr als bitLength(a) viele Münzwürfe durchführt.

Algorithmus 2.2.11 Bernoulli Algorithmus für einen fehlerfreien Monte-Carlo-Algorithmus A

Input: $a \in \text{Input}(A)$
Output: $b \in \text{Output}(A, a)$

```
bernoulli_A(a)
    b ← „Failure“
    while b = „Failure“ do
        b ← A(a)
    end while
    return b
end
```

2.2.2 Probabilistische Entscheidungsalgorithmen

Wir führen nun *probabilistische Entscheidungsalgorithmen* ein. Wie deterministische Entscheidungsalgorithmen haben sie das Ziel, die Zugehörigkeit von $\mathbf{s} \in \{0, 1\}^*$ zu einer Sprache $L \subset \{0, 1\}^*$ zu entscheiden. Ein solcher Algorithmus gibt immer 1 oder 0 zurück. Für $\mathbf{s} \in L$ ist die korrekte Ausgabe 1 und für $\mathbf{s} \in \{0, 1\}^* \setminus L$ ist sie 0. Es gilt also $\text{Output}(A, \mathbf{s}) = \{1\}$ für alle $\mathbf{s} \in L$ und $\text{Output}(A, \mathbf{s}) = \{0\}$ für alle $\mathbf{s} \in \{0, 1\}^* \setminus L$. Jedoch erinnern wir daran, dass probabilistische Algorithmen nicht zwangsläufig erfolgreich sein müssen. Daher kann es auch sein, dass der Algorithmus 0 zurückgibt, wenn $\mathbf{s} \in L$ ist und 1, wenn $\mathbf{s} \in \{0, 1\}^* \setminus L$ ist.

Es gibt drei verschiedene Arten von probabilistischen Entscheidungsalgorithmen. Um sie zu definieren, nehmen wir an, dass A ein probabilistischer Algorithmus ist, der eine Sprache L entscheidet.

1. A wird als *true-biased* bezeichnet, wenn A niemals *falsch-positive Antworten* gibt. Das bedeutet Folgendes: wenn A bei Eingabe von $\mathbf{s} \in \{0, 1\}^*$ den Wert 1 zurückgibt, dann gilt $\mathbf{s} \in L$.
2. A wird als *false-biased* bezeichnet, wenn A niemals *falsch-negative Antworten* gibt. Das bedeutet Folgendes: wenn A für die Eingabe $\mathbf{s} \in \{0, 1\}^*$ den Wert 0 zurückgibt, dann gilt $\mathbf{s} \notin L$.
3. Wenn A true-biased oder false-biased ist, wird A auch als *Algorithmus mit einseitigem Fehler* bezeichnet.
4. A wird als *Algorithmus mit zweiseitigem Fehler* bezeichnet, wenn A sowohl falsch-positive als auch falsch-negative Antworten geben kann.

Beachten Sie, dass ein Algorithmus, der false-biased ist, immer in einen Algorithmus umgewandelt werden kann, der true-biased ist. Hierfür müssen wir lediglich die zu entscheidende Sprache durch ihr Komplement in $\{0, 1\}^*$ ersetzen und die Ausgaben 0 und 1 vertauschen.

Beispiel 2.2.13 Betrachten Sie Algorithmus 2.2.14, der entscheidet, ob die zu einer Zeichenfolge in $\{0, 1\}^*$ gehörende ganze Zahl zusammengesetzt ist oder nicht. Bei Eingabe von $\mathbf{s} \in \{0, 1\}^*$ berechnet der Algorithmus die durch **s** dargestellt ganze Zahl a und ruft mcFactor auf. Wenn dieses Unterprogramm einen echten Teiler von a liefert, gibt der Algorithmus 1 zurück. Andernfalls gibt er 0 zurück. Dies ist ein true-biased Monte-Carlo-Entscheidungsalgorithmus. Wenn er 1 zurückgibt, stellt **s** eine zusammengesetzte ganze Zahl dar. Wenn er jedoch 0 zurückgibt, kann die von **s** dargestellte ganze Zahl zusammengesetzt sein oder auch nicht.

Algorithmus 2.2.14 True-biased Monte-Carlo-Algorithmus, der Zusammengesetztheit entscheidet

Input: $\mathbf{s} \in \{0, 1\}^*$
Output: 1, falls stringToInt(**s**) zusammengesetzt ist und 0 sonst

```
mcComposite(s)
    a ← stringToInt(s)
    b ← mcFactor(a)
    if b ∈ ℕ then
        return 1
    else
        return 0
    end if
end
```

Beispiel 2.2.15 Algorithmus 2.2.16 ist ein etwas künstliches Beispiel eines Monte-Carlo-Entscheidungsalgorithmus mit zweiseitigem Fehler. Bei Eingabe von $\mathbf{s} \in \{0, 1\}^*$ berechnet er $a = \text{stringToInt}(\mathbf{s})$. Dann wirft er eine Münze, ruft mcFactor auf und gibt 1 zurück, wenn der Münzwurf 1 ergibt oder mcFactor(a) einen echten Teiler von a zurückgibt. Andernfalls gibt er 0 zurück. Der Algorithmus liefert eine falsch-negative Antwort, wenn a zusammengesetzt ist und sowohl coinToss als auch mcFactor 0 zurückgeben. Ebenso liefert er eine falsch positive Antwort, wenn a eine Primzahl ist und coinToss 1 ergibt.

Algorithmus 2.2.16 Monte-Carlo-Algorithmus mit zweiseitigem Fehler, der Zusammengesetztheit entscheidet

Input: $\mathbf{s} \in \{0, 1\}^*$
Output: 1, falls stringToInt($\mathbf{s}$) zusammengesetzt ist und 0 sonst

```
mcComposite2(a)
  a ← stringToInt(s)
  c ← coinToss
  b ← mcFactor(a)
  if c = 1 ∨ b ∈ ℕ then
    return 1
  else
    return 0
  end if
end
```

2.3 Analyse probabilistischer Algorithmen

Dieser Abschnitt behandelt die Analyse der Komplexität und Erfolgswahrscheinlichkeit von probabilistischen Algorithmen.

2.3.1 Ein diskreter Wahrscheinlichkeitsraum

Unser erstes Ziel ist es, einen diskreten Wahrscheinlichkeitsraum zu definieren, der die Grundlage unserer Analysen bildet. In diesem Abschnitt ist A ein probabilistischer Algorithmus. Zunächst führen wir einige Bezeichnungen ein.

Betrachte einen Durchlauf R von A bei einer Eingabe $a \in \text{Input}(A)$. Sei $l \in \mathbb{N}_0 \cup \{\infty\}$ die Anzahl der Aufrufe probabilistischer Unterprogramme in R. Zum Beispiel gilt für Algorithmus 2.2.2 $\text{Input}(A) = \mathbb{N}$ und für $a \in \mathbb{N}$ gilt $l = a$. Im Gegensatz dazu kann die Anzahl l der probabilistischen Unterprogrammaufrufe in Algorithmus 2.2.10 unendlich sein.

Für alle $i \in \mathbb{N}_0$, $i < l$, sei a_i die Eingabe des $(i + 1)$-ten Unterprogrammaufrufs in R, falls dieses Unterprogramm eine Eingabe benötigt, r_i sei sein Ausgabewert und p_i die Wahrscheinlichkeit, dass bei Eingabe von a_i die Ausgabe r_i auftritt. Diese Größen sind wohldefiniert, da wir verlangen, dass probabilistische Algorithmen nur probabilistische Unterprogramme verwenden dürfen, die bei jeder Eingabe terminieren und eine von endlich vielen möglichen Ausgaben entsprechend einer Wahrscheinlichkeitsverteilung zurückgeben. Zum Beispiel hat das probabilistische Unterprogramm coinToss keine Eingabe, die Ausgabe ist 0 oder 1 und die Wahrscheinlichkeit für beide Ausgaben beträgt $\frac{1}{2}$. Ist $l < \infty$, nennen wir $\mathbf{r} = (r_0, \ldots, r_{l-1})$ die *Zufallsfolge des Durchlaufs* R. Für $l = \infty$ ist $(r_0, r_1, \ldots)$ diese Zufallsfolge. Die Zufallsfolge eines Durchlaufs von randomString mit der Eingabe $a \in \mathbb{N}$ ist also ein Element von $\{0, 1\}^a$.

Wir bezeichnen die Menge aller Zufallsfolgen von Algorithmusdurchläufen von A bei Eingabe von a als $\text{Rand}(A, a)$ und die Menge der endlichen Folgen in $\text{Rand}(A, a)$ als $\text{FRand}(A, a)$. Für $A = \text{randomString}$ und $a \in \mathbb{N}$ gilt $\text{Rand}(A, a) = \text{FRand}(A, a) = \{0, 1\}^a$. Für $a \in \text{Input}(A)$ ist jedes $\mathbf{r} \in \text{Rand}(A, a)$ die Zufallsfolge genau eines Algorithmusdurchlaufs von A. Wir nennen ihn den *Algorithmusdurchlauf, der zu* $\mathbf{r}$ *gehört*. Dieser Durchlauf terminiert genau dann, wenn $\mathbf{r} \in \text{FRand}(A, a)$ gilt. Dann schreiben wir $A(a, \mathbf{r})$ für den Rückgabewert dieses Durchlaufs.

Schließlich sei $k \in \mathbb{N}_0$, $k \leq l$ und $\mathbf{r} = (r_0, \ldots, r_{k-1})$ sei ein Präfix einer Zufallsfolge eines Algorithmusdurchlaufs von A bei Eingabe von a. Für $0 \leq i < k$ sei, wie oben schon festgelegt, p_i die Wahrscheinlichkeit, dass der Rückgabewert r_i auftritt. Dann setzen wir

$$\Pr_{A,a}(\mathbf{r}) = \prod_{i=0}^{k-1} p_i. \tag{2.17}$$

Dies ist die Wahrscheinlichkeit dafür, dass $\mathbf{r}$ als Präfix der Zufallsfolge eines Algorithmusdurchlaufs von A für die Eingabe a auftritt. Sei zum Beispiel $A = \text{randomString}$, $a \in \mathbb{N}$, $k \in \mathbb{N}_0$, $k \leq a$ und $\mathbf{r} \in \{0, 1\}^k$. Dann gilt $\Pr_{A,a}(\mathbf{r}) = \frac{1}{2^k}$.

Übung 2.3.1 Bestimmen Sie $\text{Rand}(A, a)$, $\text{FRand}(A, a)$ und $\Pr_{A,a}$ für $A = \text{lvFactor}$ (siehe Algorithmus 2.2.10) und $a \in \text{Input}(A) = \mathbb{N}_{>1}$.

Das nächste Lemma ermöglicht die Definition der Wahrscheinlichkeitsverteilung, die wir suchen.

Lemma 2.3.2 Sei $a \in \text{Input}(A)$. Die (möglicherweise unendliche) Summe

$$\sum_{\mathbf{r} \in \text{FRand}(A,a)} \Pr(\mathbf{r}) \tag{2.18}$$

konvergiert, ihr Grenzwert liegt im Intervall $[0, 1]$ und ist unabhängig von der Reihenfolge der Summanden.

Beweis Wenn die Summe in (2.18) konvergiert, dann konvergiert sie absolut, da die Summanden nichtnegativ sind. Also impliziert Theorem C.1.4, dass ihr Grenzwert unabhängig von der Reihenfolge der Summanden ist.

Um die Konvergenz der Summe zu zeigen, setzen wir

$$t_k = \sum_{\mathbf{r} \in \text{FRand}, |\mathbf{r}| \leq k} \Pr_{A,a}(\mathbf{r}) \tag{2.19}$$

für alle $k \in \mathbb{N}_0$. Dann konvergiert die Summe in (2.18), genau dann, wenn die Folge (t_k) konvergiert. Für $k \in \mathbb{N}_0$ sei Rand_k die Menge aller Präfixe der Länge höchstens k von Folgen in Rand(A, a). Wir werden unten beweisen, dass

$$\sum_{\mathbf{r}\in\mathrm{Rand}_k} \Pr_{A,a}(\mathbf{r}) = 1 \tag{2.20}$$

gilt für alle $k \in \mathbb{N}_0$. Dies impliziert

$$t_k \leq \sum_{\mathbf{r}\in\mathrm{Rand}_k} \Pr_{A,a}(\mathbf{r}) = 1. \tag{2.21}$$

für alle $k \in \mathbb{N}_0$. Da die Elemente der Folge (t_k) monoton wachsend sind, folgt daraus die Konvergenz von (t_k) und somit der unendlichen Summe (2.18).

Wir beweisen nun (2.20) durch Induktion über k. Da Rand_0 nur die leere Folge enthält, gilt (2.20) für $k = 0$. Für den Induktionsschritt nehmen wir an, dass (2.20) für ein $k \in \mathbb{N}_0$ gilt. Sei Rand'_k die Menge aller Folgen der Länge höchstens k in Rand(A, a) und Rand''_k die Menge der Folgen der Länge k, die echte Präfixe von Folgen in Rand(A, a) sind. Für $\mathbf{r} \in \mathrm{Rand}''_k$ sei $m(\mathbf{r})$ die Anzahl der möglichen Ausgaben des probabilistischen Unterprogramms, das als $k + 1$-tes aufgerufen wird, wenn die Folge der Rückgabewerte der vorherigen Aufrufe $\mathbf{r}$ war. Sei $r_i(\mathbf{r})$ die i-te dieser Ausgaben und $p_i(\mathbf{r})$ deren Wahrscheinlichkeit. Diese Größen existieren gemäß der Definition probabilistischer Algorithmen. Dann gilt

$$\mathrm{Rand}_{k+1} = \mathrm{Rand}'_k \cup \{\mathbf{r}\|r_i(\mathbf{r}) : \mathbf{r} \in \mathrm{Rand}''_k \text{ und } 1 \leq i \leq m(\mathbf{r})\}. \tag{2.22}$$

Außerdem gilt

$$\sum_{i=1}^{m(\mathbf{r})} p_i(\mathbf{r}) = 1 \tag{2.23}$$

für alle $\mathbf{r} \in \mathrm{Rand}''_k$. Dies impliziert

$$\begin{aligned}
\sum_{\mathbf{r}\in\mathrm{Rand}_{k+1}} \Pr_{A,a}(\mathbf{r}) &= \sum_{\mathbf{r}\in\mathrm{Rand}'_k} \Pr_{A,a}(\mathbf{r}) + \sum_{\mathbf{r}\in\mathrm{Rand}''_k} \sum_{i=1}^{m(\mathbf{r})} \Pr_{A,a}(\mathbf{r}\|s_i(\mathbf{r})) \\
&= \sum_{\mathbf{r}\in\mathrm{Rand}'_k} \Pr_{A,a}(\mathbf{r}) + \sum_{\mathbf{r}\in\mathrm{Rand}''_k} \Pr_{A,a}(\mathbf{r}) \sum_{i=1}^{m(\mathbf{r})} p_i(\mathbf{r}) \\
&= \sum_{\mathbf{r}\in\mathrm{Rand}'_k} \Pr_{A,a}(\mathbf{r}) + \sum_{\mathbf{r}\in\mathrm{Rand}''_k} \Pr_{A,a}(\mathbf{r}) \\
&= \sum_{\mathbf{r}\in\mathrm{Rand}_k} \Pr_{A,a}(\mathbf{r}) = 1.
\end{aligned} \tag{2.24}$$

□

Lemma 2.3.2 erlaubt die Definition der Wahrscheinlichkeitsverteilung, nach der wir suchen. Dies geschieht in der folgenden Proposition:

Proposition 2.3.3 Für jedes $a \in \mathrm{Input}(A)$ definieren wir

$$\mathrm{Pr}_{A,a}(\infty) = 1 - \sum_{\mathbf{r} \in \mathrm{FRand}(A,a)} \mathrm{Pr}_{A,a}(\mathbf{r}). \tag{2.25}$$

Dann ist $(\mathrm{FRand}(A, a) \cup \{\infty\}, \mathrm{Pr}_{A,a})$ ein diskreter Wahrscheinlichkeitsraum. Ist $\mathrm{Pr}_{A,a}(\infty) = 0$, dann ist $(\mathrm{FRand}(A, a), \mathrm{Pr}_{A,a})$ ein diskreter Wahrscheinlichkeitsraum.

Übung 2.3.4 Beweisen Sie Proposition 2.3.3.

Sei $a \in \mathrm{Input}(a)$. Dann haben die Werte der Funktion $\mathrm{Pr}_{A,a}$ folgende Bedeutung: Für $\mathbf{r} \in \mathrm{FRand}(A, a)$ ist der Wert $\mathrm{Pr}_{A,a}(\mathbf{r})$ die Wahrscheinlichkeit dafür, dass $\mathbf{r}$ die Zufallsfolge eines Durchlaufs von A mit Eingabe a ist. Außerdem ist $\mathrm{Pr}_{A,a}(\infty)$ die Wahrscheinlichkeit dafür, dass der Algorithmus A bei Eingabe von a nicht terminiert.

Ein wichtiger Typ von probabilistischen Algorithmen A, die $\mathrm{Pr}_{A,a}(\infty) = 0$ für alle $a \in \mathrm{Input}(a)$ erfüllen, sind Monte-Carlo-Algorithmen. Wir zeigen nun, dass sie genau die probabilistischen Algorithmen sind, die gemäß der Spezifikation in Abschn. 2.2.1 von probabilistischen Algorithmen als Unterprogramme aufgerufen werden dürfen.

Proposition 2.3.5 Sei A ein Monte-Carlo-Algorithmus und sei $a \in \mathrm{Input}(A)$. Dann gilt Folgendes:

1. Die Laufzeit von A bei Eingabe von a ist durch eine Konstante beschränkt, die von a abhängen kann.
2. Bei Eingabe von a gibt Algorithmus A gemäß einer Wahrscheinlichkeitsverteilung eine von endlich vielen möglichen Ausgaben zurück.

Beweis Zunächst zeigen wir, dass die Länge aller $\mathbf{r} \in \mathrm{FRand}(A, a)$ durch ein $k \in \mathbb{N}$ beschränkt ist. Dies zeigt, dass es nur endlich viele mögliche Läufe von A bei Eingabe von a gibt, woraus die erste Aussage folgt.

Angenommen, es existiert keine solche obere Schranke. Wir folgern daraus die Existenz einer unendlich lange Folge $\mathbf{r} = (r_0, r_1, \ldots)$ in $\mathrm{Rand}(A, a)$. Aber das ist unmöglich, weil A ein Monte-Carlo-Algorithmus ist, also immer terminiert. Wir konstruieren die Teilfolgen $\mathbf{r}_k = (r_0, \ldots, r_{k-1})$ induktiv, und zwar so, dass sie für alle $l \in \mathbb{N}$, $l \geq k$, Präfixe von Folgen in $\mathrm{Rand}(A, a)$ der Länge mindestens l sind.

Zunächst setzen wir $\mathbf{r}_0 = ()$. Diese Folge ist ein Präfix aller Folgen in $\mathrm{Rand}(A, a)$, die nach unserer Annahme beliebig lang sein können. Für den Induktionsschritt nehmen wir an, dass für ein $k \in \mathbb{N}$ die Folge $\mathbf{r}_k = (r_0, \ldots, r_{k-1})$ bereits konstruiert ist. Nach der Definition von probabilistischen Algorithmen gibt es endlich viele Möglichkeiten, r_k so auszuwählen, dass die Folge $\mathbf{r}_{k+1} = (r_0, \ldots, r_k)$ Präfix einer Folge in $\mathrm{Rand}(A, a)$ ist. Für mindestens eine dieser Möglichkeiten ist $\mathbf{r}_{k+1}$ ein Präfix beliebig langer Zeichenfolgen in $\mathrm{Rand}(A, a)$, denn nach Induktionsannahme hat $\mathbf{r}_k$ diese Eigenschaft. Wir wählen ein solches r_k aus, und dies schließt die induktive Konstruktion und den Beweis der ersten Aussage ab.

Zusammen mit Proposition 2.3.3 impliziert die erste Aussage der Proposition die zweite. □

2.3.2 Erfolgswahrscheinlichkeit

Zusätzlich zur Laufzeit ist auch die Erfolgswahrscheinlichkeit entscheidend für die Effizienz eines Monte-Carlo-Algorithmus. Wir definieren nun diese Wahrscheinlichkeit.

Definition 2.3.6 Sei A ein Monte-Carlo-Algorithmus und $a \in \text{Input}(A)$. Bezeichne mit $\text{Rand}_{\text{succ}}(A, a)$ die Menge aller $\mathbf{r} \in \text{Rand}(A, a)$, für die der Durchlauf von A mit Zufallsfolge $\mathbf{r}$ erfolgreich ist, d. h. es gilt $A(a, \mathbf{r}) \in \text{Output}(A, a)$. Dann setzen wir

$$\mathrm{p}_A(a) = \sum_{\mathbf{r} \in \text{Rand}_{\text{succ}}(A,a)} \Pr_{A,a}(\mathbf{r}) \tag{2.26}$$

und nennen diese Größe die *Erfolgswahrscheinlichkeit von A bei Eingabe von a*. Außerdem wird der Wert

$$\mathrm{q}_A(a) = 1 - \mathrm{p}_A(a) \tag{2.27}$$

die *Misserfolgswahrscheinlichkeit von A bei Eingabe von a* genannt.

Übung 2.3.7 Beweisen Sie, dass für alle $a \in \text{Input}(A)$ die Summe in (2.26) konvergiert und ihr Grenzwert unabhängig von der Reihenfolge der Terme in der Summe ist.

Beispiel 2.3.8 Sei $A = \mathsf{mcFactor}$ (siehe Algorithmus 2.2.8) und sei $a \in \text{Input}(A) = \mathbb{N}_{>1}$. Dann ist $\text{Rand}_{\text{succ}}(A, a)$ die Menge aller Folgen (b), wobei b ein echter Teiler von a mit einer Bitlänge von höchstens $\mathrm{m}(a)$ ist. Nach Übung 2.2.7 ist diese Menge nicht leer. Daher ist die Erfolgswahrscheinlichkeit $\mathrm{p}_A(a)$ von A bei Eingabe von a mindestens $1/2^{\mathrm{m}(a)}$.

Wir können die Definition der Erfolgswahrscheinlichkeit verwenden, um zu zeigen, dass Bernoulli-Algorithmen (siehe Algorithmus 2.2.11) mit Wahrscheinlichkeit 1 terminieren.

Proposition 2.3.9 Sei A ein Bernoulli-Algorithmus. Dann gilt $\Pr_{A,a}(\infty) = 0$ für alle $a \in \text{Input}(A)$.

Beweis Bezeichne mit A' den fehlerfreien Monte-Carlo-Algorithmus, der in A verwendet wird. Sei $a \in \text{Input}(A')$. Dann gilt

$$\sum_{\mathbf{r}\in\mathrm{FRand}(A,a)} \mathrm{Pr}_{A,a}(\mathbf{r}) = \mathrm{p}_{A'}(a)\sum_{k=0}^{\infty}(1-\mathrm{p}_{A'}(a))^k = \frac{\mathrm{p}_{A'}(a)}{\mathrm{p}_{A'}(a)} = 1. \tag{2.28}$$

Dies impliziert die Aussage. □

2.3.3 Erwartete Laufzeit

Der in Proposition 2.3.3 definierte Wahrscheinlichkeitsraum ermöglicht auch die Definition der erwarteten Laufzeit von probabilistischen Algorithmen.

Definition 2.3.10 Sei A ein probabilistischer Algorithmus und sei $a \in \mathrm{Input}(A)$ mit $\mathrm{Pr}_{A,a}(\infty) = 0$. Dann wird die *erwartete Laufzeit von A bei Eingabe von a* als der Erwartungswert der Zufallsvariablen $\mathrm{time}_{A,a}$ definiert, die $\mathbf{r} \in \mathrm{FRand}(A, a)$ auf die Laufzeit des mit $\mathbf{r}$ assoziierten Algorithmuslaufs abbildet. Dieser Erwartungswert wird mit $\mathrm{eTime}_A(a)$ bezeichnet. Also gilt

$$\mathrm{eTime}_A(a) = \sum_{\mathbf{r}\in\mathrm{FRand}(A,a)} \mathrm{time}_{A,a}(\mathbf{r})\mathrm{Pr}_{A,a}(\mathbf{r}). \tag{2.29}$$

Die nächste Proposition bestimmt die erwartete Laufzeit von Bernoulli-Algorithmen.

Proposition 2.3.11 Sei A ein fehlerfreier Monte-Carlo-Algorithmus, sei $a \in \mathrm{Input}(A)$, sei t eine obere Schranke für die Laufzeit von A bei Eingabe von a und sei $p_A(a) > 0$. Dann ist die erwartete Laufzeit von $\mathsf{bernoulli}_A(a)$ (siehe Algorithmus 2.2.11) von der Größenordnung $\mathrm{O}(t/\mathrm{p}_A(a))$.

Beweis Wir verwenden die Tatsache, dass für alle $c \in \mathbb{R}$ mit $0 \leq c < 1$ gilt

$$\sum_{k=1}^{\infty} kc^{k-1} = \frac{1}{(1-c)^2}. \tag{2.30}$$

Damit ist die erwartete Anzahl der Aufrufe von A, bis $\mathsf{bernoulli}_A(a)$ erfolgreich ist,

$$\mathrm{p}_A(a)\sum_{k=0}^{\infty} k\mathrm{q}_A(a)^{k-1} = \frac{\mathrm{p}_A(a)}{\mathrm{p}_A(a)^2} = \frac{1}{\mathrm{p}_A(a)}. \tag{2.31}$$

Daraus folgt die Aussage über die erwartete Laufzeit ist unmittelbar. □

Beispiel 2.3.12 Proposition 2.3.11 erlaubt die Bestimmung der erwarteten Laufzeit von $\mathsf{lvFactor}$ (siehe Algorithmus 2.2.10). Sei $n \in \mathbb{N}$ und sei $a \in \mathbb{N}_{>1}$ eine Eingabe von $\mathsf{lvFactor}$ der Größe n. Aus Beispiel 2.3.8 folgt, dass die Erfolgswahrscheinlichkeit von mcFactor(a) mindestens $1/2^{\mathrm{m}(a)} \geq 1/2^{n/2+1}$ beträgt. Außerdem ist die Worst-Case-Laufzeit von mcFactor(a) $\mathrm{O}(n^2)$. Gemäß Proposition 2.3.11 ist die erwartete Laufzeit von lvFactor(a) also $\mathrm{O}(n^2 2^{n/2})$, also exponentiell. Das zeigt, dass dieser probabilistische Algorithmus nicht schneller als der deterministische Algorithmus 2.1.21 ist.

2.3.4 Erhöhung der Erfolgswahrscheinlichkeit

Im Beispiel 2.3.8 haben wir gesehen, dass die Erfolgswahrscheinlichkeit von mcFactor (siehe Algorithmus 2.2.8) bei Eingabe von $a \in \mathbb{N}_{>1}$ mindestens $1/2^{\mathrm{m}(a)}$ beträgt. Wir erklären nun, wie diese Erfolgswahrscheinlichkeit und die Erfolgswahrscheinlichkeit jedes fehlerfreien Monte-Carlo-Algorithmus A durch wiederholtes Ausführen mit derselben Eingabe erhöht werden können. Algorithmus 2.3.13 implementiert diese Idee.

Algorithmus 2.3.13 Wiederholte Anwendung eines fehlerfreien Monte-Carlo-Algorithmus

Input: $a \in \mathrm{Input}(A)$ für einen fehlerfreien Monte-Carlo-Algorithmus A, der als Unterprogramm verwendet wird, $k \in \mathbb{N}$
Output: $b \in \mathrm{Output}(A, a)$

```
repeat_A(a, k)
  for i = 1 to k do
    b ← A(a)
    if b ≠ „Failure“ then
      return b
    end if
  end for
  return „Failure“
end
```

Definition 2.3.14 Sei $a \in \mathrm{Input}(A)$. Wir bezeichnen die Erfolgswahrscheinlichkeit von repeat$_A(a, k)$ mit $\mathrm{p}_A(a, k)$ und die Misserfolgswahrscheinlichkeit dieses Aufrufs mit $\mathrm{q}_A(a, k) = 1 - \mathrm{p}_A(a, k)$.

Die nächste Proposition zeigt, dass $\mathrm{q}_A(a, k)$ exponentiell in k abnimmt.

Proposition 2.3.15 Sei $k \in \mathbb{N}$, und sei $a \in \mathrm{Input}(A)$ mit $\mathrm{p}_A(a) < 1$. Dann gilt Folgendes:

$$e^{-k\mathrm{p}_A(a)/\mathrm{q}_A(a)} \leq \mathrm{q}_A(a, k) \leq e^{-k\mathrm{p}_A(a)}. \tag{2.32}$$

Beweis Schreibe $p = \mathrm{p}_A(a)$ und $q = \mathrm{q}_A(a) = 1 - p$. Dann gilt

$$\mathrm{q}_A(a, k) = q^k. \tag{2.33}$$

Da wir $q > 0$ annehmen, folgt aus [Abr72] (4.1.33) und (4.1.36)

$$1 - \frac{1}{q} \leq \log q \leq q - 1. \tag{2.34}$$

Dies impliziert

$$k \log q \leq k(q-1) = -kp \tag{2.35}$$

und

$$k \log q \geq k\left(1 - \frac{1}{q}\right) = k\frac{q-1}{q} = -k\frac{p}{q}. \tag{2.36}$$

Aus (2.35) und (2.36) folgt

$$e^{-kp/q} \leq q^k \leq e^{-kp} \tag{2.37}$$

wie behauptet. □

Das nächste Korollar gibt für eine gewünschte Erfolgswahrscheinlichkeit eine Anzahl k von Wiederholungen an, sodass $\mathsf{repeat}_A(a, k)$ diese Erfolgswahrscheinlichkeit sicher erreicht. Das Korollar zeigt auch, wie groß k mindestens sein muss, wenn $\mathsf{repeat}_A(a, k)$ diese Erfolgswahrscheinlichkeit hat.

Korollar 2.3.16 Sei $a \in \mathrm{Input}(A)$ mit $\mathrm{p}_A(a) > 0$ und sei $\varepsilon \in \mathbb{R}$ mit $0 < \varepsilon \leq 1$.

1. Wenn $k \geq \log(1/\varepsilon)/\mathrm{p}_A(a)$ ist, dann gilt $\mathrm{p}_A(a, k) \geq 1 - \varepsilon$.
2. Wenn $\mathrm{p}_A(a, k) \geq 1 - \varepsilon$ ist, dann gilt $k \geq \log(1/\varepsilon)\mathrm{q}_A(a)/\mathrm{p}_A(a)$.

Übung 2.3.17 Beweisen Sie Korollar 2.3.16.

Beispiel 2.3.18 Betrachte den fehlerfreien Monte-Carlo-Algorithmus $A = \mathsf{mcFactor}$ (siehe Algorithmus 2.2.8). Im Beispiel 2.3.8 haben wir gesehen, dass $\mathrm{p}_A(a) \geq 1/2^{\mathrm{m}(a)} > 0$ für alle $a \in \mathbb{Z}_{>1}$ gilt. Wir verwenden repeat_A, um diese Erfolgswahrscheinlichkeit zu erhöhen. Wenn wir beispielsweise $\varepsilon = 1/3$ wählen und $k \geq (\log 3)2^{\mathrm{m}(a)} \geq \log(1/\varepsilon)/\mathrm{p}_A(a)$, dann folgt aus Korollar 2.3.16, dass $\mathrm{p}_A(a, k) \geq \frac{2}{3}$ gilt. Da $\mathrm{m}(a) \geq \mathrm{bitLength}(a)/2$, ist diese Anzahl k von Aufrufen von A exponentiell in $\mathrm{size}\, a$. Daher bietet auch dieser Algorithmus keinen asymptotischen Vorteil gegenüber dem deterministischen Algorithmus 2.1.21.

Wir können auch die Erfolgswahrscheinlichkeit von Entscheidungsalgorithmen mit Fehlern erhöhen. Betrachte einen true-biased Entscheidungsalgorithmus A, der eine Sprache L entscheidet. Wir können diesen Algorithmus modifizieren, um ihn zu einem fehlerfreien Monte-Carlo-Algorithmus zu machen. Dazu setzen wir $\mathrm{Output}(A, \mathbf{s}) = \{1\}$ für alle $\mathbf{s} \in L$, $\mathrm{Output}(A, \mathbf{s}) = \emptyset$ für alle $\mathbf{s} \in \{0, 1\}^* \setminus L$ und ersetzen den Rückgabewert 0 durch „Failure“. Nun kann die Erfolgswahrscheinlichkeit von A unter Verwendung von Algorithmus 2.3.13 erhöht werden. Analog kann die Erfolgswahrscheinlichkeit von false-biased Entscheidungsalgorithmen erhöht werden.

Nun betrachten wir einen Monte-Carlo-Entscheidungsalgorithmus A mit zweiseitigem Fehler, der eine Sprache L entscheidet. Ein solcher Algorithmus gibt niemals Gewissheit darüber, ob eine Eingabe $\mathbf{s} \in \{0, 1\}^*$ zu L gehört oder nicht. Die Erfolgswahrscheinlichkeit kann jedoch durch Mehrheitsentscheidung erhöht werden. Dazu führen wir den Algorithmus k-mal mit Eingabe $\mathbf{s}$ für ein $k \in \mathbb{N}$ aus, zählen die Anzahl der positiven Antworten 1 und die Anzahl der negativen Antworten 0 und geben 1 oder 0 zurück, je nachdem, welche Antwort die Mehrheit hat. Dies wird in Algorithmus 2.3.19 so gemacht.

Algorithmus 2.3.19 Erhöhung der Erfolgswahrscheinlichkeit eines Monte-Carlo-Entscheidungsalgorithmus A mit zweiseitigem Fehler

Input: $\mathbf{s} \in \{0, 1\}^*$, $k \in \mathbb{N}$

Output: 1, wenn $\mathbf{s} \in L$ und 0, wenn $\mathbf{s} \in \{0, 1\}^* \setminus L$, wobei L die Sprache ist, die von dem Monte-Carlo-Entscheidungsalgorithmus A entschieden wird, der als Unterprogramm verwendet wird

```
majorityVote_A(s, k)
  l = 0
  for i = 1 to k do
    l ← l + A(s)
  end for
  if l > k/2 then
    return 1
  else
    return 0
  end if
end
```

Wir werden zeigen, dass Algorithmus 2.3.19 unter bestimmten Bedingungen die Erfolgswahrscheinlichkeit von Entscheidungsalgorithmen mit zweiseitigem Fehler erhöht. Dafür benötigen wir die folgende Definition.

Definition 2.3.20 Angenommen, ein Monte-Carlo-Algorithmus A entscheidet eine Sprache L, sei $\mathbf{s} \in L$ und sei $b \in \{0, 1\}$. Dann schreiben wir $\Pr(A(\mathbf{s}) = b)$ für die Wahrscheinlichkeit dafür, dass der Algorithmus A bei Eingabe von $\mathbf{s}$ den Wert b zurückgibt.

Proposition 2.3.21 Sei A ein Monte-Carlo-Algorithmus, der eine Sprache L entscheidet. Sei $\mathbf{s} \in L$ und $\Pr(A(\mathbf{s}) = 1) \geq \frac{1}{2} + \varepsilon$ für ein $\varepsilon \in \mathbb{R}_{>0}$. Dann gilt für alle $k \in \mathbb{N}$:

$$\Pr(\mathsf{majorityVote}_A(\mathbf{s}, k) = 1) > 1 - e^{-2k\varepsilon^2}. \tag{2.38}$$

Beweis Sei $k \in \mathbb{N}$. Wir beweisen die Behauptung, indem wir zeigen, dass

$$q = \Pr(\mathsf{majorityVote}_A(\mathbf{s}, k) = 0) < e^{-2k\varepsilon^2}. \tag{2.39}$$

Wähle $\delta \in \mathbb{R}$ mit $\Pr(A(\mathbf{s}) = 1) = 1 + \delta$. Dann gilt

$$\delta \geq \varepsilon. \tag{2.40}$$

Betrachte einen Durchlauf von $\mathsf{majorityVote}_A$ mit Eingabe $\mathbf{s}$, k, der 0 zurückgibt. Bezeichne mit $\mathbf{r} \in \{0, 1\}^k$ die Zufallsfolge dieses Durchlaufs. Dann haben höchstens $k/2$ Einträge in $\mathbf{r}$ den Wert 1, weil $\mathsf{majorityVote}_A(\mathbf{s}, k) = 0$ gilt. Also ist die Wahrscheinlichkeit, dass dieses $\mathbf{r}$ auftritt, höchstens

$$\left(\frac{1}{2} - \delta\right)^{\frac{k}{2}} \left(\frac{1}{2} + \delta\right)^{\frac{k}{2}} = \frac{(1 - 4\delta^2)^{\frac{k}{2}}}{2^k}. \tag{2.41}$$

Da die Anzahl solcher Folgen $\mathbf{r}$ höchstens 2^k beträgt und weil nach [Abr72] (4.2.30) $1-x < e^{-x}$ für alle $x > -1$ gilt, folgt aus (2.41) und (2.40), dass

$$q \leq (1 - 4\delta^2)^{\frac{k}{2}} < e^{-2k\delta^2} \leq e^{-2k\varepsilon^2}. \tag{2.42}$$

Damit ist der Beweis abgeschlossen. □

Beispiel 2.3.22 Sei $A = \mathsf{mcComposite2}$ (siehe Algorithmus 2.2.16). Dies ist der Monte-Carlo-Zusammengesetztheitstest mit zweiseitigem Fehler. Sei außerdem $\mathbf{s} \in \{0, 1\}^*$, sodass $a = \text{stringToInt}(\mathbf{s})$ zusammengesetzt ist. Der Aufruf $A(\mathbf{s})$ gibt 0 zurück, wenn der Münzwurf im Algorithmus 0 ergibt, was mit Wahrscheinlichkeit $\frac{1}{2}$ passiert, und wenn $\mathsf{mcFactor}(a)$ keinen echten Teiler von a zurückgibt. Letzteres geschieht mit Wahrscheinlichkeit $\leq \frac{1}{2^m}$, wobei $m = \text{m}(a)$ ist. Daraus folgt

$$\Pr(A(\mathbf{s}) = 1) \geq 1 - \frac{1}{2}\left(1 - \frac{1}{2^m}\right) = \frac{1}{2} + \frac{1}{2^{m+1}}. \tag{2.43}$$

Somit können wir in Proposition 2.3.21 den Wert $\varepsilon = \frac{1}{2^{m+1}}$ verwenden und erhalten

$$\Pr(\mathsf{majorityVote}_A(\mathbf{s}, k) = 1) \geq 1 - e^{-2k\varepsilon^2} = 1 - e^{-\frac{k}{2^{2m+1}}} \tag{2.44}$$

für alle $k \in \mathbb{N}$.

Übung 2.3.23 Verwenden Sie das Ergebnis aus Beispiel 2.3.22, um ein k zu bestimmen, für das $\Pr(\mathsf{majorityVote}_A(\mathbf{s}, k) = 1) \geq \frac{2}{3}$ gilt.

2.4 Komplexitätstheorie

Die klassische Komplexitätstheorie ermöglicht es, die Effizienz von Algorithmen und die Schwierigkeit der Lösung von Berechnungsproblemen einzuschätzen. In diesem Abschnitt präsentieren wir wichtige Begriffe und Ergebnisse dieser Theorie. Sie dienen als Grundlage für die Quantenkomplexitätstheorie, die in Abschn. 5.10 skizziert wird.

2.4.1 Berechnungsprobleme

Eine wichtige Frage in der Komplexitätstheorie ist: Wie effizient kann ein Berechnungsproblem gelöst werden? In der Kryptografie ist es beispielsweise entscheidend zu wissen, wie schnell ein Verschlüsselungssystem gebrochen werden kann. Daher beginnen wir mit der Definition von Berechnungsproblemen.

Definition 2.4.1 Ein *Berechnungsproblem* ist ein Tripel $\mathrm{CP} = (I, O, R)$, wobei I und O jeweils Teilmengen des kartesischen Produkts von endlich vielen Datentypen sind. Außerdem gilt $R \subset I \times O$ und für alle $a \in I$ existiert ein $b \in O$ mit $(a, b) \in R$.

Definition 2.4.2 Sei $\mathrm{CP} = (I, O, R)$ ein Berechnungsproblem.

1. Die Elemente von I werden *Instanzen* von CP genannt.
2. Falls $(a, b) \in R$, dann wird b als *Lösung* der Instanz a *von* CP bezeichnet.

Beispiel 2.4.3 Mit dem *Quadratwurzelproblem* meinen wir das Tripel $(\mathbb{N}, \mathbb{Z}, R)$, wobei R die Menge aller $(a, b) \in \mathbb{N} \times \mathbb{Z}$ ist mit $b^2 = a$ oder $b = 0$ falls a keine Quadratzahl in $\mathbb{N}$ ist. Eine Instanz des Quadratwurzelproblems ist 4. Sie hat die beiden Lösungen -2 und 2. Eine weitere Instanz ist 2. Sie hat die Lösung 0, was bedeutet, dass 2 keine Quadratzahl in $\mathbb{N}$ ist. Natürlich können wir dieses Problem auch so definieren, dass es nur Probleminstanzen gibt, die Quadratzahlen sind.

Eine spezielle Klasse von Berechnungsproblemen sind *Entscheidungsprobleme.* Dabei geht es darum, zu entscheiden, ob ein Vektor $\mathbf{s} \in \{0, 1\}^*$ zu einer Sprache $L \subset \{0, 1\}^*$ gehört. Die Instanzen sind alle Elemente von $\{0, 1\}^*$. Die Lösungen sind 0 oder 1, je nachdem, ob die entsprechende Instanz zu L gehört oder nicht.

Wir erklären, was es bedeutet, dass ein Algorithmus ein Berechnungsproblem löst.

Definition 2.4.4 Sei $\mathrm{CP} = (I, O, R)$ ein Berechnungsproblem.

1. Wir sagen, dass ein deterministischer Algorithmus A das Problem CP *löst,* wenn $I \subset \text{Input}(A)$ ist und der Algorithmus bei Eingabe einer Probleminstanz $a \in I$ eine Lösung von a zurückgibt.
2. Wir sagen, dass ein Monte-Carlo-Algorithmus A das Problem CP löst, wenn $I \subset \text{Input}(A)$ ist und bei Eingabe von $a \in I$ ein erfolgreicher Durchlauf von A eine Lösung von a zurückgibt.
3. Wir sagen, dass ein Las-Vegas-Algorithmus A das Problem CP löst, wenn $I \subset \text{Input}(A)$ ist und der Algorithmus bei Eingabe von $a \in I$ entweder terminiert und eine Lösung von a zurückgibt oder nicht terminiert.

Beispiel 2.4.5 Das *ggT-Problem* ist das Tripel $\text{CP} = (\mathbb{Z}^2, \mathbb{N}_0, R)$, wobei $R = \{(a, b, c) \in \mathbb{Z}^3 : c = \gcd(a, b)\}$. Eine Instanz dieses Problems ist $(100, 35)$. Die eindeutige Lösung dieser Instanz ist 5. Außerdem löst der euklidische Algorithmus dieses Problem.

Übung 2.4.6 Finden Sie einen deterministischen Algorithmus, der das Quadratwurzelproblem aus Beispiel 2.4.3 in Polynomzeit löst.

Beispiel 2.4.7 Unter dem *Faktorisierungsproblem für ganze Zahlen* verstehen wir das Tripel $(C, \mathbb{N}, R)$, wobei C die Menge aller positiven zusammengesetzten ganzen Zahlen ist und $R = \{(a, b) \in C \times \mathbb{N} : b \text{ ist ein echter Teiler von } a\}$. Die Algorithmen 2.1.21, 2.2.8 und 2.2.10 sind deterministische, Monte-Carlo- und Las-Vegas-Algorithmen, die das Faktorisierungsproblem für ganze Zahlen lösen.

2.4.2 Komplexität von Berechnungsproblemen

Definition 2.4.8 Sei CP ein Berechnungsproblem und sei $f : \mathbb{N} \to \mathbb{R}_{>0}$ eine Funktion.

1. Wir sagen, dass CP *in (deterministischer) Zeit* $\text{O}(f)$ *gelöst werden kann* oder *(deterministische) Zeitkomplexität* $\text{O}(f)$ *hat,* wenn es einen deterministischen Algorithmus gibt, der CP löst und für jede eine Laufzeit von $\text{O}(f)$ hat.
2. Wir sagen, dass CP in *(deterministischer) linearer, quasilinearer, quadratischer, kubischer, polynomieller, subexponentieller* oder *exponentieller Zeit* gelöst werden kann oder diese (deterministische) Zeitkomplexität hat, wenn es einen deterministischen Algorithmus gibt, der CP löst und die entsprechende Zeitkomplexität hat.
3. Die entsprechenden Platzkomplexitäten werden analog definiert.

Beispiel 2.4.9 Wie in Beispiel 2.1.29 gezeigt wird, kann das ggT-Problem aus Beispiel 2.4.5 in deterministischer Zeit $\text{O}(n^3)$ und mit linearem Platz gelöst werden. Wie in diesem Beispiel erwähnt, kann das ggT-Problem sogar in deterministischer Zeit $\text{O}(n^2)$ oder $\text{O}(n \log^2 n)$ und mit linearem Platz gelöst werden. Somit kann dieses Problem in Polynomzeit oder, genauer gesagt, in kubischer, quadratischer oder sogar quasilinearer Zeit gelöst werden.

Beispiel 2.4.10 Wie in Beispiel 2.1.31 gezeigt wird, kann das Faktorisierungsproblem für ganze Zahlen in deterministischer exponentieller Zeit und mit linearem Platz gelöst werden.

Nun führen wir die entsprechenden probabilistischen Komplexitätsbegriffe ein.

Definition 2.4.11 Sei CP ein Berechnungsproblem und sei $f : \mathbb{N} \to \mathbb{R}_{>0}$ eine Funktion.

1. Wir sagen, dass CP *in probabilistischer Zeit* $O(f)$ *gelöst werden kann,* wenn es einen Monte-Carlo-Algorithmus gibt, der CP löst, eine Laufzeit von $O(f)$ hat und eine Erfolgswahrscheinlichkeit $\geq \frac{2}{3}$ besitzt.
2. Wir sagen, dass CP in *probabilistisch linearer, quasilinearer, quadratischer, kubischer, polynomieller, subexponentieller* oder *exponentieller Zeit* gelöst werden kann, wenn es einen Monte-Carlo-Algorithmus mit der jeweiligen Laufzeit gibt, der CP löst und eine Erfolgswahrscheinlichkeit $\geq \frac{2}{3}$ besitzt.

Übung 2.4.12 zeigt, dass der Wert $\frac{2}{3}$ in Definition 2.4.11 durch jede reelle Zahl im Intervall $]\frac{1}{2}, 1]$ ersetzt werden kann, ohne die Komplexität des Berechnungsproblems zu ändern.

Übung 2.4.12 Sei CP ein Berechnungsproblem, sei $f : \mathbb{N} \to \mathbb{R}_{>0}$ eine Funktion und sei $p \in]\frac{1}{2}, 1]$. Nutzen Sie Proposition 2.3.21, um zu zeigen, dass CP genau dann in probabilistischer Zeit $O(f)$ gelöst werden kann, wenn es einen Monte-Carlo-Algorithmus gibt, der CP in Zeit $O(f)$ löst und eine Erfolgswahrscheinlichkeit von $\geq p$ besitzt.

Beispiel 2.4.13 Es folgt aus Beispiel 2.3.18, dass Algorithmus 2.3.13 mit dem Unterprogramm $A = \mathsf{mcFactor}(a)$ und $k = \lceil(\log 3)2^{\mathrm{m}(a)}\rceil$ ein fehlerfreier Monte-Carlo-Algorithmus ist, der das Faktorisierungsproblem in probabilistischer exponentieller Zeit löst. Dieses Problem kann sogar in probabilistischer subexponentieller Zeit gelöst werden kann (siehe [LP92], [BLP93]), aber es ist kein klassischer polynomieller Algorithmus für dieses Problem bekannt.

2.4.3 Komplexitätsklassen

In diesem Abschnitt befassen wir uns mit der Definition von Komplexitätsklassen. Sie dienen dazu, Sprachen zu gruppieren, die bestimmte Komplexitätsbedingungen erfüllen. Die Grundlage dieses Konzepts wurde in den frühen 1970er Jahren von Stephen Cook und Leonard Levin gelegt. Im Laufe der Jahre wurden zahlreiche Komplexitätsklassen eingeführt, und es wurde umfangreiche Forschung betrieben, um ihre Wechselbeziehungen zu untersuchen. Hier werden wir uns auf einige wenige Komplexitätsklassen konzentrieren, die für unseren Kontext relevant sind.

Wir beginnen mit der Definition der grundlegendsten Komplexitätsklassen.

Definition 2.4.14 Sei $f : \mathbb{N} \to \mathbb{R}_{>0}$ eine Funktion.

1. Die *Komplexitätsklasse* DTIME(f) ist die Menge aller Sprachen L, für die es einen deterministischen Algorithmus gibt, der L entscheidet und eine Zeitkomplexität von O(f) hat.
2. Die *Komplexitätsklasse* DSPACE(f) ist die Menge aller Sprachen L, für die es einen deterministischen Algorithmus gibt, der L entscheidet und eine Platzkomplexität von O(f) hat.

Wir definieren auch die folgenden konkreteren Komplexitätsklassen.

Definition 2.4.15

1. Die *Komplexitätsklasse P* ist die Menge aller Sprachen L, für die es einen deterministischen Algorithmus gibt, der L in polynomieller Zeit entscheidet.
2. Die *Komplexitätsklasse PSPACE* ist die Menge aller Sprachen L, für die es einen deterministischen Algorithmus gibt, der L in polynomiellem Platz entscheidet.
3. Die *Komplexitätsklasse EXPTIME* ist die Menge aller Sprachen L, für die es einen deterministischen Algorithmus gibt, der L in exponentieller Zeit entscheidet.

Übung 2.4.16 Betrachten Sie die Sprache L aller Bitstrings, die Quadratzahlen in $\mathbb{N}$ entsprechen. Zeigen Sie, dass L in P liegt.

Beispiel 2.4.17 Wie 2002 von Manindra Agrawal, Neeraj Kayal und Nitin Saxena [AKS04] gezeigt wurde, liegt die Sprache L aller Bitstrings, die Primzahlen entsprechen, in P. Also kann in polynomieller Zeit entschieden werden, ob eine positive ganze Zahl eine Primzahl oder eine zusammengesetzte Zahl ist. Wenn der Algorithmus von Manindra, Kayal und Saxena jedoch feststellt, dass eine positive ganze Zahl zusammengesetzt ist, gibt er keinen echten Teiler dieser Zahl aus. Einen solchen Teiler zu finden, scheint ein viel schwierigeres Problem zu sein (siehe Beispiel 2.4.13).

Wir definieren auch zwei probabilistische Komplexitätsklassen.

Definition 2.4.18

1. Die *Komplexitätsklasse PP* ist die Menge aller Sprachen L, für die es einen Monte-Carlo-Algorithmus A gibt, der L entscheidet, polynomielle Laufzeit hat und $\Pr(A(\mathbf{s}) = 1) > \frac{1}{2}$ für alle $\mathbf{s} \in L$ sowie $\Pr(A(\mathbf{s}) = 0) > \frac{1}{2}$ für alle $\mathbf{s} \in \{0, 1\}^* \setminus L$ erfüllt.
2. Die *Komplexitätsklasse BPP* ist die Menge aller Sprachen L, für die es einen Monte-Carlo-Algorithmus A gibt, der L entscheidet, polynomielle Laufzeit hat und $\Pr(A(\mathbf{s}) = 1) \geq \frac{2}{3}$ für alle $\mathbf{s} \in L$ sowie $\Pr(A(\mathbf{s}) = 0) \geq \frac{2}{3}$ für alle $\mathbf{s} \in \{0, 1\}^* \setminus L$ erfüllt.

Wir merken an, dass die Konstante $\frac{2}{3}$ in Definition 2.4.18 durch jede andere Konstante p mit $\frac{1}{2} < p \leq 1$ ersetzt werden kann. Diese Flexibilität folgt aus Proposition 2.3.21. Sie zeigt, dass ausgehend von einer Erfolgswahrscheinlichkeit $> 1/2$, Algorithmus 2.3.19 dazu verwendet werden kann, eine Erfolgswahrscheinlichkeit beliebig nahe an 1 zu erhalten und dabei die polynomielle Komplexität beizubehalten.

Abschließend führen wir die Komplexitätsklasse NP ein. Wir beginnen mit einem motivierenden Beispiel.

Beispiel 2.4.19 Im Jahr 1742 schrieb der deutsche Mathematiker Christian Goldbach einen Brief an Leonhard Euler, in dem er die Vermutung aufstellte, dass jede gerade Zahl ≥ 4 die Summe von zwei ungeraden Primzahlen ist. Zum Beispiel gilt $4 = 1 + 3$, $6 = 3 + 3$ und $8 = 3 + 5$. Bis heute wurde diese Vermutung weder bewiesen noch durch ein Gegenbeispiel widerlegt. Um ein solches Gegenbeispiel zu finden, müsste man eine positive gerade Zahl finden, die nicht die Summe von zwei Primzahlen ist.

Um dieses Problem als Entscheidungsproblem zu formulieren, identifizieren wir positive ganze Zahlen mit ihren binären Darstellungen und betrachten die *Goldbach-Sprache* L, die alle ganzen Zahlen umfasst, die die Summe von zwei ungeraden Primzahlen sind. Die Goldbach-Vermutung besagt dann, dass L die Menge aller geraden Zahlen ≥ 4 ist. Ein Beweis der Goldbach-Vermutung würde implizieren, dass $L \in \mathrm{P}$ liegt, da die Entscheidung über die Zugehörigkeit zu L bedeuten würde, zu entscheiden, ob eine Zahl ≥ 4 gerade ist. Aber es ist nicht bekannt, ob L zu P gehört. Wir können jedoch in polynomieller Zeit verifizieren, dass $a \in L$ ist, wenn uns eine Primzahl p gegeben wird, sodass $a - p$ ebenfalls eine Primzahl ist. Dazu verwenden wir den in Beispiel 2.4.17 erwähnten Polynomialzeittest für p und $a - p$. Die Primzahl p wird als *Zertifikat* für die Zugehörigkeit zur Goldbach-Sprache von a bezeichnet.

Es gibt viele andere Sprachen L, die eine Eigenschaft analog zu der Goldbach-Sprache haben, die in Beispiel 2.4.19 erklärt wird. Abstrakt gesprochen ist diese Eigenschaft die Folgende. Für $\mathbf{s} \in \{0, 1\}^*$ mag es schwer sein zu entscheiden, ob $\mathbf{s} \in L$ ist. Aber für jedes $\mathbf{s} \in L$ gibt es ein *Zertifikat* $\mathbf{t} \in \{0, 1\}^*$, dessen Größe polynomiell in $|\mathbf{s}|$ ist und das es ermöglicht, in polynomieller Zeit in $|\mathbf{s}|$ zu verifizieren, dass $\mathbf{s} \in L$ ist. Für die Goldbach-Sprache ist das Zertifikat eine Primzahl p mit der Eigenschaft, dass $a - p$ ebenfalls eine Primzahl ist. Die Menge aller Sprachen mit dieser Eigenschaft wird mit NP bezeichnet, was für *nichtdeterministische polynomielle Zeit* steht. Dieser Name geht auf eine andere Formalisierung von NP zurück, das wir hier nicht besprechen (siehe [LP98]). Wir geben eine formale Definition von NP.

Definition 2.4.20

1. Die *Komplexitätsklasse NP* ist die Menge aller Sprachen L mit den folgenden Eigenschaften.

a) Es gibt einen deterministischen Polynomialzeit-Algorithmus A mit $\text{Input}(A) = \{0, 1\}^* \times \{0, 1\}^*$, sodass für alle $\mathbf{s}, \mathbf{t} \in \Sigma^*$ aus $A(\mathbf{s}, \mathbf{t}) = 1$ folgt, dass $\mathbf{s} \in L$ ist.
b) Es gibt ein $c \in \mathbb{N}$, das von L abhängen kann, sodass für alle $\mathbf{s} \in L$ ein $\mathbf{t} \in \{0, 1\}^*$ existiert mit $|\mathbf{t}| \leq |\mathbf{s}|^c$ und $A(\mathbf{s}, \mathbf{t}) = 1$.

Wenn $\mathbf{s} \in L$ und $\mathbf{t} \in \{0, 1\}^*$ ist, sodass $A(\mathbf{s}, \mathbf{t}) = 1$, dann wird $\mathbf{t}$ ein *Zertifikat* für die Zugehörigkeit von $\mathbf{s}$ zu L genannt.
2. Die *Komplexitätsklasse Co-NP* ist die Menge aller Sprachen L, sodass $\{0, 1\}^* \setminus L \in \text{NP}$.

Eines der großen offenen Forschungsprobleme in der Informatik besteht darin, herauszufinden, ob P gleich NP ist. Es ist eines der sieben Millennium-Probleme. Dabei handelt es sich um bekannte mathematische Probleme, die im Jahr 2000 vom Clay Mathematics Institute in Cambridge, Massachusetts, USA ausgewählt wurden. Das Clay Institute hat ein Preisgeld von 1 Mio. US$ für die korrekte Lösung jedes der Probleme ausgelobt.

Die bisher diskutierte Komplexitätstheorie bezieht sich nur auf die Lösung von Entscheidungsproblemen, nicht jedoch auf allgemeinere Berechnungsprobleme wie das Faktorisierungsproblem für ganze Zahlen. Doch wie im nächsten Beispiel veranschaulicht wird, gibt es eine enge Verbindung zwischen diesen beiden Problemklassen.

Beispiel 2.4.21 Betrachte die Menge

$$L = \{(a, c) \in \mathbb{N}^2 : c \leq a, a \text{ hat einen echten Teiler } \leq c\}. \tag{2.45}$$

Wir identifizieren die Elemente (a, c) von L mit Bitstrings, deren Länge linear in $\text{size}\, a$ ist. Dann ist L eine Sprache, also eine Teilmenge von $\{0, 1\}^*$. Wir werden nun zeigen, dass L genau dann in P ist, wenn das Faktorisierungsproblem für ganze Zahlen aus Beispiel 2.4.7 in polynomieller Zeit gelöst werden kann.

Angenommen, A ist ein Polynomialzeit-Algorithmus, der bei Eingabe eines zusammengesetzten $a \in \mathbb{N}$ einen echten Teiler von a findet. Dann entscheidet der folgende Algorithmus A' die Sprache L in polynomieller Zeit. Bei Eingabe von $a \in \mathbb{N}$ prüft der Algorithmus, ob $a = 1$ oder a eine Primzahl ist. In beiden Fällen gibt A' den Wert 0 zurück. Wie in Beispiel 2.4.17 erklärt, kann dieser Test in polynomieller Zeit in $\text{size}\, a$ durchgeführt werden. Wenn a weder 1 noch eine Primzahl ist, ruft A' den Algorithmus A auf und findet einen echten Teiler $b \in \mathbb{N}$ von a. Wenn $b \leq c$ ist, gibt A' den Wert 1 zurück. Andernfalls wird dieses Verfahren auf b und a/b angewendet und das wird wiederholt, bis ein ausreichend kleiner Teiler gefunden wird oder klar ist, dass alle Primteiler der Eingabe größer als c sind. Übung 2.4.22 zeigt, dass dieser Algorithmus polynomielle Laufzeit hat.

Umgekehrt, sei A ein Algorithmus, der L in polynomieller Zeit entscheidet. Wir präsentieren einen Polynomialzeit-Algorithmus A', der A als Unterprogramm benutzt und einen echten Teiler einer zusammengesetzten Zahl $a \in \mathbb{N}$ findet. Er verwendet zwei ganze Zahlen $u, v \in \mathbb{N}$ mit $1 < u < v \leq a$. Sie definieren ein Intervall $[u, v]$, in dem sich ein echter Teiler von a befindet. Während der Ausführung des Algorithmus schrumpft das Intervall exponentiell. Nach O(size a) vielen Iterationen gilt $u = v$. Dann gibt der Algorithmus $b = u$ zurück. Um dies zu erreichen, setzt der Algorithmus zunächst $u \leftarrow 2$ und $v \leftarrow a - 1$. Da a zusammengesetzt ist, enthält das Intervall $[u, v]$ einen echten Teiler von a, nicht jedoch das Intervall $[1, u - 1]$. Solange $u < v$ ist, wiederholt der Algorithmus A' die folgenden Schritte. Er bestimmt $m = \lfloor \frac{v-u}{2} \rfloor$ und ruft $A(a, u + m)$ auf. Wenn der Rückgabewert 1 ist, setzt A' den Parameter v auf $u + m$. Dann enthält $[u, v]$ einen echten Teiler von a, aber $[1, u - 1]$ nicht. Wenn der Rückgabewert 0 ist, setzt A' den Parameter u auf $u + m + 1$. Wiederum enthält $[u, v]$ einen echten Teiler von a, aber $[1, u - 1]$ nicht. Wenn nach diesem Schritt $u = v$ gilt, gibt der Algorithmus $b = u$ zurück. Das ist ein echter Teiler von a, da $[u, v]$ einen solchen Teiler enthält. Da in jeder Iteration dieser **while**-Schleife das Intervall $[u, v]$ ungefähr halbiert wird und die ursprüngliche Länge des Intervalls $a - 2$ beträgt, ist die Anzahl der Iterationen, bis $u = v$ gilt, von der GrößenordnungO(size a). Da A ein Polynomialzeit-Algorithmus ist, folgt daraus, dass A' ebenfalls in polynomieller Zeit läuft.

Übung 2.4.22 Schreiben Sie Pseudocode für die in Beispiel 2.4.21 skizzierten Algorithmen und analysieren Sie diese.

Die in Beispiel 2.4.21 erklärte Methode kann auf alle algorithmischen Probleme verallgemeinert werden, für die die Länge der Lösungen polynomiell in der Eingabelänge beschränkt ist. Dies wird in Übung 2.4.23 gezeigt.

Übung 2.4.23 Betrachten Sie ein Berechnungsproblem CP $= (I, O, R)$ mit der folgenden Eigenschaft. Es gibt ein $c \in \mathbb{N}$, so dass für alle $a \in I$ und alle Lösungen b der Instanz a die Ungleichung size $b \leq (\text{size}\, a)^c$ gilt. Definieren Sie eine Sprache L, die genau dann in polynomieller Zeit entschieden werden kann, wenn das Berechnungsproblem in polynomieller Zeit gelöst werden kann.

Das nächste Theorem beschreibt die Beziehung zwischen den oben eingeführten Komplexitätsklassen. Das Theorem wird in Abb. 2.4 illustriert.

Theorem 2.4.24 Es gilt P $\subset$ NP $\subset$ PSPACE $\subset$ EXPTIME und P $\subset$ BPP $\subset$ PP $\subset$ PSPACE.

Beweis Da unser Berechnungsmodell nur semi-formal ist, können wir die Beweise der behaupteten Inklusionen nur skizzieren. Aber mit den unten dargestellten Ideen können die Beweise in jedem der formalen Berechnungsmodelle durchgeführt werden, zum Beispiel im Turing-Maschinen-Modell.

Offensichtlich gilt P $\subset$ NP. Um NP $\subset$ PSPACE zu beweisen, sei $L \in$ NP. Außerdem sei A ein Algorithmus und sei $c \in \mathbb{N}$ eine Konstante mit den Eigenschaften aus Definition 2.4.20. Dann kann dieser Algorithmus wie folgt in einen Algorithmus A' umgewandelt werden, der

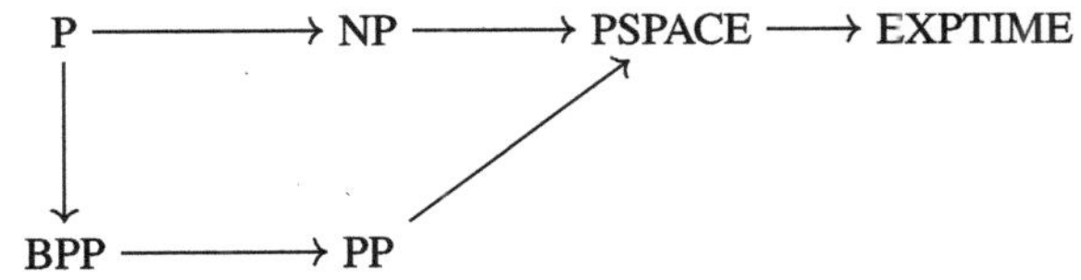

Abb. 2.4 Beziehung zwischen Komplexitätsklassen

L in polynomiellem Platz entscheidet. Die Eingabemenge von A' ist $\{0, 1\}^*$. Bei Eingabe von $\mathbf{s} \in \{0, 1\}^*$ führt der modifizierte Algorithmus den Algorithmus A mit allen möglichen Zertifikaten $\mathbf{t} \in \{0, 1\}^*$ aus, die $|\mathbf{t}| \leq |\mathbf{s}|^c$ erfüllen. Er gibt 1 zurück, wenn A für eines dieser Zertifikate 1 zurückgibt, und sonst 0. Aus Definition 2.4.20 folgt, dass A' die Sprache L entscheidet. Da A ein Polynomialzeit-Algorithmus ist und weil $|\mathbf{t}| \leq |\mathbf{s}|^c$ gilt, folgt, dass A' polynomielle Platzkomplexität hat.

Als Nächstes zeigen wir, dass PSPACE $\subset$ EXPTIME ist. Sei $L \in$ PSPACE und sei A ein Algorithmus mit polynomieller Platzkomplexität, der L entscheidet. Es gibt also eine Konstante $c \in \mathbb{N}$, sodass bei Eingabe von $\mathbf{s} \in \{0, 1\}^*$ die Größe des vom Algorithmus verwendeten Speichers höchstens $|\mathbf{s}|^c$ beträgt. Daher ist die Anzahl der Zustände des Algorithmus bei Eingabe von $\mathbf{s}$ von der Größenordnung $O(2^{n^c})$. Dies impliziert, dass der Algorithmus exponentielle Laufzeit hat.

Nun wenden wir uns probabilistischen Algorithmen zu. Offensichtlich ist $P \subset$ BPP $\subset$ PP. Um zu zeigen, dass PP $\subset$ PSPACE gilt, sei L eine Sprache in PP und sei A ein Monte-Carlo-Algorithmus, der L entscheidet, wie in Definition 2.4.18 beschrieben. Mithilfe von A konstruieren wir einen deterministischen Algorithmus A' mit polynomieller Platzkomplexität, der L entscheidet. Sei $\mathbf{s} \in \{0, 1\}^*$. Da A polynomielle Laufzeit hat, gibt es ein $c \in \mathbb{N}$, sodass die Anzahl der Aufrufe probabilistischer Unterprogramme in einem Durchlauf von A bei Eingabe von a höchstens $|a|^c$ beträgt. Bei Eingabe von a führt der Algorithmus A' den Algorithmus A mit allen Zufallsfolgen aus, die den Durchläufen von A bei Eingabe von $\mathbf{s}$ entsprechen. Deren Anzahl ist durch $|\mathbf{s}|^c$ beschränkt. Wenn die Mehrheit dieser Durchläufe 1 zurückgibt, gibt A' den Wert 1 zurück und andernfalls 0. Aus der Definition der Komplexitätsklasse PP folgt, dass A' die Sprache L entscheidet. Außerdem hat A' polynomielle Platzkomplexität. □

Wir merken an, dass die Beziehung zwischen BPP und NP unbekannt ist.

2.5 Das Schaltkreismodell

Das zweite Berechnungsmodell, das wir vorstellen, ist das der Booleschen Schaltkreise. Es bildet die Grundlage für das Schaltkreismodell für Quantenberechnungen.

Tab. 2.8 Liste wichtiger Logischer Gatter

Name	Logischer Operator	Gattersymbol
AND	$\wedge$	
OR	$\vee$	
NOT	$\neg$	
NAND	$\uparrow$	
NOR	$\downarrow$	
XOR	$\oplus$	

2.5.1 Logische Gatter

Logische Gatter sind die grundlegenden Komponenten von Booleschen Schaltkreisen, die im folgenden Abschnitt eingeführt werden. Ein logisches Gatter implementiert eine *Boolesche Funktion* $\{0, 1\}^n \to \{0, 1\}^m$, wobei m und n natürliche Zahlen sind. Welche logischen Gatter verfügbar sind, hängt von der verwendeten Rechnerplattform ab. Tab. 2.8 zeigt häufig verwendete logische Gatter. Die von ihnen implementierten Funktionen sind in Tab. 2.4 gezeigt. Solche Gatter können unter Verwendung verschiedener Technologien realisiert werden, wie z. B. Dioden oder Transistoren, die als elektronische Schalter fungieren oder mit Vakuumröhren, elektromagnetischen Relais oder sogar mechanischen Elementen.

2.5.2 Boolesche Schaltkreise

Nun definieren wir Boolesche Schaltkreise.

Definition 2.5.1 Ein *Boolescher Schaltkreis* ist ein Tupel $C = (V, E, G, L)$, wobei (V, E) ein gerichteter azyklischer Graph und G eine Menge von logischen Gattern bezeichnet. Außerdem ist

$$L : V \to \{\mathsf{I}, \mathsf{O}, 0, 1\} \cup G$$

eine Abbildung, die den Elementen von V, die als *Knoten* bezeichnet werden, Bezeichnungen zuordnet. Ein mit I bezeichneter Knoten wird *Eingabeknoten* genannt und ein mit O bezeichneter Knoten *Ausgabeknoten.* Ein mit 0 oder 1 bezeichneter Knoten heißt *konstanter Knoten.* Alle anderen Knoten werden als *Gatter* bezeichnet. Außerdem erfüllt der Schaltkreis C die folgenden Bedingungen:

1. Eingabeknoten und konstante Knoten haben den Eingangsgrad 0.
2. Es gibt eine Ordnung $I \rightarrow \mathbb{Z}_{|I|}$ der Menge I der Eingabeknoten.
3. Die Ausgabeknoten haben einen Eingangsgrad von 1 und Ausgangsgrad 0.
4. Es gibt eine Ordnung $O \rightarrow \mathbb{Z}_{|O|}$ der Menge O der Ausgabeknoten.
5. Sei $v \in V$ ein Gatter, für das $L(v)$ eine Funktion $\{0, 1\}^k \rightarrow \{0, 1\}^l$ implementiert. Dann ist k der Eingangsgrad von v und l ist sein Ausgangsgrad. Außerdem gibt es eine Ordnung $I(v) \rightarrow \mathbb{Z}_k$ der Menge $I(v)$ der eingehenden Kanten von v und eine analoge Ordnung der ausgehenden Kanten von v.

Boolesche Schaltkreise werden auch als *logische Schaltkreise* oder einfach als *Schaltkreise* bezeichnet. Wir führen einige wichtige Begriffe für Boolesche Schaltkreise ein.

Definition 2.5.2 Sei C ein Boolescher Schaltkreis.

1. Die *Tiefe* eines Knotens v von C ist die maximale Länge eines Pfades von einem Eingabeknoten oder einem konstanten Knoten zu v.
2. Die *Tiefe* von C ist die maximale Tiefe aller Knoten von C. Sie wird mit $\text{depth}(C)$ bezeichnet.
3. Die *Größe* von C ist die Anzahl der Gatter, die C benutzt. Sie wird durch $|C|$ bezeichnet.

Beispiel 2.5.3 Abb. 2.5 zeigt zwei Beispiele für Boolesche Schaltkreise. Der erste implementiert NAND mithilfe eines AND- und eines NOT-Gatters. Der zweite implementiert XOR mithilfe eines NAND-, eines OR- und eines AND-Gatters.

Übung 2.5.4 Verifizieren Sie, dass die Schaltkreise in Abb. 2.5 NAND und XOR implementieren.

Im zweiten Schaltkreis in Abb. 2.5 haben die Eingabeknoten den Ausgangsgrad 2. Dies wird durch das Fanout-Symbol ─┬─ dargestellt. Fanout-Operationen werden in Schaltkreisen verwendet, um den Ausgangsgrad von Eingabeknoten, konstanten Knoten und logischen

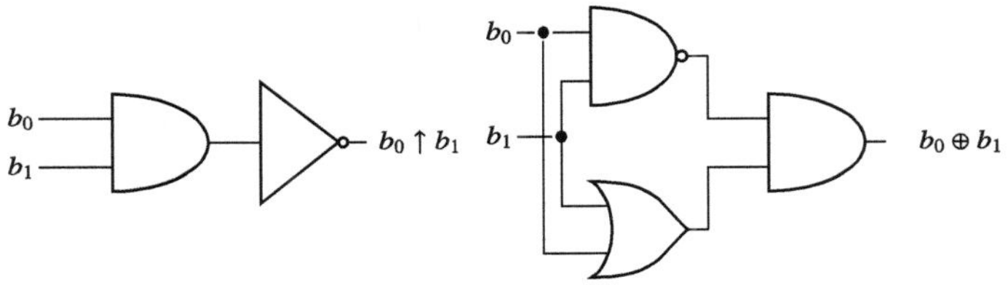

Abb. 2.5 Schaltkreis-Implementierungen von NAND und XOR

Gattern zu erhöhen. Wenn wir in Abschn. 2.7 die Simulation von Schaltkreisen durch reversible Schaltkreise beschreiben, werden wir Fanout-Symbole ebenfalls als Gatter betrachten.

Als Nächstes definieren wir die Funktionen, die von Schaltkreisen berechnet werden. Sei $C = (V, E, G, L)$ ein Schaltkreis mit n Eingabeknoten und m Ausgabeknoten. Um die Beschreibung zu vereinfachen, nehmen wir an, dass alle Gatter in G Funktionen mit nur einem Ausgabebit implementieren. Die folgende Modellierung kann leicht auf Schaltkreise verallgemeinert werde, die beliebige Gatter verwenden.

Der Schaltkreis C berechnet eine Funktion

$$f : \{0, 1\}^n \to \{0, 1\}^m. \tag{2.46}$$

Sei $\mathbf{b} = (b_0, \ldots, b_{n-1}) \in \{0, 1\}^n$. Wir konstruieren $f(\mathbf{b})$. Hierfür verwenden wir eine *Wertefunktion*

$$B : V \to \{0, 1\}. \tag{2.47}$$

die wir durch Induktion über die Tiefen der Knoten in V definieren. Für den Basisfall spezifizieren wir Folgendes.

1. Für konstante Knoten v mit der Bezeichnung 0 oder 1 setzen wir entsprechend $B(v)$ auf 0 oder 1.
2. Seien v_i die Eingabeknoten von C für $0 \leq i < n$. Dann setzen wir $B(v_i) = b_i, 0 \leq i < n$. Hier benutzen wir also die Ordnung der Eingabeknoten, um einem Eingabeknoten v_i ein Bit b_i zuzuweisen.

Für den Induktionsschritt sei K die Tiefe von C und sei k eine positive ganze Zahl mit $0 < k \leq K$. Nehmen wir an, dass $B(v)$ für alle Knoten v mit einer Tiefe kleiner als k bereits definiert wurde. Sei v ein Knoten mit der Tiefe k. Wir definieren $B(v)$ wie folgt. Da die Tiefe des Knotens v größer als 0 ist, ist er entweder ein Gatter oder ein Ausgabeknoten. Nehmen wir an, dass v ein Gatter ist. Sei

$$g : \{0, 1\}^l \to \{0, 1\} \tag{2.48}$$

die von diesem Gatter implementierte Boolesche Funktion. Der Knoten v hat l eingehende Kanten und nach unserer Definition gibt es eine Ordnung $(e_0, \ldots, e_{l-1})$ dieser Kanten. Seien $u_0, \ldots, u_{l-1}$ die Knoten im Schaltkreis mit der Eigenschaft, dass e_i eine ausgehende Kante von u_i ist für $0 \leq i < l$. Dann haben die Knoten $u_0, \ldots, u_{l-1}$ eine Tiefe kleiner als k. Daher sind die Werte $B(u_i)$, $0 \leq i < l$, bereits definiert. Wir setzen

$$B(v) = g(B(u_0), \ldots, B(u_{n-1})) \tag{2.49}$$

Nehmen wir nun an, dass v ein Ausgabeknoten ist. Nach unserer Definition hat er den Eingangsgrad 1. Sei u der Knoten in V, von dem aus eine Kante zu v führt. Dann ist die Tiefe von u ebenfalls kleiner als k und wir setzen

$$B(v) = B(u). \tag{2.50}$$

Zuletzt sei $(y_0, \ldots, y_m)$ die geordnete Folge der Ausgabeknoten von C. Dann setzen wir

$$f(\mathbf{b}) = (B(y_0), \ldots, B(y_{m-1})). \tag{2.51}$$

Beispiele für Schaltkreise und die von ihnen implementierten Funktionen sind in Abb. 2.5 zu sehen.

Übung 2.5.5 Definieren Sie die Funktion, die von einem Schaltkreis berechnet wird, der logische Gatter mit mehr als einem Ausgabebit verwendet.

2.5.3 Universelle Mengen von Gattern

Welche Gatter brauchen wir wirklich in Schaltkreisen? In diesem Abschnitt zeigen wir, dass sehr wenige ausreichen. Wir beginnen mit einer Definition.

Definition 2.5.6 Eine Menge G von logischen Gattern heißt *universell für klassische Berechnungen,* wenn für alle $m, n \in \mathbb{N}$ und jede Funktion $f : \{0, 1\}^n \to \{0, 1\}^m$ ein Schaltkreis existiert, der nur Gatter aus G verwendet und f berechnet.

Wir präsentieren eine sehr einfache Menge von logischen Gattern, die universell für klassische Berechnungen ist.

Theorem 2.5.7 Die Menge {NOT, AND, OR} ist universell für klassische Berechnungen.

Beweis Es genügt, das Theorem für Boolesche Funktionen

$$f : \{0, 1\}^n \to \{0, 1\}. \tag{2.52}$$

zu beweisen, die nur ein Ausgabebit haben. Um Funktionen mit mehreren Ausgabebits zu implementieren, können wir Schaltkreise zusammensetzen, die ihre einzelnen Komponenten implementieren. Dazu gehen wir wie folgt vor. Sei $f = (f_0, \ldots, f_m)$ mit Booleschen Funktionen $f_i : \{0, 1\}^n \to \{0, 1\}$ für $0 \leq i < m$. Wir konstruieren einen Schaltkreis C, der f implementiert und nur die Gatter NOT, AND und OR verwendet. Für alle $i \in \mathbb{Z}_m$ sei C_i ein Schaltkreis, der f_i berechnet und nur die Gatter NOT, AND und OR verwendet. Der Schaltkreis C hat n Eingabeknoten und so viele konstante Knoten, wie insgesamt für alle Schaltkreise $C_0, \ldots, C_{n-1}$ benötigt werden. Wir verwenden Fanout-Operationen, um diese Eingabe- und konstanten Knoten für alle Schaltkreise C_i verfügbar zu machen und bezeichnen den Ausgabeknoten von C_i mit o_i. Dann werden die Schaltkreise C_i durch Kanten mit

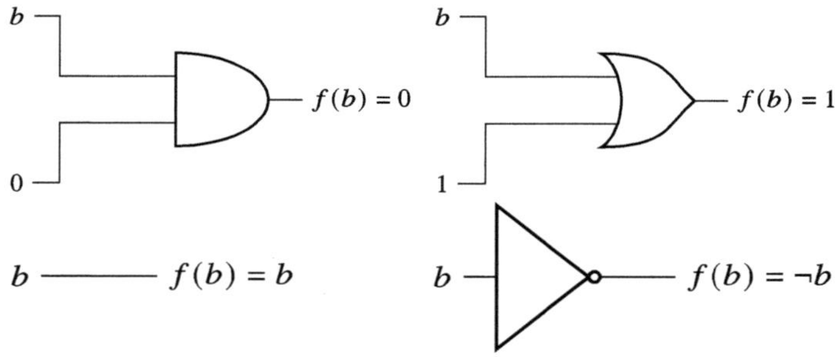

Abb. 2.6 Basisfall des Induktionsbeweises in Theorem 2.5.7: Schaltkreise, die die vier Funktionen $f : \{0,1\} \to \{0,1\}$ berechnen

den entsprechenden Eingabe- und konstanten Konten verbunden und $(o_0, \ldots, o_{l-1})$ bilden die Ausgangsknoten des Schaltkreises C.

Wir beweisen nun die Aussage für Funktionen wie in (2.52) durch Induktion über n. Für den Basisfall sei $n = 1$. Es gibt vier Boolesche Funktionen $f : \{0,1\} \to \{0,1\}$, nämlich die folgenden:

$$b \mapsto 0, \quad b \mapsto 1, \quad b \mapsto b, \quad b_0 \mapsto \neg b. \tag{2.53}$$

Implementierungen dieser Funktionen durch Schaltkreise, die nur die Gatter NOT, AND und OR verwenden, werden in Abb. 2.6 gezeigt.

Nun sei $n > 0$ und nehmen wir an, dass alle Funktionen $\{0,1\}^{n-1} \to \{0,1\}$ durch Schaltkreise implementiert werden können, die nur die Gatter NOT, AND und OR verwenden. Sei $f : \{0,1\}^n \to \{0,1\}$. Für $b \in \{0,1\}$ definieren wir die Funktionen

$$f_b : \{0,1\}^{n-1} \to \{0,1\}, \quad (b_0, \ldots, b_{n-2}) \mapsto f(b_0, \ldots, b_{n-2}, b). \tag{2.54}$$

Dann gilt für jedes Tupel $(b_0, \ldots, b_{n-2}, b) \in \{0,1\}^n$

$$f(b_0, \ldots, b_{n-2}, b) = (f_0(b_0, \ldots, b_{n-2}) \wedge \neg b) \vee (f_1(b_0, \ldots, b_{n-2}) \wedge b). \tag{2.55}$$

Nach der Induktionsannahme existieren Schaltkreise, die f_0 und f_1 implementieren und nur die Gatter NOT, OR und AND verwenden. Daher implementiert der in Abb. 2.7 gezeigte Schaltkreis die Funktion f. □

Als Nächstes präsentieren wir eine noch kleinere universelle Menge von Gattern.

Theorem 2.5.8 Die Gattermenge {NAND} ist universell für klassische Berechnungen.

Beweis Nach Theorem 2.5.7 genügt es zu zeigen, dass die Gatter NOT, AND und OR durch Schaltkreise implementiert werden können, die nur das NAND-Gatter verwenden. Dies wird in Abb. 2.8 gezeigt. □

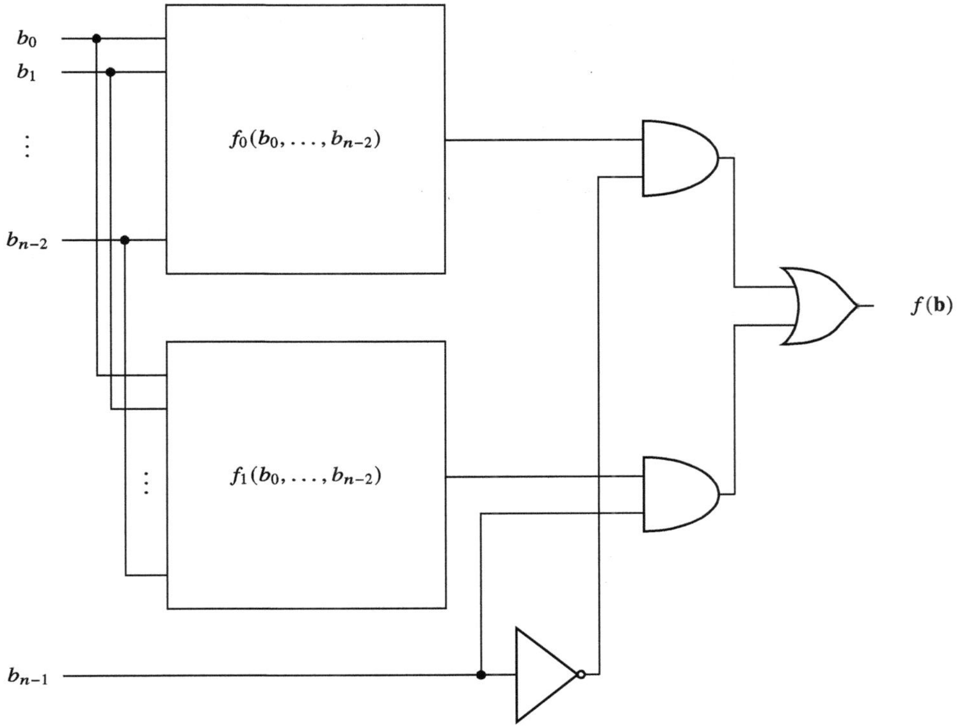

Abb. 2.7 Induktionsschritt im Beweis von Theorem 2.5.7

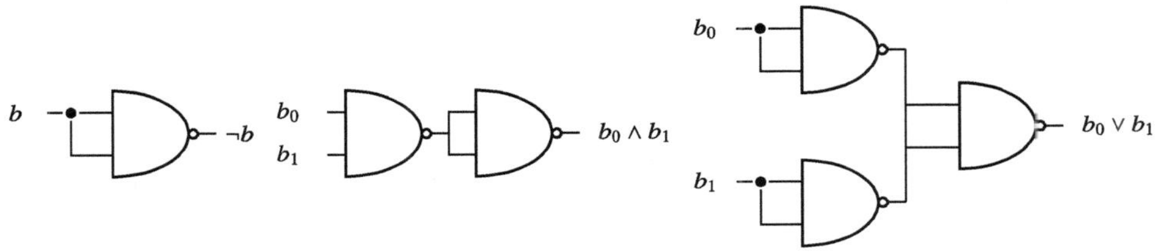

Abb. 2.8 Implementierung von NOT, AND und OR mittels NAND

Übung 2.5.9 Zeigen Sie, dass die Menge {NOR} universell für klassische Berechnungen ist.

Schließlich definieren wir die Komplexität von Booleschen Funktionen.

Definition 2.5.10 Sei G eine universelle Menge von logischen Gattern und sei f eine Boolesche Funktion. Die *Schaltkreis-Komplexität* von f in Bezug auf G ist die minimale Größe eines Schaltkreises, der f berechnet und nur Gatter aus G verwendet.

Wenn klar ist, auf welche universelle Menge von logischen Gattern wir uns beziehen, sprechen wir einfach von der Schaltkreis-Komplexität einer Booleschen Funktion. Es gibt auch den Begriff der Schaltkreis-Tiefen-Komplexität, der in unserem Zusammenhang aber nicht benötigt wird.

2.6 Schaltkreisfamilien

Einzelne Schaltkreise können keine Funktionen $f : \{0, 1\}^* \to \{0, 1\}^*$ berechnen oder Sprachen entscheiden, da ihre Eingabelänge festgelegt ist. Um diese allgemeineren Probleme zu lösen, benötigen wir Familien von Schaltkreisen. Dazu wählen wir eine endliche universelle Menge von logischen Gattern und gehen von nun an davon aus, dass alle Schaltkreise unter Verwendung dieser Gatter konstruiert werden. Solche universellen Mengen finden sich in den Theoremen 2.5.7 und 2.5.8.

Definition 2.6.1 Eine *Familie von Schaltkreisen* oder *Schaltkreisfamilie* ist eine Folge $(C_n)_{n \in \mathbb{N}}$ von Schaltkreisen, sodass der Schaltkreis C_n n Eingabeknoten hat für alle $n \in \mathbb{N}$.

Als Nächstes beschreiben wir, was es bedeutet, dass eine Schaltkreisfamilie eine Funktion berechnet, ein Berechnungsproblem löst oder eine Sprache entscheidet. Dabei müssen wir berücksichtigen, dass Schaltkreise eine feste Ausgabelänge haben. Beispiel 2.6.2 zeigt, wie man damit umgeht.

Beispiel 2.6.2 Betrachte die Funktion $f : \{0, 1\}^* \to \{0, 1\}^*$, $a \mapsto f(a) = a^2$, wobei wir die Elemente von $\{0, 1\}^*$ mit den ganzen Zahlen identifizieren, die sie darstellen. Wie können wir diese Funktion mithilfe einer Schaltkreisfamilie implementieren? Für $n \in \mathbb{N}$ sei

$$f_n : \{0, 1\}^n \to \{0, 1\}^*, \quad a \mapsto a^2. \tag{2.56}$$

Um f_n als Schaltkreis zu implementieren, müssen wir Darstellungen der Funktionswerte verwenden, die für alle Eingaben der Länge n die gleiche Länge haben. Für $a \in \{0, 1\}^n$ stellen wir dazu der binären Darstellung von a^2 so viele Nullen voran, dass die Länge der neuen Darstellung die Länge $2n$ hat. Für $n = 2$ schreiben wir zum Beispiel $f_2(00) = 0000$, $f_2(01) = 0001$, $f_2(10) = 0100$, $f_2(11) = 1001$. Auf die gleiche Weise kann man für alle $n \in \mathbb{N}$ Schaltkreise C_n konstruieren, die die Funktion f_n implementieren. Die binäre Darstellung der Funktionswerte $\neq 0$ erhält man, indem man die führenden Nullen löscht.

Die Idee von Beispiel 2.6.2 kann für alle Funktionen $f : \{0, 1\}^* \to \{0, 1\}^*$ verwendet werden, deren Funktionswerte entweder durch 0 oder durch Bitstrings in $\{0, 1\}^*$ kodiert werden, die mit dem Bit 1 beginnen. Eine solche Kodierung kann man leicht aus jeder Bitstring-Darstellung der Funktionswerte erhalten. Man muss nur allen Darstellungen, die nicht 0 sind, eine 1 voranstellen. Daher betrachten wir ohne Beschränkung der Allgemeinheit nur Funktionen, die

$$|\mathbf{s}| = |\mathbf{s}'| \Rightarrow |f(\mathbf{s})| = |f(\mathbf{s}')| \text{ für alle } \mathbf{s}, \mathbf{s}' \in \{0, 1\}^* \tag{2.57}$$

erfüllen.

Definition 2.6.3 Sei $f : \{0, 1\}^* \to \{0, 1\}^*$ eine Funktion, die (2.57) erfüllt, und sei $C = (C_n)_{n \in \mathbb{N}}$ eine Schaltkreisfamilie. Wir sagen, dass C die Funktion f berechnet, wenn für alle $n \in \mathbb{N}$ der Schaltkreis C_n die Funktion $f_n : \{0, 1\}^n \to \{0, 1\}^*, \mathbf{s} \mapsto f(\mathbf{s})$ berechnet.

Wir definieren auch, was es bedeutet, dass eine Schaltkreisfamilie ein Berechnungsproblem $\mathrm{CP} = (I, O, R)$ löst. Analog zu (2.57) nehmen wir ohne Beschränkung der Allgemeinheit an, dass alle Größen durch Bitstrings repräsentiert werden und die Lösungen aller Instanzen einer festen Länge ebenfalls feste Länge haben. Das bedeutet, dass

$$|\mathbf{s}| = |\mathbf{s}'| \Rightarrow |\mathbf{t}| = |\mathbf{t}'| \text{ für alle } (\mathbf{s}, \mathbf{t}), (\mathbf{s}', \mathbf{t}') \in R. \tag{2.58}$$

Definition 2.6.4 Sei $\mathrm{CP} = (I, O, R)$ ein Berechnungsproblem und sei $C = (C_n)_{n \in \mathbb{N}}$ eine Schaltkreisfamilie. Wir sagen, dass C das Berechnungsproblem CP löst, wenn für alle $n \in \mathbb{N}$ der Schaltkreis C_n bei Eingabe von $\mathbf{s} \in \{0, 1\}^n \cap I$ eine Lösung $\mathbf{t}$ von $\mathbf{s}$ berechnet.

Schließlich definieren wir, was es bedeutet, dass eine Schaltkreisfamilie eine Sprache entscheidet.

Definition 2.6.5 Sei L eine Sprache, und sei $C = (C_n)_{n \in \mathbb{N}}$ eine Schaltkreisfamilie. Wir sagen, dass C die Sprache L entscheidet, wenn für alle $n \in \mathbb{N}$ der Schaltkreis C_n bei Eingabe von $\mathbf{s} \in \{0, 1\}^n$ den Wert 1 zurückgibt, falls $\mathbf{s} \in L$ ist und 0 andernfalls.

Weil die zugrundeliegende Menge logischer Gatter universell ist, folgt aus obiger Konstruktion folgendes Theorem.

Theorem 2.6.6 Für jede Funktion $f : \{0, 1\}^* \to \{0, 1\}^*$, jedes Berechnungsproblem CP und jede Sprachen L gibt es eine Schaltkreisfamilie, die f berechnet, CP löst oder L entscheidet.

Theorem 2.6.6 zeigt, dass Schaltkreisfamilien in Bezug auf Berechnungen mächtiger sind als Algorithmen. Es ist bekannt, dass bestimmte Funktionen $f : \{0, 1\}^* \to \{0, 1\}^*$ nicht von Algorithmen berechnet werden können (siehe [Dav82]). Wie Theorem 2.6.6 jedoch zeigt, gibt es für alle solche Funktionen eine Schaltkreisfamilie, die sie berechnen kann. Dies ist möglich, weil für jede Eingabelänge ein Schaltkreis entworfen werden kann. Der nächste Abschnitt führt ein eingeschränkteres Konzept von Schaltkreisfamilien ein, das Fähigkeiten besitzt, die denen von Algorithmen entsprechen.

2.6.1 Uniforme Schaltkreisfamilien

Wir führen nun uniforme Schaltkreisfamilien ein und erhalten damit ein Berechnungsmodell, das dem algorithmischen Modell entspricht. Für die nächste Definition nehmen wir an, dass wir eine Kodierung von Schaltkreisen durch Bitstrings festgelegt haben. In Anlehnung an [Wat09] nehmen wir an, dass diese Kodierung die folgenden Eigenschaften hat.

1. Die Kodierung ist *sinnvoll:* Jeder Schaltkreis wird durch mindestens einen Bitstring kodiert, und jeder Bitstring kodiert höchstens einen Schaltkreis.
2. Die Kodierung ist *effizient:* Es gibt ein $c \in \mathbb{N}$, sodass jeder Schaltkreis C eine Kodierung hat, deren Länge mindestens size C und höchstens $(\text{size}\, C)^c$ ist.
3. Informationen über die Struktur eines Schaltkreises sind in polynomieller Zeit aus einer Kodierung des Schaltkreises berechenbar.

Eine „Strukturinformation“ ist zum Beispiel die Information darüber, was die Eingabeknoten, die Gatter und die Ausgabeknoten eines Schaltkreises sind und wie diese Knoten verbunden sind.

Wir definieren uniforme Schaltkreisfamilien.

Definition 2.6.7 Eine Schaltkreisfamilie $C = (C_n)$ heißt *uniform,* wenn es einen deterministischen Algorithmus gibt, der bei Eingabe von I^n, $n \in \mathbb{N}$, die Kodierung von C_n ausgibt.

Nach der nächsten Definition erklären wir, warum die Eingabe des Algorithmus in Definition 2.6.7 I^n und nicht einfach n ist. Hier bemerken wir Folgendes: Es kann gezeigt werden, dass uniforme Schaltkreisfamilien *Turing-vollständig* sind, ihre Rechenleistung also der von Turingmaschinen entspricht. Dies ist wichtig, weil die *Turing-Church-These* besagt, dass Turingmaschinen die mächtigsten denkbaren Rechenmaschinen sind. Das bedeutet, dass eine Funktion $f : \{0, 1\}^* \to \{0, 1\}^*$ von einem Menschen, der einem Algorithmus folgt, genau dann berechenbar ist, wenn sie von einer Turingmaschine berechnet werden kann, wobei Ressourcenbeschränkungen ignoriert werden. In der heutigen Informatik gilt die Turing-Church-These immer noch als wahr.

Wir führen nun das Uniformitätskonzept ein, das wir in diesem Buch benötigen.

Definition 2.6.8 Eine Schaltkreisfamilie $C = (C_n)$ heißt P-*uniform*, wenn es einen deterministischen Polynomzeitalgorithmus gibt, der bei Eingabe von I^n für ein $n \in \mathbb{N}$ die Kodierung von C_n ausgibt.

Warum wird die Eingabe des Algorithmus in unärer Kodierung I^n von n und nicht in der binären Darstellung dieser Zahl dargestellt? Der Grund ist, dass die Laufzeit des Algorithmus polynomiell in n sein soll. Die Laufzeit von Algorithmen wird aber als Funktion der Eingabelänge angegeben. Daher muss die Eingabelänge dieses Algorithmus proportional zu n sein, was bei der unären Kodierung der Fall ist. Wenn wir die binäre Kodierung von n verwenden würden, wäre ihre Länge nur von der Größenordnung $\log n$, was viel kleiner als n ist. Infolgedessen wäre die Laufzeit des Algorithmus nicht polynomiell sondern exponentiell in n.

2.6.2 Schaltkreiskomplexität

Nun definieren wir die Komplexität von Schaltkreisfamilien und verschiedene Schaltkreiskomplexitätsklassen.

Definition 2.6.9 Sei $C = (C_n)_{n \in \mathbb{N}}$ eine Schaltkreisfamilie und sei $f : \mathbb{N} \to \mathbb{R}_{>0}$ eine Funktion.

1. Die *Komplexität* von C ist die Funktion $\mathbb{N} \to \mathbb{N}$, $n \mapsto |C_n|$.
2. Die Komplexitätsklasse $\mathrm{SIZE}(f)$ ist die Menge aller Sprachen, die von einer P-uniformen Schaltkreisfamilie mit Komplexität $\mathrm{O}(f)$ entschieden werden können. .

Das folgende Theorem stellt eine Verbindung zwischen algorithmischen und Schaltkreis-Komplexitätsklassen her.

Theorem 2.6.10 Sei $f : \mathbb{N} \to \mathbb{R}_{>0}$, dann gilt $\mathrm{SIZE}(f) \subset \mathrm{DTIME}(f) \subset \mathrm{SIZE}(f \log f)$.

Für den Beweis dieses Theorems siehe [Vol99] und [AB09]. Wir erhalten daraus folgendes Korollar, das die Komplexitätsklasse P in Bezug auf uniforme Schaltkreisfamilien polynomieller Größe charakterisiert.

Korollar 2.6.11 Eine Sprache L ist genau dann in P, wenn L in $\mathrm{SIZE}(n^c)$ für ein $c \in \mathbb{N}$ ist.

2.7 Reversible Schaltkreise

Dieser Abschnitt diskutiert reversible Schaltkreise, die eine entscheidende Rolle in der Theorie der Quantenalgorithmen spielen, wie wir in Abschn. 5.7 sehen werden. Reversible Schaltkreise können leicht in Quanten-Schaltkreise umgewandelt werden, indem man klassische reversible Gatter durch ihre quantenmechanischen Äquivalente ersetzt. Ein wesentliches Ziel dieses Abschnitts ist es, zu zeigen, dass jeder Schaltkreis in einen reversiblen Schaltkreis transformiert werden kann. Dies impliziert, dass es für jede Boolesche Funktion einen Quanten-Schaltkreis gibt, der diese Funktion berechnen kann.

2.7.1 Grundlagen

Wir definieren zunächst reversible Gatter und Schaltkreise.

Definition 2.7.1 Ein *reversibles Gatter* ist ein logisches Gatter, das eine invertierbare Funktion $f : \{0,1\}^n \to \{0,1\}^n$ für ein $n \in \mathbb{N}$ implementiert. Entsprechend ist *ein reversibler Schaltkreis* ist ein Boolescher Schaltkreis, der eine invertierbare Funktion $f : \{0,1\}^n \to \{0,1\}^n$ für ein $n \in \mathbb{N}$ implementiert.

Das einzige reversible Gatter, das wir bisher gesehen haben, ist das NOT-Gatter. Alle anderen Gatter in Tab. 2.8 sind nicht reversibel.

Ein wichtiges reversibles Gatter mit zwei Eingabeknoten ist das *kontrollierte NOT*-Gatter, das mit CNOT bezeichnet wird. Es wendet die NOT-Operation auf ein *Zielbit* t an, wenn ein *Kontrollbit* c den Wert 1 hat. Andernfalls bleibt das Zielbit unverändert. Das Zielbit wird also zu $c \oplus t$. Das Kontrollbit wird nicht geändert. In Abb. 2.9 werden zwei Varianten von CNOT gezeigt. Im linken CNOT-Gatter ist das erste Bit das Kontrollbit und das zweite das Zielbit. Im rechten CNOT-Gatter sind die Rollen der Bits vertauscht. Ein Schaltkreis, der das linke CNOT-Gatter unter Verwendung eines XOR-Gatters implementiert, ist in Abb. 2.10 dargestellt. Abb. 2.11 zeigt zwei weitere CNOT-Varianten. Sie negieren das Zielbit t, wenn das Kontrollbit c den Wert 0 hat.

Ein weiteres wichtiges Gatter ist das SWAP-Gatter. Bei Eingabe eines Bit-Paares (b_0, b_1) gibt es (b_1, b_0) zurück. Dieses Gatter ist in Abb. 2.12 zusammen mit einer Implementierung gezeigt, die drei CNOT-Gatter verwendet.

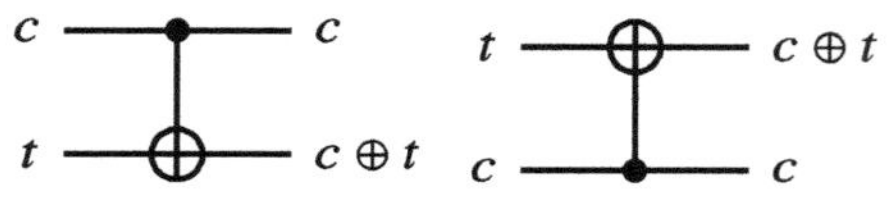

Abb. 2.9 CNOT-Gatter, die das Zielbit t negieren, wenn das Kontrollbit c den Wert 1 hat

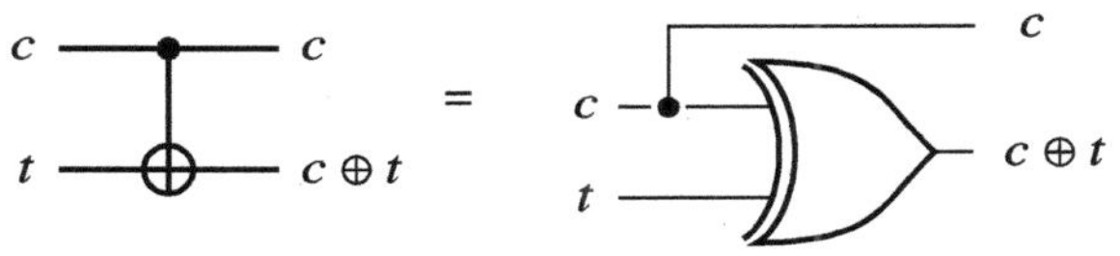

Abb. 2.10 Schaltkreis-implementierung eines CNOT-Gatters unter Verwendung eines XOR-Gatters

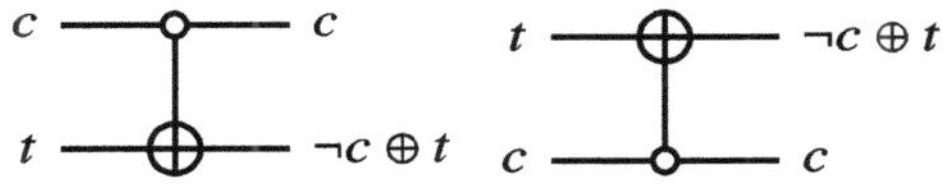

Abb. 2.11 CNOT-Gatter, die das Zielbit t negieren, wenn das Kontrollbit c den Wert 0 hat

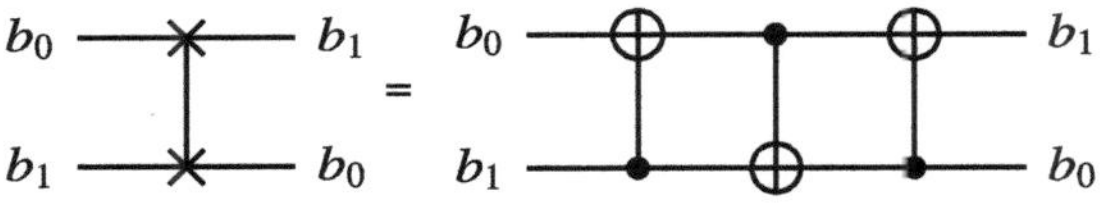

Abb. 2.12 Das SWAP-Gatter und seine Implementierung mit drei CNOT-Gattern

Als Nächstes zeigen wir, dass jede Permutation der Einträge eines n-Bit-Strings durch einen reversiblen Schaltkreis implementiert werden kann, die höchstens $n - 1$ SWAP-Gatter verwendet.

Proposition 2.7.2 Sei $n \in \mathbb{N}$ und sei $\pi \in S_n$. Dann ist die Abbildung

$$f_\pi : \{0, 1\}^n \to \{0, 1\}^n, \quad (b_0, \ldots, b_{n-1}) \mapsto (b_{\pi(0)}, \ldots b_{\pi(n-1)}) \tag{2.59}$$

durch einen Schaltkreis implementierbar, der höchstens $n - 1$ SWAP-Gatter oder höchstens $3(n - 1)$ CNOT-Gatter verwendet.

Beweis Die Proposition folgt aus Theorem A.4.34, welches besagt, dass π das Produkt von höchstens $n - 1$ Transpositionen ist. □

Beispiel 2.7.3 Betrachte die Permutation

$$\pi = \begin{pmatrix} 0 & 1 & 2 & 3 \\ 1 & 3 & 0 & 2 \end{pmatrix}. \tag{2.60}$$

Es gilt $\pi = (2, 1) \circ (1, 3) \circ (0, 2)$. Daher implementiert der Schaltkreis in Abb. 2.13 diese Permutation.

Wir führen nun das *Toffoli-Gatter* ein, das 1980 von Tomaso Toffoli vorgeschlagen wurde und in Abb. 2.14 dargestellt ist. Es implementiert die Bijektion

$$\{0, 1\}^3 \to \{0, 1\}^3, \quad (c_0, c_1, t) \mapsto (c_0, c_1, (c_0 \wedge c_1) \oplus t). \tag{2.61}$$

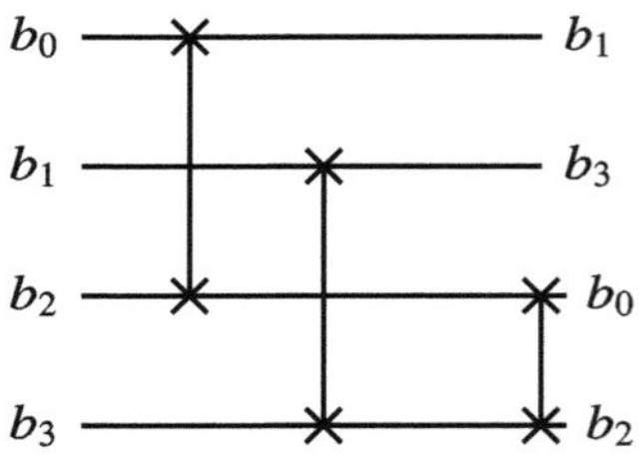

Abb. 2.13 Implementierung der Permutation π aus (2.60)

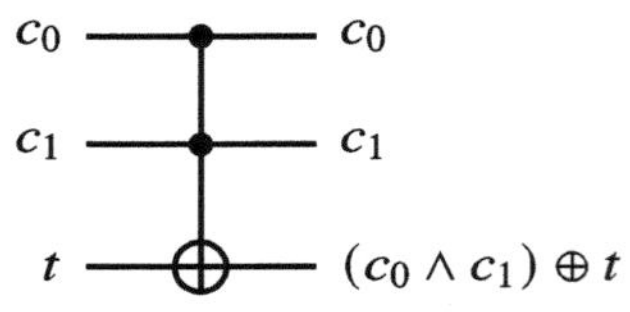

Abb. 2.14 Ein Toffoli- oder CCNOT-Gatter

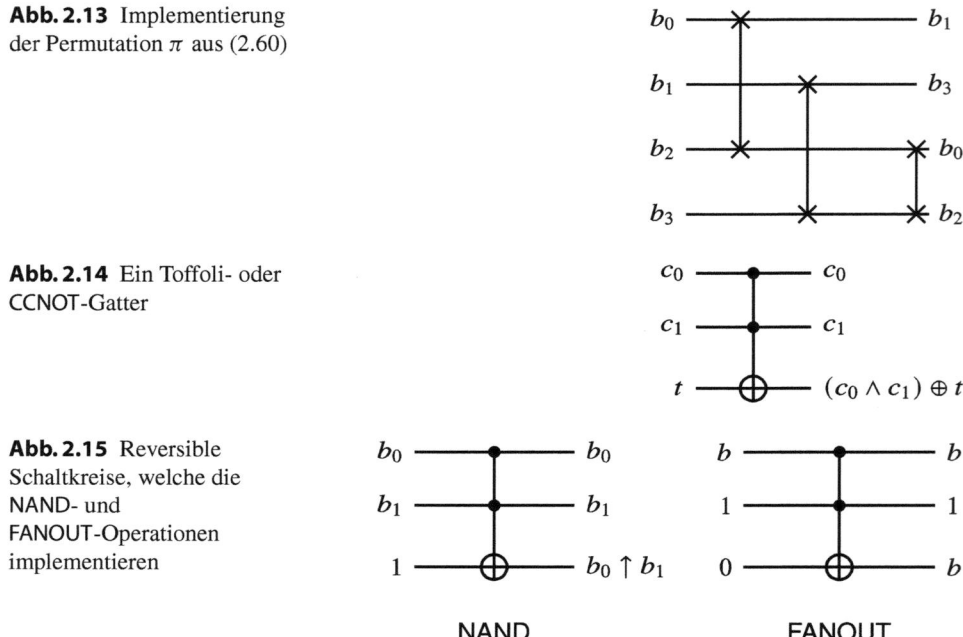

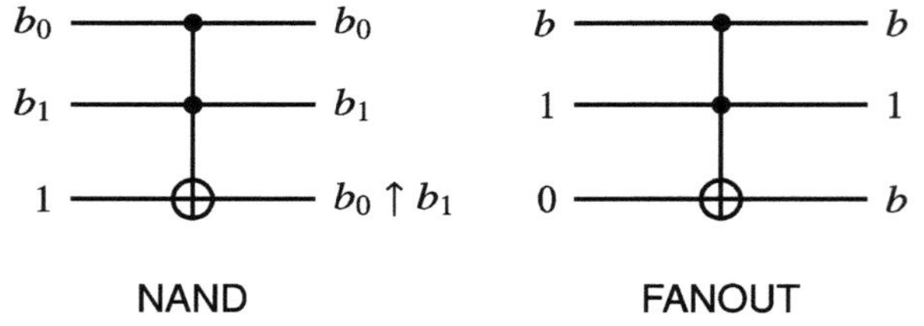

Abb. 2.15 Reversible Schaltkreise, welche die NAND- und FANOUT-Operationen implementieren

Dieses Gatter lässt die *Kontrollbits* c_0 und c_1 unverändert und modifiziert das *Zielbit* t, wenn beide Kontrollbits c_0 und c_1 den Wert 1 haben. Toffoli-Gatter werden auch CCNOT-Gatter genannt: eine NOT-Operation, die von zwei Kontrollbits kontrolliert wird.

Das Toffoli-Gatter hat die wichtige Eigenschaft, dass es die Implementierung der NAND- und FANOUT-Operationen ermöglicht. Dies wird in Abb. 2.15 gezeigt. Wie wir in Abschn. 2.7.2 sehen werden, impliziert diese Eigenschaft, dass Toffoli-Gatter verwendet werden können, um jeden Booleschen Schaltkreis in einen reversiblen Schaltkreis zu transformieren.

Übung 2.7.4 Verifizieren Sie, dass die Schaltkreise in Abb. 2.15 reversibel sind und die NAND- bzw. die FANOUT-Operation implementieren.

Ein weiteres Gatter, das verwendet werden kann, um jeden Schaltkreis reversibel zu machen, ist das *Fredkin-Gatter*. Es wurde 1969 von Edward Fredkin eingeführt. Es implementiert die Bijektion

$$\begin{aligned} &\{0,1\}^3 \to \{0,1\}^3, \\ &(c, t_0, t_1) \mapsto (c, (\neg c \wedge t_0) \vee (c \wedge t_1), (c \wedge t_0) \vee (\neg c \wedge t_1)). \end{aligned} \tag{2.62}$$

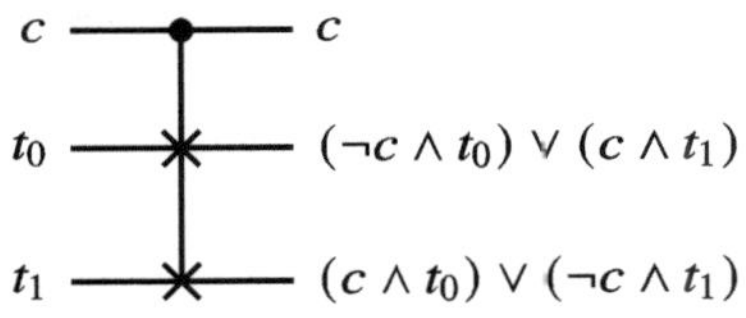

Abb. 2.16 Ein Fredkin- oder CSWAP-Gatter

Diese Funktion ändert das *Kontrollbit* c nicht, vertauscht jedoch die *Zielbits* t_1 und t_2, wenn das Kontrollbit c den Wert 1 hat, andernfalls lässt es sie unverändert (siehe Übung 2.7.5). Aufgrund dieser Eigenschaft wird das Fredkin-Gatter auch als *kontrolliertes* SWAP-*Gatter* bezeichnet und CSWAP genannt.

Übung 2.7.5 Bestimmen Sie die Wahrheitstafeln der Toffoli- und Fredkin-Gatter und verwenden Sie diese, um zu überprüfen, dass sie die Funktionen in (2.61) bzw. (2.62) implementieren. Verifizieren Sie auch, dass die beiden Funktionen Bijektionen sind (Abb. 2.16).

Übung 2.7.6

1. Finden Sie eine Implementierung des Toffoli-Gatters, die nur NOT, AND und OR-Gatter verwendet.
2. Finden Sie eine Implementierung des Fredkin-Gatters, die nur NOT, AND und OR-Gatter verwendet.
3. Finden Sie Implementierungen der NAND- und FANOUT-Operationen, die nur Fredkin-Gatter verwenden.

2.7.2 Konstruktion von reversiblen Schaltkreisen

In diesem Abschnitt erläutern wir mit einem anschaulichen Beispiel die Konstruktion von reversiblen Schaltkreisen unter Verwendung reversibler Gatter. Diese Konstruktion wird in Abschn. 4.3.4 übernommen und in Definition 5.7.1 weiter formalisiert, um Quantenschaltkreise zu generieren. Das Beispiel ist in Abb. 2.17 dargestellt.

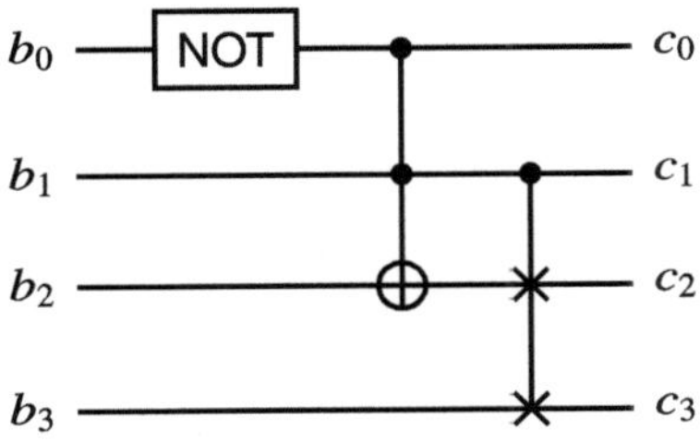

Abb. 2.17 Reversibler Schaltkreis

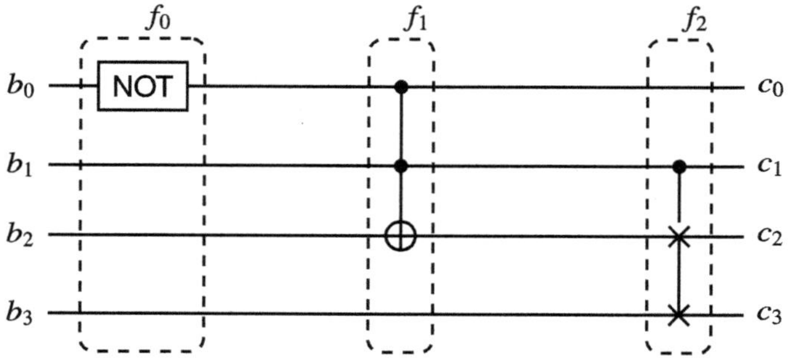

Abb. 2.18 Die Funktionen f_0, f_1, f_2 aus dem reversiblen Schaltkreis in Abb. 2.17

Der Schaltkreis implementiert eine Bijektion $f : \{0,1\}^4 \to \{0,1\}^4$. Wie in Abb. 2.18 gezeigt, kann sie als $f = f_2 \circ f_1 \circ f_0$ geschrieben werden, wobei $f_0, f_1, f_2 : \{0,1\}^4 \to \{0,1\}^4$ Bijektionen sind. Jede dieser Funktionen wird durch Anwendung invertierbarer Gatter auf bestimmte Bits und Anwendung der Identitätsfunktion $I : \{0,1\} \to \{0,1\}$ auf die übrigen Bits konstruiert (Abb. 2.18). Die Funktionen sind

$$f_0 = (\mathsf{NOT}, I, I, I), \quad f_1 = (\mathsf{CCNOT}, I), \quad f_2 = (I, \mathsf{CSWAP}). \tag{2.63}$$

Der Schaltkreis transformiert die Eingabe $(0, 1, 0, 0)$ folgendermaßen:

$$(0,1,0,0) \underset{f_0}{\mapsto} (1,1,0,0) \underset{f_1}{\mapsto} (1,1,1,0) \underset{f_2}{\mapsto} (1,1,0,1). \tag{2.64}$$

Übung 2.7.7 Bestimmen Sie für alle $\mathbf{x} \in \{0,1\}^4$ den Wert $f(\mathbf{x})$ der Funktion f, die durch den Schaltkreis in Abb. 2.17 implementiert wird.

Diese Konstruktion kann leicht auf Schaltkreise verallgemeinert werden, die Eingaben beliebiger Größe verarbeiten können. Darüber hinaus ermöglicht die Konstruktion die Lösung der folgenden Übungsaufgabe.

Übung 2.7.8 Zeigen Sie, dass jeder Schaltkreis, der nur reversible Gatter verwendet, reversibel ist.

2.7.3 Universalität reversibler Schaltkreise

In diesem Abschnitt zeigen wir, dass jede Boolesche Funktion $f : \{0,1\}^n \to \{0,1\}^m$ mit $m, n \in \mathbb{N}$ von einem reversiblen Schaltkreis berechnet werden kann, der nur Toffoli-Gatter verwendet. Da die Funktion f im Allgemeinen nicht invertierbar ist, bedeutet dies nicht, dass f durch einen reversiblen Schaltkreis implementiert werden kann. Es bedeutet vielmehr, dass es einen reversiblen Schaltkreis gibt, der eine Funktion h implementiert, die es ermöglicht, $f(\mathbf{x})$ für jedes $\mathbf{x} \in \{0, 1\}^n$ sehr einfach zu bestimmen. Die Theoreme 2.7.10 und 2.7.12 werden diese Aussage präzisieren.

Um unsere Beschreibung zu vereinfachen, betrachten wir auch Fanout-Operationen als Gatter, die wir mit FANOUT bezeichnen. Bevor wir das erste wichtige Ergebnis dieses Abschnitts beweisen, führen wir einige weitere Notationen ein.

Definition 2.7.9

1. Für einen Schaltkreis C bezeichnen wir mit $|C|_F$ die Anzahl der Gatter in C einschließlich FANOUT-Gatter.
2. Für eine Boolesche Funktion f bezeichnen wir mit $|f|_F$ den minimalen Wert von $|C|_F$ über alle Schaltkreise C, die f implementieren und nur NAND- und FANOUT-Gatter verwenden.

Die Idee der Konstruktion eines reversiblen Schaltkreises, der f berechnet, ist folgende: Wir gehen von einem Schaltkreis C aus, der f implementiert und nur NAND- und FANOUT-Gatter verwendet. Ein solcher Schaltkreis existiert gemäß Theorem 2.5.8. Dann werden alle NAND- und FANOUT-Gatter in C durch ihre reversiblen Pendants ersetzt, die in Abb. 2.15 gezeigt werden.

Theorem 2.7.10 Für jede Boolesche Funktion $f : \{0, 1\}^n \to \{0, 1\}^m$, $m, n \in \mathbb{N}$, gibt es eine natürliche Zahl $p \in \mathbb{N}_0$, $p \leq 2|f|_F$, einen reversiblen Schaltkreis C_r der Größe $|f|_F$, der ausschließlich Toffoli-Gatter verwendet, einen Vektor $\mathbf{a} \in \{0, 1\}^p$ und eine Funktion $g : \{0, 1\}^n \to \{0, 1\}^{n+p-m}$, sodass C_r eine Funktion

$$h : \{0, 1\}^n \times \{0, 1\}^p \to \{0, 1\}^m \times \{0, 1\}^{n+p-m} \tag{2.65}$$

implementiert mit

$$h(\mathbf{x}, \mathbf{a}) = (f(\mathbf{x}), g(\mathbf{x})) \tag{2.66}$$

für alle $\mathbf{x} \in \{0, 1\}^n$. Die Bits in $\mathbf{a}$ werden als *Ancilla-Bits* bezeichnet. Der Funktionswert $g(\mathbf{x})$ wird als *Garbage* bezeichnet.

Beweis Wir beweisen das Theorem durch Induktion über $k = |f|_F$.

Induktionsanfang: Sei $f : \{0, 1\}^n \to \{0, 1\}^m$ und sei $|C|_F = 0$ für einen Schaltkreis C, der f implementiert. Also hat C nur Eingabe- bzw. konstante Knoten und Ausgabeknoten und keine Gatter. Bezeichne mit p die Anzahl der konstanten Knoten. Die Eingabe- und konstanten Knoten haben Eingangsgrad 0 und Ausgangsgrad 1, während die Ausgabeknoten Eingangsgrad 1 und Ausgangsgrad 0 haben. Daher gibt es eine eins-zu-eins-Korrespondenz zwischen den Eingabe- und konstanten Knoten einerseits und den Ausgabeknoten andererseits. Zur Vereinfachung nehmen wir an, dass $p = 0$ ist. Dann gilt: $n = m$, die Funktion f

permutiert die Eingabebits und ist daher eine Bijektion. Somit können wir $p = 0$, $C_r = C$, $\mathbf{a} = ()$ und $g : \{0, 1\}^n \to \{0, 1\}^0, \mathbf{x} \mapsto ()$ wählen und erhalten die behaupteten Eigenschaften. Wenn $p > 0$ ist, ist der Beweis analog.

Induktionsschritt: Sei $k \in \mathbb{N}$. Angenommen, für jede Boolesche Funktion f' mit $|f'|_F < k$ gilt die Behauptung des Theorems. Sei $f : \{0, 1\}^n \to \{0, 1\}^m$ mit $|f|_F = k$ und sei C ein Schaltkreis, der f implementiert, nur NAND und FANOUT-Gatter verwendet und $|C|_F = k$ erfüllt.

Da $k > 0$ ist, enthält C mindestens ein NAND oder ein FANOUT-Gatter. Dies impliziert, dass C mindestens eine der folgenden Eigenschaften besitzt:

1. Es gibt ein FANOUT-Gatter in C, dessen ausgehende Kanten Eingangskanten von zwei Ausgabeknoten y_i und y_j von C sind, wobei $i, j \in \mathbb{Z}_m$ und $i \neq j$ gilt.
2. Es gibt ein NAND-Gatter in C, dessen ausgehende Kante die Eingangskante eines Ausgabeknotens y_i von C ist mit $i \in \mathbb{Z}_m$.

Angenommen, C besitzt die erste Eigenschaft. Um C_r zu konstruieren, entfernen wir das FANOUT-Gatter und die entsprechenden Ausgabeknoten y_i und y_j aus C. Wir verbinden die eingehende Kante des entfernten FANOUT-Gatters mit einem neuen Ausgabeknoten. Da FANOUT-Gatter die Eingabe nicht ändern, bezeichnen wir diesen neuen Ausgabeknoten ebenfalls als y_i. Der resultierende Schaltkreis wird C' genannt. Ein Beispiel für C und C' ist in Abb. 2.19 dargestellt. Hier gilt $n = 1, m = 2, i = 0, j = 1$ und die von C implementierte Funktion ist $f(x_0) = (x_0, x_0)$.

Sei $f' : \{0, 1\}^n \to \{0, 1\}^{m-1}$ die von C' implementierte Funktion. In Abb. 2.19 gilt $f'(x_0) = x_0$. Da ein FANOUT-Gatter aus C entfernt wurde, gilt $|f'|_F < k = |f|_F$. Wir wenden die Induktionsannahme auf f' an und erhalten p', C'_r, $\mathbf{a}'$ und g' wie in Theorem 2.7.10 beschrieben. Im Beispiel aus Abb. 2.19 ist der Schaltkreis C' reversibel. Daher können wir $C'_r = C'$ wählen. Da $|C'_r| = 0 = |f|_F - 1$ gilt, können wir im Beispiel $p' = 0$, $\mathbf{a}' = ()$ und $g' : \{0, 1\} \to \{0, 1\}^0$, $(b) \mapsto ()$ setzen und erhalten die erforderlichen Eigenschaften.

Wir konstruieren den reversiblen Schaltkreis C_r folgendermaßen: Wir setzen $p = p' + 2$ und fügen C'_r zwei Ancilla-Bits a_{p-2} und a_{p-1} hinzu. Zusätzlich fügen wir ein Toffoli-Gatter zu C'_r hinzu, das das entfernte FANOUT-Gatter ersetzt. Der erste Eingang dieses Gatters ist das Ausgabebit y_i von C'_r und die zweiten und dritten Eingänge sind die neuen Ancilla-Bits $a_{p-2} = 0$ und $a_{p-1} = 1$. Wie in Übung 2.7.4 gezeigt, ist die Ausgabe des Toffoli-

Abb. 2.19 $C'_r = C'$ entsteht durch Entfernen des FANOUT-Knotens aus C

Abb. 2.20 Konstruktion von C_r aus C'_r in Abb. 2.19

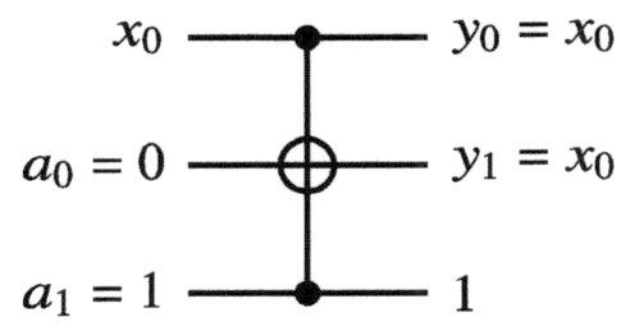

Gatters $(y_i, y_i, 1)$. Die ersten beiden Ausgangskanten des Toffoli-Gatters sind mit zwei Ausgabeknoten verbunden, die sich an derselben Stelle wie die entfernten Ausgabeknoten des entfernten FANOUT-Gatters befinden. Dann haben $p = p' + 2$, C_r, $\mathbf{a} = \mathbf{a}'||(0, 1)$ und $g(\mathbf{x}) = g'(\mathbf{x})||(1)$ die erforderlichen Eigenschaften. Außerdem gilt $|C_r| = |C'_r| + 1 = |C'|_F + 1 = |C|_F = |f|_F$ und $p = p' + 2 \leq 2|C'|_F + 2 = 2|C|_F = 2|f|_F$.

Abb. 2.20 zeigt, wie diese Konstruktion für das Beispiel in Abb. 2.19 funktioniert. Dort ist der Schaltkreis C_r einfach das Toffoli-Gatter, das die Fanout-Operation implementiert, und wir haben $p = 2 = p' + 2$, $g(x_0) = 1$ und $|C_r| = 1 = |f|_F$.

Angenommen, C hat die zweite Eigenschaft, d. h., es gibt ein NAND-Gatter, dessen ausgehende Kante mit einem Ausgabeknoten y_i von C für ein $i \in \mathbb{Z}_m$ verbunden ist. Wir entfernen dieses NAND-Gatter und den entsprechenden Ausgabeknoten y_i aus C. Außerdem fügen wir C zwei neue Ausgabeknoten y'_i und y'_m hinzu und verbinden die eingehenden Kanten des entfernten NAND-Gatters mit y'_i und y'_m. Wir nennen den resultierenden Schaltkreis C' und die Funktion, die von C' implementiert wird, bezeichnen wir mit f'. Dann gilt $|f'|_F = k - 1$. Im Beispiel in Abb. 2.21 ist $n = 2$, $m = 1$, $y_0 = f(x_0, x_1) = x_0 \wedge x_1$ und $(y'_0, y'_1) = f'(x_0, x_1) = (x_0, x_1)$.

Wir wenden nun die Induktionshypothese auf f' an und erhalten p', C'_r, $\mathbf{a}'$ und g' wie in der Behauptung von Theorem 2.7.10 beschrieben. Im Beispiel in Abb. 2.21 können wir $C'_r = C'$ setzen, da C' reversibel ist. Somit gilt $p' = 0, \mathbf{a}' = ()$ und $g' : \{0, 1\}^2 \to \{0, 1\}^{\mathrm{C}}, \mathbf{b} \mapsto ()$. Der reversible Schaltkreis C_r wird nun aus C'_r wie folgt konstruiert. Wir setzen $p = p' + 1$ und fügen eine Ancilla-Bit $a_{p-1} = 1$ hinzu. Darüber hinaus fügen wir ein Toffoli-Gatter hinzu, das das entfernte NAND-Gatter ersetzt. Sein erster Eingang ist $a_{p-1} = 1$. Die beiden anderen Eingänge sind y'_i und y'_m. Die entsprechenden Ausgabeknoten werden entfernt. Dann ist die Ausgabe des Toffoli-Gatters $(y'_i \uparrow y'_m, y'_i, y'_m)$. Die erste ausgehende Kante des Toffoli-Gatters ist mit einem neuen Ausgabeknoten y_i verbunden. Die beiden anderen ausgehenden Kanten sind mit zwei neuen Garbage-Ausgabeknoten verbunden. Somit gilt

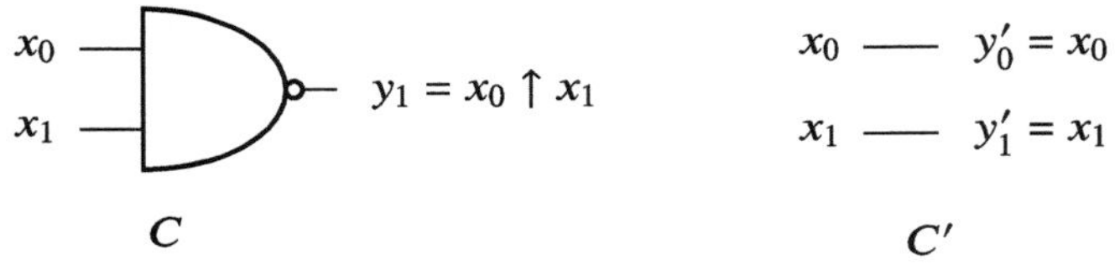

Abb. 2.21 $C'_r = C'$ erhält man durch Entfernen des NAND-Gatters aus C

Abb. 2.22 Konstruktion von C_r mittels $C'_r = C'$ aus Abb. 2.21

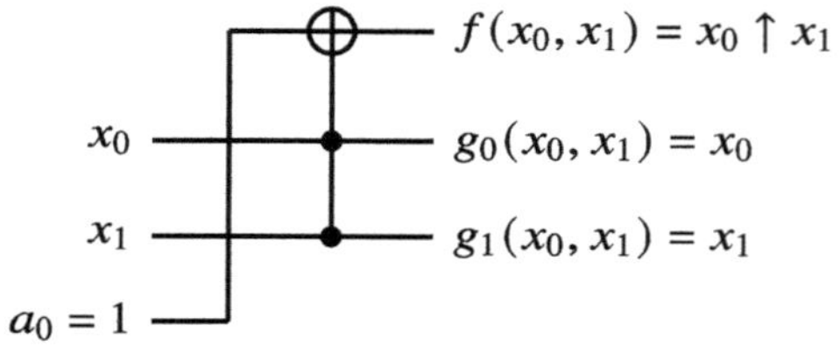

$g(\mathbf{x}) = g'(\mathbf{x})\|(y'_i, y'_m)$. Außerdem gilt $|C_r| = |C'_r| + 1 = |C'|_F + 1 = |C|_F = |f|_F$ und $p = p' + 1 \leq 2|C'|_F + 1 < 2|C'|_F + 2 = 2|C|_F = 2|f|_F$.

Abb. 2.22 zeigt, wie diese Konstruktion für das Beispiel in Abb. 2.20 funktioniert. Dort ist a_0 der erste, x_0 der zweite und x_1 der dritte Eingang des Toffoli-Gatters. Somit ist der Schaltkreis C_r eine einfache Modifikation des Toffoli-Gatters, das das NAND-Gatter implementiert, und es gilt $p = 1 = p' + 1$, $g(x_0, x_1) = (x_0, x_1)$ und $|C_r| = 1 = |f|_F$.

Damit ist der Beweis abgeschlossen. □

Übung 2.7.11 Formulieren und beweisen Sie ein Theorem, der analog zu Theorem 2.7.10 ist, wobei Fredkin-Gatter anstelle von Toffoli-Gattern verwendet werden.

Bei der Konstruktion von Quanten-Schaltkreisen mithilfe des Beweises von Theorem 2.7.10 kann der entstehende Garbage stören. Daher benötigen wir das folgende Theorem, dessen Beweis den sogenannten *Uncompute-Trick* verwendet, mit dem der Garbage entfernt wird.

Theorem 2.7.12 Für alle Booleschen Funktionen $f : \{0, 1\}^n \to \{0, 1\}^m$, $m, n \in \mathbb{N}$, gibt es ein $p \in \mathbb{N}_0$, $p \leq 2|f|_F$, und einen reversiblen Schaltkreis D_r mit $|D_r| = O(|f|_F)$, der nur Toffoli-, NOT- und CNOT-Gatter verwendet und eine Funktion

$$h : \{0, 1\}^n \times \{0, 1\}^{n+p} \times \{0, 1\}^m \to \{0, 1\}^n \times \{0, 1\}^{n+p} \times \{0, 1\}^m \tag{2.67}$$

implementiert, die für alle $\mathbf{x} \in \{0, 1\}^n$ und $\mathbf{y} \in \{0, 1\}^m$ folgende Eigenschaft hat:

$$h(\mathbf{x}, \mathbf{0}, \mathbf{y}) = (\mathbf{x}, \mathbf{0}, \mathbf{y} \oplus f(\mathbf{x})). \tag{2.68}$$

Beweis Sei $f : \{0, 1\}^n \to \{0, 1\}^m$, $m, n \in \mathbb{N}$. Sei p, C_r, $\mathbf{a}$, und g wie in Theorem 2.7.10. Wir konstruieren den Schaltkreis D_r aus C_r. Diese Konstruktion ist in Abb. 2.23 für C_r aus Abb. 2.22 dargestellt.

Der Schaltkreis D_r hat insgesamt $2n + p + m$ Eingabeknoten. Die Folge der ersten n Eingabeknoten ist $\mathbf{x} = (x_0, \ldots, x_{n-1})$ gefolgt von $\mathbf{x}' = (x'_0, \ldots, x'_{n-1})$. Die nächsten p Eingabeknoten bezeichnen wir mit $\mathbf{a}' = (a'_0, \ldots, a'_{p-1})$ und schließlich gibt es die Eingabeknotenfolge $\mathbf{y} = (y_0, \ldots, y_{m-1})$. Im Beispiel in Abb. 2.22 gilt $n = 2$ und $m = p = 1$. Hinter x_1 fügen wir die Eingabeknoten x'_0, x'_1, a'_0 und y_0 ein.

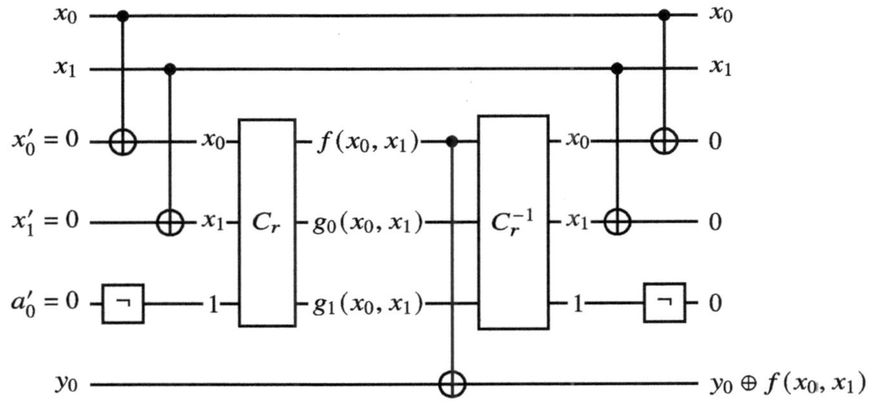

Abb. 2.23 Konstruktion von D_r gemäß Theorem 2.7.12

Wir erläutern die Wirkung des Schaltkreises D_r für $\mathbf{x}' = \mathbf{0}$ und $\mathbf{a}' = \mathbf{0}$. Er wendet die CNOT-Operation auf die Komponenten von $\mathbf{x}$ und die entsprechenden Komponenten von $\mathbf{x}'$ an. Da $\mathbf{x}' = \mathbf{0}$ ist, wird $\mathbf{x}'$ zu einer Kopie von $\mathbf{x}$. Der Schaltkreis D_r negiert auch jeden Eingabeknoten in $\mathbf{a}'$, der in $\mathbf{a}$ den Wert 1 hat. Das hat den Effekt, dass $\mathbf{a}' = \mathbf{0}$ zu $\mathbf{a}$ wird. Im Beispiel gilt $a_0 = 1$. Daher wird ein NOT-Gatter hinter dem Eingabeknoten a'_0 eingefügt.

Nun wird der reversible Schaltkreis C_r auf die Eingabe $\mathbf{x}'\|\mathbf{a}'$ angewendet. Dies ändert weder $\mathbf{x}$ noch $\mathbf{y}$ und ergibt $(f(\mathbf{x}), g(\mathbf{x}))$. Der Schaltkreis D_r kopiert dann $f(\mathbf{x})$ nach $\mathbf{y}$ mittels bitweiser CNOT-Operationen. Im Beispiel erzeugt C_r die Bitfolge $(f(x_0, x_1), g_0(x_0, x_1), g_1(x_0, x_1))$, wobei $f(x_0, x_1) = x_0 \uparrow x_1$ ist. Außerdem ist ein CNOT-Gatter erforderlich, um $f(x_0, x_1)$ nach y_0 zu kopieren.

Schließlich wird der *Uncompute-Trick* angewandt. Der inverse Schaltkreis C_r^{-1} wird auf die Bits mit Indizes $n \dots n + p - 1$ angewendet. Dies ergibt $(\mathbf{x}, \mathbf{a})$. Da die ersten n Eingabeknoten ihre Werte nicht geändert haben, können CNOT-Gatter verwendet werden, um $\mathbf{x}$ wieder auf $\mathbf{0}$ zu ändern. Außerdem setzt die Anwendung von NOT-Gattern auf die entsprechenden zusätzlichen Bits $\mathbf{a}$ zurück auf $\mathbf{0}$. Im Beispiel werden zwei CNOT-Gatter verwendet, um $\mathbf{x}' = \mathbf{0}$ zu generieren. Außerdem ist ein NOT-Gatter erforderlich, um $a_0 = 1$ auf $a'_0 = 0$ zu ändern.

Die Aussage über die Größe von D_r wird in Übung 2.7.13 verifiziert. □

Übung 2.7.13 Zeigen Sie, dass der Schaltkreis D_r aus Theorem 2.7.12 $|D_r| = \mathrm{O}(|f|_F)$ erfüllt, und bestimmen Sie eine geeignete O-Konstante.

Übung 2.7.14 Konstruieren Sie einen reversiblen Schaltkreis, der die Funktion $f(b_0, b_1) = b_0 \downarrow b_1$ berechnet.

3 Hilberträume

Hilberträume, benannt nach dem Mathematiker David Hilbert (1862–1943), sind grundlegend für die Beschreibung der Quantenmechanik. Für die Modellierung von Quantenalgorithmen genügt die Theorie der endlich-dimensionalen Hilberträume. Dabei handelt es sich um endlich-dimensionale komplexe Vektorräume, auf denen ein inneres Produkt definiert ist. Sie erlauben es, Zustände von Quantenschaltkreisen, ihre Evolution und ihre Messung formal zu beschreiben. Unsere Diskussion endlich-dimensionaler Hilberträume verwendet die Bra-Ket-Notation, die der Physiker Paul Dirac (1902–1984) in den 1930er Jahren vorschlug. Darum wird sie auch Dirac-Notation genannt. Sie vereinfacht die Darstellung von Hilberträumen.

In der allgemeinen Theorie der Quantenmechanik, die das Verhalten von Teilchen auf atomarer und subatomarer Ebene beschreibt, genügen endlich-dimensionale Hilberträume nicht. Wegen ihrer deutlich höheren Komplexität benötigt ihre Modellierung unendlich-dimensionale Hilberträume und die Analysis.

Appendix B gibt eine Einführung in die lineare Algebra und ist die Grundlage dieses Kapitels. Hier behandeln wir zentrale Konzepte und Resultate für endlich-dimensionale Hilberträume. Das sind zum Beispiel spezielle Operatoren, etwa hermitesche, unitäre, normale Operatoren sowie Involutionen und Projektionen. Außerdem behandeln wir das Spektral-Theorem und den Schmidtsche Zerlegungssatz, der die Charakterisierung eines fundamentalen quantenmechanischen Phänomens erlaubt: die Verschränkung.

Im gesamten Kapitel ist k eine natürliche Zahl und $\mathbb{H}$ bezeichnet einen k-dimensionalen komplexen Vektorraum.

J. A. Buchmann, *Quantenalgorithmen*,
https://doi.org/10.1007/978-3-662-71177-4_3

3.1 Kets und Zustandsräume

Dieser Abschnitt führt die Ket-Notation ein. Sie wird verwendet, um die Elemente des komplexen Vektorraums $\mathbb{H}$ zu bezeichnen. Wir illustrieren diese Notation mithilfe der sogenannten Zustandsräume, die die möglichen Zustände von Quantencomputern enthalten. Wir zeigen auch, wie die Elemente von $\mathbb{H}$ als Vektoren im komplexen Vektorraum $\mathbb{C}^k$ dargestellt werden können.

3.1.1 Kets

Wie in Appendix B erläutert, werden die Elemente von Vektorräumen Vektoren genannt und $\mathbf{v}$ geschrieben mit einem Buchstaben v. In der Quantenphysik wird dagegen folgende Notation verwendet.

Definition 3.1.1 Jedes Element von $\mathbb{H}$ wird ein *Ket* genannt. Ein solches Ket wird als $|\varphi\rangle$ geschrieben, wobei φ ein Symbol ist, und es wird „ket-φ" gesprochen. Das Symbol φ kann durch irgendein anderes Zeichen oder durch eine Zeichenfolge ersetzt werden.

Man beachte, dass die Summe zweier Kets als $|\varphi\rangle + |\psi\rangle$ geschrieben wird und nicht als $|\varphi + \psi\rangle$. Genauso wird in Ausdrücken, die mehrere Kets enthalten, die Ket-Notation für alle Kets beibehalten. Im nächsten Abschnitt geben wir Beispiele für die Ket-Notation.

3.1.2 Zustandsräume

Wir führen nun die endlich-dimensionalen Hilberträume ein, die bei der Modellierung von Quantenberechnungen eine entscheidende Rolle spielen. Sei dazu $n \in \mathbb{N}$. Betrachte die lexikografisch geordnete Folge

$$B_n = (|\mathbf{b}\rangle)_{\mathbf{b}\in\{0,1\}^n}\,. \tag{3.1}$$

Für $n = 2$ ist diese Folge

$$B_2 = (|00\rangle\,, |01\rangle\,, |10\rangle\,, |11\rangle). \tag{3.2}$$

Wir definieren $\mathbb{H}_n$ als die Menge aller Linearkombinationen der Elemente der Folge B_n mit komplexen Koeffizienten. Also ist

$$\mathbb{H}_n = \sum_{\mathbf{b}\in\{0,1\}^n} \mathbb{C}\,|\mathbf{b}\rangle = \left\{ \sum_{\mathbf{b}\in\{0,1\}^n} \alpha_{\mathbf{b}}\,|\mathbf{b}\rangle : \alpha_{\mathbf{b}} \in \mathbb{C} \text{ für alle } \mathbf{b} \in \{0,1\}^n \right\}. \tag{3.3}$$

Beachte, dass die Summe in (3.3) direkt ist. In $\mathbb{H}_n$ definieren wir die komponentenweise Addition und Multiplikation mit komplexen Skalaren folgendermaßen: Seien

$$|\varphi\rangle = \sum_{\mathbf{b}\in\{0,1\}^n} \alpha_\mathbf{b} |\mathbf{b}\rangle, \quad |\psi\rangle = \sum_{\mathbf{b}\in\{0,1\}^n} \beta_\mathbf{b} |\mathbf{b}\rangle \tag{3.4}$$

wobei $\alpha_\mathbf{b}, \beta_\mathbf{b} \in \mathbb{C}$ für alle $\mathbf{b} \in \{0, 1\}^n$ gilt. Dann setzen wir

$$|\varphi\rangle + |\psi\rangle = \sum_{\mathbf{b}\in\{0,1\}^n} (\alpha_\mathbf{b} + \beta_\mathbf{b}) |\mathbf{b}\rangle . \tag{3.5}$$

Wir definieren auch eine Skalarmultiplikation auf $\mathbb{H}_n$. Sei $\gamma \in \mathbb{C}$, dann setzen wir

$$\gamma |\varphi\rangle = \sum_{\mathbf{b}\in\{0,1\}^n} \gamma\alpha_\mathbf{b} |\mathbf{b}\rangle . \tag{3.6}$$

Mit dieser Addition und Skalarmultiplikation ist $\mathbb{H}_n$ ein komplexer Vektorraum, die Folge $(|\mathbf{b}\rangle)_{b\in\{0,1\}^n}$ ist eine Basis von $\mathbb{H}_n$ und die Dimension von $\mathbb{H}_n$ ist 2^n. Dieser Vektorraum wird in Abschn. 4.1.5 verwendet, um die Zustände von n-Qubit-Registern zu beschreiben. Dies erklärt die folgende Definition.

Definition 3.1.2

1. Der 2^n-dimensionale komplexe Vektorraum $\mathbb{H}_n$ aus (3.3) mit Addition und Skalarmultiplikation aus (3.5) und (3.6) wird als *n -Qubit-Zustandsraum* bezeichnet. Insbesondere wird $\mathbb{H}_1$ als *Ein-Qubit-Zustandsraum* bezeichnet.
2. Die lexikografisch geordnete Folge $(|\mathbf{b}\rangle)_{\mathbf{b}\in\{0,1\}^n}$ wird als *Berechnungsbasis* von $\mathbb{H}_n$ bezeichnet.

Beispiel 3.1.3 In der klassischen Informatik werden die Bits 0 und 1 verwendet. In der Quanteninformatik werden diese Bits durch *Quantenbits* oder *Qubits* ersetzt. Der *Zustand* eines Qubits ist ein Element im Ein-Qubit-Zustandsraum $\mathbb{H}_1$. Dies wird in Abschn. 4.1.2 genauer erklärt. Die Berechnungsbasis von $\mathbb{H}_1$ ist $B = (|0\rangle, |1\rangle)$. Eine andere Basis von $\mathbb{H}_1$ ist

$$(|x_+\rangle, |x_-\rangle) = \left(\frac{|0\rangle + |1\rangle}{\sqrt{2}}, \frac{|0\rangle - |1\rangle}{\sqrt{2}}\right). \tag{3.7}$$

Hier werden die Symbole x_+ und x_- verwendet, um die Basiselemente zu bezeichnen. Diese Basis wird in späteren Abschnitten eine Rolle spielen.

Übung 3.1.4 Zeigen Sie, dass $(|x_+\rangle, |x_-\rangle)$ eine Basis des Ein-Qubit-Zustandsraums $\mathbb{H}_1$ ist.

Beispiel 3.1.5 Eine alternative Darstellung der Elemente der Berechnungsbasis des n-Qubit-Zustandsraums $\mathbb{H}_n$ erhält man folgendermaßen. Wir verwenden die Abbildung

$$\text{stringToInt} : \{0, 1\}^n \to \mathbb{Z}_{2^n}, \quad \mathbf{b} = (b_0 \cdots b_{n-1}) \mapsto \sum_{i=0}^{n-1} b_i 2^{n-i-1}, \tag{3.8}$$

die in Definition 2.1.12 eingeführt wurde. Außerdem wurde in Übung 2.1.13 gezeigt, dass diese Abbildung eine Bijektion ist. Mithilfe dieser Bijektion identifizieren wir die Bitvektoren in $\{0, 1\}^n$ mit den ganzen Zahlen in $\mathbb{Z}_{2^n}$. Zum Beispiel wird der Bitvektor (010) mit der ganzen Zahl $0 \cdot 2^2 + 1 \cdot 2^1 + 0 \cdot 2^0 = 2$ identifiziert.

Die Berechnungsbasis von $\mathbb{H}_n$ können wir also $(|b\rangle_n)_{b \in \mathbb{Z}_{2^n}}$ schreiben, wobei der Index n anzeigt, dass die Zahl im Ket als n-Bit-String betrachtet wird. Zum Beispiel ist die Berechnungsbasis von $\mathbb{H}_2$ die Folge $(|0\rangle_2, |1\rangle_2, |2\rangle_2, |3\rangle_2)$. Damit erhalten wir auch die folgende alternative Darstellung von $\mathbb{H}_n$:

$$\mathbb{H}_n = \left\{ \sum_{b=0}^{2^n-1} \alpha_b |b\rangle_n : \alpha_b \in \mathbb{C} \text{ für alle } b \in \mathbb{Z}_{2^n} \right\}. \tag{3.9}$$

Wir merken an, dass für $n \in \mathbb{N}$ der Zustandsraum $\mathbb{H}_n$ auch wie folgt als Tensorprodukt geschrieben werden kann:

$$\mathbb{H}_n = \mathbb{H}_1^{\otimes n}. \tag{3.10}$$

Für $\mathbf{b} = (b_0, \ldots, b_{n-1}) \in \{0, 1\}^n$ wird das Element $|\mathbf{b}\rangle$ der Berechnungsbasis von $\mathbb{H}_n$ mit dem Tensorprodukt $|b_0\rangle \otimes \cdots \otimes |b_{n-1}\rangle$ identifiziert. Dieses Tensorprodukt schreiben wir auch als $|b_0\rangle |b_1\rangle \cdots |b_{n-1}\rangle$.

Beispiel 3.1.6 Den Zustandsraum $\mathbb{H}_2$ identifizieren wir mit dem Tensorprodukt $\mathbb{H}_1 \otimes \mathbb{H}_1$. In dieser Darstellung wird die Berechnungsbasis von $\mathbb{H}_2$ statt $(|00\rangle, |01\rangle, |10\rangle, |11\rangle)$ in der Form $(|0\rangle \otimes |0\rangle, |0\rangle \otimes |1\rangle, |1\rangle \otimes |0\rangle, |1\rangle \otimes |1\rangle)$ bzw. $(|0\rangle |0\rangle, |0\rangle |1\rangle, |1\rangle |0\rangle, |1\rangle |1\rangle)$ geschrieben.

3.1.3 Vektordarstellungen

Sei $B = (|b_0\rangle, \ldots, |b_{k-1}\rangle)$ eine Basis von $\mathbb{H}$. In Definition B.5.5 haben wir jedem Ket $|\varphi\rangle \in \mathbb{H}$ seinen Koeffizientenvektor

$$|\varphi\rangle_B = (\alpha_0, \ldots, \alpha_{k-1}) \in \mathbb{C}^k \tag{3.11}$$

bzgl. B zugeordnet. Er ist der eindeutig bestimmte Vektor in $\mathbb{C}^k$ mit

$$|\varphi\rangle = B\,|\varphi\rangle_B = \sum_{i=0}^{k-1} \alpha_i |b_i\rangle. \tag{3.12}$$

Theorem B.5.6 besagt, dass die Abbildung

$$\mathbb{H} \to \mathbb{C}^k, \quad |\varphi\rangle \mapsto |\varphi\rangle_B \tag{3.13}$$

ein $\mathbb{C}$-Vektorraumisomorphismus ist. Er erlaubt es, Kets in $\mathbb{H}$ mit Vektoren in $\mathbb{C}^k$ zu identifizieren, was in vielen Kontexten nützlich ist.

Beispiel 3.1.7 Die Definition des Ein-Qubit-Zustandsraums $\mathbb{H}_1$ und Übung 3.1.4 sagen uns, dass $B = (|0\rangle, |1\rangle)$ und $C = (|x_+\rangle, |x_-\rangle)$ aus (3.7) Basen von $\mathbb{H}_1$ sind. Sei

$$|\varphi\rangle = |0\rangle + i\,|1\rangle\,. \tag{3.14}$$

Dann ist der Koeffizientenvektor von $|\varphi\rangle$ bzgl. der Basis B

$$|\varphi\rangle_B = (1, i). \tag{3.15}$$

Außerdem gilt

$$\begin{aligned} |\varphi\rangle &= |0\rangle + i\,|1\rangle \\ &= \frac{1+i}{\sqrt{2}}\,|x_+\rangle + \frac{1-i}{\sqrt{2}}\,|x_-\rangle\,. \end{aligned} \tag{3.16}$$

Somit ist der Koeffizientenvektor von $|\varphi\rangle$ bzgl. der Basis C

$$|\varphi\rangle_C = \left(\frac{1+i}{\sqrt{2}}, \frac{1-i}{\sqrt{2}}\right). \tag{3.17}$$

3.2 Innere Produkte

In diesem Abschnitt führen wir innere Produkte auf $\mathbb{H}$ ein und diskutieren ihre Eigenschaften sie.

3.2.1 Grundlagen

Innere Produkte auf $\mathbb{H}$ sind Abbildungen $\mathbb{H} \times \mathbb{H} \to \mathbb{C}$ mit bestimmten Eigenschaften, die in Definition 3.2.1 erklärt werden. Wir schreiben diese Abbildungen als

$$\langle\cdot|\cdot\rangle : \mathbb{H} \times \mathbb{H} \to \mathbb{C}, \quad (|\varphi\rangle, |\psi\rangle) \mapsto \langle\varphi|\psi\rangle \tag{3.18}$$

und verwenden die folgende vereinfachende Notation. Sei

$$|\varphi\rangle = \sum_{i=0}^{m-1} \alpha_i\,|\varphi_i\rangle\,, \quad |\psi\rangle = \sum_{i=0}^{n-1} \beta_i\,|\psi_i\rangle \tag{3.19}$$

mit $m, n \in \mathbb{N}$, $\alpha_i \in \mathbb{C}$, $|\varphi_i\rangle \in \mathbb{H}$ für alle $i \in \mathbb{Z}_m$ und $\beta_i \in \mathbb{C}$, $|\psi_i\rangle \in \mathbb{H}$ für alle $i \in \mathbb{Z}_n$. Dann schreiben wir

$$\langle\varphi|\psi\rangle = \left(\sum_{i=0}^{m-1} \alpha_i \langle\varphi_i|\right)\left(\sum_{i=0}^{n-1} \beta_i |\psi_i\rangle\right). \tag{3.20}$$

Also ändern wir jedes Ket $|\varphi_i\rangle$ im linken Argument zu einem sogenannten *Bra* $\langle\varphi_i|$ (siehe Abschn. 3.2.3) mit demselben Symbol darin und lassen das äußere $\langle\rangle$ weg. Unter Verwendung dieser Notation definieren wir nun innere Produkte.

Definition 3.2.1 Ein *inneres Produkt auf* $\mathbb{H}$ ist eine Abbildung

$$\langle\cdot|\cdot\rangle : \mathbb{H} \times \mathbb{H} \to \mathbb{C}, \quad (|\varphi\rangle, |\psi\rangle) \mapsto \langle\varphi|\psi\rangle \tag{3.21}$$

die die folgenden drei Bedingungen für alle Kets $|\xi\rangle, |\varphi\rangle, |\psi\rangle \in \mathbb{H}$ und alle Skalare $\alpha \in \mathbb{C}$ erfüllt.

1. *Linearität im zweiten Argument:* $\langle\xi|(|\varphi\rangle + |\psi\rangle) = \langle\xi|\varphi\rangle + \langle\xi|\psi\rangle$ und $\langle\varphi|(\alpha|\psi\rangle) = \alpha\langle\varphi|\psi\rangle$.
2. *Konjugierte Symmetrie:* $\langle\psi|\varphi\rangle = \overline{\langle\varphi|\psi\rangle}$. Diese Eigenschaft wird auch *hermitesche Symmetrie* oder *konjugierte Kommutativität* genannt. Sie impliziert, dass $\langle\varphi|\varphi\rangle$ eine reelle Zahl ist (siehe Übung 3.2.2).
3. *Positive Definitheit:* Es gilt $\langle\varphi|\varphi\rangle \geq 0$. Außerdem ist genau dann $\langle\varphi|\varphi\rangle = 0$, wenn $|\varphi\rangle = \mathbf{0}$ ist. Diese Eigenschaft wird auch *Positivität* genannt.

Innere Produkte auf $\mathbb{H}$ werden auch *Skalarprodukte* genannt.

Innere Produkte auf reellen Vektorräumen werden analog definiert, aber die konjugierte Symmetrie wird zur Symmetrie. Beachten Sie, dass die Definition innerer Produkte nicht voraussetzt, dass $\mathbb{H}$ endlich-dimensional ist.

Übung 3.2.2 Zeigen Sie, dass für alle $|\varphi\rangle \in \mathbb{H}$ das innere Produkt $\langle\varphi|\varphi\rangle$ eine reelle Zahl ist.

Wir präsentieren drei wichtige Eigenschaften von inneren Produkten.

Proposition 3.2.3 Sei $\langle\cdot|\cdot\rangle$ ein inneres Produkt auf $\mathbb{H}$. Dann gilt für alle $\alpha \in \mathbb{C}$, alle $|\xi\rangle, |\varphi\rangle, |\psi\rangle \in \mathbb{H}$ und das Nullelement $\mathbf{0} \in \mathbb{H}$ folgendes.

1. $\langle\mathbf{0}|\varphi\rangle = \langle\varphi|\mathbf{0}\rangle = 0$.
2. $(\langle\xi| + \langle\varphi|)|\psi\rangle = \langle\xi|\psi\rangle + \langle\varphi|\psi\rangle$ und $(\alpha\langle\varphi|)|\psi\rangle = \overline{\alpha}\langle\varphi|\psi\rangle$.
3. $(\langle\varphi| + \langle\psi|)(|\varphi\rangle + |\psi\rangle) = \langle\varphi|\varphi\rangle + 2\mathrm{Re}\langle\varphi|\psi\rangle + \langle\psi|\psi\rangle$.

Die zweite Eigenschaft in Proposition 3.2.3 wird *Sesquilinearität* oder *konjugierte Linearität* des inneren Produkts im ersten Argument genannt.

Übung 3.2.4 Beweisen Sie Proposition 3.2.3.

Unter Verwendung der Linearität des inneren Produkts im zweiten Argument und der konjugierten Linearität im ersten Argument erhalten wir das Distributivgesetz

$$\left(\sum_{i=0}^{m-1} \alpha_i \langle\varphi_i|\right)\left(\sum_{j=0}^{n-1} \beta_j \left|\psi_j\right\rangle\right) = \sum_{i=0}^{m-1}\sum_{j=0}^{n-1} \overline{\alpha_i}\beta_j \langle\varphi_i|\psi_j\rangle \tag{3.22}$$

mit $m, n \in \mathbb{N}$, $\alpha_i \in \mathbb{C}$, $|\varphi_i\rangle \in \mathbb{H}$ für alle $i \in \mathbb{Z}_m$ und $\beta_j \in \mathbb{C}$, $\left|\psi_j\right\rangle \in \mathbb{H}$ für alle $j \in \mathbb{Z}_n$.

Die nächste Proposition ist in vielen Kontexten nützlich.

Proposition 3.2.5 Wenn $\langle\cdot|\cdot\rangle$ ein inneres Produkt auf $\mathbb{H}$ und $\mathbb{H}'$ ein linearer Unterraum von $\mathbb{H}$ ist, dann ist die Einschränkung $\langle\cdot|\cdot\rangle_{\mathbb{H}'}$ von $\langle\cdot|\cdot\rangle$ auf $\mathbb{H}'$ ein inneres Produkt auf $\mathbb{H}'$.

Übung 3.2.6 Beweisen Sie Proposition 3.2.5.

3.2.2 Konstruktion von inneren Produkten

Wir konstruieren innere Produkte auf $\mathbb{H}$ und beginnen mit dem Fall $\mathbb{H} = \mathbb{C}^k$. Für die Konstruktion definieren wir duale Vektoren. In Abschn. B.3.2 identifizieren wir jeden Vektor $\mathbf{v} = (v_0, \ldots, v_{k-1}) \in \mathbb{C}^k$ mit der Matrix

$$\begin{pmatrix} v_0 \\ v_1 \\ \vdots \\ v_{k-1} \end{pmatrix} \in \mathbb{C}^{(k,1)}, \tag{3.23}$$

die $\mathbf{v}$ als ihren einzigen Spaltenvektor hat. Dies wird in der folgenden Definition. verwendet, die in Abschnitt 3.3.2 verallgemeinert wird.

Definition 3.2.7 Sei $k \in \mathbb{N}$ und sei $\mathbf{v} = (v_0, \ldots, v_{k-1}) \in \mathbb{C}^k$. Dann definieren wir die *Adjungierte* $\mathbf{v}^*$ von $\mathbf{v}$ als die Matrix, die man durch komplexe Konjugation und Transposition der Matrix in $\mathbb{C}^{(k,1)}$ erhält, die $\mathbf{v}$ entspricht. Es handelt sich dabei also um eine Matrix mit einer Zeile und n Spalten und es gilt

$$\mathbf{v}^* = \overline{\mathbf{v}^{\mathrm{T}}} = (\overline{v_0}, \cdots, \overline{v_{k-1}}). \tag{3.24}$$

Die Definition der Matrixmultiplikation ermöglicht es, die Adjungierte $\mathbf{v}^*$ eines Vektors $\mathbf{v} = (v_0, \ldots, v_{k-1}) \in \mathbb{C}^k$ mit einem Vektor $\mathbf{w} = (w_0, \ldots, w_{k-1}) \in \mathbb{C}^k$ zu multiplizieren. Das Ergebnis ist

$$\mathbf{v}^*\mathbf{w} = \left(\overline{v_0}, \cdots, \overline{v_{k-1}}\right) \begin{pmatrix} w_0 \\ \vdots \\ w_{k-1} \end{pmatrix} = \sum_{i=0}^{k-1} \overline{v_i} w_i . \tag{3.25}$$

Beispiel 3.2.8 Sei $k = 2$, $\mathbf{v} = (1, i)$ und $\mathbf{w} = (i, 1)$. Dann gilt $\mathbf{v}^* = (1, -i)$ und $\mathbf{v}^*\mathbf{w} = i - i = 0$.

Nun führen wir das hermitesche innere Produkt auf $\mathbb{C}^k$ ein.

Theorem 3.2.9 Die Abbildung

$$\langle\cdot|\cdot\rangle : \mathbb{C}^k \times \mathbb{C}^k \to \mathbb{C}, \quad (\mathbf{v}, \mathbf{w}) \mapsto \langle \mathbf{v}|\mathbf{w}\rangle = \mathbf{v}^*\mathbf{w} \tag{3.26}$$

ist ein inneres Produkt auf dem komplexen Vektorraum $\mathbb{C}^k$. Es wird das *hermitesche innere Produkt* auf $\mathbb{C}^k$ genannt.

Wir schreiben das hermitesche innere Produkt auf $\mathbb{C}^k$ immer als $\langle\cdot|\cdot\rangle$.

Übung 3.2.10 Beweisen Sie Theorem 3.2.9.

Wir verwenden Theorem 3.2.9, um weitere innere Produkte auf $\mathbb{H}$ zu konstruieren.

Korollar 3.2.11 Sei B eine Basis von $\mathbb{H}$. Dann ist die Abbildung

$$\langle\cdot|\cdot\rangle_B : \mathbb{H} \times \mathbb{H} \to \mathbb{C}, \quad (|\varphi\rangle, |\psi\rangle) \mapsto \langle\varphi|\psi\rangle_B = |\varphi\rangle_B^* |\psi\rangle_B \tag{3.27}$$

ein inneres Produkt auf $\mathbb{H}$. Es wird das *hermitesche innere Produkt* auf $\mathbb{H}$ bezüglich der Basis B genannt.

Übung 3.2.12 Beweisen Sie Korollar 3.2.11.

Als Nächstes zeigen wir, dass das hermitesche innere Produkt bezüglich einer Basis B von $\mathbb{H}$ verwendet werden kann, um die Koeffizientenvektoren von Kets in $\mathbb{H}$ bezüglich B zu bestimmen.

Proposition 3.2.13 Sei $B = (|b_0\rangle, \ldots, |b_{k-1}\rangle)$ eine Basis von $\mathbb{H}$. Dann gilt Folgendes:

1. Für alle $i, j \in \{0, \ldots, k-1\}$ ist

$$\langle b_i | b_j \rangle_B = \delta_{i,j} \tag{3.28}$$

   mit $\delta_{i,j}$ aus (B.4.7).
2. Für alle $|\varphi\rangle \in \mathbb{H}$ gilt

$$|\varphi\rangle = \sum_{i=0}^{k-1} \langle b_i | \varphi \rangle_B \, |b_i\rangle \,. \tag{3.29}$$

Übung 3.2.14 Beweisen Sie Proposition 3.2.13.

3.2.3 Bras

Wir führen nun die Bra-Notation ein und verwenden sie, um die Darstellung der Theorie der Hilberträume weiter zu vereinfachen. Wir nehmen an, dass $\langle \cdot | \cdot \rangle$ ein inneres Produkt auf $\mathbb{H}$ ist. In der nächsten Definition wird der in Abschn. B.2.3 eingeführte Dualraum $\mathbb{H}^* = \text{End}(\mathbb{H}, \mathbb{C})$ von $\mathbb{H}$ verwendet.

Definition 3.2.15 Jedes Element von $\mathbb{H}^*$ wird ein *Bra* genannt. Ein solches Bra wird als $\langle \varphi|$ geschrieben, wobei φ ein Symbol ist, und es wird „bra-φ" gesprochen. Das Symbol φ kann durch irgendein anderes Zeichen oder durch eine Zeichenfolge ersetzt werden.

Das nächste Theorem ordnet jedem Ket in $\mathbb{H}$ ein Bra in $\mathbb{H}^*$ zu.

Theorem 3.2.16

1. Für alle $|\varphi\rangle \in \mathbb{H}$ ist die Abbildung

$$\langle \varphi| : \mathbb{H} \to \mathbb{C}, \quad |\psi\rangle \mapsto \langle \varphi | \psi \rangle \tag{3.30}$$

   ein Element des Dualraums $\mathbb{H}^*$ von $\mathbb{H}$.
2. Die Abbildung

$$\mathbb{H} \mapsto \mathbb{H}^*, \quad |\varphi\rangle \mapsto \langle \varphi| \tag{3.31}$$

   ist eine konjugiert lineare Bijektion, d. h., für alle $|\varphi\rangle, |\psi\rangle \in \mathbb{H}$ und $\alpha \in \mathbb{C}$ gilt Folgendes: Für $|\xi\rangle = |\varphi\rangle + |\psi\rangle$ ist $\langle \xi| = \langle \varphi| + \langle \psi|$ und für $|\xi\rangle = \alpha\,|\varphi\rangle$ ist $\langle \xi| = \overline{\alpha}\,|\varphi\rangle$.

Beweis Es folgt aus der Linearität des Skalarprodukts im zweiten Argument, dass für alle $|\varphi\rangle \in \mathbb{H}$ die Abbildung $\langle\varphi|$ aus (3.30) im Dualraum $\mathbb{H}^*$ liegt. Außerdem ist die Abb. (3.31) wegen der Positivität des Skalarprodukts injektiv. Nach Konstruktion ist die Abbildung surjektiv. Ihre konjugierte Linearität folgt aus Proposition 3.2.3. □

Theorem 3.2.16 zeigt, dass alle Elemente in $\mathbb{H}^*$ als $\langle\varphi|$ für ein eindeutig bestimmtes $|\varphi\rangle \in \mathbb{H}$ geschrieben werden können und umgekehrt. Daher verwenden wir immer das gleiche Zeichen, die gleiche Zahl oder die gleiche Zeichenfolge innerhalb von $|\rangle$ und $\langle|$, um die entsprechenden Kets und Bras zu kennzeichnen. Die Konstruktion von $|\varphi\rangle \in \mathbb{H}$ aus $\langle\varphi| \in \mathbb{H}^*$ wird in Proposition 3.2.37 erklärt.

Die Bra-Notation ist sehr elegant. Für alle $|\varphi\rangle$, $|\psi\rangle \in \mathbb{H}$ wird das Bild $\langle\varphi|\psi\rangle$ von $|\psi\rangle \in \mathbb{H}$ unter $\langle\varphi|$ nämlich durch Zusammenfügen der beiden Ausdrücke $\langle\varphi|$ und $|\psi\rangle$ erzeugt. Wir erhalten auch die folgende Interpretation der in (3.20) eingeführten Notation: Das Skalarprodukt zweier Linearkombination von Kets erhält man, indem man die Linearkombination der Bras, die der ersten Linearkombination von Kets entspricht, mit der zweiten Linearkombination von Kets zusammenfügt. Diese Linearkombinationen sind in Klammern geschrieben. Auch das Distributivgesetz aus (3.22) gilt für Bras und Kets.

Übung 3.2.17 Bestimmen Sie Bilder der Elemente der Berechnungsbasis von $\mathbb{H}_1$ unter $\langle x_+|$ und $\langle x_-|$.

3.2.4 Hilberträume

Wir definieren endlich-dimensionale Hilberträume. Um allgemeine Hilberträume zu definieren, wird der Begriff eines *vollständigen metrischen Raums* benötigt, was den Rahmen dieses Buches sprengt und auch nicht benötigt wird.

Definition 3.2.18 Ein *endlich-dimensionaler Hilbertraum* ist ein Paar $(V, \langle\cdot|\cdot\rangle)$, wobei V ein endlich-dimensionaler reeller oder komplexer Vektorraum und $\langle\cdot|\cdot\rangle$ ein Skalarprodukt auf V ist.

Nach Korollar 3.2.11 existiert auf jedem endlich-dimensionalen komplexen Vektorraum ein Skalarprodukt. Daher kann jeder endlich-dimensionale komplexe Vektorraum durch Wahl eines solchen Skalarprodukts zu einem Hilbertraum gemacht werden. Außerdem gilt Folgendes: Wenn $(\mathbb{H}, \langle\cdot|\cdot\rangle)$ ein endlich-dimensionaler komplexer Hilbertraum ist und $\mathbb{H}'$ ein linearer Unterraum von $\mathbb{H}$, folgt aus Proposition 3.2.5, dass $(\mathbb{H}', \langle\cdot|\cdot\rangle_{\mathbb{H}'})$ ebenfalls ein endlich-dimensionaler komplexer Hilbertraum ist, wobei $\langle\cdot|\cdot\rangle_{\mathbb{H}'}$ die Einschränkung des Skalarprodukts $\langle\cdot|\cdot\rangle$ auf $\mathbb{H}'$ bezeichnet.

Zustandsräume sind für die Dikussion von Quantenalgorithmen von besonderer Bedeutung. Daher definieren wir Skalarprodukte auf diesen Räumen und machen sie so zu Hilberträumen.

Definition 3.2.19 Sei $n \in \mathbb{N}$. Dann bezeichnen wir mit $\langle \cdot | \cdot \rangle$ das Skalarprodukt auf $\mathbb{H}_n$ bezüglich der Berechnungsbasis von $\mathbb{H}_n$. Den Hilbertraum $(\mathbb{H}_n, \langle \cdot | \cdot \rangle)$ schreiben wir kurz $\mathbb{H}_n$.

Wir diskutieren nun Beispiele endlich-dimensionaler komplexer Hilberträume.

Beispiel 3.2.20 Betrachte den Zustandsraum $\mathbb{H}_1$ eines einzelnen Qubits. Wir bestimmen das Skalarprodukt von

$$|\varphi\rangle = \alpha\,|0\rangle + \beta\,|1\rangle \text{ und } |\psi\rangle = \gamma\,|0\rangle + \delta\,|1\rangle\,, \tag{3.32}$$

wobei $\alpha, \beta, \gamma, \delta \in \mathbb{C}$ st. Unter Verwendung von (3.22) und Proposition 3.2.13 erhalten wir:

$$\langle \varphi | \psi \rangle = \overline{\alpha}\gamma + \overline{\beta}\delta. \tag{3.33}$$

Ein weiterer Hilbertraum ist $(\mathbb{H}_1, \langle \cdot | \cdot \rangle_C)$ mit $C = (|x_+\rangle\,, |x_-\rangle)$. Die Darstellung von $|\varphi\rangle$ und $|\psi\rangle$ bezüglich C ist

$$|\varphi\rangle = \frac{\alpha+\beta}{\sqrt{2}}\,|x_+\rangle + \frac{\alpha-\beta}{\sqrt{2}}\,|x_-\rangle\,, \quad |\psi\rangle = \frac{\gamma+\delta}{\sqrt{2}}\,|x_+\rangle + \frac{\gamma-\delta}{\sqrt{2}}\,|x_-\rangle\,. \tag{3.34}$$

Daraus folgt

$$\begin{aligned}\langle \varphi | \psi \rangle_C &= \frac{1}{2}\big((\overline{\alpha}+\overline{\beta})(\gamma+\delta) + (\overline{\alpha}-\overline{\beta})(\gamma-\delta)\big)\\ &= \overline{\alpha}\gamma + \overline{\beta}\delta.\end{aligned} \tag{3.35}$$

Es gilt also

$$\langle \varphi | \psi \rangle_B = \langle \varphi | \psi \rangle_C \tag{3.36}$$

für alle $|\varphi\rangle\,, |\psi\rangle \in \mathbb{H}_1$. Daher sind die Hilberträume $(\mathbb{H}_1, \langle \cdot | \cdot \rangle_B)$ und $(\mathbb{H}_1, \langle \cdot | \cdot \rangle_C)$ identisch.

Übung 3.2.21 Finden Sie eine Basis C von $\mathbb{H}_1$, so dass die Hilberträume $(\mathbb{H}_1, \langle \cdot | \cdot \rangle)$ und $(\mathbb{H}_1, \langle \cdot | \cdot \rangle_C)$ verschieden sind.

3.2.5 Norm

Ein weiterer wichtiger Begriff ist die Norm, die wir nun definieren.

Definition 3.2.22 Eine *Norm* auf $\mathbb{H}$ ist eine Funktion $f : \mathbb{H} \to \mathbb{R}, |\varphi\rangle \mapsto f(|\varphi\rangle)$, die für alle $|\varphi\rangle, |\psi\rangle \in \mathbb{H}$ und alle $\alpha \in \mathbb{C}$ folgende Bedingungen erfüllt:

1. *Dreiecksungleichung:* $f(|\varphi\rangle + |\psi\rangle) \leq f(|\varphi\rangle) + f(|\psi\rangle)$.
2. *Absolute Homogenität:* $f(\alpha |\varphi\rangle) = |\alpha| f(|\varphi\rangle)$.
3. *Positive Definitheit:* $f(|\varphi\rangle) \geq 0$. Außerdem gilt $f(|\varphi\rangle) = 0$ genau dann, wenn $|\varphi\rangle = 0$ ist.

Übung 3.2.23 Verifizieren Sie, dass die Abbildung

$$\mathbb{C} \to \mathbb{C}, \quad \alpha = \operatorname{Re}(\alpha) + i \operatorname{Im}(\alpha) \mapsto |\alpha| = \sqrt{(\operatorname{Re}(\alpha))^2 + (\operatorname{Im}(\alpha))^2} \tag{3.37}$$

eine Norm auf $\mathbb{C}$ ist.

Übung 3.2.24 Zeigen Sie, dass die Abbildung

$$|\cdot| : \mathbb{C}^k \to \mathbb{C}, \quad \mathbf{v} = (v_0, \ldots, v_{k-1}) \mapsto |\mathbf{v}| = \sum_{i=0}^{k-1} |v_i| \tag{3.38}$$

eine Norm auf $\mathbb{C}^k$ ist.

Wir zeigen nun, wie man mithilfe eines inneren Produkts eine Norm auf $\mathbb{H}$ konstruiert. Dafür sei $\langle\cdot|\cdot\rangle$ ein solches inneres Produkt und $(\mathbb{H}, \langle\cdot|\cdot\rangle)$ sei der entsprechende Hilbertraum, den wir der Einfachheit halber mit $\mathbb{H}$ bezeichnen. Es ist jedoch wichtig im Gedächtnis zu behalten, welches innere Produkt auf $\mathbb{H}$ gewählt wurde, da sich die Norm ändert, wenn sich das innere Produkt ändert.

Proposition 3.2.25 Die Abbildung

$$\|\cdot\| : \mathbb{H} \to \mathbb{R}, \quad |\varphi\rangle \mapsto \|\varphi\| = \sqrt{\langle\varphi|\varphi\rangle} \tag{3.39}$$

ist eine Norm auf $\mathbb{H}$, die die *Cauchy-Schwarz-Ungleichung*

$$|\langle\varphi|\psi\rangle| \leq \|\varphi\| \|\psi\| \tag{3.40}$$

für alle $|\varphi\rangle, |\psi\rangle \in \mathbb{H}$ erfüllt. In dieser Ungleichung gilt genau dann Gleichheit, wenn $|\varphi\rangle$ und $|\psi\rangle$ linear abhängig sind.

Beweis Wir beginnen mit dem Beweis der Cauchy-Schwarz-Ungleichung. Seien $|\varphi\rangle, |\psi\rangle \in \mathbb{H}$. Für $x \in \mathbb{R}$ sei

$$\begin{aligned} p(x) &= (\langle\varphi| - x\langle\psi|)(|\varphi\rangle - x|\psi\rangle) \\ &= x^2\langle\psi|\psi\rangle - (\langle\varphi|\psi\rangle + \langle\psi|\varphi\rangle)x + \langle\varphi|\varphi\rangle. \end{aligned} \tag{3.41}$$

Da $\langle\varphi|\psi\rangle + \langle\psi|\varphi\rangle = 2\mathrm{Re}\langle\varphi|\psi\rangle$ eine reelle Zahl ist, folgt, dass die Koeffizienten des quadratischen Polynoms $p(x)$ reelle Zahlen sind. Die Diskriminante dieses Polynoms (siehe Übung A.4.53) ist

$$\Delta(p) = (\langle\varphi|\psi\rangle + \langle\psi|\varphi\rangle)^2 - 4\langle\varphi|\varphi\rangle\langle\psi|\psi\rangle. \tag{3.42}$$

Diese Gleichung und die konjugierte Symmetrie des inneren Produkts implizieren

$$\begin{aligned}\Delta(p) &= (\langle\varphi|\psi\rangle + \langle\psi|\varphi\rangle)^2 - 4\langle\varphi|\varphi\rangle\langle\psi|\psi\rangle \\ &= |\langle\varphi|\psi\rangle + \langle\psi|\varphi\rangle|^2 - 4\langle\varphi|\varphi\rangle\langle\psi|\psi\rangle\end{aligned} \tag{3.43}$$

Da $p(x)$ für alle $x \in \mathbb{R}$ nichtnegativ ist, kann dieses Polynom höchstens eine reelle Nullstelle haben, was bedeutet, dass seine Diskriminante nicht positiv sein kann. Also impliziert (3.43) die Ungleichung

$$\frac{1}{2}|\langle\varphi|\psi\rangle + \langle\varphi|\psi\rangle| \leq \|\varphi\|\|\psi\|. \tag{3.44}$$

Diese Ungleichung bleibt auch dann richtig, wenn wir $|\psi\rangle$ durch $\alpha\,|\psi\rangle$ ersetzen mit

$$\alpha = \frac{|\langle\varphi|\psi\rangle|}{\langle\varphi|\psi\rangle} \tag{3.45}$$

und so erhält man die Cauchy-Schwarz-Ungleichung.

Nun wenden wir die Cauchy-Schwarz-Ungleichung an und erhalten

$$\begin{aligned}&\||\varphi\rangle + |\psi\rangle\|^2 \\ &= (\langle\varphi| + \langle\psi|)(|\varphi\rangle + |\psi\rangle) \\ &= \|\varphi\|^2 + \langle\varphi|\psi\rangle + \langle\psi|\varphi\rangle + \|\psi\|^2 \\ &\leq \|\varphi\|^2 + 2\|\varphi\|\|\psi\| + \|\psi\|^2 \\ &= (\|\varphi\| + \|\psi\|)^2.\end{aligned} \tag{3.46}$$

Dies impliziert die Dreiecksungleichung.

Als Nächstes sei $\alpha \in \mathbb{C}$. Dann folgen aus der Linearität im zweiten Argument und der konjugierten Linearität im ersten Argument des inneren Produkts

$$\|\alpha\,|\varphi\rangle\|^2 = (\alpha\,|\varphi\rangle)(\alpha\,|\varphi\rangle) = |\alpha|^2\langle\varphi|\varphi\rangle = |\alpha|^2\|\varphi\|^2. \tag{3.47}$$

Dies impliziert die absolute Homogenität der Norm.

Schließlich folgt die positive Definitheit von $\|\cdot\|$ unmittelbar aus der positiven Definitheit des inneren Produkts. □

Definition 3.2.26 Die Norm $\|\cdot\| \to \mathbb{C}$, $|\varphi\rangle \mapsto \|\varphi\| = \sqrt{\langle\varphi|\varphi\rangle}$ aus Proposition 3.2.25 wird *euklidische Norm* im Hilbertraum $\mathbb{H}$ genannt. Sie hängt vom inneren Produkt auf $\mathbb{H}$ ab. Für $|\varphi\rangle \in \mathbb{H}$ nennen wir $\|\varphi\|$ auch die *(euklidische) Länge* von $|\varphi\rangle$.

3.2.6 Orthogonalität

Wir diskutieren das wichtige Konzept der Orthogonalität. Dafür wählen wir ein inneres Produkt $\langle\cdot|\cdot\rangle$ auf $\mathbb{H}$.

Definition 3.2.27

1. Zwei Kets in $\mathbb{H}$ werden als *orthogonal zueinander* bezeichnet, wenn ihr inneres Produkt null ist.
2. Zwei Teilmengen S und S' von $\mathbb{H}$ werden als *orthogonal zueinander* bezeichnet, wenn alle $|\varphi\rangle \in S$ und $|\varphi'\rangle \in S'$ orthogonal zueinander sind.
3. Eine Folge B in $\mathbb{H}$ wird als *orthogonal* bezeichnet, wenn zwei beliebige verschiedene Elemente von B orthogonal zueinander sind.
4. Eine Folge B in $\mathbb{H}$ wird als *orthonormal* bezeichnet, wenn sie orthogonal ist und alle ihre Elemente die euklidische Norm 1 haben.
5. Unter einer *orthogonalen oder orthonormalen Basis* von $\mathbb{H}$ verstehen wir eine Basis von $\mathbb{H}$, die als Folge orthogonal bzw. orthonormal ist.

Beispiel 3.2.28 Die leere Folge () in $\mathbb{H}$ ist orthonormal, da sie keine Elemente hat und daher alle Aussagen über alle ihre Elemente wahr sind.

Übung 3.2.29 Sei B eine Basis von $\mathbb{H}$. Betrachten Sie den Hilbertraum $(\mathbb{H}, \langle\cdot|\cdot\rangle_B)$. Zeigen Sie, dass die Basis B eine orthonormale Basis in diesem Hilbertraum ist.

Übung 3.2.30 Zeigen Sie, dass die Basis $(|x_+\rangle, |x_-\rangle)$ von $\mathbb{H}_1$ orthonormal ist.

Das nächste Theorem stellt das *Gram-Schmidt-Verfahren* vor, das aus einer beliebigen Basis von $\mathbb{H}$ eine orthogonale Basis konstruiert.

Theorem 3.2.31 (Gram-Schmidt-Verfahren) Sei $C = (|c_0\rangle, \ldots, |c_{k-1}\rangle)$ eine Basis von $\mathbb{H}$. Setze

$$|b_0\rangle = |c_0\rangle \tag{3.48}$$

und für $1 \leq j < k$ sei

$$|b_j\rangle = |c_j\rangle - \sum_{i=0}^{j-1} \frac{\langle b_i|c_j\rangle}{\langle b_i|b_i\rangle} |b_i\rangle . \tag{3.49}$$

Dann ist $(|b_0\rangle, \ldots, |b_{k-1}\rangle)$ eine orthogonale Basis von $\mathbb{H}$ und für $0 \leq j < k$ gilt

$$\text{Span}\,\{|b_0\rangle, \ldots, |b_j\rangle\} = \text{Span}\,\{|c_0\rangle, \ldots, |c_j\rangle\}. \tag{3.50}$$

Beweis Wir beweisen die Aussage durch Induktion über die Dimension k von $\mathbb{H}$. Für $k = 1$ ist $(|b_0\rangle) = (|c_0\rangle)$ eine orthogonale Basis von $\mathbb{H}$. Angenommen, $k > 1$ und die Aussage des Theorems gilt für $k - 1$. Setze $\mathbb{H}' = \text{Span}\{|c_0\rangle, \dots, |c_{k-2}\rangle\}$. Die Induktionsannahme impliziert dann, dass $B' = (|b_0\rangle, \dots, |b_{k-2}\rangle)$ eine orthogonale Basis von $\mathbb{H}'$ ist und (3.50) für $0 \leq j \leq k - 2$ gilt. Außerdem folgt (3.50) für $j = k - 1$ aus der Definition von $|b_{k-1}\rangle$ in (3.49). Es bleibt zu zeigen, dass $\langle b_j|b_{k-1}\rangle = 0$ gilt für $0 \leq j \leq k - 2$. Sei also $j \in \{0, \dots, k - 2\}$. Dann implizieren die Linearität des inneren Produkts im zweiten Argument und die Orthogonalität der Folge B'

$$\begin{aligned}
\langle b_j|b_{k-1}\rangle &= \langle b_j| \left(|c_{k-1}\rangle - \sum_{i=0}^{k-2} \frac{\langle b_i|c_{k-1}\rangle}{\langle b_i|b_i\rangle} |b_i\rangle \right) \\
&= \langle b_j|c_{k-1}\rangle - \langle b_j| \sum_{i=0}^{k-2} \frac{\langle b_i|c_{k-1}\rangle}{\langle b_i|b_i\rangle} |b_i\rangle \\
&= \langle b_j|c_{k-1}\rangle - \sum_{i=0}^{k-2} \frac{\langle b_i|c_{k-1}\rangle}{\langle b_i|b_i\rangle} \langle b_j|b_i\rangle \\
&= \langle b_j|c_{k-1}\rangle - \langle b_j|c_{k-1}|\rangle = 0.
\end{aligned} \tag{3.51}$$

Damit ist der Beweis abgeschlossen. □

Die im Beweis von Theorem 3.2.31 vorgestellte Konstruktion der orthogonalen Basis $B = (|b_0\rangle, \dots, |b_{k-1}\rangle)$ aus der Basis $C = (|c_0\rangle, \dots, |c_{k-1}\rangle)$ von $\mathbb{H}$ wird als *Gram-Schmidt-Orthogonalisierung von C* bezeichnet. Die resultierende orthogonale Basis B wird ebenfalls *Gram-Schmidt-Orthogonalisierung* von C genannt.

Beispiel 3.2.32 Betrachte die Basis $(|c_0\rangle, |c_1\rangle) = (|0\rangle, |0\rangle + |1\rangle)$ des Ein-Qubit-Zustandsraums $\mathbb{H}_1$. Sie ist nicht orthogonal, denn es gilt

$$\langle c_0|c_1\rangle = \langle 0|(|0\rangle + |1\rangle) = \langle 0|0\rangle + \langle 0|1\rangle = 1. \tag{3.52}$$

Wir wenden die Gram-Schmidt-Orthogonalisierung auf diese Basis an. Wir erhalten

$$|b_0\rangle = |c_0\rangle = |0\rangle \tag{3.53}$$

und

$$\begin{aligned}
|b_1\rangle &= |c_1\rangle - \frac{\langle b_0|c_1\rangle}{\langle b_0|c_0\rangle} |b_0\rangle = (|0\rangle + |1\rangle) - \frac{\langle 0|(|0\rangle + |1\rangle)}{\langle 0|0\rangle} |0\rangle \\
&= (|0\rangle + |1\rangle) - (\langle 0|0\rangle + \langle 0|1\rangle) |0\rangle = (|0\rangle + |1\rangle) - |0\rangle = |1\rangle .
\end{aligned} \tag{3.54}$$

Also ist $(|0\rangle, |1\rangle)$ die Gram-Schmidt-Orthogonalisierung der Basis $(|0\rangle, |0\rangle + |1\rangle)$ von $\mathbb{H}_1$.

Aus Theorem 3.2.31 erhalten wir folgendes Resultat.

Theorem 3.2.33 Jede orthogonale oder orthonormale Folge in $\mathbb{H}$ ist linear unabhängig und kann zu einer orthogonalen bzw. orthonormalen Basis von $\mathbb{H}$ ergänzt werden.

Beweis Sei $l \in \mathbb{N}$ und sei $C' = (|c_0\rangle, \ldots |c_{l-1}\rangle)$ eine orthogonale Folge in $\mathbb{H}$. Nach Theorem B.5.9 kann sie zu einer Basis C von $\mathbb{H}$ ergänzt werden. Sei $(|b_0\rangle, \ldots, |b_{k-1}\rangle)$ die Gram-Schmidt-Orthogonalisierung von C. Wir zeigen durch Induktion über l, dass

$$(|b_0\rangle, \ldots, |b_{l-1}\rangle) = (|c_0\rangle, \ldots, |c_{l-1}\rangle) \tag{3.55}$$

gilt. Für $l = 1$ folgt die Aussage aus (3.48). Sei nun $l \in \mathbb{N}$, $1 < l \leq k$, und nehmen wir an, dass

$$(|b_0\rangle, \ldots, |b_{l-2}\rangle) = (|c_0\rangle, \ldots, |c_{l-2}\rangle). \tag{3.56}$$

Dann folgt aus der Orthogonalität der Folge $(|b_0\rangle, \ldots, |b_{l-2}\rangle)$

$$\begin{aligned}|b_{l-1}\rangle &= |c_{l-1}\rangle - \sum_{i=0}^{l-2} \frac{\langle b_i|c_{l-1}\rangle}{\langle b_i|b_i\rangle} |b_i\rangle \\ &= |c_{l-1}\rangle - \sum_{i=0}^{l-2} \frac{\langle c_i|c_{l-1}\rangle}{\langle c_i|c_i\rangle} |c_i\rangle = |c_{l-1}\rangle .\end{aligned} \tag{3.57}$$

Also ergänzt $(|b_l\rangle, \ldots, |b_{k-1}\rangle)$ die Folge C' zu einer orthogonalen Basis von $\mathbb{H}$ und ist damit selbst linear unabhängig.

Um eine orthonormale Folge zu einer orthonormalen Basis zu ergänzen, erweitert man diese Folge zunächst zu einer orthogonalen Basis und normalisiert dann die angehängten Elemente. □

Theorem 3.2.33 impliziert folgendes Ergebnis.

Korollar 3.2.34 Jeder endlich-dimensionale Hilbertraum hat eine orthonormale Basis.

Beispiel 3.2.35 Auf $\mathbb{H}_1$ verwenden wir das hermitesche Skalarprodukt bezüglich der Berechnungsbasis $(|0\rangle, |1\rangle)$. Dann hat $|x_+\rangle = \frac{|0\rangle+|1\rangle}{\sqrt{2}}$ die Länge 1. Wir verwenden die Gram-Schmidt-Orthogonalisierung, um $B = (|x_+\rangle)$ zu einer orthonormalen Basis von $\mathbb{H}_1$ zu erweitern. Zuerst stellen wir fest, dass $(|b_0\rangle, |c_1\rangle) = (|x_+\rangle, |0\rangle)$ eine Basis von $\mathbb{H}_1$ ist, die nicht orthogonal ist. Die Gram-Schmidt-Orthogonalisierung ergibt

$$|b_1\rangle = |c_1\rangle - \frac{\langle b_0|c_1\rangle}{\langle b_0|b_0\rangle} |b_0\rangle = \frac{|0\rangle - |1\rangle}{2}. \tag{3.58}$$

Da $\| |b_1\rangle \| = 1/\sqrt{2}$ ist, ergibt dies die orthonormale Basis $(|b_0\rangle, \sqrt{2}\,|b_1\rangle) = (|x_+\rangle, |x_-\rangle)$ von $\mathbb{H}_1$.

Korollar 3.2.34 impliziert folgendes Ergebnis, welches zeigt, dass alle Skalarprodukte auf $\mathbb{H}$ hermitesche Skalarprodukte bezüglich einer Basis von $\mathbb{H}$ sind.

Proposition 3.2.36 Ist B eine orthonormale Basis von $\mathbb{H}$, dann ist $\langle\cdot|\cdot\rangle$ das hermitesche Skalarprodukt auf $\mathbb{H}$ bezüglich B.

Beweis Seien $|\varphi\rangle, |\psi\rangle \in \mathbb{H}$, und $|\varphi\rangle_B = (\alpha_0, \dots, \alpha_{k-1})$, $|\psi\rangle_B = (\beta_0, \dots, \beta_{k-1})$. Dann gilt

$$\begin{aligned}\langle\varphi, \psi\rangle &= \left(\sum_{i=0}^{k-1} \alpha_i \langle b_i|\right)\left(\sum_{j=0}^{k-1} \beta_j \,|b_j\rangle\right) = \sum_{i,j=0}^{k-1} \overline{\alpha_i}\beta_j \langle b_i, b_j\rangle \\ &= \sum_{i,j=0}^{k-1} \overline{\alpha_i}\beta_j \delta_{i,j} = \sum_{i=0}^{k-1} \overline{\alpha_i}\beta_i = |\varphi\rangle_B^* \,|\psi\rangle_B\,, \end{aligned} \tag{3.59}$$

wie behauptet. □

Nach Theorem 3.2.16 gilt $\mathbb{H}^* = \{\langle\varphi| : |\varphi\rangle \in \mathbb{H}\}$. Die nächste Proposition zeigt, wie $|\varphi\rangle$ aus $\langle\varphi| \in \mathbb{H}^*$ konstruiert wird.

Proposition 3.2.37 Sei $B = (|b_0\rangle, \dots, |b_{k-1}\rangle)$ eine orthonormale Basis von $\mathbb{H}$ und sei $\langle\varphi| \in \mathbb{H}^*$. Dann gilt

$$|\varphi\rangle = \sum_{i=0}^{k-1} \langle\varphi|b_i\rangle\,|b_i\rangle\,. \tag{3.60}$$

Übung 3.2.38 Beweisen Sie Proposition 3.2.37.

Beispiel 3.2.39 Betrachte die Abbildung

$$f : \mathbb{H}_2 \to \mathbb{C}, \quad \sum_{i=0}^{3} \alpha_i\,|i\rangle_2 \mapsto 2\alpha_0 + \alpha_3 \tag{3.61}$$

wobei $\alpha_i \in \mathbb{C}$ für alle $i \in \mathbb{Z}_4$ gilt. Dann ist $f \in \mathbb{H}^*$. Aus Proposition 3.2.37 folgt, dass $f = |\varphi\rangle$ gilt mit

$$|\varphi\rangle = \sum_{i=0}^{3} f(|i\rangle_2)\,|i\rangle_2 = 2\,|0\rangle_2 + |3\rangle_2\,. \tag{3.62}$$

3.2.7 Orthogonale Komplemente

Wir definieren orthogonale Komplemente von Teilmengen von $\mathbb{H}$ und diskutieren deren Eigenschaften.

Proposition 3.2.40 Sei $S \subset \mathbb{H}$. Dann ist die Menge

$$S^{\perp} = \{|\varphi\rangle \in \mathbb{H} : \langle\psi, \varphi\rangle = 0 \text{ für alle } |\psi\rangle \in S\}. \tag{3.63}$$

ein linearer Unterraum von $\mathbb{H}$. Dieser wird das *orthogonale Komplement von S* genannt. Wenn $|\varphi\rangle \in \mathbb{H}$ ist, schreiben wir $|\varphi\rangle^{\perp}$ für $\{|\varphi\rangle\}^{\perp}$ und nennen diesen Unterraum das *orthogonale Komplement von $|\varphi\rangle$*.

Beispiel 3.2.41 Wir bestimmen das orthogonale Komplement $|0\rangle^{\perp}$ von $|0\rangle$ in $\mathbb{H}_1$. Sei $|\psi\rangle \in \mathbb{H}_1$,

$$|\psi\rangle = \alpha\,|0\rangle + \beta\,|1\rangle \tag{3.64}$$

mit $\alpha, \beta \in \mathbb{C}$. Dann gilt $|\psi\rangle \in |0\rangle^{\perp}$ genau dann, wenn $0 = \langle\psi|0\rangle = \alpha\langle 0|0\rangle + \beta\langle 1|0\rangle = \alpha$. Dies impliziert

$$|0\rangle^{\perp} = \mathbb{C}\,|1\rangle\,. \tag{3.65}$$

Proposition 3.2.42 Seien $\mathbb{H}(0)$, $\mathbb{H}(1)$ lineare Unterräume von $\mathbb{H}$. Dann gilt:

1. $(\mathbb{H}(0)^{\perp})^{\perp} = \mathbb{H}(0)$.
2. $\mathbb{H}$ ist die direkte Summe von $\mathbb{H}(0)$ und $\mathbb{H}(0)^{\perp}$ und $\dim \mathbb{H}(0) + \dim \mathbb{H}(0)^{\perp} = \dim \mathbb{H}$.
3. Wenn B_0 eine orthonormale Basis von $\mathbb{H}(0)$ ist und B_1 eine orthonormale Basis von $\mathbb{H}(0)^{\perp}$, dann ist $B_0 \parallel B_1$ eine orthonormale Basis von $\mathbb{H}$.
4. Wenn $\mathbb{H} = \mathbb{H}(0) + \mathbb{H}(1)$ und $\mathbb{H}(0)$ und $\mathbb{H}(1)$ orthogonal zueinander sind, dann gilt $\mathbb{H}(1) = \mathbb{H}(0)^{\perp}$.

Übung 3.2.43 Beweisen Sie Proposition 3.2.42.

Mithilfe von Proposition 3.2.42 können wir die folgende allgemeinere Aussage beweisen.

Proposition 3.2.44 Sei $l \in \mathbb{N}$ und seien $\mathbb{H}(0), \ldots, \mathbb{H}(l-1)$ Unterräume von $\mathbb{H}$. Dann gilt:

1. Wenn $\mathbb{H}(0), \ldots, \mathbb{H}(l-1)$ paarweise orthogonal zueinander sind, dann ist ihre Summe direkt.
2. Die Unterräume $\mathbb{H}(0), \ldots, \mathbb{H}(l-1)$ sind genau dann paarweise orthogonal zueinander, wenn es orthonormale Basen $B_0, \ldots, B_{l-1}$ von $\mathbb{H}(0), \ldots, \mathbb{H}(l-1)$ gibt, so dass $B = B_0 \parallel \cdots \parallel B_{l-1}$ eine orthonormale Basis von $\mathbb{H}(0) + \cdots + \mathbb{H}(l-1)$ ist.

Beweis Ohne Beschränkung der Allgemeinheit nehmen wir an, dass $\mathbb{H}$ die Summe der Unterräume $\mathbb{H}(i)$ ist.

Wir beginnen mit dem Beweis der ersten Aussage. Für $i \in \mathbb{Z}_l$ sei $|\varphi_i\rangle \in \mathbb{H}(i)$ mit

$$\sum_{i=0}^{l-1} |\varphi_i\rangle = 0. \tag{3.66}$$

Da die Unterräume $\mathbb{H}(i)$ paarweise orthogonal zueinander sind, gilt für alle $j \in \mathbb{Z}_l$

$$0 = \left\langle \varphi_j \middle| \sum_{i=0}^{l-1} |\varphi_i\rangle \right\rangle = \sum_{i=0}^{l-1} \langle \varphi_j | \varphi_i \rangle = \langle \varphi_j | \varphi_j \rangle. \tag{3.67}$$

und daher $|\varphi_j\rangle = 0$.

Als Nächstes wenden wir uns der zweiten Aussage zu. Angenommen, die Unterräume $\mathbb{H}(i)$ sind paarweise orthogonal zueinander. Wir beweisen die Existenz der Basen B_i mit den behaupteten Eigenschaften durch Induktion über l. Für $l = 1$ können wir eine orthonormale Basis B_0 von $\mathbb{H}(0)$ wählen, die nach Korollar 3.2.34 existiert. Angenommen, $l > 1$ und die Aussage gilt für $l-1$. Nach der Induktionsannahme gibt es orthonormale Basen $B_0, \ldots, B_{l-2}$ von $\mathbb{H}(0), \ldots, \mathbb{H}(l-2)$, sodass $B' = B_0 \parallel \cdots \parallel B_{l-2}$ eine orthonormale Basis der Summe $\mathbb{H}'$ dieser Unterräume ist. Es folgt aus Proposition 3.2.42 dass $\mathbb{H}(l-1) = (\mathbb{H}')^\perp$ ist und es eine orthonormale Basis B_{l-1} von $\mathbb{H}(l-1)$ gibt, sodass $B' \parallel B_{l-1}$ eine orthonormale Basis von $\mathbb{H}$ ist.

Um die Umkehrung der zweiten Aussage zu beweisen, nehmen wir an, dass es orthonormale Basen B_i von $\mathbb{H}(i)$ gibt, sodass deren Verkettung eine orthonormale Basis von $\mathbb{H}$ ist. Es ist dann einfach zu verifizieren, dass die Unterräume paarweise orthogonal zueinander sind. □

3.3 Lineare Abbildungen

In diesem Abschnitt behandeln wir lineare Abbildungen zwischen Hilberträumen. Sie werden auch *lineare Operatoren* genannt. Dafür seien $\mathbb{H}$, $\mathbb{H}'$, $\mathbb{H}''$ Hilberträume mit Dimension k, l bzw. m. Wir bezeichnen das Skalarprodukt auf diesen Hilberträumen mit $\langle\cdot|\cdot\rangle$.

3.3.1 Matrixdarstellung

Matrixdarstellungen von Homomorphismen zwischen Vektorräumen werden in Abschn. B.5.3 erläutert. Wir fassen dieses Konzept kurz zusammen. Sei $B = (|b_0\rangle, \ldots, |b_{k-1}\rangle)$ eine Basis von $\mathbb{H}$ und sei $C = (|c_0\rangle, \ldots, |c_{l-1}\rangle)$ eine Basis von $\mathbb{H}'$. Dann ist die Darstellungsmatrix von $f \in \mathrm{Hom}(\mathbb{H}, \mathbb{H}')$ bezüglich dieser Basen die Matrix in $\mathbb{C}^{(l,k)}$, deren

Spaltenvektoren die Koeffizientenvektoren von $f\,|b_0\rangle\,,\ldots,f\,|b_{k-1}\rangle$ bezüglich der Basis C sind, das heißt,

$$\mathrm{Mat}_{B,C}(f) = ((f\,|b_0\rangle)_C\,,\ldots,(f\,|b_{k-1}\rangle)_C) \in \mathbb{C}^{(l,k)}. \tag{3.68}$$

Theorem B.5.11 besagt, dass die Abbildung

$$\mathrm{Hom}(\mathbb{H},\mathbb{H}') \to \mathbb{C}^{(l,k)}, \quad f \mapsto \mathrm{Mat}_{B,C}(f) \tag{3.69}$$

ein Isomorphismus von $\mathbb{C}$-Vektorräumen ist. Ihre Umkehrabbildung ist

$$\mathbb{C}^{(l,k)} \to \mathrm{Hom}(\mathbb{H},\mathbb{H}'), \quad A \mapsto f_{A,B,C} \tag{3.70}$$

wobei

$$f_{A,B,C} : \mathbb{H} \to \mathbb{H}', \quad |\psi\rangle \mapsto CA\,|\psi\rangle_B\,. \tag{3.71}$$

Wenn $\mathbb{H} = \mathbb{H}'$ und $B = C$ gilt, schreiben wir $\mathrm{Mat}_B(f)$ für $\mathrm{Mat}_{B,B}(f)$ und $f_{A,B}$ für $f_{A,B,B}$. Wenn D eine Basis von $\mathbb{H}''$ ist, wenn $f \in \mathrm{Hom}(\mathbb{H},\mathbb{H}')$ und $g \in \mathrm{Hom}(\mathbb{H}',\mathbb{H}'')$, dann gilt

$$\mathrm{Mat}_{B,D}(g \circ f) = \mathrm{Mat}_{B,C}(f)\mathrm{Mat}_{C,D}(g). \tag{3.72}$$

Beispiel 3.3.1 Der *Pauli X-Operator* auf $\mathbb{H}_1$ ist definiert als

$$X : \mathbb{H}_1 \to \mathbb{H}_1, \quad \alpha\,|0\rangle + \beta\,|1\rangle \mapsto \beta\,|0\rangle + \alpha\,|1\rangle\,. \tag{3.73}$$

Er vertauscht die Vektoren der Berechnungsbasis $B = (|0\rangle\,,|1\rangle)$. Daher ist seine Matrixdarstellung bezüglich B

$$\mathrm{Mat}_B(X) = \begin{pmatrix} 0 & 1 \\ 1 & 0 \end{pmatrix}. \tag{3.74}$$

Wir bestimmen auch die Matrixdarstellung des Pauli X-Operators bezüglich der Basis

$$C = (|x_+\rangle\,,|x_-\rangle) = \left(\frac{|0\rangle + |1\rangle}{\sqrt{2}}, \frac{|0\rangle - |1\rangle}{\sqrt{2}}\right) \tag{3.75}$$

von $\mathbb{H}_1$. Es gilt

$$X\,|x_+\rangle = \frac{X\,|0\rangle + X\,|1\rangle}{\sqrt{2}} = \frac{|1\rangle + |0\rangle}{\sqrt{2}} = |x_+\rangle \tag{3.76}$$

und

$$X\,|x_-\rangle = \frac{X\,|0\rangle - X\,|1\rangle}{\sqrt{2}} = \frac{|1\rangle - |0\rangle}{\sqrt{2}} = -\,|x_-\rangle\,. \tag{3.77}$$

Daraus folgt

$$\mathrm{Mat}_C(X) = \begin{pmatrix} 1 & 0 \\ 0 & -1 \end{pmatrix}. \tag{3.78}$$

Beachte, dass sich diese Matrix von $\mathrm{Mat}_B(X)$ unterscheidet.

Beispiel 3.3.2 Der *Pauli Z-Operator*

$$Z : \mathbb{H}_1 \to \mathbb{H}_1 \tag{3.79}$$

hat die Darstellungsmatrix

$$A = \mathrm{Mat}_B(Z) = \begin{pmatrix} 1 & 0 \\ 0 & -1 \end{pmatrix} \tag{3.80}$$

bezüglich der Berechnungsbasis B von $\mathbb{H}_1$. Beachten Sie, dass diese Matrix gleich $\mathrm{Mat}_C(X)$ aus (3.78) ist. Also ist der Pauli Z-Operator

$$Z = f_{A,B} : \mathbb{H}_1 \to \mathbb{H}_1, \quad \alpha\,|0\rangle + \beta\,|1\rangle \mapsto \alpha\,|0\rangle - \beta\,|1\rangle\,. \tag{3.81}$$

Übung 3.3.3

1. Bestimmen Sie die Matrixdarstellung des *Pauli Y-Operators*

$$Y : \mathbb{H}_1 \to \mathbb{H}_1, \quad \alpha\,|0\rangle + \beta\,|1\rangle \mapsto -i\beta\,|0\rangle + i\alpha\,|1\rangle \tag{3.82}$$

   bezüglich der Berechnungsbasis von $\mathbb{H}_1$.
2. Bestimmen Sie die Matrixdarstellungen der Pauli Y- und Z-Operatoren bezüglich der Basis $C = (|x_-\rangle\,, |x_+\rangle)$ aus (3.75).

Übung 3.3.4

1 Finden Sie die Matrixdarstellung des *Hadamard-Operators*

$$H : \mathbb{H}_1 \to \mathbb{H}_1, \quad \alpha\,|0\rangle + \beta\,|1\rangle \mapsto \alpha\,|x_+\rangle + \beta\,|x_-\rangle \tag{3.83}$$

   bezüglich der Berechnungsbasis von $\mathbb{H}_1$.
2. Verwenden Sie die Matrixdarstellungen der Operatoren H, X, Y und Z, um

$$HXH = Z, \quad HYH = -Y, \quad HZH = X \tag{3.84}$$

   zu zeigen.

Da die Funktion (3.69) ein Isomorphismus von $\mathbb{C}$-Vektorräumen ist, ist jede Abbildung $f \in \mathrm{Hom}(\mathbb{H}, \mathbb{H}')$ eindeutig durch ihre Darstellungsmatrix $\mathrm{Mat}_{B,C}(f)$ bestimmt. Daher können wir lineare Abbildungen in $\mathrm{Hom}(\mathbb{H}, \mathbb{H}')$ durch ihre Wirkung auf die Elemente einer Basis von $\mathbb{H}$ definieren. Insbesondere werden Operatoren auf Zustandsräumen $\mathbb{H}_n$ typischerweise durch ihre Wirkung auf die Elemente der Berechnungsbasis beschrieben. Zum Beispiel kann der Hadamard-Operator aus (3.83) unter Verwendung dieser Darstellung folgendermaßen geschrieben werden:

$$H : \mathbb{H}_1 \to \mathbb{H}_1, \quad |0\rangle \mapsto |x_+\rangle , |1\rangle \mapsto |x_-\rangle . \tag{3.85}$$

Schließlich führen wir eine weitere Vereinfachung der Notation ein. Dazu sei $T \in \mathrm{Hom}(\mathbb{H}, \mathbb{H}')$, $|\varphi\rangle \in \mathbb{H}$ und $|\psi\rangle \in \mathbb{H}'$. Dann hat die Anwendung des Operators $\langle\varphi|$ auf $T\,|\psi\rangle \in \mathbb{H}$ die gleiche Wirkung wie die Anwendung des zusammengesetzten Operators $\langle\varphi| \circ T$ auf $|\psi\rangle \in \mathbb{H}'$. Daher schreiben wir

$$\langle\varphi|T|\psi\rangle = \langle\varphi|(T\,|\psi\rangle) = \langle\varphi| \circ T\,|\psi\rangle . \tag{3.86}$$

Wie die folgende Proposition zeigt, können wir diese Notation verwenden, um die Darstellungsmatrizen von Homomorphismen zwischen Hilberträumen zu beschreiben.

Proposition 3.3.5 Seien $B = (|b_0\rangle , \ldots , |b_{k-1}\rangle)$ und $C = (|c_0\rangle , \ldots , |c_{l-1}\rangle)$ Basen von $\mathbb{H}$ bzw. $\mathbb{H}'$ und sei C orthonormal. Dann ist die Matrixdarstellung einer linearen Abbildung $T \in \mathrm{Hom}(\mathbb{H}, \mathbb{H}')$ bezüglich dieser Basen

$$\mathrm{Mat}_{B,C}(T) = (\langle c_i|T|b_j\rangle)_{i\in\mathbb{Z}_l, j\in\mathbb{Z}_k} \in \mathbb{C}^{(l,k)}. \tag{3.87}$$

Beweis Schreibe $\mathrm{Mat}_{B,C}(T) = (\alpha_{i,j})$. Für alle $i \in \mathbb{Z}_l$ und $j \in \mathbb{Z}_k$ folgt aus der Linearität des Skalarprodukts im zweiten Argument und der Tatsache, dass $\langle c_i|c_j\rangle = \delta_{i,j}$ gilt für alle $i, j \in \mathbb{Z}_l$:

$$\langle c_i|T|b_j\rangle = \langle c_i| \left(\sum_{m=0}^{l-1} \alpha_{m,j}\,|c_m\rangle \right) = \sum_{m=0}^{l-1} \alpha_{m,j}\langle c_i|c_m\rangle = \alpha_{i,j}. \tag{3.88}$$

□

Beispiel 3.3.6 Bezeichne mit $\langle\cdot|\cdot\rangle$ das hermitesche Skalarprodukt auf $\mathbb{H}_1$ bezüglich $B = (|0\rangle , |1\rangle)$. Nach Proposition 3.3.5 ist die Darstellungsmatrix des Pauli Z-Operators bezüglich B

$$\mathrm{Mat}_B(Z) = \begin{pmatrix} \langle 0|Z|0\rangle & \langle 0|Z|1\rangle \\ \langle 1|Z|0\rangle & \langle 1|Z|1\rangle \end{pmatrix} = \begin{pmatrix} \langle 0|0\rangle & -\langle 0|1\rangle \\ \langle 1|0\rangle & -\langle 1|1\rangle \end{pmatrix} = \begin{pmatrix} 1 & 0 \\ 0 & -1 \end{pmatrix}. \tag{3.89}$$

3.3.2 Adjungierte

In diesem Abschnitt führen wir die Adjungierten von Matrizen über $\mathbb{C}$ und von linearen Abbildungen zwischen endlich-dimensionalen Hilberträumen ein und diskutieren ihre Eigenschaften. Wir beginnen mit der Definition der Adjungierten von komplexen Matrizen.

Definition 3.3.7 Die *Adjungierte* einer Matrix $A \in \mathbb{C}^{(k,l)}$ ist $A^* = \overline{A^{\mathrm{T}}} \in \mathbb{C}^{(l,k)}$.

Die Adjungierte einer Matrix über $\mathbb{C}$ wird auch als *hermitesche Adjungierte, hermitesche Konjugierte* oder *hermitesche Transponierte* bezeichnet.

Die Bezeichnung A^* für die Adjungierte einer Matrix A über $\mathbb{C}$ stimmt mit Definition 3.2.7 überein, wo die Adjungierte eines komplexen Vektors als die Matrix spezifiziert ist, die den konjugierten Vektor als ihre einzige Zeile hat.

Beispiel 3.3.8 Betrachte die Matrix

$$A = \begin{pmatrix} 1 & i & 1+i \\ 1-i & i & 1 \end{pmatrix} \in \mathbb{C}^{(2,3)}. \tag{3.90}$$

Ihre Adjungierte ist

$$A^* = \begin{pmatrix} 1 & 1+i \\ -i & -i \\ 1-i & 1 \end{pmatrix} \in \mathbb{C}^{(3,2)}. \tag{3.91}$$

Die folgende Proposition stellt einige wichtige Eigenschaften der Adjungierten von Matrizen zusammen.

Proposition 3.3.9 Seien $A \in \mathbb{C}^{(k,l)}$, $B \in \mathbb{C}^{(m,n)}$, $k, l, m, n \in \mathbb{N}$, und $\alpha \in \mathbb{C}$. Dann gilt

$$\left(A^*\right)^* = A, \tag{3.92}$$

$$(A+B)^* = A^* + B^*, \quad \text{falls}\, m = k \,\text{und}\, n = l \text{ ist}, \tag{3.93}$$

$$(\alpha A)^* = \overline{\alpha} A^*, \tag{3.94}$$

$$\operatorname{rank}(A) = \operatorname{rank}(A^*), \tag{3.95}$$

$$(AB)^* = B^* A^*, \quad \text{falls}\, l = m \text{ ist}. \tag{3.96}$$

Übung 3.3.10 Beweisen Sie Proposition 3.3.9.

Die nächste Proposition charakterisiert die Adjungierten von Matrizen.

Proposition 3.3.11 Sei $A \in \mathbb{C}^{(k,l)}$. Dann erfüllt die Adjungierte A^* von A für alle $\mathbf{v} \in \mathbb{C}^k$ und alle $\mathbf{w} \in \mathbb{C}^l$ die Bedingung

$$\left\langle \mathbf{v} \middle| A\mathbf{w} \right\rangle = \left\langle A^*\mathbf{v} \middle| \mathbf{w} \right\rangle. \tag{3.97}$$

und A^* ist die einzige Matrix in $\mathbb{C}^{(l,k)}$ mit dieser Eigenschaft.

Beweis Sei $\mathbf{v} \in \mathbb{C}^k$, $\mathbf{w} \in \mathbb{C}^l$. Dann gilt

$$\begin{aligned}
\langle A^*\mathbf{v}|\mathbf{w}\rangle &= (A^*\mathbf{v})^*\mathbf{w} && \text{wegen (3.2.9),}\\
&= \mathbf{v}^*\left(A^*\right)^*\mathbf{w} && \text{wegen (3.3.39),}\\
&= \mathbf{v}^*A\mathbf{w} && \text{wegen (3.3.25),}\\
&= \langle\mathbf{v}|A\mathbf{w}\rangle && \text{wegen (3.2.9).}
\end{aligned}$$

Um zu zeigen, dass A^* die einzige Matrix in $\mathbb{C}^{(l,k)}$ ist, die (3.97) erfüllt, nehmen wir an, es gibt $A' \in \mathbb{C}^{(l,k)}$ mit

$$\langle\mathbf{v}|A\mathbf{w}\rangle = \langle A'\mathbf{v}|\mathbf{w}\rangle \tag{3.98}$$

für alle $\mathbf{v} \in \mathbb{C}^k$ und $\mathbf{w} \in \mathbb{C}^l$. Seien $\mathbf{e}_0, \ldots, \mathbf{e}_{k-1}$ und $\mathbf{f}_0, \ldots, \mathbf{f}_{l-1}$ die Standard-Einheitsvektoren von $\mathbb{C}^k$ bzw. $\mathbb{C}^l$. Dann gilt für alle $i \in \mathbb{Z}_k$ und $j \in \mathbb{Z}_l$

$$\begin{aligned}
\left\langle \mathbf{e}_i \middle| A\mathbf{f}_j \right\rangle &= \left\langle A'\mathbf{e}_i \middle| \mathbf{f}_j \right\rangle && \text{wegen (3.3.31),}\\
&= \left\langle \mathbf{e}_i \middle| (A')^*\mathbf{f}_j \right\rangle && \text{wegen (3.3.30) und (3.3.25).}
\end{aligned}$$

Also folgt aus Proposition 3.3.5 und (3.92), dass $A^* = A'$ gilt. □

Aus Proposition 3.3.11 erhalten wir das folgende Ergebnis, das es uns ermöglicht, Adjungierte von linearen Operatoren auf Hilberträumen zu definieren.

Proposition 3.3.12 Sei $A \in \text{Hom}(\mathbb{H}', \mathbb{H})$. Dann gibt es einen eindeutig bestimmten Operator $A^* \in \text{Hom}(\mathbb{H}, \mathbb{H}')$, sodass

$$\left\langle \varphi \middle| A\,|\psi\rangle \right\rangle = \left\langle A^*\,|\varphi\rangle \middle| \psi \right\rangle \tag{3.99}$$

für alle $|\varphi\rangle \in \mathbb{H}$ und $|\psi\rangle \in \mathbb{H}'$ gilt. Der Operator A^* wird die *Adjungierte* von A genannt.

Beweis Sei $A \in \text{Hom}(\mathbb{H}', \mathbb{H})$. Wähle orthonormale Basen B von $\mathbb{H}$ und C von $\mathbb{H}'$. Sei A^* die lineare Abbildung in $\text{Hom}(\mathbb{H}, \mathbb{H}')$ mit der Darstellungsmatrix $(\text{Mat}_{C,B}(A))^*$. Es folgt dann aus Proposition 3.3.11, dass (3.99) für alle $|\varphi\rangle \in \mathbb{H}$ und $|\psi\rangle \in \mathbb{H}'$ gilt. Die Eindeutigkeit von A^* ergibt sich aus der Eindeutigkeit von A^* in Proposition 3.3.11. □

Übung 3.3.13 Verifizieren Sie, dass Proposition 3.3.9 auch für lineare Operatoren gilt.

Wir geben auch folgende Eigenschaften der Adjungierten von Endomorphismen und quadratischen Matrizen über $\mathbb{C}$ an.

Proposition 3.3.14 Sei $A \in \mathbb{C}^{(k,k)}$ oder $A \in \text{End}(\mathbb{H})$. Dann gilt Folgendes:

1. Die Determinante, die Spur, das charakteristische Polynom und die Eigenwerte von A^* erhält man durch komplexe Konjugation der Determinante, der Spur, des charakteristischen Polynoms und der Eigenwerte von A.
2. Ist A invertierbar, so ist auch A^* invertierbar, und es gilt $(A^*)^{-1} = (A^{-1})^*$.

Übung 3.3.15 Beweisen Sie Proposition 3.3.14.

3.3.3 Hilbert-Schmidt-Skalarprodukt

Wir definieren das Hilbert-Schmidt-Skalarprodukt auf $\mathbb{C}^{(l,k)}$ und auf $\text{Hom}(\mathbb{H}, \mathbb{H}')$.

Proposition 3.3.16 Die Abbildung

$$\langle\cdot|\cdot\rangle : \mathbb{C}^{(l,k)} \times \mathbb{C}^{(l,k)} \to \mathbb{C}, \quad (A, B) \mapsto \langle A|B\rangle = \text{tr}(A^* B) \tag{3.100}$$

ist ein Skalarprodukt auf $\mathbb{C}^{(l,k)}$. Es wird das *Hilbert-Schmidt-Skalarprodukt* auf $\mathbb{C}^{(l,k)}$ genannt.

Beweis Die Abbildung $\mathbb{C}^{(l,k)} \to \mathbb{C}^{kl}$, die einer Matrix $A \in \mathbb{C}^{(l,k)}$ die Verkettung ihrer Spaltenvektoren zuordnet, ist ein Isomorphismus von $\mathbb{C}$-Vektorräumen. Da die Abb. (3.100) dem hermiteschen Skalarprodukt auf $\mathbb{C}^{lk}$ entspricht, ist sie damit selbst ein Skalarprodukt. □

Korollar 3.3.17 Die Abbildung

$$\langle\cdot|\cdot\rangle : \text{Hom}(\mathbb{H}, \mathbb{H}') \times \text{Hom}(\mathbb{H}, \mathbb{H}'), \quad (A, B) \mapsto \langle A|B\rangle = \text{tr}(A^* B) \tag{3.101}$$

ist ein Skalarprodukt auf $\text{Hom}(\mathbb{H}, \mathbb{H}')$. Es wird das *Hilbert-Schmidt-Skalarprodukt* auf $\text{Hom}(\mathbb{H}, \mathbb{H}')$ genannt.

Zusammen mit dem Hilbert-Schmidt-Skalarprodukt wird der komplexe Vektorraum $\text{Hom}(\mathbb{H}, \mathbb{H}')$ zu einem Hilbertraum.

Wir präsentieren eine weitere Schreibweise des Hilbert-Schmidt-Skalarprodukts.

Proposition 3.3.18 Seien $A, B \in \mathbb{C}^{(l,k)}$ und seien $\mathbf{a}_0, \ldots, \mathbf{a}_{k-1}$ die Spaltenvektoren von A und $\mathbf{b}_0, \ldots, \mathbf{b}_{l-1}$ die Spaltenvektoren von B. Dann gilt

$$\langle A|B\rangle = \sum_{i=0}^{l-1} \langle \mathbf{a}_i | \mathbf{b}_i \rangle. \tag{3.102}$$

Übung 3.3.19 Beweisen Sie Proposition 3.3.18.

Beispiel 3.3.20 Seien

$$A = \begin{pmatrix} 2 & i \\ 3 & -1 \end{pmatrix} \text{ und } B = \begin{pmatrix} i & 1 \\ 2 & 4 \end{pmatrix}. \tag{3.103}$$

Dann gilt

$$\langle A|B\rangle = \operatorname{tr} A^* B = \operatorname{tr} \begin{pmatrix} 2 & 3 \\ -i & -1 \end{pmatrix} \begin{pmatrix} i & 1 \\ 2 & 4 \end{pmatrix} = \operatorname{tr} \begin{pmatrix} 2i+6 & 14 \\ -1 & -i-4 \end{pmatrix} = i + 2. \tag{3.104}$$

Die Norm, die durch das Hilbert-Schmidt-Skalarprodukt induziert wird, ist

$$\mathbb{C}^{(l,k)} \to \mathbb{R}, \quad A = (a_{i,j}) \mapsto \|A\| = \sqrt{\operatorname{tr}(AA^*)} = \sqrt{\sum_{i \in \mathbb{Z}_k, j \in \mathbb{Z}_l} |a_{i,j}|^2}. \tag{3.105}$$

Beispiel 3.3.21 Sei

$$A = \begin{pmatrix} 1 & i \\ 1+i & 1-i \end{pmatrix}. \tag{3.106}$$

Dann gilt

$$\|A\|^2 = |1|^2 + |i|^2 + |1+i|^2 + |1-i|^2 = 1 + 1 + 2 + 2 = 6. \tag{3.107}$$

3.4 Endomorphismen

In diesem Abschnitt diskutieren wir die Eigenschaften von Endomorphismen eines Hilbertraums $\mathbb{H}$ mit endlicher Dimension k und innerem Produkt $\langle\cdot|\cdot\rangle$ und ihre Eigenschaften.

3.4.1 Grundlagen

Die Darstellungs-Matrizen der Endomorphismen von $\mathbb{H}$ sind die Matrizen in $\mathbb{C}^{(k,k)}$. Als Beispiele verwenden wir die Pauli-X-, Y- und Z-Operatoren auf $\mathbb{H}_1$, die bereits in den Beispielen 3.3.1 und 3.3.2 sowie in der Übung 3.3.3 eingeführt wurden. Ihre Darstellungs-Matrizen bezüglich der Berechnungsbasis $(|0\rangle, |1\rangle)$ sind die *Pauli-Matrizen*

$$X = \begin{pmatrix} 0 & 1 \\ 1 & 0 \end{pmatrix}, \quad Y = \begin{pmatrix} 0 & -i \\ i & 0 \end{pmatrix}, \quad Z = \begin{pmatrix} 1 & 0 \\ 0 & -1 \end{pmatrix}. \tag{3.108}$$

Als Beispiel werden wir auch den Hadamard-Operator auf $\mathbb{H}_1$ verwenden. Seine Darstellungs-Matrix bezüglich der Berechnungsbasis $(|0\rangle, |1\rangle)$ ist die *Hadamard-Matrix*

$$H = \frac{1}{\sqrt{2}} \begin{pmatrix} 1 & 1 \\ 1 & -1 \end{pmatrix}. \tag{3.109}$$

Die nächste Proposition gibt Formeln für das charakteristische Polynom $p_A(x)$, die Spur $\mathrm{tr}(A)$ und die Determinante $\det(A)$ der Endomorphismen A von $\mathbb{H}$ und Matrizen A in $\mathbb{C}^{(k,k)}$ an.

Proposition 3.4.1 Sei $A \in \mathbb{C}^{(k,k)}$ oder $A \in \mathrm{End}(\mathbb{H})$. Sei Λ die Menge der Eigenwerte von A. Für jedes $\lambda \in \Lambda$ sei m_λ seine algebraische Vielfachheit. Dann gilt

$$p_A(x) = \prod_{\lambda \in \Lambda} (x - \lambda)^{m_\lambda}, \tag{3.110}$$

$$\mathrm{tr}(A) = \sum_{\lambda \in \Lambda} m_\lambda \lambda, \tag{3.111}$$

$$\det(A) = \prod_{\lambda \in \Lambda} \lambda^{m_\lambda}. \tag{3.112}$$

Beweis Sei $A \in \mathrm{End}(\mathbb{H})$ oder $A \in \mathbb{C}^{(k,k)}$. Die erste Aussage folgt aus der Tatsache, dass $\mathbb{C}$ algebraisch abgeschlossen ist, das Polynom $p_A(x)$ also ein Produkt von Linearfaktoren ist. Die anderen beiden Aussagen ergeben sich aus Proposition B.4.27. □

Beispiel 3.4.2 Das charakteristische Polynom des Identitätsoperators I auf $\mathbb{H}_1$ ist

$$p_I(x) = \det(xI - I) = \det \begin{pmatrix} x-1 & 0 \\ 0 & x-1 \end{pmatrix} = (x-1)^2. \tag{3.113}$$

Daher ist 1 der einzige Eigenwert von I. Er hat die algebraische Vielfachheit 2 und es gilt $\mathrm{tr}(I) = 1 + 1 = 2$ und $\det(I) = 1 \cdot 1 = 1$.

Das charakteristische Polynom des Pauli-X-Operators ist

$$p_X(x) = \det(xI - X) = \det \begin{pmatrix} x & -1 \\ -1 & x \end{pmatrix} = (x-1)(x+1). \tag{3.114}$$

Daher sind 1 und -1 die Eigenwerte von X, sie haben beide die algebraische Vielfachheit 1, und es gilt $\mathrm{tr}(X) = 1 + (-1) = 0$ sowie $\det(X) = 1 \cdot (-1) = -1$.

Übung 3.4.3 Verwenden Sie Proposition 3.4.1, um zu zeigen, dass die Pauli-Matrizen Y und Z die Eigenwerte 1 und -1, die Spur 0 und die Determinante -1 haben.

Als Nächstes gilt folgendes Theorem.

Theorem 3.4.4 Wenn alle Eigenwerte von $A \in \mathbb{C}^{(k,k)}$ algebraische Vielfachheit 1 haben, dann ist A diagonalisierbar.

Übung 3.4.5 Beweisen Sie Theorem 3.4.4.

Beispiel 3.4.6 Nach Beispiel 3.4.2 hat die Pauli-Matrix X die Eigenwerte 1 und -1, und beide haben algebraische Vielfachheit 1. Daher ist diese Matrix nach Theorem 3.4.4 diagonalisierbar. Tatsächlich gilt nach Übung 3.3.4

$$HXH = Z \tag{3.115}$$

mit der Hadamard-Matrix $H = \frac{1}{\sqrt{2}}\begin{pmatrix} 1 & 1 \\ 1 & -1 \end{pmatrix}$ und der Pauli-Matrix $Z = \begin{pmatrix} 1 & 0 \\ 0 & -1 \end{pmatrix}$, die eine Diagonalmatrix ist. Da $H^{-1} = H$ ist, folgt aus (3.115)

$$H^{-1}XH = Z \tag{3.116}$$

was zeigt, dass X diagonalisierbar ist.

Eine Matrix $A \in \mathbb{C}^{(k,k)}$ kann auch diagonalisierbar sein, wenn nicht alle ihre Eigenwerte algebraische Vielfachheit 1 haben. Wie im Beispiel 3.4.2 gezeigt, hat etwa die diagonale Identitätsmatrix I den einzigen Eigenwert 1. So stellt sich die Frage, ob alle Matrizen in $\mathbb{C}^{(k,k)}$ diagonalisierbar sind. Dies ist jedoch nicht der Fall, wie das folgende Beispiel zeigt.

Beispiel 3.4.7 Betrachte die Matrix

$$A = \begin{pmatrix} 1 & 1 \\ 0 & 1 \end{pmatrix}. \tag{3.117}$$

Ihr charakteristisches Polynom ist $p_A(x) = (x-1)^2$. Daher ist 1 der einzige Eigenwert von A. Er hat algebraische Vielfachheit 2. Außerdem ist der Eigenraum dieses Eigenwerts der Kern der Matrix

$$1 \cdot I - A = \begin{pmatrix} 0 & -1 \\ 0 & 0 \end{pmatrix}. \tag{3.118}$$

Diese Matrix hat Rang 1 und daher ist die Dimension dieses Eigenraums 1. Somit ist die Matrix A nach Theorem B.5.42 nicht diagonalisierbar.

Schließlich führen wir noch Involutionen ein.

Definition 3.4.8 Eine Matrix $A \in \mathbb{C}^{(k,k)}$ oder ein Operator $A \in \mathrm{End}(\mathbb{H})$ wird *Involution* genannt, wenn $A^2 = I_k$ bzw. $A^2 = I_{\mathbb{H}}$ gilt.

Übung 3.4.9 Beweisen Sie, dass die Pauli-Matrizen und -Operatoren Involutionen sind.

3.4.2 Hermitesche Matrizen und Operatoren

In diesem Abschnitt führen wir hermitesche Matrizen und Operatoren ein. Sie werden in Abschn. 4.4 verwendet, um quantenmechanische Messungen zu modellieren.

Definition 3.4.10 Eine Matrix $A \in \mathbb{C}^{(k,k)}$ oder ein Operator $A \in \mathrm{End}(\mathbb{H})$ wird *hermitesch* oder *selbstadjungiert* genannt, wenn $A = A^*$ gilt.

Hermitesche Matrizen und Operatoren sind nach dem französischen Mathematiker Charles Hermite benannt, der im 19. Jahrhundert lebte und bedeutende Beiträge zu vielen Bereichen der Mathematik leistete.

Beispiel 3.4.11 Die Matrix

$$A = \begin{pmatrix} 1 & i \\ -i & 1 \end{pmatrix} \tag{3.119}$$

ist hermitesch, da

$$A^* = \overline{A^T} = \overline{\begin{pmatrix} 1 & -i \\ i & 1 \end{pmatrix}} = \begin{pmatrix} 1 & i \\ -i & 1 \end{pmatrix}. \tag{3.120}$$

Übung 3.4.12 Zeigen Sie, dass die Pauli-Operatoren X, Y und Z sowie der Hadamard-Operator H hermitesch sind.

Wir präsentieren Eigenschaften von hermiteschen Matrizen und Operatoren.

Proposition 3.4.13

1. Die Diagonalelemente von hermiteschen Matrizen sind reelle Zahlen.
2. Die Determinante, Spur und Eigenwerte von hermiteschen Matrizen oder Operatoren sind reelle Zahlen.
3. Das Inverse einer invertierbaren hermiteschen Matrix oder eines invertierbaren hermiteschen Operators ist hermitesch.
4. Die Summe zweier hermitescher Matrizen oder Operatoren ist hermitesch.
5. Das Produkt AB zweier hermitescher Matrizen $A, B \in \mathbb{C}^{(k,k)}$ oder Operatoren $A, B \in \mathrm{End}(\mathbb{H})$ ist genau dann hermitesch, wenn $AB = BA$ gilt.
6. Sei $A, B \in \mathbb{C}^{(k,k)}$ oder $A, B \in \mathrm{End}(\mathbb{H})$. Dann ist ABA hermitesch.

Übung 3.4.14 Beweisen Sie Proposition 3.4.13.

3.4.3 Unitäre Matrizen und Operatoren

In Abschn. 4.3 werden unitäre Operatoren verwendet, um die Evolution von Quantensystemen zu modellieren. Dieser Abschnitt führt unitäre Operatoren ein und erläutert ihre Eigenschaften.

Definition 3.4.15 Eine Matrix $U \in \mathbb{C}^{(k,k)}$ oder ein Operator $U \in \text{End}(\mathbb{H})$ wird *unitär* genannt, wenn $U^*U = UU^* = I_k$ bzw. $U^*U = UU^* = I_{\mathbb{H}}$ ist.

Beispiel 3.4.16 Betrachte die Hadamard-Matrix

$$H = \frac{1}{\sqrt{2}}\begin{pmatrix} 1 & 1 \\ 1 & -1 \end{pmatrix}. \tag{3.121}$$

Es gilt

$$HH^* = H^2 = \begin{pmatrix} 1 & 0 \\ 0 & 1 \end{pmatrix}. \tag{3.122}$$

Daher ist H unitär.

Übung 3.4.17 Zeigen Sie, dass hermitesche Matrizen und Operatoren genau dann Involutionen sind, wenn sie unitär sind. Schließen Sie daraus, dass die Pauli-Operatoren X, Y und Z sowie der Hadamard-Operator unitär sind.

Wir beweisen eine Reihe von äquivalenten Charakterisierungen unitärer Matrizen.

Proposition 3.4.18 Sei $U \in \mathbb{C}^{(k,k)}$. Dann sind die folgenden Aussagen äquivalent:

1. U ist unitär.
2. U ist invertierbar und $U^{-1} = U^*$.
3. Die Spalten der Matrix U bilden eine orthonormale Basis von $\mathbb{C}^k$.
4. Die Zeilen der Matrix U bilden eine orthonormale Basis von $\mathbb{C}^k$.
5. $\langle U\mathbf{v}, U\mathbf{w}\rangle = \langle \mathbf{v}, \mathbf{w}\rangle$ für alle $\mathbf{v}, \mathbf{w} \in \mathbb{C}^k$.
6. $\|U\mathbf{v}\| = \|\mathbf{v}\|$ für alle $\mathbf{v} \in \mathbb{C}^k$.

Beweis Sei $U \in \mathbb{C}^{(k,k)}$. Aussagen 1 und 2 sind nach der Definition von unitären Matrizen und Invertierbarkeit äquivalent. Nach Korollar B.4.22 gilt $U^* = U^{-1}$ genau dann, wenn $UU^* = I_k$ ist, was äquivalent dazu ist, dass die Folge der Zeilenvektoren von U eine orthonormale Basis von $\mathbb{C}^k$ bildet. Die Äquivalenz der zweiten und vierten Eigenschaft folgt daraus, dass $U^* = U$ genau dann gilt, wenn $(U^*)^{\mathrm{T}}U^{\mathrm{T}} = I_k$ ist.

Wir zeigen, dass Aussage 1 und Aussage 5 äquivalent sind. Sei $U \in \mathbb{C}^{(k,k)}$ unitär und seien $\mathbf{v}, \mathbf{w} \in \mathbb{C}^k$. Dann implizieren $U^*U = I_k$ und Proposition 3.3.11, dass $\langle U\mathbf{v}, U\mathbf{w}\rangle =$

$\langle U^*U\mathbf{v}, \mathbf{w}\rangle = \langle \mathbf{v}, \mathbf{w}\rangle$ ist. Umgekehrt sei angenommen, dass $\langle U\mathbf{v}, U\mathbf{w}\rangle = \langle \mathbf{v}, \mathbf{w}\rangle$ für alle $\mathbf{v}, \mathbf{w} \in \mathbb{C}^k$ gilt. Dies impliziert

$$\mathbf{e}_i^* U^* U \mathbf{e}_j = \langle U\mathbf{e}_i | U\mathbf{e}_j\rangle = \langle \mathbf{e}_i | \mathbf{e}_j\rangle = \delta_{i,j} \tag{3.123}$$

für alle $i, j \in \mathbb{Z}_k$, wobei $\mathbf{e}_i$ der i-te Standard-Einheitsvektor in $\mathbb{C}^k$ ist für $0 \leq i < k$. Das bedeutet, dass $U^*U = I_k$ gilt. Daher impliziert Korollar B.4.22, dass U invertierbar ist und $U^* = U^{-1}$, d. h. $U^*U = UU^* = I_k$ gilt.

Schließlich zeigen wir, dass die Aussagen 2 und 6 äquivalent sind. Aussage 6 folgt unmittelbar aus Aussage 5, die äquivalent zu Aussage 2 ist. Umgekehrt sei angenommen, dass $\langle U\mathbf{v}, U\mathbf{v}\rangle = \langle \mathbf{v}, \mathbf{v}\rangle$ für alle $\mathbf{v} \in \mathbb{C}^k$ gilt. Wir zeigen

$$\mathbf{e}_i^* U^* U \mathbf{e}_j = \delta_{i,j} \tag{3.124}$$

für alle $i, j \in \mathbb{Z}_k$. Dann impliziert Korollar B.4.22, dass U invertierbar ist und $U^* = U^{-1}$, d. h. $U^*U = UU^* = I_k$ ist. Für alle $i \in \mathbb{Z}_k$ gilt

$$\mathbf{e}_i^* U^* U \mathbf{e}_i = \langle U\mathbf{e}_i | U\mathbf{e}_i\rangle = \langle \mathbf{e}_i, \mathbf{e}_i\rangle = 1. \tag{3.125}$$

Als Nächstes seien $i, j \in \mathbb{Z}_k$ und es sei angenommen, dass $i \neq j$ ist. Daraus folgt

$$\begin{aligned}
2 &= \langle \mathbf{e}_i + \mathbf{e}_j | \mathbf{e}_i + \mathbf{e}_j\rangle \\
&= \langle U(\mathbf{e}_i + \mathbf{e}_j) | U(\mathbf{e}_i + \mathbf{e}_j)\rangle \\
&= \|U\mathbf{e}_i\|^2 + \langle U\mathbf{e}_i | U\mathbf{e}_j\rangle + \langle U\mathbf{e}_j | U\mathbf{e}_i\rangle + \|U\mathbf{e}_j\|^2 \\
&= 2 + 2\mathrm{Re}\,\mathbf{e}_i^* U^* U \mathbf{e}_j.
\end{aligned}$$

Es folgt, dass $\mathrm{Re}\,\mathbf{e}_i^* U^* U \mathbf{e}_j = 0$ ist. Wendet man ein entsprechendes Argument auf $\langle U(\mathbf{e}_i + i\mathbf{e}_j) | U(\mathbf{e}_i + i\mathbf{e}_j)\rangle$ an, erhält man $\mathrm{Im}\,\mathbf{e}_i^* U^* U \mathbf{e}_j = 0$. Daher gilt (3.124). □

Übung 3.4.19 Zeigen Sie, dass Permutationsmatrizen unitär sind.

Proposition 3.4.18 impliziert das folgende Ergebnis.

Theorem 3.4.20

1. Die Menge aller unitären Matrizen in $\mathbb{C}^{(k,k)}$ ist eine Untergruppe von $\mathsf{GL}(k, \mathbb{C})$. Sie heißt *unitäre Gruppe* vom Rang k und wird mit $\mathrm{U}(k)$ bezeichnet.
2. Die Menge aller unitären Matrizen mit Determinante 1 in $\mathbb{C}^{(k,k)}$ ist eine Untergruppe von $\mathrm{U}(k)$. Sie heißt *spezielle unitäre Gruppe* vom Rang k und wird mit $\mathrm{SU}(k)$ bezeichnet.

Beweis Seien $U, V \in \mathbb{C}^{(k,k)}$ unitär. Dann folgt aus Korollar B.4.23, Proposition 3.3.9 und Proposition 3.4.18, dass $(UV)^{-1} = V^{-1}U^{-1} = V^*U^* = (UV)^*$ ist. Außerdem ist I_k

unitär. Daher ist die Menge der unitären Matrizen eine Untergruppe von $\mathsf{GL}(k, \mathbb{C})$. Da das Produkt von zwei Matrizen mit Determinante 1 ebenfalls die Determinante 1 hat, folgt, dass $\mathrm{SU}(k)$ eine Untergruppe von $\mathrm{U}(k)$ ist. □

Aus Proposition 3.4.18 erhalten wir auch Charakterisierungen unitärer Operatoren auf $\mathbb{H}$. Um sie zu formulieren, benötigen wir die folgende Definition.

Definition 3.4.21 Sei $\mathbb{H}'$ ein weiterer Hilbertraum mit einem inneren Produkt $\langle\cdot|\cdot\rangle$. Eine Abbildung $U \in \mathrm{Hom}(\mathbb{H}, \mathbb{H}')$ wird als *Isometrie* zwischen $\mathbb{H}$ und $\mathbb{H}'$ bezeichnet, wenn $\langle\varphi|\psi\rangle = \Big\langle U\,|\varphi\rangle \Big| U\,|\psi\rangle \Big\rangle$ für alle $|\varphi\rangle\,, |\psi\rangle \in \mathbb{H}$ gilt.

Beispiel 3.4.22 Sei B eine Basis von $\mathbb{H}$. Bezeichne mit $\langle\cdot|\cdot\rangle$ das hermitesche Skalarprodukt auf $\mathbb{C}^k$. Dann sind $(\mathbb{H}, \langle\cdot|\cdot\rangle_B)$ und $(\mathbb{C}^k, \langle\cdot|\cdot\rangle)$ Hilberträume. Nach Korollar 3.2.11 ist die Abbildung

$$\mathbb{H} \to \mathbb{C}^k, |\varphi\rangle \mapsto |\varphi\rangle_B \tag{3.126}$$

eine Isometrie zwischen diesen Hilberträumen.

Nun folgt aus Proposition 3.4.18 unmittelbar das folgende Korollar.

Korollar 3.4.23 Sei $U \in \mathrm{End}(\mathbb{H})$. Dann sind die folgenden Aussagen äquivalent:

1. U ist unitär.
2. U ist invertierbar und $U^{-1} = U^*$.
3. $\langle U\,|\varphi\rangle\,, U\,|\psi\rangle\rangle = \langle\varphi, \psi\rangle$ für alle $|\varphi\rangle\,, |\psi\rangle \in \mathbb{C}^k$.
4. U ist eine Isometrie auf $\mathbb{H}$.

Schließlich charakterisieren wir noch die orthonormalen Basen von $\mathbb{H}$.

Korollar 3.4.24 Sei B eine orthonormale Basis von $\mathbb{H}$. Dann ist die Menge aller orthonormalen Basen von $\mathbb{H}$ die Nebenklasse $B\mathrm{U}(k)$ in $\mathsf{GL}(k, \mathbb{C})$.

Übung 3.4.25 Beweisen Sie Korollar 3.4.24.

3.4.4 Äußere Produkte

Sei $B = (|b_0\rangle\,, \ldots, |b_{k-1}\rangle)$ eine orthonormale Basis von $\mathbb{H}$. Wir definieren das äußere Produkt von Elementen aus $\mathbb{H}$ folgendermaßen:

Definition 3.4.26 Sei $|\varphi\rangle$, $|\psi\rangle \in \mathbb{H}$. Dann ist das *äußere Produkt* von $|\varphi\rangle$ und $|\psi\rangle$ der Endomorphismus

$$|\varphi\rangle\langle\psi| : \mathbb{H} \to \mathbb{H}, \quad |\xi\rangle \mapsto |\varphi\rangle\langle\psi|\xi\rangle \tag{3.127}$$

von $\mathbb{H}$.

In der Formel (3.127) weichen wir von der üblichen Notation ab und schreiben das Skalarprodukt der komplexen Zahl $\alpha = \langle\psi|\xi\rangle$ mit $|\varphi\rangle \in \mathbb{H}$ als $|\varphi\rangle\,\alpha$ statt $\alpha\,|\varphi\rangle$. Dies ist in diesem Kontext intuitiver.

Beispiel 3.4.27 Die Berechnungsbasis des Ein-Qubit-Zustandsraums $\mathbb{H}_1$ ist $(|0\rangle, |1\rangle)$. Beispiele für äußere Produkte von Kets in $\mathbb{H}_1$ sind $|0\rangle\langle 0|$, $|0\rangle\langle 1|$, $|1\rangle\langle 0|$ und $|1\rangle\langle 1|$. Sei $|\psi\rangle = \alpha\,|0\rangle + \beta\,|1\rangle \in \mathbb{H}_1$ mit komplexen Koeffizienten α und β. Dann sind die Bilder dieses Kets unter diesen vier äußeren Produkten:

$$\begin{aligned}
|0\rangle\langle 0|(\alpha\,|0\rangle + \beta\,|1\rangle) &= \alpha\,|0\rangle\langle 0|0\rangle + \beta\,|0\rangle\langle 0|1\rangle = \alpha\,|0\rangle, \\
|0\rangle\langle 1|(\alpha\,|0\rangle + \beta\,|1\rangle) &= \alpha\,|0\rangle\langle 1|0\rangle + \beta\,|0\rangle\langle 1|1\rangle = \beta\,|0\rangle, \\
|1\rangle\langle 0|(\alpha\,|0\rangle + \beta\,|1\rangle) &= \alpha\,|1\rangle\langle 0|0\rangle + \beta\,|1\rangle\langle 0|1\rangle = \alpha\,|1\rangle, \\
|1\rangle\langle 1|(\alpha\,|0\rangle + \beta\,|1\rangle) &= \alpha\,|1\rangle\langle 1|0\rangle + \beta\,|1\rangle\langle 1|1\rangle = \beta\,|1\rangle.
\end{aligned}$$

Wir geben eine abstraktere Interpretation des äußeren Produkts, die für Berechnungen nützlich ist. Wie in Abschn. B.2 gezeigt, kann jedes $|\varphi\rangle \in \mathbb{H}$ als lineare Abbildung

$$\mathbb{C} \to \mathbb{H}, \quad \alpha \mapsto \alpha\,|\varphi\rangle \tag{3.128}$$

in $\mathrm{Hom}(\mathbb{C}, \mathbb{H})$ betrachtet werden. Auf diese Weise erhalten wir einen Isomorphismus $\mathbb{H} \to \mathrm{Hom}(\mathbb{C}, \mathbb{H})$ von $\mathbb{C}$-Vektorräumen. Wenn wir $|\varphi\rangle$ mit der Abbildung in (3.128) identifizieren, gilt

$$|\varphi\rangle\langle\psi| = |\varphi\rangle \circ \langle\psi|. \tag{3.129}$$

Wir geben eine Formel für die Darstellungsmatrix von $|\varphi\rangle\langle\psi|$ bezüglich der Basis B an, wobei $|\varphi\rangle$ und $|\psi\rangle \in \mathbb{H}$ ist. Sei

$$|\varphi\rangle_B = (\alpha_0, \ldots, \alpha_{k-1}), \quad |\psi\rangle_B = (\beta_0, \ldots, \beta_{k-1}). \tag{3.130}$$

Dann gilt

$$\mathrm{Mat}_B(|\varphi\rangle\langle\psi|) = |\varphi\rangle_B\,|\psi\rangle_B^* = (\alpha_i\overline{\beta_j})_{0\le i,j<k}. \tag{3.131}$$

Aus (3.131) erhalten wir die folgenden Ergebnisse durch Anwendung der Regeln der Matrixmultiplikation und der Formel für die Spur.

Proposition 3.4.28 Seien $|\varphi\rangle$, $|\psi\rangle$, $|\xi\rangle$, $|\chi\rangle \in \mathbb{H}$ und $\alpha \in \mathbb{C}$. Dann gilt:

1. $(|\varphi\rangle + |\psi\rangle)\langle\xi| = |\varphi\rangle\langle\xi| + |\psi\rangle\langle\xi|$.
2. $|\varphi\rangle(\langle\psi| + \langle\xi|) = |\varphi\rangle\langle\psi| + |\varphi\rangle\langle\xi|$.
3. $(\alpha|\varphi\rangle)\langle\psi| = \alpha|\varphi\rangle\langle\psi|$.
4. $|\varphi\rangle(\alpha\langle\psi|) = \overline{\alpha}|\varphi\rangle\langle\psi|$.
5. $(|\varphi\rangle\langle\psi|)^* = |\psi\rangle\langle\varphi|$.
6. $\operatorname{tr}(|\varphi\rangle\langle\psi|) = \langle\psi|\varphi\rangle$.
7. $|\varphi\rangle\langle\psi| \circ |\xi\rangle\langle\chi| = \langle\psi|\xi\rangle|\varphi\rangle\langle\chi|$.
8. $\langle\varphi|\psi\rangle\langle\xi|\chi\rangle = \Big\langle\varphi\Big|(|\psi\rangle\langle\xi|)\Big|\chi\Big\rangle$

Übung 3.4.29 Beweisen Sie Proposition 3.4.28.

Zusätzlich kann aus (3.131) die folgende Proposition gefolgert werden.

Proposition 3.4.30 Sei A ein linearer Operator auf $\mathbb{H}$ und seien $|\varphi\rangle, |\psi\rangle \in \mathbb{H}$. Dann gilt:

1. $A \circ |\varphi\rangle\langle\psi| = (A|\varphi\rangle)\langle\psi|$.
2. $|\varphi\rangle\langle\psi| \circ A^* = |\varphi\rangle A|\psi\rangle$.
3. $\operatorname{tr}(A \circ |\varphi\rangle\langle\psi|) = \operatorname{tr}(|\psi\rangle\langle\varphi| \circ A^*) = \langle\psi|A|\varphi\rangle$.

Übung 3.4.31 Beweisen Sie Proposition 3.4.30.

Das äußere Produkt kann verwendet werden, um eine orthonormale Basis von $\operatorname{End}(\mathbb{H})$ wie folgt zu konstruieren.

Proposition 3.4.32 Die Folge $\big(|b_i\rangle\langle b_j|\big)_{i,j\in\mathbb{Z}_k}$ ist eine orthonormale Basis der $\mathbb{C}$-Algebra $\operatorname{End}(\mathbb{H})$ bezüglich des Hilbert-Schmidt-Skalarprodukts. Darüber hinaus gilt für jedes $A \in \operatorname{End}(\mathbb{H})$

$$A = \sum_{i,j=0}^{k-1} \langle b_i|A|b_j\rangle |b_i\rangle\langle b_j|. \tag{3.132}$$

Beweis Seien $i, j, u, v \in \mathbb{Z}_k$. Dann folgt aus Proposition 3.4.28, dass $\operatorname{tr}(|b_i\rangle\langle b_j| \circ |b_u\rangle\langle b_v|) = \langle b_j|b_u\rangle\langle b_i|b_v\rangle = \delta_{j,u}\delta_{i,v}$. Daher ist die Folge $(|b_i\rangle\langle b_j|)$ orthonormal. Da ihre Länge n^2 beträgt, was der Dimension von $\operatorname{End}(\mathbb{H})$ über $\mathbb{C}$ entspricht, ist sie eine Basis dieser $\mathbb{C}$-Algebra. Außerdem folgt (3.132) aus (3.29). □

Aus Proposition 3.4.32 erhalten wir die folgenden Ergebnisse.

Korollar 3.4.33 Für alle $A \in \operatorname{End}(\mathbb{H})$ und alle $j \in \mathbb{Z}_k$ gilt

$$A\left|b_j\right\rangle = \sum_{i=0}^{k-1} \langle b_i|A|b_j\rangle \left|b_i\right\rangle. \tag{3.133}$$

Korollar 3.4.34

$$I_{\mathbb{H}} = \sum_{i=0}^{k-1} \left|b_i\right\rangle \left\langle b_i\right|. \tag{3.134}$$

Übung 3.4.35 Beweisen Sie die Korollare 3.4.33 und 3.4.34.

3.4.5 Projektionen

In diesem Abschnitt führen wir Projektionen ein, insbesondere orthogonale Projektionen. Sei $B = (|b_0\rangle, \ldots, |b_{k-1}\rangle)$ eine orthonormale Basis von $\mathbb{H}$.

Definition 3.4.36

1. Ein Operator $P \in \operatorname{End}(\mathbb{H})$ heißt *Projektion,* wenn $P^2 = P$ gilt.
2. Eine Projektion $P \in \operatorname{End}(\mathbb{H})$ heißt *orthogonal,* wenn $P\left|\varphi\right\rangle$ und $\left|\varphi\right\rangle - P\left|\varphi\right\rangle$ für alle $\left|\varphi\right\rangle \in \mathbb{H}$ zueinander orthogonal sind.

Beispiel 3.4.37 Betrachte die Abbildung

$$P : \mathbb{C}^2 \to \mathbb{C}^2, \quad (\alpha, \beta) \mapsto (-\beta, \beta). \tag{3.135}$$

Diese Abbildung ist $\mathbb{C}$-linear mit der Darstellungsmatrix

$$P = \begin{pmatrix} 0 & -1 \\ 0 & 1 \end{pmatrix}. \tag{3.136}$$

Sie ist eine Projektion, denn es gilt

$$P^2 = \begin{pmatrix} 0 & -1 \\ 0 & 1 \end{pmatrix} \begin{pmatrix} 0 & -1 \\ 0 & 1 \end{pmatrix} = \begin{pmatrix} 0 & -1 \\ 0 & 1 \end{pmatrix}. \tag{3.137}$$

Allerdings handelt es sich bei P nicht um eine orthogonal Projektion. Es ist nämlich

$$\begin{aligned} &\Big\langle P(1,2)\Big|(1,2) - P(1,2)\Big\rangle = \Big\langle(-2,2)\Big|(1,2) - (-2,2)\Big\rangle \\ &= \Big\langle(-2,2)\big|(3,0)\Big\rangle = -6 \neq 0. \end{aligned} \tag{3.138}$$

Beispiel 3.4.38 Betrachte die Abbildung

$$P : \mathbb{C}^2 \to \mathbb{C}^2, \quad (\alpha, \beta) \mapsto (0, \beta). \tag{3.139}$$

Sie ist $\mathbb{C}$-linear mit der Darstellungsmatrix

$$P = \begin{pmatrix} 0 & 0 \\ 0 & 1 \end{pmatrix}. \tag{3.140}$$

Sie ist eine Projektion, denn es gilt

$$P^2 = \begin{pmatrix} 0 & 0 \\ 0 & 1 \end{pmatrix} \begin{pmatrix} 0 & 0 \\ 0 & 1 \end{pmatrix} = \begin{pmatrix} 0 & 0 \\ 0 & 1 \end{pmatrix}. \tag{3.141}$$

Die Projektion P ist orthogonal. Es gilt nämlich

$$\Big\langle P(\alpha, \beta) \Big| (\alpha, \beta) - P(\alpha, \beta) \Big\rangle = \Big\langle (0, \beta) \Big| (\alpha, 0) \Big\rangle = 0 \tag{3.142}$$

für alle $\alpha, \beta \in \mathbb{C}$.

Übung 3.4.39 Zeigen Sie, dass für jede orthogonale Projektion P auf $\mathbb{H}$ und jedes $|\psi\rangle \in \mathbb{H}$ gilt: $\|P\,|\psi\rangle\| \leq \|\psi\|$.

Proposition 3.4.40 Sei $P \in \text{End}(\mathbb{H})$. Dann gilt folgendes.

1. Wenn P eine Projektion ist, dann ist auch P^* eine Projektion.
2. Wenn P eine orthogonale Projektion ist, dann ist auch P^* eine orthogonale Projektion.

Übung 3.4.41 Beweisen Sie Proposition 3.4.40.

Wir charakterisieren orthogonale Projektionen.

Proposition 3.4.42 Eine Projektion $P \in \text{End}(\mathbb{H})$ ist genau dann eine orthogonale Projektion, wenn P hermitesch ist.

Übung 3.4.43 Beweisen Sie Proposition 3.4.42.

Beispiel 3.4.44 Sei $|\varphi\rangle \in \mathbb{H}$ mit $\langle\varphi|\varphi\rangle = 1$. Wir zeigen, dass die Abbildung $P = |\varphi\rangle\,\langle\varphi|$ eine orthogonale Projektion ist. Um dies zu sehen, sei $|\psi\rangle \in \mathbb{H}$. Dann impliziert die Linearität des inneren Produkts im zweiten Argument

$$
\begin{aligned}
P^2 |\psi\rangle &= P(P|\psi\rangle) = P(|\varphi\rangle \langle\varphi|\psi\rangle) \\
&= \langle\varphi|\psi\rangle P|\varphi\rangle = \langle\varphi|\psi\rangle\langle\varphi|\varphi\rangle |\varphi\rangle \\
&= |\varphi\rangle \langle\varphi|\psi\rangle = P|\psi\rangle .
\end{aligned}
$$

Außerdem gilt

$$
\Big\langle P|\psi\rangle \,\Big|\, |\psi\rangle - P|\psi\rangle \Big\rangle = \overline{\langle\varphi|\psi\rangle}(\langle\varphi|\psi\rangle - \langle\varphi|\psi\rangle\langle\varphi|\varphi\rangle) = 0.
$$

Wir verallgemeinern Beispiel 3.4.44.

Proposition 3.4.45 Sei $l \in \mathbb{N}$, seien $\mathbb{H}(0), \dots, \mathbb{H}(l-1)$ lineare Teilräume von $\mathbb{H}$, die orthogonal zueinander sind, sodass $\mathbb{H} = \mathbb{H}(0) + \cdots + \mathbb{H}(l-1)$ ist. Dann gilt Folgendes:

1. Für $|\varphi\rangle \in \mathbb{H}$ sei $|\varphi\rangle = \sum_{i=0}^{l-1} |\varphi(i)\rangle$ die nach Proposition 3.2.44 eindeutig bestimmte Darstellung von $|\varphi\rangle$ als Summe von Elementen $|\varphi(i)\rangle$ in $\mathbb{H}(i)$. Dann ist für alle $i \in \mathbb{Z}_l$ die Abbildung
$$
P_i : \mathbb{H} \to \mathbb{H}(i), \quad |\varphi\rangle \mapsto |\varphi(i)\rangle \tag{3.143}
$$
eine orthogonale Projektion. Sie wird die *orthogonale Projektion von* $\mathbb{H}$ *auf* $\mathbb{H}(i)$ genannt. Außerdem wird für $|\varphi\rangle \in \mathbb{H}$ das Bild $P_i |\varphi\rangle$ die *orthogonale Projektion von* $|\varphi\rangle$ *auf* $\mathbb{H}(i)$ genannt.
2. $P_0, \dots, P_{l-1}$ sind zueinander orthogonal bezüglich des Hilbert-Schmidt-Skalarprodukts.
3. Es gilt $\sum_{i=0}^{l-1} P_i = I_{\mathbb{H}}$.
4. Seien $B_0, \dots, B_{l-1}$ orthonormale Basen von $\mathbb{H}(0), \dots, \mathbb{H}(l-1)$, sodass $B = B_0 \| \cdots \| B_{l-1}$ eine orthonormale Basis von $\mathbb{H}$ ist, die gemäß Proposition 3.2.44 existiert. Dann gilt für alle $i \in \mathbb{Z}_l$
$$
P_i = \sum_{|b\rangle \in B_i} |b\rangle \langle b| \tag{3.144}
$$

Beweis Sei $i \in \mathbb{Z}_l$ und sei $|\varphi\rangle \in \mathbb{H}$. Die Eindeutigkeit der Darstellung der Elemente von $\mathbb{H}$ als Summe von Elementen der Unterräume $\mathbb{H}(i)$ impliziert $P_i^2\varphi = P_i(|\varphi(i)\rangle) = |\varphi(i)\rangle$ für alle $|\varphi\rangle \in \mathbb{H}$. Außerdem sind die P_i aufgrund der Orthogonalität der $\mathbb{H}(i)$ orthogonal. Dies beweist die erste Behauptung. Nun gilt $P_i P_j = 0$ für alle $i, j \in \mathbb{Z}_l$ mit $i \neq j$. Daher sind die Abbildungen P_i zueinander orthogonal bezüglich des Hilbert-Schmidt-Skalarprodukts. Die letzte Behauptung folgt aus Proposition 3.4.32. □

Beispiel 3.4.46 Die Basis

$$
(|x_+\rangle, |x_-\rangle) = \left(\frac{|0\rangle + |1\rangle}{\sqrt{2}}, \frac{|0\rangle - |1\rangle}{\sqrt{2}}\right) \tag{3.145}
$$

von $\mathbb{H}_1$ ist orthonormal. Die orthogonale Projektion von $|0\rangle$ auf $\mathbb{C}\,|x_+\rangle$ ist

$$|x_+\rangle\,\langle x_+|0\rangle = \frac{1}{\sqrt{2}}\,|x_+\rangle\,. \tag{3.146}$$

3.4.6 Schur-Zerlegung

Wie wir in Abschn. 3.4.1 gesehen haben, sind nicht alle Matrizen in $\mathbb{C}^{(k,k)}$ diagonalisierbar. Wir können jedoch folgendes schwächere Ergebnis zeigen, das erstmals von dem Mathematiker Issai Schur (1875–1941) im frühen 20. Jahrhundert bewiesen wurde.

Theorem 3.4.47 (Schur-Zerlegungssatz) Sei $A \in \mathbb{C}^{(k,k)}$. Angenommen, A hat die l verschiedenen Eigenwerte $\lambda_0, \dots, \lambda_{l-1}$ mit algebraischen Vielfachheiten $m_0, \dots, m_{l-1}$. Dann gilt $k = \sum_{i=0}^{l-1} m_i$ und es gibt eine unitäre Matrix $U \in \mathbb{C}^{(k,k)}$ und eine obere Dreiecksmatrix T mit der Diagonale

$$(\underbrace{\lambda_0, \dots, \lambda_0}_{m_0}, \underbrace{\lambda_1, \dots, \lambda_1}_{m_1}, \dots, \underbrace{\lambda_{l-1}, \dots, \lambda_{l-1}}_{m_{l-1}}) \tag{3.147}$$

mit

$$A = UTU^*. \tag{3.148}$$

Eine solche Darstellung wird als *Schur-Zerlegung* von A bezeichnet.

Beweis Nach Proposition 3.4.1 gilt $k = \sum_{i=0}^{l-1} m_i$ und

$$p_A(x) = \prod_{i=0}^{l-1}(x - \lambda_i)^{m_i}. \tag{3.149}$$

Wir beweisen die anderen Behauptungen durch Induktion über k und präsentieren dabei einen Algorithmus zur Konstruktion einer Schur-Zerlegung von A. Für $k = 1$ ist die Behauptung wahr, da die Matrix A in diesem Fall in oberer Dreiecksform vorliegt. Also können wir für U die Identitätsmatrix I_1 in $\mathbb{Z}^{(1,1)}$ nehmen.

Sei $k > 1$ und angenommen, die Behauptung gilt für alle $m < k$. Sei $\mathbf{v}$ ein Eigenvektor von A mit Eigenwert λ_0, der nach Proposition B.5.35 existiert. Ohne Beschränkung der Allgemeinheit sei $\|\mathbf{v}\| = 1$. Nach Theorem 3.2.33 gibt es eine Matrix $X \in C^{(k,k-1)}$, sodass die Spaltenvektoren der Matrix

$$\begin{pmatrix}\mathbf{v} & X\end{pmatrix} \tag{3.150}$$

eine Orthonormalbasis von $\mathbb{C}^k$ bilden. Proposition 3.4.18 impliziert, dass diese Matrix unitär ist und es gilt

$$\begin{aligned}\begin{pmatrix}\mathbf{v}^*\\X^*\end{pmatrix}A\left(\mathbf{v}\,X\right)&=\begin{pmatrix}\mathbf{v}^*A\mathbf{v} & \mathbf{v}^*AX\\X^*A\mathbf{v} & X^*AX\end{pmatrix}\\&=\begin{pmatrix}\lambda_0\mathbf{v}^*\mathbf{v} & \mathbf{v}^*AX\\\lambda_0X^*\mathbf{v} & X^*AX\end{pmatrix}=\begin{pmatrix}\lambda_0 & \mathbf{v}^*AX\\0 & X^*AX\end{pmatrix}.\end{aligned}\tag{3.151}$$

Die untere linke Ecke dieser Matrix ist Null, da alle Spalten von X orthogonal zu $\mathbf{v}$ sind. Außerdem ist $X^*AX \in \mathbb{C}^{(k-1,k-1)}$ und da die Matrix $(\mathbf{v}\ X)$ unitär ist, gilt $(\mathbf{v}X)^{-1} = (\mathbf{v}X)^*$. Somit folgt aus (3.151) und Proposition B.4.30

$$p_A(x) = (x - \lambda_0)p_{X^*AX}(x) \tag{3.152}$$

und damit

$$p_{X^*AX}(x) = (x - \lambda_0)^{m_0-1}\prod_{i=1}^{l-1}(x - \lambda_i)^{m_i}. \tag{3.153}$$

Nach der Induktionsannahme gibt es eine unitäre Matrix $Y \in \mathbb{C}^{(k-1,k-1)}$, sodass

$$Z = Y^*X^*AXY \tag{3.154}$$

eine obere Dreiecksmatrix ist mit der Diagonale

$$(\underbrace{\lambda_0,\ldots,\lambda_0}_{m_0-1},\underbrace{\lambda_1,\ldots,\lambda_1}_{m_1},\ldots,\underbrace{\lambda_{l-1},\ldots,\lambda_{l-1}}_{m_{l-1}}). \tag{3.155}$$

Setze

$$U = \left(\mathbf{v}\,XY\right). \tag{3.156}$$

Dann ist $U \in \mathbb{C}^{(k,k)}$ und diese Matrix ist unitär, denn es gilt

$$U^*U = \begin{pmatrix}\mathbf{v}^*\\Y^*X^*\end{pmatrix}\left(\mathbf{v}\,XY\right) = \begin{pmatrix}1 & \mathbf{v}^*XY\\Y^*X^*\mathbf{v} & Y^*X^*XY\end{pmatrix} = \begin{pmatrix}1 & 0\\0 & I_{k-1}\end{pmatrix}.eALT \tag{3.157}$$

Außerdem folgt aus (3.154)

$$\begin{aligned}U^*AU &= \begin{pmatrix}\mathbf{v}^*\\Y^*X^*\end{pmatrix}A\left(\mathbf{v}\,XY\right)\\&=\begin{pmatrix}\mathbf{v}^*A\mathbf{v} & \mathbf{v}^*AXY\\Y^*X^*A\mathbf{v} & Y^*X^*AXY\end{pmatrix}\\&=\begin{pmatrix}\lambda_0 & \mathbf{v}^*AXY\\0 & Z\end{pmatrix}\end{aligned}\tag{3.158}$$

was eine obere Dreiecksmatrix ist. Bezeichnen wir sie mit T. Die Diagonale der oberen Dreiecksmatrix Z ist in (3.155) gezeigt. Daher ist nach (3.158) die Diagonale von T

$$(\underbrace{\lambda_0, \ldots, \lambda_0}_{m_0}, \underbrace{\lambda_1, \ldots, \lambda_1}_{m_1}, \ldots, \underbrace{\lambda_{l-1}, \ldots, \lambda_{l-1}}_{m_{l-1}}). \tag{3.159}$$

Also haben wir die Schur-Zerlegung $A = UTU^*$ von A gefunden. □

Beispiel 3.4.48 Betrachte die Matrix

$$A = \begin{pmatrix} 3 & -2 \\ 2 & -1 \end{pmatrix}. \tag{3.160}$$

Ihr charakteristisches Polynom ist $p_A(x) = (x-1)^2$. Also ist 1 der einzige Eigenwert von A und seine algebraische Vielfachheit ist 2. Seine geometrische Vielfachheit ist jedoch nur 1, da die Matrix $I - A$ Rang 1 hat. Daher ist A nicht diagonalisierbar. Wir bestimmen die Schur-Zerlegung von A unter Verwendung der Konstruktion des Beweises von Theorem 3.4.47. Es gilt $l = 1$, $\lambda_0 = 1$ und $m_0 = 2$. Der Fall $k = 1$ ist trivial. Also sei $k = 2$. Wir verwenden den unitären Eigenvektor $\mathbf{v} = \frac{1}{\sqrt{2}}(1, 1)$ von A. Der einzige Spaltenvektor der Matrix

$$X = \frac{1}{\sqrt{2}} \begin{pmatrix} 1 \\ -1 \end{pmatrix} \tag{3.161}$$

ergänzt $\mathbf{v}$ zu einer Orthonormalbasis von $\mathbb{C}^2$. Also ist die Matrix aus (3.150)

$$(\mathbf{v}\ X) = \frac{1}{\sqrt{2}} \begin{pmatrix} 1 & 1 \\ 1 & -1 \end{pmatrix}. \tag{3.162}$$

Jetzt gilt

$$\begin{pmatrix} \mathbf{v}^* \\ X^* \end{pmatrix} A\,(\mathbf{v}\ X) = \frac{1}{2} \begin{pmatrix} 1 & 1 \\ 1 & -1 \end{pmatrix} \begin{pmatrix} 3 & -2 \\ 2 & -1 \end{pmatrix} \begin{pmatrix} 1 & 1 \\ 1 & -1 \end{pmatrix} = \begin{pmatrix} 1 & 4 \\ 0 & 1 \end{pmatrix}. \tag{3.163}$$

Dies ist bereits die obere Dreiecksmatrix, die wir suchen. Aber wir setzen die Konstruktion fort. Die Matrix X^*AX ist (1). Wir können die unitäre Matrix $Y = (1)$ wählen. Dann ist $Z = Y^*X^*AXY = (1)$. Wir setzen

$$U = (\mathbf{v}\ XY) = \frac{1}{\sqrt{2}} \begin{pmatrix} 1 & 1 \\ 1 & -1 \end{pmatrix} \tag{3.164}$$

und erhalten

$$U^*AU = T = \begin{pmatrix} 1 & 4 \\ 0 & 1 \end{pmatrix}. \tag{3.165}$$

Also ist $A = UTU^*$ eine Schur-Zerlegung von A.

3.4.7 Spektralsatz

Das Ziel dieses Abschnitts ist es, den wichtigen Spektralsatz zu beweisen, der die Diagonalisierbarkeit von normalen Matrizen und die Existenz einer Orthonormalbasis aus Eigenvektoren von normalen Operatoren zeigt, die beide unten eingeführt werden. Die hier präsentierte endlich-dimensionale Version geht auf das frühe 20. Jahrhundert zurück und ist eng mit den Beiträgen von Mathematikern wie David Hilbert (1862–1943) verbunden. Sie ist von zentraler Bedeutung für die in Kap. 4 vorgestellten quantenmechanischen Postulate. Wie bereits erwähnt, erfordert die allgemeine Theorie der Quantenmechanik die unendlich-dimensionale Version des Spektralsatzes, die auf die Mathematiker John von Neumann (1903–1957) und Hermann Weyl (1885–1955) zurückgeht.

Definition 3.4.49 Eine Matrix $A \in \mathbb{C}^{(k,k)}$ oder ein Operator $A \in \text{End}(\mathbb{H})$ heißt *normal*, wenn $A^*A = AA^*$ gilt.

Die nächste Proposition stellt wichtige Beispiele für normale Matrizen und Operatoren vor.

Proposition 3.4.50 Ist $A \in \mathbb{C}^{(k,k)}$ oder $A \in \text{End}(V)$ hermitesch oder unitär. Dann ist A normal.

Übung 3.4.51 Beweisen Sie Proposition 3.4.50.

Wir beweisen einige Eigenschaften normaler Matrizen und Operatoren.

Proposition 3.4.52

1. Die Adjungierten normaler Matrizen und Operatoren sind normal.
2. Jede Diagonalmatrix in $\mathbb{C}^{(k,k)}$ ist normal.
3. Eine Matrix in $\mathbb{C}^{(k,k)}$, die sowohl normal als auch eine obere Dreiecksmatrix ist, ist eine Diagonalmatrix.

Beweis Sei $A \in \mathbb{C}^{(k,k)}$ eine normale Matrix. Wir wenden (3.92) an und erhalten $(A^*)^*A^* = AA^* = A^*A = A^*(A^*)^*$. Damit ist die erste Aussage bewiesen.

Um die zweite Aussage zu zeigen, sei $D \in \mathbb{C}^{(k,k)}$ eine Diagonalmatrix mit Diagonalelementen $(\lambda_0, \dots, \lambda_{k-1}) \in \mathbb{C}^k$. Dann sind D^*D und DD^* Diagonalmatrizen mit den Diagonalelementen $(|\lambda_0|^2, \dots, |\lambda_{k-1}|^2)$. Somit gilt $DD^* = D^*D$, woraus folgt, dass D normal ist.

Wir beweisen die letzte Aussage. Schreibe dazu $A = (a_{i,j})$, bezeichne die Zeilenvektoren von A mit $(\mathbf{r}_0, \dots, \mathbf{r}_{k-1})$ und die Spaltenvektoren von A mit $(\mathbf{c}_0, \dots, \mathbf{c}_{k-1})$. Dann impliziert

$A^*A = AA^*$, dass für jedes $u \in \mathbb{Z}_k$ der Eintrag von A^*A mit Zeilen- und Spaltenindex u berechnet werden kann als $\mathbf{r}_u^*\mathbf{r}_u = \|\mathbf{r}_u\|^2$ und als $\mathbf{c}_u\mathbf{c}_u^* = \|\mathbf{c}_u\|^2$. Für $0 \leq u < k$ gilt also

$$\|\mathbf{r}_u\|^2 = \|\mathbf{c}_u\|^2 \tag{3.166}$$

Wir beweisen durch Induktion über $u = 0, 1, \ldots, k$

$$\mathbf{r}_i = \mathbf{c}_i = a_{i,i}\mathbf{e}_i, \quad 0 \leq i < u. \tag{3.167}$$

Für $u = k$ folgt daraus, dass A eine Diagonalmatrix ist. Für $u = 0$ ist nichts zu zeigen. Nehmen wir nun an, dass für ein u mit $0 \leq u < k$ die Behauptung (3.167) gilt. Da A eine obere Dreiecksmatrix ist, folgt aus (3.167)

$$\mathbf{c}_u = a_{u,u}\mathbf{e}_u \tag{3.168}$$

und

$$\mathbf{r}_u = (0\ldots, 0, a_{u,u}, a_{u,u+1}, \ldots, a_{u,k-1}). \tag{3.169}$$

Also impliziert (3.166) $|a_{u,u}|^2 = \sum_{j=u}^{k-1} |a_{u,j}|^2$ und somit $a_{u,u+1} = \ldots = a_{u,k-1} = 0$, was zeigt, dass $\mathbf{r}_u = a_{u,u}\mathbf{e}_u$ gilt. □

Die nächste Übung zeigt, dass es normale Matrizen gibt, die weder unitär noch hermitesch sind.

Übung 3.4.53 Zeigen Sie, dass die Matrix

$$\begin{pmatrix} 1 & 1+i & 1 \\ -1+i & 1 & 1 \\ -1 & -1 & 1 \end{pmatrix} \tag{3.170}$$

normal, aber nicht hermitesch oder unitär ist.

Nun zeigen wir, dass normale Matrizen diagonalisierbar sind.

Theorem 3.4.54 Sei $A \in \mathbb{C}^{(k,k)}$ eine normale Matrix, sei $l \in \mathbb{N}$, seien $\lambda_0, \ldots, \lambda_{l-1}$ die verschiedenen Eigenwerte von A, und seien $m_0, \ldots, m_{l-1}$ deren algebraische Vielfachheiten. Dann gilt Folgendes:

1. Es gibt eine unitäre Matrix $U \in \mathbb{C}^{(k,k)}$ mit

$$U^*AU = \operatorname{diag}(\underbrace{\lambda_0, \ldots, \lambda_0}_{m_0}, \underbrace{\lambda_1, \ldots, \lambda_1}_{m_1}, \ldots, \underbrace{\lambda_{l-1}, \ldots, \lambda_{l-1}}_{m_{l-1}}) \tag{3.171}$$

2. Wenn wir die Folge der Spaltenvektoren von U schreiben als

$$U = (\underbrace{\mathbf{u}_{M_0}, \ldots, \mathbf{u}_{M_1-1}}_{U_0}, \underbrace{\mathbf{u}_{M_1}, \ldots, \mathbf{u}_{M_2-1}}_{U_1}, \ldots, \underbrace{\mathbf{u}_{M_{l-1}}, \ldots, \mathbf{u}_{M_l-1}}_{U_{l-1}}) \tag{3.172}$$

mit $M_j = \sum_{i=0}^{j-1} m_i$ für $0 \leq j \leq l$, dann ist U_j eine orthonormale Basis des zu λ_j gehörenden Eigenraums für alle $j \in \mathbb{Z}_l$.

Beweis Sei A normal. Nach Theorem 3.4.47 gibt es eine Schur-Zerlegung $A = UTU^*$, wobei $U \in \mathbb{C}^{(k,k)}$ eine unitäre Matrix ist und T eine obere Dreiecksmatrix mit Diagonale

$$(\underbrace{\lambda_0, \ldots, \lambda_0}_{m_0}, \underbrace{\lambda_1, \ldots, \lambda_1}_{m_1}, \ldots, \underbrace{\lambda_{l-1}, \ldots, \lambda_{l-1}}_{m_{l-1}}). \tag{3.173}$$

Da U unitär ist, können wir auch $T = U^*AU$ schreiben. Nun gilt

$$\begin{aligned} T^*T &= (U^*AU)^*(U^*AU) = U^*A^*UU^*AU \\ &= U^*A^*AU = U^*AA^*U = (U^*AU)(U^*A^*U) \\ &= (U^*AU)(U^*AU)^* = TT^*. \end{aligned} \tag{3.174}$$

Daher ist T normal und eine obere Dreiecksmatrix. Also folgt aus Proposition 3.4.52, dass T eine Diagonalmatrix ist.

Wir beweisen die zweite Behauptung. Sei $j \in \mathbb{Z}_l$ und sei $\mathbf{u}$ ein Element von U_j. Dann folgt aus (3.171), dass $A\mathbf{u} = \lambda_j \mathbf{u}$ gilt. Weil U unitär ist, bildet daher U_j eine orthonormale Folge von m_j Elementen des Eigenraums E_j von A zum Eigenwert λ_j. Nach Theorem B.5.42 ist m_j die Dimension von E_j. Daher ist U_j eine orthonormale Basis von E_j. □

Man beachte, dass in Theorem 3.4.54 $M_0 = 0$ und $M_l = k$ gilt.

Beispiel 3.4.55 Betrachte die Pauli-Matrix

$$X = \begin{pmatrix} 0 & 1 \\ 1 & 0 \end{pmatrix} \tag{3.175}$$

und die Hadamard-Matrix

$$H = \frac{1}{\sqrt{2}} \begin{pmatrix} 1 & 1 \\ 1 & -1 \end{pmatrix}. \tag{3.176}$$

Die Matrix H ist unitär und es gilt $H^*XH = \mathrm{diag}(1, -1)$. Außerdem ist $\frac{1}{\sqrt{2}}(1, 1)$ eine orthonormale Basis des Eigenraums von X zum Eigenwert 1 und $\frac{1}{\sqrt{2}}(1, -1)$ ist eine orthonormale Basis des Eigenraums von X zum Eigenwert -1.

Übung 3.4.56 Finden Sie Zerlegungen (3.171) für die Pauli-Matrizen Y und Z und für die Hadamard-Matrix H.

Aus Theorem 3.4.54 erhalten wir nun den Spektralsatz.

Theorem 3.4.57 (Spektralsatz) Sei $A \in \mathrm{End}(\mathbb{H})$ normal. Sei Λ die Menge der Eigenwerte von A. Für $\lambda \in \Lambda$ sei P_λ die orthogonale Projektion auf den Eigenraum E_λ zu λ. Dann gilt Folgendes:

1. Es gibt orthonormale Basen B_λ von E_λ, $\lambda \in \Lambda$, deren Verkettung eine orthonormale Basis von $\mathbb{H}$ ist.
2. Die Eigenräume E_λ sind orthogonal zueinander und ihre Summe ist $\mathbb{H}$.
3. $P_\lambda = \sum_{|b\rangle \in B_\lambda} |b\rangle \langle b|$.
4. $\sum_{\lambda \in \Lambda} P_\lambda = I_{\mathbb{H}}$.
5. $A = \sum_{\lambda \in \Lambda} \lambda P_\lambda$. Diese Darstellung von A wird als *Spektralzerlegung von A* bezeichnet.

Beweis Sei $l = |\Lambda|$ und $\Lambda = \{\lambda_0, \ldots, \lambda_{l-1}\}$. Bezeichne mit A auch die Darstellungsmatrix von A bezüglich einer orthonormalen Basis C von $\mathbb{H}$. Verwende die Notation von Theorem 3.4.54. Dann ist

$$B = CU = (|u_0\rangle, \ldots, |u_{k-1}\rangle) \tag{3.177}$$

eine weitere orthonormale Basis von $\mathbb{H}$. Sei $j \in \mathbb{Z}_l$ und $\lambda = \lambda_j$. Dann folgt aus den Eigenschaften von U, dass $B_\lambda = (|u_{M_j}\rangle, \ldots, |u_{M_{j+1}-1}\rangle)$ eine orthonormale Basis von E_λ ist. Dies beweist die erste Behauptung.

Die zweite, dritte und vierte Behauptung folgen aus Proposition 3.4.45. Unter Verwendung der vierten Behauptung erhalten wir für alle $|\varphi\rangle \in \mathbb{H}$

$$A|\varphi\rangle = A \sum_{\lambda \in \Lambda} P_\lambda |\varphi\rangle = \sum_{\lambda \in \Lambda} A P_\lambda |\varphi\rangle) = \sum_{\lambda \in \Lambda} \lambda P_\lambda |\varphi\rangle. \tag{3.178}$$

□

Im Folgenden verwenden wir folgende Notation: Wenn A ein normaler Operator in $\mathrm{End}(\mathbb{H})$ ist, schreiben wir seine Spektraldarstellung als $A = \sum_{\lambda \in \Lambda} P_\lambda$. Dabei gehen wir davon aus, dass Λ die Menge der Eigenwerte von A ist und dass für jedes $\lambda \in \Lambda$ die Projektion auf den Eigenraum zu λ mit P_λ bezeichnet wird, ohne dies ausdrücklich zu erwähnen.

Im nächsten Beispiel bestimmen wir die Spektralzerlegung der Pauli-Operatoren.

Beispiel 3.4.58 Betrachte die folgenden Paare von Quantenzuständen in $\mathbb{H}_1$:

$$\begin{aligned}
(|x_+\rangle, |x_-\rangle) &= \left(\frac{|0\rangle + |1\rangle}{\sqrt{2}}, \frac{|0\rangle - |1\rangle}{\sqrt{2}}\right), \\
(|y_+\rangle, |y_-\rangle) &= \left(\frac{|0\rangle + i\,|1\rangle}{\sqrt{2}}, \frac{|0\rangle - i\,|1\rangle}{\sqrt{2}}\right), \\
(|z_+\rangle, |z_-\rangle) &= (|0\rangle, |1\rangle).
\end{aligned} \tag{3.179}$$

Diese Paare sind orthonormale Basen von $\mathbb{H}_1$. Die Eigenwerte der Pauli-Operatoren X, Y und Z sind 1 und -1 und ihre Spektralzerlegung ist

$$\begin{aligned} X &= |x_+\rangle\langle x_+| - |x_-\rangle\langle x_-|, \\ Y &= |y_+\rangle\langle y_+| - |y_-\rangle\langle y_-|, \\ Z &= |z_+\rangle\langle z_+| - |z_-\rangle\langle z_-|. \end{aligned} \tag{3.180}$$

Übung 3.4.59 Verifizieren Sie Beispiel 3.4.58.

Wir beweisen einige Eigenschaften der Spektralzerlegung normaler Endomorphismen von $\mathbb{H}$.

Proposition 3.4.60 Sei $A \in \text{End}(\mathbb{H})$ normal und sei

$$A = \sum_{\lambda \in \Lambda} \lambda P_\lambda \tag{3.181}$$

die Spektralzerlegung von A. Sei außerdem $m \in \mathbb{Z}_{\geq 0}$. Dann gilt

$$A^* = \sum_{\lambda \in \Lambda} \overline{\lambda} P_\lambda, \quad AA^* = \sum_{\lambda \in \Lambda} |\lambda|^2 P_\lambda, \quad A^m = \sum_{\lambda \in \Lambda} \lambda^m P_\lambda. \tag{3.182}$$

Wenn A invertierbar ist, dann gilt die letzte Gleichung für alle $m \in \mathbb{Z}$.

Beweis Es gilt

$$\begin{aligned} A^* &= \left(\sum_{\lambda \in \Lambda} \lambda P_\lambda\right)^* && \text{nach (3.4.74)}, \\ &= \sum_{\lambda \in \Lambda} \overline{\lambda} P_\lambda^* && \text{nach Proposition (3.3.9)}, \\ &= \sum_{\lambda \in \Lambda} \overline{\lambda} P_\lambda && \text{nach Proposition 3.4.42}. \end{aligned}$$

Dies beweist die erste Behauptung. Die anderen beiden Behauptungen können unter Verwendung der Tatsache verifiziert werden, dass die Eigenräume $P_\lambda(\mathbb{H})$ nach Theorem 3.4.57 paarweise orthogonal zueinander sind. □

Die zweite und dritte Gleichung in (3.182) sind nicht notwendig Spektralzerlegungen, da die Beträge und Potenzen verschiedener Eigenwerte eines normalen Operators gleich sein können. Um die Spektralzerlegungen zu erhalten, müssen wir die Projektionen entsprechend gruppieren.

Der Spektralsatz ermöglicht es, Involutionen, Projektionen, hermitesche und unitäre Operatoren durch ihre Eigenwerte wie folgt zu charakterisieren:

Proposition 3.4.61 Sei $A \in \mathbb{C}^{(k,k)}$ oder $A \in \text{End}(\mathbb{H})$ normal und sei Λ die Menge der Eigenwerte von A. Dann gilt:

1. A ist genau dann eine Involution, wenn $\Lambda \subset \{-1, 1\}$ ist.
2. A ist genau dann eine Projektion, wenn $\Lambda \subset \{0, 1\}$ ist.
3. A ist genau dann hermitesch, wenn alle Eigenwerte von A reelle Zahlen sind.
4. A ist genau dann unitär, wenn alle Eigenwerte von A den Betrag 1 haben.

Beweis Sei

$$A = \sum_{\lambda \in \Lambda} \lambda P_\lambda \tag{3.183}$$

die Spektralzerlegung von A. Beachte, dass die P_λ nach Proposition 3.4.45 linear unabhängig sind. Dies wird in allen Argumenten verwendet.

Aus Theorem 3.4.57 und Proposition 3.4.60 folgt, dass A genau dann eine Involution ist, wenn folgendes gilt:

$$A^2 = \sum_{\lambda \in \Lambda} \lambda^2 P_\lambda = I_{\mathbb{H}} = \sum_{\lambda} P_\lambda. \tag{3.184}$$

Daher ist A genau dann eine Involution, wenn $\lambda^2 = 1$ gilt für alle $\lambda \in \Lambda$. Dies ist genau dann der Fall, wenn $\Lambda \subset \{1, -1\}$ ist.

Weiterhin ist A genau dann eine Projektion, wenn $A^2 = A$ gilt. Nach Theorem 3.4.57 und Proposition 3.4.60 ist dies genau dann der Fall, wenn $\lambda^2 = \lambda$ gilt für alle $\lambda \in \Lambda$, was äquivalent zu $\Lambda \subset \{0, 1\}$ ist.

Außerdem ist A genau dann hermitesch, wenn $A^* = A$ gilt. Nach Theorem 3.4.57 und Proposition 3.4.60 ist dies äquivalent zu $\lambda = \overline{\lambda}$ und somit $\lambda \in \mathbb{R}$ für alle $\lambda \in \Lambda$.

Schließlich ist A genau dann unitär, wenn A invertierbar ist und $A^* = A^{-1}$ ist. Nach Theorem 3.4.57 und Proposition 3.4.60 ist dies äquivalent zu $0 \notin \Lambda$ und $\overline{\lambda} = 1/\lambda$ für alle $\lambda \in \Lambda$, was bedeutet, dass $|\lambda| = 1$ gilt für alle $\lambda \in \Lambda$. □

Aus Proposition 3.4.61 erhalten wir die folgende Charakterisierung von hermiteschen Matrizen oder Operatoren.

Proposition 3.4.62 Sei $A \in \mathbb{C}^{(k,k)}$ oder $A \in \text{End}(\mathbb{H})$ normal. Dann ist A genau dann hermitesch, wenn $\langle \mathbf{u}|A|\mathbf{u}\rangle$ bzw. $\langle \varphi|A|\varphi\rangle$ reelle Zahlen sind für alle $\mathbf{u} \in \mathbb{C}^k$ bzw. $|\varphi\rangle \in \mathbb{H}$.

Beweis Es genügt, die Behauptung für $A \in \mathbb{C}^{(k,k)}$ zu beweisen. Nehmen wir zunächst an, dass A hermitesch ist und sei $\mathbf{u} \in \mathbb{C}^k$. Dann gilt

$$\overline{\langle \mathbf{u}|A\mathbf{u}\rangle} = \langle A\mathbf{u}|\mathbf{u}\rangle = \langle A^*\mathbf{u}|\mathbf{u}\rangle = \langle \mathbf{u}|A\mathbf{u}\rangle. \tag{3.185}$$

Also ist $\langle \mathbf{u}|A\mathbf{u}\rangle \in \mathbb{R}$.

Nehmen wir umgekehrt an, dass $\langle \mathbf{u}|A\mathbf{u}\rangle \in \mathbb{R}$ für alle $\mathbf{u} \in \mathbb{C}^k$ gilt. Sei λ ein Eigenwert von A und sei $\mathbf{u}$ ein Eigenvektor von A mit Eigenwert λ und Länge 1. Dann gilt $\lambda = \langle \mathbf{u}|A|\mathbf{u}\rangle \in \mathbb{R}$. Daher folgt aus Proposition 3.4.61, dass A hermitesch ist. □

3.4.8 Definite Operatoren und Matrizen

Wir definieren definite Matrizen und Operatoren.

Definition 3.4.63 Sei $A \in \mathrm{End}(\mathbb{H})$.

1. A heißt *positiv definit,* wenn $\langle\varphi|A|\varphi\rangle \in \mathbb{R}_{>0}$ gilt für alle von 0 verschiedenen $|\varphi\rangle \in \mathbb{H}$.
2. A heißt *positiv semidefinit,* wenn $\langle\varphi|A|\varphi\rangle \in \mathbb{R}_{\geq 0}$ gilt für alle $|\varphi\rangle \in \mathbb{H}$.

Definition 3.4.64 Eine Matrix $A \in \mathbb{C}^{(k,k)}$ heißt *positiv definit* oder *positiv semidefinit,* wenn der entsprechende Endomorphismus von $\mathbb{C}^k$ diese Eigenschaft hat.

Die Begriffe *negativ definit* und *negativ semidefinit* sind analog definiert.
Aus Proposition 3.4.62 erhalten wir folgendes Ergebnis:

Proposition 3.4.65 Sie A ein normaler Operator oder eine normale Matrix. Wenn A positiv definit, positiv semidefinit, negativ definit oder negativ semidefinit ist, dann ist A hermitesch.

Außerdem haben die Eigenwerte positiv semidefiniter und positiv definiter Operatoren folgende Eigenschaften:

Proposition 3.4.66 Sei $A \in \mathbb{C}^{(k,k)}$ oder $A \in \mathrm{End}(\mathbb{H})$.

1. Wenn A positiv definit ist, dann sind alle Eigenwerte von A positive reelle Zahlen.
2. Wenn A positiv semidefinit ist, dann sind alle Eigenwerte von A nichtnegative reelle Zahlen.

Beweis Sei λ ein Eigenwert von A und sei $|\varphi\rangle \in \mathbb{H}$ ein Eigenvektor von A zum Eigenwert λ der Länge 1. Dann gilt

$$\langle\varphi|A|\varphi\rangle = \langle\varphi|\lambda\,|\varphi\rangle\rangle = \lambda. \tag{3.186}$$

Dies impliziert beide Aussagen der Proposition. □

Wir geben auch eine weitere Charakterisierung von normalen positiv semidefiniten Matrizen und Operatoren.

Proposition 3.4.67 Sei $A \in \mathbb{C}^{(k,k)}$ oder $A \in \mathrm{End}(\mathbb{H})$ normal. Dann sind die folgenden Aussagen äquivalent.

1. A ist positiv semidefinit.
2. $A = BB^*$ für ein normales $B \in \mathbb{C}^{(k,k)}$ bzw. $B \in \mathrm{End}(\mathbb{H})$.
3. $A = B^2$ für ein hermitesches $B \in \mathbb{C}^{(k,k)}$ bzw. $B \in \mathrm{End}(\mathbb{H})$.

Beweis Sei A positiv semidefinit. Dann ist A nach Proposition 3.4.65 hermitesch. Sei

$$A = \sum_{\lambda \in \Lambda} \lambda P_\lambda \tag{3.187}$$

die Spektralzerlegung von A. Dann gilt nach Proposition 3.4.66 $\lambda \in \mathbb{R}_{\geq 0}$ für alle $\lambda \in \Lambda$. Setze

$$B = \sum_{\lambda \in \Lambda} \sqrt{\lambda} P_\lambda. \tag{3.188}$$

Dann gilt $B^* = B$ und Proposition 3.4.60 impliziert

$$B^*B = BB^* = B^2 = \sum_{\lambda \in \Lambda} \lambda P_\lambda = A. \tag{3.189}$$

Dies zeigt, dass die erste Aussage die anderen beiden Aussagen impliziert.

Nehmen wir nun an, dass es ein normales $B \in \mathrm{End}(\mathbb{H})$ gibt mit $A = BB^*$. Sei

$$B = \sum_{\lambda \in \Lambda'} \lambda P_\lambda \tag{3.190}$$

die Spektralzerlegung von B. Dann gilt

$$A = \sum_{\lambda \in \Lambda'} |\lambda|^2 P_\lambda. \tag{3.191}$$

Also ist A positiv semidefinit. Schließlich nehmen wir an, dass es ein hermitesches $B \in \mathrm{End}(\mathbb{H})$ gibt, sodass $A = B^2$. Dann gilt $A = B^*B$, woraus folgt, dass A positiv semidefinit ist. □

3.4.9 Singulärwertzerlegung

Das nächste Theorem ist eine weitere Konsequenz des Spektralsatzes.

Theorem 3.4.68 (Singulärwertzerlegung) Seien $k, l, r \in \mathbb{N}$ und sei $A \in \mathbb{C}^{(k,l)}$ vom Rang r. Dann gibt es unitäre Matrizen $U \in \mathbb{C}^{(k,k)}$ und $V \in \mathbb{C}^{(l,l)}$ mit

$$A = U \left(\begin{array}{ccc|c} \lambda_0 & \cdots & 0 & \vdots \\ \vdots & \ddots & \vdots & \cdots 0 \cdots \\ 0 & \cdots & \lambda_{r-1} & \vdots \\ \hline & \vdots & & \vdots \\ \cdots & 0 & \cdots & \cdots 0 \cdots \\ & \vdots & & \vdots \end{array}\right) V^* \tag{3.192}$$

wobei $\lambda_0, \ldots, \lambda_{r-1}$ positive reelle Zahlen sind. Eine solche Darstellung wird *Singulärwertzerlegung* der Matrix A genannt. In der Zerlegung sind die Diagonaleinträge $\lambda_0, \ldots, \lambda_{r-1}$ bis auf die Reihenfolge eindeutig durch A bestimmt. Sie werden *Singulärwerte* von A genannt.

Beweis Wie in Übung 3.4.69 gezeigt, ist die Matrix A^*A eine positiv semidefinite, hermitesche Matrix in $\mathbb{C}^{(l,l)}$. Es folgt aus Theorem 3.4.54, dass es eine unitäre Matrix $V \in \mathbb{C}^{(l,l)}$ gibt, sodass

$$V^*A^*AV = D' = \begin{pmatrix} D & 0 \\ 0 & 0 \end{pmatrix}, \tag{3.193}$$

wobei $D \in \mathbb{C}^{(m,m)}$ eine positiv definite Diagonalmatrix ist, m die Anzahl der von 0 verschiedenen Eigenwerte von A^*A ist. Diese Eigenwerte sind positive reelle Zahlen und die Diagonalelemente von D sind diese Eigenwerte mit der entsprechenden algebraischen Vielfachheit. Nach Theorem 3.4.54 bilden die Spalten von V eine orthonormale Basis von $\mathbb{C}^l$, bestehend aus Eigenvektoren von A^*A. Der Eigenwert, welcher der i-ten Spalte von V entspricht, ist das i-te Diagonalelement von D' für $0 \le i < l$. Wir schreiben

$$V = \begin{pmatrix} V_1 & V_2 \end{pmatrix} \tag{3.194}$$

wobei $V_1 \in \mathbb{C}^{(l,m)}$ und $V_2 \in C^{(l,l-m)}$. Dann sind die Spalten von V_1 linear unabhängige Eigenvektoren, die den von 0 verschiedenen Eigenwerten von A^*A entsprechen. Außerdem bilden die Spalten von V_2 eine Basis des Kerns von A^*A. Also kann (3.193) umgeschrieben werden als

$$\begin{pmatrix} V_1^* \\ V_2^* \end{pmatrix} A^*A \begin{pmatrix} V_1 & V_2 \end{pmatrix} = \begin{pmatrix} V_1^*A^*AV_1 & V_1^*A^*AV_2 \\ V_2^*A^*AV_1 & V_2^*A^*AV_2 \end{pmatrix} = \begin{pmatrix} D & 0 \\ 0 & 0 \end{pmatrix}. \tag{3.195}$$

Daraus folgt

$$(AV_1)^*AV_1 = V_1^*A^*AV_1 = D, \quad (AV_2)^*AV_2 = V_2^*A^*AV_2 = 0 \tag{3.196}$$

und daher gilt

$$\|AV_2\|^2 = \operatorname{tr}(V_2^*A^*AV_2) = 0. \tag{3.197}$$

Also ist

$$AV_2 = 0. \tag{3.198}$$

Die Tatsache, dass V unitär ist, impliziert

$$V_1^* V_1 = I_m, \quad V_2^* V_2 = I_{l-m}, \quad V_1 V_1^* + V_2 V_2^* = I_l. \tag{3.199}$$

Nun definieren wir

$$U_1 = AV_1 D^{-1/2} \tag{3.200}$$

wobei $D^{-1/2}$ die Diagonalmatrix ist, deren Diagonaleinträge die Inversen der Quadratwurzeln der Diagonaleinträge von D sind. Dann folgt aus der dritten Gleichung in (3.199), aus(3.200) und aus (3.198)

$$\begin{aligned} U_1 D^{1/2} V_1^* &= AV_1 D^{-1/2} D^{1/2} V_1^* = AV_1 V_1^* \\ &= A(I_l - V_2 V_2^*) = A - (AV_2)V_2^* = A. \end{aligned} \tag{3.201}$$

Außerdem folgt aus (3.200) und (3.196)

$$U_1^* U_1 = D^{-1/2} V_1^* A^* A V_1 D^{-1/2} = D^{-1/2} D D^{-1/2} = I_m. \tag{3.202}$$

Daher bilden die Spalten von U_1 eine orthonormale Folge, die nach Theorem 3.2.33 zu einer orthonormalen Basis von $\mathbb{C}^k$ ergänzt werden kann. Deshalb können wir $U_2 \in C^{(k,k-m)}$ wählen, sodass

$$U = \begin{pmatrix} U_1 & U_2 \end{pmatrix} \tag{3.203}$$

eine unitäre Matrix ist. Schließlich definieren wir die Matrix $B \in \mathbb{C}^{(k,l)}$ als

$$B = \begin{pmatrix} D^{1/2} & 0 \\ 0 & 0 \end{pmatrix}. \tag{3.204}$$

Dann gilt nach (3.201)

$$UBV^* = \begin{pmatrix} U_1 & U_2 \end{pmatrix} \begin{pmatrix} D^{1/2} & 0 \\ 0 & 0 \end{pmatrix} \begin{pmatrix} V_1^* \\ V_2^* \end{pmatrix} = U_1 D^{1/2} V_1^* = A. \tag{3.205}$$

Die Eindeutigkeit der Singulärwertzerlegung wird in Übung 3.4.69 bewiesen. □

Übung 3.4.69 Sei $A \in \mathbb{C}^{(k,l)}$, $l, k \in \mathbb{N}$. Zeigen Sie, dass A^*A positiv semidefinit und hermitesch ist und dass in jeder Singulärwertzerlegung von A die Singulärwerte die Quadratwurzeln der von Null verschiedenen Eigenwerte von A^*A sind.

3.4.10 Funktionen von Operatoren

In diesem Abschnitt erklären wir, wie Funktionen mit normalen Operatoren als Argumenten definiert sind. Wir beginnen mit einer Motivation. In vielen Kontexten ist es nützlich, komplexe Zahlen γ mit $|\gamma| = 1$ als

$$\gamma = e^{i\beta} = \cos\beta + i\sin\beta \tag{3.206}$$

zu schreiben, wobei i die komplexe Einheit ist und $\beta \in \mathbb{R}$. Die in diesem Abschnitt eingeführten Begriffe ermöglichen es, jeden unitären Operator $U \in \mathrm{End}(\mathbb{H})$ als $U = e^{iA}$ mit einem hermiteschen Operator $A \in \mathrm{End}(\mathbb{H})$ zu schreiben.

Definition 3.4.70 Sei $f : \mathbb{C} \to \mathbb{C}$, sei A ein normaler linearer Operator auf $\mathbb{H}$ und sei

$$A = \sum_{\lambda\in\Lambda} \lambda P_\lambda \tag{3.207}$$

die Spektralzerlegung von A. Dann definieren wir

$$f(A) = \sum_{\lambda\in\Lambda} f(\lambda) P_\lambda. \tag{3.208}$$

In bestimmten Fällen kann die Funktion $f(A)$ auch unter Verwendung von Potenzreihen definiert werden, selbst wenn A nicht normal ist. Das wird aber in unserem Kontext nicht benötigt. Man beachte auch, dass aus (3.208) die Spektralzerlegung von $f(A)$ leicht gewonnen werden kann.

Beispiel 3.4.71 Betrachte den Pauli-Z-Operator Z aus Beispiel 3.3.2 und den $\pi/8$-Operator T, der in Abschn. 5.3.5 diskutiert wird. Ihre Spektralzerlegungen sind

$$Z = |0\rangle\langle 0| - |1\rangle\langle 1|, \quad T = |0\rangle\langle 0| + e^{i\pi/4}|1\rangle\langle 1|. \tag{3.209}$$

Sei außerdem

$$f : \mathbb{C} \to \mathbb{C}, \quad x \mapsto e^{-i\pi x/8}. \tag{3.210}$$

Die Eigenwerte von Z sind 1 und -1. Daher gilt

$$\begin{aligned} f(Z) &= e^{-i\pi Z/8} \\ &= e^{-i\pi/8}|0\rangle\langle 0| + e^{i\pi/8}|1\rangle\langle 1| \\ &= e^{-i\pi/8}(|0\rangle\langle 0| + e^{i\pi/4}|1\rangle\langle 1|) \\ &= e^{-i\pi/8}T. \end{aligned} \tag{3.211}$$

Übung 3.4.72 Sei A ein normaler linearer Operator auf $\mathbb{H}$ und seien $\alpha, \beta \in \mathbb{R}$. Zeigen Sie, dass $e^{iA(\alpha+\beta)} = e^{iA\alpha}e^{iA\beta}$ ist.

Das folgende Theorem stellt eine weitere Charakterisierung unitärer Operatoren dar.

Theorem 3.4.73 Ein Operator $U \in \text{End}(\mathbb{H})$ ist genau dann unitär, wenn U als $U = e^{iA}$ mit einem hermiteschen Operator $A \in \text{End}(\mathbb{H})$ geschrieben werden kann.

Beweis Sei $A \in \text{End}(\mathbb{H})$ hermitesch und sei

$$A = \sum_{\lambda \in \Lambda} \lambda P_\lambda \tag{3.212}$$

die Spektralzerlegung von A. Dann gilt

$$e^{iA} = \sum_{\lambda \in \Lambda} e^{i\lambda} P_\lambda. \tag{3.213}$$

Die Eigenwerte von e^{iA} sind also $e^{i\lambda}$, $\lambda \in \Lambda$. Da A hermitesch ist, impliziert Proposition 3.4.61, dass $\Lambda \subset \mathbb{R}$. Daher gilt $|e^{i\lambda}| = 1$ für alle $\lambda \in \Lambda$ ist. Somit folgt aus Proposition 3.4.61, dass e^{iA} unitär ist.

Nun nehmen wir an, dass $U \in \text{End}(\mathbb{H})$ unitär ist. Sei Λ die Menge der Eigenwerte von U. Dann folgt aus Proposition 3.4.61, dass $|\lambda| = 1$ gilt für alle $\lambda \in \Lambda$. Daher gibt es für jedes $\lambda \in \Lambda$ ein $\alpha_\lambda \in \mathbb{R}$, sodass $\lambda = e^{i\alpha_\lambda}$. Setze

$$A = \sum_{\lambda \in \Lambda} \alpha_\lambda P_\lambda. \tag{3.214}$$

Dann ist A ein linearer Operator auf $\mathbb{H}$, dessen sämtliche Eigenwerte reelle Zahlen sind. Proposition 3.4.61 impliziert, dass A hermitesch ist. Außerdem folgt aus (3.214), dass $U = e^{iA}$ gilt. □

Aus Theorem 3.4.73 erhalten wir die folgende Charakterisierung von $\text{SU}(k)$.

Korollar 3.4.74 Ein Operator $U \in \text{End}(\mathbb{H})$ ist genau dann in $\text{SU}(k)$, wenn U als $U = e^{iA}$ geschrieben werden kann, wobei $A \in \text{End}(\mathbb{H})$ ein hermitescher Operator mit Spur 0 ist.

Beweis Sei U ein unitärer Operator auf $\mathbb{H}$. Dann gibt es nach Theorem 3.4.73 einen hermiteschen Operator A auf $\mathbb{H}$ mit $U = e^{iA}$. Sei Λ die Menge der Eigenwerte von A. Für $\lambda \in \Lambda$ bezeichne mit a_λ die algebraische Vielfachheit von λ. Dann ergibt sich aus dem Beweis von Theorem 3.4.73 und Proposition 3.4.1

$$\det U = \prod_{\lambda \in \Lambda} e^{ia_\lambda \lambda} = e^{i \sum_{\lambda \in \Lambda} a_\lambda \lambda} = e^{i \operatorname{tr} A}. \tag{3.215}$$

Wenn $\operatorname{tr} A = 0$ gilt, dann ist also $\det U = 1$. Gilt umgekehrt $\det U = 1$, dann folgt

$$\operatorname{tr} A \equiv 0 \pmod{2\pi}. \tag{3.216}$$

Wenn man die Eigenwerte von A modulo 2π also so ändert, dass $\operatorname{tr} A = 0$ ist, dann gilt immer noch $U = e^{iA}$. □

Das folgende Ergebnis wird sich ebenfalls als sehr nützlich herausstellen.

Proposition 3.4.75 Sei $A \in \operatorname{End}(\mathbb{H})$ normal und eine Involution. Dann gilt für alle $x \in \mathbb{R}$

$$e^{ixA} = (\cos x) I_{\mathbb{H}} + i(\sin x) A. \tag{3.217}$$

Beweis Da A eine Involution ist, folgt aus Proposition 3.4.61, dass die Eigenwerte von A in $\{1, -1\}$ liegen. Bezeichne mit P_1 die orthogonale Projektion auf den Eigenraum von 1 und mit P_{-1} die orthogonale Projektion auf den Eigenraum von -1. Jede dieser Projektionen kann 0 sein, wenn der entsprechende Eigenraum nur das Nullelement von $\mathbb{H}$ enthält. Mit diesen Bezeichnungen gilt

$$I_{\mathbb{H}} = P_1 + P_{-1}, \quad A = P_1 - P_{-1} \tag{3.218}$$

und daher

$$\begin{aligned} e^{ixA} &= e^{ix} P_1 + e^{-ix} P_{-1} \\ &= (\cos x + i \sin x) P_1 + (\cos(-x) + i \sin(-x)) P_{-1} \\ &= (\cos x + i \sin x) P_1 + (\cos x - i \sin x) P_{-1} \\ &= \cos x (P_1 + P_{-1}) + i \sin x (P_1 - P_{-1}) \\ &= (\cos x) I_{\mathbb{H}} + i(\sin x) A. \end{aligned} \tag{3.219}$$

□

3.5 Tensorprodukte

In den vorhergehenden Abschnitten haben wir endlich-dimensionale Hilberträume diskutiert. In diesem Abschnitt erklären wir, wie viele der Konzepte und Ergebnisse für Hilberträume auf Tensorprodukte solcher Räume übertragen werden können. Eine Einführung in das Konzept der Tensorprodukte gibt Abschn. B.6.

3.5.1 Grundlagen und Bezeichnungen

Sei $m \in \mathbb{N}$ und seien $\mathbb{H}(0), \ldots, \mathbb{H}(m-1)$ Hilberträume der Dimensionen $k_0, \ldots, k_{m-1}$. Die inneren Produkte auf diesen Hilberträumen werden mit $\langle\cdot|\cdot\rangle$ bezeichnet. Wir verwenden die Notation $\mathbb{H}(j)$, um diesen Hilbertraum von den j-Qubit-Zustandsräumen $\mathbb{H}_j$ zu unterscheiden. Für jedes $j \in \mathbb{Z}_m$ sei B_j eine Orthonormalbasis von $\mathbb{H}(j)$. Wir schreiben diese Basen als

$$B_j = \left(\left|b_{0,j}\right\rangle, \ldots, \left|b_{k_j,j}\right\rangle\right). \tag{3.220}$$

Wir betrachten das Tensorprodukt

$$\mathbb{H} = \mathbb{H}(0) \otimes \cdots \otimes \mathbb{H}(m-1). \tag{3.221}$$

Nach Theorem B.6.20 ist seine Dimension als $\mathbb{C}$-Vektorraum

$$k = \prod_{j=0}^{m-1} k_j \tag{3.222}$$

und

$$B = B_0 \otimes \cdots \otimes B_{m-1} \tag{3.223}$$

ist eine Basis von $\mathbb{H}$.

In Tensorprodukten von Kets lassen wir manchmal die Tensorsymbole weg, d. h. wenn $\left|\varphi_j\right\rangle \in \mathbb{H}(j)$ ist für $0 \le j < m$, schreiben wir

$$|\varphi_0\rangle\,|\varphi_1\rangle \cdots |\varphi_{m-1}\rangle = |\varphi_0\rangle \otimes |\varphi_1\rangle \otimes \cdots \otimes |\varphi_{m-1}\rangle. \tag{3.224}$$

Wir geben einige Beispiele für Tensorprodukte von Hilberträumen.

Beispiel 3.5.1 Sei $m = 2$, $\mathbb{H}(j) = \mathbb{H}_1$ und $B_j = (|0\rangle, |1\rangle)$ für $j = 0, 1$. Wie bereits in Beispiel 3.1.6 erwähnt, ist

$$\mathbb{H} = \mathbb{H}_1 \otimes \mathbb{H}_1 \tag{3.225}$$

und

$$B = (|0\rangle \otimes |0\rangle, |0\rangle \otimes |1\rangle, |1\rangle \otimes |0\rangle, |1\rangle \otimes |1\rangle). \tag{3.226}$$

Nach (3.224) können wir die Basis B auch schreiben als

$$B = (|0\rangle\,|0\rangle, |0\rangle\,|1\rangle, |1\rangle\,|0\rangle, |1\rangle\,|1\rangle). \tag{3.227}$$

Die folgende Schreibweise wird auch in Abschn. B.6.2 eingeführt. Wenn alle Hilberträume $\mathbb{H}(j)$ gleich sind, dann schreiben wir ihr Tensorprodukt als

$$\mathbb{H}(0)^{\otimes m} = \underbrace{\mathbb{H}(0) \otimes \cdots \otimes \mathbb{H}(0)}_{m \text{ mal}}. \tag{3.228}$$

In diesem Fall schreiben wir für $|\varphi\rangle \in \mathbb{H}(0)$

$$|\varphi\rangle^{\otimes m} = \underbrace{|\varphi\rangle \cdots |\varphi\rangle}_{m \text{ mal}}. \tag{3.229}$$

Beispiel 3.5.2 Es gilt

$$\mathbb{H}_1^{\otimes 3} = \mathbb{H}_1 \otimes \mathbb{H}_1 \otimes \mathbb{H}_1 \tag{3.230}$$

und

$$|0\rangle^{\otimes 3} = |0\rangle\,|0\rangle\,|0\rangle\,. \tag{3.231}$$

Wir zeigen auch, wie sich die Darstellung eines Tensorprodukts von Elementen der Hilberträume $\mathbb{H}(j)$ bezüglich der Basis B aus der Darstellung der Komponenten bezüglich der Basen B_j ergibt. Wir definieren

$$\mathbf{k} = (k_0, \ldots, k_{m-1}) \tag{3.232}$$

und

$$\mathbb{Z}_{\mathbf{k}} = \prod_{j=0}^{m-1} \mathbb{Z}_{k_j}. \tag{3.233}$$

Für alle $\mathbf{i} \in \mathbb{Z}_{\mathbf{k}}$, $\mathbf{i} = (i_0, \ldots, i_{m-1})$, setzen wir

$$|b_{\mathbf{i}}\rangle = \bigotimes_{j=0}^{m-1} \left|b_{i_j,j}\right\rangle = \left|b_{i_0,0}\right\rangle \cdots \left|b_{i_{m-1},m-1}\right\rangle. \tag{3.234}$$

Proposition 3.5.3 Für $0 \leq j < m$ sei $\left|\varphi_j\right\rangle \in \mathbb{H}(j)$ mit

$$\left|\varphi_j\right\rangle = \sum_{i=0}^{k_j-1} \alpha_{i,j} \left|b_{i,j}\right\rangle \tag{3.235}$$

wobei $\alpha_{i,j} \in \mathbb{C}$ für alle $i \in \mathbb{Z}_{k_j}$ ist. Dann gilt

$$\bigotimes_{j=0}^{m-1} \left|\varphi_j\right\rangle = \sum_{\mathbf{i} \in \mathbb{Z}_{\mathbf{k}}} \alpha_{\mathbf{i}} \,|b_{\mathbf{i}}\rangle \tag{3.236}$$

mit

$$\alpha_{\mathbf{i}} = \prod_{j=0}^{m-1} \alpha_{i_j,j}. \tag{3.237}$$

für $\mathbf{i} = (i_0, \ldots, i_{m-1}) \in \mathbb{Z}_{\mathbf{k}}$.

Übung 3.5.4 Beweisen Sie Proposition 3.5.3.

3.5.2 Inneres Produkt

Auf dem Tensorprodukt $\mathbb{H} = \mathbb{H}(0) \otimes \cdots \otimes \mathbb{H}(m-1)$ verwenden wir das innere Produkt, das durch die inneren Produkte auf den Komponentenräumen *induziert* wird, welches als das hermitesche innere Produkt bezüglich der Basis $B = B_0 \otimes \cdots \otimes B_{m-1}$ definiert ist. Daher ist B eine orthonormale Basis bezüglich dieses inneren Produkts. Außerdem ist das Tensorprodukt $\mathbb{H}$ mit dem durch die inneren Produkte der Komponentenräume induzierten inneren Produkt ein Hilbertraum.

Proposition 3.5.5 Für $0 \le j < m$ seien $|\varphi_j\rangle, |\psi_j\rangle \in \mathbb{H}(j)$. Dann gilt

$$\left\langle \bigotimes_{j=0}^{m-1} |\varphi_j\rangle \middle| \bigotimes_{j=0}^{m-1} |\psi_j\rangle \right\rangle = \prod_{j=0}^{m-1} \langle \varphi_j | \psi_j \rangle. \tag{3.238}$$

Beweis Schreibe

$$|\varphi\rangle = \bigotimes_{j=0}^{m-1} |\varphi_j\rangle \text{ und } |\psi\rangle = \bigotimes_{j=0}^{m-1} |\psi_j\rangle. \tag{3.239}$$

Für $0 \le j < m$ sei

$$|\varphi_j\rangle = \sum_{i=0}^{k_j-1} \alpha_{i,j} |b_{i,j}\rangle, \quad |\psi_j\rangle = \sum_{i=0}^{k_j-1} \beta_{i,j} |b_{i,j}\rangle \tag{3.240}$$

mit $\alpha_{i,j}, \beta_{i,j} \in \mathbb{C}$ für alle $i \in \mathbb{Z}_{k_j}$. Aus Proposition 3.5.3 folgt

$$|\varphi\rangle = \sum_{\mathbf{i} \in \mathbb{Z}_{\mathbf{k}}} \alpha_{\mathbf{i}} |b_{\mathbf{i}}\rangle, \quad |\psi\rangle = \sum_{\mathbf{i} \in \mathbb{Z}_{\mathbf{k}}} \beta_{\mathbf{i}} |b_{\mathbf{i}}\rangle \tag{3.241}$$

wobei

$$\alpha_{\mathbf{i}} = \prod_{j=0}^{m-1} \alpha_{i_j,j}, \quad \beta_{\mathbf{i}} = \prod_{j=0}^{m-1} \beta_{i_j,j} \tag{3.242}$$

für alle $\mathbf{i} = (i_0, \ldots, i_{m-1}) \in \mathbb{Z}_{\mathbf{k}}$. Aus der Orthonormalität von B erhalten wir

$$\langle \varphi | \psi \rangle = \left\langle \sum_{\mathbf{i} \in \mathbb{Z}_{\mathbf{k}}} \alpha_{\mathbf{i}} |b_{\mathbf{i}}\rangle \middle| \sum_{\mathbf{i} \in \mathbb{Z}_{\mathbf{k}}} \beta_{\mathbf{i}} |b_{\mathbf{i}}\rangle \right\rangle = \sum_{\mathbf{i} \in \mathbb{Z}_k} \overline{\alpha_{\mathbf{i}}} \beta_{\mathbf{i}}. \tag{3.243}$$

Andererseits impliziert die Orthonormalität der B_j, dass

$$\prod_{j=0}^{m-1} \langle \varphi_j | \psi_j \rangle = \prod_{j=0}^{m-1} \left\langle \sum_{i \in \mathbb{Z}_{k_j}} \alpha_{i,j} \left| b_{i,j} \right\rangle \middle| \sum_{i \in \mathbb{Z}_{k_j}} \beta_{i,j} \left| b_{i,j} \right\rangle \right\rangle = \sum_{\mathbf{i} \in \mathbb{Z}_k} \overline{\alpha_{\mathbf{i}}} \beta_{\mathbf{i}}. \tag{3.244}$$

□

Beispiel 3.5.6 Sei $m = 2$, $\mathbb{H}(j) = \mathbb{H}_1$, und $B_j = (|0\rangle, |1\rangle)$ für $0 \leq j < 2$. Für

$$\begin{aligned} |\varphi_0\rangle &= |0\rangle + i\,|1\rangle\,, \quad |\varphi_1\rangle = |0\rangle - i\,|1\rangle \\ |\psi_0\rangle &= |0\rangle + |1\rangle\,, \quad |\psi_1\rangle = |0\rangle - |1\rangle\,. \end{aligned} \tag{3.245}$$

erhalten wir

$$\left\langle |\varphi_0\rangle\,|\varphi_1\rangle \,\middle|\, |\psi_0\rangle\,|\psi_1\rangle \right\rangle = \langle \varphi_0 | \psi_0 \rangle \langle \varphi_1 | \psi_1 \rangle = (1+i)(1-i) = 2. \tag{3.246}$$

3.5.3 Zustandsräume als Tensorprodukte

Wir können die Konstruktion aus dem vorherigen Abschnitt nutzen, um das Tensorprodukt von Zustandsräumen mit einem größeren Zustandsraum zu identifizieren. Um dies zu erklären, seien $m, n_0, \ldots, n_{m-1} \in \mathbb{N}$. Betrachte das Tensorprodukt

$$\mathbb{H} = \mathbb{H}_{n_0} \otimes \cdots \otimes \mathbb{H}_{n_{m-1}} \tag{3.247}$$

der n_j-Qubit-Zustandsräume $\mathbb{H}_{n_j}$, $j \in \mathbb{Z}_m$.

Sei $n = \sum_{j=0}^{m-1} n_j$. Bezeichne mit B die Berechnungsbasis von $\mathbb{H}_n$. Dann ist die lineare Abbildung

$$\mathbb{H} \to \mathbb{H}_n, \quad |\mathbf{b}_0\rangle\,|\mathbf{b}_1\rangle \cdots |\mathbf{b}_{m-1}\rangle \mapsto |\mathbf{b}_0\mathbf{b}_1 \cdots \mathbf{b}_{m-1}\rangle\,, \tag{3.248}$$

mit $\mathbf{b}_j \in \{0,1\}^{n_j}$ für $0 \leq j < m$, eine Isometrie zwischen $\mathbb{H}_n$ und $\mathbb{H}_{n_0} \otimes \cdots \otimes \mathbb{H}_{n_{m-1}}$. Mithilfe dieser Isometrie identifizieren wir die Elemente des Tensorprodukts $\mathbb{H}$ mit den Elementen von $\mathbb{H}_n$.

Übung 3.5.7 Zeigen Sie, dass die Abb. (3.248) eine Isometrie ist.

Beispiel 3.5.8 Sei $m = 2$, $n_0, n_1 = 1$, und sei

$$|\varphi\rangle = |0\rangle + |1\rangle\,, \quad |\psi\rangle = |0\rangle - |1\rangle\,. \tag{3.249}$$

Dann gilt

$$\begin{aligned}|\varphi\rangle \otimes |\psi\rangle &= (|0\rangle + |1\rangle) \otimes (|0\rangle - |1\rangle)\\ &= |0\rangle\,|0\rangle - |0\rangle\,|1\rangle + |1\rangle\,|0\rangle - |1\rangle\,|1\rangle\\ &= |00\rangle - |01\rangle + |10\rangle - |11\rangle\,.\end{aligned} \tag{3.250}$$

Die Isometrie (3.248) kann auch geschrieben werden als

$$\mathbb{H} \to \mathbb{H}_n, \quad |b_0\rangle_{n_0} \cdots |b_{m-1}\rangle_{n_{m-1}} \mapsto \left|\sum_{j=0}^{m-1} b_j 2^{s_j - j}\right\rangle_n \tag{3.251}$$

mit $b_j \in \mathbb{Z}_{2^{n_j}}$ und $s_j = \sum_{u=j}^{m-1} n_u$ für alle $j \in \mathbb{Z}_m$.

3.5.4 Homomorphismen

Sei $m \in \mathbb{N}$, seien $\mathbb{H}'(0), \ldots, \mathbb{H}'(m-1)$ endlich-dimensionale Hilberträume. Sei

$$\mathbb{H}' = \mathbb{H}'(0) \otimes \cdots \otimes \mathbb{H}'(m-1). \tag{3.252}$$

Wie in Theorem B.6.24 gezeigt, identifizieren wir $\operatorname{Hom}(\mathbb{H}', \mathbb{H})$ mit dem Tensorprodukt $\bigotimes_{j=0}^{m-1} \operatorname{Hom}(\mathbb{H}'(j), \mathbb{H}(j))$. Außerdem gilt Folgendes.

Proposition 3.5.9 Sei $(f_0, \ldots, f_{m-1}) \in \prod_{j=0}^{m-1} \operatorname{Hom}(\mathbb{H}'(j), \mathbb{H}(j))$. Dann ist

$$f^* = f_0^* \otimes \cdots \otimes f_{m-1}^*. \tag{3.253}$$

Übung 3.5.10 Beweisen Sie Proposition 3.5.9.

Beispiel 3.5.11 Betrachte $H^{\otimes 2} = H \otimes H$ in $\operatorname{End}(\mathbb{H}_1 \otimes \mathbb{H}_1)$, wobei H der Hadamard-Operator ist. Da wir $\mathbb{H}_1 \otimes \mathbb{H}_1$ mit $\mathbb{H}_2$ identifizieren, gehört diese Abbildung zu $\operatorname{End}(\mathbb{H}_2)$. Aus

$$H\,|0\rangle = \frac{|0\rangle + |1\rangle}{\sqrt{2}} \tag{3.254}$$

folgt, dass

$$\begin{aligned}H^{\otimes 2}\,|0\rangle^{\otimes 2} &= H\,|0\rangle \otimes H\,|0\rangle\\ &= \frac{|0\rangle + |1\rangle}{\sqrt{2}} \otimes \frac{|0\rangle + |1\rangle}{\sqrt{2}} = \frac{1}{2} \sum_{\mathbf{b} \in \{0,1\}^2} |\mathbf{b}\rangle\,.\end{aligned} \tag{3.255}$$

Übung 3.5.12 Zeigen Sie, dass für alle $n \in \mathbb{N}$ Folgendes gilt:

$$H^{\otimes n}|0\rangle^{\otimes n} = \frac{1}{\sqrt{2^n}} \sum_{\mathbf{b}\in\{0,1\}^n} |\mathbf{b}\rangle\,. \tag{3.256}$$

Wir bemerken außerdem Folgendes:

Proposition 3.5.13 Für $0 \le j < m$ seien $|\varphi_j\rangle, |\psi_j\rangle \in \mathbb{H}(j)$. Dann gilt

$$\left\langle \bigotimes_{j=0}^{m-1} |\varphi_j\rangle \right| = \bigotimes_{j=0}^{m-1} \langle\varphi_j| \tag{3.257}$$

und

$$\left| \bigotimes_{j=0}^{m-1} |\varphi_j\rangle \right\rangle\!\left\langle \bigotimes_{j=0}^{m-1} |\psi_j\rangle \right| = \bigotimes_{j=0}^{m-1} |\varphi_j\rangle\langle\psi_j|. \tag{3.258}$$

Übung 3.5.14 Beweisen Sie Proposition 3.5.13.

3.5.5 Endomorphismen

Wir erklären, wie die Eigenschaften des Tensorprodukts von Endomorphismen mit den Eigenschaften seiner Komponenten zusammenhängen.

Proposition 3.5.15 Für $0 \le j < m$ sei $A_j \in \mathrm{End}(\mathbb{H}(j))$ und Λ_j sei die Menge der Eigenwerte von A_j ist. Außerdem verwenden wir für $0 \le j < m$ und $\lambda \in \Lambda_j$ die folgende Notation: $E_{\lambda,j}$ bezeichnet den Eigenraum von A_j für λ, $B_{\lambda,j}$ ist eine Orthonormalbasis von $E_{\lambda.j}$, und $P_{\lambda,j}$ ist die orthogonale Projektion von $\mathbb{H}(j)$ auf $E_{\lambda,j}$. Schließlich sei

$$A = A_0 \otimes \cdots \otimes A_{m-1}. \tag{3.259}$$

Dann ist $A \in \mathrm{End}(\mathbb{H})$ und es gilt Folgendes.

1. Die Menge der Eigenwerte von A ist
$$\Lambda = \left\{ \prod_{j=0}^{m-1} \lambda_j : \lambda_j \in \Lambda_j,\ \text{für } 0 \le j < m \right\}. \tag{3.260}$$
2. Für alle $\lambda \in \Lambda$ sei
$$L_\lambda = \left\{ (\lambda_0, \ldots, \lambda_{m-1}) \in \prod_{j=0}^{m-1} \Lambda_j : \lambda = \prod_{j=0}^{m-1} \lambda_j \right\} \tag{3.261}$$

Dann ist der Eigenraum von A für λ

$$E_\lambda = \sum_{(\lambda_0,\dots,\lambda_{m-1})\in L_\lambda} \bigotimes_{j=0}^{m-1} E_{\lambda_j,j}. \tag{3.262}$$

Außerdem ist die Verkettung aller Folgen $\bigotimes_{j=0}^{m-1} B_{\lambda_j,j}$, $(\lambda_0,\dots,\lambda_{m-1}) \in L_\lambda$, eine Orthonormalbasis von E_λ, und die Projektion auf diesen Eigenraum ist

$$P_\lambda = \sum_{(\lambda_0,\dots,\lambda_{m-1})\in L_\lambda} \bigotimes_{j=0}^{m-1} P_{\lambda_j,j}. \tag{3.263}$$

3. Der Operator A ist genau dann eine Projektion, eine Involution, normal, hermitesch oder unitär, wenn alle seine Komponenten A_j, $j \in \mathbb{Z}_m$ die entsprechenden Eigenschaften haben.

Übung 3.5.16 Beweisen Sie Proposition 3.5.15.

Beispiel 3.5.17 Sei $m = 2$, $\mathbb{H}(0) = \mathbb{H}(1) = \mathbb{H}_1$, und sei A_0 und A_1 der Pauli-X-Operator, der in Beispiel 3.3.1 eingeführt wurde. Er bildet $|0\rangle$ auf $|1\rangle$ ab und umgekehrt und hat die Eigenwerte 1 und -1. Außerdem sind

$$(|x_+\rangle) = \left(\frac{|0\rangle + |1\rangle}{\sqrt{2}}\right), \quad (|x_-\rangle) = \left(\frac{|0\rangle - |1\rangle}{\sqrt{2}}\right) \tag{3.264}$$

orthonormale Basen der Eigenräume von X für die Eigenwerte 1 bzw. -1. Die Projektionen auf diese Eigenräume sind

$$|x_+\rangle\langle x_+|, \quad |x_-\rangle\langle x_-|. \tag{3.265}$$

Wir betrachten das Tensorprodukt

$$A = X \otimes X. \tag{3.266}$$

Es ist in $\mathrm{End}(\mathbb{H}_1 \otimes \mathbb{H}_1) = \mathrm{End}(\mathbb{H}_2)$. Aus Proposition 3.5.15 folgt, dass 1 und -1 die Eigenwerte von A sind. Außerdem sind nach dieser Proposition die Folgen

$$\begin{aligned} B_1 &= (|x_+x_+\rangle, |x_-x_-\rangle), \\ B_{-1} &= (|x_+x_-\rangle, |x_-x_+\rangle) \end{aligned} \tag{3.267}$$

orthonormale Basen der Eigenräume E_1 und E_{-1} für die Eigenwerte 1 bzw. -1 und

$$\begin{aligned} P_1 &= |x_+x_+\rangle\langle x_+x_+| + |x_-x_-\rangle\langle x_-x_-|, \\ P_{-1} &= |x_+x_-\rangle\langle x_+x_-| + |x_-x_+\rangle\langle x_-x_+| \end{aligned} \tag{3.268}$$

die Projektionen auf diese Eigenräume.

Da X eine hermitesche unitäre Involution ist, gilt das Gleiche für $X \otimes X$.

3.5.6 Schmidt-Zerlegungssatz

In diesem Abschnitt stellen wir den wichtigen Schmidt-Zerlegungssatz vor, der auf den Mathematiker Erhard Schmidt (1876–1959) aus dem frühen 20. Jahrhundert zurückgeht. Dieser Satz ist in der Quantenmechanik von großer Bedeutung, weil er die mathematische Beschreibung des Phänomens der Verschränkung erlaubt. Das Szenario ist Folgendes: Seien $\mathbb{H}(0)$ und $\mathbb{H}(1)$ Hilberträume der Dimensionen k und l. Dann gilt $|\varphi_0\rangle \otimes |\varphi_1\rangle \in \mathbb{H}(0) \otimes \mathbb{H}(1)$ für alle $|\varphi_0\rangle \in \mathbb{H}(0)$ und $|\varphi_1\rangle \in \mathbb{H}(1)$. Aber nicht alle Elemente $|\varphi\rangle$ in $\mathbb{H}(0) \otimes \mathbb{H}(1)$ können als Tensorprodukt von Elementen in $\mathbb{H}(0)$ und $\mathbb{H}(1)$ geschrieben werden. Der Schmidt-Zerlegungssatz ermöglicht es, zwischen Elementen von $\mathbb{H}(0) \otimes \mathbb{H}(1)$ zu unterscheiden, die eine solche Zerlegung besitzen und denen, für die das nicht der Fall ist.

Theorem 3.5.18 (Schmidt-Zerlegungssatz) Sei $|\varphi\rangle \in \mathbb{H}(0) \otimes \mathbb{H}(1)$. Dann gibt es $m \in \mathbb{N}$, $m \leq \min\{k, l\}$, orthonormale Folgen $(|u_0\rangle, \ldots, |u_{m-1}\rangle)$ in $\mathbb{H}(0)$ und $(|v_0\rangle, \ldots, |v_{m-1}\rangle)$ in $\mathbb{H}(1)$ und nichtnegative reelle Zahlen $r_0, \ldots, r_{m-1}$ derart, dass

$$|\varphi\rangle = \sum_{i=0}^{m-1} r_i |u_i\rangle \otimes |v_i\rangle . \tag{3.269}$$

Die Koeffizientenfolge $(r_0, \ldots, r_{m-1})$ ist bis auf Umordnung eindeutig durch $|\varphi\rangle$ bestimmt. Die Darstellung in (3.269) wird als *Schmidt-Zerlegung* von $|\varphi\rangle$ bezeichnet.

Beweis Seien $B = (|b_0\rangle, \ldots, |b_{k-1}\rangle) \in \mathbb{H}(0)^k$ und $C = (|c_0\rangle, \ldots, |c_{l-1}\rangle) \in \mathbb{H}(1)^l$ orthonormale Basen von $\mathbb{H}(0)$ bzw. $\mathbb{H}(1)$. Dann können wir

$$|\varphi\rangle = \sum_{i=0}^{k-1}\sum_{j=0}^{l-1} \alpha_{i,j} |b_i\rangle |c_j\rangle \tag{3.270}$$

schreiben mit $\alpha_{i,j} \in \mathbb{C}$ für alle $i \in \mathbb{Z}_k$ und $j \in \mathbb{Z}_l$. Setze $A = (\alpha_{i,j}) \in \mathbb{C}^{(k,l)}$. Dann kann (3.270) auch geschrieben werden als

$$|\varphi\rangle = BAC. \tag{3.271}$$

Ohne Beschränkung der Allgemeinheit sei angenommen, dass $k \geq l$. Dann gibt es gemäß Theorem 3.4.68 eine Singulärwertzerlegung

$$A = U \begin{pmatrix} D \\ 0 \end{pmatrix} V^* \tag{3.272}$$

wobei $U \in \mathbb{C}^{(k,k)}$ und $V \in \mathbb{C}^{(l,l)}$ unitäre Matrizen sind und $D \in \mathbb{C}^{(l,l)}$ eine positiv semidefinite Diagonalmatrix ist, das heißt,

$$D = (r_0, \dots, r_{l-1}) \tag{3.273}$$

mit $r_i \in \mathbb{R}_{\geq 0}$ für $0 \leq i < l$. Schreibe

$$U = \begin{pmatrix} U_1 \, U_2 \end{pmatrix} \tag{3.274}$$

mit $U_1 \in \mathbb{C}^{(k,l)}$ und $U_2 \in \mathbb{C}^{(k,k-l)}$. Dann folgt aus (3.272)

$$A = U_1 D V^*. \tag{3.275}$$

Aus (3.271) folgt also

$$|\varphi\rangle = B U_1 D V^* C. \tag{3.276}$$

Mit

$$(|u_0\rangle, \dots, |u_{l-1}\rangle) = B U_1 \text{ und } (|v_0\rangle, \dots, |v_{l-1}\rangle) = V^* C \tag{3.277}$$

gilt

$$|\varphi\rangle = \sum_{i=0}^{l-1} r_i \, |u_i\rangle \otimes |v_i\rangle \,. \tag{3.278}$$

Wir zeigen die Eindeutigkeit der Koeffizienten r_i. Angenommen, wir haben eine Schmidt-Zerlegung (3.269). Daraus können wir eine Singulärwertzerlegung der Matrix A aus (3.271) konstruieren, wobei die positiven Koeffizienten die Singulärwerte von A sind. Die Details der Konstruktion werden in Übung 3.5.19 ausgearbeitet. Die Singulärwerte sind nach Theorem 3.4.68 eindeutig bestimmt. Dies zeigt, dass diese Koeffizienten bis auf Umordnung eindeutig bestimmt sind. □

Man beachte, dass die Schmidt-Zerlegung in (3.269) von der Aufspaltung $\mathbb{H} = \mathbb{H}(0) \otimes \mathbb{H}(1)$ abhängt. Für eine andere Aufspaltung ergeben sich andere Schmidt-Zerlegungen. So ist zum Beispiel $\mathbb{H}_3 = \mathbb{H}_1 \otimes \mathbb{H}_2$ und $\mathbb{H}_3 = \mathbb{H}_2 \otimes \mathbb{H}_1$. Die Schmidt-Zerlegungen bezüglich dieser Aufspaltungen sind verschieden.

Übung 3.5.19 Konstruieren Sie die Singulärwertzerlegung im Beweis der Eindeutigkeit für Theorem 3.5.18.

Definition 3.5.20 Sei $r = (r_0, \dots, r_{m-1})$ die Folge der Koeffizienten in einer Schmidt-Zerlegung von $|\varphi\rangle$. Aus Theorem 3.5.18 wissen wir, dass die Elemente der Folge r nichtnegative reelle Zahlen sind und dass r bis auf die Reihenfolge ihrer Elemente eindeutig bestimmt ist.

1. Die positiven Elemente von r werden als *Schmidt-Koeffizienten* von $|\varphi\rangle$ bezeichnet.
2. Die Anzahl der Schmidt-Koeffizienten von $|\varphi\rangle$ (mit Vielfachheiten) wird als *Schmidt-Rang* oder *Schmidt-Zahl* von $|\varphi\rangle$ bezeichnet.
3. $|\varphi\rangle$ heißt *separabel* bezüglich der Zerlegung $\mathbb{H} = \mathbb{H}(0) \otimes \mathbb{H}(1)$, wenn sein Schmidt-Rang 1 ist, d. h., wenn $|\varphi\rangle = |\psi\rangle \otimes |\xi\rangle$ geschrieben werden kann mit $|\psi\rangle \in \mathbb{H}(0)$ und $|\xi\rangle \in \mathbb{H}(1)$. Andernfalls wird $|\varphi\rangle$ als *inseparabel* bezüglich dieser Zerlegung bezeichnet .

Man beachte, dass das Konzept der Separabilität von der Zerlegung eines Hilbertraums in das Tensorprodukt von zwei Hilberträumen abhängt. Im nächsten Kapitel werden wir sehen, dass die verschränkten Quantenzustände genau die inseparablen Quantenzustände sind.

Beispiel 3.5.21 Betrachte die Zerlegung $\mathbb{H}_2 = \mathbb{H}_1 \otimes \mathbb{H}_1$ und in $\mathbb{H}_2$ das Element

$$|\varphi\rangle = |0\rangle \otimes \frac{|0\rangle + |1\rangle}{\sqrt{2}} \in \mathbb{H}_1 \otimes \mathbb{H}_1. \tag{3.279}$$

Dies ist eine Schmidt-Zerlegung von $|\varphi\rangle$. Also ist 1 der einzige Schmidt-Koeffizient von $|\varphi\rangle$. Er hat die Vielfachheit 1 in der Schmidt-Zerlegung von $|\varphi\rangle$. Daher ist der Schmidt-Rang oder die Schmidt-Zahl von $|\varphi\rangle$ (bezüglich der gewählten Zerlegung von $\mathbb{H}$) 1 und damit ist $|\varphi\rangle$ separabel.

Beispiel 3.5.22 Betrachte den sogenannten *Bell-Zustand*

$$|\varphi\rangle = \frac{|0\rangle \otimes |0\rangle + |1\rangle \otimes |1\rangle}{\sqrt{2}} \in \mathbb{H}_1 \otimes \mathbb{H}_1. \tag{3.280}$$

Die Darstellung (3.280) ist eine Schmidt-Zerlegung von $|\varphi\rangle$. Also ist $1/\sqrt{2}$ der einzige Schmidt-Koeffizient von $|\varphi\rangle$. Er hat Vielfachheit 2 in der Schmidt-Zerlegung von $|\varphi\rangle$. Daher hat $|\varphi\rangle$ den Schmidt-Rang 2 und ist inseparabel.

Quantenmechanik 4

Die Quantenmechanik wurde im frühen 20. Jahrhundert entdeckt. Sie gehört zu den revolutionärsten Entdeckungen in der Physik und wurde grundlegend geprägt durch die Arbeiten von Physikern wie Max Planck (1958–1947), der 1918 den Nobelpreis erhielt, und Albert Einstein (1879–1955), Nobelpreisträger des Jahres 1921, der allerdings später der Quantenmechanik gegenüber sehr kritisch war. Vollständig entwickelt wurde die Theorie von herausragenden Wissenschaftlern wie Niels Bohr (1885–1962), Nobelpreis 1922, Werner Heisenberg (1901–1976), Nobelpreis 1932, Erwin Schrödinger (1887–1961), Paul Dirac (1902–1984), beide erhielten 1933 den Nobelpreis, Wolfgang Pauli (1900–1958), Nobelpreis 1945, und Max Born (1882–1970), Nobelpreis 1954. Im Jahr 1965 wurden Richard P. Feynman (1918–1988), Julian Schwinger (1918–1994) und Sin-Itiro Tomonaga (1906–1979) mit dem Nobelpreis für ihre Beiträge zur Quantenelektrodynamik ausgezeichnet. Im Jahr 2022, erhielten Alain Aspect, John Clauser und Anton Zeilinger den Nobelpreis für die experimentelle Bestätigung eines der kontraintuitivsten Phänomene der Quantenphysik: die Verschränkung.

Eine der grundlegenden Eigenschaften quantenmechanischer Systeme besteht darin, dass sie in einer Superposition vieler möglicher Zustände sein können. Dies inspirierte den Mathematiker und Physiker Yuri Manin (1937–1923) [Man80], sowie die Physiker Paul Benioff (1930–2022) [Ben80] und Richard Feynman [Fey82] zu der Idee eines Quantencomputers, bei dem Informationen in Superposition gespeichert und verarbeitet werden. Es wurde jedoch bald klar, dass die Entwicklung praktischer und nützlicher Algorithmen auf dieser Grundlage eine herausfordernde Aufgabe ist, wie in den folgenden Kapiteln beschrieben wird.

Um das Funktionieren dieser Algorithmen und ihre zugrunde liegenden Prinzipien zu verstehen, ist das Verständnis der Quantenmechanik unerlässlich. Daher ist es das Ziel

J. A. Buchmann, *Quantenalgorithmen*,
https://doi.org/10.1007/978-3-662-71177-4_4

dieses Kapitels, den Leser in die quantenmechanischen Grundlagen einzuführen, die dem Quantencomputing zugrunde liegen.

Wie andere Bereiche der Physik beruht auch die Quantenmechanik auf einer Reihe von Postulaten, die eine Entsprechung zwischen realen Objekten und Prozessen und ihren mathematischen Modellen herstellen. Diese Entsprechung ermöglicht es, Vorhersagen über Quantenberechnungen mittels rigoroser mathematischer Überlegungen zu machen. Wir führen diese Postulate ein und erläutern ihre Bedeutung für die Theorie der Quantencomputer. Dabei zeigen wir, wie die Zustände von Quantensystemen als Elemente von Zustandsräumen modelliert werden und ihre Evolution durch unitäre Operatoren auf diesen Räumen beschrieben werden. Außerdem erläutern wir, wie quantenmechanische Messungen die Ergebnisse von Quantenberechnungen für die weitere klassische Berechnung bereitstellen. Nach der Diskussion der quantenmechanischen Postulate erläutern wir, wie der Zustand von Quantenbits als Punkte auf der Einheitssphäre im dreidimensionalen Raum, der sogenannten Bloch-Kugel, visualisiert werden können. Anschließend präsentieren wir eine alternative Beschreibung von Quantenzuständen mithilfe von Dichteoperatoren. Dieser Ansatz erlaubt es, den Zustand der Komponenten zusammengesetzter Quantensysteme zu beschreiben.

Im ganzen Kapitel sei $\mathbb{H}$ ein Hilbertraum der Dimension $k \in \mathbb{N}$ mit dem inneren Produkt $\langle \cdot | \cdot \rangle$.

4.1 Zustandsräume

In diesem Abschnitt geht es um das Zustandsraum-Postulat und seine Bedeutung in der Quanteninformatik.

4.1.1 Zustandsraum-Postulat

Das *Zustandsraum-Postulat,* das wir nun formulieren, spezifiziert, wie der Zustand eines geschlossenen physikalischen Systems modelliert wird.

Postulat 4.1.1 (Zustandsräume) Zu jedem geschlossenen physikalischen System gehört ein Hilbertraum, der als Zustandsraum des Systems bezeichnet wird. Das System wird zu jedem Zeitpunkt vollständig durch einen Vektor der Länge 1 in seinem Zustandsraum beschrieben, der *Zustandsvektor* oder *Zustand* des physikalischen Systems heißt.

Der Begriff „geschlossen" bezieht sich darauf, dass das System nicht mit anderen Systemen interagiert, d. h. keine Energie oder Materie mit anderen Systemen austauscht. Tatsächlich ist das einzige geschlossene System das Universum als Ganzes. Es ist jedoch möglich, Quantensysteme zu konstruieren, die zeitweise als geschlossen betrachtet werden können. Der Zustandsvektor eines Quantensystems wird auch als *Wellenfunktion* bezeichnet. Der

Begriff „Wellenfunktion“ stammt aus der historischen Entwicklung der Quantenmechanik, bei der die Theorie zunächst in Analogie zu klassischen Wellenphänomenen formuliert wurde.

4.1.2 Quantenbits

In der Quanteninformatik ist die grundlegende Informationseinheit ein *Quantenbit* oder kurz *Qubit.* Ein Quantenbit ist ein physikalisches System, dessen Zustandsraum der *Ein-Qubit-Zustandsraum* $\mathbb{H}_1$ aus Definition 3.1.2 ist. Es handelt sich dabei um einen zweidimensionalen komplexen Hilbertraum mit der Orthonormalbasis $(|0\rangle, |1\rangle)$, die als *Berechnungsbasis* von $\mathbb{H}_1$ bezeichnet wird. Nach Postulat 4.1.1 wird ein einzelnes Qubit zu einem bestimmten Zeitpunkt vollständig durch seinen Zustandsvektor

$$|\varphi\rangle = \alpha_0 |0\rangle + \alpha_1 |1\rangle \tag{4.1}$$

beschrieben, wobei α_0 und α_1 komplexe Koeffizienten sind und

$$\|\varphi\|^2 = |\alpha_0|^2 + |\alpha_1|^2 = 1 \tag{4.2}$$

gilt. Die Linearkombination in (4.1) wird als *Superposition* der Basiszustände $|0\rangle$ und $|1\rangle$ bezeichnet. Während der Zustand eines klassischen Bits entweder 0 oder 1 ist, befinden sich Qubits in einer *Superposition* der Basiszustände $|0\rangle$ und $|1\rangle$. Die Absolutbeträge der Koeffizienten α_0 und α_1 werden als die *Amplituden* der Basiszustände $|0\rangle$ und $|1\rangle$ in der Darstellung von $|\varphi\rangle$ bezeichnet. Dies ist ein Spezialfall der folgenden Definition.

Definition 4.1.2 Sei $l \in \mathbb{N}$, sei $(|\varphi_0\rangle, \ldots, |\varphi_{l-1}\rangle) \in \mathbb{H}^l$ linear unabhängig und sei $|\varphi\rangle \in \mathbb{H}$, $|\varphi\rangle = \alpha_0 |\varphi_0\rangle + \ldots + \alpha_{l-1} |\varphi_{l-1}\rangle$ mit $\alpha_i \in \mathbb{C}$ für $i \in \mathbb{Z}_l$. Dann wird für jedes $i \in \mathbb{Z}_l$ der Koeffizient α_i als die *Amplitude* von $|\varphi_i\rangle$ in der Darstellung von $|\varphi\rangle$ als Linearkombination der $|\varphi_i\rangle$ bezeichnet.

Um die physikalische Bedeutung der Amplituden eines Ein-Qubit-Zustands zu verdeutlichen, geben wir einen Ausblick auf das Konzept der Messungen, das in Abschn. 4.4.1 ausführlicher behandelt wird. Eine *Messung in der Berechnungsbasis* eines Qubits ist eine Wechselwirkung eines Beobachters mit dem Qubit. Befindet sich das Qubit im Zustand $|\varphi\rangle = \alpha_0 |0\rangle + \alpha_1 |1\rangle$, $\alpha_0, \alpha_1 \in \mathbb{C}$, $|\alpha_0|^2 + |\alpha_1|^2 = 1$, dann ergibt die Messung den Wert 0 mit Wahrscheinlichkeit $|\alpha_0|^2$ und den Wert 1 mit Wahrscheinlichkeit $|\alpha_1|^2$. Beachten Sie, dass $|\varphi\rangle$ die Länge 1 haben muss, damit die Summe der Wahrscheinlichkeiten für die beiden Messergebnisse 1 ergibt. Außerdem befindet sich das Qubit unmittelbar nach der Messung im Zustand $|0\rangle$ oder $|1\rangle$, abhängig vom Messergebnis.

Beispiel 4.1.3 Betrachte ein physikalisches System, das aus einem einzelnen Qubit besteht. Dann ist

$$|\varphi\rangle = \frac{1}{\sqrt{2}}\,|0\rangle + \frac{i}{\sqrt{2}}\,|1\rangle \tag{4.3}$$

ein möglicher Zustand dieses Qubits, denn es gilt

$$||\varphi||^2 = \left|\frac{1}{\sqrt{2}}\right|^2 + \left|\frac{i}{\sqrt{2}}\right|^2 = \frac{1}{2} + \frac{1}{2} = 1.$$

Die Amplituden von $|0\rangle$ und $|1\rangle$ in dieser Darstellung sind $\frac{1}{\sqrt{2}}$ bzw. $\frac{i}{\sqrt{2}}$. Befindet sich unser Qubit im Zustand $|\varphi\rangle$ und ein Beobachter misst es, dann erhält er 0 oder 1, jeweils mit Wahrscheinlichkeit $\frac{1}{2}$.

4.1.3 Sphärische Koordinaten

In vielen Zusammenhängen wird die geometrische Interpretation von Ein-Qubit-Zuständen als Punkte auf der sogenannten *Bloch-Kugel* verwendet. Diese Interpretation benutzt sphärische Koordinaten von Vektoren im dreidimensionalen reellen Raum $\mathbb{R}^3$, die wir in diesem Abschnitt erklären.

Sei $\mathbf{p} = (x, y, z) \in \mathbb{R}^3$. Das Tripel der reellen Zahlen (x, y, z) wird als die *kartesische Koordinatendarstellung* von $\mathbf{p}$ bezeichnet. Die Elemente dieser Darstellung werden als die *kartesischen Koordinaten* von $\mathbf{p}$ bezeichnet. Um $\mathbf{p}$ darzustellen, verwenden wir auch die *kartesische Koordinatendarstellung von* $\mathbf{p}$ bezüglich einer anderen Basis B von $\mathbb{R}^3$, womit wir die kartesische Koordinatendarstellung von $\mathbf{p}_B = B^{-1}\mathbf{p}$ meinen.

Beispiel 4.1.4 Betrachte $\mathbf{p} = (1, 1, 1)$ und die alternative Basis

$$B = \begin{pmatrix} 1 & 0 & 0 \\ 0 & -1 & 0 \\ 0 & 0 & -1 \end{pmatrix}. \tag{4.4}$$

von $\mathbb{R}^3$. Die kartesische Koordinatendarstellung von $\mathbf{p}$ bezüglich B ist $B^{-1}\mathbf{p} = (1, -1, -1)$.

Als inneres Produkt auf $\mathbb{R}^3$ verwenden wir das innere Produkt auf $\mathbb{C}^3$, eingeschränkt auf $\mathbb{R}^3$. Dies wird in der folgenden Definition beschrieben.

Definition 4.1.5 Seien $\mathbf{p} = (p_x, p_y, p_z), \mathbf{q} = (q_x, q_y, q_z) \in \mathbb{R}^3$.

1. Das *innere Produkt* von $\mathbf{p}$ und $\mathbf{q}$ ist $\langle\mathbf{p}|\mathbf{q}\rangle = \mathbf{p}\cdot\mathbf{q} = p_x q_x + p_y q_y + p_z q_z$.
2. Die *euklidische Norm* oder *Länge* von $\mathbf{p}$ ist $||\mathbf{p}|| = \sqrt{\langle\mathbf{p}|\mathbf{p}\rangle}$.
3. $\mathbf{p}$ wird als *Einheitsvektor* bezeichnet, wenn seine euklidische Länge 1 beträgt.

4. $\mathbf{p}$ und $\mathbf{q}$ werden als *orthogonal* zueinander bezeichnet, wenn $\langle \mathbf{p}|\mathbf{q}\rangle = 0$ ist.
5. Eine Basis von $\mathbb{R}^3$ wird als *orthogonal* bezeichnet, wenn ihre Elemente paarweise orthogonal sind.
6. Eine Basis von $\mathbb{R}^3$ wird als *orthonormal* bezeichnet, wenn sie orthogonal ist und alle ihre Elemente Einheitsvektoren sind.

Die nächste Proposition zeigt Eigenschaften des inneren Produkts auf $\mathbb{R}^3$, die denen ähneln, die in Definition 3.2.1 aufgeführt sind.

Proposition 4.1.6 Für alle $\mathbf{p}, \mathbf{q}, \mathbf{r} \in \mathbb{R}^3$ und alle $\gamma \in \mathbb{R}$ gilt Folgendes:

1. *Bilinearität:* $\langle \mathbf{p} + \mathbf{q}|\mathbf{r}\rangle = \langle \mathbf{p}|\mathbf{r}\rangle + \langle \mathbf{q}|\mathbf{r}\rangle$, $\langle \mathbf{p}|\mathbf{q} + \mathbf{r}\rangle = \langle \mathbf{p}|\mathbf{q}\rangle + \langle \mathbf{p}|\mathbf{r}\rangle$ und $\langle \gamma\mathbf{p}|\mathbf{q}\rangle = \langle \mathbf{p}|\gamma\mathbf{q}\rangle = \gamma\langle \mathbf{p}|\mathbf{q}\rangle$.
2. *Positive Definitheit:* $\langle \mathbf{p}|\mathbf{p}\rangle \geq 0$ und $\langle \mathbf{p}|\mathbf{p}\rangle = 0$ genau dann, wenn $\mathbf{p} = 0$. Diese Eigenschaft wird auch *Positivität* genannt.

Übung 4.1.7 Beweisen Sie Proposition 4.1.6.

Beispiel 4.1.8 Das innere Produkt von $(3, 2, 1)$ und $(-1, 1, 1)$ ist $\langle (3, 2, 1)|(-1, 1, 1)\rangle = -3 + 2 + 1 = 0$. Daher sind diese Vektoren orthogonal zueinander. Die Länge des ersten Vektors ist $\|(3, 2, 1)\| = \sqrt{9 + 4 + 1} = \sqrt{14}$. Also ist $\frac{1}{\sqrt{14}}(3, 2, 1)$ ein Einheitsvektor.

Um sphärische Koordinaten definieren zu können, benötigen wir folgendes Resultat.

Lemma 4.1.9 Sei $x, y \in \mathbb{R}$ mit $x^2 + y^2 = 1$. Dann gibt es eine eindeutig bestimmte reelle Zahl γ mit $0 \leq \gamma < 2\pi$ mit

$$x = \cos\gamma \text{ und } y = \sin\gamma. \tag{4.5}$$

Gilt außerdem $0 \leq x, y \leq 1$, dann folgt $\gamma = \arccos x = \arcsin y$ und $0 \leq \gamma \leq \pi/2$.

Übung 4.1.10 Beweisen Sie Lemma 4.1.9.

Beispiel 4.1.11 Sei $x = -\frac{\sqrt{2}}{2}$ und $y = \frac{\sqrt{2}}{2}$. Für $\gamma = \frac{3}{4}\pi$ gilt $(\cos\gamma, \sin\gamma) = (x, y)$.

Nun führen wir sphärische Koordinaten ein.

Proposition 4.1.12 Sei $\mathbf{p} \in \mathbb{R}^3$, $\mathbf{p} \neq 0$. Dann gibt es eindeutig bestimmte reelle Zahlen r, θ und ϕ mit

$$r > 0, \quad 0 \leq \theta \leq \pi \text{ und } \begin{cases} \phi = 0 & \text{wenn } \theta \in \{0, \pi\}, \\ 0 < \phi < 2\pi & \text{sonst} \end{cases} \tag{4.6}$$

mit

$$\mathbf{p} = r(\cos\phi \sin\theta, \sin\phi \sin\theta, \cos\theta). \tag{4.7}$$

Das Tripel (r, θ, ϕ) wird als die *sphärische Koordinatendarstellung* von $\mathbf{p}$ bezeichnet. Seine Komponenten werden die *sphärischen Koordinaten* von $\mathbf{p}$ genannt und wir schreiben $\theta(\mathbf{p}) = \theta$ und $\phi(\mathbf{p}) = \phi$. Dabei heißt $\theta(\mathbf{p})$ der *Polarwinkel* und $\phi(\mathbf{p})$ der *Azimutwinkel* von $\mathbf{p}$.

Beweis Die einzig mögliche Wahl für r ist $r = \|\mathbf{p}\|$. So wählen wir r und nehmen ohne Beschränkung der Allgemeinheit $r = 1$ an. Sei $\mathbf{p} = (x, y, z)$ die kartesische Koordinatendarstellung von $\mathbf{p}$. Dann gilt $|z| \leq 1$ und $\theta = \arccos z$ ist die eindeutig bestimmte reelle Zahl $\theta \in [0, \pi]$, die $\cos\theta = z$ erfüllt. So wählen wir θ.

Für $\mathbf{p} = (0, 0, 1)$ ist $\theta = 0$ und mit $\phi = 0$ ist die Gl. (4.7) erfüllt. Ist $\mathbf{p} = (0, 0, -1)$, so folgt $\theta = \pi$ und mit $\phi = 0$ gilt (4.7) ebenfalls.

Wenn $\mathbf{p} \neq (0, 0, \pm 1)$ ist, folgt $0 < \theta < \pi$ und

$$\left(\frac{x}{\sin\theta}\right)^2 + \left(\frac{y}{\sin\theta}\right)^2 = \frac{1 - z^2}{\sin^2\theta} = \frac{1 - \cos^2\theta}{\sin^2\theta} = 1. \tag{4.8}$$

Daher gibt es nach Lemma 4.1.9 ein eindeutig bestimmtes $\phi \in\ ]0, 2\pi[$, sodass (4.7) erfüllt ist. □

Abb. 4.1 illustriert die sphärischen Koordinaten.

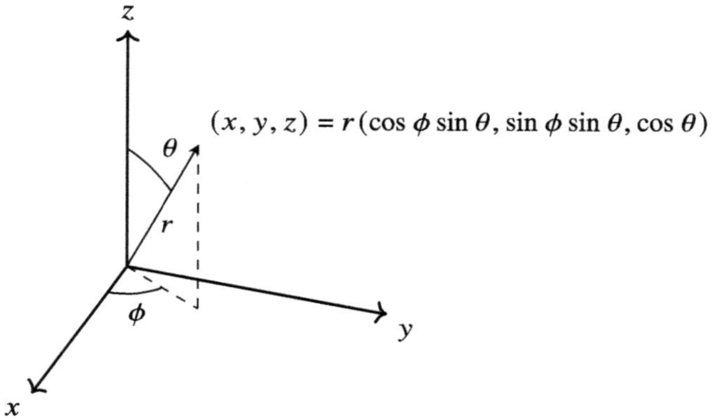

Abb. 4.1 Sphärische Koordinaten von (x, y, z)

Beispiel 4.1.13 Wir bestimmen die sphärische Koordinatendarstellung (r, θ, ϕ) des Vektors in $\mathbb{R}^3$ mit den kartesischen Koordinaten $(\frac{1}{2}, \frac{1}{2}, \frac{\sqrt{2}}{2})$. Es gilt $r^2 = \frac{1}{4} + \frac{1}{4} + \frac{1}{2} = 1$, $\theta = \arccos(\frac{\sqrt{2}}{2}) = \frac{\pi}{4}$. Außerdem gilt $\cos\phi = \frac{\sqrt{2}}{2}$ und $\sin\phi = \frac{\sqrt{2}}{2}$. Also ist $\phi = \frac{\pi}{4}$.

Übung 4.1.14

1. Bestimmen Sie die sphärischen Koordinaten von den folgenden in kartesischen Koordinaten gegebenen Vektoren: $\hat{x} = (1, 0, 0)$, $\hat{y} = (0, 1, 0)$, $\hat{z} = (0, 0, 1)$ und $(1, 1, 1)$.
2. Bestimmen Sie die kartesischen Koordinaten des Vektors mit sphärischen Koordinaten $(1, \frac{\pi}{4}, \frac{\pi}{6})$.

4.1.4 Bloch-Kugel

In diesem Abschnitt führen wir die Darstellung von Ein-Qubit-Zuständen auf der Bloch-Kugel ein. Wie wir in Abschn. 5.3 sehen werden, ermöglicht diese Darstellung eine geometrische Interpretation der unitären Operatoren in $\mathbb{H}_1$.

Definition 4.1.15 Unter der *Bloch-Kugel* verstehen wir die Menge $\{\mathbf{p} \in \mathbb{R}^3 : \|\mathbf{p}\| = 1\}$, also die Oberfläche der Kugel vom Radius 1 in $\mathbb{R}^3$. Die Elemente der Bloch-Kugel werden als *Punkte auf der Bloch-Kugel* bezeichnet.

In (4.1) werden Elemente $|\varphi\rangle$ von $\mathbb{H}_1$ als Superpositionen der Berechnungsbasis-Elemente $|0\rangle$ und $|1\rangle$ von $\mathbb{H}_1$ dargestellt. Da die beiden Koeffizienten komplexe Zahlen sind und $\mathbb{C}$ ein zweidimensionaler $\mathbb{R}$-Vektorraum ist, kann $|\varphi\rangle$ mit vier reellen Zahlen beschrieben werden. Weil jedoch Ein-Qubit-Zustände die euklidische Länge 1 haben, sind diese Zahlen nicht unabhängig voneinander. Wie wir nun zeigen werden, können Ein-Qubit-Zustände deshalb durch drei reelle Zahlen dargestellt werden. Hierfür benötigen wir das folgende Ergebnis, das aus Lemma 4.1.9 folgt.

Lemma 4.1.16 Für alle $\alpha \in \mathbb{C}$ gibt es eine eindeutig bestimmte reelle Zahl γ mit $0 \leq \gamma < 2\pi$ mit $\alpha = |\alpha|e^{i\gamma} = \cos\gamma + i\sin\gamma$. Sie heißt *die Phase* von α. Außerdem wird $|\alpha|$ die *Amplitude* von α genannt.

Übung 4.1.17 Beweisen Sie Lemma 4.1.16.

Wir geben einige Beispiele für die Darstellung aus Lemma 4.1.16.

Beispiel 4.1.18 Es gilt

$$\begin{aligned} 1 &= e^{i\cdot 0} = \cos 0 + i \sin 0, \\ i &= e^{i\cdot\pi/2} = \cos\frac{\pi}{2} + i\sin\frac{\pi}{2}, \\ \frac{1+i}{\sqrt{2}} &= e^{i\cdot\pi/4} = \cos\frac{\pi}{4} + i\sin\frac{\pi}{4}, \\ \frac{1-i}{\sqrt{2}} &= e^{i\cdot 7\pi/4} = \cos\frac{7\pi}{4} + i\sin\frac{7\pi}{4}. \end{aligned} \tag{4.9}$$

Die nächste Proposition zeigt, wie Ein-Qubit-Zuständen durch drei reelle Zahlen dargestellt werden können.

Proposition 4.1.19 Sei $|\psi\rangle \in \mathbb{H}_1$ ein Ein-Qubit-Zustand. Dann gibt es eindeutig bestimmte reelle Zahlen γ, θ und ϕ mit

$$|\psi\rangle = e^{i\gamma}\left(\cos\left(\frac{\theta}{2}\right)|0\rangle + e^{i\phi}\sin\left(\frac{\theta}{2}\right)|1\rangle\right) \tag{4.10}$$

und

$$0 \le \theta \le \pi, \quad 0 \le \gamma, \phi < 2\pi, \quad \theta \in \{0, \pi\} \Rightarrow \phi = 0. \tag{4.11}$$

Wir bezeichnen diese Zahlen mit $\gamma(\psi)$, $\theta(\psi)$ und $\phi(\psi)$.

Beweis Sei $|\psi\rangle = \alpha_0 |0\rangle + \alpha_1 |1\rangle$ mit $\alpha_0, \alpha_1 \in \mathbb{C}$. Da $|\psi\rangle$ ein Ein-Qubit-Zustand ist, gilt $|\alpha_0|^2 + |\alpha_1|^2 = 1$. Wähle $\theta \in [0, \pi]$ mit

$$|\alpha_0| = \cos\frac{\theta}{2}, \quad |\alpha_1| = \sin\frac{\theta}{2}. \tag{4.12}$$

Nach Lemma 4.1.9 ist dies möglich und θ ist eindeutig bestimmt. Um den Beweis abzuschließen, unterscheiden wir drei Fälle.

(1) Für $\alpha_0 = 0$ ist $\theta = 0$, $|\alpha_1| = 1$, und nach Lemma 4.1.16 können wir $|\alpha_1| = e^{i\gamma}$ schreiben mit einem eindeutig bestimmten $\gamma \in [0, 2\pi[$. Wenn wir $\phi = 0$ setzen, dann ist (γ, θ, ϕ) das einzige Tripel reeller Zahlen, das (4.10) und (4.11) erfüllt.
(2) Für $\alpha_1 = 0$ ist $\theta = \pi$, $|\alpha_0| = 1$, und nach Lemma 4.1.16 können wir $|\alpha_0| = e^{i\gamma}$ schreiben mit einem eindeutig bestimmten $\gamma \in [0, 2\pi[$. Wenn wir $\phi = 0$ setzen, dann ist (γ, θ, ϕ) das einzige Tripel reeller Zahlen, das (4.10) und (4.11) erfüllt.
(3) Angenommen, es gilt $\alpha_0, \alpha_1 \neq 0$. Dann folgt aus Lemma 4.1.16, dass eindeutig bestimmte reelle Zahlen $\gamma, \delta \in [0, 2\pi[$ existieren mit

$$\alpha_0 = e^{i\gamma}|\alpha_0| = e^{i\gamma}\cos\frac{\theta}{2}, \quad \alpha_1 = e^{i\delta}|\alpha_1| = e^{i\delta}\sin\frac{\theta}{2}. \tag{4.13}$$

Setze $\phi = \delta - \gamma \bmod 2\pi$. Dann gilt

$$|\varphi\rangle = e^{i\gamma}\left(\cos\frac{\theta}{2}\,|0\rangle + e^{i\phi}\sin\frac{\theta}{2}\,|1\rangle\right) \tag{4.14}$$

und (γ, θ, ϕ) ist das eindeutig bestimmte Tripel reeller Zahlen, das (4.10) und (4.11) erfüllt. □

Unter Verwendung von Proposition 4.1.19 stellen wir nun eine Beziehung zwischen Ein-Qubit-Zuständen und den Punkten auf der Bloch-Kugel her.

Definition 4.1.20

1. Jedem Ein-Qubit-Zustand $|\psi\rangle \in \mathbb{H}_1$ ordnen wir den Punkt $\mathbf{p}(\psi)$ auf der Bloch-Kugel mit sphärischen Koordinaten $(1, \theta(\psi), \phi(\psi))$ und kartesischen Koordinaten $(\sin\theta(\psi)\cos\phi(\psi), \sin\theta(\psi)\sin\phi(\psi), \cos\theta(\psi))$ zu.
2. Jedem Punkt $\mathbf{p}$ auf der Bloch-Kugel mit sphärischen Koordinaten $(1, \theta, \phi)$ ordnen wir den Ein-Qubit-Zustand

$$|\psi(\mathbf{p})\rangle = \cos\left(\frac{\theta}{2}\right)|0\rangle + e^{i\phi}\sin\left(\frac{\theta}{2}\right)|1\rangle \tag{4.15}$$

zu.

Die Entsprechung zwischen Ein-Qubit-Zuständen und Punkten auf der Bloch-Kugel wird in Beispiel 4.1.21, Übung 4.1.22, und Abb. 4.2 illustriert. Dort und im weiteren Verlauf dieses Buches schreiben wir die Einheitsvektoren in x-, y- und z-Richtung in $\mathbb{R}^3$ als

$$\hat{x} = (1, 0, 0), \quad \hat{y} = (0, 1, 0), \quad \hat{z} = (0, 0, 1). \tag{4.16}$$

Wir erinnern auch daran, dass die orthonormalen Eigenbasen der Pauli-Operatoren X, Y, und Z auf $\mathbb{H}_1$ (siehe Abschn. 3.4.7) folgende sind:

$$\begin{aligned}
(|x_+\rangle, |x_-\rangle) &= \left(\frac{|0\rangle + |1\rangle}{\sqrt{2}}, \frac{|0\rangle - |1\rangle}{\sqrt{2}}\right),\\
(|y_+\rangle, |y_-\rangle) &= \left(\frac{|0\rangle + i\,|1\rangle}{\sqrt{2}}, \frac{|0\rangle - i\,|1\rangle}{\sqrt{2}}\right),\\
(|z_+\rangle, |z_-\rangle) &= (|0\rangle, |1\rangle).
\end{aligned} \tag{4.17}$$

Beispiel 4.1.21 Die Darstellung (4.10) von $|z_+\rangle = |0\rangle$ ist

$$|z_+\rangle = |0\rangle = e^{i\cdot 0}\left(\cos\frac{0}{2}\,|0\rangle + e^{i\cdot 0}\sin\frac{0}{2}\,|1\rangle\right). \tag{4.18}$$

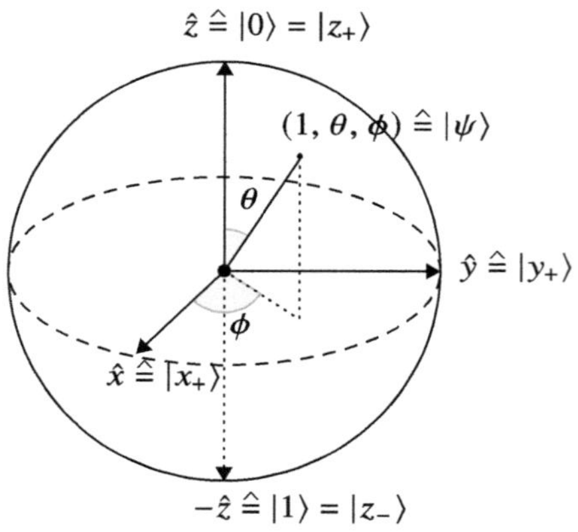

Abb. 4.2 Punkte auf der Bloch-Kugel, die $|x_+\rangle$, $|y_+\rangle$, $|z_+\rangle$, $|z_-\rangle$ und einem allgemeinen Ein-Qubit-Zustand $|\psi\rangle$ entsprechen

Daher ist die sphärische Koordinatendarstellung des Punktes auf der Bloch Kugel, der diesem Zustand entspricht, $(1, 0, 0)$ und seine kartesische Koordinatendarstellung ist $(0, 0, 1)$. Es gilt also $\mathbf{p}(z_+) = \hat{z}$.

Die Darstellung (4.10) von $|z_-\rangle = |1\rangle$ ist

$$|z_-\rangle = |1\rangle = e^{i \cdot 0} \left(\cos \frac{\pi}{2} |0\rangle + e^{i \cdot 0} \sin \frac{\pi}{2} |1\rangle \right). \tag{4.19}$$

Daher ist die sphärische Koordinatendarstellung des Punktes auf der Bloch Kugel, der diesem Zustand entspricht, $(1, \pi, 0)$ und seine kartesische Koordinatendarstellung $(0, 0, -1)$. Es gilt also $\mathbf{p}(z_-) = -\hat{z}$.

Im vorherigen Beispiel haben wir Ein-Qubit-Zustände vorgestellt, die den Einheitsvektoren auf der Bloch-Kugel in z-Richtung entsprechen. Die nächste Übung bestimmt solche Zustände, die den Einheitsvektoren in den x- und y-Richtungen entsprechen.

Übung 4.1.22 Zeigen Sie, dass $(\mathbf{p}(x_+), \mathbf{p}(x_-)) = (\hat{x}, -\hat{x}))$ und $(\mathbf{p}(y_+), \mathbf{p}(y_-)) = (\hat{y}, -\hat{y}))$ gilt.

Wir führen nun globale Phasenfaktoren ein. Beispielsweise ist der Term $e^{i\gamma}$ in der Darstellung (4.10) ein solcher Faktor. Die allgemeine Definition lautet wie folgt:

Definition 4.1.23 Seien $|\varphi\rangle, |\psi\rangle \in \mathbb{H}$ und sei $\gamma \in \mathbb{R}$ mit $|\psi\rangle = e^{i\gamma} |\varphi\rangle$. Dann sagen wir, dass $|\varphi\rangle$ und $|\psi\rangle$ *bis auf einen globalen Phasenfaktor gleich sind* oder dass sich $|\psi\rangle$ von $|\varphi\rangle$ durch den globalen Phasenfaktor $e^{i\gamma}$ unterscheidet.

Wir stellen Folgendes fest.

Proposition 4.1.24 Sei S die Menge aller Quantenzustände im Hilbertraum $\mathbb{H}$. Dann ist die Teilmenge von S^2 aller Paare von Quantenzuständen, die bis auf einen globalen Phasenfaktor gleich sind, eine Äquivalenzrelation auf S. Für $|\psi\rangle \in \mathbb{H}$ bezeichnen wir die Äquivalenzklasse von $|\psi\rangle$ bezüglich dieser Relation mit $[\psi]$.

Übung 4.1.25 Beweisen Sie Proposition 4.1.24.

Wie wir in Theorem 4.4.5 zeigen werden, haben globale Phasenfaktoren keinen Einfluss auf Messergebnisse. Wenn also der Einheitsvektor $|\psi\rangle \in \mathbb{H}$ den Zustand eines geschlossenen physikalischen Systems beschreibt, beschreiben alle Elemente der Äquivalenzklasse $[\psi]$ denselben Zustand. Das sind alle Einheitsvektoren in $\mathbb{H}$, die bis auf einen globalen Phasenfaktor mit $|\psi\rangle$ übereinstimmen.

Als Nächstes zeigen wir, dass es eine Eins-zu-Eins-Beziehung zwischen den Punkten auf der Bloch-Kugel und den Äquivalenzklassen $[\psi]$ der Quantenzustände $|\psi\rangle$ in $\mathbb{H}_1$ gibt. Das bedeutet, dass der Zustand eines Ein-Qubit-Quantensystems vollständig durch den entsprechenden Punkt auf der Bloch-Kugel beschrieben wird.

Theorem 4.1.26 Bezeichne mit S die Menge der Quantenzustände in $\mathbb{H}_1$ und mit R die Äquivalenzrelation auf S aus Proposition 4.1.24. Dann ist die Abbildung

$$S/R \to \{\mathbf{p} \in \mathbb{R}^3 : \|\mathbf{p}\| = 1\}, \quad [\psi] \mapsto \mathbf{p}(\psi) \tag{4.20}$$

eine Bijektion. Ihr Inverses ist

$$\{\mathbf{p} \in \mathbb{R}^3 : \|\mathbf{p}\| = 1\} \to S/R, \quad \mathbf{p} \mapsto [\psi(\mathbf{p})]. \tag{4.21}$$

Beweis Aus Proposition 4.1.12 folgt, dass die Abbildung, die die sphärischen Koordinaten eines Punktes auf der Bloch-Kugel auf seine kartesischen Koordinaten abbildet, eine Bijektion ist. Daher genügt es zu beweisen, dass die Abbildung

$$S/R \to \{(0,0), (\pi, 0)\} \cup (]0, \pi[\times [0, 2\pi[), \quad [\psi] \mapsto (\theta(\psi), \phi(\psi)) \tag{4.22}$$

eine Bijektion ist. Die Injektivität folgt aus Proposition 4.1.19. Um die Surjektivität zu sehen, beachten wir, dass für einen Punkt $\mathbf{p}$ auf der Bloch-Kugel mit sphärischen Koordinaten (θ, ϕ) die Äquivalenzklasse $[\psi(\mathbf{p})]$ das Urbild von $\mathbf{p}$ ist. □

4.1.5 Quantenregister

Um komplexe Berechnungen durchführen zu können, sind Quantensysteme erforderlich, die aus mehr als einem Qubit bestehen. Sei $n \in \mathbb{N}$. Ein Quantensystem, das aus n Qubits besteht, wird als *n-Qubit-Quantenregister* bezeichnet. Der entsprechende Zustandsraum $\mathbb{H}_n$ und seine Berechnungsbasis wurden bereits in Definition 3.1.2 eingeführt. Wir erinnern daran, dass die Berechnungsbasis von $\mathbb{H}_n$ die lexikografisch geordnete Folge $B = (|\mathbf{b}\rangle)_{\mathbf{b}\in\{0,1\}^n}$ ist, die auch als $(|b\rangle_n)_{b\in\mathbb{Z}_{2^n}}$ geschrieben werden kann (siehe Beispiel 3.1.5). Diese Basis ist orthonormal, weil als inneres Produkt auf $\mathbb{H}_n$ das hermitesche innere Produkt bezüglich B festgelegt wurde.

Der Zustand eines n-Qubit-Quantenregisters kann

$$|\varphi\rangle = \sum_{\mathbf{b}\in\{0,1\}^n} \alpha_{\mathbf{b}} |\mathbf{b}\rangle \tag{4.23}$$

geschrieben werden mit komplexen Koeffizienten $\alpha_{\mathbf{b}}$, die

$$\sum_{\mathbf{b}\in\{0,1\}^n} |\alpha_{\mathbf{b}}|^2 = 1. \tag{4.24}$$

erfüllen. Ein solches Element von $\mathbb{H}_n$ wird als *n-Qubit-Zustand* bezeichnet. Er ist eine Linearkombination der Berechnungsbasiszustände $|\mathbf{b}\rangle \in \{0, 1\}^n$, die auch als *Superposition* der Basiselemente bezeichnet wird. Im Gegensatz dazu ist der Zustand eines klassischen n-Bit Registers ein Element $\mathbf{b} \in \{0, 1\}^n$.

Beispiel 4.1.27 Betrachte den Zustandsraum $\mathbb{H}_2$ eines Zwei-Qubit-Systems. Die Berechnungsbasis von $\mathbb{H}_2$ ist $(|00\rangle, |01\rangle, |10\rangle, |11\rangle)$. Sie kann auch als $|0\rangle_2, |1\rangle_2, |2\rangle_2, |3\rangle_2$ geschrieben werden. Zum Beispiel ist

$$|\varphi\rangle = \frac{1}{\sqrt{2}}|00\rangle - \frac{i}{\sqrt{2}}|11\rangle = \frac{1}{\sqrt{2}}|0\rangle_2 - \frac{i}{\sqrt{2}}|3\rangle_2 \tag{4.25}$$

ein Zwei-Qubit-Zustand. Er ist eine Superposition der Zustände $|00\rangle = |0\rangle_2$ und $|11\rangle = |3\rangle_2$.

Auch in diesem allgemeineren Kontext geben wir einen Ausblick auf das Konzept der Messung von Quantenregistern, das in Abschn. 4.4.1 genauer erläutert wird. Betrachte ein n-Qubit-Register im Zustand $\sum_{\mathbf{b}\in\{0,1\}^n} \alpha_{\mathbf{b}} |b\rangle$, wobei $\alpha_{\mathbf{b}} \in \mathbb{C}$ für alle $\mathbf{b} \in \{0, 1\}^n$ gilt. Wird das Register in der Berechnungsbasis gemessen, so ist das Ergebnis ein $\mathbf{b} \in \{0, 1\}^n$ und zwar mit Wahrscheinlichkeit $|\alpha_{\mathbf{b}}|^2$. Ist das Messergebnis $\mathbf{b} \in \{0, 1\}^n$, so ist der Zustand des Quantensystems nach der Messung $|\mathbf{b}\rangle$. Wird also unmittelbar nach der Messung das Register erneut gemessen wird, dann wird das Ergebnis der vorherigen Messung reproduziert. Wie bei einzelnen Qubits unterscheiden sich die Wahrscheinlichkeitsverteilungen der Messungen nicht, wenn sich ein n-Qubit-Register in Zuständen befindet, die sich nur um einen globalen Phasenfaktor unterscheiden.

4.2 Zustandsräume zusammengesetzter Quantenysteme

In der Quanteninformatik müssen wir in der Lage sein, physikalische Systeme zu größeren physikalischen Systemen zu kombinieren und auf ihnen zu Operationen auszuführen. In diesem Abschnitt erklären wir, wie dies geschieht.

4.2.1 Zusammengesetzte-Systeme-Postulat

Das nächste Postulat beschreibt, wie der Zustandsraum zusammengesetzter physikalischer Systeme konstruiert wird.

Postulat 4.2.1 (Zusammengesetzte Systeme) Der Zustandsraum der Komposition endlich vieler physikalischer Systeme ist das Tensorprodukt der Zustandsräume der einzelnen Systeme. Wenn die Systeme mit 0 bis $m-1$ durchnummeriert sind und das System mit Nummer i sich im Zustand $|\psi_i\rangle$ befindet für $0 \leq i < m$, dann ist der Zustand des zusammengesetzten Systems $|\psi_0\rangle \otimes \cdots \otimes |\psi_{m-1}\rangle$.

In der Quanteninformatik werden häufig Kompositionen des folgenden Typs betrachtet:

$$\mathbb{H} = \mathbb{H}_{n_0} \otimes \cdots \otimes \mathbb{H}_{n_{m-1}}. \tag{4.26}$$

wobei $m \in \mathbb{N}$ und $n_i \in \mathbb{N}$ für alle $i \in \mathbb{Z}_m$. Wie in Abschn. 3.5.3 erklärt wurde, kann der zusammengesetzte Hilbertraum $\mathbb{H}$ mit dem Zustandsraum $\mathbb{H}_n$ identifiziert werden, wobei $n = \sum_{i=0}^{m-1} n_i$ ist. Außerdem wurde dort gezeigt, dass die Berechnungsbasis von $\mathbb{H} = \mathbb{H}_n$ das Tensorprodukt der Berechnungsbasen der Hilberträume $\mathbb{H}_{n_i}$ ist.

4.2.2 Verschränkte Zustände

Ein wichtiger Grund für die Überlegenheit von Quantencomputern gegenüber klassischen Computern besteht darin, dass Quantenzustände verschränkt sein können. Der vorliegende Abschnitt stellt dieses Konzept vor. Wir beginnen mit einem Beispiel.

Beispiel 4.2.2 Wir betrachten die Komposition von zwei Qubits mit Zustandsraum $\mathbb{H}_2 = \mathbb{H}_1 \otimes \mathbb{H}_1$. Für alle Paare $(|\varphi_0\rangle, |\varphi_1\rangle)$ von Ein-Qubit-Zuständen enthält $\mathbb{H}_2$ den zusammengesetzten Zustand

$$|\varphi\rangle = |\varphi_0\rangle \otimes |\varphi_1\rangle . \tag{4.27}$$

Wie wir jedoch in Beispiel 3.5.22 gesehen haben, kann der Bell-Zustand

$$|\varphi\rangle = \frac{|00\rangle + |11\rangle}{\sqrt{2}}. \tag{4.28}$$

nicht in dieser Form geschrieben werden, also als Tensorprodukt von zwei Ein-Qubit-Zuständen. Der Bell-Zustand wird daher als *verschränkt* bezeichnet.

Die nächste Definition verallgemeinert Beispiel 4.2.2.

Definition 4.2.3 Ein Zustand der Komposition von zwei physikalischen Systemen heißt *verschränkt,* wenn er nicht als Tensorprodukt von Zuständen der Teilsysteme geschrieben werden kann. Andernfalls heißt dieser Zustand *separabel* oder *nicht-verschränkt.*

Beachte, dass das Konzept der Verschränkung von der Zerlegung eines physikalischen Systems in Teilsysteme abhängt. Theorem 3.5.18 impliziert das folgende Ergebnis.

Theorem 4.2.4 Der Zustand der Komposition von zwei Quantensystemen ist genau dann verschränkt, wenn sein Schmidt-Rang bezüglich dieser Komposition größer als 1 ist und er ist genau dann separabel, wenn dieser Schmidt-Rang 1 ist.

Übung 4.2.5 Finden Sie ein Beispiel für einen verschränkten Zustand in $\mathbb{H}_3$ und beweisen Sie, dass er verschränkt ist.

4.3 Evolution

Quantencomputer verwenden eine Abfolge von Operationen, um den Anfangszustand eines Quantenregisters in seinen Endzustand zu transformieren. In diesem Abschnitt beschreiben wir diese Operationen.

4.3.1 Evolutionspostulat

Wie ändert sich der Zustand eines quantenmechanischen Systems im Laufe der Zeit? Diese Frage wird durch das folgende Postulat beantwortet.

Postulat 4.3.1 (Evolution) Die zeitliche Entwicklung eines abgeschlossenen physikalischen Systems wird durch eine unitäre Transformation beschrieben. Genauer gesagt, wenn $t, t' \in \mathbb{R}$ sind, $t < t'$, dann erhält man den Zustand $|\varphi'\rangle$ des Systems zum Zeitpunkt t' aus dem Zustand $|\varphi\rangle$ des Systems zum Zeitpunkt t als $|\varphi'\rangle = U\,|\varphi\rangle$, wobei U ein unitärer Operator auf dem Zustandsraum des Systems ist, der nur von t und t' abhängt.

In der allgemeinen Version der Quantenmechanik, in der unendlichdimensionale Hilberträume verwendet werden, wird die Schrödinger-Differentialgleichung verwendet, um ein

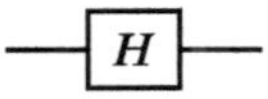

Abb. 4.3 Symbol für das Hadamard-Gatter in Quantenschaltkreisen

allgemeineres Evolutionspostulat zu formulieren. Für unsere Zwecke ist jedoch die obige Version ausreichend. Im nächsten Abschnitt veranschaulichen wir das Evolutionspostulat im Kontext der Quanteninformatik.

4.3.2 Quantengatter

Postulat 4.3.1 zeigt, wie eine Quantenberechnung grundsätzlich funktioniert. Sie verwendet ein Quantenregister. Eine unitäre Transformation wird auf einen Anfangszustand angewendet. Das Ergebnis ist der Endzustand. Quantenberechnungen erfordern also die Implementierung von unitären Operatoren. Dafür werden Quantenschaltkreise verwendet, die in Abschn. 4.3.4 beschrieben werden. Die Bausteine solcher Schaltkreise sind Quantengatter, genauso wie logische Gatter die Bausteine von Booleschen Schaltkreisen sind. Quantengatter implementieren einfache unitäre Operatoren und werden von der verwendeten Quantencomputer-Plattform bereitgestellt.

Wir geben nun zwei Beispiele für Quantengatter. Viele weitere Quantengatter werden in Kap. 5 besprochen.

Das erste Beispiel ist das *Hadamard-Gatter* oder der *Hadamard-Operator*

$$H : \mathbb{H}_1 \to \mathbb{H}_1, \quad |0\rangle \mapsto |x_+\rangle\,, \quad |1\rangle \mapsto |x_-\rangle \tag{4.29}$$

die bereits in Übung 3.3.4 eingeführt wurden. Dort wird gezeigt, dass seine Darstellungsmatrix bezüglich der Berechnungsbasis die folgende ist:

$$H = \frac{1}{\sqrt{2}}\begin{pmatrix} 1 & 1 \\ 1 & -1 \end{pmatrix}. \tag{4.30}$$

Daraus gewinnt man das folgende Ergebnis, welches bereits im Kap. 3 erwähnt wurde.

Proposition 4.3.2 Der Hadamard-Operator ist eine hermitesche unitäre Involution, das heißt, es gilt $H^* = H = H^{-1}$ und $H^2 = I$,

In Quantenschaltkreisen wird das Hadamard-Gatter durch das in Abb. 4.3 gezeigte Symbol dargestellt.

Das zweite Beispiel eines Quanten-Gatters ist das CNOT-Gatter. Das klassische Analogon wurde bereits in Abschn. 2.7.1 eingeführt.

Definition 4.3.3 Das *kontrollierte*-NOT-Gatter oder kurz CNOT-Gatter ist der lineare Operator

$$\mathsf{CNOT} : \mathbb{H}_2 \to \mathbb{H}_2, \quad |c\rangle\,|t\rangle \mapsto |c\rangle\, X^c\,|t\rangle\,. \tag{4.31}$$

Definition 4.3.3 zeigt, dass das CNOT-Gatter den Pauli-X-Operator auf ein *Zielqubit* $|t\rangle$ anwendet, wenn das *Kontrollqubit* $|c\rangle$ im Zustand $|1\rangle$ ist. Andernfalls bleibt das Zielqubit unverändert. Dies bedeutet, dass die Anwendung des Pauli-X-Operators auf das Zielqubit vom Kontrollqubit gesteuert wird. Da der Pauli-X-Operator der Quanten-NOT-Operator ist, erklärt dies den Namen „kontrolliertes-NOT-Gatter". Somit operiert CNOT auf den Berechnungsbasiszuständen von $\mathbb{H}_2$ auf folgende Weise:

$$|00\rangle \mapsto |00\rangle\,,\, |01\rangle \mapsto |01\rangle\,,\, |10\rangle \mapsto |11\rangle\,,\, |11\rangle \mapsto |10\rangle\,. \tag{4.32}$$

Das zeigt, dass die Darstellungsmatrix von CNOT bezüglich der Berechnungsbasis von $\mathbb{H}_2$ von folgender Gestalt ist:

$$\mathsf{CNOT} = \begin{pmatrix} 1 & 0 & 0 & 0 \\ 0 & 1 & 0 & 0 \\ 0 & 0 & 0 & 1 \\ 0 & 0 & 1 & 0 \end{pmatrix}. \tag{4.33}$$

Dies impliziert folgendes Resultat.

Proposition 4.3.4 Der CNOT Operator ist eine hermitesche unitäre Involution, das heißt, es gilt $\mathsf{CNOT}^* = \mathsf{CNOT} = \mathsf{CNOT}^{-1}$ und $\mathsf{CNOT}^2 = I_2$.

Übung 4.3.5 Beweisen Sie Proposition 4.3.4.

In Quantenschaltkreisen wird das CNOT-Gatter durch das in Abb. 4.4 gezeigte Symbol dargestellt.

Die Definition des CNOT-Gatters könnte den Eindruck erwecken, dass dieses Gatter das Kontrollqubit niemals verändert. Wie das nächste Beispiel zeigt, ist dieser Eindruck jedoch täuschend.

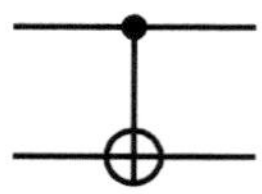

Abb. 4.4 Symbol für das CNOT-Gatter in Quantenschaltkreisen

Beispiel 4.3.6 Es gilt

$$\begin{aligned}
&\mathsf{CNOT}\,|x_+\rangle\,|x_-\rangle\\
&= \frac{\mathsf{CNOT}\,|0\rangle\,|0\rangle - \mathsf{CNOT}\,|0\rangle\,|1\rangle + \mathsf{CNOT}\,|1\rangle\,|0\rangle - \mathsf{CNOT}\,|1\rangle\,|1\rangle}{2}\\
&= \frac{|0\rangle\,|0\rangle - |0\rangle\,|1\rangle + |1\rangle\,|1\rangle - |1\rangle\,|0\rangle}{2}\\
&= |x_-\rangle\,|x_-\rangle\,.
\end{aligned}$$

Wird der CNOT-Operator also auf $|x_+\rangle\,|x_-\rangle$ angewendet, so ändert sich das Kontrollqubit jedoch nicht des Zielqubit.

4.3.3 Komposition von Operatoren

Sei $m \in \mathbb{N}$. Betrachte m Quantensysteme mit den entsprechenden Zustandsräumen $\mathbb{H}(0), \ldots, \mathbb{H}(m-1)$. Nach Postulat 4.2.1 ist der Zustandsraum der Komposition der m Quantensysteme das Tensorprodukt

$$\mathbb{H} = \mathbb{H}(0) \otimes \cdots \otimes \mathbb{H}(m-1). \tag{4.34}$$

Seien $f_0, \ldots, f_{m-1}$ lineare Operatoren auf $\mathbb{H}(0), \ldots, \mathbb{H}(m-1)$. In Abschn. 3.5.5 haben wir den linearen Operator

$$f = f_0 \otimes \cdots \otimes f_{m-1} \tag{4.35}$$

auf $\mathbb{H}$ eingeführt und seine Eigenschaften dargestellt. Insbesondere haben wir gesehen, dass f genau dann eine Projektion, eine Involution, normal, hermitesch oder unitär ist, wenn alle seine Komponenten die entsprechende Eigenschaft haben. Diese Konstruktion ermöglicht es uns, die Wirkung eines Operators f_j auf einem der Zustandsräume $\mathbb{H}(j)$, $j \in \mathbb{Z}_m$, auf den zusammengesetzten Zustandsraum zu erweitern, indem wir den Operator

$$I_0 \otimes \cdots \otimes I_{j-1} \otimes f_j \otimes I_{j+1} \otimes \cdots \otimes I_{m-1} \tag{4.36}$$

verwenden, wobei I_i der Identitätsoperator auf $\mathbb{H}(i)$ ist für $0 \le i < m$.

Beispiel 4.3.7 Betrachte die Komposition von zwei Ein-Qubit-Systemen, deren Zustandsraum jeweils $\mathbb{H}_1$ ist. Der Zustandsraum des zusammengesetzten Systems ist $\mathbb{H}_2$. Die Erweiterung des Hadamard-Operators auf dem ersten Zustandsraum zu einem Operator auf dem zusammengesetzten Raum ist $H \otimes I$, wobei I den Identitätsoperator auf $\mathbb{H}_1$ bezeichnet. Die Darstellung dieses erweiterten Operators in einem Quantenschaltkreis sieht man auf der rechten Seite von Abb. 4.5. Der Identitätsoperator wird dabei weggelassen. Die beiden Linien repräsentieren die beiden Qubits. Das Kästchen mit dem H darin repräsentiert den Hadamard-Operator, der auf das erste Qubit wirkt. Der erweiterte Operator hat die folgende Wirkung auf die Elemente der Berechnungsbasis von $\mathbb{H}_2$.

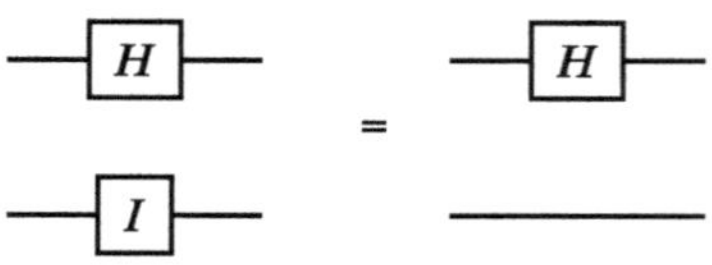

Abb. 4.5 Erweiterung des Operators H, der auf das erste Qubit wirkt, zu einem Operator, der auf zwei Qubits wirkt

$$|00\rangle \mapsto \frac{1}{\sqrt{2}}(|00\rangle + |10\rangle), \quad |01\rangle \mapsto \frac{1}{\sqrt{2}}(|01\rangle + |11\rangle).$$
$$|10\rangle \mapsto \frac{1}{\sqrt{2}}(|00\rangle - |10\rangle), \quad |11\rangle \mapsto \frac{1}{\sqrt{2}}(|01\rangle - |11\rangle).$$

Die Matrixdarstellung des zusammengesetzten Operators ist

$$H \otimes I_2 = \frac{1}{\sqrt{2}}\begin{pmatrix}1 & 1\\ 1 & -1\end{pmatrix} \otimes \begin{pmatrix}1 & 0\\ 0 & 1\end{pmatrix} = \frac{1}{\sqrt{2}}\begin{pmatrix}1 & 0 & 1 & 0\\ 0 & 1 & 0 & 1\\ 1 & 0 & -1 & 0\\ 0 & 1 & 0 & -1\end{pmatrix}.$$

4.3.4 Quantenschaltkreise

Quantenschaltkreise implementieren komplexere unitäre Operatoren auf einem Zustandsraum $\mathbb{H}_n$, $n \in \mathbb{N}$, indem sie mehrere Quanten-Gatter kombinieren. Wir veranschaulichen dieses Konzept durch ein Beispiel, das in Abb. 4.6 gezeigt wird.

Dieser Quantenschaltkreis hat drei Leitungen. Dies zeigt, dass der von dem Quantenschaltkreis implementierte unitäre Operator U auf dem Zustandsraum $\mathbb{H}_3$ eines drei-Qubit-Registers operiert. Der Schaltkreis transformiert den 3-Qubit-Anfangszustand $|\varphi\rangle$ in einen 3-Qubit-Endzustand $|\psi\rangle$. Wie wird U konstruiert? Wie in Abb. 4.7 gezeigt, ist U die Verkettung von drei unitären Operatoren, d. h.,

$$U = U_2 \circ U_1 \circ U_0. \tag{4.37}$$

Jeder dieser unitären Operatoren ist das Tensorprodukt der unitären Operatoren, die übereinander stehen. Wenn es keinen Operator, sondern nur eine Leitung gibt, wird der Identitätsope-

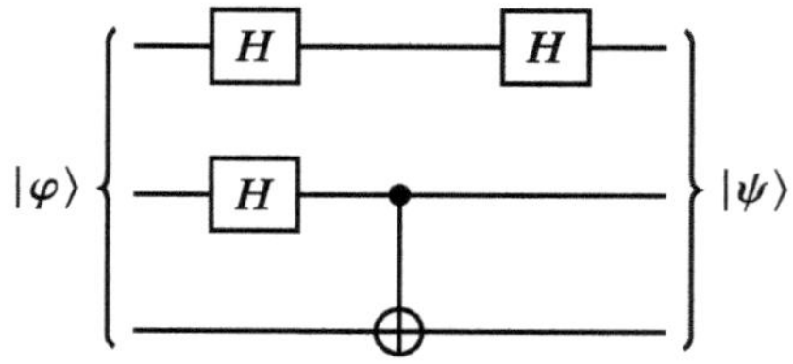

Abb. 4.6 Quantenschaltkreis, der 3 Hadamard- und ein CNOT-Gatter kombiniert

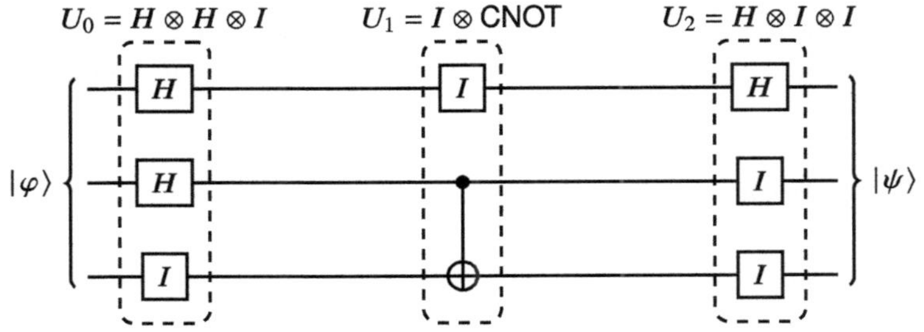

Abb. 4.7 Der Quantenschaltkreis aus Abb. 4.6 implementiert den unitären Operator $U = U_0 \circ U_1 \circ U_2$

rator eingefügt. Die zusammengesetzten Operatoren sind $U_0 = H \otimes H \otimes I$, $U_1 = I \otimes \text{CNOT}$ und $U_2 = H \otimes I \otimes I$.

Wir bestimmen die Wirkung des Quantenschaltkreises aus den Abb. 4.6 und 4 7 auf den Eingangszustand $|000\rangle$.

$$\begin{aligned}
&|000\rangle \\
&\underset{U_0}{\mapsto} \frac{1}{2}(|0\rangle + |1\rangle)(|0\rangle + |1\rangle)\,|0\rangle \\
&= (|000\rangle + |010\rangle + |100\rangle + |110\rangle) \\
&\underset{U_1}{\mapsto} \frac{1}{2}(|000\rangle + |011\rangle + |100\rangle + |111\rangle) \\
&= \frac{1}{2}(|0\rangle + |1\rangle)(|00\rangle + |11\rangle) \\
&\underset{U_2}{\mapsto} \frac{1}{\sqrt{2}}\,|0\rangle\,(|00\rangle + |11\rangle) \\
&= \frac{1}{\sqrt{2}}(|000\rangle + |011\rangle).
\end{aligned} \tag{4.38}$$

Diese Berechnung wird auch in Abb. 4.8 veranschaulicht.

Übung 4.3.8 Bestimmen Sie den Endzustand $U\,|b\rangle$ des Schaltkreises aus Abb. 4 6 für alle $\mathbf{b} \in \{0, 1\}^3$.

Abb. 4.8 Der Quantenschaltkreis aus Abb. 4.6 operiert auf $|000\rangle$

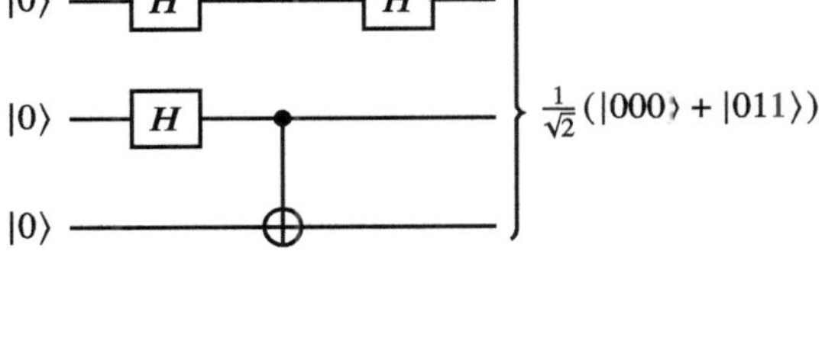

Dieses Quantenschaltkreiskonzept kann leicht auf Schaltkreise für n-Qubit-Register verallgemeinert werden mit beliebigem $n \in \mathbb{N}$. Dies wird in Abschn. 5.7 ausführlicher behandelt.

4.4 Messungen

In den vorherigen Abschnitten haben wir gesehen, wie die ersten Schritte von Quantenberechnungen ablaufen. Ein Anfangszustand eines n-Bit-Quantenregisters wird präpariert. Er ist der Anfangszustand eines Quantenschaltkreises, der auf n-Qubit-Zuständen operiert. Dieser Quantenschaltkreis implementiert einen unitären Operator auf dem Zustandsraum solcher Quantenregister. Der Schaltkreis besteht aus mehreren Quanten-Gattern und transformiert den Anfangszustand in den entsprechenden Endzustand. Dieser Endzustand kann entweder für eine weitere Quantenberechnung verwendet werden oder klassische Information kann aus diesem Zustand durch eine Messung des Quantenregisters extrahiert werden. Solche Messungen werden in diesem Abschnitt ausführlicher behandelt.

4.4.1 Messpostulat

Das Konzept der Messung ist zentral für die Quantenmechanik, aber auch umstritten. Hier präsentieren wir dieses Konzept gemäß der sogenannten Kopenhagener Interpretation der Quantenmechanik. Diese Bezeichnung führte Werner Heisenberg um 1955 ein. Die Idee dabei ist folgende: Ein abgeschlossenes physikalisches System entwickelt sich gemäß der Zustandsraum- und Evolutions-Postulate. Eine Messung, also eine Interaktion mit einem Laborgerät, beendet die Abgeschlossenheit. Dabei kollabiert der Zustand des Quantensystems *irreversibel* in einen Eigenzustand der *Observablen,* die durch das Messgerät implementiert wird. Die Observable ist ein hermitescher Operator auf dem Zustandsraum des gemessenen Quantenregisters. Eine solche Messung macht also eine Potenzialität, den Zustand des Quantensystems in Superposition der Eigenzustände, zu einer Realität, nämlich zu einem dieser Eigenzustände. Zusätzlich zeichnet das Gerät den entsprechenden Eigenwert als Messergebnis auf.

Diese Sichtweise der quantenmechanischen Messungen ist Inhalt des folgenden *Messpostulats.* Es beschreibt projektive Messungen. Im Folgenden benötigen wir nur solche Messungen.

Postulat 4.4.1 (Projektive Messungen) Eine *projektive Messung* wird durch eine *Observable* O beschrieben, die ein hermitescher Operator auf dem Zustandsraum des zu messenden Quantensystems ist. Sei $O = \sum_{\lambda \in \Lambda} \lambda P_\lambda$ die Spektralzerlegung von O. Dann sind die möglichen Messergebnisse die Eigenwerte λ dieser Observablen. Wenn sich das gemessene Quantensystem im Zustand $|\varphi\rangle$ befindet, ist die Wahrscheinlichkeit dafür, das Ergebnis λ zu erhalten, $\Pr_{O,\varphi}(\lambda) = \langle\varphi|P_\lambda|\varphi\rangle = \| P_\lambda\, |\varphi\rangle \|^2$. Wenn dieses Ergebnis gemessen wird, ist der Zustand des Quantensystems unmittelbar nach der Messung $\frac{P_\lambda|\varphi\rangle}{\|P_\lambda|\varphi\rangle\|}$.

Die Messungen im Postulat werden „projektiv" genannt, da sie den Zustand des Quantensystems auf einen der Eigenräume der gemessenen Observablen projizieren und die Länge dieser Projektion normalisieren. Die Messgeräte stellen die Messergebnisse in geeigneter Kodierung zur Verfügung. Typischerweise benutzen sie dafür endliche Bitfolgen. Sind die Eigenwerte zum Beispiel Bitfolgen, so werden diese verwendet. Übung 4.4.2 gibt ein einfaches Beispiel für eine Observable und entsprechende Messungen.

Übung 4.4.2 Sei $\mathbb{H}$ der Zustandsraum eines Quantensystems.

1. Zeigen Sie, dass $O = I_{\mathbb{H}}$ eine Observable des Quantensystems ist.
2. Angenommen, das Quantensystem ist im Zustand $|\varphi\rangle \in \mathbb{H}$. Zeigen Sie, dass die Messung dieser Observablen O mit Wahrscheinlichkeit 1 den Wert 1 ergibt und dass das Quantensystem unmittelbar nach der Messung weiterhin im Zustand $|\varphi\rangle$ ist.

Als Nächstes diskutieren wir die Erwartungswerte von Messungen. Für jede Observable auf dem Zustandsraum $\mathbb{H}$ und alle $|\varphi\rangle \in \mathbb{H}$ erhalten wir aus Postulat 4.4.1 den diskreten Wahrscheinlichkeitsraum $(\Lambda, \Pr_{O,\varphi})$. Da O hermitesch ist, folgt aus Proposition 3.4.62, dass $\Lambda \subset \mathbb{R}$ gilt. Daher ist die Identität I_Λ auf Λ eine Zufallsvariable für diesen Wahrscheinlichkeitsraum. Das nächste Lemma bestimmt ihren Erwartungswert $E_{O,\varphi}[I_\Lambda]$.

Lemma 4.4.3 $E_{O,\varphi}[I_\Lambda] = \langle\varphi|O|\varphi\rangle$.

Beweis Es gilt

$$\begin{aligned}
E_{O,\varphi}[I_\Lambda] &= \sum_{\lambda\in\Lambda} \lambda \Pr_{O,\varphi}(\lambda) && \text{nach Definition des Erwartungswertes,}\\
&= \sum_{\lambda\in\Lambda} \lambda \langle\varphi|P_\lambda|\varphi\rangle && \text{nach Definition von } \Pr_{O,\varphi},\\
&= \langle\varphi| \sum_{\lambda\in\Lambda} \lambda P_\lambda |\varphi\rangle && \text{wegen der Linearität des inneren Produkts,}\\
&= \langle\varphi|O|\varphi\rangle && \text{nach dem Spektralsatz.}
\end{aligned}$$

□

Lemma 4.4.3 motiviert die folgende Definition.

Definition 4.4.4 Sei O eine Observable eines Quantensystems mit Zustandsraum $\mathbb{H}$. Angenommen, wir messen diese Observable, wenn sich das System im Zustand $|\varphi\rangle \in \mathbb{H}$ befindet. Dann ist der *Erwartungswert dieser Messung* definiert als $\langle\varphi|O|\varphi\rangle$.

In Abschn. 4.1.4 haben wir globale Phasenfaktoren von Quantenzuständen eingeführt und gezeigt, dass Gleichheit bis auf einen globalen Phasenfaktor eine Äquivalenzrelation für Quantenzustände ist. Wir zeigen nun, dass globale Phasenfaktoren keine Auswirkung auf Quantenmessungen haben.

Theorem 4.4.5 Angenommen, wir messen eine Observable O eines Quantensystems. Sei λ ein Eigenwert von O und seien $|\varphi\rangle$ und $|\psi\rangle$ zwei Zustände des Systems, die sich nur durch einen globalen Phasenfaktor unterscheiden. Dann ist die Wahrscheinlichkeit dafür, λ zu messen, dieselbe, wenn das System im Zustand $|\varphi\rangle$ oder $|\psi\rangle$ ist. Ist das System in einem dieser beiden Zustände und das Messergebnis λ tritt auf, dann sind die Zustände des Quantensystems unmittelbar nach der Messung bis auf denselben globalen Phasenfaktor gleich.

Beweis Sei $\gamma \in \mathbb{R}$ mit $|\psi\rangle = e^{i\gamma}|\varphi\rangle$. Dann gilt

$$\|P_\lambda |\psi\rangle\| = \|e^{i\theta} P_\lambda |\varphi\rangle\| = |e^{i\theta}|\|P_\lambda |\varphi\rangle\| = \|P_\lambda |\varphi\rangle\|. \tag{4.39}$$

Wenn der Zustand des Systems $|\psi\rangle$ ist, dann ist der Zustand unmittelbar nach der Messung

$$\frac{P_\lambda |\psi\rangle}{\|P_\lambda |\psi\rangle\|} = \frac{P_\lambda |\psi\rangle}{\|P_\lambda |\varphi\rangle\|} = \frac{e^{i\gamma} P_\lambda |\varphi\rangle}{\|P_\lambda |\varphi\rangle\|}. \tag{4.40}$$

□

4.4.2 Messung von Quantensystemen in einer orthonormalen Basis

In der Quanteninformatik ist es üblich, n-Qubit-Register in der Berechnungsbasis ihres Zustandsraums $\mathbb{H}_n$ zu messen. Diese Messungen haben wir bereits in den Abschn. 4.1.2 und 4.1.5 eingeführt. Nun erklären wir, wie man sie mithilfe des Messpostulats modelliert und beginnen mit einem Beispiel.

Beispiel 4.4.6 Sei

$$|\varphi\rangle = \alpha_0 |0\rangle + \alpha_1 |1\rangle \tag{4.41}$$

ein Ein-Qubit-Zustand, wobei $\alpha_0, \alpha_1 \in \mathbb{C}$ und $|\alpha_0|^2 + |\alpha_1|^2 = 1$ ist. Wir möchten eine Messung definieren, die diese Superposition widerspiegelt. Das Messergebnis 0 soll also mit Wahrscheinlichkeit $|\alpha_0|^2$ auftreten und das Messergebnis 1 mit Wahrscheinlichkeit $|\alpha_1|^2$. Gemäß Proposition 3.4.45 sind die Projektionen auf die von $|0\rangle$ bzw. $|1\rangle$ aufgespannten

Unterräume $P_0 = |0\rangle\langle 0|$ bzw. $P_1 = |1\rangle\langle 1|$. Daher verwenden wir die Observable O mit der Spektralzerlegung

$$O = 0 \cdot P_0 + 1 \cdot P_1 = |1\rangle\langle 1|. \tag{4.42}$$

Sie ist hermitesch, hat die beiden Eigenwerte $\lambda_0 = 0$ und $\lambda_1 = 1$, und die entsprechenden Eigenräume sind $\mathbb{C}|0\rangle$ und $\mathbb{C}|1\rangle$. Wenn das Qubit im Zustand $|\varphi\rangle$ aus (4.41) ist und wir O messen, liefert die Messung $b \in \{0, 1\}$ mit der Wahrscheinlichkeit

$$\| P_b |\varphi\rangle \|^2 = |\alpha_b|^2. \tag{4.43}$$

Außerdem ist der Zustand des Qubits unmittelbar nach der Messung

$$\frac{P_b |\varphi\rangle}{\| P_b |\varphi\rangle \|} = \frac{\alpha_b}{|\alpha_b|} |b\rangle . \tag{4.44}$$

Dieser Zustand stimmt bis auf den globalen Phasenfaktor $\alpha_b/|\alpha_b|$ mit $|b\rangle$ überein. Nach (4.42) ist der Erwartungswert dieser Messung

$$\langle\varphi|O|\varphi\rangle = \Big\langle \alpha_0 |0\rangle + \alpha_1 |1\rangle \Big| \alpha_1 |1\rangle \Big\rangle = |\alpha_1|^2. \tag{4.45}$$

Wenn das Qubit zum Beispiel im Zustand $|0\rangle$ ist, dann ist der Erwartungswert dieser Messung 0. Wenn das Qubit im Zustand $|1\rangle$ ist, so ist der Erwartungswert 1. Aber wenn das Qubit in der Superposition $|\psi\rangle = \frac{1}{\sqrt{2}}|0\rangle + \frac{1}{\sqrt{2}}|1\rangle$ ist, dann ist der Erwartungswert dieser Messung $\frac{1}{2}$.

Wir verallgemeinern Beispiel 4.4.6. Sei $\mathbb{H}$ der Zustandsraum eines Quantensystems und sei $B = (|b_0\rangle, \dots, |b_{k-1}\rangle)$ eine Orthonormalbasis von $\mathbb{H}$. Für $\mathbb{H} = \mathbb{H}_n$ ist zum Beispiel $k = 2^n$ und wir können die Berechnungsbasis $(|0\rangle_n, \dots, |2^n - 1\rangle_n)$ von $\mathbb{H}_n$ verwenden. Für $j \in \mathbb{Z}_k$ ist die Projektion auf $\mathbb{C}|b_j\rangle$

$$P_j = |b_j\rangle\langle b_j| . \tag{4.46}$$

Wir verwenden die Observable O mit der Spektralzerlegung

$$O = \sum_{j=0}^{k-1} j P_j = \sum_{j=0}^{k-1} j |b_j\rangle\langle b_j| . \tag{4.47}$$

Ihre Matrixdarstellung bezüglich der Basis B ist

$$\begin{pmatrix} 0 & 0 & 0 & \cdots & 0 \\ 0 & 1 & 0 & \cdots & 0 \\ 0 & 0 & 2 & \cdots & 0 \\ \vdots & & & \ddots & \vdots \\ 0 & 0 & 0 & \cdots & k-1 \end{pmatrix}. \tag{4.48}$$

Also ist O hermitesch, hat die k Eigenwerte $\lambda_j = j$ mit den entsprechenden Eigenräumen $\mathbb{C}\left|b_j\right\rangle$, $j \in \mathbb{Z}_k$.

Sei $|\varphi\rangle$ ein Zustand unseres Quantensystems, d. h.,

$$|\varphi\rangle = \sum_{j=0}^{k-1} \alpha_j \left|b_j\right\rangle \tag{4.49}$$

mit $\alpha_j \in \mathbb{C}$ für $0 \leq j < k$ und $\sum_{i=0}^{k-1} |\alpha_i|^2 = 1$. Gemäß Postulat 4.4.1 sind die möglichen Ergebnisse einer Messung der Observablen O ihre Eigenwerte $j \in \mathbb{Z}_k$. Jedes $j \in \mathbb{Z}_k$ tritt mit der Wahrscheinlichkeit

$$\| P_j \, |\varphi\rangle \, \|^2 = |\alpha_j|^2. \tag{4.50}$$

auf, und der Zustand des Quantensystems unmittelbar nach diesem Messergebnis ist

$$\frac{P_j \, |\varphi\rangle}{\| P_j \, |\varphi\rangle \, \|} = \frac{\alpha_j}{|\alpha_j|} \left|b_j\right\rangle. \tag{4.51}$$

Bis auf einen globalen Phasenfaktor ist dieser Zustand gleich dem Basiszustand $\left|b_j\right\rangle$. Der Erwartungswert der Messung ist

$$\langle\varphi|A|\varphi\rangle = \sum_{j=1}^{k-1} j|\alpha_j|^2. \tag{4.52}$$

Dies motiviert die folgende Definition.

Definition 4.4.7 Sei $\mathbb{H}$ der Zustandsraum eines Quantensystems und sei $B = (|b_0\rangle, \ldots, |b_{k-1}\rangle)$ eine Orthonormalbasis von $\mathbb{H}$. Unter der Messung des Quantensystems in der Basis B verstehen wir die Messung der Observablen

$$O = \sum_{j=0}^{k-1} j \left|b_j\right\rangle\!\left\langle b_j\right| \tag{4.53}$$

von $\mathbb{H}$.

Beispiel 4.4.8 Betrachte den in Abb. 4.8 gezeigten Schaltkreis. Der Anfangszustand ist $|000\rangle$ und der Endzustand $\frac{|000\rangle+|011\rangle}{\sqrt{2}}$. Wenn wir ganze Zahlen in $\mathbb{Z}_8$ verwenden, um die Berechnungsbasiszustände zu bezeichnen, dann ist der Endzustand $\frac{|0\rangle_3+|3\rangle_3}{\sqrt{2}}$. Mit der Messung des 3-Qubit-Registers in der Berechnungsbasis von $\mathbb{H}_3$ meinen wir also die Messung der Observablen $O = \sum_{j=1}^{7} j \, |j\rangle \, \langle j|$. Das Messergebnis ist eine der Zahlen 0 oder 3, jeweils mit einer Wahrscheinlichkeit von $\frac{1}{2}$. Der Erwartungswert dieser Messung ist $\frac{0+3}{2} = \frac{3}{2}$.

Übung 4.4.9 Bestimmen Sie die Messwahrscheinlichkeiten und die Erwartungswerte für die Messung des 3-Qubit-Registers im Endzustand des Schaltkreises in Abb. 4.6 in der Berechnungsbasis für alle Eingabezustände $|\mathbf{b}\rangle$, $\mathbf{b} \in \{0, 1\}^3$.

4.4.3 Partielle Messungen

In Quantenalgorithmen werden manchmal nur Teilsysteme eines Quantensystems gemessen. Wir erläutern die Modellierung solcher Messungen.

Angenommen, A und B sind Quantensysteme mit Zustandsräumen $\mathbb{H}_A$ und $\mathbb{H}_B$. Wir betrachten das zusammengesetzte Quantensystem AB mit dem Zustandsraum $\mathbb{H}_{AB} = \mathbb{H}_A \otimes \mathbb{H}_B$. Sei O_A eine Observable des Systems A mit der Spektralzerlegung

$$O_A = \sum_{\lambda \in \Lambda} \lambda P_\lambda. \tag{4.54}$$

Bezeichne mit I_B den Identitätsoperator auf $\mathbb{H}_B$. Dann ist der zusammengesetzte Operator

$$O_{AB} = O_A \otimes I_B \tag{4.55}$$

eine Observable von $\mathbb{H}_{AB}$. Ihre Spektralzerlegung ist

$$O_{AB} = \sum_{\lambda \in \Lambda} \lambda P_\lambda \otimes I_B. \tag{4.56}$$

Misst man diese Observable, wenn das System AB im Zustand $|\varphi\rangle$ ist, tritt das Messergebnis $\lambda \in \Lambda$ mit der Wahrscheinlichkeit $\| P_\lambda \otimes I_B |\varphi\rangle \|^2$ auf und der Zustand nach diesem Messergebnis ist $\frac{P_\lambda \otimes I_B |\varphi\rangle}{\| P_\lambda \otimes I_B |\varphi\rangle \|}$. Die hier dargestellte Modellierung partieller Messungen kann leicht auf Quantensysteme verallgemeinert werden, die aus mehr als zwei Komponentensystemen zusammengesetzt sind.

Beispiel 4.4.10 Seien A und B Ein-Qubit-Systeme mit den Zustandsräumen $\mathbb{H}_A = \mathbb{H}_B = \mathbb{H}_1$. Unser Ziel ist es, das erste Qubit des Bell-Zustands

$$|\varphi\rangle = \frac{|00\rangle + |11\rangle}{\sqrt{2}} \tag{4.57}$$

zu messen. Die entsprechende Observable ist

$$O = |1\rangle \langle 1| \otimes I. \tag{4.58}$$

Sei $b \in \{0, 1\}$. Dann gilt

$$P_b \otimes I_1 |\varphi\rangle = \frac{P_b \otimes I\,|00\rangle + P_b \otimes I\,|11\rangle}{\sqrt{2}} = \frac{|bb\rangle}{\sqrt{2}}. \tag{4.59}$$

Die Wahrscheinlichkeit, dass die Messung von O den Wert b ergibt, ist also $\frac{1}{2}$ und der Zustand nach diesem Messergebnis ist $|bb\rangle$.

Beispiel 4.4.10 zeigt, dass die Messung des ersten Qubits des verschränkten Bell-Zustands beide Qubits verändert. Diese Beobachtung ist zentral für das berühmte EPR-Gedankenexperiment. Es ist nach seinen Erfindern Albert Einstein, Boris Podolsky und Nathan Rosen benannt. Sie veröffentlichten es 1935, um zu zeigen, dass die Quantenmechanik unvollständig ist. Wir präsentieren eine vereinfachte Beschreibung ihrer Idee. Präpariere zwei Qubits im verschränkten Bell-Zustand (4.57). Gib eines an Alice und das andere an Bob. Dann reist Alice weit weg und nimmt ihr Qubit mit. Bei ihrer Ankunft misst sie ihr Qubit. Wie wir in Beispiel 4.4.10 gesehen haben, wird diese Messung mit einer Wahrscheinlichkeit von 1/2 beide Qubits in den Zustand $|0\rangle$ oder $|1\rangle$ versetzen. Nach dieser Messung weiß Alice mit Sicherheit den Zustand von Bobs Qubit. Einstein, Podolsky und Rosen behaupteten, dass diese sofortige Änderung des Qubits von Bob der Relativitätstheorie widerspricht, die besagt, dass die maximal mögliche Geschwindigkeit die Lichtgeschwindigkeit ist. Sie schlossen daraus, dass die Modellierung der Quantenmechanik unvollständig sein muss. Spätere Experimente bestätigten jedoch die Vorhersage der Quantenmechanik und zeigten somit, dass die Argumente von Einstein, Rosen und Podolsky nicht korrekt waren. Aus der Perspektive der Informationstheorie tauschen Alice und Bob tatsächlich keine Informationen aus. Sie erhalten lediglich ein gleichverteiltes Zufallsbit, das sie auch durch Münzwurf erzeugen können.

Wie wir jetzt sehen werden, ist die Situation viel einfacher, wenn das zusammengesetzte System AB in einem separablen Zustand

$$|\psi\rangle = |\varphi\rangle\,|\xi\rangle \tag{4.60}$$

ist mit $|\varphi\rangle\,,\,|\xi\rangle \in \mathbb{H}_1$. Dann gilt für $\lambda \in \Lambda$

$$(P_\lambda \otimes I_B)\,|\psi\rangle = (P_\lambda \otimes I_B)\,|\varphi\rangle\,|\xi\rangle = P_\lambda\,|\varphi\rangle \otimes |\xi\rangle\,. \tag{4.61}$$

Daher ist die Wahrscheinlichkeit, λ zu messen,

$$\|P_\lambda\,|\varphi\rangle \otimes |\xi\rangle\,\|^2 = \|P_\lambda\,|\varphi\rangle\,\|^2\|\xi\|^2 = \|P_\lambda\,|\varphi\rangle\,\|^2 \tag{4.62}$$

Dies ist die Wahrscheinlichkeit, λ zu erhalten, wenn nur System A gemessen wird. Der Zustand nach der Messung von λ ist

$$\frac{P_\lambda\,|\varphi\rangle}{\|P_\lambda\,|\varphi\rangle\,\|} \otimes |\xi\rangle\,. \tag{4.63}$$

Dieser Zustand ist das Tensorprodukt des Zustands nach der Messung von System A mit dem Zustand $|\xi\rangle$ von System B vor der Messung.

Beispiel 4.4.11 Betrachte den separablen Quantenzustand

$$|\psi\rangle = |x_-\rangle\,|x_-\rangle\,. \tag{4.64}$$

Die Messung des ersten Qubits in der Berechnungsbasis von $\mathbb{H}_1$ ergibt 0 oder 1, jeweils mit einer Wahrscheinlichkeit von $\frac{1}{2}$. Wenn das Messergebnis $b \in \{0, 1\}$ auftritt, ist der Zustand unmittelbar nach der Messung $|b\rangle\,|x_-\rangle$.

Übung 4.4.12 Geben Sie die Observable an, die nur das erste und letzte Qubit eines 3-Qubit-Registers misst. Bestimmen Sie die Messstatistik für den Quantenzustand $|\varphi\rangle = \frac{|000\rangle + i|111\rangle}{\sqrt{2}}$.

4.5 Dichteoperatoren

In diesem Abschnitt führen wir Dichteoperatoren auf Zustandsräumen von Quantensystemen ein. Wir zeigen, wie sie anstelle von Zustandsvektoren verwendet werden können, um die Zustände von Quantensystemen und Verallgemeinerungen solcher Zustände, die sogenannten gemischten Zustände, zu beschreiben. Sei Q ein Quantensystem mit Zustandsraum $\mathbb{H}$.

4.5.1 Definition

Definition 4.5.1 Ein *Dichteoperator* auf $\mathbb{H}$ ist ein linearer Operator ρ auf $\mathbb{H}$, der die folgenden Bedingungen erfüllt:

1. *Spurbedingung:* $\operatorname{tr}\rho = 1$,
2. *Positivitätsbedingung:* ρ ist positiv semidefinit.

Beispiel 4.5.2 Wenn $|\varphi\rangle$ ein Zustand von Q ist, dann ist

$$\rho = |\varphi\rangle\,\langle\varphi| \tag{4.65}$$

ein Dichteoperator auf $\mathbb{H}$. Nach Proposition 3.4.28 und da Quantenzustände Norm 1 haben, gilt nämlich

$$\operatorname{tr}\rho = \operatorname{tr}|\varphi\rangle\,\langle\varphi| = \langle\varphi|\varphi\rangle = 1. \tag{4.66}$$

Dies beweist die Spurbedingung. Außerdem folgt aus Proposition 3.4.28, dass für alle $|\psi\rangle \in \mathbb{H}$

$$\langle\psi|\rho|\psi\rangle = \langle\psi|\varphi\rangle\langle\varphi|\psi\rangle = |\langle\varphi|\psi\rangle|^2 \geq 0. \tag{4.67}$$

Dies beweist die Positivitätsbedingung.

Wir merken an, dass Dichteoperatoren auf $\mathbb{H}$ hermitesch sind, da nach Proposition 3.4.65 und Proposition 3.4.61 positiv semidefinite Operatoren hermitesch sind. Als Nächstes führen wir gemischte Zustände von Quantensystemen ein. Sie erlauben es, das Verhalten von Quantensystemen in Situationen zu beschreiben, in denen wir keine vollständigen Informationen über das System haben.

Definition 4.5.3

1. Ein *gemischter Zustand* des Quantensystems Q ist eine Folge
$$((p_0, |\psi_0\rangle), \dots (p_{l-1}, |\psi_{l-1}\rangle)) . \tag{4.68}$$
Dabei ist $l \in \mathbb{N}$, die $|\psi_i\rangle$ sind Quantenzustände in $\mathbb{H}$ und $p_i \in \mathbb{R}_{\geq 0}$ für $0 \leq i < l$. Außerdem gilt $\sum_{i=0}^{l-1} p_i = 1$.
2. Ein *reiner Zustand* des Quantensystems Q ist ein Quantenzustand in seinem Zustandsraum $\mathbb{H}$.

Wir merken an, dass es eine Eins-zu-Eins-Entsprechung zwischen den reinen Zuständen $|\psi\rangle$ und den gemischten Zuständen $(1, |\psi\rangle)$ von Q gibt. Unter Verwendung dieser Entsprechung identifizieren wir reine Zustände mit diesen gemischten Zuständen. Ist Q in einem gemischten Zustand $((p_i, |\psi_i\rangle))$ mit mehr als einer Komponente, hat das folgende Bedeutung: Das Quantensystem ist in einem der Zustände $|\psi_i\rangle$, jeweils mit der Wahrscheinlichkeit p_i. Eine genauere Beschreibung ist nicht möglich. Solche gemischten Zustände sind beispielsweise die Zustände von Teilen zusammengesetzter Quantensysteme, die sich in einem verschränkten Zustand befinden. Dies wird in Abschn. 4.7 erläutert. Das nächste Theorem ordnet jedem gemischten Zustand einen Dichteoperator zu.

Proposition 4.5.4 Sei $((p_0, |\psi_0\rangle), \dots (p_{l-1}, |\psi_{l-1}\rangle))$ ein gemischter Zustand des Quantensystems Q. Dann ist
$$\rho = \sum_{i=0}^{l-1} p_i \, |\psi_i\rangle \, \langle\psi_i| \tag{4.69}$$
ein Dichteoperator auf dem Zustandsraum $\mathbb{H}$ von Q.

Beweis Wir wissen aus Proposition B.4.25 dass die Spur auf $\mathbb{H}$ eine $\mathbb{C}$-lineare Abbildung ist. Daher gilt

$$\begin{aligned}
\operatorname{tr}(\rho) &= \sum_{i=0}^{l-1} p_i \operatorname{tr} |\psi_i\rangle \langle\psi_i| && \text{wegen der Linearität der Spur,}\\
&= \sum_{i=0}^{l-1} p_i \langle\psi_i|\psi_i\rangle && \text{nach Proposition 3.4.28, Behauptung 6,}\\
&= \sum_{i=0}^{l-1} p_i = 1. && \text{nach Definition 4.5.3.}
\end{aligned}$$

Dies beweist die Spurbedingung. Die Positivitätsbedingung erhält man folgendermaßen:

$$\begin{aligned}
\langle\xi|\rho|\xi\rangle &= \left\langle \xi \,\middle|\, \sum_{i=0}^{l-1} p_i |\psi_i\rangle \langle\psi_i|\xi\rangle \right\rangle && \text{nach Definition von } \rho,\\
&= \sum_{i=0}^{l-1} p_i \langle\xi|\psi_i\rangle\langle\psi_i|\xi\rangle && \text{wegen der Linearität des inneren Produkts,}\\
&= \sum_{i=0}^{l-1} p_i |\langle\psi_i|\xi\rangle|^2 \geq 0. && \text{wegen der konjugierten}\\
& && \text{Symmetrie des inneren Produkts.}
\end{aligned}$$

□

Proposition 4.5.4 rechtfertigt die folgende Definition.

Definition 4.5.5

1. Der Dichteoperator eines gemischten Zustandes

$$S = ((p_0, |\psi_0\rangle), \dots (p_{l-1}, |\psi_{l-1}\rangle)) \tag{4.70}$$

   von Q wird definiert als

$$\rho_S = \sum_{i=0}^{l-1} p_i |\psi_i\rangle \langle\psi_i|. \tag{4.71}$$

2. Der Dichteoperator eines reinen Zustands $|\psi\rangle \in \mathbb{H}$ wird definiert als

$$\rho_\psi = |\psi\rangle \langle\psi|. \tag{4.72}$$

Beispiel 4.5.6 Betrachte den gemischten Zustand

$$S = \left(\left(\frac{1}{2}, |0\rangle \right), \left(\frac{1}{2}, |1\rangle \right) \right). \tag{4.73}$$

Der entsprechende Dichteoperator ist

$$\rho_S = \frac{1}{2} \left(|0\rangle \langle 0| + |1\rangle \langle 1| \right). \tag{4.74}$$

Wir zeigen, dass es keinen reinen Zustand $|\psi\rangle$ gibt mit $\rho_S = \rho_\psi$. Sei $|\psi\rangle = \alpha_0 |0\rangle + \alpha_1 |1\rangle$ ein reiner Zustand mit $\alpha_0, \alpha_1 \in \mathbb{C}$ und $|\alpha_0|^2 + |\alpha_1|^2 = 1$. Sein Dichteoperator ist

$$\rho_\psi = |\alpha_0|^2 |0\rangle \langle 0| + \alpha_0 \overline{\alpha_1} |0\rangle \langle 1| + \alpha_1 \overline{\alpha_0} |1\rangle \langle 0| + |\alpha_1|^2 |1\rangle \langle 1|. \tag{4.75}$$

Nun impliziert $\rho_S = \rho_\psi$, dass $|\alpha_0|^2 = |\alpha_1|^2 = \frac{1}{2}$ und $\alpha_0 = 0$ oder $\alpha_1 = 0$ ist. Aber das kann nicht wahr sein.

Übung 4.5.7 Sei $B = (|b_0\rangle, \ldots, |b_{k-1}\rangle)$ eine orthonormale Basis von $\mathbb{H}$. Betrachte den Quantenzustand

$$|\varphi\rangle = \sum_{i=0}^{k-1} \alpha_i |b_i\rangle \tag{4.76}$$

wobei $\alpha_i \in \mathbb{C}$ für alle $i \in \mathbb{Z}_k$ und $\sum_{i=0}^{k-1} |\alpha_i|^2 = 1$ gilt. Zeigen Sie, dass die Dichteoperatoren des reinen Zustands $|\varphi\rangle$ und des gemischten Zustands $\left((|\alpha_0|^2, |b_0\rangle), \ldots, (|\alpha_{k-1}|^2, |b_{k-1}\rangle)\right)$ gleich sind.

4.5.2 Gemischte Zustände und Dichteoperatoren

Dieser Abschnitt erklärt die Korrespondenz zwischen gemischten Zuständen und Dichteoperatoren. Zunächst gilt Folgendes:

Proposition 4.5.8 Jeder Dichteoperator auf $\mathbb{H}$ ist der Dichteoperator eines gemischten Zustands des Quantensystems Q.

Beweis Sei ρ ein Dichteoperator auf $\mathbb{H}$. Dann ist ρ hermitesch. Es folgt aus Theorem 3.4.57 (Spektralsatz), dass wir

$$\rho = \sum_{i=0}^{k-1} \lambda_i |b_i\rangle \langle b_i| \tag{4.77}$$

schreiben können, wobei $B = (|b_0\rangle, \ldots, |b_{k-1}\rangle)$ eine orthonormale Basis von Eigenvektoren von ρ ist und λ_i der Eigenwert des Eigenvektors $|b_i\rangle$ ist für alle $i \in \mathbb{Z}_k$. Aus der Spurbedingung und Proposition 3.4.1 folgt

$$1 = \operatorname{tr}(\rho) = \sum_{i=0}^{k-1} \lambda_i. \tag{4.78}$$

Die Positivitätsbedingung und Proposition 3.4.66 implizieren, dass $\lambda_i \geq 0$ für $0 \leq i < k$ gilt. Daher ist

$$\big((\lambda_0, |b_0\rangle), \ldots, (\lambda_{k-1}, |b_{k-1}\rangle)\big)$$

ein gemischter Zustand des Quantensystems mit dem Dichteoperator ρ. □

Der Beweis von Proposition 4.5.8 enthält eine Methode zur Konstruktion eines gemischten Zustands, der einem gegebenen Dichteoperator entspricht. Dies wird im nächsten Beispiel veranschaulicht.

Beispiel 4.5.9 Betrachte den Operator

$$\rho = \frac{1}{2} |0\rangle \langle 0| + \frac{1}{2} |1\rangle \langle 1|. \tag{4.79}$$

Dies ist die Darstellung von ρ wie in (4.77). Außerdem ist ρ positiv semidefinit und hat die Spur 1. Daher ist ρ ein Dichteoperator. Die Konstruktion im Beweis von Proposition 4.5.8 ergibt den gemischten Zustand

$$\left(\left(\frac{1}{2}, |0\rangle\right), \left(\frac{1}{2}, |1\rangle\right)\right), \tag{4.80}$$

den wir bereits aus Beispiel 4.5.6 kennen. Sein Dichteoperator ist ρ.

Proposition 4.5.8 zeigt, dass die Abbildung, die einen gemischten Zustand auf den zugehörigen Dichteoperator abbildet, surjektiv ist. Diese Abbildung ist jedoch im Allgemeinen nicht injektiv. Die nächste Proposition ermöglicht es, die gemischten Zustände zu bestimmen, die denselben Dichteoperator haben.

Proposition 4.5.10 Sei $l \in \mathbb{N}$ und seien $S, T \in \mathbb{H}^l$,

$$S = (|\varphi_0\rangle, \ldots, |\varphi_{l-1}\rangle), \quad T = (|\psi_0\rangle, \ldots, |\psi_{l-1}\rangle). \tag{4.81}$$

Dann gilt genau dann

$$\sum_{i=0}^{l-1} |\varphi_i\rangle \langle \varphi_i| = \sum_{i=0}^{l-1} |\psi_i\rangle \langle \psi_i|, \tag{4.82}$$

wenn es eine unitäre Matrix $U \in \mathbb{C}^{(l,l)}$ gibt mit

$$T = SU. \tag{4.83}$$

Beweis Sei $U \in \mathbb{C}^{(l,l)}$ eine unitäre Matrix mit

$$T = SU. \tag{4.84}$$

Wir schreiben $U = (u_{i,j})$ und $U^* = (u^*_{i.j})$ mit $u_{i,j}, u^*_{i,j} \in \mathbb{C}$ für $0 \leq i, j < l$. Dann gilt

$$u^*_{i,j} = \overline{u_{j,i}}, \quad 0 \leq i, j < l. \tag{4.85}$$

Da U unitär ist, gilt $U^*U = I_l$. Daher gilt für $0 \leq m, n < l$

$$\sum_{i=0}^{l-1} \overline{u_{i,m}} u_{i,n} = \sum_{i=0}^{l-1} u^*_{m,i} u_{i,n} = \delta_{m,n}. \tag{4.86}$$

Diese Identität und Proposition 3.4.28 implizieren

$$\begin{aligned}
&\sum_{i=0}^{l-1} |\psi_i\rangle \langle\psi_i| \\
&= \sum_{i=0}^{l-1} \left|\sum_{m=0}^{l-1} u_{i,m} |\varphi_m\rangle\right\rangle \langle \sum_{n=0}^{l-1} u_{i,n} |\varphi_n\rangle| \\
&= \sum_{i,m,n=0}^{l-1} \overline{u_{i,m}} u_{i,n} |\varphi_m\rangle \langle\varphi_n| \\
&= \sum_{m,n=0}^{l-1} \left(\sum_{i=0}^{l-1} u^*_{m,i} u_{i,n}\right) |\varphi_m\rangle \langle\varphi_n| \\
&= \sum_{m,n=0}^{l-1} \delta_{m,n} |\varphi_m\rangle \langle\varphi_n| \\
&= \sum_{m=0}^{l-1} |\varphi_m\rangle \langle\varphi_m|.
\end{aligned}$$

Nehmen wir nun an, dass die beiden Operatoren in (4.82) gleich sind. Nennen wir sie ρ. Da ρ hermitesch ist, folgt aus dem Spektralsatz (Theorem 3.4.57), dass es eine Zerlegung

$$\rho = \sum_{i=0}^{m-1} \lambda_i |b_i\rangle \langle b_i| \tag{4.87}$$

von ρ gibt, wobei $m \in \mathbb{N}$ und $(|b_0\rangle, \ldots, |b_{m-1}\rangle)$ eine orthonormale Folge von Eigenvektoren von ρ ist sowie für alle $i \in \mathbb{Z}_m$ der Koeffizient λ_i der (von Null verschiedene) Eigenwert von $|b_i\rangle$ ist. Da ρ ein Dichteoperator ist, sind diese Eigenwerte positive reelle Zahlen. Wir zeigen, dass der Vektorraum $V = \mathrm{Span}(|b_0\rangle, \ldots, |b_m\rangle)$ gleich dem Vektorraum

$V' = \text{Span}(|\varphi_0\rangle, \ldots, |\varphi_{l-1}\rangle)$ ist. Für alle $j \in \mathbb{Z}_m$ gilt $\lambda_j \neq 0$ und

$$\lambda_j \left|b_j\right\rangle = \rho \left|b_j\right\rangle = \sum_{i=0}^{l-1} \langle \varphi_i | b_j \rangle \, |\varphi_i\rangle \, . \tag{4.88}$$

Daraus folgt

$$V \subset V'. \tag{4.89}$$

Setze nun $|\xi_i\rangle = \sqrt{\lambda_i}\, |b_i\rangle$ für alle $i \in \mathbb{Z}_m$. Dann gilt

$$\rho = \sum_{i=0}^{m-1} |\xi_i\rangle \, \langle \xi_i| \tag{4.90}$$

und $(|\xi_0\rangle, \ldots, |\xi_{m-1}\rangle)$ ist eine orthogonale Basis von V. Sei $|\psi\rangle \in V^\perp$. Dann gilt

$$\langle \psi | \rho | \psi \rangle = \left\langle \psi \left| \sum_{i=0}^{m-1} \langle \xi_i | \psi \rangle \, |\xi_i\rangle \right. \right\rangle = \langle \psi | 0 \rangle = 0. \tag{4.91}$$

Daraus folgt

$$\begin{aligned} 0 = \langle \psi | \rho | \psi \rangle &= \left\langle \psi \left| \sum_{i=0}^{l-1} \langle \varphi_i | \psi \rangle \, |\varphi_i\rangle \right. \right\rangle \\ &= \sum_{i=0}^{l-1} \langle \psi | \varphi_i \rangle \langle \varphi_i | \psi \rangle = \sum_{i=0}^{l-1} |\langle \varphi_i | \psi \rangle|^2. \end{aligned} \tag{4.92}$$

Daher ist $|\langle \varphi_i | \psi \rangle|^2 = 0$ für $0 \le i < l$ und alle $|\psi\rangle \in V^\perp$. Also gilt $|\varphi_i\rangle \in (V^\perp)^\perp = V$ für $0 \le i < l$. Also gilt $V' \subset V$. daraus und aus (4.89) folgt

$$V = V' \text{ und } m \le l. \tag{4.93}$$

Somit gilt für alle $j \in \mathbb{Z}_l$

$$\left|\varphi_j\right\rangle = \sum_{i=0}^{m-1} u_{i,j} \, |\xi_i\rangle \tag{4.94}$$

mit komplexen Koeffizienten $u_{i,j}$. Bezeichne die Matrix $(u_{i,j}) \in \mathbb{C}^{(m,l)}$ mit U und die Adjungierte U^* von U mit $(u^*_{i,j})$. Dann gilt

$$
\begin{aligned}
\sum_{p=0}^{m-1} \left|\xi_p\right\rangle \langle \xi_p| &= \sum_{p=0}^{l-1} \left|\varphi_p\right\rangle \langle \varphi_p| \\
&= \sum_{p=0}^{l-1} \left|\sum_{i=0}^{m-1} u_{i,p} \left|\xi_i\right\rangle\right\rangle \left\langle \sum_{j=0}^{m-1} u_{j,p} \left|\xi_j\right\rangle\right| \\
&= \sum_{i,j=0}^{m-1} \left(\sum_{p=0}^{l-1} u_{i,p} u^*_{p,j}\right) \left|\xi_i\right\rangle \langle \xi_j| .
\end{aligned} \tag{4.95}
$$

Es folgt aus Proposition 3.4.32, dass die Folge $(\left|\xi_p\right\rangle \langle \xi_p|)$ linear unabhängig ist. Daher impliziert (4.95)

$$
\sum_{p=0}^{l-1} u_{i,p} u^*_{p,j} = \delta_{i,j} \tag{4.96}
$$

für $0 \leq i, j < m$. Die Folge der Zeilenvektoren von U ist also orthonormal und es folgt aus Theorem 3.2.33, dass wir $l - m$ Zeilen zu U hinzufügen können, sodass das neue U eine unitäre Matrix ist. Man beachte, dass nach (4.93) $m \leq l$ gilt. Wir setzen $|\xi_m\rangle, \ldots, |\xi_{l-1}\rangle = 0$. Dann folgt

$$
(|\varphi_0\rangle, \ldots, |\varphi_{l-1}\rangle) = (|\xi_0\rangle, \ldots, |\xi_{l-1}\rangle)U. \tag{4.97}
$$

Auf die gleiche Weise können wir zeigen, dass es eine unitäre Matrix $U' \in \mathbb{C}^{(l,l)}$ gibt, so dass

$$
(|\psi_0\rangle, \ldots, |\psi_{l-1}\rangle) = (|\xi_0\rangle, \ldots, |\xi_{l-1}\rangle)U'. \tag{4.98}
$$

So erhalten wir

$$
(|\psi_0\rangle, \ldots, |\psi_{l-1}\rangle) = (|\varphi_0\rangle, \ldots, |\varphi_{l-1}\rangle)U^*U'. \tag{4.99}
$$

Da U^*U' eine unitäre Matrix ist, folgt die Behauptung der Proposition. □

Proposition 4.5.10 impliziert das folgende Theorem.

Theorem 4.5.11

1. Die Dichteoperatoren von zwei reinen Zuständen von Q sind genau dann gleich, wenn diese Zustände bis auf einen globalen Phasenfaktor gleich sind.
2. Sei $l \in \mathbb{N}$. Die Dichteoperatoren von zwei gemischten Zuständen

$$
((p_0, |\varphi_0\rangle), \ldots, (p_{l-1}, |\varphi_{l-1}\rangle)), \quad ((q_0, |\psi_0\rangle), \ldots, (q_{l-1}, |\psi_{l-1}\rangle)) \tag{4.100}
$$

von Q sind genau dann gleich, wenn es eine unitäre Matrix $U \in \mathbb{C}^{(l,l)}$ gibt mit

$$
(\sqrt{p_0}\,|\varphi_0\rangle, \ldots, \sqrt{p_{l-1}}\,|\varphi_{l-1}\rangle) = (\sqrt{q_0}\,|\psi_0\rangle, \ldots, \sqrt{q_{l-1}}\,|\psi_{l-1}\rangle)U. \tag{4.101}
$$

Beweis Seien $|\varphi\rangle$ und $|\psi\rangle$ reine Zustände von Q. Die Dichteoperatoren dieser Zustände sind die Dichteoperatoren der gemischten Zustände $((1, |\varphi\rangle))$ bzw. $((1, |\psi\rangle))$. Daher folgt aus Proposition 4.5.10, dass die Dichteoperatoren dieser Zustände genau dann gleich sind, wenn es eine komplexe Zahl u der Norm 1 gibt mit $|\psi\rangle = u\,|\varphi\rangle$. Dies beweist die erste Aussage. Die zweite Aussage folgt unmittelbar aus Proposition 4.5.10. □

Theorem 4.5.11 kann auch verwendet werden, um die gemischten Zustände verschiedener Längen zu charakterisieren, die demselben Dichteoperator entsprechen. Wie in Übung 4.5.12 gezeigt, können wir jeden gemischten Zustand der Länge l zu einem gemischten Zustand der Länge $k > l$ mit demselben Dichteoperator erweitern, indem wir $k - l$ Paare $(0, 0)$ hinzufügen.

Übung 4.5.12 Zeigen Sie, dass das Hinzufügen von Paaren $(0, 0)$ zu einem gemischten Zustand einen gemischten Zustand mit demselben Dichteoperator ergibt.

Wir verallgemeinern die in Proposition 4.1.24 eingeführte Äquivalenzrelation.

Theorem 4.5.13 Die Menge R aller Paare von gemischten Zuständen von Q mit demselben Dichteoperator ist eine Äquivalenzrelation auf der Menge aller gemischten Zustände von Q.

Übung 4.5.14 Beweisen Sie Theorem 4.5.13.

Das nächste Theorem gibt ein Kriterium, das es ermöglicht, zwischen Dichteoperatoren von reinen Zuständen und gemischten Zuständen zu unterscheiden.

Theorem 4.5.15 Sei ρ ein Dichteoperator auf $\mathbb{H}$. Dann gelten die folgenden Aussagen:

1. ρ ist genau dann der Dichteoperator eines reinen Zustands, wenn $\rho^2 = \rho$ gilt, was genau dann zutrifft, wenn $\operatorname{tr}\rho^2 = 1$ ist.
2. ρ ist genau dann nicht der Dichteoperator eines reinen Zustands, wenn $\rho^2 \neq \rho$ gilt, was genau dann zutrifft, wenn $\operatorname{tr}\rho^2 < 1$ ist.

Beweis Zuerst zeigen wir, dass $\operatorname{tr}\rho^2 \leq 1$. Da ρ positiv semidefinit ist, ist dieser Operator gemäß Proposition 3.4.65 hermitesch. Nach dem Spektralsatz (Theorem 3.4.57) gilt

$$\rho = \sum_{i=0}^{k-1} \lambda_i \,|b_i\rangle\,\langle b_i| \tag{4.102}$$

wobei $(|b_0\rangle, \ldots, |b_{k-1}\rangle)$ eine orthonormale Basis von Eigenvektoren von ρ ist und λ_i die Eigenwerte der Eigenvektoren $|b_i\rangle$ sind. Proposition 3.4.60 impliziert

$$\rho^2 = \sum_{i=0}^{k-1} \lambda_i^2 |b_i\rangle \langle b_i| \tag{4.103}$$

Aus den Spur- und Positivitätsbedingungen folgt

$$\mathrm{tr}\rho^2 = \sum_{i=0}^{k-1} \lambda_i^2 \leq \left(\sum_{i=0}^{k-1} \lambda_i\right)^2 = (\mathrm{tr}\rho)^2 = 1. \tag{4.104}$$

Nun beweisen wir die erste Aussage des Theorems. Sei $\rho = |\varphi\rangle \langle\varphi|$ mit einem Quantenzustand $|\varphi\rangle \in \mathbb{H}$. Da $\langle\varphi|\varphi\rangle = 1$ gilt, ist ρ eine Projektion und damit $\rho^2 = \rho$. Angenommen, es gilt $\rho^2 = \rho$. Dann folgt aus der Spurbedingung $\mathrm{tr}\rho^2 = \mathrm{tr}\rho = 1$. Schließlich sei $\mathrm{tr}\rho^2 = 1$. Dann folgt aus (4.104), dass es ein $l \in \mathbb{Z}_k$ gibt mit $|\lambda_l| = 1$ und $\lambda_i = 0$ für $i \neq l$. Daher ist $\rho = |b_l\rangle \langle b_l|$. Die zweite Aussage wird in Übung 4.5.16 bewiesen. □

Übung 4.5.16 Beweisen Sie die zweite Behauptung von Theorem 4.5.15.

Beispiel 4.5.17 Betrachte den Dichteoperator ρ aus Beispiel 4.5.9. Wegen

$$\rho^2 = \frac{1}{4}(|0\rangle \langle 0| + |1\rangle \langle 1|) \neq \rho, \tag{4.105}$$

folgt aus Theorem 4.5.15, dass ρ nicht der Dichteoperator eines reinen Zustands ist. Das wurde bereits direkt in Beispiel 4.5.6 gezeigt.

Man beachte, dass für Dichteoperatoren ρ mit $\rho^2 = \rho$ oder $\mathrm{tr}\rho^2 = 1$ der Beweis von Theorem 4.5.15 eine Methode zur Bestimmung eines reinen Zustands $|\varphi\rangle$ enthält, für den $\rho = |\varphi\rangle \langle\varphi|$ gilt.

4.6 Die Quantenpostulate für gemischte Zustände

Die Menge der gemischten Zustände eines Quantensystems Q kann als eine Obermenge der Menge aller reinen Zustände von Q betrachtet werden, weil wir jeden reinen Zustand $|\varphi\rangle$ mit dem gemischten Zustand $(1, |\varphi\rangle)$ identifizieren. In diesem Abschnitt verallgemeinern wir die Postulate der Quantenmechanik auf gemischte Zustände.

4.6.1 Zustandsraum-Postulat

Wir beginnen mit dem verallgemeinerten Zustandsraum-Postulat,

Postulat 4.6.1 (Zustandsräume – Dichteoperator-Version) Jedem physikalischen System ist ein Hilbertraum zugeordnet, der als Zustandsraum des Systems bezeichnet wird. Das System wird vollständig durch einen Dichteoperator auf dem Zustandsraum beschrieben.

Nach Theorem 4.5.11 ist die Modellierung reiner Quantenzustände mittels Dichteoperatoren gröber als die Modellierung mittels Zustandsvektoren. Dieses Theorem besagt, dass die Dichteoperatoren von zwei Zustandsvektoren gleich sind, solange sie sich nur um einen globalen Phasenfaktor unterscheiden. Da aber gemäß Theorem 4.4.5 alle Zustandsvektoren, die bis auf einen globalen Phasenfaktor gleich sind, zur gleichen Messstatistik führen, ist dies unerheblich.

Die Beschreibung von Quantensystemen mit Dichteoperatoren umfasst auch gemischte Zustände, weil Dichteoperatoren solchen Zuständen entsprechen. Dies wird in Szenarien wichtig, in denen eine Komponente eines zusammengesetzten Systems ignoriert wird und nur das verbleibende System beschrieben werden muss. Wir werden das in Abschn. 4.7.2 genauer beschrieben.

Die Dichteoperator-Version des Postulats, das zusammengesetzte Systeme beschreibt, lautet wie folgt:

Postulat 4.6.2 (Zusammengesetzte Systeme – Dichteoperator-Version) Der Zustandsraum der Komposition endlich vieler physikalischer Systeme ist das Tensorprodukt der Zustandsräume der einzelnen Systeme. Wenn die Systeme mit 0 bis $m - 1$ durchnummeriert sind und das System mit Nummer i sich im Zustand ρ_i befindet, wobei ρ_i ein Dichteoperator auf dem Zustandsraum des i-ten Komponentensystems ist für $0 \leq i < m$, dann befindet sich das zusammengesetzte System im Zustand $\rho_0 \otimes \cdots \otimes \rho_{m-1}$.

4.6.2 Evolutionspostulat

Wir präsentieren auch ein Analogon des Evolutionspostulats 4.3.1 für Dichteoperatoren. Das Postulat für reine Zustände besagt, dass die zeitliche Entwicklung eines geschlossenen Quantensystems durch unitäre Transformationen auf dem Zustandsraum $\mathbb{H}$ des Systems beschrieben wird. Sei U eine solche Transformation. Nach der entsprechenden Evolution wird ein Zustandsvektor $|\psi\rangle$ des Systems zu $U|\psi\rangle$. Der zugehörige Dichteoperator ist

$$|U|\psi\rangle\rangle\langle U|\psi\rangle| = U|\psi\rangle\langle\psi|U^* \qquad (4.106)$$

Dies motiviert das folgende modifizierte Zeitentwicklungspostulat.

Postulat 4.6.3 (Evolution – Dichteoperator-Version) Die zeitliche Entwicklung eines abgeschlossenen physikalischen Systems wird durch eine unitäre Transformation beschrieben. Genauer gesagt, wenn $t, t' \in \mathbb{R}$ ist, $t < t'$, dann erhält man den Zustand ρ' des Systems zum

Zeitpunkt t' aus dem Zustand ρ des Systems zum Zeitpunkt t als $\rho' = U\rho U^*$, wobei U ein unitärer Operator auf dem Zustandsraum des Systems ist, der nur von t und t' abhängt.

Analog zu dem, was wir in Abschn. 4.3.3 beschrieben haben, können wir zusammengesetzte unitäre Operatoren verwenden, um die zeitliche Entwicklung zusammengesetzter Quantensysteme zu beschreiben, die durch Dichteoperatoren modelliert sind, sich also in einem gemischten Zustand befinden.

Übung 4.6.4 Angenommen, ein Zwei-Qubit-Quantenregister befindet sich zum Zeitpunkt t im Zustand $\rho = |00\rangle\langle 00|$ und der Zustand des Systems zum Zeitpunkt $t' > t$ ergibt sich aus ρ durch Anwendung des CNOT-Operators. Bestimmen Sie den Dichteoperator, der den Zustand des Systems zum Zeitpunkt t' beschreibt.

4.6.3 Messpostulat

Als Nächstes passen wir das Messpostulat 4.4.1 an Dichteoperatoren an. Zuerst motivieren wir diese Änderung.

Sei O eine Observable eines Quantensystems und sei $O = \sum_\lambda \lambda P_\lambda$ ihre Spektralzerlegung. Angenommen, das Quantensystem befindet sich im Zustand $|\varphi\rangle$. Dann ist der entsprechende Dichteoperator

$$\rho = |\varphi\rangle\langle\varphi|. \tag{4.107}$$

Das Messpostulat besagt Folgendes: Wenn sich das Quantensystem im Zustand $|\varphi\rangle$ befindet, liefert die Messung der Observablen O einen der Eigenwerte λ von O, und zwar mit Wahrscheinlichkeit $\Pr_{O,\varphi}(\lambda) = \langle\varphi|P_\lambda|\varphi\rangle$. Proposition 3.4.30 impliziert

$$\Pr_{O,\varphi}(\lambda) = \langle\varphi|P_\lambda|\varphi\rangle = \operatorname{tr}(P_\lambda \circ |\varphi\rangle\langle\varphi|). \tag{4.108}$$

Wird λ gemessen, dann ist der Zustand des Systems unmittelbar nach der Messung

$$\frac{P_\lambda|\varphi\rangle}{\sqrt{\Pr_{O,\varphi}(\lambda)}}. \tag{4.109}$$

Nach Proposition 3.4.30 ist der Dichteoperator dieses Zustands

$$\frac{P_\lambda|\varphi\rangle\langle\varphi|P_\lambda}{\Pr_{O,\varphi}(\lambda)} = \frac{P_\lambda\rho P_\lambda}{\Pr_{O,\varphi}(\lambda)}. \tag{4.110}$$

Dies motiviert das folgende modifizierte Messpostulat.

Postulat 4.6.5 (Projektive Messungen – Dichteoperator-Version) Eine *projektive Messung* wird durch eine *Observable O* beschrieben, die ein hermitescher Operator auf dem Zustandsraum des zu messenden Quantensystems ist. Sei $O = \sum_{\lambda\in\Lambda} \lambda P_\lambda$ die Spektralzerlegung von O. Dann sind die möglichen Messergebnisse die Eigenwerte λ dieser Observablen. Angenommen, das gemessene Quantensystem befindet sich in einem Zustand, der einem Dichteoperator ρ entspricht. Dann ist die Wahrscheinlichkeit dafür, das Ergebnis $\lambda \in \Lambda$ zu erhalten, $\Pr_{O,\rho}(\lambda) = \operatorname{tr}(P_\lambda \rho)$. Wenn dieses Ergebnis gemessen wird, ist der Zustand des Quantensystems unmittelbar nach der Messung $\frac{P_\lambda \rho P_\lambda}{\operatorname{tr}(P_\lambda \rho)}$.

In der Situation des Messpostulats 4.6.5 ist der Erwartungswert der Zufallsvariablen, die ein Messergebnis dem entsprechenden Eigenwert zuordnet,

$$\sum_{\lambda\in\Lambda} \lambda \Pr_{O,\rho}(\lambda) = \sum_{\lambda\in\Lambda} \lambda \operatorname{tr}(P_\lambda \rho) = \operatorname{tr}\left(\left(\sum_{\lambda\in\Lambda} \lambda P_\lambda\right)\rho\right) = \operatorname{tr}(O\rho). \tag{4.111}$$

Dies motiviert die folgende Definition:

Definition 4.6.6 Sei O eine Observable eines Quantensystems mit Zustandsraum $\mathbb{H}$. Angenommen, diese Observable wird gemessen, wenn sich das System in einem Zustand befindet, der einem Dichteoperator ρ auf $\mathbb{H}$ entspricht. Dann ist der *Erwartungswert dieser Messung* definiert als $\operatorname{tr}(O\rho)$.

Die folgende Proposition wendet das Messpostulat für Dichteoperatoren an, um zu erklären, was passiert, wenn gemischte Zustände in einer orthonormalen Basis gemessen werden.

Proposition 4.6.7 Angenommen, ein Quantensystem wird in der orthonormalen Basis $B = (|b_0\rangle, \ldots, |b_{k-1}\rangle)$ seines Zustandsraums $\mathbb{H}$ gemessen, wenn es sich im gemischten Zustand $((p_0, |\varphi_0\rangle), \ldots, (p_{l-1}, |\varphi_{l-1}\rangle))$ befindet. Dann liefert die Messung der Observablen $\sum_{\lambda=0}^{k-1} \lambda |b_\lambda\rangle \langle b_\lambda|$ den Wert λ mit Wahrscheinlichkeit $\Pr(\lambda) = \sum_{i=0}^{l-1} p_i |\langle b_\lambda|\varphi_i\rangle|^2$. Unmittelbar nach einer solchen Messung mit Ergebnis λ befindet sich das Quantensystem im Zustand $|b_\lambda\rangle \langle b_\lambda|$.

Beweis Der Dichteoperator, der dem gemischten Zustand des Quantensystems entspricht, ist

$$\rho = \sum_{i=0}^{l-1} p_i |\varphi_i\rangle \langle \varphi_i|. \tag{4.112}$$

Sei $\lambda \in \mathbb{Z}_k$. Setze $P_\lambda = |b_\lambda\rangle \langle b_\lambda|$. Dann gilt

$$P_\lambda \rho = P_\lambda \sum_{i=0}^{l-1} p_i |\varphi_i\rangle \langle \varphi_i| = \sum_{i=0}^{l-1} p_i \langle b_\lambda|\varphi_i\rangle |b_\lambda\rangle \langle \varphi_i|. \tag{4.113}$$

Daher folgt aus Proposition 3.4.28, dass die Messung von O den Wert $\lambda \in \mathbb{Z}_k$ mit Wahrscheinlichkeit

$$\Pr(\lambda) = \operatorname{tr}(P_\lambda \rho) = \sum_{i=0}^{l-1} p_i |\langle b_\lambda | \varphi_i \rangle|^2 \tag{4.114}$$

liefert. Wenn das Messergebnis λ ist, dann befindet sich das Quantensystem unmittelbar nach der Messung im Zustand

$$\begin{aligned} \frac{P_\lambda \rho P_\lambda}{\Pr(\lambda)} &= \frac{\sum_{i=0}^{l-1} p_i \, |b_\lambda\rangle \, \langle b_\lambda| \, |\varphi_i\rangle \, \langle \varphi_i| \, |b_\lambda\rangle \, \langle b_\lambda|}{\Pr(\lambda)} \\ &= \frac{P_\lambda \sum_{i=0}^{l-1} p_i |\langle b_\lambda | \varphi_i \rangle|^2}{\Pr(\lambda)} = P_\lambda. \end{aligned} \tag{4.115}$$

□

Die Konzepte und Ergebnisse für partielle Messungen aus Abschn. 4.4.3 gelten auch für Quantensysteme in gemischten Zuständen. Wir müssen nur die Formeln für die Messwahrscheinlichkeiten und die Zustände unmittelbar nach der Messung durch die Formeln ersetzen, die für gemischte Zustände gelten. In Übung 4.6.8 wird dies für Quantensysteme durchgeführt, die aus zwei Quantensystemen zusammengesetzt sind.

Übung 4.6.8 Angenommen, A und B sind Quantensysteme mit Zustandsräumen $\mathbb{H}_A$ und $\mathbb{H}_B$. Betrachten Sie das zusammengesetzte Quantensystem AB mit Zustandsraum $\mathbb{H}_{AB} = \mathbb{H}_A \otimes \mathbb{H}_B$. Sei O_A eine Observable des Systems A mit der Spektralzerlegung $O_A = \sum_{\lambda \in \Lambda} \lambda P_\lambda$. Seien ρ_A und ρ_B Zustände der Systeme A bzw. B. Beweisen Sie Folgendes:

1. Der zusammengesetzte Operator $O_{AB} = O_A \otimes I_B$ ist eine Observable des zusammengesetzten Systems AB mit der Spektralzerlegung

$$O_{AB} = \sum_{\lambda \in \Lambda} \lambda (P_\lambda \otimes I_B), \tag{4.116}$$

   wobei I_B die Identität auf $\mathbb{H}_B$ bezeichnet.
2. Befindet sich AB im nicht-verschränkten Zustand $\rho_A \otimes \rho_B$, dann ergibt die Messung von O_{AB} den Eigenwert λ mit Wahrscheinlichkeit $\Pr(\lambda) = \operatorname{tr}(O_A \rho_A)$. Wenn dieses Messergebnis auftritt, ist der Zustand des Systems AB unmittelbar nach der Messung $\frac{(P_\lambda \rho_A P_\lambda) \otimes \rho_B}{\operatorname{tr}(P_\lambda \rho_A)}$. Der Erwartungswert von O_{AB} ist $\operatorname{tr}(O_A \rho_A)$.

4.6.4 Die Beschreibungen durch Zustandsvektoren und Dichteoperatoren sind äquivalent

Wir haben die Beschreibung der Zustände von Quantensystemen unter Verwendung von Zustandsvektoren und Dichteoperatoren eingeführt. Die Modellierung von Quantensystemen mithilfe von Dichteoperatoren ist allgemeiner, da sie auch die Situation abdeckt, in der ein Quantensystem einem gemischten Zustand ist. Wenn wir uns jedoch auf reine Zustände beschränken, sind die beiden Beschreibungen äquivalent. Das bedeutet Folgendes: Betrachte ein Quantensystem mit Zustandsraum $\mathbb{H}$. Angenommen, es entwickelt sich in k Schritten. Anfangs befindet es sich im reinen Zustand s_0, dann im reinen Zustand s_1 usw., bis es schließlich im reinen Zustand s_l ist. Diese Zustände können durch Zustandsvektoren oder Dichteoperatoren beschrieben werden. In beiden Versionen des Zustandsraum-Postulats ist jeder Übergang mit einem unitären Operator auf $\mathbb{H}$ verbunden. Sei also $U_0, U_1, \ldots, U_{l-1}$ eine Folge von unitären Operatoren auf $\mathbb{H}$ mit der Eigenschaft, dass der Zustand s_{i+1} durch Anwendung von U_i auf den Zustand s_i entsteht, und zwar für $0 \leq i < l$. Angenommen, die Zustände s_i werden durch Zustandsvektoren $|\varphi_i\rangle \in \mathbb{H}$ dargestellt. Dann gilt

$$|\varphi_l\rangle = U\,|\varphi_0\rangle \tag{4.117}$$

mit

$$U = U_{l-1} \cdots U_0. \tag{4.118}$$

Nehmen wir nun an, dass der Zustand s_0 durch den Dichteoperator

$$\rho_0 = |\varphi_0\rangle\,\langle\varphi_0| \tag{4.119}$$

dargestellt wird. Für $0 \leq i < l$ setzen wir

$$\rho_{i+1} = U_i \rho_i U_i^*. \tag{4.120}$$

Dann erhalten wir aus (4.106)

$$\rho_l = U\rho_0 U^* = |\varphi_l\rangle\,\langle\varphi_l|. \tag{4.121}$$

Wie in Abschn. 4.6.3 gezeigt, sind die Messstatistiken und der Quantenzustand unmittelbar nach der Messung für den Zustand, der durch $|\varphi_l\rangle$ bzw. ρ_l beschrieben wird, gleich. Dies zeigt, dass aus der Perspektive der Quantenmechanik die beiden Beschreibungen der Zustandsentwicklung äquivalent sind.

4.7 Partielle Spur und reduzierte Dichteoperatoren

In Abschn. B.6.7 wird die partielle Spur eingeführt. In diesem Abschnitt verwenden wir sie, um Zustände von Teilsystemen zusammengesetzter physikalischer Systeme zu modellieren.

Wir betrachten zwei Quantensysteme A und B mit Zustandsräumen $\mathbb{H}_A$ und $\mathbb{H}_B$ der Dimensionen M bzw. N. Ohne Beschränkung der Allgemeinheit nehmen wir an, dass $M \leq N$ ist. Sei $(|a_0\rangle, \ldots, |a_{M-1}\rangle)$ eine orthonormale Basis von $\mathbb{H}_A$ und $(|b_0\rangle, \ldots, |b_{N-1}\rangle)$ eine orthonormale Basis von $\mathbb{H}_B$. Wir bezeichnen die Komposition von A und B mit AB. Der Zustandsraum des Systems AB ist $\mathbb{H}_{AB} = \mathbb{H}_A \otimes \mathbb{H}_B$ und $(|a_i\rangle\,|b_j\rangle)$ ist eine orthonormale Basis von $\mathbb{H}_{AB}$. Darüber hinaus sind $(|a_i\rangle \langle a_j|)$ und $(|b_k\rangle \langle b_l|)$ orthonormale Basen von $\mathrm{End}(\mathbb{H}_A)$ bzw. $\mathrm{End}(\mathbb{H}_B)$. Daher ist $(|a_i\rangle \langle a_j| \otimes |b_k\rangle \langle b_l|)$ eine orthonormale Basis von $\mathrm{End}(\mathbb{H}_{AB})$.

4.7.1 Die partielle Spur auf $\mathbb{H}_{AB}$

Wir erläutern jetzt die partielle Spur auf $\mathbb{H}_{AB}$ über $\mathbb{H}_B$. Wir bezeichnen sie als *partielle Spur über B* und schreiben dafür tr_B. Die Definition der partiellen Spur tr_A über A ist analog. Aus der Definition der partiellen Spur in Abschnitt B.6.7 erhalten wir die folgende Formel:

Proposition 4.7.1 Sei $U \in \mathrm{End}(\mathbb{H}_{AB})$,

$$U = \sum_{i,j \in \mathbb{Z}_M, k,l \in \mathbb{Z}_N} u_{i,j,k,l} \, |a_i\rangle \langle a_j| \otimes |b_k\rangle \langle b_l| \tag{4.122}$$

mit komplexen Koeffizienten $u_{i,j,k,l}$, dann gilt

$$\mathrm{tr}_B U = \sum_{k \in \mathbb{Z}_N} U_k \tag{4.123}$$

wobei

$$U_k = \sum_{i,j \in \mathbb{Z}_M} u_{i,j,k,k} \, |a_i\rangle \langle a_j|. \tag{4.124}$$

Übung 4.7.2 Beweisen Sie Proposition 4.7.1

Beispiel 4.7.3 Für

$$U = |x_+\rangle \langle x_+| \otimes |0\rangle \langle 0|. \tag{4.125}$$

liefert Proposition 4.7.1

$$\mathrm{tr}_B U = |x_+\rangle \langle x_+|, \tag{4.126}$$

Die nächste Proposition zeigt, wie man die Spur über B einer Projektion $|\varphi\rangle \langle\varphi|$ für $|\varphi\rangle \in \mathbb{H}_{AB}$ aus einer Schmidt-Zerlegung von $|\varphi\rangle$ bestimmt.

Proposition 4.7.4 Sei $\varphi \in \mathbb{H}_{AB}$ und sei

$$|\varphi\rangle = \sum_{i=0}^{l-1} r_i \, |\psi_i\rangle \, |\xi_i\rangle \tag{4.127}$$

eine Schmidt-Zerlegung von φ wie in Theorem 3.5.18 beschrieben. Dann folgt

$$\operatorname{tr}_B |\varphi\rangle\langle\varphi| = \sum_{i=0}^{l-1} r_i^2 |\psi_i\rangle\langle\psi_i|. \tag{4.128}$$

Beweis Aus Proposition 3.4.28 folgt

$$\begin{aligned}
\operatorname{tr}_B |\varphi\rangle\langle\varphi| &= \operatorname{tr}_B \left(\sum_{i,j=0}^{l-1} r_i r_j |\psi_i\rangle |\xi_i\rangle \langle\psi_j|\langle\xi_j| \right) \\
&= \sum_{i,j=0}^{l-1} r_i r_j \operatorname{tr}_B \left(|\psi_i\rangle\langle\psi_j| \otimes |\xi_i\rangle\langle\xi_j| \right) \\
&= \sum_{i,j=0}^{l-1} r_i r_j |\psi_i\rangle\langle\psi_j| \operatorname{tr}\left(|\xi_i\rangle\langle\xi_j| \right) \\
&= \sum_{i,j=0}^{l-1} r_i^2 |\psi_i\rangle\langle\psi_j| \delta_{i,j} \\
&= \sum_{i=0}^{l-1} r_i^2 |\psi_i\rangle\langle\psi_i|.
\end{aligned} \tag{4.129}$$

□

Als Nächstes beweisen wir, dass die partielle Spur die positive Semidefinitheit erhält.

Proposition 4.7.5 Wenn $U \in \operatorname{End}(\mathbb{H}_{AB})$ positiv semidefinit ist, dann ist auch $\operatorname{tr}_B(U)$ positiv semidefinit.

Beweis Sei $U \in \operatorname{End}(\mathbb{H}_{AB})$ positiv semidefinit. Verwende die Darstellung (4.122) von U. Für $k, l \in \mathbb{Z}_N$ sei

$$U_{k,l} = \sum_{i,j \in \mathbb{Z}_M} u_{i,j,k,l} |a_i\rangle\langle a_j|. \tag{4.130}$$

Dann gilt

$$U = \sum_{k,l \in \mathbb{Z}_N} U_{k,l} \otimes |b_k\rangle\langle b_l|. \tag{4.131}$$

Sei $|\varphi\rangle \in \mathbb{H}_A$. Für $x \in \mathbb{Z}_N$ setze

$$|\varphi_x\rangle = |\varphi\rangle \otimes |b_x\rangle. \tag{4.132}$$

Dann folgt aus (4.132), der positiven Semidefinitheit von U und Proposition 4.7.1

$$\begin{aligned}0 &\le \sum_{x\in\mathbb{Z}_N} \langle\varphi_x|U|\varphi_x\rangle = \sum_{x\in\mathbb{Z}_N}\sum_{k,l\in\mathbb{Z}_N} \langle\varphi|U_{k,l}|\varphi\rangle\langle b_x|b_k\rangle\langle b_l|b_x\rangle \\ &= \sum_{x\in\mathbb{Z}_N} \langle\varphi|U_{x,x}|\varphi\rangle = \langle\varphi|\mathrm{tr}_B(U)|\varphi\rangle. \end{aligned} \tag{4.133}$$

□

4.7.2 Herausspuren von Teilsystemen

In diesem Abschnitt geht es um folgende Frage: Angenommen, der Zustand eines zusammengesetzten Quantensystems AB zum Zeitpunkt t wird durch den Dichteoperator ρ beschrieben und wir betrachten ab diesem Zeitpunkt nur noch das Teilsystem A und ignorieren das Teilsystem B. In welchem Zustand ist A dann? Wir werden zeigen, dass der Zustand von A die partielle Spur $\mathrm{tr}_B\rho$ von ρ über B ist. Im gesamten Abschnitt werden Zustände von Quantensystemen durch Dichteoperatoren beschrieben.

Wir beginnen mit der folgenden Beobachtung.

Proposition 4.7.6 Sei ρ ein Dichteoperator auf $\mathbb{H}_{AB}$. Dann ist $\mathrm{tr}_B(\rho)$ ein Dichteoperator auf $\mathbb{H}_A$.

Beweis Wir müssen zeigen, dass $\mathrm{tr}_B(\rho)$ die Spurbedingung und die Positivitätsbedingung erfüllt. Da ρ als Dichteoperator diese Bedingungen erfüllt, folgt aus Proposition B.6.29 $\mathrm{tr}(\mathrm{tr}_B(\rho)) = \mathrm{tr}(\rho) = 1$. Daher erfüllt $\mathrm{tr}_B(\rho)$ die Spurbedingung. Außerdem erfüllt $\mathrm{tr}_B(\rho)$ die Positivitätsbedingung gemäß Proposition 4.7.5. □

Die vorhergehende Proposition rechtfertigt die folgende Definition.

Definition 4.7.7 Wenn ρ ein Dichteoperator auf $\mathbb{H}_{AB}$ ist, dann wird $\mathrm{tr}_B(\rho)$ der *reduzierte Dichteoperator* von ρ auf dem Untersystem A genannt. Dieser Operator wird mit ρ^A bezeichnet.

Angenommen, das Systems AB ist im Zustand ρ. Wir wollen zeigen, dass das Teilsystem A im Zustand $\rho_A = \rho^A$ ist, wenn B ignoriert wird. Das Argument ist folgendes: Sei O_A eine Observable des Teilsystems A. Es gibt zwei Möglichkeiten, O_A zu messen. Entweder messen wir die zusammengesetzte Observable $O_{AB} = O_A \otimes I_B$ für das zusammengesetzte System AB, wobei I_B der Identitätsoperator auf dem Zustandsraum des Teilsystems B ist. Oder wir ignorieren das Teilsystem B und messen O_A für das Teilsystem A. Die Messstatistiken in beiden Szenarien müssen identisch sein. Insbesondere müssen die Erwartungswerte beider Messungen übereinstimmen. Das folgende Theorem besagt, dass die Gleichheit dieser Erwartungswerte impliziert, dass $\rho_A = \rho^A$ ist. Folglich ist das Teilsystem A im Zustand ρ^A.

Theorem 4.7.8 1. Sei O_A eine Observable des Systems A, sei $O_{AB} = O_A \otimes I_B$ und sei ρ der Zustand des Quantensystems AB. Dann ist der Erwartungswert von O_{AB} derselbe wie der Erwartungswert von O_A, wenn System A sich im reduzierten Zustand ρ^A befindet, d. h.,

$$\operatorname{tr}(O_{AB}\rho) = \operatorname{tr}(O_A\rho^A). \tag{4.134}$$

2. Die Funktion

$$\operatorname{End}(\mathbb{H}_{AB}) \to \operatorname{End}(\mathbb{H}_A), \quad \rho \mapsto \rho^A = \operatorname{tr}_B(\rho) \tag{4.135}$$

ist die einzige lineare Abbildung, die (4.134) für alle Observablen O_A von A und alle Zustände ρ von AB erfüllt.

Beweis Sei (S_i) eine Basis von $\operatorname{End}(\mathbb{H}_A)$ und (T_j) eine Basis von $\operatorname{End}(\mathbb{H}_B)$. Dann ist $(S_i \otimes T_j)$ eine Basis von $\operatorname{End}(\mathbb{H}_{AB})$. Da die Spur eine lineare Abbildung ist, genügt es, (4.134) für die Basis-Elemente $S_i \otimes T_j$ zu beweisen. Sei also $i \in \mathbb{Z}_{M^2}$, $j \in \mathbb{Z}_{N^2}$ und $\rho = S_i \otimes T_j$. Wir verwenden die Tatsache, dass die partielle Spur spurtreu ist (siehe Proposition B.6.29) und erhalten

$$\begin{aligned}
\operatorname{tr}(O_{AB}\rho) &= \operatorname{tr}\left((O_A \otimes I_B)(S_i \otimes T_j)\right) = \operatorname{tr}(O_A S_i \otimes T_j) = \operatorname{tr}(\operatorname{tr}_B(O_A S_i \otimes T_j)) \\
&= \operatorname{tr}(O_A S_i \operatorname{tr} T_j) \\
&= \operatorname{tr}(O_A \rho^A).
\end{aligned}$$

Um die zweite Aussage zu beweisen, sei $f : \operatorname{End}(\mathbb{H}_{AB}) \to \operatorname{End}(\mathbb{H}_A)$ eine lineare Abbildung, die

$$\operatorname{tr}(O_{AB}\rho) = \operatorname{tr}(O_A f(\rho)) \tag{4.136}$$

für alle Observablen O_A von A, $O_{AB} = O_A \otimes I_B$ und alle Zustände ρ des Systems AB erfüllt. Wir zeigen, dass diese Abbildung die partielle Spur ist. Sei K die Dimension des linearen Raums aller hermiteschen Operatoren auf $\mathbb{H}_A$, sei $(S_i)_{0 \le i < K}$ eine Orthonormalbasis dieses Raums bezüglich des Hilbert-Schmidt-Skalarprodukts und sei $\rho \in \operatorname{End}(\mathbb{H}_{AB})$. Wir entwickeln $f(\rho)$ in dieser Basis, und weil die Basis-Elemente S_i Observablen des Systems A sind, folgt aus (4.136), Proposition 3.2.13 und der Definition des Hilbert-Schmidt-Skalarprodukts in Proposition 3.3.16

$$f(\rho) = \sum_{i=0}^{K-1} \operatorname{tr}(S_i^* f(\rho)) S_i = \sum_{i=0}^{K-1} \operatorname{tr}(S_i^* \otimes I_B \rho) S_i. \tag{4.137}$$

Der Ausdruck auf der rechten Seite von (4.137) ist unabhängig von f. Daher muss f gleich tr_B sein, da nach der ersten Aussage $f = \operatorname{tr}_B$ die Gl. (4.136) erfüllt. □

Wie oben erklärt, besagt Theorem 4.7.8 Folgendes: Angenommen, AB ist ein Quantensystem, das aus den beiden Quantensystemen A und B zusammengesetzt ist. Wenn sich AB im Zustand ρ befindet, dann ist A im Zustand $\rho^A = \operatorname{tr}_B \rho$. Den Vorgang, bei dem das Teilsystem System B ignoriert und nur das Teilsystem A weiter betrachtet wird, nennt man daher *Herausspuren* von System B.

Beispiel 4.7.9 Wir bestimmen den Zustand des ersten Qubits des Bell-Zustands

$$|\psi\rangle = \frac{1}{\sqrt{2}}(|00\rangle + |11\rangle). \tag{4.138}$$

Der Dichteoperator von $|\psi\rangle$ ist

$$\begin{aligned}\rho &= |\psi\rangle\langle\psi| \\ &= \frac{1}{2}(|00\rangle + |11\rangle)(\langle 00| + \langle 11|) \\ &= \frac{1}{2}(|00\rangle\langle 00| + |00\rangle\langle 11| + |11\rangle\langle 00| + |11\rangle\langle 11|).\end{aligned} \tag{4.139}$$

Nun gilt

$$\operatorname{tr}_B(|ik\rangle\langle jl|) = |i\rangle\langle j|\delta_{kl}. \tag{4.140}$$

Daraus folgt

$$\begin{aligned}\rho^A &= \operatorname{tr}_B(\rho) = \frac{1}{2}(\operatorname{tr}_B(|00\rangle\langle 00|) + \operatorname{tr}_B(|00\rangle\langle 11|) \\ &+ \operatorname{tr}_B(|11\rangle\langle 00|) + \operatorname{tr}_B(|11\rangle\langle 11|)) \\ &= \frac{1}{2}(|0\rangle\langle 0| + |1\rangle\langle 1|).\end{aligned} \tag{4.141}$$

Dies ist der Dichteoperator des gemischten Zustands $((\frac{1}{2}, |0\rangle), (\frac{1}{2}, |1\rangle))$.

Es folgt aus Theorem 4.5.15, dass der Dichteoperator in (4.141) nicht der Dichteoperator eines reinen Zustands ist, da die Spur seines Quadrats $\frac{1}{2}$ beträgt.

Die nächste Proposition verallgemeinert Beispiel 4.7.9.

Proposition 4.7.10 Sei $l \in \mathbb{N}$. Für $0 \le i < l$ seien $|\varphi_i\rangle$ Quantenzustände in $\mathbb{H}_A$ und $|\psi_i\rangle$ Quantenzustände in $\mathbb{H}_B$. Außerdem seien letztere orthogonal zueinander. Sei ρ der Dichteoperator des Zustands

$$|\xi\rangle = \frac{1}{\sqrt{l}}\sum_{i=0}^{l-1}|\varphi_i\rangle|\psi_i\rangle. \tag{4.142}$$

Dann ist ρ^A der Dichteoperator des gemischten Zustands

$$\left(\left(\frac{1}{l}, |\varphi_0\rangle\right), \ldots, \left(\frac{1}{l}, |\varphi_{l-1}\rangle\right)\right). \tag{4.143}$$

Wenn sich das zusammengesetzte System AB also im Zustand $\rho = |\xi\rangle\langle\xi|$ befindet, dann ist das System A nach dem Herausspuren von System B im gemischten Zustand (4.143).

Übung 4.7.11 Beweisen Sie Proposition 4.7.10.

Korollar 4.7.12 Angenommen, das zusammengesetzte System AB befindet sich im Zustand $\rho = |\xi\rangle\langle\xi|$ mit $|\xi\rangle = |\varphi\rangle|\psi\rangle$, $|\varphi\rangle \in \mathbb{H}_A$ und $|\psi\rangle \in \mathbb{H}_B$. Dann ist $\rho^A = |\varphi\rangle\langle\varphi|$. Also kann das System A nach Herausspuren von System B durch den Zustandsvektor $|\varphi\rangle$ beschrieben werden kann.

Jetzt charakterisieren wir die Zustände von zusammengesetzten Systemen, deren partielle Spur keine reinen Zustände sind.

Theorem 4.7.13 Sei $|\varphi\rangle$ der Zustand des zusammengesetzten Systems AB und sei $\rho = |\varphi\rangle\langle\varphi|$ der entsprechende Dichteoperator. Dann ist $|\varphi\rangle$ bezüglich der Zerlegung von AB in die Untersysteme A und B genau dann verschränkt, wenn der reduzierte Dichteoperator ρ^A nicht der Dichteoperator eines reinen Zustands ist.

Beweis Sei

$$|\varphi\rangle = \sum_{i=0}^{m-1} r_i |\psi_i\rangle|\xi_i\rangle \tag{4.144}$$

eine Schmidt-Zerlegung von $|\varphi\rangle$. Dann gilt $r_i \geq 0$ für $0 \leq i < m$ und, wie in Übung 4.7.14 gezeigt,

$$\operatorname{tr}\rho = \sum_{i=0}^{m-1} r_i^2. \tag{4.145}$$

Nach Proposition 4.7.4 ist

$$\rho^A = \sum_{i=0}^{m-1} r_i^2 |\psi_i\rangle\langle\psi_i|. \tag{4.146}$$

Aus Proposition 3.4.60 folgt

$$\left(\rho^A\right)^2 = \sum_{i=0}^{m-1} r_i^4 |\psi_i\rangle\langle\psi_i|. \tag{4.147}$$

Angenommen, $|\varphi\rangle$ ist verschränkt. Dann folgt aus Theorem 4.2.4, dass mindestens zwei der Schmidt-Koeffizienten ungleich Null sind. Daher ergibt sich aus der Spur-Bedingung für ρ und (4.145), dass $0 \leq r_i < 1$ ist für $0 \leq i < m$. Also gilt nach (4.146) und (4.147) $\rho^A \neq (\rho^A)^2$. Aus Theorem 4.5.15 folgt daher, dass ρ^A nicht der Dichteoperator eines reinen Zustands ist.

Sei umgekehrt $|\varphi\rangle$ separabel. Dann ist nach Theorem 4.2.4 genau einer der Schmidt-Koeffizienten ungleich Null und wegen der Spur-Bedingung und (4.145) hat er den Wert 1. Daher folgt aus (4.146) und (4.147), dass $\rho^A = (\rho^A)^2$ gilt. Theorem 4.5.15 zeigt, dass ρ^A der Dichteoperator eines reinen Zustands ist. □

Übung 4.7.14 Beweisen Sie (4.145).

Die Theorie der Quantenalgorithmen 5

Dieses Kapitel ist der Theorie der Quantenalgorithmen gewidmet. Aufbauend auf den in Kap. 2 eingeführten Konzepten präsentieren wir zunächst Ein-Qubit-Gatter, die wichtige Bausteine von Quantenschaltkreisen sind. Wir erläutern einerseits die Eigenschaften der Pauli- und Hadamard-Gatter, die bereits in Kap. 3 eingeführt wurden. Andererseits behandeln wir Rotationen in $\mathbb{R}^3$ und zeigen, dass alle Ein-Qubit-Operatoren bis auf globale Phasenfaktoren als solche Rotationen betrachtet werden können. Diese Erkenntnis erlaubt es uns, wichtige Zerlegungssätze für Ein-Qubit-Operatoren aus entsprechenden Zerlegungssätzen für dreidimensionale Rotationen herzuleiten.

Um jedoch allgemeine Quantenschaltkreise zu konstruieren, reichen Ein-Qubit-Operatoren allein nicht aus. Daher präsentiert das Kapitel auch Operatoren für mehrere Qubits, insbesondere kontrollierte Operatoren. Diese reichen von einfachen kontrollierten NOT-Operatoren bis zu ganz allgemeinen kontrollierten Operatoren. Wir führen auch Ancilla- und Löschgatter ein. Sie erlauben es, in Schaltkreisen Qubits hinzuzufügen bzw. zu ignorieren.

Wir zeigen dann, dass jede Boolesche Funktion durch einen Quantenschaltkreis implementiert werden kann, indem wir auf analoge Ergebnisse für klassische reversible Schaltkreisen zurückgreifen. Eine interessante Frage ist, welche Quantengatter notwendig sind, um beliebige unitäre Operatoren zu implementieren. Während im klassischen Fall NAND-Gatter ausreicht, um alle Booleschen Funktionen zu implementieren, kann keine endliche Menge von Quantengattern diesen Zweck erfüllen. Stattdessen präsentieren wir endliche Mengen von Quantengattern, die es erlauben, alle unitären Operatoren beliebig genau zu approximieren. Dafür werden die Zerlegungssätze für Ein-Qubit-Operatoren benötigt.

Schließlich führt das Kapitel in die Quanten-Komplexitätstheorie ein. Zunächst wird die Rechenleistung von Quantengattern und Quantenschaltkreisen definiert. Als Nächstes werden Quantenalgorithmen als probabilistische Algorithmen definiert, die Elemente aus

J. A. Buchmann, *Quantenalgorithmen*,
https://doi.org/10.1007/978-3-662-71177-4_5

uniformen Familien von Quantenschaltkreisen als Unterprogramme benutzen dürfen. Dieser Ansatz erlaubt die Übertragung der Komplexitätsanalyse von klassischen probabilistischen Algorithmen auf Quantenalgorithmen und die Einführung der Komplexitätsklasse BQP: polynomielle Quantenalgorithmen mit beschränktem Fehler.

Im gesamten Kapitel bezeichnen wir mit k, l, m, n positive ganze Zahlen.

5.1 Einfache Ein-Qubit-Operatoren

Dieser Abschnitt behandelt wichtige Ein-Qubit-Operatoren, das heißt unitäre Operatoren auf $\mathbb{H}_1$. Da sie typischerweise als Bausteine von Quantenschaltkreisen verwendet werden, bezeichnen wir sie auch als *Ein-Qubit-Gatter*. Wir identifizieren diese Operatoren mit ihren Darstellungsmatrizen bezüglich der Berechnungsbasis $(|0\rangle, |1\rangle)$ von $\mathbb{H}_1$. Zunächst fassen wir die Eigenschaften der Identitäts-, Pauli- und Hadamard-Gatter zusammen, die bereits in den Kap. 3 und 4 eingeführt wurden. Anschließend erklären wir Rotationen in $\mathbb{R}^3$ und Rotationsgatter. Wir werden beweisen, dass die Menge all dieser Gatter die spezielle unitäre Gruppe SU(2) bildet. Schließlich führen wir Phasenverschiebungsgatter ein, die spezielle Rotationsoperatoren sind.

5.1.1 Identitätsgatter

Das *Identitätsgatter*

$$I = \begin{pmatrix} 1 & 0 \\ 0 & 1 \end{pmatrix} \tag{5.1}$$

ist das einfachste Ein-Qubit-Gatter. Es ist eine hermitesche und unitäre Involution, sein einziger Eigenwert ist 1 und seine Spektralzerlegung ist

$$I = |0\rangle \langle 0| + |1\rangle \langle 1|. \tag{5.2}$$

5.1.2 Pauli-Gatter

Die Pauli-Gatter wurden bereits in Abschn. 3.3.1 eingeführt. Sie sind nach dem Physiker Wolfgang Pauli (1900–1958) benannt und sind von großer Bedeutung für den Aufbau von Quantenschaltkreisen und die Implementierung von Quantenalgorithmen. Wir erinnern an ihre Definition und diskutieren ihre Eigenschaften.

Definition 5.1.1 Die *Pauli-Gatter* oder *Pauli-Operatoren* sind

$$X = \begin{pmatrix} 0 & 1 \\ 1 & 0 \end{pmatrix}, \quad Y = \begin{pmatrix} 0 & -i \\ i & 0 \end{pmatrix}, \quad Z = \begin{pmatrix} 1 & 0 \\ 0 & -1 \end{pmatrix}. \tag{5.3}$$

Manchmal werden die Pauli-Gatter auch als $\sigma_1, \sigma_2, \sigma_3$ oder als $\sigma_x, \sigma_y, \sigma_z$ bezeichnet. Wir können sie auch schreiben als

$$X = |0\rangle \langle 1| + |1\rangle \langle 0|, \quad Y = i(|1\rangle \langle 0| - |0\rangle \langle 1|), \quad Z = |0\rangle \langle 0| - |1\rangle \langle 1|. \tag{5.4}$$

Die Wirkung der Pauli-Gatter auf die Elemente der Berechnungsbasis von $\mathbb{H}_1$ ist die folgende:

$$\begin{aligned} X |0\rangle &= |1\rangle, \quad X |1\rangle = |0\rangle, \\ Y |0\rangle &= i |1\rangle, \quad Y |1\rangle = -i |0\rangle, \\ Z |0\rangle &= |0\rangle, \quad Z |1\rangle = -|1\rangle. \end{aligned} \tag{5.5}$$

Das Pauli-X-Gatter ist also das Quanten-Analogon des klassischen NOT-Gatters, da es $|b\rangle$ in $|\neg b\rangle$ für alle $b \in \{0, 1\}$ transformiert. Es wird auch *Quanten-*NOT*-Gatter* oder *Bit-Flip-Gatter* genannt. Das Pauli-Z-Gatter wird manchmal als *Phasen-Flip-Gatter* bezeichnet, da es die Phase von $|1\rangle$ von 1 auf -1 ändert.

Im Beispiel 3.4.58 haben wir die Spektralzerlegungen der Pauli-Operatoren bestimmt. Diese sind:

$$\begin{aligned} X &= |x_+\rangle \langle x_+| - |x_-\rangle \langle x_-|, \\ Y &= |y_+\rangle \langle y_+| - |y_-\rangle \langle y_-|, \\ Z &= |z_+\rangle \langle z_+| - |z_-\rangle \langle z_-| \end{aligned} \tag{5.6}$$

mit

$$\begin{aligned} (|x_+\rangle, |x_-\rangle) &= \left(\frac{|0\rangle + |1\rangle}{\sqrt{2}}, \frac{|0\rangle - |1\rangle}{\sqrt{2}} \right), \\ (|y_+\rangle, |y_-\rangle) &= \left(\frac{|0\rangle + i|1\rangle}{\sqrt{2}}, \frac{|0\rangle - i|1\rangle}{\sqrt{2}} \right), \\ (|z_+\rangle, |z_-\rangle) &= (|0\rangle, |1\rangle). \end{aligned} \tag{5.7}$$

Nun präsentieren wir wichtige Eigenschaften der Pauli-Gatter.

Theorem 5.1.2 Die Pauli-Gatter sind hermitesche und unitäre Involutionen und es gilt

$$XY = iZ = -YX, \quad ZX = iY = -XZ, \quad YZ = iX = -ZY, \tag{5.8}$$

sowie

$$-iXYZ = I. \tag{5.9}$$

Übung 5.1.3 Beweisen Sie Theorem 5.1.2.

Die folgende Proposition wird sehr nützlich sein, wenn wir Rotationsgatter besprechen.

Proposition 5.1.4 Die Folge (I, X, Y, Z) ist eine $\mathbb{C}$-Basis von $\mathrm{End}(\mathbb{H}_1)$, die orthogonal bezüglich des Hilbert-Schmidt-Skalarprodukts ist.

Beweis Seien $\alpha, \beta, \gamma, \delta \in \mathbb{C}$. Dann gilt

$$\alpha I + \beta X + \gamma Y + \delta Z = \begin{pmatrix} \alpha + \delta & \beta - i\gamma \\ \beta + i\gamma & \alpha - \delta \end{pmatrix}.$$

Also impliziert $\alpha I + \beta X + \gamma Y + \delta Z = 0$

$$0 = \alpha + \delta = \alpha - \delta = \beta + i\gamma = \beta - i\gamma. \tag{5.10}$$

Daraus folgt $\alpha = -\delta$ und $\alpha = \delta$ und daher $\alpha = \delta = 0$ sowie $\beta = -i\gamma$ und $\beta = i\gamma$ und daher $\beta = \gamma = 0$. Also ist die Folge (I, X, Y, Z) linear unabhängig. Da die Dimension von $\mathrm{End}(\mathbb{H}_1)$ als komplexer Vektorraum 4 beträgt, ist die Folge eine Basis von $\mathrm{End}(\mathbb{H}_1)$. Die Orthogonalität kann durch Matrixmultiplikation verifiziert werden, was in Übung 5.1.5 durchgeführt wird. □

Übung 5.1.5 Verifizieren Sie, dass (I, X, Y, Z) orthogonal bezüglich des Hilbert-Schmidt-Skalarprodukts ist.

Die Symbole, die die Identitäts- und die Pauli-Gatter in Quantenschaltkreisen darstellen, sind in Abb. 5.1 gezeigt.

5.1.3 Hadamard-Gatter

Ein weiteres wichtiges Ein-Qubit-Gatter, das *Hadamard-Gatter,* wurde bereits in Abschn. 4.3.2 eingeführt. Es wird auch *Hadamard-Operator* genannt und hat die Darstellungsmatrix

$$H = \frac{1}{\sqrt{2}} \begin{pmatrix} 1 & 1 \\ 1 & -1 \end{pmatrix}. \tag{5.11}$$

Es ist eine unitäre und hermitesche Involution und wir haben in Übung 3.3.4 Folgendes gezeigt:

$$HXH = Z, \quad HYH = -Y, \quad HZH = X. \tag{5.12}$$

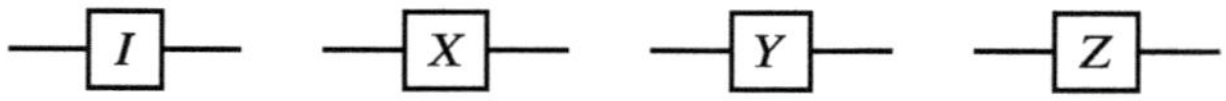

Abb. 5.1 Symbole für die Identitäts- und die Pauli-Gatter in Quantenschaltkreisen

Abb. 5.2 Symbol für das Hadamard-Gatter in Quantenschaltkreisen

Außerdem gilt

$$H = \frac{1}{\sqrt{2}}(X + Z). \tag{5.13}$$

Das Symbol, das das Hadamard-Gatter in Quantenschaltkreisen darstellt, ist in Abb. 5.2 gezeigt.

5.2 Mehr Geometrie in $\mathbb{R}^3$

In Abschn. 4.1.4 haben wir gezeigt, dass jeder Ein-Qubit-Quantenzustand einem Punkt auf der Bloch-Kugel entspricht. In Abschn. 5.2.2 werden wir die wichtige Tatsache beweisen, dass jeder unitäre Operator auf $\mathbb{H}_1$ bis auf einen globalen Phasenfaktor als eine Rotation der Bloch-Kugel betrachtet werden kann. Dies erfordert weitere Konzepte und Ergebnisse aus der Geometrie in $\mathbb{R}^3$, die in diesem Abschnitt präsentiert werden. Insbesondere werden wir Rotationen in $\mathbb{R}^3$ diskutieren. Die Darstellung in diesem und im nächsten Abschnitt wurde von [Yep13] inspiriert.

Wir identifizieren Tripel $(\mathbf{a}, \mathbf{b}, \mathbf{c})$ von Vektoren in $\mathbb{R}^3$ mit den Matrizen, die $\mathbf{a}$, $\mathbf{b}$ und $\mathbf{c}$ als Spaltenvektoren haben. Z. B. identifizieren wir die Einheitsmatrix

$$I_3 = \begin{pmatrix} 1 & 0 & 0 \\ 0 & 1 & 0 \\ 0 & 0 & 1 \end{pmatrix} \tag{5.14}$$

mit der Basis

$$(\hat{x}, \hat{y}, \hat{z}) = ((1, 0, 0), (0, 1, 0), (0, 0, 1)) \tag{5.15}$$

von $\mathbb{R}^3$. Wir identifizieren auch die Endomorphismen von $\mathbb{R}^3$ mit ihren Darstellungsmatrizen bezüglich der Basis I_3.

5.2.1 Allgemeine sphärische Koordinaten

Wir führen nun sphärische Koordinaten bezüglich zweier beliebiger zueinander orthogonaler Achsen ein. Dafür benötigen wir den Winkel zwischen zwei von Null verschiedenen Vektoren $\mathbf{a}$ und $\mathbf{b}$ in $\mathbb{R}^3$. Die Cauchy-Schwarz-Ungleichung (siehe Proposition 3.2.25) impliziert

$$\frac{\langle \mathbf{a} | \mathbf{b} \rangle}{\|\mathbf{a}\| \, \|\mathbf{b}\|} \leq 1. \tag{5.16}$$

Daher ist die folgende Definition sinnvoll.

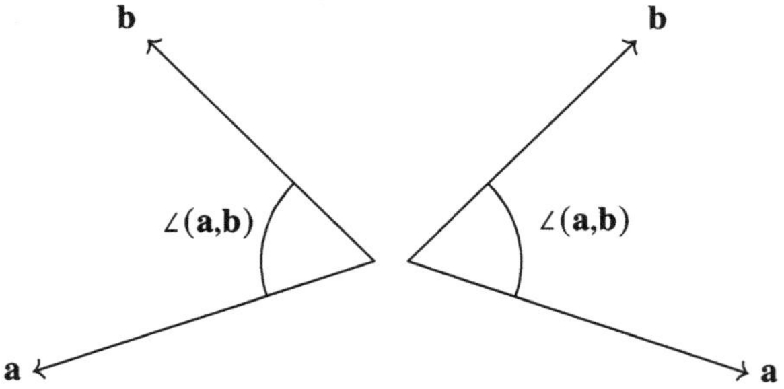

Abb. 5.3 Winkel zwischen zwei Vektoren

Definition 5.2.1 Seien $\mathbf{a}, \mathbf{b} \in \mathbb{R}^3$ von Null verschiedene Vektoren. Dann ist der *Winkel zwischen* $\mathbf{a}$ *und* $\mathbf{b}$ definiert als

$$\angle(\mathbf{a}, \mathbf{b}) = \arccos \frac{\langle \mathbf{a} | \mathbf{b} \rangle}{\|\mathbf{a}\| \, \|\mathbf{b}\|}. \tag{5.17}$$

Der Winkel zwischen zwei Vektoren in $\mathbb{R}^3$ ist in Abb. 5.3 illustriert. Er liegt nach Definition von arccos zwischen 0 und π.

Beispiel 5.2.2 Der Winkel zwischen $\hat{x}$ und $\hat{y}$ ist

$$\angle(\hat{x}, \hat{y}) = \arccos \frac{\langle \hat{x} | \hat{y} \rangle}{\|\hat{x}\| \, \|\hat{y}\|} = \arccos(0) = \frac{\pi}{2}. \tag{5.18}$$

Der Winkel zwischen $\hat{x}$ und $-\hat{x}$ ist

$$\angle(\hat{x}, -\hat{x}) = \arccos \frac{\langle \hat{x} | -\hat{x} \rangle}{\|\hat{x}\| \, \|-\hat{x}\|} = \arccos(-1) = \pi. \tag{5.19}$$

Sei

$$\hat{a} = \frac{\hat{x} + \hat{y}}{\sqrt{2}}. \tag{5.20}$$

Dann ist der Winkel zwischen $\hat{x}$ und $\hat{a}$

$$\angle(\hat{x}, \hat{a}) = \arccos \frac{\langle \hat{x} | \hat{a} \rangle}{\|\hat{x}\| \, \|\hat{a}\|} = \arccos \frac{1}{\sqrt{2}} = \frac{\pi}{4}. \tag{5.21}$$

Der Winkel zwischen zwei Vektoren in $\mathbb{R}^3$ hat folgende Eigenschaften:

Proposition 5.2.3 Der Winkel zwischen zwei Vektoren **a** und **b** in $\mathbb{R}^3$ hat folgende Eigenschaften:

1. $0 \leq \angle(\mathbf{a}, \mathbf{b}) = \angle(\mathbf{b}, \mathbf{a}) \leq \pi$.
2. $\angle(\mathbf{a}, \mathbf{b}) = 0$ gilt genau dann, wenn $\mathbf{b} = r\mathbf{a}$ ist mit $r \in \mathbb{R}_{>0}$.
3. $\angle(\mathbf{a}, \mathbf{b}) = \pi/2$ gilt genau dann, wenn $\langle \mathbf{a} | \mathbf{b} \rangle = 0$, d. h., wenn **a** und **b** orthogonal zueinander sind.
4. $\angle(\mathbf{a}, \mathbf{b}) = \pi$ gilt genau dann, wenn $\mathbf{b} = r\mathbf{a}$ ist mit $r \in \mathbb{R}_{<0}$.

Übung 5.2.4 Beweisen Sie Proposition 5.2.3.

Als Nächstes definieren wir das Kreuzprodukt zweier Vektoren in $\mathbb{R}^3$.

Definition 5.2.5 Sei $\mathbf{a} = (a_x, a_y, a_z), \mathbf{b} = (b_x, b_y, b_z) \in \mathbb{R}^3$. Dann ist das *Kreuzprodukt* von **a** und **b** definiert als

$$\mathbf{a} \times \mathbf{b} = (a_y b_z - a_z b_y, a_z b_x - a_x b_z, a_x b_y - a_y b_x). \tag{5.22}$$

Beispiel 5.2.6 Sei $\mathbf{a} = \hat{x} = (1, 0, 0), \mathbf{b} = \hat{y} = (0, 1, 0)$. Dann gilt

$$\mathbf{a} \times \mathbf{b} = \hat{z} = (0, 0, 1). \tag{5.23}$$

Wenn $\mathbf{a}, \mathbf{b} \in \mathbb{R}^3$ linear unabhängig sind, hat das Kreuzprodukt die folgende geometrische Interpretation durch die *Rechte-Hand-Regel,* die in Abb. 5.4 illustriert ist. Wenn **a** in Richtung des Zeigefingers der rechten Hand zeigt und **b** in Richtung des Mittelfingers, dann ist $\mathbf{a} \times \mathbf{b}$ ein Vektor, der orthogonal zur von **a** und **b** aufgespannten Ebene ist und in Richtung des Daumens zeigt.

Hier sind einige wichtige Eigenschaften des äußeren Produkts.

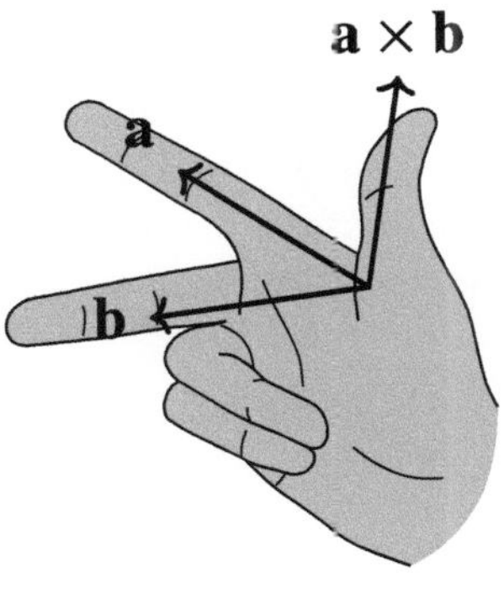

Abb. 5.4 Veranschaulichung des Kreuzprodukts durch die Rechte-Hand-Regel

Proposition 5.2.7 Seien $\mathbf{a}, \mathbf{b} \in \mathbb{R}^3$ und sei θ der Winkel zwischen $\mathbf{a}$ und $\mathbf{b}$. Dann gilt Folgendes:

1. $\|\mathbf{a} \times \mathbf{b}\| = \|\mathbf{a}\| \, \|\mathbf{b}\| \sin\theta$.
2. $\det(\mathbf{a}, \mathbf{b}, \mathbf{c}) = \langle \mathbf{a} \times \mathbf{b} | \mathbf{c} \rangle$ für alle $\mathbf{c} \in \mathbb{R}^3$.
3. $\mathbf{a} \times \mathbf{b}$ ist orthogonal zu $\mathbf{a}$ und $\mathbf{b}$.
4. $\mathbf{a} \times \mathbf{b} = 0$ genau dann, wenn $\mathbf{a}$ und $\mathbf{b}$ linear abhängig sind.

Beweis Es folgt aus Definition 5.2.1, dass

$$\|\mathbf{a}\|^2 \, \|\mathbf{b}\|^2 \sin^2\theta = \|\mathbf{a}\|^2 \, \|\mathbf{b}\|^2 - \langle \mathbf{a} | \mathbf{b} \rangle^2. \tag{5.24}$$

Nun gilt

$$\begin{aligned} \|\mathbf{a}\|^2 \, \|\mathbf{b}\|^2 &= (a_x^2 + a_y^2 + a_z^2)(b_x^2 + b_y^2 + b_z^2) \\ &= a_x^2 b_x^2 + a_x^2 b_y^2 + a_x^2 b_z^2 + a_y^2 b_x^2 + a_y^2 b_y^2 + a_y^2 b_z^2 + a_z^2 b_x^2 + a_z^2 b_y^2 + a_z^2 b_z^2 \end{aligned} \tag{5.25}$$

und

$$\begin{aligned} \langle \mathbf{a} | \mathbf{b} \rangle^2 &= (a_x b_x + a_y b_y + a_z b_z)^2 \\ &= a_x^2 b_x^2 + a_y^2 b_y^2 + a_z^2 b_z^2 + 2(a_x b_x a_y b_y + a_x b_x a_z b_z + a_y b_y a_z b_z). \end{aligned} \tag{5.26}$$

Also folgt

$$\begin{aligned} &\|\mathbf{a}\|^2 \, \|\mathbf{b}\|^2 - \langle \mathbf{a} | \mathbf{b} \rangle^2 \\ &= a_x^2 b_y^2 + a_x^2 b_z^2 + a_y^2 b_x^2 + a_y^2 b_z^2 + a_z^2 b_x^2 + a_z^2 b_y^2 \\ &- 2(a_x b_x a_y b_y + a_x b_x a_z b_z + a_y b_y a_z b_z). \end{aligned} \tag{5.27}$$

Andererseits gilt

$$\begin{aligned} \|\mathbf{a} \times \mathbf{b}\|^2 &= (a_y b_z - a_z b_y)^2 + (a_z b_x - a_x b_z)^2 + (a_y b_z - a_z b_y)^2 \\ &= a_y^2 b_z^2 + a_z^2 b_y^2 + a_z^2 b_x^2 + a_x^2 b_z^2 + a_y^2 b_z^2 + a_z^2 b_y^2 \\ &- 2(a_y b_z a_z b_y + a_z b_x a_x b_z + a_y b_z a_z b_y). \end{aligned} \tag{5.28}$$

Also folgt die erste Aussage aus (5.24), (5.27) und (5.28). Außerdem impliziert der Laplace-Entwicklungssatz für Determinanten (Theorem B.4.16), die zweite Aussage. Aus der zweiten Aussage und der Tatsache, dass Determinanten alternierend sind (siehe Definition B.4.10), folgt die dritte Aussage. Schließlich folgt aus Proposition 5.2.3 und der ersten Aussage die vierte Aussage. □

Aus Proposition 5.2.7 erhalten wir folgendes wichtige Ergebnis.

Theorem 5.2.8 Seien $\hat{a}, \hat{b} \in \mathbb{R}^3$ Einheitsvektoren, die orthogonal zueinander sind. Dann sind $\hat{p} = \hat{r} = \hat{a} \times \hat{b}$ und $\hat{q} = \hat{b} \times \hat{a}$ die eindeutig bestimmten Vektoren in $\mathbb{R}^3$ mit der Eigenschaft, dass $(\hat{p}, \hat{a}, \hat{b})$, $(\hat{a}, \hat{q}, \hat{b})$ und $(\hat{a}, \hat{b}, \hat{r})$ Orthonormalbasen von $\mathbb{R}^3$ mit Determinante 1 sind.

Beweis Da $\hat{a}$ und $\hat{b}$ Einheitsvektoren sind und orthogonal zueinander sind, folgt aus der ersten Aussage in Proposition 5.2.7, dass $\hat{p}$, $\hat{q}$ und $\hat{r}$ Einheitsvektoren sind. Außerdem implizieren die zweite und dritte Aussage von Proposition 5.2.7, dass $(\hat{a}, \hat{b}, \hat{r})$ eine Orthonormalbasis von $\mathbb{R}^3$ mit Determinante 1 ist.

Angenommen, $(\hat{a}, \hat{b}, \hat{r}')$ ist eine andere Orthonormalbasis von $\mathbb{R}^3$ mit Determinante 1. Dann gibt es $\alpha, \beta, \gamma \in \mathbb{R}$, sodass

$$\hat{r}' = \alpha\hat{a} + \beta\hat{b} + \gamma\hat{r}. \tag{5.29}$$

Da $\hat{a}$ ein Einheitsvektor ist und orthogonal zu $\hat{b}$, $\hat{r}$ und $\hat{r}'$, gilt $\alpha = \langle \hat{a} | \hat{r}' \rangle = 0$. Ebenso sehen wir, dass $\beta = 0$ ist. Da $\hat{r}$ und $\hat{r}'$ Einheitsvektoren sind und $\det(\hat{a}, \hat{b}, \hat{r}) = \det(\hat{a}, \hat{b}, \hat{r}') = 1$ ist, folgt $\gamma = 1$. Also ist $\hat{r} = \hat{r}'$, wie behauptet.

Die Aussagen für $\hat{p}$ und $\hat{q}$ erhält man durch Vertauschen der Spalten von $(\hat{a}, \hat{b}, \hat{r})$ und Anwendung von Proposition B.4.11. □

Übung 5.2.9 Sei $\hat{a} = \left(\frac{1}{\sqrt{2}}, \frac{1}{\sqrt{2}}, 0\right)$ und $\hat{b} = \left(\frac{1}{\sqrt{2}}, -\frac{1}{\sqrt{2}}, 0\right)$. Benutzen Sie Theorem 5.2.8, um $\hat{c} \in \mathbb{R}^3$ zu finden, sodass $(\hat{a}, \hat{b}, \hat{c})$ eine orthonormale Basis mit Determinante 1 ist.

Wir führen nun allgemeine sphärische Koordinaten ein.

Definition 5.2.10 Seien $\hat{u}$, $\hat{w}$ Einheitsvektoren, die orthogonal zueinander sind. Sei $B = (\hat{u}, \hat{v}, \hat{w})$ eine Orthonormalbasis von $\mathbb{R}^3$ mit Determinante 1, die gemäß Theorem 5.2.8 existiert und eindeutig bestimmt ist. Sei $\mathbf{p} \in \mathbb{R}^3$. Dann ist die *sphärische Koordinatendarstellung von* $\mathbf{p}$ *bezüglich der Azimutreferenz* $\hat{u}$ *und des Zenits* $\hat{w}$ definiert als die sphärische Koordinatendarstellung von $B^{-1}\mathbf{p}$. Wir nennen sie auch kurz *sphärische Koordinatendarstellung von* $\mathbf{p}$ *bezüglich* $(\hat{u}, \hat{w})$.

Abb. 5.5 veranschaulicht die verallgemeinerte sphärische Koordinatendarstellung.

Beispiel 5.2.11 Wir bestimmen die sphärische Koordinatendarstellung (r, θ, ϕ) von $\mathbf{p} = \left(\frac{1}{2}, \frac{1}{2}, \frac{\sqrt{2}}{2}\right)$ bezüglich der Azimutreferenz $\hat{v} = (1, 0, 0)$ und des Zenits $\hat{w} = (0, 0, -1)$. Beachte zunächst, dass

$$B = (\hat{u}, \hat{v}, \hat{w}) = \begin{pmatrix} 1 & 0 & 0 \\ 0 & -1 & 0 \\ 0 & 0 & -1 \end{pmatrix} \tag{5.30}$$

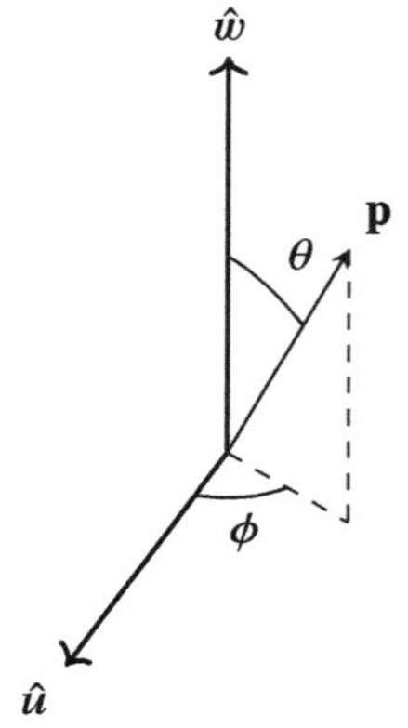

Abb. 5.5 Die sphärische Koordinatendarstellung von $\mathbf{p}$ bezüglich $(\hat{u}, \hat{v})$ ist (r, θ, ϕ) mit $r = \|\mathbf{p}\|$

eine Orthonormalbasis von $\mathbb{R}^3$ mit Determinante 1 ist. Außerdem gilt $B^{-1} = B$ und $B^{-1}\mathbf{p} = \left(\frac{1}{2}, -\frac{1}{2}, -\frac{\sqrt{2}}{2}\right)$. Durch Argumente analog zu denen im Beispiel 4.1.13 erhalten wir $r = 1$, $\theta = 3\pi/4$ und $\phi = 5\pi/4$.

Als Nächstes zeigen wir, wie sich die sphärische Koordinatendarstellung ändert, wenn die Azimutreferenz geändert wird.

Proposition 5.2.12 Seien $\hat{u}, \hat{u}', \hat{w} \in \mathbb{R}^3$ Einheitsvektoren und angenommen, dass sowohl $\hat{u}$ als auch $\hat{u}'$ orthogonal zu $\hat{w}$ sind. Dann gilt Folgendes:

1. Die sphärische Koordinatendarstellung von $\hat{u}'$ bezüglich $(\hat{u}, \hat{w})$ ist $(1, \frac{\pi}{2}, \delta)$, mit $\cos\delta = \langle\hat{u}|\hat{u}'\rangle$ und $\sin\delta = \langle\hat{w} \times \hat{u}|\hat{u}'\rangle$.
2. Sei $\mathbf{p} \in \mathbb{R}^3$ und seien (r, θ, ϕ) und (r', θ', ϕ') die sphärischen Koordinatendarstellungen von $\mathbf{p}$ bezüglich $(\hat{u}, \hat{w})$ bzw. $(\hat{u}', \hat{w})$. Dann gilt $r' = r$, $\theta' = \theta$ und

$$\phi' = \begin{cases} 0 & \text{für } \phi = 0, \\ \phi - \delta \bmod 2\pi & \text{andernfalls.} \end{cases} \tag{5.31}$$

Beweis Setze $\hat{v} = \hat{w} \times \hat{u}$ und $\hat{v}' = \hat{w} \times \hat{u}'$. Dann folgt aus Theorem 5.2.8, dass $B = (\hat{u}, \hat{v}, \hat{w})$ und $B' = (\hat{u}', \hat{v}', \hat{w})$ die eindeutig bestimmten Orthonormalbasen von $\mathbb{R}^3$ mit Determinante 1 und den ersten und letzten Spalten $\hat{u}$, $\hat{w}$ bzw. $\hat{u}'$, $\hat{w}$ sind. Sei $(1, \varepsilon, \delta)$ die sphärische Koordinatendarstellung von $\hat{u}'$ bezüglich $(\hat{u}, \hat{w})$. Dann folgt aus Proposition 4.1.12

$$\hat{u}' = \cos\delta\sin\varepsilon\,\hat{u} + \sin\delta\sin\varepsilon\,\hat{v} + \cos\varepsilon\,\hat{w}. \tag{5.32}$$

Da $\hat{w}$ ein zu $\hat{u}'$, $\hat{u}$ und $\hat{v}$ orthogonaler Einheitsvektor ist, gilt $\cos\varepsilon = 0$ und daher $\varepsilon = \frac{\pi}{2}$. Da $\hat{u}$ und $\hat{v}$ zueinander orthogonale Einheitsvektoren sind, folgt $\cos\delta = \langle\hat{u}|\hat{u}'\rangle$ und $\sin\delta = \langle\hat{v}|\hat{u}'\rangle$.

Nun zur zweiten Aussage: Setze

$$M = \begin{pmatrix} \cos\delta & -\sin\delta & 0 \\ \sin\delta & \cos\delta & 0 \\ 0 & 0 & 1 \end{pmatrix}. \tag{5.33}$$

Dann ist BM eine Orthonormalbasis von $\mathbb{R}^3$ der Determinante 1 mit dem ersten Vektor $\hat{u}'$ und dem letzten Vektor $\hat{w}$. Da es nach Theorem 5.2.8 nur eine solche Basis gibt, folgt $\hat{v}' = -\sin\delta\,\hat{u} + \cos\delta\,\hat{v}$. Sei $\mathbf{p} \in \mathbb{R}^3$ mit sphärischen Koordinatendarstellungen (r, θ, ϕ) und (r', θ', ϕ') bezüglich $(\hat{u}, \hat{w})$ bzw. $(\hat{u}', \hat{w})$. Dann gilt $r = \|\mathbf{p}\| = r'$. Setze $\mathbf{q} = B^{-1}\mathbf{p}$ und $\mathbf{q}' = B^{-1}M^{-1}\mathbf{p}'$. Wie in Übung 5.2.13 gezeigt, gilt

$$\mathbf{q}' = M^{-1}\mathbf{q} = (\cos(\phi - \delta)\sin\theta, \sin(\phi - \delta)\sin\theta, \cos\theta). \tag{5.34}$$

Somit folgt aus Definition 5.2.10 und Proposition 4.1.12 die zweite Aussage. □

Übung 5.2.13 Verifizieren Sie (5.34) im Beweis von Proposition 5.2.12 unter Verwendung der trigonometrischen Identitäten A.5.3 und A.5.6.

Beispiel 5.2.14 Sei $\hat{u} = \hat{x} = (1, 0, 0)$, $\hat{u}' = \hat{y} = (0, 1, 0)$ und $\hat{w} = \hat{z} = (0, 0, 1)$. Dann ist $\hat{w} \times \hat{u} = (0, 1, 0) = \hat{y}$, $\langle\hat{u}|\hat{u}'\rangle = 0$, $\langle\hat{w} \times \hat{u}|\hat{u}'\rangle = 1$. Daher ist $(1, \frac{\pi}{2}, \frac{\pi}{2})$ die sphärische Koordinatendarstellung von $\hat{u}'$ bezüglich $(\hat{u}, \hat{w})$. Sei nun $\mathbf{p} \in \mathbb{R}^3$ mit den kartesischen Koordinaten $(\sqrt{2}, \sqrt{2}, 0)$. Die sphärische Koordinatendarstellung von $\mathbf{p}$ ist $(2, \frac{\pi}{2}, \frac{\pi}{4})$ und nach Proposition 5.2.12 ist $(2, \frac{\pi}{2}, \frac{7\pi}{4})$ die sphärische Koordinatendarstellung von $\mathbf{p}$ bezüglich $(\hat{u}', \hat{w}) = (\hat{y}, \hat{z})$.

5.2.2 Rotationen

In diesem Abschnitt diskutieren wir Rotationen in $\mathbb{R}^3$. Zuerst definieren wir orthogonale Matrizen.

Definition 5.2.15

1. Eine Matrix $O \in \mathbb{R}^{(3,3)}$ wird *orthogonal* genannt, wenn O invertierbar ist und $O^{-1} = O^{\mathrm{T}}$.
2. Die Menge aller orthogonalen Matrizen wird mit $\mathrm{O}(3)$ bezeichnet.

Übung 5.2.16 Zeigen Sie, dass die Determinante von orthogonalen Matrizen 1 oder -1 ist.

Orthogonale Matrizen sind unitäre Matrizen in $\mathbb{C}^{(3,3)}$ mit reellen Einträgen. Daher folgt aus Proposition 3.4.18 die folgende Charakterisierung orthogonaler Matrizen.

Proposition 5.2.17 Sei $O \in \mathbb{R}^{(3,3)}$. Dann sind die folgenden Aussagen äquivalent:

1. $O \in \mathsf{O}(3)$.
2. Die Spalten von O bilden eine Orthonormalbasis von $\mathbb{R}^3$.
3. Die Zeilen von O bilden eine Orthonormalbasis von $\mathbb{R}^3$.
4. $\langle O\hat{v}|O\hat{w}\rangle = \langle\hat{v}|\hat{w}\rangle$ für alle $\hat{v}, \hat{w} \in \mathbb{R}^3$.
5. $\|O\hat{v}\| = \|\hat{v}\|$ für alle $\hat{v} \in \mathbb{R}^3$.

Übung 5.2.18 Beweisen Sie Proposition 5.2.17.

Aus der Äquivalenz der ersten beiden Aussagen in Proposition 5.2.17 folgt, dass es eine Eins-zu-Eins-Korrespondenz zwischen orthogonalen Matrizen und Orthonormalbasen von $\mathbb{R}^3$ gibt.

Nun führen wir die orthogonale und die spezielle orthogonale Gruppe ein.

Theorem 5.2.19

1. Die Menge $\mathsf{O}(3)$ aller orthogonalen Matrizen in $\mathbb{R}^{(3,3)}$ ist eine Gruppe bezüglich der Matrixmultiplikation. Sie wird als *die orthogonale Gruppe der Ordnung* 3 bezeichnet.
2. Die Menge aller orthogonalen Matrizen in $\mathbb{R}^{(3,3)}$ mit Determinante 1 ist eine Untergruppe von $\mathsf{O}(3)$. Sie wird mit SO(3) bezeichnet und *die spezielle orthogonale Gruppe* der Ordnung 3 genannt.

Übung 5.2.20 Beweisen Sie Theorem 5.2.19.

Das nächste Theorem führt Rotationen in $\mathbb{R}^3$ ein. Diese werden in Abb. 5.6 illustriert.

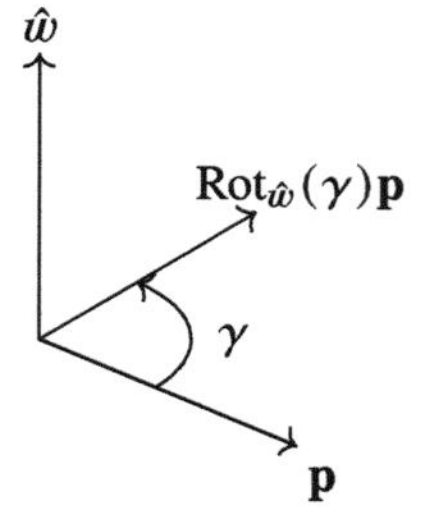

Abb. 5.6 Rotation von $\mathbf{p}$ um $\hat{w}$ mit dem Winkel γ

Theorem 5.2.21 Seien $\hat{u}, \hat{w} \in \mathbb{R}^3$ Einheitsvektoren, die orthogonal zueinander sind und sei $\gamma \in \mathbb{R}$. Betrachte die Abbildung $\mathbb{R}^3 \to \mathbb{R}^3$, die $\mathbf{p} \in \mathbb{R}^3$ mit sphärischen Koordinaten (r, θ, ϕ) bezüglich $(\hat{u}, \hat{w})$ auf den Vektor in R^3 abbildet, der die folgende sphärische Koordinatendarstellung bezüglich $(\hat{u}, \hat{w})$ hat:

$$\begin{Bmatrix} (r, \theta, \phi) & \text{wenn } \theta \in \{0, \pi\}, \\ (r, \theta, (\phi + \gamma) \bmod 2\pi) & \text{andernfalls.} \end{Bmatrix} \tag{5.35}$$

Dann hängt diese Abbildung nur von $\hat{w}$ und γ ab und ist unabhängig von $\hat{u}$. Sie wird mit $\mathrm{Rot}_{\hat{w}}(\gamma)$ bezeichnet und als *Rotation um* $\hat{w}$ *mit dem Winkel* γ bezeichnet. Außerdem werden $\hat{w}$ und γ als die *Achse* bzw., der *Winkel* dieser Rotation bezeichnet.

Beweis Wir zeigen, dass die im Theorem definierte Abbildung unabhängig von $\hat{u}$ ist. Sei $\hat{u}'$ ein anderer Einheitsvektor in $\mathbb{R}^3$, der orthogonal zu $\hat{w}$ ist. Bezeichne die Abbildung im Theorem mit Rot. Wir zeigen, dass Rot dieselbe Abbildung ist, unabhängig davon, ob wir $\hat{u}$ oder $\hat{u}'$ zur Definition verwenden. Nach Proposition 5.2.12 ist $(1, \frac{\pi}{2}, \delta)$ mit $\delta \in [0, 2\pi[$ die sphärische Koordinatendarstellung von $\hat{u}'$ bezüglich $(\hat{u}, \hat{w})$. Sei $\mathbf{p} \in \mathbb{R}^3$ mit sphärischen Koordinaten (r, θ, ϕ) bezüglich $(\hat{u}, \hat{w})$. Wenn $\theta \in \{0, \pi\}$ gilt, dann ist nach Proposition 5.2.12 die sphärische Koordinatendarstellung von $\mathbf{p}$ bezüglich $(\hat{u}', \hat{w})$ ebenfalls (r, θ, ϕ). Also gilt $\mathrm{Rot}(\mathbf{p}) = \mathbf{p}$, unabhängig davon, ob wir $\hat{u}$ oder $\hat{u}'$ zur Definition verwenden. Für $\theta \neq 0, \pi$ ist nach Proposition 5.2.12 die sphärische Koordinatendarstellung von $\mathbf{p}$ bezüglich $(\hat{u}', \hat{w})$ $(r, \theta, (\phi - \delta) \bmod 2\pi)$. Wenn wir also $\hat{u}'$ zur Definition von Rot verwenden, erhalten wir $(r, \theta, (\phi - \delta + \gamma) \bmod 2\pi)$ als sphärische Koordinatendarstellung von $\mathrm{Rot}(\mathbf{p})$ bezüglich $(\hat{u}', \hat{w})$. Proposition 5.2.12 zeigt, dass $(r, \theta, (\phi + \gamma) \bmod 2\pi)$ die sphärische Koordinatendarstellung dieses Vektors bezüglich $(\hat{u}, \hat{w})$ ist. Dies ist jedoch die sphärische Koordinatendarstellung von $\mathrm{Rot}(\mathbf{p})$, wenn wir $\hat{u}$ zur Definition von Rot verwenden. □

Abb. 5.6 zeigt, dass die Anwendung von $\mathrm{Rot}_{\hat{w}}(\gamma)$ auf $\mathbf{p} \in \mathbb{R}^3$ diesen Vektor um die Achse $\hat{w}$ gegen den Uhrzeigersinn mit einen Winkel γ rotiert.

Im Rest dieses Kapitels werden wir das folgende Theorem beweisen.

Theorem 5.2.22 Die Menge der Rotationen in $\mathbb{R}^3$ ist SO(3).

Zuerst bestimmen wir die Rotationen um die Achsen $\hat{x} = (1, 0, 0)$, $\hat{y} = (0, 1, 0)$ und $\hat{z} = (0, 0, 1)$ explizit.

Proposition 5.2.23 Sei $\gamma \in \mathbb{R}$. Dann gilt

$$\mathrm{Rot}_{\hat{x}}(\gamma) = \begin{pmatrix} 1 & 0 & 0 \\ 0 & \cos\gamma & -\sin\gamma \\ 0 & \sin\gamma & \cos\gamma \end{pmatrix}, \tag{5.36}$$

$$\mathrm{Rot}_{\hat{y}}(\gamma) = \begin{pmatrix} \cos\gamma & 0 & -\sin\gamma \\ 0 & 1 & 0 \\ \sin\gamma & 0 & \cos\gamma \end{pmatrix}, \tag{5.37}$$

$$\mathrm{Rot}_{\hat{z}}(\gamma) = \begin{pmatrix} \cos\gamma & -\sin\gamma & 0 \\ \sin\gamma & \cos\gamma & 0 \\ 0 & 0 & 1 \end{pmatrix}. \tag{5.38}$$

Übung 5.2.24 Beweisen Sie Proposition 5.2.23.

Man beachte, dass nach Proposition 5.2.23 die Rotationen um die x-, y- und z-Achse in SO(3) liegen. Die folgende Proposition liefert explizite Formeln für alle Rotationen in $\mathbb{R}^3$ und zeigt, dass alle diese Rotationen in SO(3) liegen.

Proposition 5.2.25 Sei $B = (\hat{u}, \hat{v}, \hat{w}) \in \mathrm{SO}(3)$ und sei $\gamma \in \mathbb{R}$. Dann gilt:

$$\mathrm{Rot}_{\hat{u}}(\gamma) = B\ \mathrm{Rot}_{\hat{x}}(\gamma) B^{-1}, \tag{5.39}$$

$$\mathrm{Rot}_{\hat{v}}(\gamma) = B\ \mathrm{Rot}_{\hat{y}}(\gamma) B^{-1}, \tag{5.40}$$

$$\mathrm{Rot}_{\hat{w}}(\gamma) = B\ \mathrm{Rot}_{\hat{z}}(\gamma) B^{-1} \tag{5.41}$$

und diese Rotationsoperatoren liegen in SO(3).

Beweis Wir beweisen zunächst (5.41). Sei $\mathbf{p} \in \mathbb{R}^3$ mit sphärischen Koordinaten (r, θ, ϕ) bezüglich $(\hat{u}, \hat{w})$. Dann gilt nach Proposition 4.1.12

$$\mathbf{p} = rB(\cos\phi \sin\theta, \sin\phi \sin\theta, \cos\theta). \tag{5.42}$$

Wenden wir (5.38) und die trigonometrischen Identitäten (A.5.2) und (A.5.5) an, so erhalten wir

$$\begin{aligned} B\,\mathrm{Rot}_{\hat{z}}(\gamma) B^{-1}\mathbf{p} &= rB\,\mathrm{Rot}_{\hat{z}}(\gamma)(\cos\phi \sin\theta, \sin\phi \sin\theta, \cos\theta) \\ &= rB(\cos(\phi+\gamma)\sin\theta, \sin(\phi+\gamma)\sin\theta, \cos\theta). \end{aligned} \tag{5.43}$$

Andererseits gilt nach der Definition von $\mathrm{Rot}_{\hat{w}}(\gamma)\mathbf{p}$ in Theorem 5.2.21 und gemäß Formel (4.7), welche die Umrechnung von sphärischen in kartesische Koordinaten erlaubt,

$$\mathrm{Rot}_{\hat{w}}(\gamma)\mathbf{p} = rB(\cos(\phi+\gamma)\sin\theta, \sin(\phi+\gamma)\sin\theta, \cos\theta). \tag{5.44}$$

Daher implizieren (5.44) und (5.43) die Gl. (5.41). Als Nächstes beweisen wir (5.39). Mit der Permutationsmatrix

$$P = \begin{pmatrix} 0 & 0 & 1 \\ 0 & 1 & 0 \\ 1 & 0 & 0 \end{pmatrix} \tag{5.45}$$

gilt:

$$BP = (\hat{w}, \hat{v}, \hat{u}) \tag{5.46}$$

und

$$P\,\mathrm{Rot}_{\hat{z}}(\gamma)P = \mathrm{Rot}_{\hat{x}}(\gamma). \tag{5.47}$$

Aus (5.41), (5.46) und (5.47) folgt

$$\begin{aligned}\mathrm{Rot}_{\hat{u}}(\gamma) &= BP\,\mathrm{Rot}_{\hat{z}}(\gamma)(BP)^{-1}\\ &= BP\,\mathrm{Rot}_{\hat{z}}(\gamma)PB^{-1} = B\,\mathrm{Rot}_{\hat{x}}(\gamma)B^{-1}.\end{aligned} \tag{5.48}$$

Die Identität (5.40) kann analog bewiesen werden. □

Die folgende Übung ist eine Anwendung von Proposition 5.2.25.

Übung 5.2.26 Sei $\hat{w} \in \mathbb{R}^3$ ein Einheitsvektor und sei $\gamma \in \mathbb{R}$. Beweisen Sie, dass

$$\mathrm{Rot}_{\hat{w}}(-\gamma) = \mathrm{Rot}_{-\hat{w}}(\gamma). \tag{5.49}$$

Wir zeigen nun, dass jeder Operator in SO(3) eine Rotation ist und erklären, wie Rotationen dargestellt werden können.

Proposition 5.2.27 Sei $O \in \mathrm{SO}(3)$. Dann gilt Folgendes:

1. Genau dann ist $O = I_3$, wenn $O = \mathrm{Rot}_{\hat{w}}(\gamma)$ gilt für einen beliebigen Einheitsvektor $\hat{w} \in \mathbb{R}^3$ und $\gamma \in \mathbb{R}$ mit $\gamma \equiv 0 \bmod 2\pi$.
2. Sei $O \neq I_3$. Dann gibt es einen Einheitsvektor $\hat{w} \in \mathbb{R}^3$, sodass $\pm\hat{w}$ die einzigen Eigenvektoren der Länge 1 von O mit Eigenwert 1 sind, und es gibt ein modulo 2π eindeutig bestimmtes $\gamma \in \mathbb{R}$, sodass $O = \mathrm{Rot}_{\hat{w}}(\gamma) = \mathrm{Rot}_{-\hat{w}}(-\gamma)$ gilt.

Beweis Sei $\hat{w} \in \mathbb{R}^3$ ein Einheitsvektor und sei $\gamma \in \mathbb{R}$.

Wenn $\gamma \equiv 0 \bmod 2\pi$ ist, dann gilt nach Theorem 5.2.21

$$\mathrm{Rot}_{\hat{w}}(\gamma) = I_3.$$

Sei umgekehrt $\mathrm{Rot}_{\hat{w}}(\gamma) = I_3$. Sei $\hat{u} \in \mathbb{R}^3$ ein Einheitsvektor, der orthogonal zu $\hat{w}$ ist. Dann ist $(1, \frac{\pi}{2}, 0)$ die sphärische Koordinatendarstellung von $\hat{u}$ bezüglich $(\hat{u}, \hat{w})$. Nach Theorem 5.2.21 ist daher $(1, \frac{\pi}{2}, \gamma \bmod 2\pi)$ die sphärische Koordinatendarstellung von $\mathrm{Rot}_{\hat{w}}(\gamma)\hat{u}$ bezüglich $(\hat{u}, \hat{w})$. Da jedoch $\mathrm{Rot}_{\hat{w}}(\gamma) = I_3$ ist, folgt $\mathrm{Rot}_{\hat{w}}(\gamma)\hat{u} = \hat{u}$. Also gilt $\gamma \equiv 0 \bmod 2\pi$.

Um die zweite Aussage zu beweisen, nehmen wir an, dass $O \neq I_3$ ist. Das charakteristische Polynom von O hat Grad 3 und reelle Koeffizienten. Daher hat O entweder nur reelle

Eigenwerte oder einen reellen Eigenwert und ein Paar komplex konjugierter Eigenwerte, wie aus Proposition B.5.35 und Übung A.4.58 folgt.

Da O nach Proposition 5.2.17 längenerhaltend ist, haben diese Eigenwerte den Betrag 1. Da jedoch $O \neq I_3$ und $\det O = 1$ ist, und da $\det O$ das Produkt der drei Eigenwerte ist (siehe Proposition 3.4.1), hat genau einer der Eigenwerte von O den Wert 1. Daraus folgt, dass der Eigenraum des Eigenwerts 1 die Dimension 1 hat. Sei $\hat{w}$ ein Einheits-Eigenvektor von O mit Eigenwert 1. Weil der Eigenraum des Eigenwerts 1 die Dimension 1 hat, ist $-\hat{w}$ der einzige andere Einheits-Eigenvektor von O mit Eigenwert 1.

Sei $B = (\hat{u}, \hat{v}, \hat{w}) \in \mathrm{SO}(3)$. Eine solche Matrix existiert nach Theorem 5.2.8. Setze

$$R = B^{-1} O B. \tag{5.50}$$

Wir zeigen nun, dass $R = \mathrm{Rot}_{\hat{z}}(\gamma)$ mit $\gamma \in \mathbb{R}$ gilt. Dann folgt aus Proposition 5.2.25

$$O = \mathrm{Rot}_{\hat{w}}(\gamma).$$

Es folgt aus (5.50), dass $\hat{w} = O\hat{w}$ die letzte Spalte von BR ist. Dies impliziert

$$R = \begin{pmatrix} a & b & 0 \\ c & d & 0 \\ e & f & 1 \end{pmatrix} \tag{5.51}$$

mit reellen Einträgen a, b, c, d, e, f. Da R orthogonal ist, impliziert Proposition 5.2.17, dass die Spalten von R orthogonal zueinander sind. Daher gilt $e = f = 0$. Aus der Tatsache, dass $R \in \mathrm{SO}(3)$ ist, folgt außerdem

$$R = \begin{pmatrix} a & b & 0 \\ -b & a & 0 \\ 0 & 0 & 1 \end{pmatrix}, \tag{5.52}$$

und

$$a^2 + b^2 = 1. \tag{5.53}$$

Daher folgt aus Lemma 4.1.9, dass $R = \mathrm{Rot}_{\hat{z}}(\gamma)$ ist mit $\gamma \in \mathbb{R}$.

Wir schließen den Beweis ab, indem wir die Eindeutigkeit von $\hat{w}$ und γ zeigen. Sei $\hat{w}' \in \mathbb{R}^3$ ein Einheitsvektor und sei $\gamma' \in \mathbb{R}$ mit

$$O = \mathrm{Rot}_{\hat{w}'}(\gamma').$$

Dann gilt

$$O\hat{w}' = \mathrm{Rot}_{\hat{w}'}(\gamma')\hat{w}' = \hat{w}'.$$

Daher ist $\hat{w}'$ ein Eigenvektor von O der Länge 1 mit Eigenwert 1. Wie oben gesehen, folgt daraus $\hat{w}' = \hat{w}$ oder $\hat{w}' = -\hat{w}$. Die Eindeutigkeit von γ modulo 2π wird in Übung 5.2.28 gezeigt. □

Übung 5.2.28 Beweisen Sie die Eindeutigkeit von γ modulo 2π in Proposition 5.2.27.

Nun können wir Theorem 5.2.22 beweisen. Es folgt aus Proposition 5.2.25, dass alle Rotationen in $\mathbb{R}^3$ Operatoren in SO(3) sind. Proposition 5.2.27 zeigt, dass alle Elemente von SO(3) Rotationen in $\mathbb{R}^3$ sind. Daher ist die Menge aller Rotationen in $\mathbb{R}^3$ tatsächlich SO(3).

5.2.3 Zerlegung von Rotationen

Als Nächstes zeigen wir zwei Zerlegungssätze für Rotationen in $\mathbb{R}^3$. Dazu benötigen wir das folgende Lemma.

Lemma 5.2.29 Seien $\hat{u}, \hat{u}', \hat{w} \in \mathbb{R}^3$ Einheitsvektoren, wobei $\hat{u}$ und $\hat{u}'$ orthogonal zu $\hat{w}$ sind. Dann gibt es ein modulo 2π eindeutig bestimmtes $\gamma \in \mathbb{R}$ mit $\text{Rot}_{\hat{w}}(\gamma)\hat{u} = \hat{u}'$.

Beweis Es folgt aus Proposition 5.2.12, dass $(1, \pi/2, \gamma)$ die sphärische Koordinatendarstellung von $\hat{u}'$ bezüglich $(\hat{u}, \hat{w})$ ist, wobei γ modulo 2π eindeutig bestimmt ist. Daher impliziert die Definition der Rotationen in Theorem 5.2.21 die Aussage. □

Hier ist der erste Zerlegungssatz.

Theorem 5.2.30 Für jedes $O \in \text{SO}(3)$ existieren $\alpha, \beta, \gamma \in \mathbb{R}$ mit

$$O = \text{Rot}_{\hat{z}}(\alpha)\,\text{Rot}_{\hat{y}}(\beta)\,\text{Rot}_{\hat{z}}(\gamma). \tag{5.54}$$

Die reellen Zahlen α, β, γ werden als *Euler-Winkel* von O bezeichnet.

Beweis Sei $O \in \text{SO}(3)$. Bezeichne die Spaltenvektoren von O mit $\hat{x}', \hat{y}', \hat{z}'$. Wenn $\hat{z}' = \hat{z}$ oder $\hat{z}' = -\hat{z}$ ist, dann gilt, wie im Beweis von Proposition 5.2.27 gezeigt, $O = \text{Rot}_{\hat{z}}(\gamma)$ für ein $\gamma \in \mathbb{R}$. Wenn wir also $\alpha = \beta = 0$ setzen, dann gilt (5.54).

Angenommen, $\hat{z}' \neq \pm\hat{z}$. Der Beweis für diesen Fall ist in Abb. 5.7 dargestellt. Der Schnitt der Ebene, die von $\hat{x}$ und $\hat{y}$ aufgespannt wird, und der Ebene, die von $\hat{x}'$ und $\hat{y}'$ aufgespannt wird, ist eine Gerade, also ein eindimensionaler Unterraum von $\mathbb{R}^3$. Bezeichne mit $\hat{v}$ einen Einheitsvektor, der diesen Unterraum aufspannt. Sowohl $\hat{y}$ als auch $\hat{v}$ sind orthogonal zu $\hat{z}$. Nach Lemma 5.2.29 können wir $\alpha \in \mathbb{R}$ wählen mit

$$\text{Rot}_{\hat{z}}(\alpha)\hat{y} = \hat{v}.$$

Diese Rotation ändert $\hat{z}$ nicht und bildet $\hat{x}$ auf einen Einheitsvektor $\hat{x}_1 \in \mathbb{R}^3$ ab. Wenn wir diese Rotation auf die Standardbasis I_3 von $\mathbb{R}^3$ anwenden, erhalten wir die Orthonormalbasis

$$B_1 = \text{Rot}_{\hat{z}}(\alpha)I_3 = (\hat{x}_1, \hat{v}, \hat{z}) \in \text{SO}(3). \tag{5.55}$$

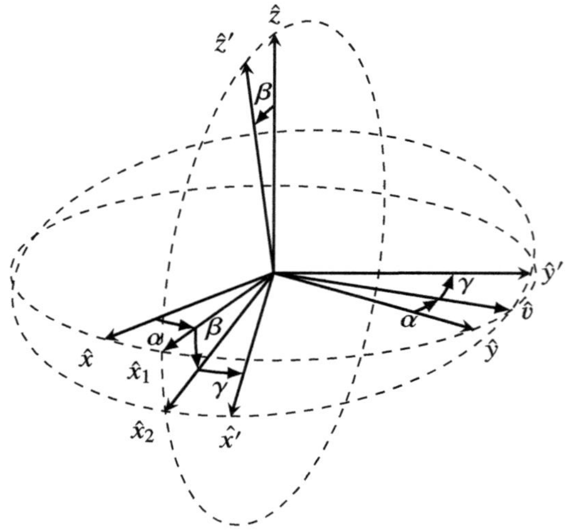

Abb. 5.7 Illustration des Beweises von Theorem 5.2.30

Nun beachte, dass $\hat{z}$ und $\hat{z}'$ orthogonal zu $\hat{v}$ sind. Nach Lemma 5.2.29 können wir $\beta \in \mathbb{R}$ so wählen, dass

$$\mathrm{Rot}_{\hat{v}}(\beta)\hat{z} = \hat{z}'.$$

Diese Rotation ändert $\hat{v}$ nicht und bildet $\hat{x}_1$ auf einen Einheitsvektor $\hat{x}_2 \in \mathbb{R}^3$ ab. Nach Proposition 5.2.25 und (5.55) können wir diese Rotation als

$$\mathrm{Rot}_{\hat{v}}(\beta) = B_1 \,\mathrm{Rot}_{\hat{y}}(\beta) B_1^{-1} = \mathrm{Rot}_{\hat{z}}(\alpha)\,\mathrm{Rot}_{\hat{y}}(\beta) B_1^{-1} \tag{5.56}$$

schreiben. Wenn wir diese Rotation auf B_1 anwenden, erhalten wir die Basis

$$B_2 = \mathrm{Rot}_{\hat{v}}(\beta) B_1 = \mathrm{Rot}_{\hat{z}}(\alpha)\,\mathrm{Rot}_{\hat{y}}(\beta) I_3 = (\hat{x}_2, \hat{v}, \hat{z}') \in \mathrm{SO}(3). \tag{5.57}$$

Schließlich benutzen wir die Tatsache, dass $\hat{v}$ und $\hat{y}'$ beide orthogonal zu $\hat{z}'$ sind. Nach Lemma 5.2.29 können wir $\gamma \in \mathbb{R}$ wählen mit

$$\mathrm{Rot}_{\hat{z}'}(\gamma)\hat{v} = \hat{y}'.$$

Diese Rotation ändert $\hat{z}'$ nicht und bildet $\hat{x}_2$ auf einen Einheitsvektor $\hat{x}_3$ ab. Nach Proposition 5.2.25 und (5.57) ist diese Rotation

$$\mathrm{Rot}_{\hat{z}'}(\gamma) = B_2 \,\mathrm{Rot}_{\hat{z}}(\gamma) B_2^{-1} = \mathrm{Rot}_{\hat{z}}(\alpha)\,\mathrm{Rot}_{\hat{y}}(\beta)\,\mathrm{Rot}_{\hat{z}}(\gamma) B_2^{-1}. \tag{5.58}$$

Wenn wir diese Rotation auf B_2 anwenden, erhalten wir die Basis

$$B_3 = \mathrm{Rot}_{\hat{z}}(\alpha)\,\mathrm{Rot}_{\hat{y}}(\beta)\,\mathrm{Rot}_{\hat{z}}(\gamma) = (\hat{x}_3, \hat{y}', \hat{z}') \in \mathrm{SO}(3). \tag{5.59}$$

Da $O = (\hat{x}', \hat{y}', \hat{z}') \in SO(3)$ ist, folgt aus Proposition 5.2.7 $\hat{x}_3 = \hat{x}'$ und $O = B_3$. Das schließt den Beweis ab. □

Die nächste Übung verallgemeinert Theorem 5.2.30.

Übung 5.2.31 Seien $\hat{v}, \hat{w} \in \mathbb{R}^3$ Einheitsvektoren, die orthogonal zueinander sind. Zeigen Sie, dass es für jedes $O \in SO(3)$ reelle Zahlen α, β, γ gibt mit

$$O = \mathrm{Rot}_{\hat{w}}(\alpha)\, \mathrm{Rot}_{\hat{v}}(\beta)\, \mathrm{Rot}_{\hat{w}}(\gamma). \tag{5.60}$$

Falls in Übung 5.2.31 die Rotationsachsen $\hat{v}$ und $\hat{w}$ nicht orthogonal zueinander sind, existiert im Allgemeinen keine Zerlegung der Form (5.60). Wir können jedoch ein schwächeres Ergebnis beweisen, wozu wir das folgende Lemma benötigen.

Lemma 5.2.32 Seien $\hat{w}, \hat{w}' \in \mathbb{R}^3$ Einheitsvektoren. Sei außerdem $\gamma \in \mathbb{R}$ und $O \in SO(3)$ mit $O\hat{w} = \hat{w}'$. Dann gilt

$$\mathrm{Rot}_{\hat{w}'}(\gamma) = O\, \mathrm{Rot}_{\hat{w}}(\gamma) O^{-1}. \tag{5.61}$$

Beweis Sei $B = (\hat{u}, \hat{v}, \hat{w}) \in SO(3)$. Eine solche Matrix existiert nach Theorem 5.2.8. Setze $B' = OB = (\hat{u}', \hat{v}', \hat{w}')$. Dann folgt aus Proposition 5.2.25, dass

$$\mathrm{Rot}_{\hat{w}'}(\gamma) = B'\, \mathrm{Rot}_{\hat{z}}(\gamma)(B')^{-1} = OB\, \mathrm{Rot}_{\hat{z}}(\gamma) B^{-1} O^{-1} = O\, \mathrm{Rot}_{\hat{w}}(\gamma) O^{-1}.$$

□

Hier ist der zweite Zerlegungssatz.

Theorem 5.2.33 Seien $\hat{a}, \hat{b} \in \mathbb{R}^3$ zwei nicht-parallele Einheitsvektoren. Sei φ der Winkel zwischen $\hat{a}$ und $\hat{b}$. Dann gibt es für alle $O \in SO(3)$ Zahlen $k \in \mathbb{N}$ und $\alpha_1, \ldots, \alpha_k, \beta_1, \ldots, \beta_k \in \mathbb{R}$ mit $k = O(1/\varphi)$ und

$$O = \prod_{i=1}^{k} \mathrm{Rot}_{\hat{a}}(\alpha_i)\, \mathrm{Rot}_{\hat{b}}(\beta_i). \tag{5.62}$$

Beweis Sei $O \in SO(3)$. Dann können wir gemäß Proposition 5.2.27

$$O = \mathrm{Rot}_{\hat{w}}(\gamma) \tag{5.63}$$

schreiben mit einem Einheitsvektor $\hat{w} \in \mathbb{R}^3$ und $\gamma \in \mathbb{R}$. Wir werden zeigen, dass es $l \in \mathbb{N}$ und reelle Zahlen $\alpha_1, \ldots, \alpha_l, \beta_1, \ldots, \beta_l$ gibt, sodass für

$$O_1 = \prod_{i=1}^{l} \mathrm{Rot}_{\hat{a}}(\alpha_i)\,\mathrm{Rot}_{\hat{b}}(\beta_i) \tag{5.64}$$

gilt, dass $\hat{b} = O_1 \hat{w}$ ist. Dann folgt dann aus Lemma 5.2.32

$$O = O_1^{-1}\,\mathrm{Rot}_{\hat{b}}(\gamma) O_1 \tag{5.65}$$

was eine Zerlegung wie in (5.62) ergibt. Wir werden auch zeigen, dass $l = \mathrm{O}(1/\varphi)$ ist. Dann ist das Theorem bewiesen. Um den Beweis so einfach wie möglich zu halten, geben wir geometrische Argumente an. Diese können algebraisch verifiziert werden, indem die bisher eingeführte Terminologie verwendet wird.

Beachte zunächst, dass eine Rotation um $\hat{a}$ den Vektor $\hat{w}$ in die Ebene P bringt, die von $\hat{a}$ und $\hat{b}$ aufgespannt wird. Daher nehmen wir an, dass $\hat{w}$ sich in dieser Ebene befindet. Weiterhin können wir annehmen, dass die Anfangspositionen der drei Vektoren $\hat{a}$, $\hat{b}$ und $\hat{w}$ wie in Abb. 5.8 liegen, also in der Halbebene oberhalb der gestrichelten Linie, die orthogonal zu $\hat{a}$ ist und in der Halbebene rechts von $\hat{a}$. Dies kann wie folgt erreicht werden: Vektoren, die unter der gestrichelten Linie liegen, werden mit -1 multipliziert. Dies ist durch Übung 5.2.26 gerechtfertigt. Falls $\hat{b}$ auf der falschen Seite von $\hat{a}$ liegt, tauschen wir $\hat{a}$ und $\hat{b}$. Falls $\hat{w}$ auf der falschen Seite von $\hat{a}$ liegt, wenden wir eine Rotation um $\hat{a}$ mit einem Winkel von π auf $\hat{w}$ an.

In der Situation, die in Abb. 5.8 gezeigt ist, gibt es zwei mögliche Fälle. Im Fall 1 befindet sich der Vektor $\hat{w}$ links von $\hat{b}$, und im Fall 2 befindet er sich rechts von $\hat{b}$. Wir beweisen die Aussage in beiden Fällen.

Der Beweis im ersten Fall wird in Abb. 5.9 gezeigt. In diesem Fall liegt $\hat{w}$ in der Halbebene links von $\hat{b}$ und der Winkel θ zwischen $\hat{a}$ und $\hat{w}$ ist höchstens so groß wie der Winkel φ zwischen $\hat{a}$ und $\hat{b}$. Wenn $\theta = \varphi$ ist, dann sind wir fertig, weil $\hat{w}$ mit $\hat{b}$ übereinstimmt. Daher nehmen wir an, dass $\theta < \varphi$ ist. Angenommen, wir drehen $\hat{w}$ um $\hat{b}$ mit einem Winkel $\beta \in [0, \pi]$. Das Ergebnis bezeichnen wir mit $\hat{w}(\beta)$ und den Winkel zwischen $\hat{w}(\beta)$ und $\hat{a}$

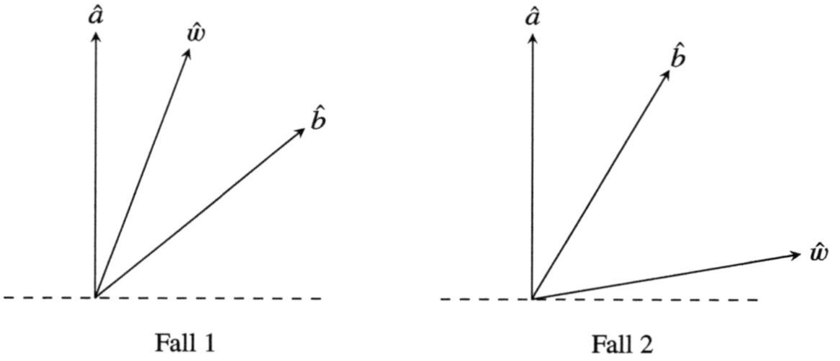

Abb. 5.8 Die beiden Fälle im Beweis von Theorem 5.2.33 für die möglichen Anfangspositionen der Vektoren $\hat{a}$, $\hat{b}$ und $\hat{w}$

Abb. 5.9 Illustration des Beweises von Theorem 5.2.33 in Fall 1

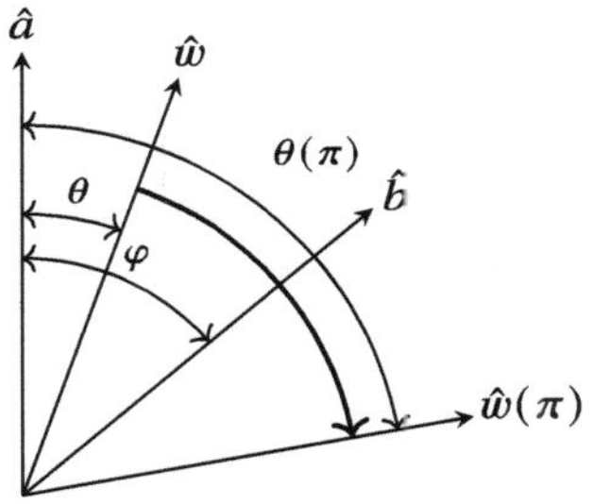

mit $\theta(\beta)$. Dann ist $\theta(0) = \theta < \varphi$ und $\theta(\pi) > \varphi$. Da die Funktion $[0, \pi] \to \mathbb{R}$, $\beta \mapsto \theta(\beta)$ stetig ist, folgt aus dem Zwischenwertsatz, dass es ein $\beta \in [0, \pi]$ gibt mit $\theta(\beta) = \varphi$. Wir wenden die Rotation $\mathrm{Rot}_{\hat{b}}(\beta)$ auf $\hat{w}$ an und erhalten $\hat{w}'$, sodass der Winkel zwischen $\hat{a}$ und $\hat{w}'$ gleich dem Winkel zwischen $\hat{a}$ und $\hat{b}$ ist. Eine Rotation von $\hat{w}'$ um $\hat{a}$ mit einem Winkel $\alpha \in \mathbb{R}$ bringt $\hat{w}'$ zur Überdeckung mit $\hat{b}$.

Nun wenden wir uns dem zweiten Fall zu, in dem $\hat{w}$ in der Halbebene rechts von $\hat{b}$ liegt. Wir zeigen, wie man Drehungen von $\hat{w}$ um $\hat{a}$ und $\hat{b}$ verwenden kann, um Fall 1 zu erhalten. Diese Konstruktion ist in Abb. 5.10 illustriert. Wir setzen $\hat{w}_0 = \hat{w}$ und konstruieren eine endliche Folge $\hat{w}_1, \ldots, \hat{w}_m$, $m \in \mathbb{N}$, sodass $\hat{w}_i$ aus $\hat{w}_{i-1}$ durch Drehungen um $\hat{a}$ und $\hat{b}$ entsteht und $\hat{w}_m$ erstmals zwischen $\hat{a}$ und $\hat{b}$ liegt. Für $i \in \{0, \ldots, m\}$ bezeichnen wir den Winkel zwischen $\hat{a}$ und $\hat{w}_i$ mit α_i und den Winkel zwischen $\hat{w}_i$ und $\hat{b}$ mit β_i. Weiterhin bezeichnen wir den Winkel zwischen $\hat{a}$ und $\hat{b}$ mit φ. Um $\hat{w}_1$ aus $\hat{w}_0$ zu konstruieren, drehen wir $\hat{w}_0$ um $\hat{b}$ mit dem Winkel π. Wenn $\beta_0 \leq \varphi$, dann liegt $\hat{w}_1$ zwischen $\hat{a}$ und $\hat{b}$ und wir sind im Fall 1. In Abb. 5.10 ist dies nicht der Fall. Wenn $\beta_0 > \varphi$, dann folgt $\alpha_1 = \beta_1 - \varphi = \beta_0 - \varphi$. Da $\beta_0 < \alpha_0$ ist, folgt $\alpha_1 < \alpha_0 - \varphi$. Als Nächstes konstruieren wir $\hat{w}_2$ durch eine Drehung von $\hat{w}_1$ um $\hat{a}$ mit einem Winkel π. Wenn $\alpha_1 \leq \varphi$, dann liegt $\hat{w}_2$ zwischen $\hat{a}$ und $\hat{b}$ und wir sind im Fall 1. Andernfalls gilt $\beta_2 = \alpha_2 - \varphi = \alpha_1 - \varphi < \alpha_0 - 2\varphi$. Wenn wir diese Konstruktion fortsetzen, erhalten wir $\alpha_{2i+1} < \alpha_0 - (2i + 1)\varphi$ solange $\beta_{2i} > \varphi$ ist. Außerdem erhalten wir $\beta_{2i+2} < \alpha_0 - (2i + 2)\varphi$ solange $\alpha_{2i+1} > \varphi$ ist. Da $0 \leq \alpha_0 \leq \pi/2$ gilt, impliziert dies $m = \mathrm{O}(1/\varphi)$.

□

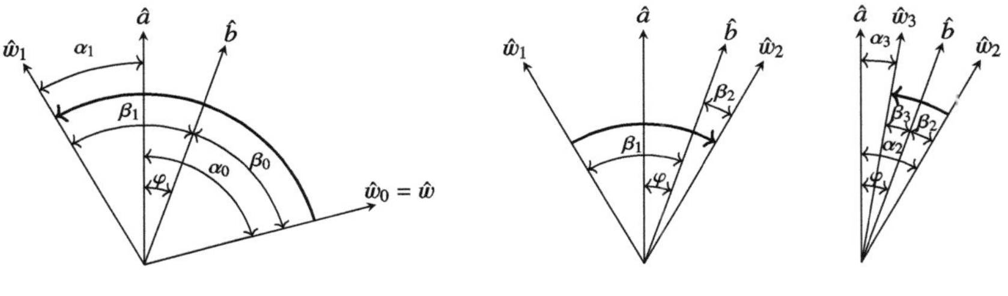

Abb. 5.10 Illustration des Beweises von Theorem 5.2.33 in Fall 2

5.3 Rotationsoperatoren

In diesem Abschnitt führen wir Rotationsoperatoren ein. Wir werden zeigen, dass die Anwendung solcher Operatoren auf einen Quantenzustand $|\psi\rangle$ in $\mathbb{H}_1$ einer Rotation des entsprechenden Punktes $\mathbf{p}(\psi)$ auf der Bloch-Kugel entspricht. Wir werden beweisen, dass die Menge aller dieser Operatoren die spezielle unitäre Gruppe SU(2) ist, d. h. die Gruppe aller unitären Operatoren auf $\mathbb{H}_1$ mit Determinante 1, die in Theorem 3.4.20 eingeführt wurde. Wir werden auch einen Isomorphismus zwischen $\mathrm{SU}(2)/\{\pm I\}$ und der Gruppe SO(3) der Rotationen in $\mathbb{R}^3$ konstruieren. Dies ermöglicht es uns, Zerlegungssätze für Rotationsoperatoren aus den Theoremen 5.2.30 und 5.2.33 abzuleiten.

5.3.1 Grundlagen

Dieser Abschnitt führt Rotationsoperatoren ein.

Sei

$$\sigma = (X, Y, Z) \tag{5.66}$$

das Tripel der Pauli-Operatoren. Für alle $\mathbf{p} = (p_x, p_y, p_z) \in \mathbb{R}^3$ sei

$$\mathbf{p} \cdot \sigma = p_x X + p_y Y + p_z Z. \tag{5.67}$$

Beispiel 5.3.1 Es gilt $\hat{x} \cdot \sigma = (1, 0, 0) \cdot \sigma = X$, $\hat{y} \cdot \sigma = (0, 1, 0) \cdot \sigma = Y$ und $\hat{z} \cdot \sigma = (0, 0, 1) \cdot \sigma = Z$.

Für die Definition von Rotationsoperatoren benötigen wir die folgende Proposition.

Proposition 5.3.2 Sei $\hat{p} \in \mathbb{R}^3$ ein Einheitsvektor. Dann ist $\hat{p} \cdot \sigma$ eine hermitesche unitäre Involution mit Spur 0 und Eigenwerten ± 1.

Beweis Da die Pauli-Operatoren hermitesche Operatoren mit Spur 0 sind, ist der Operator $\hat{p} \cdot \sigma$ nach Proposition 3.4.13 und wegen der Linearität der Spur ebenfalls hermitesch und hat Spur 0. Sei $\hat{p} = (p_x, p_y, p_z)$. Aus Theorem 5.1.2 und $\|\hat{p}\| = 1$ folgt

$$\begin{aligned}(\hat{p} \cdot \sigma)^2 &= (p_x X + p_y Y + p_z Z)^2 \\ &= p_x^2 X^2 + p_y^2 Y^2 + p_z Z^2 + p_x p_y (XY + YX) \\ &+ p_x p_z (XZ + YZ) + p_y p_z (YZ + ZY) \\ &= (p_x^2 + p_y^2 + p_z^2) I = I.\end{aligned}$$

Daher ist $\hat{p} \cdot \sigma$ eine Involution. Aber hermitesche Involutionen sind nach Übung 3.4.17 unitär. Da $\hat{p} \cdot \sigma$ eine hermitesche Involution ist, ist dieser Operator nach Theorem 3.4.54

diagonalisierbar und nach Proposition 3.4.61 liegen seine Eigenwerte in $\{\pm 1\}$. Da aber (I, X, Y, Z) nach Proposition 5.1.4 eine $\mathbb{C}$-Basis von $\mathrm{End}(\mathbb{H}_1)$ ist, folgt, $\hat{p} \cdot \sigma \neq I$. Also ist $\{\pm 1\}$ die Menge der Eigenwerte von $\hat{p} \cdot \sigma$. □

Aus Proposition 5.3.2, Korollar 3.4.74 und Proposition 3.4.75 erhalten wir das folgende Ergebnis.

Proposition 5.3.3 Für alle Einheitsvektoren $\hat{w} \in \mathbb{R}^3$ und alle $\gamma \in \mathbb{R}$ ist

$$e^{-i\gamma\, \hat{w}\cdot\sigma/2} = \cos\frac{\gamma}{2} I - i \sin\frac{\gamma}{2} \hat{w} \cdot \sigma \tag{5.68}$$

ein unitärer Operator auf $\mathbb{H}_1$ mit Determinante 1, d. h., in $\mathrm{SU}(2)$.

Proposition 5.3.3 rechtfertigt die folgende Definition.

Definition 5.3.4 Ein *Rotationsgatter* oder *Rotationsoperator* ist ein Operator

$$R_{\hat{w}}(\gamma) = e^{-i\gamma\, \hat{w}\cdot\sigma/2} = \cos\frac{\gamma}{2} I - i \sin\frac{\gamma}{2} \hat{w} \cdot \sigma \tag{5.69}$$

auf $\mathbb{H}_1$, wobei $\hat{w} \in \mathbb{R}^3$ ein Einheitsvektor und $\gamma \in \mathbb{R}$ ist.

Der Name „Rotationsoperator" kommt daher, dass die Anwendung des Operators aus (5.69) auf einen Quantenzustand in $\mathbb{H}_1$ einer Rotation $\mathrm{Rot}_{\hat{w}}(\gamma)$ des entsprechenden Punktes auf der Bloch-Kugel entspricht. Dies wird in Theorem 5.3.20 gezeigt. Die nächste Übung überprüft dies für den Spezialfall $\hat{w} = \hat{z} = (0, 0, 1)$.

Übung 5.3.5 Zeigen Sie, dass für jedes $\gamma \in \mathbb{R}$ und jeden Quantenzustand $|\psi\rangle \in \mathbb{H}_1$

$$\mathbf{p}\left(R_{\hat{z}}(\gamma)\, |\psi\rangle\right) = \mathrm{Rot}_{\hat{z}}(\gamma)\mathbf{p}(\psi) \tag{5.70}$$

gilt.

Aus Übung 3.4.72 erhalten wir folgendes Ergebnis.

Proposition 5.3.6 Für alle Einheitsvektoren $\hat{w} \in \mathbb{R}^3$ und alle $\beta, \gamma \in \mathbb{R}$ gilt

$$R_{\hat{w}}(\beta) R_{\hat{w}}(\gamma) = R_{\hat{w}}(\beta + \gamma). \tag{5.71}$$

Wir definieren nun spezielle Rotationsoperatoren.

Definition 5.3.7 Sei $\gamma \in \mathbb{R}$. Die *Rotationsoperatoren um die x-, y- und z-Achsen mit dem Winkel* γ sind definiert als

$$R_{\hat{x}}(\gamma) = e^{-i\gamma X/2}, \quad R_{\hat{y}}(\gamma) = e^{-i\gamma Y/2}, \quad R_{\hat{z}}(\gamma) = e^{-i\gamma Z/2}. \tag{5.72}$$

Hier ist eine andere Darstellung der Rotationsoperatoren, die wir gerade eingeführt haben.

Proposition 5.3.8 Sei $\gamma \in \mathbb{R}$, dann gilt

$$R_{\hat{x}}(\gamma) = \begin{pmatrix} \cos\frac{\gamma}{2} & -i\sin\frac{\gamma}{2} \\ -i\sin\frac{\gamma}{2} & \cos\frac{\gamma}{2} \end{pmatrix}, \tag{5.73}$$

$$R_{\hat{y}}(\gamma) = \begin{pmatrix} \cos\frac{\gamma}{2} & -\sin\frac{\gamma}{2} \\ \sin\frac{\gamma}{2} & \cos\frac{\gamma}{2} \end{pmatrix}, \tag{5.74}$$

$$R_{\hat{z}}(\gamma) = \begin{pmatrix} e^{-i\frac{\gamma}{2}} & 0 \\ 0 & e^{i\frac{\gamma}{2}} \end{pmatrix}. \tag{5.75}$$

Übung 5.3.9 Beweisen Sie Proposition 5.3.8.

Die nächste Übung zeigt, dass iX, iY, iZ und XH Rotationsoperatoren sind.

Übung 5.3.10 Zeigen Sie, dass $R_{\hat{x}}(\pi) = -iX$, $R_{\hat{y}}(\pi) = iY$, $R_{\hat{z}}(\pi) = -iZ$ und $H = XR_{\hat{y}}\left(\frac{\pi}{2}\right)$ gilt.

5.3.2 Gruppe der Rotationsoperatoren

Unser nächstes Ziel ist es, zu zeigen, dass die Menge der Rotationsoperatoren auf $\mathbb{H}_1$ die Gruppe $\mathrm{SU}(2)$ ist. Dazu verwenden wir die folgende Charakterisierung von $\mathrm{SU}(2)$, die sich aus Korollar 3.4.74 ergibt:

$$\mathrm{SU}(2) = \{e^{iA} : A \text{ hermitesch und } \mathrm{tr} A = 0\}. \tag{5.76}$$

Die folgende Definition wird unsere Diskussion vereinfachen.

Definition 5.3.11 Die Menge aller hermiteschen Operatoren auf $\mathbb{H}_1$ mit Spur 0 wird mit $\mathrm{su}(2)$ bezeichnet.

Wir weichen hier von der Standardnotation in der Mathematik ab, bei der $\mathrm{su}(2)$ die Lie-Algebra aller 2×2 schief-hermiteschen Matrizen mit Spur 0 ist.

Die Elemente von $\mathrm{su}(2)$ können wie folgt charakterisiert werden.

Lemma 5.3.12 Sei $A \in \mathbb{C}^{(2,2)}$. Dann gehört A genau dann zu su(2), wenn es $a \in \mathbb{R}$ und $b \in \mathbb{C}$ gibt mit

$$A = \begin{pmatrix} a & \overline{b} \\ b & -a \end{pmatrix}. \tag{5.77}$$

Übung 5.3.13 Beweisen Sie Lemma 5.3.12.

Die nächste Proposition verwendet Lemma 5.3.12, um die Struktur von su(2) zu beschreiben.

Proposition 5.3.14 Die Menge su(2) ist ein dreidimensionaler reeller Vektorraum. Das Tripel $\sigma = (X, Y, Z)$ der drei Pauli-Operatoren ist eine $\mathbb{R}$-Basis von su(2), die bezüglich des Hilbert-Schmidt-Skalarprodukts orthogonal ist.

Beweis Sei $A \in \mathrm{su}(2)$. Nach Lemma 5.3.12 gilt

$$A = (\mathrm{Re}\, b)X + (\mathrm{Im}\, b)Y + aZ, \tag{5.78}$$

wobei $a \in \mathbb{R}$ und $b \in \mathbb{C}$ ist. Daraus folgt, dass (X, Y, Z) ein Erzeugendensystem von su(2) ist. Da jedoch nach Proposition 5.1.4 das Tripel (X, Y, Z) linear unabhängig über $\mathbb{R}$ und bezüglich des Hilbert-Schmidt-Skalarprodukts orthogonal ist, folgt daraus die Behauptung. □

Wir zeigen nun, dass die Operatoren in SU(2) Rotationsoperatoren sind.

Theorem 5.3.15 Die Menge der Rotationsoperatoren auf $\mathbb{H}_1$ ist SU(2). Darüber hinaus gilt für $U \in \mathrm{SU}(2)$ folgendes:

1. Genau dann ist $U = I$, wenn $U = R_{\hat{w}}(\gamma)$ gilt mit einem Einheitsvektor $\hat{w} \in \mathbb{R}^3$ und $\gamma/2 \equiv 0 \bmod 2\pi$.
2. Genau dann ist $U = -I$, wenn $U = R_{\hat{w}}(\gamma)$ gilt mit einem Einheitsvektor $\hat{w} \in \mathbb{R}^3$ und $\gamma/2 \equiv \pi \bmod 2\pi$.
3. Sei $U \neq \pm I$.
   a. Dann gibt es einen Einheitsvektor $\hat{w} \in \mathbb{R}^3$ und $\gamma \in \mathbb{R}$ mit $U = R_{\hat{w}}(\gamma)$.
   b. Sei $\hat{w}' \in \mathbb{R}^3$ ein Einheitsvektor und $\gamma' \in \mathbb{R}$. Dann gilt $U = R_{\hat{w}'}(\gamma')$ genau dann, wenn $\hat{w} = \hat{w}'$ und $\gamma/2 \equiv \gamma'/2 \bmod 2\pi$ oder $\hat{w} = -\hat{w}'$ und $\gamma/2 \equiv -\gamma'/2 \bmod 2\pi$ ist.

Beweis Sei $\hat{w} \in \mathbb{R}^3$ ein Einheitsvektor. Wie man leicht sieht, ist $R_{\hat{w}}(\gamma) = I$, wenn $\gamma/2 \equiv 0 \bmod 2\pi$ ist. Außerdem sind nach Proposition 5.1.4 die Koeffizienten einer Darstellung von I als Linearkombination von I, X, Y, Z eindeutig bestimmt. Wenn also $I = R_{\hat{w}}(\gamma)$ mit $\gamma \in \mathbb{R}$ ist, dann folgt aus (5.68), dass $\cos\gamma/2 = 1$ und $\sin\gamma/2 = 0$ gilt. Also ist $\gamma/2 \equiv 0 \bmod 2\pi$. Die zweite Behauptung kann analog bewiesen werden.

Wir beweisen die dritte Aussage. Es folgt aus (5.76), dass $U = e^{iA}$ mit $A \in \mathrm{su}(2)$ ist. Nach Proposition 5.3.14 gibt es einen eindeutig bestimmten Vektor $\mathbf{p} \in \mathbb{R}^3$ mit $A = \mathbf{p} \cdot \sigma$. Da $U \neq \pm I$ gilt, ist $\mathbf{p}$ nicht null. Setze $\gamma = 2\,\|\mathbf{p}\| \bmod 4\pi$ und $\hat{w} = -\mathbf{p}/\,\|\mathbf{p}\|$. Dann ist $\hat{w}$ ein Einheitsvektor und es gilt $U = e^{-i\gamma\hat{w}\cdot\sigma/2}$.

Als Nächstes sei $\hat{w}' \in \mathbb{R}^3$ ein Einheitsvektor und $\gamma' \in \mathbb{R}$ mit $U = R_{\hat{w}'}(\gamma')$. Da $U \neq \pm I$, gilt $\cos\gamma'/2 \neq \pm 1$ und $\sin\gamma'/2 \neq 0$. Die Eindeutigkeit des Koeffizienten von I in (5.68) impliziert $\gamma/2 \equiv \pm\gamma'/2 \bmod 2\pi$. Wenn $\gamma/2 \equiv \gamma'/2 \bmod 2\pi$, dann ist $\sin\gamma/2 = \sin\gamma'/2$ und aufgrund der Eindeutigkeit der Koeffizienten von X, Y und Z in (5.68) gilt $\hat{w}' = \hat{w}$. Wenn $\gamma/2 \equiv -\gamma'/2 \bmod 2\pi$, dann ist $\sin\gamma/2 = -\sin\gamma'/2$ und wegen der Eindeutigkeit der Koeffizienten von X, Y und Z in (5.68) gilt $\hat{w} = -\hat{w}'$. □

Theorem 5.3.15 impliziert, dass jeder unitäre Operator auf $\mathbb{H}_1$ bis auf einen globalen Phasenfaktor als Rotationsoperator geschrieben werden kann. Das ist die Aussage des folgenden Korollars.

Korollar 5.3.16 Sei $U \in \mathrm{U}(2)$. Dann gibt es ein $\delta \in \mathbb{R}$, sodass $e^{i\delta}U$ ein Rotationsoperator auf $\mathbb{H}_1$ ist.

Beweis Da $|\det U| = 1$ ist, können wir ein $\delta \in \mathbb{R}$ mit $\det U = e^{-i2\delta}$ wählen. Dann gilt $\det(e^{i\delta}U) = 1$, woraus $e^{i\delta}U \in \mathrm{SU}(2)$ folgt. Nach Theorem 5.3.15 ist also $e^{i\delta}U$ ein Rotationsoperator. □

Aus Theorem 5.3.15 erhalten wir auch folgendes Korollar, das es uns ermöglicht, jedem Rotationsoperator auf $\mathbb{H}_1$ eine eindeutig bestimmte Rotation in $\mathbb{R}^3$ zuzuordnen.

Korollar 5.3.17 Sei $U \in \mathrm{SU}(2)$. Dann sind für alle Einheitsvektoren $\hat{w} \in \mathbb{R}^3$ und alle $\gamma \in \mathbb{R}$ mit $U = R_{\hat{w}}(\gamma)$ die Rotationen $\mathrm{Rot}_{\hat{w}}(\gamma)$ identisch.

Übung 5.3.18 Verwenden Sie Theorem 5.3.15 und Proposition 5.2.27, um Korollar 5.3.17 zu beweisen.

Korollar 5.3.17 rechtfertigt die folgende Definition.

Definition 5.3.19 Sei $U \in \mathrm{SU}(2)$ und sei $U = R_{\hat{w}}(\gamma)$ mit einem Einheitsvektor $\hat{w} \in \mathbb{R}^3$ und $\gamma \in \mathbb{R}$. Dann setzen wir $\mathrm{Rot}(U) = \mathrm{Rot}_{\hat{w}}(\gamma)$.

5.3.3 Rotationsoperatoren und Rotationen auf der Bloch-Kugel

Nach den Vorbereitungen des vorangegangenen Abschnitts können wir nun das folgende wichtige Theorem beweisen.

Theorem 5.3.20 Die Abbildung

$$\mathrm{Rot} : \mathrm{SU}(2) \to \mathrm{SO}(3), \quad U \mapsto \mathrm{Rot}(U) \tag{5.79}$$

ist ein surjektiver Gruppenhomomorphismus mit Kern $\pm I$. Ferner gilt für alle $U \in \mathrm{SU}(2)$ und alle Quantenzustände $|\psi\rangle$ in $\mathbb{H}_1$, dass der Punkt auf der Bloch-Kugel, der dem Zustand $U|\psi\rangle$ entspricht, gegeben ist durch

$$\mathbf{p}(U|\psi\rangle) = \mathrm{Rot}(U)\mathbf{p}(\psi). \tag{5.80}$$

Wir beginnen mit dem Beweis der Surjektivität von Rot. Sei $O \in \mathrm{SO}(3)$. Nach Proposition 5.2.27 gilt $O = \mathrm{Rot}_{\hat{w}}(\gamma)$ mit einem Einheitsvektor $\hat{w} \in \mathbb{R}^3$ und $\gamma \in \mathbb{R}$. Setze $U = R_{\hat{w}}(\gamma)$. Dann ist $U \in \mathrm{SU}(2)$ nach Proposition 5.3.3 und $O = \mathrm{Rot}(U)$ nach Definition 5.3.19.

Um die anderen Eigenschaften von Rot zu beweisen, benötigen wir einige Notationen und mehrere Lemmata, die wir nun präsentieren.

Definition 5.3.21 Sei $\tau = (\tau_u, \tau_v, \tau_w) \in \mathrm{su}(2)^3$.

1. Für alle $\mathbf{p} = (p_u, p_v, p_w) \in \mathbb{R}^3$ setzen wir

$$\mathbf{p} \cdot \tau = p_u\tau_u + p_v\tau_v + p_w\tau_w. \tag{5.81}$$

2. Für $B = (\hat{u}, \hat{v}, \hat{w}) \in \mathbb{R}^{(3,3)}$ definieren wir

$$B \cdot \tau = (\hat{u} \cdot \tau, \hat{v} \cdot \tau, \hat{w} \cdot \tau). \tag{5.82}$$

Lemma 5.3.22 Sei $\tau \in \mathrm{su}(2)^3$, $B \in \mathbb{R}^{(3,3)}$ und $\mathbf{p} \in \mathbb{R}^3$. Dann gilt

$$(B\mathbf{p}) \cdot \tau = \mathbf{p} \cdot (B \cdot \tau). \tag{5.83}$$

Übung 5.3.23 Beweisen Sie Lemma 5.3.22.

Lemma 5.3.24 Sei $\mathbf{p}, \mathbf{q} \in \mathbb{R}^3$. Dann gilt

$$(\mathbf{p} \cdot \sigma)(\mathbf{q} \cdot \sigma) = \langle \mathbf{p}|\mathbf{q}\rangle I + i\,\mathbf{p} \times \mathbf{q} \cdot \sigma. \tag{5.84}$$

Beweis Sei $\mathbf{p} = (p_x, p_y, p_z)$, $\mathbf{q} = (q_x, q_y, q_z)$. Dann erhalten wir aus Theorem 5.1.2

$$\begin{aligned}
&(\mathbf{p}\cdot\sigma)(\mathbf{q}\cdot\sigma) = (p_x X + p_y Y + p_z Z)(q_x X + q_y Y + q_z Z)\\
&= p_x q_x X^2 + p_y q_y Y^2 + p_z q_z Z^2\\
&+ p_x q_y XY + p_y q_x YX + p_x q_z XZ + p_z q_x ZX + p_y q_z YZ + p_z q_y ZY\\
&= \langle \mathbf{p}|\mathbf{q}\rangle I + i(Z(p_x q_y - p_y q_x) + Y(p_z q_x - p_x q_z) + Z(p_x q_y - p_y q_z))\\
&= \langle \mathbf{p}|\mathbf{q}\rangle I + i\,\mathbf{p}\times\mathbf{q}\cdot\sigma.
\end{aligned}$$

Dies beweist die Behauptung. □

Proposition 5.3.25 Sei $B \in \mathrm{SO}(3)$ und sei $\tau = (\tau_u, \tau_v, \tau_w) = B\cdot\sigma$. Dann gilt

$$\tau_u^2 = \tau_v^2 = \tau_w^2 = I, \tag{5.85}$$

$$\tau_u\tau_v = i\tau_w = -\tau_v\tau_u,\ \tau_w\tau_u = i\tau_v = -\tau_u\tau_w,\ \tau_v\tau_w = i\tau_u = -\tau_w\tau_v, \tag{5.86}$$

und

$$-i\tau_u\tau_v\tau_w = I. \tag{5.87}$$

Beweis Zunächst folgt (5.85) aus Proposition 5.3.2. Sei $B = (\hat{u}, \hat{v}, \hat{w}) \in \mathbb{R}^{(3,3)}$. Aus Lemma 5.3.24 und Theorem 5.2.8 erhalten wir

$$\tau_u\tau_v = (\hat{u}\cdot\sigma)(\hat{v}\cdot\sigma) = \langle \hat{u}|\hat{v}\rangle\, I + i(\hat{u}\times\hat{v})\cdot\sigma = i\,\hat{w}\cdot\sigma = i\tau_w. \tag{5.88}$$

Die anderen Identitäten in (5.86) können analog bewiesen werden. Schließlich erhalten wir aus (5.85) und (5.86)

$$-i\tau_u\tau_v\tau_w = (-i)i\tau_w\tau_w = I. \tag{5.89}$$

□

Lemma 5.3.26 Sei $U \in \mathrm{SU}(2)$ und sei $\mathbf{p} \in \mathbb{R}^3$. Dann gilt

$$(\mathrm{Rot}(U)\mathbf{p})\cdot\sigma = U(\mathbf{p}\cdot\sigma)U^{-1}. \tag{5.90}$$

Beweis Sei $U = R_{\hat{w}}(\gamma)$ mit einem Einheitsvektor $\hat{w} \in \mathbb{R}^3$ und $\gamma \in \mathbb{R}$, die nach Theorem 5.3.15 existieren. Sei $B = (\hat{u}, \hat{v}, \hat{w}) \in \mathrm{SO}(3)$. Diese Matrix existiert nach Theorem 5.2.8. Setze

$$\tau = (\tau_u, \tau_v, \tau_w) = B\cdot\sigma. \tag{5.91}$$

Sei außerdem $\mathbf{q} = B^{-1}\mathbf{p}$. Dann folgt aus Proposition 5.2.25 und Lemma 5.3.22

$$\begin{aligned}
(\mathrm{Rot}(U)\mathbf{p})\cdot\sigma &= (\mathrm{Rot}_{\hat{w}}(\gamma)\mathbf{p})\cdot\sigma = (B\,\mathrm{Rot}_{\hat{z}}(\gamma)B^{-1}\mathbf{p})\cdot\sigma\\
&= (B\,\mathrm{Rot}_{\hat{z}}(\gamma)\mathbf{q})\cdot\sigma = (\mathrm{Rot}_{\hat{z}}(\gamma)\mathbf{q})\cdot\tau
\end{aligned} \tag{5.92}$$

und

$$U(\mathbf{p} \cdot \sigma)U^{-1} = U(B\mathbf{q} \cdot \sigma)U^{-1} = U(\mathbf{q} \cdot \tau)U^{-1}. \tag{5.93}$$

Daher genügt es zu zeigen, dass

$$(\mathrm{Rot}_{\hat{z}}(\gamma)\mathbf{q}) \cdot \tau = U(\mathbf{q} \cdot \tau)U^{-1} \tag{5.94}$$

gilt. Da die Ausdrücke auf der linken und rechten Seite von (5.94) linear in $\mathbf{q}$ sind, genügt es, diese Identität für $\mathbf{q} \in \{\hat{x}, \hat{y}, \hat{z}\}$ zu beweisen. Dies wird in Übung 5.3.27 durchgeführt. □

Übung 5.3.27 Verifizieren Sie (5.94) im Beweis von Lemma 5.3.26 für $\mathbf{q} = \hat{x} = (1, 0, 0)$, $\mathbf{q} = \hat{y} = (0, 1, 0)$ und $\mathbf{q} = \hat{z} = (0, 0, 1)$ unter Verwendung von Proposition 5.3.25 und der trigonometrischen Identitäten in Abschn. A.5.

Die Linearität der Abbildung Rot kann nun wie folgt gezeigt werden. Lemma 5.3.26 impliziert, dass für alle $U_1, U_2 \in \mathrm{SU}(2)$ und alle $\mathbf{p} \in \mathbb{R}^3$ gilt:

$$\begin{aligned}
&(\mathrm{Rot}(U_1 U_2)\mathbf{p}) \cdot \sigma \\
&= U_1 U_2(\mathbf{p} \cdot \sigma)U_2^{-1}U_1^{-1} \\
&= U_1 \left((\mathrm{Rot}(U_2)\mathbf{p}) \cdot \sigma\right) U_1^{-1} \\
&= (\mathrm{Rot}(U_1)\,\mathrm{Rot}(U_2)\mathbf{p}) \cdot \sigma.
\end{aligned} \tag{5.95}$$

Wir bestimmen den Kern von Rot. Sei $U \in \mathrm{SU}(2)$. Schreibe $U = R_{\hat{w}}(\gamma)$ wie in Theorem 5.3.15. Dann folgt aus der Definition der Rotationen in Theorem 5.2.21, dass $\mathrm{Rot}_{\hat{w}}(\gamma) = I_3$ genau dann gilt, wenn $\gamma \equiv 0 \bmod 2\pi$. Dies ist genau dann der Fall, wenn $\gamma/2 \equiv 0 \bmod \pi$ ist. Daher folgt aus Theorem 5.3.15, dass genau dann $\mathrm{Rot}(U) = I_3$ gilt, wenn $U = \pm I$.

Als Nächstes beweisen wir die zweite Behauptung von Theorem 5.3.20. Dafür benötigen wir weitere Resultate.

Lemma 5.3.28 Sei $\mathbf{p} \in \mathbb{R}^3$ mit sphärischen Koordinaten $(1, \theta, \phi)$. Dann gilt

$$\mathbf{p} \cdot \sigma = \begin{pmatrix} \cos\theta & e^{-i\phi}\sin\theta \\ e^{i\phi}\sin\theta & -\cos\theta \end{pmatrix}. \tag{5.96}$$

Übung 5.3.29 Beweisen Sie Lemma 5.3.28.

Aus Lemma 5.3.28 erhalten wir die folgende Darstellung der Dichteoperatoren, die zu Quantenzuständen in $\mathbb{H}_1$ gehören

Proposition 5.3.30 Sei $|\psi\rangle$ ein Quantenzustand in $\mathbb{H}_1$. Dann gilt

$$|\psi\rangle\langle\psi| = \frac{1}{2}(I + \mathbf{p}(\psi) \cdot \sigma). \tag{5.97}$$

Beweis Sei $(1, \theta, \phi)$ die sphärische Koordinatendarstellung von $\mathbf{p}(\psi)$. Ohne Beschränkung der Allgemeinheit sei

$$|\psi\rangle = \cos\frac{\theta}{2}|0\rangle + e^{i\phi}\sin\frac{\theta}{2}|1\rangle\,. \tag{5.98}$$

Unter Verwendung der trigonometrischen Identitäten (A.5.4) und (A.5.7) erhalten wir

$$\begin{aligned}(2|\psi\rangle\langle\psi| - I)|0\rangle &= 2|\psi\rangle\langle\psi|0\rangle - |0\rangle = 2\cos\frac{\theta}{2}|\psi\rangle - |0\rangle \\ &= (2\cos^2\frac{\theta}{2} - 1)|0\rangle + 2e^{i\phi}\cos\frac{\theta}{2}\sin\frac{\theta}{2}|1\rangle = \cos\theta|0\rangle + e^{i\phi}\sin\theta|1\rangle\end{aligned} \tag{5.99}$$

und

$$\begin{aligned}(2|\psi\rangle\langle\psi| - I)|1\rangle &= 2|\psi\rangle\langle\psi|1\rangle - |1\rangle = 2e^{-i\phi}\sin\frac{\theta}{2}|\psi\rangle - |1\rangle \\ &= 2e^{-i\phi}\sin\frac{\theta}{2}\cos\frac{\theta}{2}|0\rangle + (2\sin^2\frac{\theta}{2} - 1)|1\rangle \\ &= e^{-i\phi}\sin\theta|0\rangle - \cos\theta|1\rangle\,.\end{aligned} \tag{5.100}$$

Also folgt die Behauptung aus Lemma 5.3.28. □

Mit diesen Ergebnissen können wir die zweite Behauptung von Theorem 5.3.20 beweisen. Sei dazu $U \in \mathrm{SU}(2)$ und sei $|\psi\rangle$ ein Quantenzustand in $\mathbb{H}_1$. Setze $\mathbf{p} = \mathbf{p}(\psi)$ und $\mathbf{q} = \mathbf{p}(U|\psi\rangle)$. Dann folgt aus Proposition 5.3.30

$$|U|\psi\rangle\rangle\langle U|\psi\rangle| = \frac{1}{2}(I + \mathbf{q}\cdot\sigma) \tag{5.101}$$

und

$$U|\psi\rangle\langle\psi|U^{-1} = \frac{1}{2}(I + U\mathbf{p}\cdot\sigma U^{-1}). \tag{5.102}$$

Aber Lemma 5.3.26 ergibt

$$U\mathbf{p}\cdot\sigma U^{-1} = (\mathrm{Rot}(U)\mathbf{p})\cdot\sigma. \tag{5.103}$$

Also implizieren (5.101), (5.102) und (5.103) die Behauptung.

5.3.4 Zerlegung von Rotationsoperatoren

Aus Korollar 5.3.16, Theorem 5.2.33 und Theorem 5.3.20 erhalten wir den folgenden Zerlegungssatz für Rotationsgatter.

Theorem 5.3.31 Für jedes $U \in \mathrm{U}(2)$ gibt es $\alpha, \beta, \gamma, \delta \in \mathbb{R}$ mit

$$U = e^{i\delta}R_{\hat{z}}(\alpha)R_{\hat{y}}(\beta)R_{\hat{z}}(\gamma). \tag{5.104}$$

Falls $U \in \mathrm{SU}(2)$ ist, dann gibt es eine solche Darstellung mit $\delta = 0$.

Wir werden nun Theorem 5.3.31 verwenden, um eine weitere Darstellung von unitären Ein-Qubit-Operatoren zu beweisen, die es uns in Abschn. 5.4 ermöglicht, kontrollierte Operatoren zu implementieren. Dafür benötigen wir folgendes Lemma:

Lemma 5.3.32 Für alle $\gamma \in \mathbb{R}$ gilt $XR_{\hat{y}}(\gamma)X = R_{\hat{y}}(-\gamma)$ und $XR_{\hat{z}}(\gamma)X = R_{\hat{z}}(-\gamma)$.

Beweis Nach Theorem 5.1.2 gilt $X^2 = I$ und $XYX = -XXY = -Y$. Also folgt aus (5.68)

$$
\begin{aligned}
XR_{\hat{y}}(\gamma)X &= X(\cos\frac{\gamma}{2}I - i\sin\frac{\gamma}{2}Y)X \\
&= \cos\frac{\gamma}{2}X^2 - i\sin\frac{\gamma}{2}XYX \\
&= \cos\frac{-\gamma}{2}I - i\sin\frac{-\gamma}{2}Y \\
&= R_{\hat{y}}(-\gamma).
\end{aligned}
$$

Die zweite Aussage kann analog bewiesen werden. □

Die Zerlegung im nächsten Theorem wird es ermöglichen, in Abschn. 5.4.2 kontrollierte Operatoren zu implementieren.

Theorem 5.3.33 Sei U ein unitärer Operator auf $\mathbb{H}_1$. Seien $\alpha, \beta, \gamma, \delta \in \mathbb{R}$ mit

$$
U = e^{i\delta}R_{\hat{z}}(\alpha)R_{\hat{y}}(\beta)R_{\hat{z}}(\gamma). \tag{5.105}
$$

Eine solche Darstellung existiert gemäß Theorem 5.3.31. Setze

$$
\begin{aligned}
A &= R_{\hat{z}}(\alpha)R_{\hat{y}}\left(\frac{\beta}{2}\right), \\
B &= R_{\hat{y}}\left(-\frac{\beta}{2}\right)R_{\hat{z}}\left(-\frac{\alpha+\gamma}{2}\right), \\
C &= R_{\hat{z}}\left(-\frac{\alpha-\gamma}{2}\right).
\end{aligned} \tag{5.106}
$$

Dann gilt

$$
ABC = I \text{ und } U = e^{i\delta}AXBXC. \tag{5.107}
$$

Beweis Proposition 5.3.6 impliziert

$$
ABC = R_{\hat{z}}(\alpha)R_{\hat{y}}\left(\frac{\beta}{2}\right)R_{\hat{y}}\left(-\frac{\beta}{2}\right)R_{\hat{z}}\left(-\frac{\alpha+\gamma}{2}\right)R_{\hat{z}}\left(-\frac{\alpha-\gamma}{2}\right) = I. \tag{5.108}
$$

Aus $X^2 = I$ und Lemma 5.3.32 folgt

$$\begin{aligned} XBX &= XR_{\hat{y}}\left(-\frac{\beta}{2}\right)XXR_{\hat{z}}\left(-\frac{\alpha+\gamma}{2}\right)X \\ &= R_{\hat{y}}\left(\frac{\beta}{2}\right)R_{\hat{z}}\left(\frac{\alpha+\gamma}{2}\right). \end{aligned} \tag{5.109}$$

Durch erneute Anwendung von Proposition 5.3.6 erhalten wir

$$\begin{aligned} AXBXC &= R_{\hat{z}}(\alpha)R_{\hat{y}}\left(\frac{\beta}{2}\right)R_{\hat{y}}\left(\frac{\beta}{2}\right)R_{\hat{z}}\left(\frac{\alpha+\gamma}{2}\right)R_{\hat{z}}\left(-\frac{\alpha-\gamma}{2}\right) \\ &= R_{\hat{z}}(\alpha)R_{\hat{y}}(\beta)R_{\hat{z}}(\gamma). \end{aligned} \tag{5.110}$$

Aus (5.105) folgt $U = e^{i\gamma}AXBXC$. Zusammen mit (5.108) beweist dies das Theorem. □

Aus Korollar 5.3.16, Proposition 5.3.14 und Theorem 5.3.20 erhalten wir das folgende Zerlegungsergebnis.

Theorem 5.3.34 Seien $\mathbf{a}, \mathbf{b} \in \mathbb{R}^3$ nicht-parallele Einheitsvektoren. Bezeichne mit φ den Winkel zwischen $\mathbf{a}$ und $\mathbf{b}$. Dann gibt es für alle unitären Operatoren U auf $\mathbb{H}_1$ ein $k \in \mathbb{N}$ und reelle Zahlen $\alpha_1, \ldots, \alpha_k, \beta_1, \ldots, \beta_k, \delta$ mit $k = \mathrm{O}(1/\varphi)$ und

$$U = e^{i\delta}\prod_{i=1}^{k} R_{\mathbf{a}}(\alpha_i)R_{\mathbf{b}}(\beta_i). \tag{5.111}$$

Falls $U \in \mathrm{SU}(2)$ ist, dann gibt es eine solche Darstellung mit $\delta = 0$.

5.3.5 Phasenverschiebungsgatter

In diesem Abschnitt stellen wir die folgende spezielle Klasse von Rotationsoperatoren vor.

Definition 5.3.35 Für $\gamma \in \mathbb{R}$ ist das *Phasenverschiebungsgatter* $P(\gamma)$ definiert als

$$P(\gamma) = \begin{pmatrix} 1 & 0 \\ 0 & e^{i\gamma} \end{pmatrix}. \tag{5.112}$$

Es verschiebt die Phase des Koeffizienten von $|1\rangle$ um einen Winkel γ, während es den Koeffizienten von $|0\rangle$ nicht verändert.

Phasenverschiebungsgatter sind unitär und können auch geschrieben werden als

$$P(\gamma) = e^{i\frac{\gamma}{2}}R_{\hat{z}}(\gamma). \tag{5.113}$$

Das Inverse und die Adjungierte von $P(\gamma)$ ist $P(-\gamma)$.

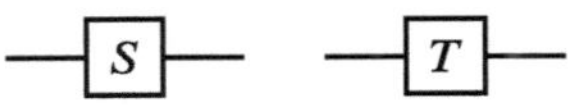

Abb. 5.11 Symbole für das Phasen- und $\pi/8$-Gatter in Quantenschaltkreisen

Als Nächstes führen wir spezielle Phasenverschiebungsgatter ein. Für $k \in \mathbb{N}$ setzen wir

$$R_k = \begin{pmatrix} 1 & 0 \\ 0 & e^{\frac{2\pi i}{2^k}} \end{pmatrix} = e^{\frac{-2\pi i}{2^{k+1}}} R_{\hat{z}}\left(\frac{2\pi}{2^k}\right). \tag{5.114}$$

Für $k = 2$ erhalten wir das *Phasengatter*

$$S = R_2 = P\left(\frac{\pi}{2}\right) = \begin{pmatrix} 1 & 0 \\ 0 & i \end{pmatrix}. \tag{5.115}$$

Für $k = 3$ erhalten wir das $\pi/8$-*Gatter*

$$T = R_3 = P\left(\frac{\pi}{4}\right) = \begin{pmatrix} 1 & 0 \\ 0 & e^{\frac{\pi i}{4}} \end{pmatrix}. \tag{5.116}$$

Es wird „$\pi/8$-Gatter" genannt, da es als

$$T = e^{\frac{\pi i}{8}} \begin{pmatrix} e^{-\frac{\pi i}{8}} & 0 \\ 0 & e^{\frac{\pi i}{8}} \end{pmatrix} \tag{5.117}$$

geschrieben werden kann. Es handelt sich also bis auf einen Phasenfaktor um eine Drehung um den Winkel $\frac{\pi}{4}$ um die z-Achse. Das ist ein Achtel einer vollen Drehung. Man beachte, dass

$$T^2 = S \tag{5.118}$$

gilt. Die Symbole für das Phasengatter und das $\pi/8$-Gatter sind in Abb. 5.11 dargestellt.

5.4 Kontrollierte Operatoren

Bisher haben wir Ein-Qubit-Operatoren behandelt. Um Quantenschaltkreise zu implementieren, die auf Mehr-Qubit-Registern operieren, werden aber auch Mehr-Qubit-Operatoren. Eine wichtige Klasse solcher Operatoren sind kontrollierte Operatoren, die in diesem Abschnitt vorgestellt werden. Diese wenden einen unitären Operator auf bestimmte Qubits an, die als *Zielqubits* bezeichnet werden, wenn andere Qubits, die als *Kontrollqubits* bezeichnet werden, sich in bestimmten Quantenzuständen befinden. Wir beginnen mit der Beschreibung der kontrollierten NOT-Gatter. Danach werden allgemeine kontrollierte Operatoren und mehrere Spezialfälle, wie die Quanten-Toffoli-Operatoren, eingeführt. In unserer Diskussion sei n eine positive ganze Zahl, und wir identifizieren lineare Operatoren auf dem Zustandsraum $\mathbb{H}_n$ mit ihren Darstellungsmatrizen bezüglich der Berechnungsbasis von $\mathbb{H}_n$.

Für mehrere hier eingeführte Gatter gibt es klassische Äquivalente, die in Abschn. 2.7 präsentiert wurden. Die klassischen und die entsprechenden Quantengatter werden mit denselben Namen bezeichnet. Einige dieser Quantengatter wurden bereits in Kap. 4 erklärt.

5.4.1 Kontrollierte NOT-Gatter

Wir beginnen mit kontrollierten NOT-Gattern, auch CNOT-Gatter genannt, die bereits in Abschn. 4.3.2 eingeführt wurden. In Abschn. 2.7.1 wurde ihr klassisches Äquivalent vorgestellt. Abb. 5.12 veranschaulicht vier verschiedene Typen solcher Gatter. Alle wenden das Pauli-X-Gatter, d. h. das Quanten-NOT-Gatter, auf ein Zielqubit abhängig vom Zustand eines Kontrollqubits an. Das Kontrollqubit kann entweder das erste oder das zweite Qubit sein, und entsprechend kann das Zielqubit entweder das zweite bzw. das erste Qubit sein. Darüber hinaus kann das Pauli-X-Gatter auf das Zielqubit angewendet werden, wenn das Kontrollqubit im Zustand $|1\rangle$ bzw. $|0\rangle$ ist. Das linke obere CNOT-Gatter in Abb. 5.12 wird als *Standard*-CNOT-*Gatter* bezeichnet.

Gemäß (4.33) ist die Darstellungsmatrix des Standard-CNOT-Gatters bezüglich der Berechnungsbasis von $\mathbb{H}_2$

$$\mathsf{CNOT} = \begin{pmatrix} 1 & 0 & 0 & 0 \\ 0 & 1 & 0 & 0 \\ 0 & 0 & 0 & 1 \\ 0 & 0 & 1 & 0 \end{pmatrix}. \tag{5.119}$$

Übung 5.4.1 Bestimmen Sie die Matrixdarstellungen aller CNOT-Gatter aus Abb. 5.12 bezüglich der Berechnungsbasis von $\mathbb{H}_2$.

Wie in Abb. 5.13 gezeigt wird, kann das CNOT-Gatter links unten in Abb. 5.12 mithilfe des Standard-CNOT-Gatters und des Pauli-X-Gatters implementiert werden.

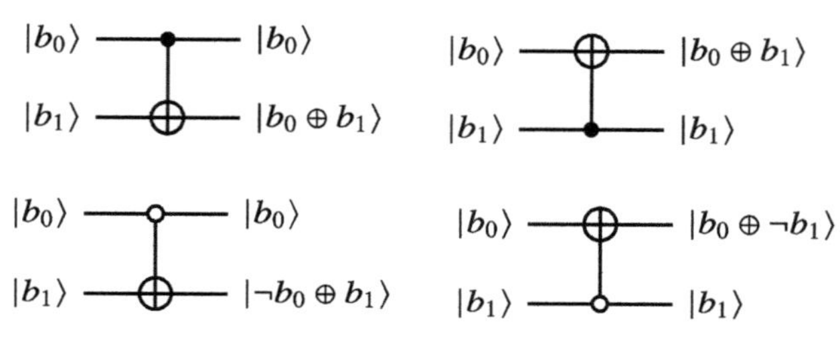

Abb. 5.12 Die vier CNOT-Gatter. Das linke obere CNOT-Gatter wird als *Standard*-CNOT-*Gatter* bezeichnet

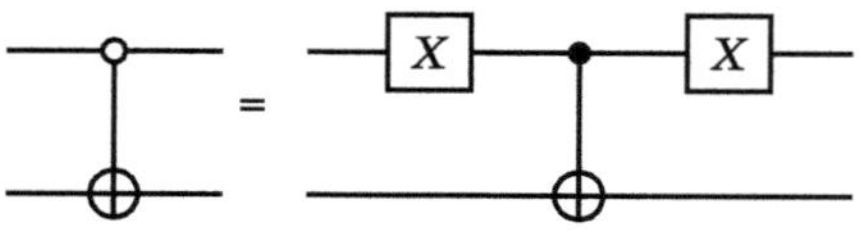

Abb. 5.13 Implementierung des in Abb. 5.12 links unten gezeigten CNOT-Gatters

Übung 5.4.2

1. Zeigen Sie, dass die Implementierung des CNOT-Gatters in Abb. 5.13 korrekt ist.
2. Geben Sie eine Implementierung des in Abb. 5.12 rechts unten gezeigten CNOT-Gatters unter Verwendung des rechts oben gezeigten CNOT-Gatters und des Pauli-X-Gatters an.

Als Nächstes zeigen wir, dass die Rollen der Qubits als Kontroll- bzw. Zielqubits in den CNOT-Gattern von der Wahl der Basis von $\mathbb{H}_2$ abhängen. Dazu betrachten wir die orthonormale Basis

$$(|x_+\rangle, |x_-\rangle) = (H|0\rangle, H|1\rangle) = \left(\frac{|0\rangle + |1\rangle}{\sqrt{2}}, \frac{|0\rangle - |1\rangle}{\sqrt{2}}\right) \tag{5.120}$$

von $\mathbb{H}_1$, wobei H der Hadamard-Operator ist. Wir haben in (5.6) gesehen, dass dies eine Eigenbasis des Pauli-X-Operators ist. Außerdem ist

$$(|x_+x_+\rangle, |x_-x_+\rangle, |x_+x_-\rangle, |x_-x_-\rangle) \tag{5.121}$$

eine orthonormale Basis von $\mathbb{H}_2$. Wie in Übung 5.4.3 gezeigt, hat die Anwendung von CNOT auf die Elemente dieser Basis die folgende Wirkung:

$$\begin{aligned} \text{CNOT}\,|x_+x_+\rangle &= |x_+x_+\rangle, & \text{CNOT}\,|x_-x_+\rangle &= |x_-x_+\rangle, \\ \text{CNOT}\,|x_+x_-\rangle &= |x_-x_-\rangle, & \text{CNOT}\,|x_-x_-\rangle &= |x_+x_-\rangle. \end{aligned} \tag{5.122}$$

Übung 5.4.3 Beweisen Sie (5.122).

Der CNOT-Operator vertauscht also die Basiszustände $|x_+\rangle$ und $|x_-\rangle$ des ersten Qubits, wenn das zweite Qubit im Zustand $|x_-\rangle$ ist und lässt sie unverändert, wenn das zweite Qubit $|x_+\rangle$ ist. In dieser Darstellung des CNOT-Operators ist daher das erste Qubit das Ziel, während das zweite Qubit die Steuerung übernimmt. Wie in Abb. 5.14 gezeigt, kann diese Beobachtung verwendet werden, um das oben rechts dargestellte CNOT-Gatter in Abb. 5.12 unter Verwendung des Standard-CNOT-Gatters und des Hadamard-Gatters zu implementieren.

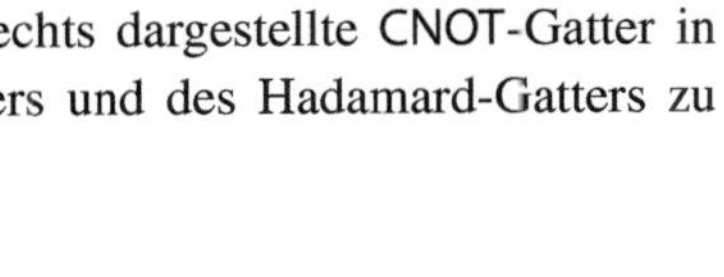

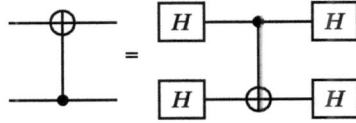

Abb. 5.14 Implementierung des in Abb. 5.12 oben rechts dargestellten CNOT-Gatters unter Verwendung des Hadamard-Gatters und des Standard-CNOT-Gatters

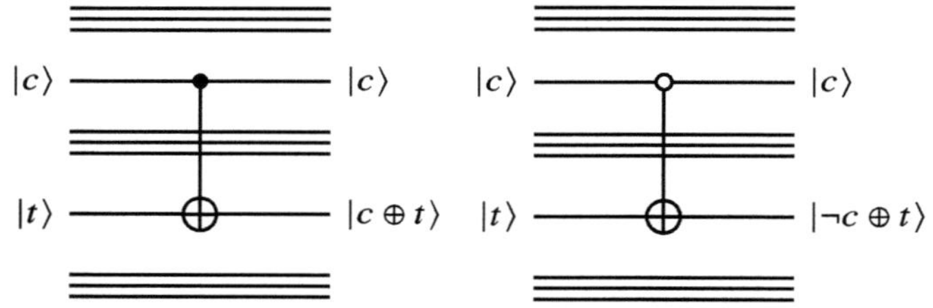

Abb. 5.15 CNOT-Operatoren, die auf Quantenregister der Länge > 2 wirken

Übung 5.4.4 Zeigen Sie, dass alle CNOT-Gatter in Abb. 5.12 unter Verwendung des Standard-CNOT-Gatters, des Pauli-X-Gatters und des Hadamard-Gatters H implementiert werden können.

Die CNOT-Gatter aus Abb. 5.12 können auch auf Quantenregister der Länge > 2 angewendet werden. Dies wird in Abb. 5.15 gezeigt. Solche CNOT-Operatoren werden durch ihre Wirkung auf die Basisvektoren $|b_0 \cdots b_{n-1}\rangle$, $(b_0 \cdots b_{n-1}) \in \{0, 1\}^n$, wie folgt spezifiziert. Es gibt ein Kontrollqubit $|c\rangle = |b_i\rangle$ und ein Zielqubit $|t\rangle = |b_j\rangle$, wobei $i, j \in \mathbb{Z}_n$ und $i \neq j$ gilt. Das Zielqubit $|t\rangle$ wird auf $X^c |t\rangle$ bzw. $X^{\neg c} |t\rangle$ abgebildet. Alle anderen Qubits bleiben unverändert.

5.4.2 Kontrollierte U-Operatoren

Wir verallgemeinern die Konstruktion der CNOT-Operatoren, indem wir das Pauli-X-Gatter in Abb. 5.12 durch einen beliebigen unitären Ein-Qubit-Operator U ersetzen. Die entsprechenden Operatoren sind in Abb. 5.16 dargestellt. Sie wenden U auf das Zielqubit an abhängig davon, ob das Kontrollqubit im Zustand $|0\rangle$ oder $|1\rangle$ ist und werden *kontrollierte U-Operatoren* genannt.

Für jeden unitären Ein-Qubit-Operator U können die kontrollierten-U-Operatoren in Abb. 5.16 unter Verwendung einer Zerlegung $U = e^{i\delta} AXBXC$ mit $ABC = I$ implemen-

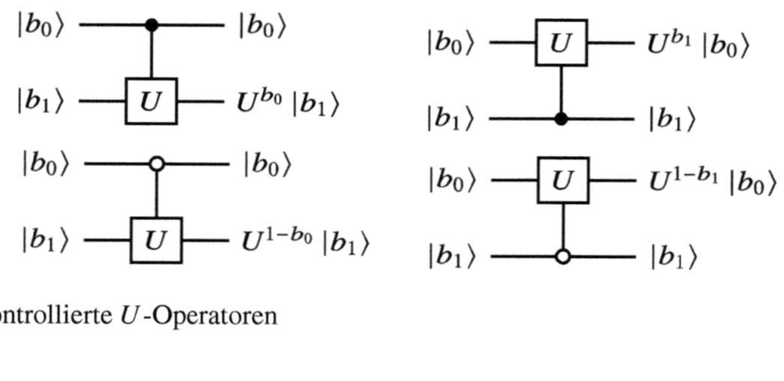

Abb. 5.16 Kontrollierte U-Operatoren

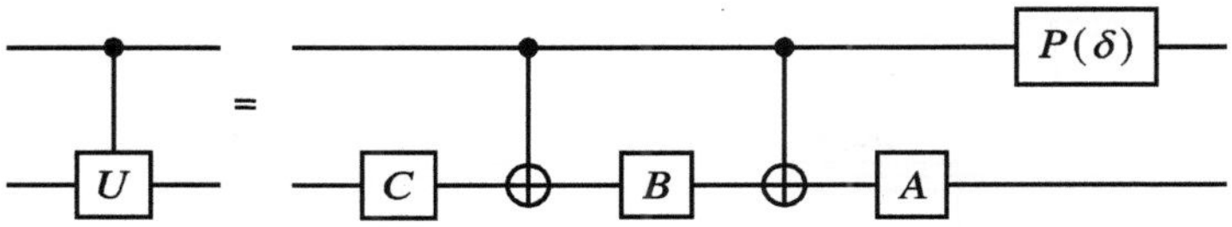

Abb. 5.17 Implementierung des kontrollierten U-Operators mit dem ersten Qubit als Kontrollqubit unter Verwendung der Zerlegung $U = e^{i\delta} AXBXC$

tiert werden, die nach Theorem 5.3.33 existiert. Für den linken oberen Operator in Abb. 5.16 wird dies in Abb. 5.17 gezeigt. Die Korrektheit dieser Konstruktion wird im folgenden Theorem gezeigt.

Theorem 5.4.5 Sei U ein unitärer Operator auf $\mathbb{H}_1$ und sei $U = e^{i\delta} AXBXC$, wobei $\delta \in \mathbb{R}$ ist und A, B, C unitäre Ein-Qubit-Operatoren mit $ABC = I$ sind. Dann kann der linke obere kontrollierte U-Operator in Abb. 5.16 wie in Abb. 5.17 dargestellt unter Verwendung der Gatter A, B, C und $P(\delta)$ sowie zweier CNOT-Gatter implementiert werden.

Beweis Wir beweisen, dass die Implementierung in Abb. 5.17 korrekt ist. Dazu stellen wir zunächst fest, dass die beiden Schaltkreise in Abb. 5.18 denselben Operator implementieren, da sie bei der Anwendung auf die Elemente der Berechnungsbasis von $\mathbb{H}_2$ den folgenden Effekt haben:

$$|00\rangle \mapsto |00\rangle\,, \quad |01\rangle \mapsto |01\rangle\,, \quad |10\rangle \mapsto e^{i\delta}\,|10\rangle\,, \quad |11\rangle \mapsto e^{i\delta}\,|11\rangle\,. \tag{5.123}$$

Dies bedeutet, dass der Schaltkreis in Abb. 5.19 denselben Operator wie der Schaltkreis in Abb. 5.17 implementiert.

Wir zeigen, dass der Schaltkreis in Abb. 5.19 den kontrollierten-U-Operator mit dem ersten Qubit als Kontrollqubit implementiert. Wenn das erste Qubit $|1\rangle$ ist, wendet der

Abb. 5.18 Zwei Quantenschaltkreise, die denselben Operator implementieren

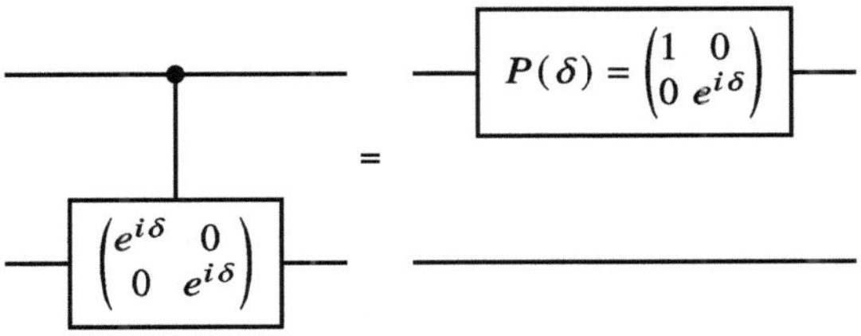

Abb. 5.19 Schaltkreis, der denselben Operator wie der Schaltkreis in Abb. 5.17 implementiert

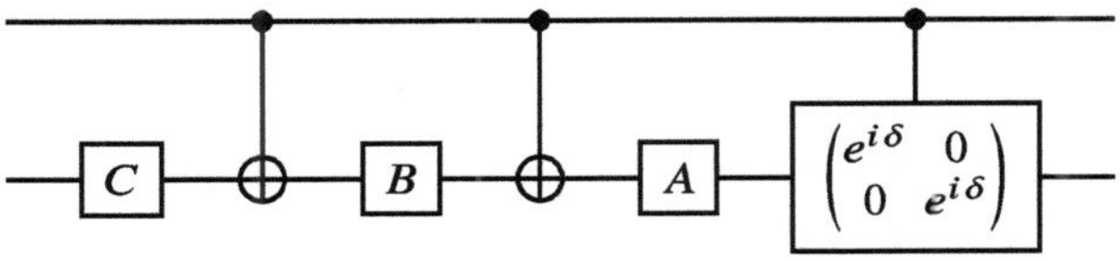

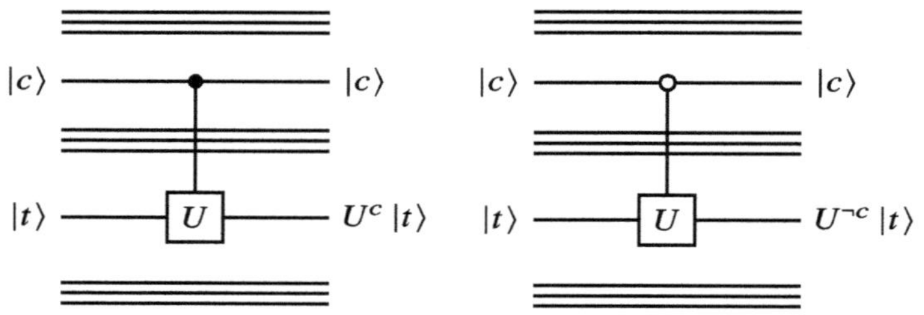

Abb. 5.20 Kontrollierte U-Operatoren, die auf Quantenregister mit mehr als zwei Qubits angewendet werden können

Schaltkreis $U = e^{i\delta}AXBXC$ auf das zweite Qubit an. Wenn das erste Qubit $|0\rangle$ ist, wendet der Schaltkreis ABC auf das zweite Qubit an. Da $ABC = I$, verändert der Schaltkreis das zweite Qubit nicht. Dies beweist die Behauptung. □

Übung 5.4.6 Zeigen Sie, wie Theorem 5.4.5 verwendet werden kann, um die kontrollierten-Y-, Z-, S- und T-Operatoren zu implementieren.

Wie die CNOT-Gatter können auch die kontrollierten-U-Gatter auf Quantenregister der Länge > 2 angewendet werden. Dies ist in Abb. 5.20 dargestellt. Theorem 5.4.5 impliziert, dass kontrollierte-U-Operatoren mithilfe von vier unitären Ein-Qubit-Operatoren und zwei CNOT-Gattern implementiert werden können.

5.4.3 Allgemeine kontrollierte Operatoren

Nun präsentieren wir die allgemeinsten kontrollierten Operatoren. Ein Beispiel für einen solchen Operator ist in Abb. 5.21 dargestellt. Dieser Operator wendet den unitären Operator U auf $\mathbb{H}_2$ auf die Qubits $|b_4b_5\rangle$ an, wenn das Qubit $|b_1\rangle$ im Zustand $|0\rangle$ und das Qubit $|b_2\rangle$ im Zustand $|1\rangle$ ist. Die anderen Qubits bleiben unverändert. Er wirkt also auf die Zustände der Berechnungsbasis von $\mathbb{H}_7$ wie folgt:

$$|b_0 \ldots b_6\rangle \mapsto |b_0 \ldots b_3\rangle\, U^{(1-b_1)b_2}\, |b_4b_5\rangle\, |b_6\rangle\,. \tag{5.124}$$

Wir beschreiben allgemeine kontrollierte Operatoren auf $\mathbb{H}_n$ formal. Dabei ist im ganzen Abschnitt n eine natürliche Zahl.

Definition 5.4.7 Seien C_0, C_1 und T paarweise disjunkte Teilmengen der Indexmenge $\mathbb{Z}_n$. Sei $m = |T| > 0$ und $T = \{t, t+1, \ldots, t+m-1\}$ mit $t \in \mathbb{Z}_n$. Somit ist T eine Menge von m aufeinander folgenden ganzen Zahlen in der Indexmenge $\mathbb{Z}_n$. Sei außerdem U ein unitärer Operator auf $\mathbb{H}_m$. Dann ist der lineare Operator $C^{C_0,C_1,T}(U)$ durch seine Wirkung

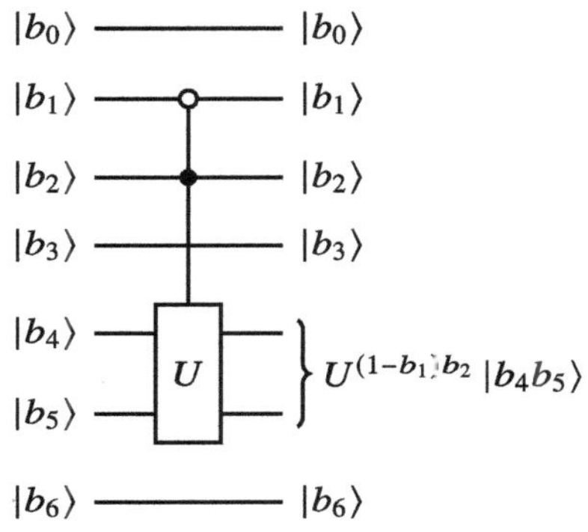

Abb. 5.21 Beispiel für einen allgemeinen kontrollierten Operator

auf die Zustände der Berechnungsbasis $|b_0 \cdots b_{n-1}\rangle$ von $\mathbb{H}_n$ folgendermaßen definiert: Er wendet U auf die *Zielqubits* $|b_t \cdots b_{t+m-1}\rangle$ an, wenn die *Kontrollqubits* $|b_i\rangle$ mit $i \in C_0$ den Zustand $|0\rangle$ und die *Kontrollqubits* $|b_i\rangle$ mit $i \in C_1$ den Zustand $|1\rangle$ haben, d. h.

$$\begin{aligned} &C^{C_0,C_1,T}(U)\,|b_0 \cdots b_{n-1}\rangle \\ &= |b_0 \cdots b_{t-1}\rangle\, U^c\, |b_t \cdots b_{t+m-1}\rangle\, |b_m \cdots b_{n-1}\rangle\,. \end{aligned} \tag{5.125}$$

wobei

$$c = \prod_{i \in C_0}(1 - b_i) \prod_{i \in C_1} b_i. \tag{5.126}$$

Falls eine der Indexmengen C_0, C_1 oder T nur ein Element enthält, so wird die Menge im Exponenten durch dieses Element ersetzt.

Die in Definition 5.4.7 spezifizierten Operatoren nennen wir auch *mehrfach kontrollierte Operatoren.* In dieser Definition könnten wir die Bedingung, dass die Menge T der Zielqubits aufeinander folgende ganze Zahlen enthält, weglassen. Dies würde die Definition jedoch komplizieren, und wir können denselben Effekt erreichen, indem wir SWAP-Gatter verwenden, die in Abschn. 5.5 beschrieben sind. Wie in Übung 5.4.8 gezeigt, sind allgemeine mehrfach-kontrollierte Operatoren unitär.

Übung 5.4.8 Beweisen Sie, dass die in Definition 5.4.7 spezifizierten mehrfach kontrollierten Operatoren unitär sind.

Beispiel 5.4.9 Unter Verwendung der Notation aus Definition 5.4.7 ist der Operator in Abb. 5.21

$$C^{1,2,\{4,5\}}(U). \tag{5.127}$$

Beispiel 5.4.10 Unter Verwendung der Notation aus Definition 5.4.7 implementiert der linke Schaltkreis in Abb. 5.15 den Operator $C^{\emptyset,i,j}(X)$. Der rechte Schaltkreis implementiert den Operator $C^{i,\emptyset,j}(X)$. Dabei ist $|c\rangle = |b_i\rangle$ und $|t\rangle = |b_j\rangle$.

Die Implementierung allgemeiner kontrollierter Operatoren wird in Abschn. 5.8.3 behandelt. Weitere wichtige Instanzen allgemeiner kontrollierter Operatoren werden in den folgenden Abschnitten vorgestellt.

5.4.4 Quanten-Toffoli-Gatter

Abb. 5.22 zeigt das *Quanten-Toffoli-Gatter*, das auch mit CCNOT bezeichnet wird. Sein klassisches Analogon wurde in Abschn. 2.7.1 eingeführt.

Das CCNOT-Gatter wendet das Pauli-X-Gatter auf das Zielqubit $|t\rangle$ an, wenn beide Kontrollqubits $|c_0\rangle$ und $|c_1\rangle$ den Zustand $|1\rangle$ haben. Es wirkt also auf die Zustände der Berechnungsbasis von $\mathbb{H}_3$ wie folgt:

$$|c_0 c_1 t\rangle \mapsto |c_0 c_1\rangle\, X^{c_0 c_1}\, |t\rangle\,. \tag{5.128}$$

Verwendet man die Terminologie aus Definition 5.4.7, können wir schreiben:

$$\mathsf{CCNOT} = C^{\emptyset,\{0,1\},2}(X). \tag{5.129}$$

Wir können das CCNOT-Gatter auch auf Zustände anwenden, die mehr als drei Qubits haben, oder in denen die Reihenfolge des Kontroll- und Zielqubits geändert ist. Dies sieht man in Abb. 5.23. Die Implementierung des Toffoli-Gatters wird in Abschn. 5.8.2 behandelt.

5.4.5 $C^k(U)$-Operatoren

Wir führen nun die kontrollierten Operatoren $C^k(U)$ ein. Ein solcher Operator wird in Abb. 5.24 gezeigt. Zur Spezifikation verwenden wir $k, m \in \mathbb{N}$ mit $n = k + m$ und einen unitären Operator U auf $\mathbb{H}_m$. Wir schreiben die Basisvektoren von $\mathbb{H}_n$ als $|c_0 \cdots c_{k-1} t_0 \cdots t_{m-1}\rangle$ anstelle von $|b_0 \cdots b_{n-1}\rangle$, um zwischen Kontroll- und Zielqubits zu unterscheiden. Dann gilt

$$C^k(U)\, |c_0 \cdots c_{k-1} t_0 \cdots t_{m-1}\rangle = |c_0 \cdots c_{k-1}\rangle\, U^{\prod_{i=0}^{k-1} c_i}\, |t_0 \cdots t_{m-1}\rangle \tag{5.130}$$

oder unter Verwendung der Notation von Definition 5.4.7

$$C^k(U) = C^{\emptyset,\{0,\ldots,k-1\},\{k,\ldots,k+m-1\}}(U). \tag{5.131}$$

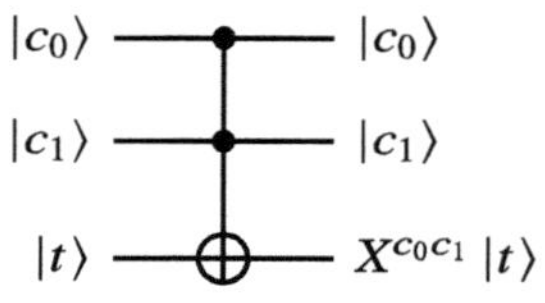

Abb. 5.22 Das Quanten-Toffoli-Gatter oder CCNOT-Gatter

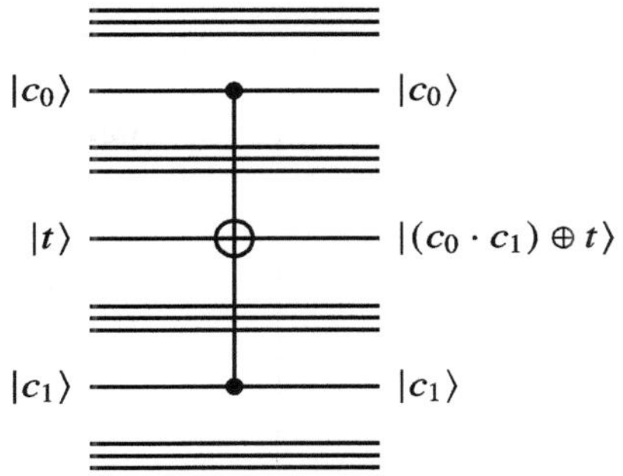

Abb. 5.23 Verallgemeinertes CCNOT-Gatter

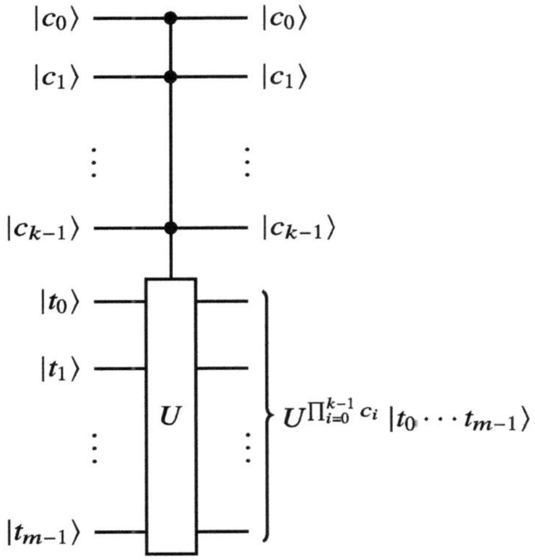

Abb. 5.24 Der Operator $C^k(U)$

Zum Beispiel können wir schreiben:

$$\mathsf{CCNOT} = C^2(X). \tag{5.132}$$

5.4.6 Transpositionsoperatoren

Als letztes Beispiel für kontrollierte Operatoren stellen wir Transpositionsoperatoren vor.

Definition 5.4.11 Sei $t \in \mathbb{Z}_n$ und sei

$$\mathbf{c} = c_0 \cdots c_{t-1} * c_{t+1} \cdots c_{n-1} \tag{5.133}$$

mit $c_i \in \{0, 1\}$ für $i \in \mathbb{Z}_n$, $i \neq t$. Dies ist ein Vektor der Länge n mit Einträgen aus $\{0, 1\}$ mit Ausnahme Eintrags mit Index t, der $*$ ist. Der *Transpositionsoperator* $\mathsf{TRANS}^{\mathbf{c}}$ vertauscht

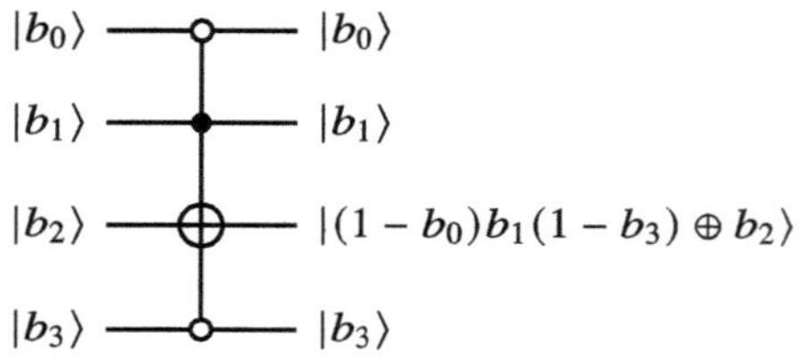

Abb. 5.25 Der Operator $\mathsf{TRANS}^{(01*0)}$, der $|0100\rangle$ und $|0110\rangle$ vertauscht

die beiden Vektoren

$$|c_0 \cdots c_{t-1}\rangle\, |0\rangle\, |c_{t+1} \cdots c_{n-1}\rangle \tag{5.134}$$

und

$$|c_0 \cdots c_{t-1}\rangle\, |1\rangle\, |c_{t+1} \cdots c_{n-1}\rangle \tag{5.135}$$

der Berechnungsbasis von $\mathbb{H}_n$ und ändert die anderen Vektoren dieser Basis nicht.

Verwendet man die Notation aus Definition 5.4.7, so kann man

$$\mathsf{TRANS}^{\mathbf{c}} = C^{C_0, C_1, t}(X) \tag{5.136}$$

schreiben, wobei

$$C_0 = \{i \in \mathbb{Z}_n : c_i = 0\}, \quad C_1 = \{i \in \mathbb{Z}_n : c_i = 1\}. \tag{5.137}$$

Ein Beispiel für einen solchen Transpositionsoperator ist in Abb. 5.25 zu sehen. In diesem Beispiel ist $\mathbf{c} = 01 * 0$.

5.5 Swap- und Permutationsoperatoren

Ein weiterer wichtiger Mehr-Qubit-Operator ist der Quanten-SWAP-Operator, der dem klassischen SWAP-Gatter entspricht, das in Abschn. 2.7.1 eingeführt wurde. Angewendet auf ein Element $|b_0 b_1\rangle$ der Berechnungsbasis von $\mathbb{H}_2$, vertauscht er b_0 und b_1, d. h., es gilt

$$\mathsf{SWAP}\, |b_0 b_1\rangle = |b_1 b_0\rangle \tag{5.138}$$

Dieses Gatter ist in Abb. 5.26 dargestellt, zusammen mit einer Implementierung, die nur CNOT-Gatter verwendet.

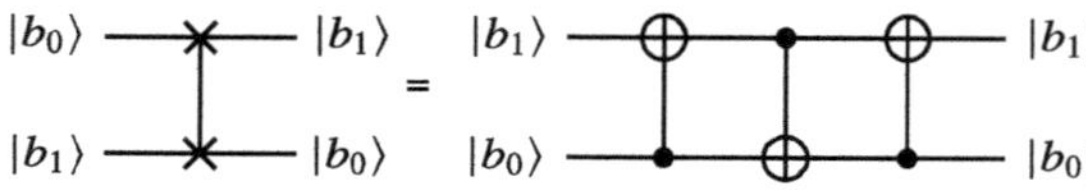

Abb. 5.26 Das Quanten-SWAP-Gatter und seine Implementierung unter Verwendung von CNOT-Gattern

Übung 5.5.1 Verifizieren Sie, dass die Implementierung des SWAP-Gatters in Abb. 5.26 korrekt ist.

Wir verallgemeinern das oben beschriebene Quanten-SWAP-Gatter. Sei $n \in \mathbb{N}$, $i, j \in \mathbb{Z}_n$ mit $i \leq j$. Dann ist das *Quanten-Swap-Gatter* $\mathsf{SWAP}_n(i, j)$ der unitäre Operator auf $\mathbb{H}_n$, der die Qubits $|b_i\rangle$ und $|b_j\rangle$ vertauscht. Es ist also durch seine Wirkung auf die Quantenzustände $|b_0 \cdots b_{n-1}\rangle$ der Berechnungsbasis von $\mathbb{H}_n$ folgendermaßen definiert:

$$\mathsf{SWAP}_n(i, j) \left|b_0 \cdots b_i \cdots b_j \cdots b_{n-1}\right\rangle = \left|b_0 \cdots b_j \cdots b_i \cdots b_{n-1}\right\rangle. \tag{5.139}$$

Verallgemeinert man die Implementierung des einfachen SWAP-Gatters in Abb. 5.26, so erhält man eine Implementierung eines beliebigen Quanten-SWAP-Gatters mithilfe von drei CNOT-Gattern.

Man beachte, dass SWAP-Gatter auf die Indexfolge in den Berechnungsbasiszuständen von $\mathbb{H}_n$ eine Transposition anwenden. Dies legt folgende Verallgemeinerung der Quanten-Swap-Gatter nahe. Für $\pi \in S_n$ ist der *Quanten-Permutationsoperator* U_π durch seine Wirkung auf die Berechnungsbasiszustände $|b_0 \cdots b_{n-1}\rangle$ folgendermaßen definiert.

$$U_\pi \left|b_0 \cdots b_{n-1}\right\rangle = \left|b_{\pi(0)} \cdots b_{\pi(n-1)}\right\rangle. \tag{5.140}$$

Unter Verwendung von Proposition 2.7.2 kann das folgende Ergebnis bewiesen werden.

Proposition 5.5.2 Sei $n \in \mathbb{N}$ und sei $\pi \in S_n$. Dann kann der Permutationsoperator U_π durch einen Quantenschaltkreis implementiert werden, der höchstens $n - 1$ SWAP-Gatter oder höchstens $3n - 3$ CNOT-Gatter verwendet.

Übung 5.5.3 Beweisen Sie Proposition 5.5.2.

5.6 Ancilla- und Löschgatter

In den vorhergehenden Abschnitten und in Abschn. 4.3.2 haben wir Quantengatter eingeführt, die unitäre Operatoren auf einem Zustandsraum $\mathbb{H}_n$ implementieren und als Bausteine komplexerer Quantenschaltkreise verwendet werden können. Solche Quantengatter werden als *unitäre Gatter* bezeichnet. Nun stellt sich heraus, dass der Aufbau vieler Quantenschaltkreise auch die Verwendung von zwei Arten von Quantengattern erfordert, die keine unitären Operatoren implementieren: *Ancillagatter* und *Löschgatter*. In diesem Abschnitt werden diese Gatter vorgestellt. Der Quantenschaltkreis in Abb. 5.27 veranschaulicht, warum diese Gatter nützlich sind. Er implementiert den Operator $C^3(U)$ für einen Ein-Qubit-Operator U. Die Entwicklung der Basiszustände des Quantenregisters in diesem Schaltkreis ist in Tab. 5.1 gezeigt. Der Schaltkreis verwendet zwei Ancilla-Qubits $|a_0\rangle$ und $|a_1\rangle$. Sie werden mithilfe zweier Ancillagatter zwischen den Kontroll- und Zielqubits eingefügt und auf $|0\rangle$

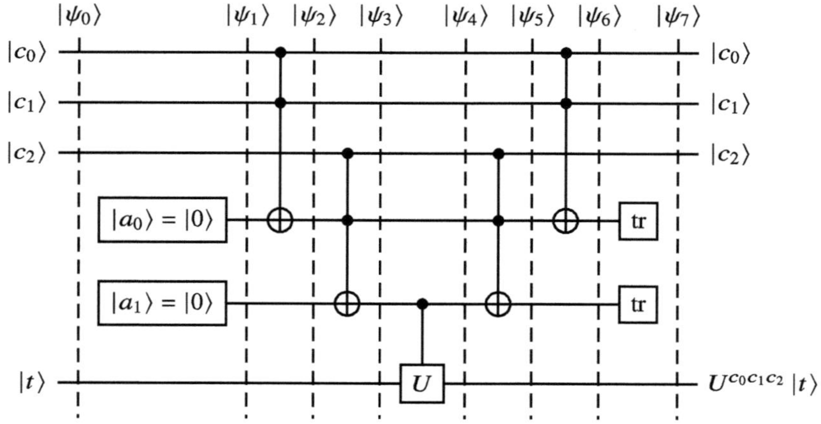

Abb. 5.27 Implementierung von $C^3(U)$ unter Verwendung von Ancilla- und Löschgattern

Tab. 5.1 Entwicklung der Zustände im Schaltkreis aus Abb. 5.27

i	$\|\psi_i\rangle$
0	$\|c_0\rangle\,\|c_1\rangle\,\|c_2\rangle\,\|t\rangle$
1	$\|c_0\rangle\,\|c_1\rangle\,\|c_2\rangle\,\|0\rangle\,\|0\rangle\,\|t\rangle$
2	$\|c_0\rangle\,\|c_1\rangle\,\|c_2\rangle\,\|c_0 \cdot c_1\rangle\,\|0\rangle\,\|t\rangle$
3	$\|c_0\rangle\,\|c_1\rangle\,\|c_2\rangle\,\|c_0 \cdot c_1\rangle\,\|c_0 \cdot c_1 \cdot c_2\rangle\,\|t\rangle$
4	$\|c_0\rangle\,\|c_1\rangle\,\|c_2\rangle\,\|c_0 \cdot c_1\rangle\,\|c_0 \cdot c_1 \cdot c_2\rangle\,U^{c_0 \cdot c_1 \cdot c_2}\,\|t\rangle$
5	$\|c_0\rangle\,\|c_1\rangle\,\|c_2\rangle\,\|c_0 \cdot c_1\rangle\,\|0\rangle\,U^{c_0 \cdot c_1 \cdot c_2}\,\|t\rangle$
6	$\|c_0\rangle\,\|c_1\rangle\,\|c_2\rangle\,\|0\rangle\,\|0\rangle\,U^{c_0 \cdot c_1 \cdot c_2}\,\|t\rangle$
7	$\|c_0\rangle\,\|c_1\rangle\,\|c_2\rangle\,U^{c_0 \cdot c_1 \cdot c_2}\,\|t\rangle = C^3(U)\,\|\psi_0\rangle$

initialisiert. Das erste CCNOT-Gatter ändert den Zustand von $|a_0\rangle$ zu $|c_0 \cdot c_1\rangle$. Das zweite CCNOT-Gatter ändert den Zustand von $|a_1\rangle$ zu $|c_0 \cdot c_1 \cdot c_2\rangle$. Das Ancilla-Qubit $|a_1\rangle$ steuert die Anwendung von U auf das Zielqubit $|t\rangle$. Nach der Anwendung dieses kontrollierten Operators ist das Zielqubit im Zustand $U^{c_0 \cdot c_1 \cdot c_2}\,|t\rangle$. Die beiden weiteren CCNOT-Gatter ändern die Ancilla-Qubits zurück zu $|a_0\rangle = |a_1\rangle = |0\rangle$. Die beiden Löschgatter spuren das Quantensystem heraus, das aus dem vierten und fünften Qubit besteht. Da der Zustand des Quantenregisters, das im Schaltkreis verwendet wird, bezüglich der Zerlegung in Ancilla- und Nicht-Ancilla-Qubits separabel ist, folgt aus Korollar 4.7.12, dass dies die anderen Qubits nicht ändert und der resultierende Zustand $C^3(U)\,|\psi_0\rangle$ ist. Man beachte, dass der Begriff „Löschgatter" irreführend sein könnte. In der Quantenmechanik kann Information nicht einfach gelöscht werden. Hier ist gemeint, dass das Untersystem ignoriert wird. Die Gesamtinformation im System bleibt aber trotzdem erhalten.

Übung 5.6.1 Verifizieren Sie Tab. 5.1.

5.7 Quantenschaltkreise neu betrachtet

Schon in Abschn. 4.3.4 wurden Quantenschaltkreise eingeführt. In diesem Abschnitt präsentieren wir eine formale Beschreibung von Quantenschaltkreisen, die auch Ancilla- und Löschgatter umfasst.

Definition 5.7.1 Ein *Quantenschaltkreis* Q ist durch zwei positive ganze Zahlen n und k sowie eine endliche Folge $(q_0, \ldots, q_{k-1})$ spezifiziert. Hierbei ist n die Anzahl der Eingangs-Qubits, und für alle $i \in \mathbb{Z}_k$ enthält die Komponente q_i Folgendes:

1. ein Tupel von Quantengattern, die entweder sämtlich Ancillagatter, oder sämtlich unitäre Gatter oder sämtlich Löschgatter sind und
2. die Information darüber, wie die Ancilla-Qubits initialisiert werden und wo sie eingefügt werden bzw. auf welche Qubits die unitären Gatter oder Löschgatter angewendet werden. Dabei wird auf jedes Qubit höchstens ein Quantengatter angewendet.

Wir veranschaulichen Definition 5.7.1.

Beispiel 5.7.2 Betrachte den Quantenschaltkreis, der in Abb. 5.27 gezeigt ist. Eine zu Definition 5.7.1 passende Darstellung dieses Schaltkreises ist in Abb. 5.28 gezeigt. Die Anzahl der Eingangs-Qubits ist $n = 4$. Diese sind $|c_0\rangle$, $|c_1\rangle$, $|c_2\rangle$ und $|t\rangle$. Außerdem gilt $k = 7$. Die Komponente q_0 enthält zwei Ancillagatter, die zwei Ancilla-Qubits einfügen und diese auf $|0\rangle$ initialisieren. Außerdem enthält q_0 die Information, dass die beiden Ancilla-Qubits hinter den Kontrollqubits eingefügt werden. Die Elemente q_1 und q_2 enthalten jeweils ein CCNOT-Gatter und die Information, auf welche der sechs Qubits diese Gatter angewendet

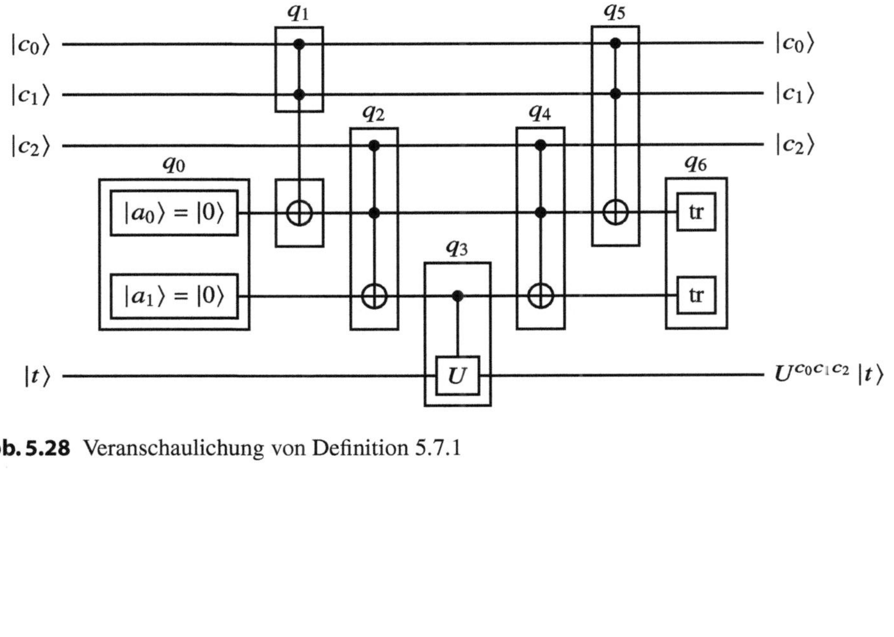

Abb. 5.28 Veranschaulichung von Definition 5.7.1

werden. Das Element q_3 enthält ein $C^1(U)$-Gatter und q_4 und q_5 enthalten jeweils zwei CCNOT-Gatter. Zusätzlich enthalten diese Gatter Informationen darüber, auf welche Qubits sie angewendet werden. Schließlich enthält q_6 zwei Löschgatter und die Information, dass sie die beiden Ancilla-Qubits löschen. Der von diesem Schaltkreis implementierte Quantenoperator ist $C^3(U)$.

Definition 5.7.3 Die Größe eines Quantenschaltkreises ist die Anzahl der Quantengatter, die er enthält.

Die Berechnung eines in Definition 5.7.1 beschriebenen Quantenschaltkreises kann als eine Evolution

$$|\psi_0\rangle\,, |\psi_1\rangle\,, \cdots, |\psi_k\rangle \tag{5.141}$$

von Quantenzuständen beschrieben werden, die wie folgt definiert sind.

1. Der Anfangszustand $|\psi_0\rangle \in \mathbb{H}_n$ ist der Anfangszustand der Berechnung.
2. Für $i \in \mathbb{Z}_k$ erhält man den Zustand $|\psi_{i+1}\rangle$, indem die Quantengatter in q_i wie dort spezifiziert auf $|\psi_i\rangle$ angewendet werden.
3. Der Endzustand ist $|\psi_k\rangle = |c_0 \cdots c_{m-1}\rangle \in \mathbb{H}_m$ mit $m = n + n_a - n_e$, wobei n_a die Anzahl der Ancillagatter und n_e die Anzahl der Löschgatter ist, die im Quantenschaltkreis verwendet werden.

Der *von Q implementierte Quantenoperator* ist

$$\mathbb{H}_n \to \mathbb{H}_m, \quad |\psi_0\rangle \mapsto |\psi_k\rangle \tag{5.142}$$

Beispiel 5.7.4 Wie in Abschn. 5.6 gezeigt, implementiert der Quantenoperator, der in den Abb. 5.27 und 5.28 dargestellt ist, $C^3(U)$.

Einige Anmerkungen zu dieser Konstruktion: Da in der allgemeinen Definition von Quantenschaltkreisen Quantenbits gelöscht werden dürfen, kann, wie in Abschn. 4.7.2 beschrieben, der resultierende Quantenzustand ein gemischter Zustand sein. Häufig ist die Situation jedoch einfacher. Bezeichne mit A das Quantensystem aller Qubits, die nicht gelöscht werden und mit B das Quantensystem der Qubits, die gelöscht werden. Angenommen, der Zustand des Systems AB ist separabel, und zwar von der Form $|\psi\rangle = |\psi_A\rangle\,|\psi_B\rangle$, wobei $|\psi_A\rangle$ ein Zustand von A und $|\psi_B\rangle$ ein Zustand von B ist. Dann zeigt Korollar 4.7.12, dass nach Löschen von B das Restsystem A im Zustand $|\psi_A\rangle$ ist. Dies wird in Abb. 5.27 gezeigt.

Wir nennen den Quantenschaltkreis Q *unitär*, wenn $m = n$ gilt und der von Q implementierte Quantenoperator unitär ist. Wenn Q keine Ancilla- und Löschgatter verwendet, dann ist Q jedenfalls unitär. Wenn Q aber Ancilla- oder Löschgatter verwendet, kann Q unitär sein oder auch nicht. Ist z. B. $m \neq n$, dann ist Q nicht unitär.

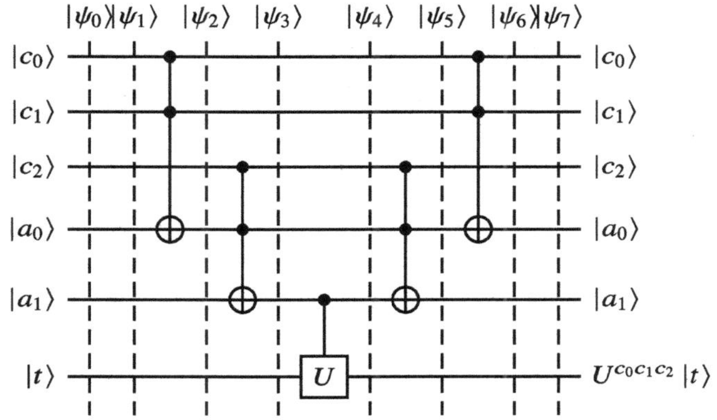

Abb. 5.29 Purifikation des Quantenschaltkreises in Abb. 5.27

Wir zeigen, dass jeder Quantenschaltkreis in einen unitären Quantenschaltkreis umgewandelt werden, ohne den implementierten Operator wesentlich zu verändern. Dazu sei Q ein Quantenschaltkreis. Der transformierte Quantenschaltkreis R wird konstruiert, indem die Ancillagatter aus Q entfernt und die entsprechenden Ancilla-Qubits als neue Eingangs-Qubits hinzugefügt werden. Außerdem entfernen wir in Q die Löschgatter und fügen die entsprechenden Qubits als neue Ausgangs-Qubits hinzu. Der neue Quantenschaltkreis R wird als *Purifikation* des Quantenschaltkreises Q bezeichnet. Diese Purifikation ist unitär. Dieser Prozess wird ebenfalls als *Purifikation* bezeichnet, und zwar von Q. Abb. 5.29 zeigt die Purifikation R des Quantenschaltkreises Q aus Abb. 5.27.

Man beachte, dass der Quantenschaltkreis Q in Abb. 5.27 bereits unitär ist. Eine Purifikation ist also möglicherweise nicht erforderlich, um einen Quantenschaltkreis unitär zu machen.

Es ist auch möglich, Quantenschaltkreise als Algorithmen darzustellen, die mithilfe von Pseudocode spezifiziert sind. Ein Beispiel ist die algorithmische Darstellung des Quantenschaltkreises aus Abb. 5.27, die in Algorithmus 5.7.5 gezeigt wird.

Übung 5.7.6 Schreiben Sie einen Algorithmus, der den Quantenschaltkreis in Abb. 5.29 darstellt.

Wir zeigen nun, dass jede Boolesche Funktion $f : \{0, 1\}^n \to \{0, 1\}^m$, $n, m \in \mathbb{N}$, mithilfe eines Quantenschaltkreises implementiert werden kann. Um die Größe dieses Schaltkreises abzuschätzen, verwenden wir den Parameter $|f|_F$ aus Definition 2.7.9, also die minimale Größe eines klassischen Schaltkreises, der nur NAND- und FANOUT-Gatter verwendet und f implementiert. Dabei werden sowohl die NAND- als auch die FANOUT-Gatter gezählt.

Algorithmus 5.7.5 Implementierung von $C^3(U)$ unter ausschließlicher Verwendung von CCNOT- und $C^1(U)$-Gattern

Input: $|c_0\rangle\,|c_1\rangle\,|c_2\rangle\,|t\rangle$
Output: $|c_0\rangle\,|c_1\rangle\,|c_2\rangle\,U^{c_0 \cdot c_1 \cdot c_2}\,|t\rangle$

```
C^3(U)
    Füge Ancilla-Qubits |a_0⟩ , |a_1⟩ hinter |c_3⟩ ein und initialisiere sie auf |0⟩
    |a_0⟩ ← X^{c_0·c_1} |a_0⟩
    |a_1⟩ ← X^{c_2·a_0} |a_1⟩
    |t⟩ ← U^{a_1} |t⟩
    |a_1⟩ ← X^{c_2·a_0} |a_1⟩
    |a_0⟩ ← X^{c_0·c_1} |a_0⟩
    Lösche |a_0⟩ und |a_1⟩
    Der Endzustand ist |c_0⟩ |c_1⟩ |c_2⟩ |t⟩
end
```

Theorem 5.7.7 Seien $n, m \in \mathbb{N}$ und $f : \{0,1\}^n \to \{0,1\}^m$. Dann gibt es einen Quantenschaltkreis Q der Größe $\mathrm{O}(|f|_F)$, der nur Quanten-Toffoli-Gatter, Ancilla- und Löschgatter verwendet und den Quantenoperator

$$U : \mathbb{H}_n \to \mathbb{H}_m, \quad |\mathbf{x}\rangle \mapsto |f(\mathbf{x})\rangle \tag{5.143}$$

implementiert.

Beweis Betrachte den Quantenschaltkreis Q_r, den man erhält, indem man die klassischen Toffoli-Gatter im Schaltkreis D_r aus Theorem 2.7.12 durch Quanten-Toffoli-Gatter ersetzt. Er implementiert einen unitären Operator

$$U_r : \mathbb{H}_n \otimes \mathbb{H}_{n+p} \otimes \mathbb{H}_m \to \mathbb{H}_n \otimes \mathbb{H}_{n+p} \otimes \mathbb{H}_m \tag{5.144}$$

wobei $p \in \mathbb{N}$, $p \leq 2|f|_F$ und für alle $\mathbf{x} \in \{0,1\}^n$ und $\mathbf{y} \in \{0,1\}^m$

$$U_r\,|\mathbf{x}\rangle\,|\mathbf{0}\rangle\,|\mathbf{0}\rangle = |\mathbf{x}\rangle\,|\mathbf{0}\rangle\,|f(\mathbf{x})\rangle \tag{5.145}$$

gilt. Der Schaltkreis Q kann wie folgt konstruiert werden: Beginne mit dem Anfangszustand $|\mathbf{x}\rangle$. Füge $n + p + m$ Ancilla-Qubits hinter $|\mathbf{x}\rangle$ ein, die alle auf $|0\rangle$ initialisiert werden. Dann wende Q_r auf diese Qubits. Das Ergebnis ist der separable Zustand (5.145). Schließlich lösche in Q die ersten $2n + p$ Ancilla-Qubits. Nach Korollar 4.7.12 ergibt dies den Quantenzustand

$$|f(\mathbf{x})\rangle\,. \tag{5.146}$$

Damit implementiert Q den Quantenoperator U aus (5.143). □

Der in Theorem 5.7.7 angegebene Quantenschaltkreis implementiert tatsächlich die Boolesche Funktion f. Initialisiert man nämlich das Eingangs-Quantenregister des Schaltkreises mit $|\mathbf{x}\rangle$, $\mathbf{x} \in \{0, 1\}^n$, wendet Q an und misst das Ergebnis, dann erhält man mit Wahrscheinlichkeit 1 den Wert $f(\mathbf{x})$.

5.8 Implementierung kontrollierter Operatoren

Dieser Abschnitt behandelt die Implementierung allgemeiner kontrollierter unitärer Operatoren, wie sie in Definition 5.4.3 spezifiziert sind. Sie werden in vielen Kontexten benötigt.

5.8.1 Implementierung von $C^1(U)$-Operatoren

Wir beginnen mit einer generischen Implementierung von $C^1(U)$ für einen unitären Operator U auf $\mathbb{H}_n$. Sie ist in Abbildung 5.30 gezeigt und benutzt zwei kontrollierte SWAP-Operatoren, die zwei Berechnungsbasiszustände vertauscht.

Übung 5.8.1 Spezifizieren Sie den kontrollierten SWAP-Operator, der im Quantenschaltkreis in Abbildung 5.30 verwendet wird. Zeigen Sie, dass er unter Benutzung von $O(n)$ Quanten-Toffoli-Gattern implementiert werden kann.

Abbildung 5.30 zeigt, dass folgendes Theorem gilt.

Theorem 5.8.2 Sei U ein unitärer Operator auf $\mathbb{H}_n$. Dann kann $C^1(U)$ unter Verwendung eines U-Gatters, n Ancilla- und Löschgattern und $O(n)$ Quanten-Toffoli-Gattern implementiert werden.

5.8.2 Implementierung von $C^2(U)$-Operatoren

Als Nächstes besprechen wir Implementierungen von $C^2(U)$ für unitäre Operatoren U, für die eine Quadratwurzel gegeben ist, also ein unitärer Operator V mit $V^2 = U$. Dies ermöglicht zum Beispiel die Implementierung des Quanten-Toffoli-Gatters. Zunächst zeigen wir, dass jeder unitäre Operator eine Quadratwurzel besitzt.

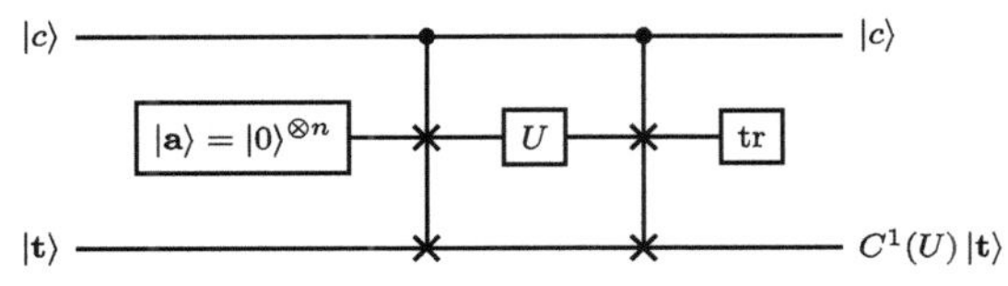

Abb. 5.30 Implementierung von $C^1(U)$

Proposition 5.8.3 Sei U ein unitärer Operator auf $\mathbb{H}_n$. Dann gibt es einen unitären Operator V auf $\mathbb{H}_n$ mit $V^2 = U$.

Beweis Sei

$$U = \sum_{\lambda \in \Lambda} \lambda P_\lambda \tag{5.147}$$

die Spektralzerlegung von U. Setze

$$V = \sum_{\lambda \in \Lambda} \sqrt{\lambda} P_\lambda, \tag{5.148}$$

wobei $\sqrt{\lambda}$ eine Quadratwurzel von λ in $\mathbb{C}$ ist. Dies ist die Spektralzerlegung von V und es gilt $V^2 = U$. Außerdem gilt nach Proposition 3.4.61 $|\lambda| = 1$ für alle $\lambda \in \Lambda$. Also ist $|\sqrt{\lambda}| = 1$ für alle $\lambda \in \Lambda$. Daher folgt aus Proposition 3.4.61, dass V unitär ist. □

Unter Verwendung der Methode aus dem Beweis von Proposition 5.8.3 können wir Quadratwurzeln der Pauli-Operatoren bestimmen.

Proposition 5.8.4 Der Operator $V = (1 + i)(I - iX)/2$ ist unitär, und es gilt $V^2 = X$.

Beweis Nach Beispiel 3.4.58 ist $X = |x_+\rangle \langle x_+| - |x_-\rangle \langle x_-|$ mit $|x_+\rangle, |x_-\rangle$ aus (5.7) die Spektralzerlegung des Pauli-Operators X. Setzen wir daher $V = |x_+\rangle \langle x_+| + i\, |x_-\rangle \langle x_-|$, dann ist V ein unitärer Ein-Qubit-Operator und es gilt $V^2 = X$ und $V = (1 + i)(I - iX)$, wie in Übung 5.8.3 gezeigt wird. □

Übung 5.8.5 Beweisen Sie, dass $|x_+\rangle \langle x_+| + i\, |x_-\rangle \langle x_-| = (1 + i)(I - iX)/2$.

Übung 5.8.6 Bestimmen Sie Quadratwurzeln der Pauli-Operatoren Y und Z und die Darstellungen dieser Quadratwurzeln als Linearkombination der Basiselemente I, X, Y, Z von $\mathrm{End}(\mathbb{H}_1)$.

Abb. 5.31 zeigt eine Implementierung von $C^2(U)$, die eine Quadratwurzel V von U verwendet. Proposition 5.8.7 stellt ihre Korrektheit fest.

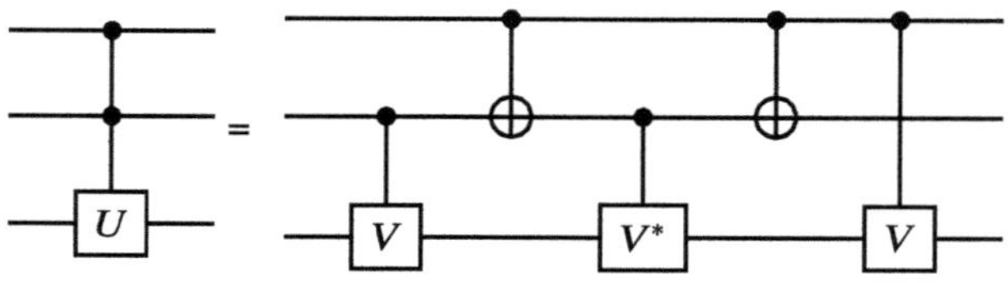

Abb. 5.31 Implementierung von $C^2(U)$, wenn $V^2 = U$ ist

Proposition 5.8.7 Seien U, V unitäre Operatoren mit $V^2 = U$. Dann implementiert der Quantenschaltkreis auf der rechten Seite von Abb. 5.31 den Operator $C^2(U)$. Er verwendet zwei CNOT-Gatter, zwei $C^1(V)$-Gatter und ein $C^1(V^*)$-Gatter.

Übung 5.8.8 Beweisen Sie Proposition 5.8.7.

Es folgt aus Proposition 5.8.4, dass der Schaltkreis in Abb. 5.31 zur Implementierung des Quanten-Toffoli-Gatters verwendet werden kann. Abb. 5.32 zeigt eine andere Implementierung dieses Gatters. Sie verwendet das Phasen-, $\pi/8$- und CNOT-Gatter, und ihre Richtigkeit wird in Proposition 5.8.9 angegeben.

Proposition 5.8.9 Die Schaltung in Abb. 5.32 implementiert das Toffoli-Gatter. Sie verwendet zwei Hadamard-, ein Phasen-, sieben $\pi/8$- oder inverse $\pi/8$- und sechs CNOT-Gatter.

Übung 5.8.10 Beweisen Sie Proposition 5.8.9.

5.8.3 Implementierung allgemeiner kontrollierter Operatoren

Wir präsentieren nun Implementierungen allgemeiner kontrollierter Operatoren, die in Definition 5.4.7 beschrieben sind. Dabei verwenden wir Toffoli-Gattern und kontrollierte Gatter mit nur einem Kontrollqubit. Wir erläutern zunächst die Implementierung der Operatoren $C^k(U)$, die in Abschn. 5.4.5 eingeführt wurden, für unitäre Operatoren U auf $\mathbb{H}_m$, wobei k und m natürliche Zahlen sind und $k \geq 2$ gilt. Die Quantenschaltkreise verwenden $k-1$ Ancilla-Qubits und operieren auf Quantenregistern der Länge $2k + m - 1$. Der entsprechende Quantenschaltkreis für $C^3(U)$ wurde bereits in Abschn. 5.6 und Abb. 5.27 gezeigt, um die Verwendung von Ancilla-Qubits zu motivieren. Der Quantenschaltkreis für $k = 5$ und $m = 1$ ist in Abb. 5.33 dargestellt. Die allgemeine Implementierung von $C^k(U)$ wird in Algorithmus 5.8.9 präsentiert.

Die Idee dieser Konstruktion ist folgende. Wähle k, m und U wie oben beschrieben. Nach Einfügen der Ancilla-Qubits arbeitet der Schaltkreis auf Zuständen der Form

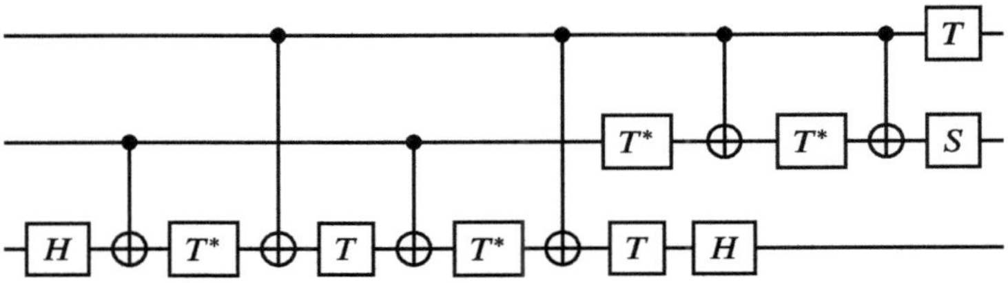

Abb. 5.32 Eine Implementierung des Toffoli-Gatters, die das Hadamard-, Phasen-, CNOT- und $\pi/8$-Gatter verwendet

$$|c_0 \cdots c_{k-1}\rangle \, |a_0 \cdots a_{k-2}\rangle \, |t_0 \cdots t_{m-1}\rangle \tag{5.149}$$

wobei $|c_0 \cdots c_{k-1}\rangle$ die k Kontrollqubits sind, $|a_0 \cdots a_{k-2}\rangle$ die $k-1$ Ancilla-Qubits und $|t_0 \cdots t_{m-1}\rangle$ die m Zielqubits. Die ersten $k-1$ Schritte der Berechnung ändern die Ancilla-Qubits zu

$$|a_j\rangle = \left|\prod_{i=0}^{j+1} c_i\right\rangle, \quad 0 \le j \le k-2 \tag{5.150}$$

und haben keine Auswirkungen auf die anderen Qubits. Im Schritt k ändert der Schaltkreis die Zielqubits $|t_0 \cdots t_{m-1}\rangle$ zu $U^{a_{k-2}} \, |t_0 \cdots t_{m-1}\rangle$, also gemäß (5.150) zu

$$U^{\prod_{i=0}^{k-1} c_i} \, |t_0 \cdots t_{m-1}\rangle \, . \tag{5.151}$$

Dieser Schritt hat keine Auswirkungen auf die anderen Qubits. Die nächsten $k-1$ Schritte des Schaltkreises ändern die Ancilla-Qubits zurück zu $|0\rangle$, ohne die anderen Qubits zu beeinflussen. Bezeichne mit A das Quantensystem, das die Kontroll- und Zielqubits umfasst und mit B das Quantensystem der Ancilla-Qubits. Die Komposition AB ist separabel. Daher folgt aus Korollar 4.7.12, dass das Herausspuren der Ancilla-Qubits die Kontroll- oder

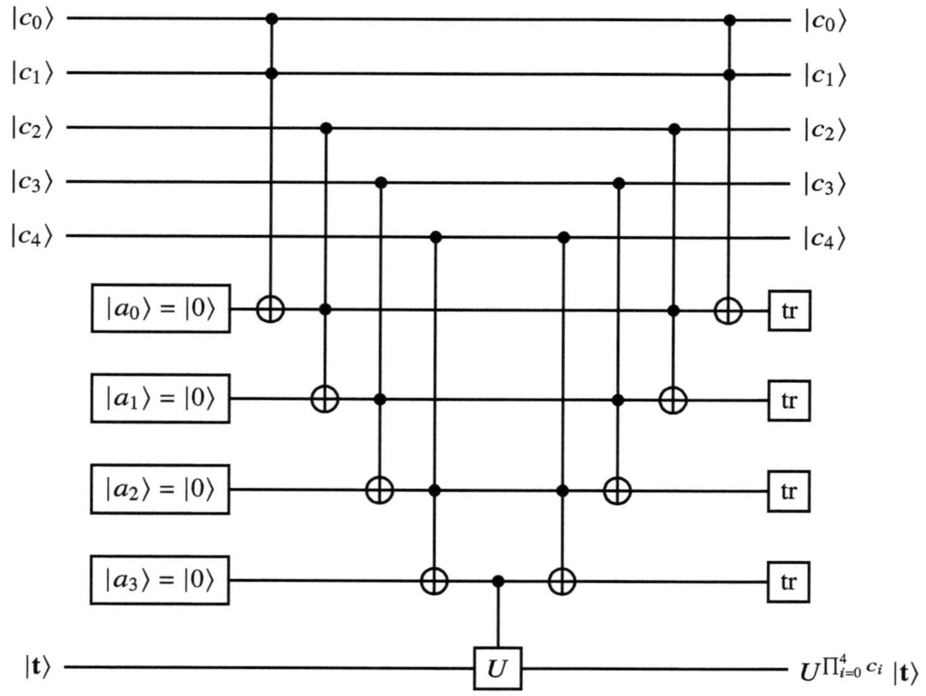

Abb. 5.33 Implementierung von $C^5(U)$ unter Verwendung von CCNOT- und $C^1(U)$-Gattern

Algorithmus 5.8.9 Implementierung von $C^k(U)$ unter Verwendung von CCNOT- und $C^1(U)$-Gattern

Input: $|c_0 \cdots c_{k-1}\rangle |t_0 \cdots t_{m-1}\rangle$
Output: $C^k(U) |c_0 \cdots c_{k-1}\rangle |t_0 \cdots t_{m-1}\rangle$
1: $C^k(U)$
2: Füge $k-1$ Ancilla-Qubits $|a_0\rangle, \ldots, |a_{k-2}\rangle$ hinter dem Kontrollqubit $|c_{k-1}\rangle$ ein und initialisiere diese auf $|0\rangle$
3: $\quad |a_0\rangle \leftarrow X^{c_0 \cdot c_1} |a_0\rangle$
4: $\quad$ **for** $j = 1 \cdots k-2$ **do**
5: $\quad\quad |a_j\rangle \leftarrow X^{c_{j+1} \cdot a_{j-1}} |0\rangle$
6: $\quad$ **end for**
7: $\quad |t_0 \cdots t_{m-1}\rangle \leftarrow U^{a_{k-2}} |t_0 \cdots t_{m-1}\rangle$
8: $\quad$ **for** $j = k-2, \ldots, 1$ **do**
9: $\quad\quad |a_j\rangle \leftarrow X^{c_{j+1} \cdot a_{j-1}} |a_j\rangle$
10: $\quad$ **end for**
11: $\quad |a_0\rangle \leftarrow X^{c_0 \cdot c_1} |a_0\rangle$
12: $\quad$ Lösche $|a_0 \cdots a_{k-2}\rangle$
13: $\quad$ Der Endzustand ist $|c_0 \cdots c_{k-1}\rangle |t_0 \cdots t_{m-1}\rangle$
14: **end**

Zielqubits nicht ändert und den Zustand

$$C^k(U) |c_0 \cdots c_{k-1}\rangle |t_0 \cdots t_{m-1}\rangle = |c_0 \cdots c_{k-1}\rangle U^{\prod_{i=0}^{k-1} c_i} |t_0 \cdots t_{m-1}\rangle \tag{5.152}$$

ergibt.

Die nächste Proposition stellt die Korrektheit der Konstruktion fest.

Proposition 5.8.10 Sei U ein unitärer Operator auf $\mathbb{H}_m$ und sei $k \in \mathbb{N}$, $k \geq 2$. Dann implementiert der Algorithmus 5.8.9 den Operator $C^k(U)$. Er verwendet $2k-2$ CCNOT-Gatter, ein $C^1(U)$-Gatter und $k-1$ Ancilla- und Löschgatter.

Aus den Propositionen 5.8.10 und 5.8.9 erhalten wir das folgende Ergebnis.

Proposition 5.8.11 Sei U ein unitärer Operator auf $\mathbb{H}_m$ und sei $k \in \mathbb{N}$, $k \geq 2$. Dann implementiert Algorithmus 5.8.9 den Operator $C^k(U)$ unter Verwendung von $O(k)$ Hadamard-, Phasen-, $\pi/8$-, inversen $\pi/8$-, CNOT-, Ancilla- und Löschgattern sowie einem $C^1(U)$-Gatter.

Übung 5.8.12 Beweisen Sie Proposition 5.8.11.

Nach diesen Vorbereitungen können wir nun allgemeine $C^{C_0,C_1,T}$-Operatoren wie in Definition 5.4.7 implementieren. Als Beispiel zeigt Abb. 5.34 einen Quantenschaltkreis, der einen solchen Operator mit $n=7$, $C_0 = \{0,1\}$, $C_1 = \{2,3,4\}$ und $T = \{6\}$ implementiert. Die

Idee besteht darin, den Pauli-X-Operator zu Beginn und am Ende der Berechnung auf alle Qubits $|b_i\rangle$ mit $i \in \mathbb{C}_0$ anzuwenden. Danach kann die Idee für die Implementierung für $C^k(U)$ einfach übernommen werden. So erhalten wir folgendes Theorem:

Theorem 5.8.13 Seien C_0, C_1 und T paarweise disjunkte Teilmengen von $\mathbb{Z}_n$, sei $m = |T| > 0$ und angenommen, dass $T = \{i, i+1, \ldots, i+m-1\}$ ist für ein $i \in \mathbb{Z}_n$. Außerdem sei U ein unitärer Operator auf $\mathbb{H}_m$. Setze $k_0 = |C_0|$, $k_1 = |C_1|$ und $k = k_0 + k_1$. Dann kann der unitäre Operator $C^{C_0,C_1,T}(U)$ von einem Quantenschaltkreis implementiert werden, der $2k_0$ Pauli-X-Gatter, $2k - 2$ CCNOT-Gatter, ein $C^1(U)$-Gatter sowie $k - 1$ Ancilla- und Löschgatter verwendet.

Für den Spezialfall, dass U ein Ein-Qubit-Operator ist, folgt aus Theorem 5.8.13 das folgende Ergebnis.

Theorem 5.8.14 Sei U ein unitärer Ein-Qubit-Operator und seien C_0 und C_1 disjunkte Teilmengen von $\mathbb{Z}_n$. Wir setzen $k_0 = |C_0|, k_1 = |C_1|, k = k_0+k_1$ und nehmen an, dass $k < n$ ist. Sei außerdem $t \in \mathbb{Z}_n \setminus (C_0 \cup C_1)$. Dann kann der unitäre Operator $C^{C_0,C_1,t}(U)$ durch einen

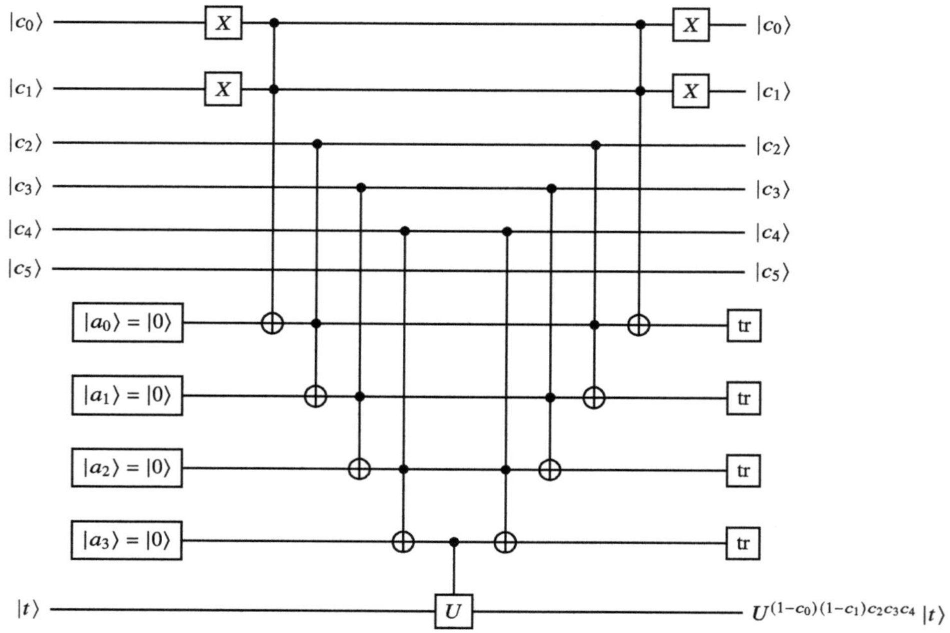

Abb. 5.34 Implementierung von $C^{\{0,1\},\{2,3,4\},6}(U)$ unter Verwendung von Pauli-X, CCNOT und $C^1(U)$-Gattern

Quantenschaltkreis implementiert werden, der $\mathrm{O}(k)$ Pauli-X-, Hadamard-, $\pi/8$-, inverse $\pi/8$-, CNOT-, Ancilla- und Löschgatter sowie vier andere Ein-Qubit-Gatter verwendet.

Beweis Aus Theorem 5.8.13 folgt, dass $C^{C_0,C_1,t}(U)$ mit $2k_0$ Pauli-X-Gattern, $2k-2$ CCNOT-Gattern, einem $C^1(U)$-Operator und $k-1$ Ancilla- und Löschgattern implementiert werden kann. Nach Proposition 5.8.9 kann jedes CCNOT-Gatter mit 2 Hadamard-Gattern H, einem Phasengatter S, 7 (inversen) $\pi/8$-Gattern T und 6 Standard-CNOT-Gattern implementiert werden. Außerdem kann nach Theorem 5.4.5 der Operator $C^1(U)$ mit 2 Standard-CNOT-Gattern und den 4 Ein-Qubit-Gattern A, B, C sowie $e^{i\delta/2}R_{\hat{z}}(\delta)$ implementiert werden, wobei $U = e^{i\delta}AXBXC$ und $ABC = I$ gilt. Da nach (5.118) $S = T^2$ gilt, kann $C^{C_0,C_1,t}(U)$ mit $\mathrm{O}(k)$ Pauli-X-, Hadamard-, $\pi/8$- sowie inversen $\pi/8$- und Standard-CNOT-Gattern sowie vier anderen Ein-Qubit-Gattern implementiert werden. □

Aus Theorem 5.8.14 erhalten wir außerdem die folgende Aussage.

Theorem 5.8.15 Jeder Transpositionsoperator kann durch einen Quantenschaltkreis implementiert werden, der $\mathrm{O}(n)$ Pauli-X-, Hadamard-, (inverse) $\pi/8$-, Standard-CNOT-, Ancilla- und Löschgatter verwendet.

Beweis Der Beweis nutzt die Tatsache, dass Transpositionsoperatoren kontrollierte Pauli-X-Operatoren sind. □

5.9 Universelle Mengen von Quantengattern

In Definition 2.5.6 werden universelle Mengen S von logischen Gattern definiert. Sie haben die Eigenschaft, dass jede Boolesche Funktion $f : \{0,1\}^n \to \{0,1\}^m$ mithilfe eines Booleschen Schaltkreises implementiert werden kann, der nur Gatter aus S verwendet. Zum Beispiel sind nach den Theoremen 2.5.7 und 2.5.8 die Mengen {AND, OR, NOT} und {NAND} in diesem Sinne universell. In diesem Abschnitt führen wir universelle Mengen von Quantengattern ein und diskutieren sie. Mit n bezeichnen wir eine natürliche Zahl.

5.9.1 Grundlagen

Unser erstes Theorem zeigt, dass das Konzept einer universellen Menge von Quantengattern keine direkte Verallgemeinerung der entsprechenden Definition für klassische Schaltkreise sein kann.

Theorem 5.9.1 Sei S eine Menge von Quantengattern mit der Eigenschaft, dass für jedes $n \in \mathbb{N}$ und jeden unitären Operator U auf $\mathbb{H}_n$ ein Quantenschaltkreis existiert, der U implementiert und nur Gatter aus S verwendet. Dann ist S überabzählbar.

Beweis Sei $n \in \mathbb{N}$. Nach Theorem 5.3.15 sind die Rotationsgatter $R_{\hat{x}}(\theta)$ mit $\frac{\theta}{2} \in [0, 2\pi[$ paarweise verschieden. Da die Menge $[0, 2\pi[$ überabzählbar ist, folgt, dass die Menge der unitären Operatoren auf $\mathbb{H}_n$ überabzählbar ist. Wenn jedoch S eine abzählbare Menge von Quantengattern ist, dann ist auch die Menge aller Quantenschaltkreise, die mit den Gattern aus S konstruiert werden können, abzählbar. Also kann man mit Quantengattern aus S nicht alle unitären Operatoren implementieren. □

Theorem 5.9.1 impliziert, dass es keine endlichen oder sogar abzählbaren universellen Mengen von Quantengattern im klassischen Sinne gibt. Wir werden daher eine Menge von Quantengattern als universell bezeichnen, wenn sie verwendet werden kann, um jeden unitären Operator mit beliebiger Genauigkeit zu approximieren, und wir werden zeigen, dass endliche Mengen von Quantengattern mit dieser Eigenschaft existieren.

Das Konzept der Universalität kann für allgemeine Quantenoperatoren formuliert werden. In diesem Buch formulieren wir es jedoch nur für unitäre Quantenoperatoren. Dies kann leicht verallgemeinert werden, weil jeder Quantenschaltkreis durch Purifikation zu einem unitären Quantenschaltkreis gemacht werden kann.

Für unsere Diskussion benötigen wir die folgende Definition. Sie verwendet den Begriff des *Supremums* $sup S$ einer Menge S von reellen Zahlen, die nach oben beschränkt ist. Es handelt sich dabei um die kleinste obere Schranke von S in $\mathbb{R}$ und es kann gezeigt werden, dass es immer existiert und eindeutig bestimmt ist (siehe [Rud76]).

Definition 5.9.2 Seien U und V zwei unitäre Operatoren auf $\mathbb{H}_n$. Dann definieren wir den *Fehler, wenn V anstelle von U implementiert wird,* als

$$E(U, V) = sup\{\|(U - V)\,|\varphi\rangle\,\| : |\varphi\rangle \in \mathbb{H}_n, \langle\varphi|\varphi\rangle = 1\}. \tag{5.153}$$

Wir nennen diesen Fehler auch die *Distanz* zwischen U und V.

Die nächste Proposition verwendet die Distanz zwischen zwei unitären Operatoren U und V auf $\mathbb{H}_n$, um den Unterschied zwischen den Wahrscheinlichkeiten dafür abzuschätzen, ein bestimmtes Ergebnis zu messen, wenn U bzw. V auf einen Quantenzustand angewendet wird.

Proposition 5.9.3 Seien U und V unitäre Operatoren auf $\mathbb{H}_n$, sei O eine Observable auf $\mathbb{H}_n$, und sei $O = \sum_{\lambda \in \Lambda} \lambda P_\lambda$ die Spektralzerlegung von O. Dann gilt für alle $\lambda \in \Lambda$ und alle Quantenzustände $|\psi\rangle \in \mathbb{H}_n$

$$\left|\left\langle U\left|\psi\right\rangle \middle| P_\lambda \middle| U\left|\psi\right\rangle\right\rangle - \left\langle V\left|\psi\right\rangle \middle| P_\lambda \middle| V\left|\psi\right\rangle\right\rangle\right| \leq 2E(U, V). \tag{5.154}$$

Beweis Sei $\lambda \in \Lambda$ und sei $|\psi\rangle \in \mathbb{H}_n$ ein Quantenzustand. Da P_λ eine orthogonale Projektion ist, ist P_λ hermitesch gemäß Proposition 3.4.42. Außerdem ist U unitär und $|\psi\rangle$ hat die euklidische Länge 1. Aus Übung 3.4.39 erhalten wir

$$\left\| P_\lambda^* U\left|\psi\right\rangle \right\| = \left\| P_\lambda U\left|\psi\right\rangle \right\| \leq \|U\left|\psi\right\rangle\| = \|\psi\| = 1. \tag{5.155}$$

Diese Ungleichung, die Linearität des Skalarprodukts auf $\mathbb{H}_n$, die Cauchy-Schwarz-Ungleichung und Übung 3.4.39 implizieren

$$\begin{aligned}
&\left|\left\langle U\left|\psi\right\rangle \middle| P_\lambda \middle| U\left|\psi\right\rangle\right\rangle - \left\langle V\left|\psi\right\rangle \middle| P_\lambda \middle| V\left|\psi\right\rangle\right\rangle\right| \\
&= \left|\left\langle U\left|\psi\right\rangle \middle| P_\lambda \middle| (U-V)\left|\psi\right\rangle\right\rangle + \left\langle (U-V)\left|\psi\right\rangle \middle| P_\lambda \middle| V\left|\psi\right\rangle\right\rangle\right| \\
&= \left|\left\langle P_\lambda^* U\left|\psi\right\rangle \middle| (U-V)\left|\psi\right\rangle\right\rangle + \left\langle (U-V)\left|\psi\right\rangle \middle| P_\lambda V\left|\psi\right\rangle\right\rangle\right| \\
&\leq \left\| P_\lambda^* U\left|\psi\right\rangle \right\| \left\| (U-V)\left|\psi\right\rangle \right\| + \left\| (U-V)\left|\psi\right\rangle \right\| \left\| P_\lambda V\left|\psi\right\rangle \right\| \\
&\leq 2E(U, V).
\end{aligned} \tag{5.156}$$

□

Nun können wir universelle Mengen von Quantengattern definieren. In dieser Definition verwenden wir den Begriff *unitäres Quantengatter*. Damit meinen wir ein Quantengatter, das einen unitären Operator implementiert, d. h., dieses Quantengatter ist weder ein Ancilla- noch ein Löschgatter.

Definition 5.9.4 Sei S eine Menge von unitären Quantengattern.

1. Wir sagen, dass S *universell* für eine Menge T von unitären Quantenoperatoren ist, wenn für alle $\varepsilon \in \mathbb{R}_{>0}$ und alle $U \in T$ ein unitärer Operator V existiert, der bis auf einen globalen Phasenfaktor von einem Quantenschaltkreis implementiert werden kann, der nur Gatter aus S verwendet und $E(U, V) < \varepsilon$ erfüllt.
2. Wir sagen, dass S *universell für Quantenberechnungen* ist, wenn S universell für die Menge aller unitären Quantenoperatoren ist.

Wir definieren auch ein direktes Analogon zum klassischen Begriff der Universaliät.

Definition 5.9.5 Wir nennen eine Menge S von unitären Quantengattern *perfekt universell für Quantenberechnungen* oder kurz *perfekt universell,* wenn es für alle $n \in \mathbb{N}$ und alle unitären Operatoren U auf $\mathbb{H}_n$ einen Quantenschaltkreis gibt, der nur Gatter aus S benutzt und U bis auf einen globalen Phasenfaktor implementiert.

Die Existenz von perfekt universellen und universellen Mengen von Quantengattern wird in den Abschn. 5.9.2, 5.9.3, und 5.9.4 gezeigt.

5.9.2 Zwei-Ebenen-Operatoren

Wir konstruieren die erste perfekt universelle Menge von Quantengattern dafür benötigen wir die folgende Definition. Wir erinnern daran, dass wir lineare Operatoren auf $\mathbb{H}_n$ mit ihren Darstellungsmatrizen bezüglich der Berechnungsbasis von $\mathbb{H}_n$ identifizieren.

Definition 5.9.6 Sei $A \in \mathbb{C}^{(k,k)}$. Dann wird A als *Zwei-Ebenen-Matrix, Zwei-Ebenen-Operator* oder *Zwei-Ebenen-Gatter* bezeichnet, wenn es $i, j \in \mathbb{Z}_k$ gibt, sodass für alle $\mathbf{v} \in \mathbb{C}^k$ und alle Indizes $l \in \mathbb{Z}_k$ mit $l \neq i, j$ der Eintrag in $\mathbf{v}$ mit Index l gleich dem entsprechenden Eintrag in $A\mathbf{v}$ ist.

Man beachte, dass in dieser Definition nicht verlangt wird, dass i und j verschieden sind. Dies impliziert, dass alle Matrizen in $\mathbb{C}^{(1,1)}$ Zwei-Ebenen-Matrizen sind, was unsere Argumentation vereinfachen wird. Außerdem sind alle Matrizen in $\mathbb{C}^{(2,2)}$ Zwei-Ebenen-Matrizen.

Beispiel 5.9.7 Betrachte die Matrix

$$A = \begin{pmatrix} 1 & 1 & 0 \\ 1 & -1 & 0 \\ 0 & 0 & 1 \end{pmatrix}.$$

Für jedes $\mathbf{v} = (v_0, v_1, v_2) \in \mathbb{C}^3$ gilt

$$A\mathbf{v} = \begin{pmatrix} v_0 + v_1 \\ v_0 - v_1 \\ v_2 \end{pmatrix}.$$

Daher ist A eine Zwei-Ebenen-Matrix.

Beispiel 5.9.8 Betrachte die Matrix

$$A = \begin{pmatrix} 1 & 1 & 0 \\ 1 & -1 & 0 \\ 0 & 1 & 1 \end{pmatrix}.$$

Für jedes $\mathbf{v} = (v_0, v_1, v_2) \in \mathbb{C}^3$ gilt

$$A\mathbf{v} = \begin{pmatrix} v_0 + v_1 \\ v_0 - v_1 \\ v_1 + v_2 \end{pmatrix}.$$

Für $\mathbf{v} = (1, 1, 1)$ ist $A\mathbf{v} = (2, 0, 2)$. Also ist A keine Zwei-Ebenen-Matrix.

Das zentrale Theorem dieses Abschnitts lautet wie folgt:

Theorem 5.9.9 Sei $U \in \mathbb{C}^{(k,k)}$ unitär und sei $k \geq 2$. Dann kann U als Produkt von $k(k-1)/2$ unitären Zwei-Ebenen-Matrizen geschrieben werden.

Beweis Wir beweisen die Aussage durch Induktion über k. Für $k = 2$ ist die Aussage korrekt. Angenommen, $k > 2$ und die Aussage gilt für $k - 1$. Für den Induktionsschritt sei $U \in \mathbb{C}^{(k,k)}$ eine unitäre Matrix. Wir zeigen zunächst, dass es unitäre Zwei-Ebenen-Matrizen $U_1, \ldots, U_{k-1} \in \mathbb{C}^{(k,k)}$ gibt, sodass das Produkt

$$V = U_{k-1} \cdots U_1 U \tag{5.157}$$

die Form

$$V = \begin{pmatrix} 1 & 0 & \cdots & 0 \\ 0 & * & \cdots & * \\ \vdots & \vdots & & \vdots \\ 0 & * & \cdots & * \end{pmatrix} \tag{5.158}$$

hat. Um diese Behauptung zu beweisen, verwenden wir folgende Konstruktion. Sei $W = (w_{i,j}) \in \mathbb{C}^{(k,k)}$ eine unitäre Matrix. Für $i = 1, \ldots, k-1$ definieren wir die Matrix $T_i(W) = (t_{p,q}) \in \mathbb{C}^{(k,k)}$ wie folgt. Wenn $w_{i,0} = 0$ ist, setzen wir $T_i(W) = I_k$. Wenn $w_{i,0} \neq 0$ ist, initialisieren wir $T_i(W)$ mit I_k und ändern dann vier der Einträge von $T_i(W)$ wie folgt. Setze

$$c = \frac{1}{\sqrt{|w_{0,0}|^2 + |w_{i,0}|^2}}. \tag{5.159}$$

und

$$t_{0,0} = c\overline{w_{0,0}}, \quad t_{0,i} = c\overline{w_{i,0}}, \quad t_{i,0} = cw_{i,0}, \quad t_{i,i} = -cw_{0,0}. \tag{5.160}$$

Dann ist $T_i(W)$ eine Zwei-Ebenen-Matrix. Diese Matrix ist auch unitär. Um dies zu sehen, beachten man, dass die Spalten mit Indizes $j \neq 0, i$ die Einheitsvektoren $\mathbf{e}_j$ sind. Daher haben sie die Länge 1 und sind paarweise orthogonal. Außerdem ist

$$|t_{0,0}|^2 + |t_{i,0}|^2 = c^2(|w_{0,0}|^2 + |w_{i,0}|^2) = 1 \tag{5.161}$$

und

$$|t_{0,i}|^2 + |t_{i,i}|^2 = c^2(|w_{i,0}|^2 + |w_{0,0}|^2) = 1 \tag{5.162}$$

Darum haben die Spalten mit den Indizes 0 und i ebenfalls die Länge 1. Ihr Skalarprodukt ist

$$t_{0,0}t_{0,i} + t_{i,0}t_{i,i} = c^2(w_{0,0}\overline{w_{i,0}} - \overline{w_{i,0}}w_{0,0})) = 0. \tag{5.163}$$

Also sind sie orthogonal zueinander. Außerdem sind diese Spalten orthogonal zu allen anderen Spalten, weil die Einträge mit den Indizes 0 und i in allen anderen Spalten 0 sind.

Wir bestimmen die Einträge in der ersten Spalte des Produkts $T_i(W)W$. Die Einträge mit Indizes ungleich 0 und i sind die gleichen wie die entsprechenden Einträge in der ersten Spalte von W. Der Eintrag mit Index 0 ist

$$t_{0,0}w_{0,0} + t_{0,i}w_{i,0} = c(|w_{0,0}|^2 + |w_{i,0}|^2) = \frac{1}{c}. \tag{5.164}$$

Der Eintrag mit Index i ist

$$t_{i,0}w_{0,0} + t_{i,i}w_{i,0} = c(w_{i,0}w_{0,0} - w_{0,0}w_{i,0}) = 0. \tag{5.165}$$

Setzen wir also $U_0 = U$ und $U_j = T_j(U_{j-1}\cdots U_0)$ für $j = 1,\ldots,k-1$, dann hat $V = U_{k-1}\cdots U_0$ die Form

$$V = \begin{pmatrix} x & * & \cdots & * \\ 0 & * & \cdots & * \\ \vdots & \vdots & & \vdots \\ 0 & * & \cdots & * \end{pmatrix} \tag{5.166}$$

mit einer positiven reellen Zahl x. Als Produkt von unitären Matrizen ist diese Matrix unitär. Es folgt also aus Proposition 3.4.18, dass die Länge der ersten Zeile und Spalte 1 ist. Daraus folgt $x = 1$ und dass die Einträge in der ersten Zeile mit den Indizes $j \in \{1,\ldots,k-1\}$ den Wert 0 haben. Daher hat V die Form

$$V = \begin{pmatrix} 1 & \mathbf{0} \\ \mathbf{0} & V' \end{pmatrix} \tag{5.167}$$

wobei $\mathbf{0}$ den Vektor in $\mathbb{C}^{k-1}$ bezeichnet, der nur Nulleinträge enthalten, und $V' \in \mathbb{C}^{(k-1,k-1)}$ der Minor von V ist, der durch Löschen der ersten Zeile und Spalte in V entsteht. Da V unitär ist, folgt aus Proposition 3.4.18, dass auch V' unitär ist.

Nach der Induktionsannahme gibt es $m \in \mathbb{N}$ und unitäre Zwei-Ebenen-Matrizen $V'_0,\ldots,V'_{m-1} \in \mathbb{C}^{(k-1,k-1)}$ mit $m \le (k-1)(k-2)/2$ und $V' = V'_0\cdots V'_{m-1}$. Für $0 \le i < m$ setzen wir

$$V_i = \begin{pmatrix} 1 & \mathbf{0} \\ \mathbf{0} & V'_i \end{pmatrix}. \tag{5.168}$$

Man erhält also V_i aus V'_i, indem der Einheitsvektor $(1,0,\ldots,0) \in \mathbb{C}^k$ als erste Zeile und Spalte zu V'_i hinzugefügt wird. Dann sind die Matrizen V_i unitäre Zwei-Ebenen-Matrizen und es gilt $V = V_0\cdots V_{m-1}$. Damit ist die Existenz der Matrix V aus (5.158) mit der Zerlegung (5.157) bewiesen. Aus (5.157) folgt

$$U = U_1^* \cdots U_{k-1}^* V_0 \cdots V_{m-1} \tag{5.169}$$

Dies ist eine Zerlegung von U in ein Produkt von unitären Zwei-Ebenen-Matrizen. Die Anzahl der Faktoren ist $m+k-1 \leq (k-1)(k-2)/2+k-1 = (k^2-3k+2+2k-2)/2 = (k^2-k)/2 = k(k-1)/2$. □

Der Beweis von Theorem 5.9.9 enthält auch ein Verfahren zur Konstruktion der Zerlegung einer unitären Matrix in ein Produkt von Zwei-Ebenen-Matrizen und damit ein Verfahren zur Konstruktion eines Schaltkreises, der einen gegebenen unitären Operator implementiert und nur Zwei-Ebenen-Gatter verwendet. Daher folgt aus Theorem 5.9.9 das folgende Korollar.

Korollar 5.9.10 Die Menge aller unitären Zwei-Ebenen-Gatter ist perfekt universell für Quantenberechnungen.

5.9.3 Eine weitere perfekt universelle Menge von Quantengattern

In diesem Abschnitt beweisen wir das folgende Theorem.

Theorem 5.9.11 Die Menge, die alle Rotationsgatter und das Standard-CNOT-Gatter enthält, ist perfekt universell für Quantenberechnungen.

Um Theorem 5.9.11 zu beweisen, werden wir zeigen, dass jeder unitäre Zwei-Ebenen-Operator durch einen Quantenschaltkreis implementiert werden kann, der nur Ein-Qubit-Gatter und das Standard-CNOT-Gatter verwendet. Dann folgt Theorem 5.9.11 aus dieser Aussage und den Korollaren 5.9.10 und 5.3.16. Für den Beweis von Theorem 5.9.11 benötigen wir die folgende Definition.

Definition 5.9.12 Sei $\mathbf{s}, \mathbf{t} \in \{0, 1\}^n$. Ein *Gray-Code, der* $\mathbf{s}$ *und* $\mathbf{t}$ *verbindet,* ist eine Folge $G = (\mathbf{g}_0, \ldots, \mathbf{g}_m)$ von paarweise verschiedenen Vektoren in $\{0, 1\}^n$, sodass $\mathbf{g}_0 = \mathbf{s}$, $\mathbf{g}_m = \mathbf{t}$ gilt und die aufeinanderfolgenden Elemente von G sich genau in einem Bit unterscheiden.

Beispiel 5.9.13 Sei $\mathbf{s} = (0, 0, 0)$ und $\mathbf{t} = (1, 1, 1)$, dann ist

$$G = ((0, 0, 0), (1, 0, 0), (1, 1, 0), (1, 1, 1)) \tag{5.170}$$

ein Gray-Code, der $\mathbf{s}$ und $\mathbf{t}$ verbindet.

Übung 5.9.14 Finden Sie einen kürzesten Gray-Code, der $(1, 1, 0)$ und $(0, 1, 1)$ verbindet.

Die nächste Proposition wird ebenfalls für den Beweis von Theorem 5.9.11 benötigt.

Proposition 5.9.15 Sei $\mathbf{s}, \mathbf{t} \in \{0, 1\}^n$. Dann gibt es einen Gray-Code der Länge $\leq n + 1$, der $\mathbf{s}$ und $\mathbf{t}$ verbindet.

Beweis Wir beweisen das Theorem durch Induktion über n. Sei $n = 1$. Dann ist $\mathbf{s}, \mathbf{t} \in \{0, 1\}$. Für $\mathbf{s} = \mathbf{t}$ ist $(\mathbf{s})$ ein Gray-Code der Länge $1 \leq 2 = n + 1$, der $\mathbf{s}$ und $\mathbf{t}$ verbindet. Für $\mathbf{s} \neq \mathbf{t}$ ist $(\mathbf{s}, \mathbf{t})$ ein Gray-Code der Länge $2 = n + 1$, der $\mathbf{s}$ und $\mathbf{t}$ verbindet. Dies beweist den Basisfall.

Für den Induktionsschritt nehmen wir an, dass die Aussage für $n - 1$ gilt. Bezeichne die Vektoren, die durch Löschen des letzten Eintrags von $\mathbf{s}$ und $\mathbf{t}$ entstehen, mit $\mathbf{s}'$ und $\mathbf{t}'$. Dann folgt aus der Induktionsannahme, dass es einen Gray-Code $G' = (\mathbf{g_0}', \ldots, \mathbf{g_{m-1}}')$ der Länge $m \leq n$ gibt, der $\mathbf{s}'$ und $\mathbf{t}'$ verbindet. Sei b der letzte Eintrag von $\mathbf{s}$. Füge b allen Elementen von G' als neuen letzten Eintrag hinzu. Bezeichne die resultierende Folge mit $G = (\mathbf{g}_0, \ldots, \mathbf{g}_{m-1})$. Dann ist G eine Folge der Länge m in $\{0, 1\}^n$ und die aufeinanderfolgenden Elemente von G unterscheiden sich genau in einem Bit. Außerdem gilt $\mathbf{g}_0 = \mathbf{s}$ und die Vektoren $\mathbf{g}_{m-1}$ und $\mathbf{t}$ sind entweder gleich oder unterscheiden sich genau im letzten Bit. Im ersten Fall ist G ein Gray-Code, der $\mathbf{s}$ und $\mathbf{t}$ verbindet. Im zweiten Fall ist $(\mathbf{g}_0, \ldots, \mathbf{g}_{m-1}, \mathbf{t})$ ein solcher Gray-Code. □

Beachte, dass der Beweis von Proposition 5.9.15 ein Verfahren zur Konstruktion eines Gray-Codes enthält, der zwei gegebene Vektoren in $\{0, 1\}^n$ verbindet.

Übung 5.9.16 Finden Sie einen Algorithmus, der bei Eingabe von $\mathbf{s}, \mathbf{t} \in \{0, 1\}^n$ einen Gray-Code der Länge höchstens $n + 1$ berechnet, der $\mathbf{s}$ und $\mathbf{t}$ verbindet, und analysiere seine Komplexität.

Als Nächstes werden wir eine Aussage beweisen, die zusammen mit Korollar 5.9.10 das Theorem 5.9.11 impliziert.

Theorem 5.9.17 Für jeden unitären Zwei-Ebenen-Operator U auf $\mathbb{H}_n$ gibt es einen unitären Ein-Qubit-Operator V, sodass U durch einen Quantenschaltkreis implementiert werden kann, der V sowie $\mathrm{O}(n^2)$ Pauli-X, Hadamard-, (inverse) $\pi/8$, Standard-CNOT-, Ancilla- und Löschgatter sowie vier weitere Ein-Qubit-Gatter verwendet.

Beweis Sei U ein unitärer Zwei-Ebenen-Operator auf $\mathbb{H}_n$. Wir beweisen das Theorem, indem wir V konstruieren und einen Schaltkreis mit den geforderten Eigenschaften angeben.

Wir beginnen mit der Konstruktion von V. Da U ein Zwei-Ebenen-Operator ist, können wir $\mathbf{s}, \mathbf{t} \in \{0, 1\}^n$ und $\alpha, \beta, \gamma, \delta \in \mathbb{C}$ wählen, sodass

$$U\,|\mathbf{s}\rangle = \alpha\,|\mathbf{s}\rangle + \beta\,|\mathbf{t}\,\rangle, \quad U\,|\mathbf{t}\,\rangle = \gamma\,|\mathbf{s}\rangle + \delta\,|\mathbf{t}\,\rangle, \tag{5.171}$$

gilt und U alle anderen Berechnungsbasiszustände von $\mathbb{H}_n$ unverändert lässt. Wir definieren den Ein-Qubit-Operator V durch seine Wirkung auf die Berechnungsbasiszustände von $\mathbb{H}_1$

wie folgt:

$$V\,|0\rangle = \alpha\,|0\rangle + \beta\,|1\rangle\,, \quad V\,|1\rangle = \gamma\,|0\rangle + \delta\,|1\rangle\,. \tag{5.172}$$

Wir schreiben außerdem

$$|\mathbf{t}\,\rangle = |t_0 t_1 \cdots t_{n-1}\rangle \tag{5.173}$$

mit $t_i \in \{0, 1\}$ für $0 \leq i < n$. Der Operator V ist unitär, weil U unitär ist. Dies wird in Übung 5.9.18 gezeigt.

Als Nächstes konstruieren wir den Quantenschaltkreis, der die angegebenen Eigenschaften hat. Diese Konstruktion erfolgt in drei Schritten.

(1) Wir zeigen, wie man $i \in \mathbb{Z}_n$ und einen unitären Operator P findet, der mit höchstens n Transpositionsoperatoren implementiert werden kann, sodass

$$\begin{aligned} P\,|\mathbf{s}\,\rangle &= |t_0 \cdots t_{i-1}\rangle\,|0\rangle\,|t_{i+1} \cdots t_{n-1}\rangle \\ P\,|\mathbf{t}\,\rangle &= |t_0 \cdots t_{i-1}\rangle\,|1\rangle\,|t_{i+1} \cdots t_{n-1}\rangle \end{aligned} \tag{5.174}$$

und P die anderen Berechnungsbasisvektoren von $\mathbb{H}_n$ unverändert lässt.

(2) Wir setzen

$$C_0 = \{j \in \mathbb{Z}_n \setminus \{i\} : t_j = 0\}, \quad C_1 = \{j \in \mathbb{Z}_n \setminus \{i\} : t_j = 1\} \tag{5.175}$$

und zeigen

$$U = P^* C^{C_0, C_1, i}(V) P. \tag{5.176}$$

(3) Wir konstruieren den Quantenschaltkreis mithilfe von (1) und (2) und wenden die Theoreme 5.8.14 und 5.8.15 an, um die Anzahl der benötigten Gatter abzuschätzen.

Wir beginnen mit (1) und zeigen, wie man den unitären Operator P konstruiert. Sei $G = (\mathbf{g}_0, \ldots, \mathbf{g}_m)$ ein Gray-Code mit $m \leq n$, der $\mathbf{s}$ und $\mathbf{t}$ verbindet. Solch ein Gray-Code existiert nach Proposition 5.9.15. Sei $j \in \{1, \ldots, m\}$. Dann unterscheiden sich $\mathbf{g}_{j-1}$ und $\mathbf{g}_j$ genau in einem Bit. Bezeichne mit T_j den Transpositionsoperator aus Definition 5.4.11 mit

$$\left|\mathbf{g}_j\right\rangle = T_j \left|\mathbf{g}_{j-1}\right\rangle \text{ und } \left|\mathbf{g}_{j-1}\right\rangle = T_j \left|\mathbf{g}_j\right\rangle. \tag{5.177}$$

Er ändert die anderen Berechnungsbasiszustände von $\mathbb{H}_n$ nicht. Setze

$$P = T_{m-1} \cdots T_1. \tag{5.178}$$

Dann gilt

$$P\,|\mathbf{s}\,\rangle = |\mathbf{g}_{m-1}\rangle \text{ und } T_m\,|\mathbf{g}_{m-1}\rangle = |\mathbf{g}_m\rangle = |\mathbf{t}\rangle\,. \tag{5.179}$$

Nun gilt $P\,|\mathbf{t}\,\rangle = |\mathbf{t}\,\rangle$. Um dies zu sehen, nehmen wir an, dass $P\,|\mathbf{t}\,\rangle \neq |\mathbf{t}\,\rangle$ gilt. Dann gibt es ein $j \in \mathbb{N}$ mit $1 \leq j < m$ und $T_j\,|\mathbf{t}\,\rangle \neq |\mathbf{t}\,\rangle$. Da $\left|\mathbf{g}_{j-1}\right\rangle$ und $\left|\mathbf{g}_j\right\rangle$ die einzigen Elemente der Berechnungsbasis von $\mathbb{H}_n$ sind, die durch T_j geändert werden, stimmt daher $|\mathbf{t}\,\rangle$ mit $\left|\mathbf{g}_{j-1}\right\rangle$

oder $|\mathbf{g}_j\rangle$ überein. Das ist aber nicht möglich, da die Elemente eines Gray-Codes paarweise verschieden sind.

Weiterhin unterscheiden sich $P\,|\mathbf{s}\rangle$ und $|\mathbf{t}\rangle$ in genau einem Qubit. Sei i dessen Index. Wenn $t_i = 1$ ist, dann gilt (5.174). Wenn $t_i = 0$, dann ersetzen wir P durch TP, wobei $T = \mathsf{TRANS}^{\mathbf{c}}$ mit $\mathbf{c} = (t_0, \ldots, t_{i-1}, *, t_{i+1}, \ldots, t_{n-1})$ ist. Beachte, dass P das Produkt von höchstens n Transpositionsoperatoren ist.

Die Behauptung (2) wird in Übung 5.9.19 gezeigt.

Schließlich leiten wir die Behauptung des Theorems aus (1) und (2) sowie den Theoremen 5.8.14 und 5.8.15 ab. Da P das Produkt von $\mathrm{O}(n)$ Transpositionsoperatoren ist, folgt aus Theorem 5.8.15, dass P und P^* durch Quantenschaltkreise implementiert werden können, die jeweils $\mathrm{O}(n^2)$ Pauli-X, Hadamard-, (inverse) $\pi/8$, Standard-CNOT-, Ancilla- und Löschgatter verwenden. Außerdem folgt aus Theorem 5.8.14, dass $C^{C_0,C_1,i}(V)$ durch einen Quantenschaltkreis implementiert werden kann, der $\mathrm{O}(n)$ Pauli-X, Hadamard-, (inverse) $\pi/8$, Standard-CNOT-, Ancilla- und Löschgatter sowie vier weitere Ein-Qubit-Gatter verwendet. Dies schließt den Beweis des Theorems ab. □

Übung 5.9.18 Zeigen Sie, dass der Operator V aus dem Beweis von Theorem 5.9.17 unitär ist.

Übung 5.9.19 Zeigen Sie, dass im Beweis von Theorem 5.9.17 die Behauptung (2) korrekt ist.

5.9.4 Eine universelle Menge von Quantengattern

Ziel dieses Abschnitts ist es, das folgende Theorem zu beweisen.

Theorem 5.9.20 Die Menge, die das Hadamard-, das $\pi/8$- und das Standard-CNOT-Gatter enthält, ist universell für Quantenberechnungen.

Die Hauptarbeit beim Beweis dieses Theorems besteht darin, das folgende Theorem zu zeigen.

Theorem 5.9.21 Die Menge, die das Hadamard- und das $\pi/8$-Gatter enthält, ist universell für die Menge aller unitären Ein-Qubit-Operatoren.

Dann folgt Theorem 5.9.20 aus den Theoremen 5.9.11 und 5.9.21. Um Theorem 5.9.21 zu beweisen, schätzen wir zunächst die Distanz zwischen zwei Produkten von Quantenoperatoren mithilfe der Distanz der Faktoren ab.

Proposition 5.9.22 Sei $k \in \mathbb{N}$ und seien U_i, V_i unitäre Operatoren auf $\mathbb{H}_n$ für $1 \leq i \leq k$. Dann gilt

$$E\left(\prod_{i=1}^{k} U_i, \prod_{i=1}^{k} V_i\right) \leq \sum_{i=1}^{k} E(U_i, V_i). \tag{5.180}$$

Beweis Wir beweisen die Aussage durch Induktion über k. Für den Basisfall $k = 1$ ist die Aussage offensichtlich wahr. Für den Induktionsschritt sei $k > 1$,

$$U = \prod_{i=1}^{k-1} U_i, \quad V = \prod_{i=1}^{k-1} V_i, \tag{5.181}$$

und wir nehmen an, dass

$$E(U, V) \leq \sum_{i=1}^{k-1} E(U_i, V_i). \tag{5.182}$$

Sei $|\psi\rangle \in \mathbb{H}_n$ ein Quantenzustand. Dann gilt

$$\begin{aligned}
&\left\| (U_k U - V_k V) |\psi\rangle \right\| \\
&= \left\| U_k U |\psi\rangle - V_k V |\psi\rangle \right\| \\
&= \left\| U_k (U - V) |\psi\rangle + (U_k - V_k) V |\psi\rangle \right\| \\
&\underset{(1)}{\leq} \left\| U_k (U - V) |\psi\rangle \right\| + \left\| (U_k - V_k) V |\psi\rangle \right\| \\
&\underset{(2)}{\leq} \left\| (U - V) |\psi\rangle \right\| + \left\| (U_k - V_k) V |\psi\rangle \right\| \\
&\underset{(3)}{\leq} E(U, V) + E(U_k, V_k) \\
&\underset{(4)}{\leq} \sum_{i=1}^{k} E(U_i, V_i)
\end{aligned}$$

Diese Gleichungen und Ungleichungen sind aus folgenden Gründen gültig: (1) verwendet die Dreiecksungleichung, die nach Proposition 3.2.25 gilt, (2) gilt, weil U_k unitär ist, (3) verwendet Definition 5.9.2 und (4) ist eine Anwendung der Induktionsannahme (5.182). □

Wir beweisen nun Theorem 5.9.21 unter Verwendung von Theorem 5.3.34. Setze

$$\mathbf{n} = (\cos\frac{\pi}{8}, \sin\frac{\pi}{8}, \cos\frac{\pi}{8}). \tag{5.183}$$

Dann gilt

$$\|\mathbf{n}\|^2 = 2\cos^2\frac{\pi}{8} + \sin^2\frac{\pi}{8} = \cos^2\frac{\pi}{8} + 1. \tag{5.184}$$

Wir normalisieren $\mathbf{n}$ und erhalten den Einheitsvektor

$$\hat{n} = \frac{\mathbf{n}}{\|\mathbf{n}\|}. \tag{5.185}$$

Wir setzen außerdem

$$\mathbf{m} = (\cos\frac{\pi}{8}, -\sin\frac{\pi}{8}, \cos\frac{\pi}{8}). \tag{5.186}$$

Dann gilt $\|\mathbf{m}\| = \|\mathbf{n}\| = \cos^2\frac{\pi}{8} + 1$. Durch Normalisierung von $\mathbf{m}$ erhalten wir

$$\hat{m} = \frac{\mathbf{m}}{\|\mathbf{m}\|}. \tag{5.187}$$

Wir schreiben

$$\hat{n} = (n_x, n_y, n_z), \quad \hat{m} = (m_x, m_y, n_z) \tag{5.188}$$

und verwenden die folgende Beobachtung.

Lemma 5.9.23 Für alle $\gamma \in \mathbb{R}$ gilt

$$R_{\hat{m}}(\gamma) = HR_{\hat{n}}(\gamma)H. \tag{5.189}$$

Beweis Sei $\gamma \in \mathbb{R}$. Aus Proposition 5.3.3 folgt

$$R_{\hat{n}}(\gamma) = \cos\frac{\gamma}{2}I - i\sin\frac{\gamma}{2}(n_xX + n_yY + n_zZ). \tag{5.190}$$

Aus

$$n_x = n_z = m_x = m_z, \quad n_y = -m_y \tag{5.191}$$

und (5.12) folgt

$$\begin{aligned} HR_{\hat{n}}(\gamma)H &= \cos\frac{\gamma}{2}I - i\sin\frac{\gamma}{2}(n_xHXH + n_yHYH + n_zHZH) \\ &= \cos\frac{\gamma}{2}I - i\sin\frac{\gamma}{2}(n_xX - n_yY + n_zZ) \\ &= \cos\frac{\gamma}{2}I - i\sin\frac{\gamma}{2}(m_xX + m_yY + n_zZ) \\ &= R_{\hat{m}}(\gamma). \end{aligned} \tag{5.192}$$

□

Sei nun

$$\theta = 2\arccos(\cos^2\frac{\pi}{8}). \tag{5.193}$$

Das nächste Lemma zeigt, dass wir bis auf einen globalen Phasenfaktor den Rotationsoperator $R_{\hat{n}}(\theta)$ mit einem Quantenschaltkreis implementieren können, der nur Hadamard- und $\pi/8$-Gatter verwendet.

Lemma 5.9.24 $R_{\hat{n}}(\theta) = e^{-i\frac{\pi}{4}}THTH$.

Beweis Aus (5.117) folgt

$$e^{-i\frac{\pi}{8}}T = e^{-i\pi Z/8} = e^{-i\frac{\pi}{8}}|0\rangle\langle 0| + e^{i\frac{\pi}{8}}|1\rangle\langle 1|. \tag{5.194}$$

Gemäß (3.180) ist

$$X = H|0\rangle\langle 0|H - H|1\rangle\langle 1|H \tag{5.195}$$

die Spektralzerlegung des Pauli-X-Gatters ist. Es folgt daher aus (5.194) und Definition 3.4.70, dass

$$\begin{aligned} e^{-i\frac{\pi}{8}}HTH &= e^{-i\frac{\pi}{8}}H|0\rangle\langle 0|H + e^{i\frac{\pi}{8}}H|1\rangle\langle 1|H \\ &= e^{-i\pi X/8}. \end{aligned} \tag{5.196}$$

Nun folgt aus (5.184) und (5.193)

$$\sin^2\frac{\pi}{8} = 1 - \cos^2\frac{\pi}{8} = \frac{1-\cos^4\frac{\pi}{8}}{1+\cos^2\frac{\pi}{8}} = \frac{\sin^2\frac{\theta}{2}}{\|\mathbf{n}\|^2}. \tag{5.197}$$

Weil $0 \le \theta \le \pi$ gilt, erhalten wir daraus

$$\sin\frac{\pi}{8} = \frac{\sin\frac{\theta}{2}}{\|\mathbf{n}\|}. \tag{5.198}$$

Daraus ergibt sich

$$\begin{aligned} &e^{-i\pi/4}THTH \\ &\underset{(1)}{=} e^{-i\pi Z/8}e^{-i\pi X/8} \\ &\underset{(2)}{=} (\cos\frac{\pi}{8}I - i\sin\frac{\pi}{8}Z)(\cos\frac{\pi}{8}I - i\sin\frac{\pi}{8}X) \\ &= \cos^2\frac{\pi}{8}I - i\sin\frac{\pi}{8}\cos\frac{\pi}{8}(X+Z) - i\sin^2\frac{\pi}{8}ZX \\ &\underset{(3)}{=} \cos\frac{\theta}{2}I - i\sin\frac{\theta}{2}\frac{1}{\|\mathbf{n}\|}(\cos\frac{\pi}{8}X + \sin\frac{\pi}{8}Y + \cos\frac{\pi}{8}Z) \\ &\underset{(4)}{=} R_{\hat{n}}(\theta) \end{aligned}$$

In diesen Gleichungen verwenden wir folgende Argumente: (1) folgt aus (5.194) und (5.196), (2) ergibt sich aus (5.68), (3) gilt aufgrund von (5.193), $ZX = -Y$ (siehe Theorem 5.1.2), (5.198) sowie (5.197) und (4) folgt aus Definition 3.4.70. □

Um zu zeigen, dass $\{H, T\}$ universell für die Menge aller unitären Ein-Qubit-Operatoren ist, benötigen wir die folgenden Resultate. Ihre Beweise erfordern einige Resultate aus der algebraischen Zahlentheorie, die über den Rahmen dieses Buches hinausgehen. Wir verweisen auf das [IR10], wo eine ausgezeichnete Einführung in das Thema zu finden ist.

Lemma 5.9.25 Sei $u, v \in \mathbb{Z}$ mit $v > 0$. Dann ist $2\cos\left(\frac{u\pi}{v}\right)$ eine ganze algebraische Zahl.

Beweis Wir zeigen, dass für alle $v \in \mathbb{N}$ und alle $y \in \mathbb{R}$ ein normiertes Polynom $P_v \in \mathbb{Z}[x]$ vom Grad v hat existiert mit

$$P_v(2\cos y) = 2\cos vy. \tag{5.199}$$

Damit gilt

$$P_v\left(2\cos\frac{u\pi}{v}\right) = 2\cos u\pi, \tag{5.200}$$

woraus die Behauptung folgt. Die Polynome P_v werden induktiv konstruiert. Wir setzen $P_0(x) = 2$, $P_1(x) = x$. Dann gilt (5.199) für $v = 0, 1$. Für $v \geq 1$ setzen wir

$$P_{v+1}(x) = xP_v(x) - P_{v-1}(x). \tag{5.201}$$

Angenommen, (5.199) gilt für alle $v' \leq v$. Dann implizieren (A.5.10), (5.201) und die Induktionsannahme

$$\begin{aligned} P_{v+1}(2\cos y) &= 2\cos y P_v(2\cos y) - P_{v-1}(2\cos y) \\ &= 4\cos y\cos vy - 2\cos(v-1)y = 2\cos(v+1)y. \end{aligned} \tag{5.202}$$

□

Lemma 5.9.26 Der Bruch $\frac{\theta}{\pi}$ ist irrational.

Beweis Aus (5.193) und (A.5.7) erhalten wir

$$\cos\frac{\theta}{2} = \cos^2\frac{\pi}{8} = \frac{1}{2}\left(\cos\frac{\pi}{4} + 1\right) = \frac{1}{2} + \frac{\sqrt{2}}{4}. \tag{5.203}$$

Angenommen, es gilt $\frac{\theta}{2\pi} = \frac{u}{v}$ mit $u, v \in \mathbb{Z}$, $v > 0$. Dann folgt aus Lemma 5.9.25, dass

$$2\cos\frac{\theta}{2} = 2\cos\frac{u\pi}{v} \tag{5.204}$$

eine ganze algebraische Zahl ist. Gleichung (5.203) zeigt, dass $2\cos\frac{\theta}{2}$ eine quadratische Irrationalität mit Norm

$$4\left(\frac{1}{2} + \frac{\sqrt{2}}{4}\right)\left(\frac{1}{2} - \frac{\sqrt{2}}{4}\right) = 1 - \frac{1}{2} = \frac{1}{2} \tag{5.205}$$

ist. Aber das ist nicht die Norm einer ganzen algebraischen Zahl. Also kann $\frac{\theta}{\pi}$ keine rationale Zahl sein. □

Im nächsten Lemma benötigen wir die folgende Definition.

Definition 5.9.27 Seien S und T Mengen von reellen Zahlen. Wir sagen, dass T in S *dicht* ist, wenn für jedes $\varepsilon > 0$ und jedes $s \in S$ ein $t \in T$ existiert mit $|s - t| < \varepsilon$.

Lemma 5.9.28 Sei $\alpha \in \mathbb{R}$ eine irrationale Zahl. Dann ist die Menge

$$\{u\alpha \bmod 1 : u \in \mathbb{N}\}$$

dicht in $[0, 1[$.

Beweis Für $u \in \mathbb{Z}$ setzen wir

$$\alpha_u = (u\alpha) \bmod 1. \tag{5.206}$$

Sei $x \in [0, 1[$ und sei $\varepsilon \in \mathbb{R}_{>0}$. Wir müssen zeigen, dass es ein $u \in \mathbb{N}$ gibt mit

$$|\alpha_u - x| < \varepsilon. \tag{5.207}$$

Um ein solches u zu finden, wählen wir $N \in \mathbb{N}$ mit

$$\frac{1}{N} < \varepsilon. \tag{5.208}$$

Unter Verwendung des Schubfachprinzips und der Irrationalität von α sehen wir, dass es k, l mit $k > l$ gibt mit

$$0 < \alpha_k - \alpha_l < \frac{1}{N} \tag{5.209}$$

oder

$$-\frac{1}{N} < \alpha_k - \alpha_l < 0. \tag{5.210}$$

Angenommen, (5.209) gilt. Diese Ungleichung impliziert, dass es ein $v \in \mathbb{N}$ gibt mit

$$v(\alpha_k - \alpha_l) \in [0, 1[\tag{5.211}$$

und

$$|v(\alpha_k - \alpha_l) - x| < \frac{1}{N} < \varepsilon. \tag{5.212}$$

Es folgt aus (5.211), dass

$$\alpha_{v(k-l)} = v(\alpha_k - \alpha_l). \tag{5.213}$$

Wenn wir $u = v(k - l)$ setzen, dann gilt (5.207).

Angenommen, (5.210) gilt. Dann können wir ein $v \in \mathbb{N}$ auswählen, so dass

$$v(\alpha_k - \alpha_l) \in]-1, 0] \tag{5.214}$$

und

$$|v(\alpha_k - \alpha_l) - (x - 1)| < \frac{1}{N} < \varepsilon. \tag{5.215}$$

Es folgt aus (5.214), dass

$$\alpha_{v(k-l)} = v(\alpha_k - \alpha_l) + 1. \tag{5.216}$$

Durch Verwendung dieser Gleichung in (5.215) sehen wir, dass (5.207) für $u = v(k - l)$ gilt. □

Proposition 5.9.29 Für alle $\varepsilon \in \mathbb{R}_{>0}$ und alle $\gamma \in \mathbb{R}$ gibt es ein $k \in \mathbb{N}$, so dass

$$E(R_{\hat{n}}(\gamma), R_{\hat{n}}(\theta)^k) < \varepsilon. \tag{5.217}$$

Beweis Sei $\varepsilon \in \mathbb{R}_{>0}$ und $\gamma \in \mathbb{R}$. Wir approximieren $R_{\hat{n}}(\gamma)$ mit der Präzision ε. Nach Theorem 5.3.15 können wir γ auf das Intervall $[0, 2\pi[$ beschränken.

Für $k \in \mathbb{N}$ setzen wir

$$\theta_k = (k\theta) \bmod 2\pi. \tag{5.218}$$

Es folgt aus Lemma 5.9.26 und Lemma 5.9.28, dass es ein $k \in \mathbb{N}$ gibt mit

$$|\gamma - \theta_k| < \frac{\varepsilon}{2}. \tag{5.219}$$

Sei $|\psi\rangle$ ein Quantenzustand in $\mathbb{H}_1$. Unter Verwendung der Dreiecksungleichung, der Tatsache, dass $\hat{n} \cdot \sigma$ unitär ist (Proposition 5.3.2), Lemma A.5.2, und (5.219) erhalten wir

$$\begin{aligned}
&\|(R_{\hat{n}}(\gamma) - R_{\hat{n}}(\theta)^k) |\psi\rangle \| \\
&= \|(\cos\gamma - \cos\theta_k) |\psi\rangle - i(\sin\gamma - \sin\theta_k)(\hat{n} \cdot \sigma) |\psi\rangle \| \\
&\leq |\cos\gamma - \cos\theta_k| + |\sin\gamma - \sin\theta_k| \\
&\leq 2|\gamma - \theta_k| \\
&< \varepsilon.
\end{aligned} \tag{5.220}$$

□

Nun können wir Theorem 5.9.21 beweisen. Sei U ein unitärer Ein-Qubit-Operator. Es folgt aus Theorem 5.3.34, dass der Operator U bis auf einen globalen Phasenfaktor geschrieben werden kann als

$$U = \prod_{i=0}^{k-1} R_{\hat{n}}(\alpha_i) R_{\hat{m}}(\beta_i), \tag{5.221}$$

wobei $k \in \mathbb{N}$, $k = O(1)$ und $\alpha_i, \beta_i \in \mathbb{R}$ für $0 \leq i < k$. Nach Lemma 5.9.23 bedeutet dies

$$U = \prod_{i=0}^{k-1} R_{\hat{n}}(\alpha_i) H R_{\hat{n}}(\beta_i) H. \tag{5.222}$$

Gemäß Proposition 5.9.29 können wir positive ganze Zahlen $a_0, \dots, a_{k-1}$ und $b_0, \dots, b_{k-1}$ wählen, so dass

$$E(R_{\hat{n}}(\alpha_i), R_{\hat{n}}^{a_i}(\theta)) < \frac{\varepsilon}{2k}, \quad E(R_{\hat{n}}(\beta_i), R_{\hat{n}}^{b_i}(\theta)) < \frac{\varepsilon}{2k} \tag{5.223}$$

für alle $i \in \mathbb{Z}_k$. Nun setzen wir

$$V = \prod_{i=0}^{k-1} R_{\hat{n}}(\theta)^{a_i} H R_{\hat{n}}(\theta)^{b_i} H. \tag{5.224}$$

Aus Proposition 5.9.24 wissen wir, dass $R_{\hat{n}}(\theta) = e^{-i\frac{\pi}{4}} THTH$. Daher gibt es ein $\gamma \in \mathbb{C}$, so dass

$$V = e^{i\gamma} \prod_{i=0}^{k-1} (THTH)^{a_i} H (THTH)^{b_i} H. \tag{5.225}$$

Aus Proposition 5.9.22 erhalten wir

$$\begin{aligned} E(U, V) &= E\left(\prod_{i=0}^{k-1} R_{\hat{n}}(\alpha_i) H R_{\hat{n}}(\beta_i) H, \prod_{i=0}^{k-1} R_{\hat{n}}(\theta)^{a_i} H R_{\hat{n}}(\theta)^{b_i} H\right) \\ &\le \sum_{i=0}^{k-1} E\left(R_{\hat{n}}(\alpha_i), R_{\hat{n}}(\theta)^{a_i}\right) + \sum_{i=0}^{k-1} E\left(R_{\hat{n}}(\beta_i), R_{\hat{n}}(\theta)^{b_i}\right) \\ &< 2k \frac{\varepsilon}{2k} = \varepsilon. \end{aligned} \tag{5.226}$$

Somit folgt Theorem 5.9.21 aus (5.225) und (5.226).

Schließlich beweisen wir Theorem 5.9.20. Sei U ein unitärer Operator auf $\mathbb{H}_n$. Nach Theorem 5.9.11 gibt es ein $k \in \mathbb{N}$ und unitäre Ein-Qubit-Operatoren $U_0, \dots, U_{k-1}$, sodass der Operator U – bis auf einen globalen Phasenfaktor – das Produkt der Operatoren U_i (angewendet auf bestimmte Qubits) und einiger CNOT-Gatter (angewendet auf bestimmten Paaren von Qubits) ist. Sei $\varepsilon \in \mathbb{R}_{>0}$. Aus Theorem 5.9.21 folgt, dass es für alle $i \in \mathbb{Z}_k$ unitäre Ein-Qubit-Operatoren V_i gibt, die – bis auf globale Phasenfaktoren – als Produkte von Hadamard- und $\pi/8$-Gattern geschrieben werden können und die folgende Bedingung erfüllen:

$$E(U_i, V_i) < \frac{\varepsilon}{k}. \tag{5.227}$$

Sei V der unitäre Operator, der wie folgt konstruiert wird: Ersetze in der Darstellung von U als Produkt der Ein-Qubit-Operatoren U_i und bestimmter CNOT-Gatter alle U_i durch V_i. Dann folgt aus Übung 5.9.30 und Proposition 5.9.22

$$E(U, V) < \varepsilon. \tag{5.228}$$

Damit ist das Theorem bewiesen.

Übung 5.9.30 Seien U und V Ein-Qubit-Operatoren, und sei $i \in \mathbb{Z}_n$. Bezeichne mit $U(i)$ und $V(i)$ die unitären Operatoren auf $\mathbb{H}_n$, die U und V auf das i-te Qubit eines Quantenregisters der Länge n anwenden. Zeigen Sie, dass

$$E(U, V) = E(U(i), V(i)). \tag{5.229}$$

5.9.5 Effizienz der Approximation

Wir haben im Theorem 5.9.11 gesehen, dass die Menge, die alle Rotationsgatter und das Standard-CNOT-Gatter umfasst, perfekt universell ist. Das heißt, dass alle unitären Operatoren auf jedem Zustandsraum $\mathbb{H}_n$ bis auf einen globalen Phasenfaktor mithilfe von Gattern aus dieser Menge implementiert werden können. Bei der Diskussion der Komplexität von Quantenberechnungen in Abschn. 5.10 nehmen wir an, dass die verfügbare Quantenberechnungsplattform alle diese Gatter enthält. Das erläutern und begründen wir in Abschn. 5.10.2.

Man kann aber auch annehmen, dass die verfügbare Quantenberechnungsplattform nur endliche viele Ein-Qubit-Gatter bereitstellt, die zusammen mit dem CNOT-Gatter eine universelle Menge von Quantengattern bilden. Nach Theorem 5.9.20 haben das Hadamard- und das $\pi/8$-Gatter diese Eigenschaft. Wie in Theorem 5.9.21 gezeigt, können alle Ein-Qubit-Gatter mit beliebiger Präzision durch eine Komposition dieser Gatter approximiert werden. Aber welchen Einfluss hat es auf die Komplexität der Quantenberechnung, wenn statt aller Rotationsoperatoren nur spezifische Rotationsoperatoren zur Verfügung stehen, welche die anderen Rotationsgatter beliebig genau approximieren können? Das hängt natürlich von der Effizienz dieser Approximation ab. Sie wird in Theorem 5.9.21 nicht behandelt. Eine Antwort gibt das Solovay-Kitaev-Theorem. Es wurde 1995 von Robert M. Solovay angekündigt und 1997 unabhängig von Alexei Kitaev bewiesen und zeigt die Existenz hocheffizienter Approximationen.

Theorem 5.9.31 Sei G eine endliche Menge von Rotationsgattern, die auch die Inversen dieser Gatter enthält und universell für die Menge aller Rotationsoperatoren ist. Dann gibt es für alle $\varepsilon \in \mathbb{R}_{>0}$ und alle Rotationsoperatoren U eine natürliche Zahl $l \in \mathbb{N}$ und eine Folge $V_0, \ldots, V_{l-1}$ in G mit $l = \mathrm{O}\left((\log 1/\varepsilon)^c)\right)$ und

$$E\left(U, \prod_{i=0}^{l-1} V_i\right) < \varepsilon. \tag{5.230}$$

Dabei ist $c \geq 1$ eine von ε und U unabhängige Konstante.

Für den Beweis des Theorems 5.9.31 verweisen wir den Leser auf [NC16] Anhang 3.

5.10 Quantenalgorithmen und Quantenkomplexität

Bisher haben wir uns auf Quantenschaltkreise konzentriert, die auf Quantenregistern fester Länge operieren. In diesem Abschnitt führen wir Quantenalgorithmen ein. Sie dürfen Quantenschaltkreise als Unterprogramme benutzen und können Eingaben beliebiger Länge verarbeiten. Anschließend führen wir in die Quantenkomplexitätstheorie ein. Sie ermöglicht es, die Effizienz von Quantenalgorithmen zu bewerten und beruht auf der Komplexitätstheorie für probabilistische Algorithmen, die in Abschn. 2.4 erläutert wurde.

5.10.1 Quantenalgorithmen

Um Quantenalgorithmen definieren zu können, benötigen wir Familien von Quantenschaltkreise, die jetzt eingeführt werden. Ihr klassisches Analogon wurde in Abschn. 2.6.2 vorgestellt.

Definition 5.10.1 Eine *Familie von Quantenschaltkreisen* ist eine Folge $(Q_n)_{n \in \mathbb{N}}$ von Quantenschaltkreise Q_n mit der Eigenschaft, dass für alle $n \in \mathbb{N}$ der Quantenschaltkreis Q_n ein n-Qubit-Eingaberegister hat.

In der Theorie der Booleschen Schaltkreise entsprechen klassische Algorithmen uniformen Familien solcher Schaltkreise. Dies wurde in Abschn. 2.6.2 erklärt. Analog dazu verwenden wir für die Konstruktion von Quantenalgorithmen uniforme Familien von Quantenschaltkreise. Um solche Familien zu definieren, werden Quantenschaltkreise durch endliche Bitstrings kodiert. Definition 5.7.1 zeigt, wie eine solche Kodierung konstruiert werden kann. Wir nehmen an, dass jede solche Kodierung die folgenden Eigenschaften hat, die in [Wat09] erwähnt werden und die wir bereits in Abschn. 2.6.2 verwendet haben:

1. Die Kodierung ist *sinnvoll:* Jeder Quantenschaltkreis wird durch mindestens einen Bitstring kodiert und jeder Bitstring kodiert höchstens einen Quantenschaltkreis.
2. Die Kodierung ist *effizient:* Es gibt eine natürliche Zahl $c \in \mathbb{N}$ mit der Eigenschaft, dass jeder Quantenschaltkreis Q der Größe N eine Kodierung der Länge mindestens N und höchstens N^c hat.
3. Informationen über die Struktur eines Quantenschaltkreises können in Polynomialzeit aus einer Kodierung des Quantenschaltkreises berechnet werden.

Der Begriff „Strukturinformation" kann sich beispielsweise auf Informationen bezüglich der Eingabequbits und der in Quantenschaltkreisen verwendeten Quantengatter beziehen, einschließlich der Qubits, auf denen diese Gatter operieren.

Analog zu klassischen uniformen Schaltfamilien (siehe Definition 2.6.7) können auch uniforme Familien von Quantenschaltkreise definiert werden. Da nach Theorem 5.7.7 die

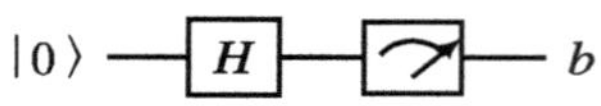

Abb. 5.35 Der Quantenschaltkreis QcoinToss.

Rechenleistung von Quantenschaltkreisen die gleiche wie die von klassischen Schaltkreisen ist, kann man dann zeigen, dass Quantencomputer Turing-vollständig sind. Wir definieren hier aber nur P-uniforme Quantenschaltkreisfamilien, da sie für unsere Darstellung der Quanten-Komplexitätstheorie genügen.

Definition 5.10.2 Eine Familie von Quantenschaltkreise (Q_n) wird P-*uniform* genannt, wenn es einen deterministischen Polynomzeitalgorithmus gibt, der bei Eingabe von I^n, $n \in \mathbb{N}$, eine Kodierung von Q_n ausgibt.

Unser nächstes Ziel ist es, Quantenalgorithmen zu definieren. Ein einfaches Beispiel für einen solchen Algorithmus ist die Quantenimplementierung von coinToss, die in Algorithmus 5.10.3 dargestellt ist. Dieser Algorithmus benutzt den Quantenschaltkreis QcoinToss aus Abb. 5.35. Er wendet zunächst den Hadamard-Operator auf $|0\rangle$ an und misst dann den resultierenden Zustand $|x_+\rangle = \frac{|0\rangle+|1\rangle}{2}$. Der Algorithmus gibt das Messergebnis 0 oder 1 zurück, jeweils mit der Wahrscheinlichkeit $\frac{1}{2}$.

Algorithmus 5.10.3 Quantenmünzwurf

Input: $\emptyset$
Output: 0 oder 1

```
coinToss
    |ψ⟩ ← |0⟩
    b ← QcoinToss |ψ⟩
    return b
end
```

Wir geben nun eine allgemeine Definition von Quantenalgorithmen.

Definition 5.10.4 Ein *Quantenalgorithmus* ist ein probabilistischer Algorithmus mit den folgenden zusätzlichen Eigenschaften.

1. Der Algorithmus kann Elemente aus einer P-uniformen Familie von Quantenschaltkreisen aufrufen. Dazu präpariert er einen Eingabezustand für den Quantenschaltkreis, es sei denn, dieser Zustand ist bereits Teil dieses Schaltkreises. Der Rückgabewert ist das Ergebnis der Messung des Endzustandes dieses Quantenschaltkreises.
2. Der Algorithmus kann auch andere Quantenalgorithmen als Unterprogramme aufrufen.

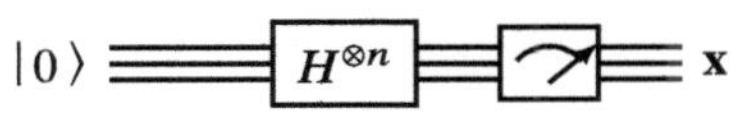

Abb. 5.36 Der Quantenschaltkreis QrandomString$_n$.

$|0\rangle \longrightarrow \boxed{H^{\otimes n}} \longrightarrow \boxed{} \longrightarrow \mathbf{x}$

Beispiel 5.10.5 Betrachte Algorithmus 5.10.6, der die probabilistische Operation randomString aus Abschn. 2.2.1 implementiert. Er verwendet die Familie von Quantenschaltkreisen (QrandomString$_n$), deren Elemente in Abb. 5.36 dargestellt sind. Bei Eingabe einer String-Länge $n \in \mathbb{N}$ präpariert er den Eingabezustand $|0\rangle^{\otimes n}$ und wendet den Quantenschaltkreis QrandomString$_n$ darauf an. Dieser Schaltkreis wendet den Hadamard-Operator auf alle Eingangs-Qubits an und misst den resultierenden Zustand in der Berechnungsbasis von $\mathbb{H}_n$. Der Rückgabewert ist einer der Vektoren $\mathbf{x} \in \{0, 1\}^n$, jeder mit Wahrscheinlichkeit $\frac{1}{2^n}$.

Algorithmus 5.10.6 Quantenzufallsstring-Auswahl

Input: $n \in \mathbb{N}$
Output: $\mathbf{b} \in \{0, 1\}^n$
1: randomString(n)
2: $\quad |\psi\rangle \leftarrow |0\rangle^{\otimes n}$
3: $\quad \mathbf{x} \leftarrow$ QrandomString$_n |\psi\rangle$
4: $\quad$ **return x**
5: **end**

Definition 5.10.4 ermöglicht die einfache Übertragung der Konzepte für und Aussagen über probabilistische Algorithmen auf Quantenalgorithmen. Beispielsweise kann man Quanten-Monte-Carlo-Algorithmen und Quanten-Las-Vegas-Algorithmen definieren. Quanten-Monte-Carlo-Algorithmen können fehlerfrei oder fehlerbehaftet sein. Außerdem gehören zu fehlerfreien Quanten-Monte-Carlo-Algorithmen entsprechende Bernoulli-Algorithmen. Schließlich sind Quanten-Entscheidungsalgorithmen analog zu den in Abschn. 2.2.2 besprochenen probabilistischen Entscheidungsalgorithmen definiert und sie haben die entsprechenden Eigenschaften.

5.10.2 Quantenberechnungsplattform

Will man Quantenkomplexitätstheorie entwickeln und die Komplexität von Quantenalgorithmen analysieren, muss man angeben, welche Quantengatter für die Implementierung von Quantenschaltkreisen zur Verfügung stehen. Enthält die verwendete Quantenberechnungsplattform zum Beispiel nur eine endliche, universelle Menge von Quantengattern, so können viele unitäre Operatoren nur approximiert werden. Das macht Komplexitätsanalysen kompliziert, weil Fehlerbetrachtungen einbezogen werden müssen. Wir verwenden hier einen anderen Ansatz, der im Folgenden erläutert wird.

Da die existierenden physikalischen Realisierungen von Quantencomputern die Implementierung von Rotationsgattern erlauben, nehmen wir an, dass unsere Quantenberechnungsplattform alle Rotationsgatter bereitstellt. Um sie zu nutzen, müssen die Rotationsachse und der Rotationswinkel bekannt sein. Zusätzlich gehen wir davon aus, dass die Quantenberechnungsplattform den Operator CNOT zur Verfügung stellt. Gemäß Theorem 5.9.11 können wir mithilfe dieser Gatter alle unitären Operatoren auf jedem Zustandsraum bis auf einen globalen Phasenfaktor implementieren. Außerdem gehen wir davon aus, dass die Ancilla- und die Löschgatter zur Verfügung stehen, um komplexere Quantenschaltkreise implementieren zu können. Zur Vereinfachung der Darstellung nehmen wir an, dass unsere Plattform auch die Pauli- und Hadamard-Gatter sowie die Phasenverschiebungsgatter R_k für alle $k \in \mathbb{N}$ bereitstellt. Das ist gerechtfertigt, weil wir – bis auf globale Phasenfaktoren – Darstellungen dieser Gatter als Rotationsgatter kennen. Für die Pauli- und Hadamard-Gatter wird dies in Übung 5.3.10 gezeigt und für die Phasenverschiebungsgatter in (5.114). Man beachte, dass damit auch das Phasengatter $S = R_2$ aus (5.115) und das $\pi/8$-Gatter $T = R_3$ aus (5.116) zur Verfügung stehen. Zur weiteren Vereinfachung nehmen wir außerdem an, dass unsere Plattform auch das Toffoli-Gatter CCNOT bereitstellt. Wie in Abb. 5.32 gezeigt wird, kann es mit O(1) der vorherigen Gatter implementiert werden. Alle diese Gatter bezeichnen wir als *elementare Quantengatter*.

Neben den Gattern der Quantenberechnungsplattform benutzen einige Quantenschaltkreise aus den folgenden Kapiteln spezielle Quantenoperatoren, die mit dem Berechnungsproblem zusammenhängen, das sie lösen. Ein typisches Beispiel ist der Deutsch-Algorithmus, der in Kap. 6 behandelt wird. Er verwendet eine Blackbox, die einen Operator U_f implementiert, der von einer Funktion $f : \{0, 1\} \to \{0, 1\}$ abhängt. Dabei bezeichnet „Blackbox“ ein System oder Gerät, das es nur erlaubt, die Eingaben und Ausgaben zu sehen, aber keine Informationen über seine innere Funktionsweise offenbart. Ziel des Algorithmus ist es, $f(0) \oplus f(1)$ zu bestimmen. Diese Einbeziehung von problemspezifischen Operatoren gibt zusätzliche Flexibilität bei der Konstruktion von Quantenschaltkreisen und erlaubt es, Besonderheiten der zu lösenden Berechnungsprobleme zu berücksichtigen. In Anwendungen müssen die problemspezifischen Operatoren allerdings mit den Gattern der Berechnungsplattform implementiert werden.

Wie oben erwähnt, könnte man auch eine Quantenberechnungsplattform verwenden, die nur eine endliche Menge von Ein-Qubit-Gattern bereitstellt, die zusammen mit dem CNOT-Gatter universell ist. Theorem 5.9.31 zeigt, dass diese Plattform alle unitären Operatoren effizient approximieren kann. Folglich müssten die Komplexitätsergebnisse, die mit unserer größeren Plattform erzielt werden, nur minimal geändert werden, wenn diese reduzierte Plattform verwendet wird. Da wir in diesem Buch weder Fehlerfortpflanzung noch Quantenfehlerkorrektur behandeln, geht eine solche Diskussion aber über den Rahmen dieses Buches hinaus.

5.10.3 Implementierung von $C^1(U)$

Mehrere der in den nächsten Kapiteln konstruierten Quantenschaltkreise verwenden kontrollierte U-Operatoren für bestimmte unitäre Operatoren U. In Abschnitt 5.8.1 wird eine generische Implementierung von $C^1(U)$ vorgestellt, die nur Blackbox-Zugriff auf U erfordert und zusätzliche Ancilla-Qubits verwendet. Hier zeigen wir nun, wie man aus einer Implementierung von U mit elementaren Quantengattern eine Implementierung von $C^1(U)$ erhalten kann, die nicht wesentlich größer ist und keine Ancilla-Qubits benötigt. Dazu benötigen wir das folgende Resultat.

Proposition 5.10.7 Sei $V = R_{\hat{w}}(\gamma)$ mit einem unitären Vektor $\hat{w} \in \mathbb{R}^3$ und $\gamma \in \mathbb{R}$. Dann implementiert der Quantenschaltkreis in Abb. 5.37 den kontrollierten Operator $C^1(V)$ bis auf einen globalen Phasenfaktor. Die beiden Parameter $\hat{p}$ und δ können aus $\hat{w}$ berechnet werden.

Beweis Wir konstruieren zunächst einen Rotationsoperator, der $\hat{w}$ auf $\hat{y}$ abbildet. Setze dazu

$$\hat{p} = \frac{\hat{y} \times \hat{w}}{\|\hat{y} \times \hat{w}\|} \tag{5.231}$$

Dann ist $\hat{p}$ unitär und gemäß Proposition 5.2.7 orthogonal zu $\hat{y}$ und $\hat{w}$. Wie in Proposition 5.2.12 gezeigt, wählen wir $\delta \in \mathbb{R}$ so, dass $(1, \pi/2, \delta)$ die sphärische Koordinatendarstellung von $\hat{w}$ bezüglich $(\hat{y}, \hat{p})$ ist. Aus Theorem 5.2.21 folgt

$$\mathrm{Rot}_{\hat{p}}(\delta)\hat{y} = \hat{w}. \tag{5.232}$$

Diese Gleichung und Proposition 5.2.25 implizieren

$$\mathrm{Rot}_{\hat{w}}(\gamma) = \mathrm{Rot}_{\hat{p}}(\delta)\,\mathrm{Rot}_{\hat{y}}(\gamma)\,\mathrm{Rot}_{\hat{p}}(-\delta). \tag{5.233}$$

Setze

$$V' = R_{\hat{p}}(\delta) R_{\hat{y}}(\gamma) R_{\hat{p}}(-\delta) \tag{5.234}$$

Dann erhalten wir aus Theorem 5.3.20

$$V = R_{\hat{w}}(\gamma) \in \{\pm V'\}. \tag{5.235}$$

Aus Lemma 5.3.32 folgt, dass der Quantenschaltkreis in Abb. 5.37 den kontrollierten Operator $C^1(V)$ bis auf einen globalen Phasenfaktor ± 1 implementiert. □

Nun erhalten wir folgendes Theorem.

Theorem 5.10.8 Sei $n \in \mathbb{N}$ und sei U ein unitärer Operator auf $\mathbb{H}_n$. Aus jedem Quantenschaltkreis, der U implementiert und $k \in \mathbb{N}$ elementare und keine anderen Quantengatter

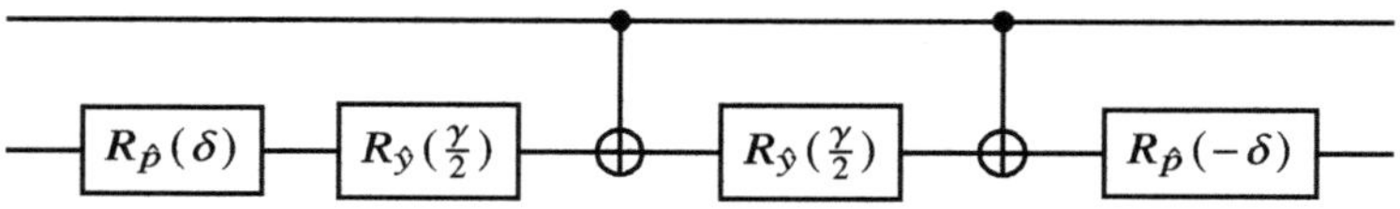

Abb. 5.37 Implementierung von $C^1\left(R_{\hat{w}}(\gamma)\right)$ im Beweis von Proposition 5.10.7 bis auf einen globalen Phasenfaktor

verwendet, kann ein Quantenschaltkreis Q' konstruiert werden, der den kontrollierten Operator $C^1(U)$ bis auf einen globalen Phasenfaktor implementiert und $O(k)$ elementare Gatter und keine anderen Gatter oder zusätzliche Ancilla- oder Löschgatter verwendet.

Beweis Ohne Beschränkung der Allgemeinheit nehmen wir an, dass die in Q verwendeten unitären Gatter nur Rotations- und CNOT-Gatter sind. Jedes andere elementare Gatter kann ja mithilfe von $O(1)$ dieser Gatter bis auf einen globalen Phasenfaktor implementiert werden. Der Quantenschaltkreis Q' wird aus dem Quantenschaltkreis Q konstruiert, indem alle Rotationsgatter V wie in Proposition 5.10.7 gezeigt durch Gatter ersetzt werden, die $C^1(V)$ bis auf einen globalen Phasenfaktor implementieren. Außerdem werden die CNOT-Gatter durch Toffoli-Gatter ersetzt. □

5.10.4 Zeit- und Platzkomplexität

In diesem Abschnitt diskutieren wir die Zeit- und Platzkomplexität von Quantenalgorithmen. Wir können dafür auf die entsprechenden Begriffe und Resultate für klassische probabilistische Algorithmen zurückgreifen, da Quantenalgorithmen als probabilistische Algorithmen definiert sind, die Familien von Quantenschaltkreisen als Unterprogramme verwenden dürfen. Allerdings müssen wir noch die Laufzeit- und den Platzbedarf solcher Aufrufe definieren, was wir als Nächstes tun. Man beachte, dass in den Quantenschaltkreisen, die in diesem Abschnitt vorkommen, nur elementare Quantengatter verwendet werden dürfen.

Definition 5.10.9 Wenn ein Quantenalgorithmus einen Quantenschaltkreis Q als Unterprogramm aufruft, dann ist die Laufzeit dieses Aufrufs die Summe aus der Anzahl der Quantenbits, die bei dem Aufruf präpariert werden müssen und der Anzahl der Quantengatter in Q. Die Platzkomplexität dieses Aufrufs ist die Anzahl der Eingabe- und Ancilla-Qubits, die Q benutzt.

Mit dieser Festlegung definieren wir die Zeit- und Platzkomplexität eines Quantenalgorithmus und die entsprechenden Worst-Case-Komplexitäten wie in den Definition 2.1.25 und 2.1.26 für klassische Algorithmen beschrieben. Die Bezeichnungen der asymptotischen Zeit- und Platzkomplexitäten aus Tab. 2.7 können dann analog für Quantenalgorithmen verwendet werden. Zusätzlich übertragen sich die Konzepte der Erfolgswahrscheinlichkeit aus

Abschn. 2.3.2, der erwarteten Laufzeit aus Abschn. 2.3.3 und die Methode zur Erhöhung von Erfolgswahrscheinlichkeiten aus Abschn. 2.3.4 unmittelbar auf Quantenalgorithmen.

Manchmal benutzen wir auch den Ausdruck *elementare Operationen*. Darunter verstehen wir die Anwendung elementarer Quantengatter bzw. von Bitoperationen.

Beispiel 5.10.10 Die Zeit- und Platzkomplexität von Algorithmus 5.10.6 ist linear.

5.10.5 Quanten-Komplexitätsklassen

Die Komplexitätstheorie für probabilistische Algorithmen überträgt sich ebenfalls auf Quantenalgorithmen.

Zu sagen, dass ein Quanten-Monte-Carlo- oder Las-Vegas-Algorithmus ein Berechnungsproblem löst, ist analog zu der Aussage, dass ein klassischer Monte-Carlo- oder Las-Vegas-Algorithmus ein solches Problem löst (siehe Definition 2.4.4). Dementsprechend sagen wir, dass ein algorithmisches Problem in Quantenzeit $O(f)$ gelöst werden kann, wenn es einen Quanten-Monte-Carlo-Algorithmus gibt, der dieses Problem mit einer Erfolgswahrscheinlichkeit von $\geq \frac{2}{3}$ löst und eine Laufzeit von $O(f)$ hat. Wir sagen auch, dass ein Berechnungsproblem in Quanten-Linearzeit, -Quasilinearzeit, -quadratischer Zeit, -kubischer Zeit, -Polynomzeit, -Subexponentialzeit bzw. -Exponentialzeit gelöst werden kann, wenn es einen Quanten-Monte-Carlo-Algorithmus mit der entsprechenden Laufzeit gibt, der dieses Problem mit einer Erfolgswahrscheinlichkeit von $\geq \frac{2}{3}$ löst (siehe Definition 2.4.11).

Abschließend definieren wir die Komplexitätsklasse BQP analog zu BPP (siehe Definition 2.4.18).

Definition 5.10.11 Die Komplexitätsklasse BQP *(Bounded-Error Quantum Polynomial Time)* ist die Menge aller Sprachen L, für die es einen Polynomialzeit-Quantenalgorithmus A gibt, der L entscheidet und die Bedingungen $\Pr(A(\mathbf{s}) = 1) \geq \frac{2}{3}$ für alle $\mathbf{s} \in L$ und $\Pr(A(\mathbf{s}) = 0) \geq \frac{2}{3}$ für alle $\mathbf{s} \in \{0, 1\}^* \setminus L$ erfüllt.

Man beachte, dass gemäß Übung 2.4.12 der Wert $\frac{2}{3}$ in der Definition der Quanten-Zeitkomplexitäten und der Quantenkomplexitätsklasse BQP durch jede reelle Zahl in $]\frac{1}{2}, 1]$ ersetzt werden kann. Außerdem gelten die folgenden Inklusionen.

Theorem 5.10.12 Es gilt: $\mathrm{P} \subset \mathrm{BPP} \subset \mathrm{BQP} \subset \mathrm{PSPACE}$.

Übung 5.10.13 Skizzieren Sie den Beweis von Theorem 5.10.12.

Die Algorithmen von Deutsch und Simon

6

Nachdem die ersten Konzepte für Quantencomputern entdeckt waren, stellte sich eine zentrale Frage: Können solche Computer Berechnungsprobleme schneller lösen als klassische Computer? In diesem Kapitel stellen wir frühe Quantenalgorithmen vor und bejahen damit diese Frage eindeutig.

Die hier vorgestellten Algorithmen sind nicht primär für den praktischen Einsatz gedacht. Ihr Hauptziel ist es, die Überlegenheit von Quantencomputern gegenüber klassischen Computern in puncto Komplexität zu zeigen. Zugleich illustrieren sie grundlegende Techniken und Prinzipien von Quantenalgorithmen und haben die Entwicklung praxisrelevanter Quantenalgorithmen maßgeblich beeinflusst.

David Deutsch war einer der ersten Forscher, der die Überlegenheit von Quantencomputern zeigte. In diesem Kapitel beginnen wir mit der Vorstellung seines eleganten Quantenalgorithmus aus dem Jahr 1985 [Deu85], der den Wert $f(0) \oplus f(1)$ für eine Funktion $f : \{0, 1\} \rightarrow \{0, 1\}$ berechnen kann. Der Algorithmus benötigt dafür nur eine einzige Auswertung des Quantenäquivalents der Funktion f, während im klassischen Fall zwei Anwendungen von f nötig sind, um zum selben Ergebnis zu kommen. Dieser Algorithmus verwendet bereits zentrale Techniken, die in vielen Quantenalgorithmen verwendet werden: Quantenparallelität, den Phase-Kickback-Effekt[1] und Quanteninterferenz.

Anschließend stellen wir eine Verallgemeinerung des Deutsch-Algorithmus vor, die 1991 gemeinsam von David Deutsch und Richard Jozsa [DJ92] entwickelt und später von Richard Cleve, Artur Ekert, Leah Henderson, Chaira Macchiavello und Michele Mosca [CEH+98] weiterentwickelt wurde. Für Funktionen $f : \{0, 1\}^n \rightarrow \{0, 1\}$, die entweder konstant 0 oder 1 sind oder deren Werte zur Hälfte 0 und zur Hälfte 1 sind, entscheidet der Algorithmus,

[1] Wir behalten dafür den englischen Begriff bei.

J. A. Buchmann, *Quantenalgorithmen*,
https://doi.org/10.1007/978-3-662-71177-4_6

welche dieser beiden Eigenschaften erfüllt ist. Während ein klassischer deterministischer Algorithmus dafür $2^{n-1} + 1$ Auswertungen von f benötigt, muss der Deutsch-Jozsa-Algorithmus den Quantenoperator, der f entspricht, nur einmal anwenden. Dieser signifikante Effizienzgewinn macht den Algorithmus so interessant, auch wenn sein Vorteil verschwindet, wenn man ihn mit einem relativ einfachen probabilistischen Algorithmus vergleicht.

Der nächste bahnbrechende Schritt war die Entwicklung von Quantenalgorithmen, die eine exponentielle Beschleunigung im Vergleich zu allen effizienten klassischen probabilistischen Algorithmen bieten, die dasselbe Berechnungsproblem lösen. Wir präsentieren den ersten solchen Algorithmus, der 1994 von Daniel R. Simon [Sim94] vorgestellt wurde. Er ist eine wichtige Grundlage für Peter Shors berühmte Polynomzeit-Quantenalgorithmen, die in Kap. 7 vorgestellt werden und Probleme wie die Faktorisierung ganzer Zahlen und die Berechnung von diskreten Logarithmen lösen.

Die in diesem Kapitel vorgestellten Algorithmen stellen somit entscheidende Schritte auf dem Weg zu den komplexen Algorithmen dar, die in den folgenden Kapiteln behandelt werden.

6.1 Deutsch-Algorithmus

Der erste Quantenalgorithmus, den wir vorstellen, ist der Deutsch-Algorithmus. Er wurde 1985 von David Deutsch vorgeschlagen [Deu85].

6.1.1 Klassisches Problem

Betrachte eine Funktion

$$f : \{0, 1\} \to \{0, 1\}. \tag{6.1}$$

Angenommen, eine Blackbox steht zur Verfügung, die diese Funktion auswertet. Mit „Blackbox“ bezeichnen wir ein System oder Gerät, das es nur erlaubt, die Eingaben und Ausgaben zu sehen, aber keine Informationen über seine innere Funktionsweise offenbart. Dieses Konzept wurde bereits in Abschn. 5.10.2 eingeführt. Wenn die Blackbox, die f implementiert, einen Eingabewert $b \in \{0, 1\}$ erhält, gibt sie $f(b)$ zurück, und dies ist die einzige Information, die man erhält. Wenn wir eine Blackbox für f haben, sprechen wir auch davon, „Blackbox-Zugriff“ auf f zu haben.

Wir nennen f aus (6.1) *konstant,* wenn $f(0) = f(1)$ ist, also $f(0) \oplus f(1) = 0$ gilt, und wir nennen f *balanciert,* wenn $f(0) \neq f(1)$ ist, also $f(0) \oplus f(1) = 1$ gilt.

Das klassische Deutsch-Problem besteht darin, herauszufinden, ob eine Funktion $f : \{0, 1\} \to \{0, 1\}$ konstant oder balanciert ist, wobei Blackbox-Zugriff auf diese Funktion gegeben ist. Formal kann dies wie folgt beschrieben werden.

Problem 6.1.1 (Deutsch-Problem – klassische Version)
Eingabe: Eine Blackbox, die eine Funktion $f : \{0, 1\} \to \{0, 1\}$ implementiert.
Ausgabe: $f(0) \oplus f(1)$.

Auf den ersten Blick mag dieses Problem trivial erscheinen, da wir es mit nur zwei Abfragen der Blackbox-Funktion f lösen können. Man beachte jedoch, dass es keine Möglichkeit gibt, das Deutsch-Problem mit weniger als zwei Abfragen zu lösen. Um dies zu sehen, nehmen wir an, dass die erste Abfrage $f(b) = c$ liefert, wobei sowohl b als auch c Bits sind. Es ist dann immer noch möglich, dass $f(1 - b) = c$, also $f(0) \oplus f(1) = 0$ ist, oder dass $f(1 - b) = 1 - c$, also $f(0) \oplus f(1) = 1$ ist. Wie wir jedoch im nächsten Abschnitt zeigen werden, kann der Quanten-Deutsch-Algorithmus dieses Problem mit nur einer Abfrage einer Blackbox lösen, die einen eng mit f verwandten unitären Operator implementiert. Dies macht den Deutsch-Algorithmus zum ersten Quantenalgorithmus, der allen entsprechenden klassischen deterministischen Algorithmen überlegen ist. Dabei wendet er erstmals wichtige Techniken an, die auch in fortgeschritteneren Quantenalgorithmen genutzt werden.

6.1.2 Quanten-Version und ihre Lösung

Für die Quanten-Version des Deutsch-Problems benötigen wir den folgenden unitären Operator auf $\mathbb{H}_2$:

$$U_f : \mathbb{H}_2 \to \mathbb{H}_2, \quad |x\rangle\,|y\rangle \mapsto |x\rangle\,|f(x) \oplus y\rangle = |x\rangle\, X^{f(x)}\,|y\rangle\,. \tag{6.2}$$

Wenn wir f durch U_f ersetzen, erhalten wir die gewünschte Quanten-Version des Deutsch-Problems.

Problem 6.1.2 (Deutsch-Problem – Quanten-Version)
Eingabe: Eine Blackbox, die für eine Funktion $f : \{0, 1\} \to \{0, 1\}$ den Quantenoperator U_f implementiert.
Ausgabe: $f(0) \oplus f(1)$.

Übung 6.1.3 Zeigen Sie, dass U_f ein unitärer Operator ist.

Der Quantenschaltkreis, der das Deutsch-Problem löst, ist in Abb. 6.1 dargestellt. Er nutzt wichtige Techniken des Quantencomputings: *Superposition, Quantenparallelität, Phase-Kickback* und *Quanteninterferenz.* Wir beschreiben nun den Schaltkreis Schritt für Schritt und erklären diese Techniken.

Der Eingabe-Zustand ist

$$|\psi_0\rangle = |0\rangle\,|1\rangle\,. \tag{6.3}$$

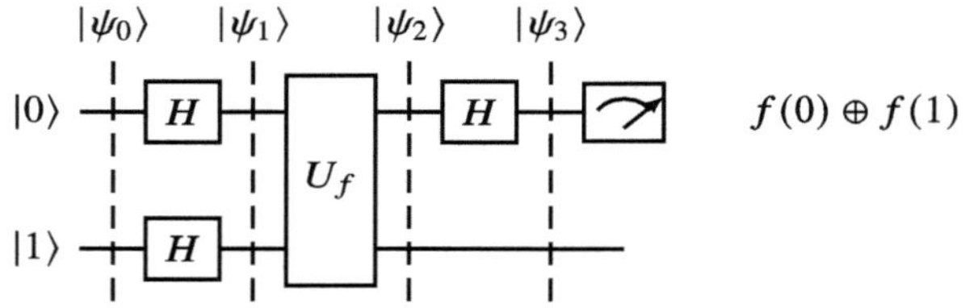

Abb. 6.1 Der Quantenschaltkreis, der das Deutsch-Problem löst

Im ersten Schritt wendet der Schaltkreis den Hadamard-Operator auf das erste und das zweite Qubit an, was den folgenden Zustand ergibt:

$$|\psi_1\rangle = |x_+\rangle\,|x_-\rangle = \frac{|0\rangle\,|x_-\rangle + |1\rangle\,|x_-\rangle}{\sqrt{2}}. \tag{6.4}$$

Dies ist eine gleichgewichtete *Superposition* der Zustände $|0\rangle\,|x_-\rangle$ und $|1\rangle\,|x_-\rangle$.

Als Nächstes wird der *Phase-Kickback-Trick* verwendet. Man beachte, dass

$$U_f\,|0\rangle\,|x_-\rangle = |0\rangle\,X^{f(0)}\,|x_-\rangle = (-1)^{f(0)}\,|0\rangle\,|x_-\rangle \tag{6.5}$$

und

$$U_f\,|1\rangle\,|x_-\rangle = |1\rangle\,X^{f(1)}\,|x_-\rangle = (-1)^{f(1)}\,|1\rangle\,|x_-\rangle \tag{6.6}$$

gilt. Diese Quantenzustände haben die globalen Phasenfaktoren $(-1)^{f(0)}$ und $(-1)^{f(1)}$. Da globale Phasenfaktoren jedoch die Messergebnisse nicht beeinflussen, können wir aus der Messung dieser Zustände oder von deren Evolutionen nichts über $f(0)$ oder $f(1)$ lernen. Wenn wir jedoch U_f auf die Superposition $|\psi_1\rangle$ anwenden, erhalten wir

$$\begin{aligned} |\psi_2\rangle &= U_f\,|x_+\rangle\,|x_-\rangle = U_f\,\frac{|0\rangle + |1\rangle}{\sqrt{2}}\,|x_-\rangle \\ &= \frac{U_f\,|0\rangle\,|x_-\rangle + U_f\,|1\rangle\,|x_-\rangle}{\sqrt{2}} = \frac{(-1)^{f(0)}\,|0\rangle + (-1)^{f(1)}\,|1\rangle}{\sqrt{2}}\,|x_-\rangle\,. \end{aligned} \tag{6.7}$$

Bei dieser Operation werden die globalen Phasenfaktoren $(-1)^{f(0)}$ und $(-1)^{f(1)}$ auf die Amplituden von $|0\rangle$ und $|1\rangle$ im ersten Qubit *zurückgekickt*. Wie wir sehen werden, eröffnet dies die Möglichkeit, Informationen über $f(0)$ und $f(1)$ durch Messung einer Evolution von $U_f\,|x_+\rangle\,|x_-\rangle$ zu gewinnen. Hier sehen wir also *Quantenparallelität* in Aktion: eine Anwendung von U_f verändert sowohl die Amplitude von $|0\rangle$ als auch von $|1\rangle$.

Gl. (6.7) impliziert

$$\begin{aligned} |\psi_2\rangle &= (-1)^{f(0)}\,\frac{|0\rangle + (-1)^{f(0)\oplus f(1)}\,|1\rangle}{\sqrt{2}}\,|x_-\rangle \\ &= \begin{cases} (-1)^{f(0)}\,|x_+\rangle\,|x_-\rangle & \text{für } f(0) \oplus f(1) = 0, \\ (-1)^{f(0)}\,|x_-\rangle\,|x_-\rangle & \text{für } f(0) \oplus f(1) = 1. \end{cases} \end{aligned} \tag{6.8}$$

Bis auf den globalen Phasenfaktor $(-1)^{f(0)}$ bewirkt die *Quanteninterferenz* der beiden Zustände $U_f\,|0\rangle\,|x_-\rangle$ und $U_f\,|1\rangle\,|x_-\rangle$, dass die Amplitude von $|1\rangle$ im ersten Qubit $(-1)^{f(0)\oplus f(1)}$ beträgt, während die Amplitude von $|0\rangle$ im ersten Qubit unabhängig von $f(0) \oplus f(1)$ ist. Die Messung des ersten Qubits in der Basis $|x_+\rangle$ und $|x_-\rangle$ würde das gewünschte Ergebnis $f(0) \oplus f(1)$ liefern. Da die Messung in Quantenschaltkreisen aber in der Berechnungsbasis erfolgt, wird im Quantenschaltkreis in Abb. 6.1 nun der Hadamard-Operator auf das erste Qubit angewendet. Dies ergibt den Zustand

$$|\psi_3\rangle = (H \otimes I)\,|\psi_2\rangle = (-1)^{f(0)}\,|f(0) \oplus f(1)\rangle\,|x_-\rangle\,. \tag{6.9}$$

Dieser Zustand ist bezüglich der Zerlegung in die Teilsysteme, die das erste bzw. das zweite Qubit enthalten, separabel. Es folgt daher aus Korollar 4.7.12, dass die Messung des ersten Qubits von $|\psi_3\rangle$ in der Berechnungsbasis mit Wahrscheinlichkeit 1 den Wert $f(0) \oplus f(1)$ ergibt.

Wir haben also das folgende Theorem bewiesen.

Theorem 6.1.4 Der Quantenschaltkreis in Abb. 6.1 liefert $f(0) \oplus f(1)$ mit Wahrscheinlichkeit 1. Er verwendet die Blackbox U_f einmal.

Während die Lösung des klassischen Deutsch-Problems zwei Anwendungen der Funktion f erfordert, benötigt der Deutsch-Quantenschaltkreis nur eine Anwendung von U_f. Die nächste Übung verallgemeinert den Phase-Kickback-Trick.

Übung 6.1.5 Betrachten Sie einen unitären Ein-Qubit-Operator V und einen Eigenzustand $|\psi\rangle$ dieses Operators.

1. Zeigen Sie, dass die Anwendung des Operators V auf $|\psi\rangle$ eine globale Phasenverschiebung dieses Zustands bewirkt.
2. Zeigen Sie, dass die Anwendung des kontrollierten-V-Operators $C^1(V)$ mit dem ersten Qubit als Kontrollqubit auf den Zustand $|x_+\rangle\,|\psi\rangle$ die globale Phasenverschiebung auf den Koeffizienten von $|1\rangle$ im ersten Qubit zurückkickt.
3. Finden Sie die sphärischen Koordinaten der dem ersten Qubit entsprechenden Punkt auf der Bloch-Kugel vor und nach der Anwendung von $C^1(V)$ auf $|x_+\rangle\,|\psi\rangle$.

6.1.3 Orakel-Komplexität

Die Spezifikation des Deutsch-Algorithmus und die Analyse seiner Komplexität erfordert eine Anpassung der Konzepte von probabilistischen Algorithmen und deren Komplexität. Die einzige Eingabe, die der Deutsch-Algorithmus benötigt, ist die Blackbox für U_f, die auch als *Orakel* bezeichnet wird. Solche Eingaben wurden im bisherigen Konzept von

Quantenalgorithmen noch nicht berücksichtigt. Aber die Analyse der Zeitkomplexität des Deutsch-Algorithmus berücksichtigt die Anzahl der Aufrufe dieses Orakels. Wir werden dies für alle anderen in diesem Kapitel vorgestellten Algorithmen übernehmen.

6.2 Deutsch-Jozsa-Algorithmus

Im Jahr 1991 schlugen David Deutsch und Richard Jozsa [DJ92] eine natürliche Verallgemeinerung des Deutsch-Problems und einen Quantenalgorithmus zu dessen Lösung vor. Hier präsentieren wir die verbesserte Version des Algorithmus von Cleve et al. [CEH+98] aus dem Jahr 1998.

6.2.1 Klassisches Problem

Sei

$$f : \{0,1\}^n \rightarrow \{0,1\} \tag{6.10}$$

eine Funktion: Wir nennen f *konstant*, wenn $f(\mathbf{x})$ für alle $\mathbf{x} \in \{0,1\}^n$ gleich ist, und wir nennen f *balanciert*, wenn $f(\mathbf{x}) = 0$ für die Hälfte der Argumente $\mathbf{x} \in \{0,1\}^n$ und $f(\mathbf{x}) = 1$ für die andere Hälfte ist. Das klassische Deutsch-Jozsa-Problem lautet wie folgt.

Problem 6.2.1 (Deutsch-Jozsa-Problem – klassische Version)
Eingabe: Eine Blackbox, die eine Funktion $f : \{0,1\}^n \rightarrow \{0,1\}^n$ implementiert, die entweder konstant oder balanciert ist.
Ausgabe: „konstant" oder „balanciert", je nachdem, welche Eigenschaft f hat.

Übung 6.2.2 Zeigen Sie, dass jeder deterministische Algorithmus, der das klassische Deutsch-Jozsa-Problem löst, $2^{n-1} + 1$ Abfragen der Blackbox für f erfordert.

Wie bereits erwähnt, ist das Deutsch-Jozsa-Problem eine direkte Verallgemeinerung des Deutsch-Problems. Seine Hauptbedeutung liegt weniger in praktischen Anwendungen, sondern vielmehr im Effizienzunterschied zwischen der besten klassischen deterministischen und der Quantenlösung. Er ist noch viel deutlicher als beim Deutsch-Problem. Denn wie in Übung 6.2.2 gezeigt, benötigt jeder deterministische klassische Algorithmus zur Lösung des Deutsch-Jozsa-Problems mindestens $2^{n-1} + 1$ Abfragen von f. Dagegen verwendet der Deutsch-Jozsa-Algorithmus aus Abschn. 6.2.2 den Operator U_f nur einmal. Aber das ist nur ein Teil der Geschichte. Wie die folgende Übung zeigt, gibt es nämlich einen deutlich effizienteren klassischen probabilistischen Algorithmus zur Lösung des Deutsch-Jozsa-Problems.

Übung 6.2.3 Finden Sie einen probabilistischen Algorithmus, der zwei Auswertungen von f benötigt und das Deutsch-Jozsa-Problem mit einer Erfolgswahrscheinlichkeit von mindestens $\frac{1}{2}$ löst.

6.2.2 Quantenversion und ihre Lösung

Die Quantenversion des Deutsch-Jozsa-Problems verwendet den Operator

$$U_f : \mathbb{H}_n \otimes \mathbb{H}_1 \to \mathbb{H}_n \otimes \mathbb{H}_1, \quad |\mathbf{x}\rangle\,|y\rangle \mapsto |\mathbf{x}\rangle\,|f(\mathbf{x}) \oplus y\rangle = |\mathbf{x}\rangle\,X^{f(\mathbf{x})}\,|y\rangle \tag{6.11}$$

um herauszufinden, ob f konstant oder balanciert ist.

Übung 6.2.4 Zeigen Sie, dass U_f aus (6.11) ein unitärer Operator auf $\mathbb{H}_{n+1}$ ist.

Das Quanten-Deusch-Jozsa-Problem ist folgendes:

Problem 6.2.5 (Deutsch-Jozsa-Problem – Quantenversion)
Eingabe: Eine positive ganze Zahl n, eine Blackbox, die den Operator U_f aus (6.11) für eine Funktion $f : \{0, 1\}^n \to \{0, 1\}^n$ implementiert, die entweder konstant oder balanciert ist.
Ausgabe: „konstant“ oder „balanciert“, je nachdem, welche Eigenschaft f hat.

Das Deutsch-Jozsa-Problem ist ein Beispiel für ein *Promise-Problem.* In der Komplexitätstheorie wird damit ein Entscheidungsproblem bezeichnet, in dem garantiert wird, dass die Eingaben eine bestimmte Eigenschaft haben. Hier wird z. B. garantiert, dass f entweder konstant oder balanciert ist.

Der Quantenschaltkreis, der das Deutsch-Jozsa-Problem löst, ist in Abb. 6.2 dargestellt. Er verwendet ebenfalls Quantenparallelität, Superposition, Phase-Kickback sowie Interferenz und ähnelt dem Quantenschaltkreis in Abb. 6.1, der das Deutsch-Problem löst.

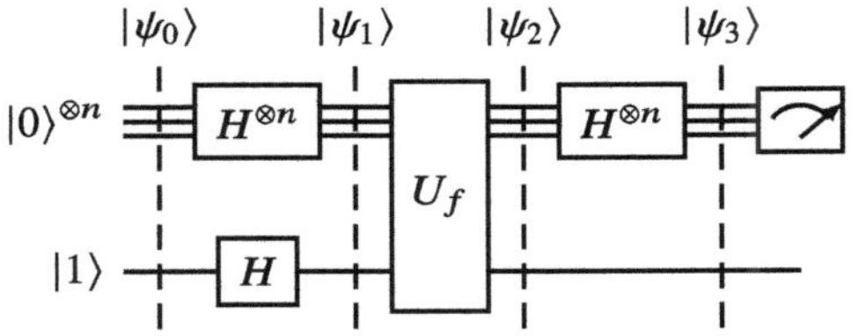

$$\begin{cases} \mathbf{0} & \text{falls } f \text{ konstant ist,} \\ \mathbf{x} \neq \mathbf{0} & \text{falls } f \text{ balanciert ist.} \end{cases}$$

Abb. 6.2 Der Quantenschaltkreis $Q_{DJ}(n, U_f)$, der das Deutsch-Jozsa-Problem löst

Um zu zeigen, dass dieser Schaltkreis tatsächlich das Deutsch-Jozsa-Problem löst, verwenden wir das folgende Lemma:

Lemma 6.2.6 Für alle $\mathbf{x} \in \{0, 1\}^n$ gilt

$$H^{\otimes n} |\mathbf{x}\rangle = \frac{1}{\sqrt{2^n}} \sum_{\mathbf{z} \in \{0,1\}^n} (-1)^{\mathbf{x} \cdot \mathbf{z}} |\mathbf{z}\rangle \tag{6.12}$$

und

$$|\mathbf{x}\rangle = \frac{1}{\sqrt{2^n}} \sum_{\mathbf{z} \in \{0,1\}^n} (-1)^{\mathbf{x} \cdot \mathbf{z}} H^{\otimes n} |\mathbf{z}\rangle . \tag{6.13}$$

Beweis Für alle $x \in \{0, 1\}$ gilt

$$H |x\rangle = \frac{1}{\sqrt{2}}(|0\rangle + (-1)^x |1\rangle) = \frac{1}{\sqrt{2}} \sum_{z \in \{0,1\}} (-1)^{xz} |z\rangle . \tag{6.14}$$

Daher gilt für alle $\mathbf{x} = (x_0, \ldots, x_{n-1}) \in \{0, 1\}^n$

$$\begin{aligned} H^{\otimes n} |\mathbf{x}\rangle &= \frac{1}{\sqrt{2^n}} \left(\sum_{z_0 \in \{0,1\}} (-1)^{x_0 z_0} |z_0\rangle \right) \otimes \cdots \otimes \left(\sum_{z_{n-1} \in \{0,1\}} (-1)^{x_{n-1} z_{n-1}} |z_{n-1}\rangle \right) \\ &= \frac{1}{\sqrt{2^n}} \sum_{(z_0, \ldots, z_{n-1}) \in \{0,1\}^n} \left((-1)^{x_0 z_0} |z_0\rangle\right) \otimes \cdots \otimes \left((-1)^{x_{n-1} z_{n-1}} |z_{n-1}\rangle\right) \\ &= \frac{1}{\sqrt{2^n}} \sum_{\mathbf{z} \in \{0,1\}^n} (-1)^{\mathbf{x} \cdot \mathbf{z}} |\mathbf{z}\rangle . \end{aligned} \tag{6.15}$$

Dies beweist (6.12). Also folgt (6.13) aus der Identität $H^2 = I$. □

Nun bestimmen wir die Zustände $|\psi_i\rangle$, $0 \le i \le 3$, im Deutsch-Jozsa-Schaltkreis. Der Anfangszustand ist

$$|\psi_0\rangle = |0\rangle^{\otimes n} |1\rangle . \tag{6.16}$$

Der Schaltkreis wendet $H^{\otimes(n+1)}$ auf diesen Zustand an. Aus (6.12) folgt, dass dies den Zustand

$$|\psi_1\rangle = H^{\otimes n} |0\rangle^{\otimes n} |x_-\rangle = \frac{1}{\sqrt{2^n}} \sum_{\mathbf{x} \in \{0,1\}^n} |\mathbf{x}\rangle |x_-\rangle . \tag{6.17}$$

ergibt. Dies ist die gleichgewichtete *Superposition* der Zustände $|\mathbf{x}\rangle |x_-\rangle$.

Als Nächstes wendet der Quantenschaltkreis U_f auf $|\psi_1\rangle$ an. Wir zeigen, dass dies eine Anwendung des *Phase-Kickback*-Tricks ist. Für alle $\mathbf{x} \in \{0, 1\}^n$ gilt

$$U_f |\mathbf{x}\rangle |x_-\rangle = (-1)^{f(\mathbf{x})} |\mathbf{x}\rangle |x_-\rangle . \tag{6.18}$$

Daher fügt die Anwendung von U_f auf $|\mathbf{x}\rangle\,|x_-\rangle$ diesem Zustand den globalen Phasenfaktor $(-1)^{f(\mathbf{x})}$ hinzu. Aus (6.18) folgt also

$$\begin{aligned}|\psi_2\rangle = U_f\,|\psi_1\rangle &= \frac{1}{\sqrt{2^n}} \sum_{\mathbf{x}\in\{0,1\}^n} U_f\,|\mathbf{x}\rangle\,|x_-\rangle \\ &= \frac{1}{\sqrt{2^n}} \sum_{\mathbf{x}\in\{0,1\}^n} (-1)^{f(\mathbf{x})}\,|\mathbf{x}\rangle\,|x_-\rangle\,.\end{aligned} \tag{6.19}$$

Die Anwendung von U_f auf die Superposition $|\psi_1\rangle$ verteilt also die Phasenfaktoren $(-1)^{f(\mathbf{x})}$ auf die Koeffizienten der Zustände $|\mathbf{x}\rangle$ der ersten n Qubits. Um Informationen über die Funktion f aus dieser Superposition zu extrahieren, benutzen wir folgende Identitäten, die aus (6.13) folgen:

$$\begin{aligned}|\psi_2\rangle &= \frac{(-1)^{f(\mathbf{0})}}{\sqrt{2^n}} \sum_{\mathbf{x}\in\{0,1\}^n} (-1)^{f(\mathbf{x})\oplus f(\mathbf{0})}\,|\mathbf{x}\rangle\,|x_-\rangle \\ &= \frac{(-1)^{f(\mathbf{0})}}{2^n} \sum_{\mathbf{x}\in\{0,1\}^n} (-1)^{f(\mathbf{x})\oplus f(\mathbf{0})} \sum_{\mathbf{z}\in\{0,1\}^n} (-1)^{\mathbf{x}\cdot\mathbf{z}} H^{\otimes n}\,|\mathbf{z}\rangle\,|x_-\rangle \\ &= \left(\frac{(-1)^{f(\mathbf{0})}}{2^n} \sum_{\mathbf{z}\in\{0,1\}^n} \left(\sum_{\mathbf{x}\in\{0,1\}^n} (-1)^{\mathbf{x}\cdot\mathbf{z}+f(\mathbf{x})\oplus f(\mathbf{0})}\right) H^{\otimes n}\,|\mathbf{z}\rangle\right)|x_-\rangle\end{aligned} \tag{6.20}$$

Dies ist das Tensorprodukt eines Quantenzustands in $\mathbb{H}_n$ mit $|x_-\rangle$. Die Amplitude des Basiszustands $H^{\otimes n}\,|0\rangle_n$ im Zustand der ersten n Qubits ist

$$\left|\frac{(-1)^{f(\mathbf{0})}}{2^n} \sum_{\mathbf{x}\in\{0,1\}^n} (-1)^{f(\mathbf{x})\oplus f(\mathbf{0})}\right| = \begin{cases} \left|(-1)^{f(\mathbf{0})}\right| = 1 & \text{falls } f \text{ konstant ist,} \\ 0 & \text{falls } f \text{ balanciert ist.}\end{cases} \tag{6.21}$$

Aus Korollar 4.7.12 folgt, dass die Messung der ersten n Qubits in der Basis $(H^{\otimes n}\,|\mathbf{z}\rangle)_{\mathbf{z}\in\{0,1\}^n}$ mit Wahrscheinlichkeit 1 die Information liefert, ob f konstant oder balanciert ist. Um diese Information durch eine Messung in der Berechnungsbasis zu erhalten, wendet der Deutsch-Jozsa-Schaltkreis $H^{\otimes n}$ auf den Quantenzustand der ersten n Qubits von $|\psi_2\rangle$ an. Aus (6.20) ergibt sich der Endzustand

$$|\psi_3\rangle = \left(\frac{(-1)^{f(\mathbf{0})}}{2^n} \sum_{\mathbf{z}\in\{0,1\}^n} \left(\sum_{\mathbf{x}\in\{0,1\}^n} (-1)^{\mathbf{x}\cdot\mathbf{z}+f(\mathbf{x})\oplus f(\mathbf{0})}\right)|\mathbf{z}\rangle\right)|x_-\rangle \tag{6.22}$$

Die Messung der ersten n Qubits von $|\psi_3\rangle$ in der Berechnungsbasis ergibt $\mathbf{0}$ mit Wahrscheinlichkeit 1, wenn f konstant ist, und einen von $\mathbf{0}$ verschiedenen Vektor, wenn f balanciert ist. Man beachte, dass die Ausgabewerte der Messung hier als Bitvektoren kodiert sind. Wie gewünscht, unterscheidet diese Messung mit Wahrscheinlichkeit 1 zwischen konstanten und balancierten Funktionen f unter Verwendung von $2n + 1$ Anwendungen des Hadamard-Operators H und einer Anwendung von U_f. Dies kann als eine exponentielle Beschleunigung gegenüber der besten klassischen Lösung des Deutsch-Problems betrachtet werden.

Zusammenfassend ergibt sich das folgende Theorem.

Theorem 6.2.7 Sei $n \in \mathbb{N}$, sei $f : \{0, 1\}^n \to \{0, 1\}$ eine Funktion, die konstant oder balanciert ist, und sei U_f der unitäre Operator aus (6.11). Dann liefert der Quantenschaltkreis Q_{DJ} mit Wahrscheinlichkeit 1 den Vektor $\mathbf{0}$, wenn f konstant ist, und einen von $\mathbf{0}$ verschiedenen Vektor, wenn f balanciert ist. Er verwendet ein U_f-Gatter und $2n + 1$ Hadamard-Gatter.

Im Vergleich zum besten deterministischen Algorithmus zur Lösung des Deutsch-Jozsa-Problems, der nach Aufgabe 6.2.2 $2^{n-1} + 1$ Auswertungen der Funktion f erfordert, stellt der Deutsch-Jozsa-Algorithmus eine dramatische asymptotische Beschleunigung dar. Im Vergleich zum probabilistischen Algorithmus aus Aufgabe 6.2.3 verschwindet dieser Vorteil jedoch. Dies ist bei Simons Algorithmus anders, der im nächsten Abschnitt vorgestellt wird.

6.3 Simons Algorithmus

Dieser Abschnitt beschäftigt sich mit dem *Simon-Problem* und Simons Quantenalgorithmus zu seiner Lösung. Der Algorithmus wurde 1994 von Daniel Simon vorgestellt [Sim94, Sim97] um die Überlegenheit von Quantenberechnungen gegenüber klassischen Berechnungen aus der Sicht der Komplexitätstheorie zu zeigen. Simons wegweisende Arbeit weist nach, dass die Quanten-Version des Simon-Problems exponentiell schneller gelöst werden kann als das klassische Gegenstück. Dies war das erste Mal, dass eine solche exponentielle Beschleunigung gezeigt wurde und war auch eine wichtige Grundlage für die Entwicklung der Shor-Algorithmen, die wir in Kap. 7 behandeln.

6.3.1 Klassisches Problem

Klassisch stellt sich das Simon-Problem wie folgt dar.

Problem 6.3.1 (Simon-Problem – klassische Version)
Eingabe: Eine Blackbox, die eine Funktion $f : \{0, 1\}^n \to \{0, 1\}^n$ implementiert mit der Eigenschaft, dass es ein $\mathbf{s} \in \{0, 1\}^n$, $\mathbf{s} \neq \mathbf{0}$, gibt, sodass für alle $\mathbf{x}, \mathbf{y} \in \{0, 1\}^n$ genau dann $f(\mathbf{x}) = f(\mathbf{y})$ gilt, wenn $\mathbf{x} = \mathbf{y}$ oder $\mathbf{x} = \mathbf{y} \oplus \mathbf{s}$ ist.
Ausgabe: Der versteckte Vektor $\mathbf{s}$.

In der nächsten Übung wird eine untere Schranke für die Lösung des Simon-Problems unter Verwendung eines klassischen deterministischen Algorithmus bewiesen.

Übung 6.3.2 Sei A ein klassischer deterministischer Algorithmus, der das Simon-Problem löst. Zeigen Sie, dass A im schlechtesten Fall die Blackbox, die f implementiert, mindestens $2^{n-1} + 1$ Mal abfragen muss.

Wir werden sehen, dass der Quantenalgorithmus für das Simon-Problem weitaus effizienter ist. Allerdings ist er ein probabilistischer Algorithmus. Daher müssen wir ihn mit klassischen probabilistischen Algorithmen vergleichen. Eine untere Schranke für deren Komplexität wird im nächsten Theorem angegeben, der von Richard Cleve in [Cle11] bewiesen wurde.

Theorem 6.3.3 Jeder klassische probabilistische Algorithmus, der das Simon-Problem mit einer Wahrscheinlichkeit von mindestens $3/4$ löst, muss $\Omega(2^{n/2})$ Anfragen an die Blackbox für f stellen.

6.3.2 Die Quanten-Version und ihre Lösung

Wie im quantenmechanischen Deutsch-Problem wird auch in der Quanten-Version des Simon-Problems die Funktion $f : \{0, 1\}^n \to \{0, 1\}^n$ durch einen unitären Operator auf $\mathbb{H}_n$ ersetzt. Dieser Operator ist

$$U_f : \mathbb{H}_n \otimes \mathbb{H}_n, \quad |\mathbf{x}\rangle\,|\mathbf{y}\rangle \mapsto |\mathbf{x}\rangle\,|f(\mathbf{x}) \oplus \mathbf{y}\rangle\,. \tag{6.23}$$

Mit diesem Operator kann die Quanten-Version des Simon-Problems wie folgt formuliert werden.

Problem 6.3.4 (Simon-Problem – Quanten-Version)
Eingabe: Eine positive ganze Zahl n, eine Blackbox, die den unitären Operator U_f aus (6.23) für eine Funktion $f : \{0, 1\}^n \to \{0, 1\}^n$ implementiert, die folgende Eigenschaft hat: Es gibt einen Vektor $\mathbf{s} \in \{0, 1\}^n$, $\mathbf{s} \neq \mathbf{0}$, sodass für alle $\mathbf{x}, \mathbf{y} \in \{0, 1\}^n$ die Gleichung $f(\mathbf{x}) = f(\mathbf{y})$ genau dann gilt, wenn $\mathbf{x} = \mathbf{y}$ oder $\mathbf{x} = \mathbf{y} \oplus \mathbf{s}$ ist.
Ausgabe: Der versteckte String $\mathbf{s}$.

Algorithmus 6.3.5 Simons Algorithmus

Input: Eine positive ganze Zahl n und eine Blackbox-Implementierung des Operators U_f aus (6.23) für eine Funktion $f : \{0,1\}^n \to \{0,1\}^n$ die folgende Eigenschaft hat: Es gibt einen Vektor $\mathbf{s} \in \{0,1\}^n$, $\mathbf{s} \neq \mathbf{0}$, sodass für alle $\mathbf{x}, \mathbf{y} \in \{0,1\}^n$ genau dann $f(\mathbf{x}) = f(\mathbf{y})$ gilt, wenn $\mathbf{x} = \mathbf{y}$ oder $\mathbf{x} = \mathbf{y} \oplus \mathbf{s}$ ist.
Output: Der versteckte Vektor **s**

QSIMON(n, U_f)
  $W \leftarrow ()$
  for $j = 1$ to $n - 1$ **do**
    $\mathbf{w_j} \leftarrow Q_{\text{Simon}}(n, U_f)$
    $W \leftarrow W \parallel (\mathbf{w_j})$
  end for
  $r \leftarrow \text{rank } W$
  if $r = n - 1$ **then**
    Finde die eindeutige nichttriviale Lösung **s** des linearen Gleichungssystems $W^T\mathbf{x} = 0$
    return s
  else
    return "Failure"
  end if
end

Wir erklären die Idee von Simons Algorithmus 6.3.5. Die Details und Beweise werden weiter unten gegeben. Mithilfe des Quantenschaltkreises $Q_{\text{Simon}}(n, U_f)$ aus Abb. 6.3 wählt der Algorithmus $n - 1$ Elemente $\mathbf{w}_1, \ldots, \mathbf{w}_{n-1}$ aus dem orthogonalen Komplement

$$\mathbf{s}^\perp = \{\mathbf{w} \in \{0,1\}^n : \mathbf{w} \cdot \mathbf{s} = 0\}. \tag{6.24}$$

von **s**. Wenn die Matrix $W = (\mathbf{w}_1, \ldots, \mathbf{w}_{n-1})$ den Rang $n - 1$ hat, berechnet der Algorithmus die eindeutig bestimmte Lösung des linearen Gleichungssystems $W^T\mathbf{x} = \mathbf{0}$, die der versteckte Vektor **s** ist.

Im Folgenden verwenden wir die Notation aus der Quanten-Version des Simon-Problems sowie aus Simons Algorithmus 6.3.5 und beweisen das folgende Theorem. Im Blick auf Theorem 6.3.3 zeigt es, dass Simons Algorithmus einen exponentiellen Geschwindigkeitsvorteil gegenüber jedem probabilistischen Algorithmus für das Simon-Problem bietet.

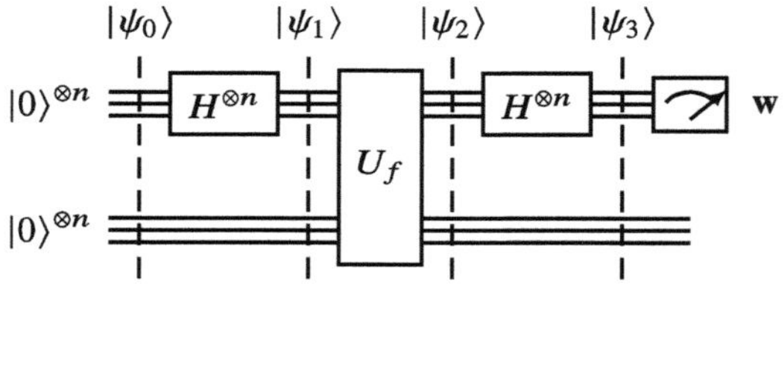

Abb. 6.3 Der Quantenschaltkreis $Q_{\text{Simon}}(n, U_f)$, der in Simons Algorithmus verwendet wird

Theorem 6.3.6 Simons Algorithmus 6.3.5 gibt den versteckten Vektor **s** aus dem Simon-Problem mit einer Wahrscheinlichkeit von mindestens $1/4$ zurück. Er benötigt $n-1$ Anwendungen von U_f und $O(n^3)$ andere Operationen.

Zuerst beweisen wir, dass Simons Algorithmus das richtige Ergebnis liefert.

Proposition 6.3.7 Wenn die Matrix $W = (\mathbf{w}_1, \ldots, \mathbf{w}_{n-1})$ die Dimension $n-1$ hat und ihre Spaltenvektoren im orthogonalem Komplement von **s** liegen, dann ist **s** die eindeutig bestimmte Lösung des linearen Gleichungssystems $W^{\mathrm{T}}\mathbf{x} = \mathbf{0}$.

Beweis Gemäß Proposition 3.2.42 ist das orthogonale Komplement von **s** ein Unterraum von $\{0,1\}^n$ der Dimension $n-1$. Nach Proposition B.5.20 hat der Kern von W^{T} die Dimension 1. Da **s** ein von **0** verschiedener Vektor im Kern von W^{T} ist, folgt daraus, dass **s** der eindeutig bestimmte von **0** verschiedene Vektor in diesem Kern ist. □

Aus Proposition 6.3.7 folgt, dass Simons Algorithmus das richtige Ergebnis liefert, wenn der Quantenschaltkreis $Q_{\text{Simon}}(n, U_f)$ in Abb. 6.3 Elemente von $\mathbf{s}^\perp$ zurückgibt. Dies werden wir nun beweisen. Wir benötigen dafür das folgende Ergebnis.

Lemma 6.3.8 Sei $\mathbf{s} \in \{0,1\}^n$ nicht der Nullvektor. Dann gilt für alle $\mathbf{z} \in \{0,1\}^n$

$$H^{\otimes n}\left(\frac{|\mathbf{z}\rangle + |\mathbf{z} \oplus \mathbf{s}\rangle}{\sqrt{2}}\right) = \frac{1}{\sqrt{2^{n-1}}} \sum_{\mathbf{w} \in \mathbf{s}^\perp} (-1)^{\mathbf{z}\cdot\mathbf{w}} |\mathbf{w}\rangle . \tag{6.25}$$

Beweis Es folgt aus Lemma 6.2.6, dass für alle $\mathbf{z} \in \{0,1\}^n$ Folgendes gilt:

$$\begin{aligned}
&H^{\otimes n}\left(\frac{|\mathbf{z}\rangle + |\mathbf{z} \oplus \mathbf{s}\rangle}{\sqrt{2}}\right) \\
&= \frac{1}{\sqrt{2^{n+1}}} \sum_{\mathbf{w} \in \{0,1\}^n} \left((-1)^{\mathbf{z}\cdot\mathbf{w}} + (-1)^{(\mathbf{z}\oplus\mathbf{s})\cdot\mathbf{w}}\right) |\mathbf{w}\rangle \\
&= \frac{1}{\sqrt{2^{n+1}}} \left(\sum_{\mathbf{w} \in \mathbf{s}^\perp} \left((-1)^{\mathbf{z}\cdot\mathbf{w}} + (-1)^{\mathbf{z}\cdot\mathbf{w}\oplus\mathbf{s}\cdot\mathbf{w}}\right) |\mathbf{w}\rangle \right. \\
&\quad \left. + \sum_{\mathbf{w} \in \{0,1\}^n \setminus \mathbf{s}^\perp} \left((-1)^{\mathbf{z}\cdot\mathbf{w}} + (-1)^{\mathbf{z}\cdot\mathbf{w}\oplus\mathbf{s}\cdot\mathbf{w}}\right) |\mathbf{w}\rangle \right).
\end{aligned} \tag{6.26}$$

Wenn $\mathbf{w} \in \mathbf{s}^\perp$ ist, dann gilt

$$(-1)^{\mathbf{z}\cdot\mathbf{w}} + (-1)^{\mathbf{z}\cdot\mathbf{w}\oplus\mathbf{s}\cdot\mathbf{w}} = 2 \cdot (-1)^{\mathbf{z}\cdot\mathbf{w}}. \tag{6.27}$$

Wenn aber $\mathbf{w} \in \{0, 1\}^n \setminus \mathbf{s}^\perp$ ist, dann gilt

$$(-1)^{\mathbf{z}\cdot\mathbf{w}} + (-1)^{\mathbf{z}\cdot\mathbf{w}\oplus\mathbf{s}\cdot\mathbf{w}} = 0. \tag{6.28}$$

Daher folgt aus (6.26), dass

$$H^{\otimes n}\left(\frac{|\mathbf{z}\rangle \oplus |\mathbf{z}+\mathbf{s}\rangle}{\sqrt{2}}\right) = \frac{2}{\sqrt{2^{n+1}}}\sum_{\mathbf{w}\in\mathbf{s}^\perp}(-1)^{\mathbf{z}\cdot\mathbf{w}}\,|\mathbf{w}\rangle = \frac{1}{\sqrt{2^{n-1}}}\sum_{\mathbf{w}\in\mathbf{s}^\perp}(-1)^{\mathbf{z}\cdot\mathbf{w}}\,|\mathbf{w}\rangle\,, \tag{6.29}$$

wie behauptet. □

Nun können wir die folgende Proposition beweisen:

Proposition 6.3.9 Der Quantenschaltkreis $Q_{\text{Simon}}(n, U_f)$ aus Abb. 6.3 gibt ein gleichverteilt zufälliges Element aus $\mathbf{s}^\perp$ zurück.

Beweis Der Quantenschaltkreis $Q_{\text{Simon}}(n, U_f)$ operiert auf einem Quanten-System, das aus zwei Quantenregistern der Länge n besteht, von denen jedes mit $|0\rangle^{\otimes n}$ initialisiert wird. Daher gilt

$$|\psi_0\rangle = |0\rangle^{\otimes n}\,|0\rangle^{\otimes n}\,. \tag{6.30}$$

Dann wird $H^{\otimes n}$ auf das erste Register angewendet. Es folgt aus (6.12), dass dies den Quantenzustand

$$|\psi_1\rangle = \frac{1}{\sqrt{2^n}}\sum_{\mathbf{z}\in\{0,1\}^n}|\mathbf{z}\rangle\,|0\rangle^{\otimes n} \tag{6.31}$$

liefert. Das ist eine gleichgewichtete Superposition der Quantenzustände $|\mathbf{z}\rangle\,|0\rangle^{\otimes n}$. Als Nächstes wendet der Algorithmus U_f auf $|\psi_1\rangle$ an und erzeugt den Zustand

$$|\psi_2\rangle = U_f\,|\psi_1\rangle = \frac{1}{\sqrt{2^n}}\sum_{\mathbf{z}\in\{0,1\}^n}|\mathbf{z}\rangle\,|f(\mathbf{z})\rangle\,. \tag{6.32}$$

Dies ist ein Beispiel für Quantenparallelität: Eine Anwendung des Operators U_f ergibt eine Superposition der Zustände $|f(\mathbf{z})\rangle$, $\mathbf{z} \in \{0, 1\}^n$. Wir werden nun zeigen, dass dieser Vorgang auch zu Quanteninterferenz führt, die es uns ermöglicht, $\mathbf{w} \in \mathbf{s}^\perp$ zu erhalten. Um dies zu sehen, sei I Repräsentantensystem des Quotientenraums $\{0, 1\}^n/\{\mathbf{0}, \mathbf{s}\}$. Dann gilt

$$\{0, 1\}^n = \dot{\bigcup_{\mathbf{z}\in I}}\{\mathbf{z}, \mathbf{s}\oplus\mathbf{z}\}. \tag{6.33}$$

Dies impliziert, dass $|\psi_2\rangle$ umgeschrieben werden kann als

$$|\psi_2\rangle = \frac{1}{\sqrt{2^{n-1}}}\sum_{\mathbf{z}\in I}\frac{|\mathbf{z}\rangle + |\mathbf{z}\oplus\mathbf{s}\rangle}{\sqrt{2}}\,|f(\mathbf{z})\rangle\,. \tag{6.34}$$

Aus Lemma 6.3.8 erhalten wir

$$|\psi_2\rangle = \frac{1}{2^{n-1}} \sum_{\mathbf{z}\in I} \sum_{\mathbf{w}\in \mathbf{s}^\perp} (-1)^{\mathbf{z}\cdot\mathbf{w}} H^{\otimes n} |\mathbf{w}\rangle |f(\mathbf{z})\rangle . \tag{6.35}$$

So ergibt die Quanteninterferenz die gleichgewichtete Superposition der Quantenzustände $H^{\otimes n} |\mathbf{w}\rangle |f(\mathbf{z})\rangle$ mit $\mathbf{w} \in \mathbf{s}^\perp$ und $\mathbf{z} \in I$. Um die Extraktion eines $\mathbf{w}$ zu ermöglichen, wendet der Algorithmus $H^{\otimes n}$ auf das erste Quantenregister an. Dies ergibt den Endzustand

$$|\psi_3\rangle = \sum_{\mathbf{z}\in I} \sum_{\mathbf{w}\in \mathbf{s}^\perp} \frac{(-1)^{\mathbf{z}\cdot\mathbf{w}}}{2^{n-1}} |\mathbf{w}\rangle |f(\mathbf{z})\rangle . \tag{6.36}$$

Wie in Übung 6.3.10 gezeigt, gibt die Messung des ersten Registers von $|\psi_3\rangle$ in der Berechnungsbasis von $\mathbb{H}_n$ jedes $\mathbf{w} \in \mathbf{s}^\perp$ mit einer Wahrscheinlichkeit von $1/2^{n-1}$. Man beachte, dass hier die Vektoren in $\{0, 1\}^n$ mit den Zahlen in $\mathbb{Z}_{2^n}$ identifiziert werden. □

Übung 6.3.10

1. Zeigen Sie, dass die Messung des ersten Registers von $|\psi_3\rangle$ aus (6.36) in der Berechnungsbasis von $\mathbb{H}_n$ jedes $\mathbf{w} \in \mathbf{s}^\perp$ mit einer Wahrscheinlichkeit von $1/2^{n-1}$ ergibt.
2. Analysieren Sie die Modifikation von Simons Algorithmus, bei der das zweite Register vor der Messung herausgespurt wird.

Als nächstes analysieren wir Algorithmus 6.3.5. Der Algorithmus ruft $(n-1)$-mal den Quantenschaltkreis $Q_{\text{Simon}}(n, U_f)$ auf und konstruiert die Matrix W. Wenn die Matrix W den Rang $n-1$ hat, folgt aus Proposition 6.3.7, dass der verborgene Vektor $\mathbf{s}$ die eindeutig bestimmte nichttriviale Lösung des linearen Gleichungssystems $W^{\mathrm{T}}\mathbf{x} = \mathbf{0}$ ist. Um die Erfolgswahrscheinlichkeit des Algorithmus abzuschätzen, verwenden wir das folgende Lemma:

Lemma 6.3.11 Für alle $n \in \mathbb{N}$ gilt

$$\prod_{k=1}^{n-1} \left(1 - \frac{1}{2^k}\right) \geq \frac{1}{4}. \tag{6.37}$$

Beweis Für jedes $x \in [0, 1/2]$ gilt

$$\log(1-x) \geq -2x \log 2. \tag{6.38}$$

Dies wird in Übung 6.3.12 gezeigt und impliziert

$$\log\left(\prod_{k=1}^{n-1}\left(1-\frac{1}{2^k}\right)\right)=\sum_{k=1}^{n-1}\log\left(1-\frac{1}{2^k}\right)$$
$$=-2\log 2\sum_{k=1}^{\infty}\frac{1}{2^k}\geq -2\log 2. \tag{6.39}$$

Daraus folgt die Behauptung. □

Übung 6.3.12 Verwenden Sie elementare Analysis, um zu zeigen, dass (6.38) gilt.

Unter Verwendung von Lemma 6.3.11 erhalten wir nun die folgende Abschätzung der Erfolgswahrscheinlichkeit von Simons Algorithmus.

Proposition 6.3.13 Die Erfolgswahrscheinlichkeit von Simons Algorithmus ist mindestens $1/4$.

Beweis Setze $W_0 = ()$ und bezeichne mit W_j die Matrix, die der Algorithmus in der j-ten Iteration der **for**-Schleife berechnet. Wir zeigen, dass W_j mit Wahrscheinlichkeit

$$p_j=\prod_{k=n-j}^{n-1}\left(1-\frac{1}{2^k}\right). \tag{6.40}$$

den Rang j hat. Aus dieser Gleichung für $j = n - 1$ und Lemma 6.3.11 folgt dann, dass die Erfolgswahrscheinlichkeit von Simons Algorithmus mindestens $1/4$ beträgt.

Sei $n = 1$. Dann wird die in Zeile 3 beginnende **for**-Schleife übersprungen. Daher arbeitet der Algorithmus mit der matrix $W_0 = ()$, deren Rang mit Wahrscheinlichkeit 1 den Wert 0 hat.

Sei $n > 1$. Wir beweisen (6.40) durch Induktion über j. In jeder Iteration der **for**-Schleife wird ein gleichverteilt zufälliges $\mathbf{w} \in \mathbf{s}^\perp$ von $Q_{\text{Simon}}(n, U_j)$ bestimmt und zu der bisherigen Matrix W hinzugefügt. Die auf diese Weise in der ersten Iteration gefundene Matrix hat Rang 1, wenn $\mathbf{w}$ ungleich Null ist. Dies ist mit Wahrscheinlichkeit $(2^{n-1} - 1)/2^{n-1} = 1 - 1/2^{n-1} = p_1$ der Fall. Sei nun $j \in \mathbb{N}, 1 < j \leq n - 1$ und nehmen wir an, dass rank $W_{j-1} = j - 1$ mit Wahrscheinlichkeit p_{j-1} eintritt. Wir bestimmen die Wahrscheinlichkeit dafür, dass der Vektor $\mathbf{w}$, der in der j-ten Iteration gefunden wird, W_{j-1} zu eine Matrix mit Rang j ergänzt. Sei $(\mathbf{b}_1, \ldots, \mathbf{b}_{n-1})$ eine Basis von $\mathbf{s}^\perp$, sodass $\mathbf{b}_1, \cdots, \mathbf{b}_{j-1}$ die Spaltenvektoren von W_{j-1} sind. Sei $\mathbf{w} = \sum_{i=0}^{n-1} w_i \mathbf{b}_i$ der Vektor, der in der j-ten Iteration der **for**-Schleife von $Q_{\text{Simon}}(n, U_f)$ zurückgegeben wird. Dieser Vektor erweitert W_{j-1} genau dann zu einer Matrix mit Rang j, wenn mindestens einer der Koeffizienten w_i der Basis-Elemente $\mathbf{b}_i$ mit $j \leq i \leq n - 1$ ungleich Null ist. Dies gilt für $2^{n-1} - 2^{j-1}$ Vektoren in $\{0, 1\}^n$. Daher ist die Wahrscheinlichkeit, einen solchen Vektor zu finden

$$p_{j-1}\left(1-\frac{2^{j-1}}{2^{n-1}}\right)=p_{j-1}\left(1-\frac{1}{2^{n-j}}\right)=p_j. \tag{6.41}$$

□

Abschließend analysieren wir die Komplexität des Algorithmus.

Proposition 6.3.14 Simons Algorithmus erfordert $n-1$ Anwendungen von U_f, $O(n^2)$ Hadamard-Gatter sowie $\mathrm{O}(n^3)$ zusätzliche Operationen.

Beweis Die Anzahl der Aufrufe von $\mathrm{Q_{Simon}}(n, U_f)$ ist offensichtlich $n-1$. Da jede Anwendung von $\mathrm{Q_{Simon}}(n, U_n)$ $\mathrm{O}(n)$ Hadamard-Gatter verwendet, beträgt die Gesamtanzahl der benötigten Hadamard-Gatter $\mathrm{O}(n^2)$. Außerdem kann das lineare Gleichungssystem $W^{\mathrm{T}}\mathbf{x}=\mathbf{0}$ gemäß Proposition B.5.31 mit $\mathrm{O}(n^3)$ Operationen gelöst werden. □

Nun folgt Theorem 6.3.6 aus den Propositionen 6.3.7, 6.3.9, 6.3.13 und 6.3.14.

6.4 Verallgemeinerung von Simons Algorithmus

Wir diskutieren eine Verallgemeinerung des Simon-Problems und einen Quantenalgorithmus für dessen Lösung. Die Idee ist, den versteckten Vektor $\mathbf{s}$ durch einen versteckten linearen Unterraum S des n-dimensionalen Vektorraums $\{0,1\}^n$ zu ersetzen. Die klassische Version dieser Verallgemeinerung lautet wie folgt.

Problem 6.4.1 (Allgemeines Simon-Problem – klassische Version)
Eingabe: Eine Blackbox, die eine Funktion $f:\{0,1\}^n \to \{0,1\}^n$ implementiert, mit der folgenden Eigenschaft: Es gibt einen linearen Unterraum S von $\{0,1\}^n$, sodass für alle $\mathbf{x},\mathbf{y} \in \{0,1\}^n$ die Gleichung $f(\mathbf{x})=f(\mathbf{y})$ genau dann gilt, wenn $\mathbf{x}=\mathbf{y}\oplus\mathbf{s}$ für ein $\mathbf{s}\in S$ ist. Die Dimension m von S ist ebenfalls eine Eingabe.
Ausgabe: Eine Basis von S.

Der Unterraum S wird auch als *versteckter Untergruppe* von $\{0,1\}^n$ bezeichnet. Im ursprünglichen Simon-Problem gilt $S=\{\mathbf{0},\mathbf{s}\}$. Die Bestimmung einer versteckten Untergruppe ist auch der Schlüssel für Shors Faktorisierungs- und Diskrete-Logarithmen-Algorithmen. Diese werden in Kap. 7 besprochen.

Die Quanten-Version des allgemeinen Simon-Problems lautet wie folgt.

Problem 6.4.2 (Allgemeines Simon-Problem – Quanten-Version)
Eingabe: Eine Blackbox, die den unitären Operator U_f aus (6.23) für eine Funktion $f:\{0,1\}^n \to \{0,1\}^n$ implementiert, der folgende Eigenschaft hat: Es gibt einen linearen Unterraum S von $\{0,1\}^n$, so dass für alle $\mathbf{x},\mathbf{y}\in\{0,1\}^n$ die Gleichung $f(\mathbf{x})=f(\mathbf{y})$

genau dann gilt, wenn $\mathbf{x} = \mathbf{y} \oplus \mathbf{s}$ für ein $\mathbf{s} \in S$. Die Dimension m von S ist ebenfalls eine Eingabe.
Ausgabe: Eine Basis von S.

Algorithmus 6.4.4 stellt eine kleine Modifikation von Simons Algorithmus 6.3.5 dar und löst das verallgemeinerte Simon-Problem. Die Idee ist die folgende: Mithilfe des Quantenschaltkreises $Q(n, U_f)$ aus Abb. 6.3 wählt der Algorithmus gleichverteilt zufällig $n-m$ Elemente $\mathbf{w}_1, \ldots, \mathbf{w}_{n-m}$ im orthogonalen Komplement

$$S^\perp = \{\mathbf{w} \in \{0, 1\}^n : \mathbf{w} \cdot \mathbf{s} = 0 \text{ für alle } \mathbf{s} \in S\} \tag{6.42}$$

von S. Dieses orthogonale Komplement ist ein linearer Unterraum von $\{0, 1\}^n$ der Dimension $n - m$. Wenn die Matrix $W = (\mathbf{w}_1, \ldots, \mathbf{w}_{n-m})$ Rang $n - m$ hat, dann ist der Kern von W gleich dem Unterraum S, und der Algorithmus gibt eine Basis dieses Kerns zurück.

Im Folgenden werden wir das folgende Theorem beweisen.

Theorem 6.4.3 Algorithmus 6.4.4 gibt mit einer Wahrscheinlichkeit von mindestens $1/4$ eine Basis der versteckten Untergruppe S aus dem verallgemeinerten Simon-Problem zurück. Er verwendet $n - m$ Aufrufe von U_f und $\mathrm{O}(n^3)$ andere Operationen.

Algorithmus 6.4.4 Allgemeiner Simon-Algorithmus

Input: Eine Blackbox, die U_f aus (6.23) implementiert und die Dimension m der versteckten Untergruppe S, wobei f und S wie in der Verallgemeinerung des Simon-Problems definiert sind
Output: Eine Basis von S

```
GENERALSIMON(n, U_f, m)
    W ← ()
    for j = 1 to n − m do
        w_j ← Q_Simon(n, U_f)
        W ← W || (w_j)
    end for
    r ← rank W
    if r = n − m then
        Finde eine Basis B des Kerns von W
        return B
    else
        return "Failure"
    end if
end
```

Der Beweis von Theorem 6.4.3 ist analog zu dem von Theorem 6.3.6. Daher werden die Beweise der einzelnen Schritte dem Leser als Übungsaufgaben überlassen. Wir beginnen damit, die Struktur von $S^\perp$ zu bestimmen.

Proposition 6.4.5 Angenommen, die in Algorithmus 6.4.4 berechnete Matrix $W = (\mathbf{w}_1, \ldots, \mathbf{w}_{n-m})$ hat die Dimension $n - m$. Dann ist S der Kern von W^{T}.

Übung 6.4.6 Beweisen Sie Proposition 6.4.5.

Aus Proposition 6.4.5 folgt, dass Algorithmus 6.4.4 das richtige Ergebnis liefert, wenn der Quantenschaltkreis $\mathrm{Q}_{\mathrm{Simon}}(n, U_f)$ in Abb. 6.3 Elemente von $S^{\perp}$ zurückgibt, was wir nun beweisen werden. Dazu benötigen wir das folgende Lemma.

Lemma 6.4.7 Sei $\mathbf{z} \in \{0, 1\}^n$ und

$$|\mathbf{z} \oplus S\rangle = \frac{1}{\sqrt{2^m}} \sum_{\mathbf{s} \in S} |\mathbf{z} \oplus \mathbf{s}\rangle . \tag{6.43}$$

Dann gilt

$$H^{\otimes n} |\mathbf{z} \oplus S\rangle = \frac{1}{\sqrt{2^{n-m}}} \sum_{\mathbf{w} \in S^{\perp}} (-1)^{\mathbf{z} \cdot \mathbf{w}} |\mathbf{z}\rangle . \tag{6.44}$$

Übung 6.4.8 Beweisen Sie Lemma 6.4.7.

Lemma 6.4.7 impliziert die folgende Proposition:

Proposition 6.4.9 Der Quantenschaltkreis $\mathrm{Q}_{\mathrm{Simon}}(n, U_f)$ aus Abb. 6.3 gibt ein gleichverteilt zufälliges Element von $S^{\perp}$ zurück.

Übung 6.4.10 Beweisen Sie Proposition 6.4.9.

Abschließend wird in der nächsten Übung Theorem 6.4.3 bewiesen, und zwar unter Verwendung der Propositionen 6.4.5 und 6.4.9.

Übung 6.4.11 Beweisen Sie Theorem 6.4.3.

7 Die Algorithmen von Shor

In diesem Kapitel stellen wir die Algorithmen vor, die Peter Shor 1994 in [Sho94] präsentierte und die in der Cybersicherheit großes Aufsehen erregten. Diese Quantenalgorithmen ermöglichen die Faktorisierung ganzer Zahlen und die Berechnung diskreter Logarithmen in Polynomzeit – zwei Probleme, deren praktische Unlösbarkeit die Grundlage der am weitesten verbreiteten Public-Key-Kryptografieverfahren bildet. Diese Verfahren sind für viele Bereiche der Cybersicherheit wichtig, besonders für die Internetsicherheit. Aufgrund dieser enormen Bedeutung gehören die Shor-Algorithmen zu den bekanntesten Quantenalgorithmen und gaben den Anstoß zur Entwicklung des Forschungsgebietes der Post-Quanten-Kryptografie.

Das Kapitel beginnt mit einer Einführung in die Ideen, die dem Shor-Faktorisierungsalgorithmus zugrunde liegen. Danach werden zentrale Techniken erläutert, die der Shor-Algorithmen verwendet: die Quanten-Fourier-Transformation und Quantenschaltkreise für die effiziente Implementierung dieser Transformation und ihrer Umkehrung. Anschließend zeigen wir, wie die Quanten-Fourier-Transformation zur Lösung des Quanten-Phasenschätzproblems genutzt wird, bei dem es darum geht, die Phase des Eigenwerts eines unitären Operators zu approximieren, wenn ein zugehöriger Eigenzustand bekannt ist. Die Quanten-Phasenschätzung wird dann verwendet, um die Ordnung von Elementen in der multiplikativen Gruppe modulo einer positiven ganzen Zahl in polynomieller Zeit zu bestimmen, wobei eine Quantenvariante der Technik der schnellen Exponentiation eine zentrale Rolle spielt. Im Anschluss daran zeigen wir, wie effiziente Ordnungsbestimmung die Faktorisierung von ganzen Zahlen in polynomieller Zeit ermöglicht. Zudem erklären wir, wie Quanten-Phasenschätzung und die Quantenversion der schnellen Exponentiation zu einem Polynomzeitalgorithmus für diskrete Logarithmen führen. Abschließend diskutieren wir das Problem der verborgenen Untergruppen und zeigen, dass mehrere algorithmische Probleme

J. A. Buchmann, *Quantenalgorithmen*,
https://doi.org/10.1007/978-3-662-71177-4_7

aus diesem und dem vorherigen Kapitel als Instanzen dieses Problems betrachtet werden können.

Wie üblich identifizieren wir lineare Operatoren auf den Zustandsräumen $\mathbb{H}_n$, $n \in \mathbb{N}$, mit ihren Darstellungsmatrizen bezüglich der Berechnungsbasis von $\mathbb{H}_n$. Darüber hinaus gehen die Komplexitätsanalysen in diesem Kapitel davon aus, dass alle Quantenschaltkreise unter Verwendung der elementaren Quantengatter konstruiert werden, die die Plattform aus Abschn. 5.10.2 bereitstellt.

7.1 Idee des Faktorisierungsalgorithmus

Um die Erklärung des Shor-Faktorisierungsalgorithmus verständlicher zu machen, geben wir einen kurzen Überblick über die zugrundeliegenden Ideen. Angenommen, wir möchten einen echten Teiler einer zusammengesetzten Zahl $N \in \mathbb{N}$ finden. Der erste Schritt des Algorithmus besteht darin, eine Zufallszahl a aus $\mathbb{Z}_N$ gleichverteilt zufällig auszuwählen. Falls $\gcd(a, N) > 1$ ist, haben wir einen echten Teiler von N gefunden und unsere Aufgabe gelöst. Betrachten wir nun den Fall, dass $\gcd(N, a) = 1$ ist. In diesem Fall bestimmt der Algorithmus die Ordnung r von a modulo N. Ist diese Ordnung gerade, so können wir $a^r - 1$ als das Produkt $(a^{r/2} - 1)(a^{r/2} + 1)$ schreiben. Es ist durch N teilbar. Wenn $a^{r/2} + 1$ nicht durch N teilbar ist, dann ist, wie in Übung 7.1.1 gezeigt wird, $\gcd(a^{r/2} - 1, N)$ ein echter Teiler von N. Die Analyse des Algorithmus wird zeigen, dass die Wahrscheinlichkeit, dass r gerade ist und $a^{r/2} + 1$ nicht durch N teilbar ist, hinreichend hoch ist.

Übung 7.1.1 Sei $N \in \mathbb{N}$ eine zusammengesetzte Zahl und $a \in \mathbb{Z}_N$ mit $\gcd(a, N) = 1$. Angenommen, die Ordnung r von a modulo N ist gerade und $a^{r/2} + 1$ ist nicht durch N teilbar. Zeigen Sie, dass $\gcd(a^{r/2} - 1, N)$ ein echter Teiler von N ist.

Um die Ordnung r von a modulo N zu bestimmen, verwendet der Shor-Algorithmus einen Präzisionsparameter n und einen unitären Operator U_a auf $\mathbb{H}_n$ mit der folgenden Eigenschaft: Es gibt eine orthonormale Folge $(|u_k\rangle)_{k \in \mathbb{Z}_r}$ von Eigenzuständen von U_a mit der zugehörigen Eigenwertfolge $(e^{2\pi i \frac{k}{r}})_{k \in \mathbb{Z}_r}$. Der Shor-Algorithmus berechnet zwei ganze Zahlen $x_1, x_2 \in \mathbb{Z}_{2^n}$, sodass für zwei Zahlen $k_1, k_2 \in \mathbb{Z}_r$ der Wert $2\pi \frac{x_j}{2^n}$ nahe an der Phase $2\pi \frac{k_j}{r}$ des zu $|u_{k_j}\rangle$ gehörenden Eigenwertes liegt. Anschließend wird der Kettenbruchalgorithmus auf $\frac{x_1}{2^n}$ und $\frac{x_2}{2^n}$ angewendet, um den Nenner r zu bestimmen, welcher die Ordnung von a modulo N ist.

Um die Phasen der Eigenwerte zu approximieren, verwendet Shors Algorithmus den Quanten-Phasenschätzalgorithmus. Dieser Algorithmus kann eine Annäherung an die Phase des Eigenwerts eines gegebenen unitären Operators U finden, wenn ein entsprechender Eigenzustand bekannt ist. Im Allgemeinen ist es unmöglich, einen Eigenzustand von U_a effizient zu präparieren. Aber wir werden in Proposition 7.5.5 zeigen, dass $\sum_{k=0}^{r-1} |u_k\rangle = |1\rangle_n$ ist, Diese Superposition der Eigenzustände kann effizient präpariert werden.

Bevor wir erklären können, wie die Quanten-Phasenschätzung funktioniert, erläutern wir zuerst Phasenschätzung mit Hilfe der diskreten Fourier-Transformation.

7.2 Die diskrete Fourier-Transformation

Dieser Abschnitt erläutert die diskrete Fourier-Transformation (DFT) und zeigt, wie sie zur Phasenschätzung verwendet werden kann. Dies ist die Grundlage für die Quanten-Fourier-Transformation (QFT). Allerdings – und das ist entscheidend für die polynomielle Laufzeit des Shor-Algorithmus – bietet die Phasenschätzung mit der QFT einen exponentiellen Geschwindigkeitsvorteil gegenüber der DFT-Phasenschätzung.

Wie wollen folgendes Problem lösen:

Problem 7.2.1 (Phasenschätzung)
Eingabe: $\omega \in \mathbb{R}$, $N \in \mathbb{N}$ eine Blackbox, welche die Funktion $f : \mathbb{R} \mapsto \mathbb{C}$, $y \mapsto f(y) = e^{2\pi i \omega y}$ auswertet.
Ausgabe: $k \in \mathbb{N}$, sodass $\frac{k}{N}$ eine gute Approximation von ω ist.

Da dieser Abschnitt nur motivierenden Charakter hat, werden wir erst im Zusammenhang mit der Quanten-Phasenschätzung genau erklären, was mit „gute Approximation" gemeint ist.

Wir erläutern nun, wie das Problem der Phasenschätzung mit Hilfe der diskreten Fourier-Transformation gelöst werden kann. Im gesamten Abschnitt seien, wie im Problem der Phasenschätzung, $N \in \mathbb{N}$ und $\omega \in \mathbb{R}$.

Wir erläutern zunächst die diskrete Fourier-Transformation.

Definition 7.2.2

1. Wir definieren die Matrix
$$\mathrm{DFT}_N = \left(e^{-2\pi i \frac{xy}{N}}\right)_{0 \le x,y < N}. \tag{7.1}$$
2. Diese Matrix ist die Darstellungsmatrix des Endomorphismus
$$\mathrm{DFT}_N : \mathbb{C}^N \to \mathbb{C}^N, \quad \mathbf{a} \mapsto \mathrm{DFT}_N \mathbf{a}. \tag{7.2}$$
Er wird *diskrete Fourier-Transformation (DFT)* der Ordnung N genannt.
3. Sei $\mathbf{a} \in \mathbb{C}^N$. Dann heißt $\mathrm{DFT}_N \mathbf{a}$ die *diskrete Fourier-Transformierte (DFT)* von $\mathbf{a}$. Ihre Komponenten werden *Fourier-Koeffizienten* genannt.

Beispiel 7.2.3 Es gilt

$$\mathrm{DFT}_2 = \begin{pmatrix} 1 & 1 \\ 1 & -1 \end{pmatrix}. \tag{7.3}$$

und

$$\mathrm{DFT}_4 = \begin{pmatrix} 1 & 1 & 1 & 1 \\ 1 & i & -1 & -i \\ 1 & -1 & 1 & -1 \\ 1 & -i & -1 & i \end{pmatrix}. \tag{7.4}$$

Beispiel 7.2.4 Die diskrete Fourier-Transformierte der Folge $(1, -1, 1, -1)$ ist die Folge $(0, 0, 4, 0)$.

Übung 7.2.5 Berechnen Sie DFT_8 und die diskrete Fourier-Transformierte der Folge $(1, i, -1, -i, 1, i, -1, -i)$.

Wir beweisen folgende Eigenschaften der diskreten Fourier-Transformation.

Proposition 7.2.6 Die Matrix $\frac{1}{\sqrt{N}}\mathrm{DFT}_N$ ist unitär. Ihre Inverse ist $\frac{1}{\sqrt{N}}\mathrm{DFT}_N^* = \frac{1}{\sqrt{N}} \left(e^{2\pi i \frac{xy}{N}}\right)_{0 \le x,y < N}$.

Beweis Es gilt $\frac{1}{\sqrt{N}}\mathrm{DFT}_N = \left(\frac{e^{-2\pi i \frac{xy}{N}}}{\sqrt{N}}\right)_{0 \le x,y < N}$ und $\frac{1}{\sqrt{N}}\mathrm{DFT}_N^* = \left(\frac{e^{2\pi i \frac{yz}{N}}}{\sqrt{N}}\right)_{0 \le y,z < N}$.

Sei $x, z \in \mathbb{Z}_N$. Dann ist der Eintrag in Zeile x und Spalte z von $\left(\frac{1}{\sqrt{N}}\mathrm{DFT}_N\right) \cdot \left(\frac{1}{\sqrt{N}}\mathrm{DFT}_N^*\right)$ und von $\left(\frac{1}{\sqrt{N}}\mathrm{DFT}_N^*\right) \cdot \left(\frac{1}{\sqrt{N}}\mathrm{DFT}_N\right)$

$$\frac{1}{N}\sum_{y=0}^{N-1} e^{2\pi i \frac{xy}{N}} e^{-2\pi i \frac{yz}{N}} = \begin{cases} 1 & \text{für } x = z, \\ \frac{1}{N} \frac{1-e^{2\pi i (x-z)}}{1-e^{2\pi i \frac{x-z}{N}}} = 0 & \text{für } x \neq z. \end{cases}$$

Daraus folgt $\left(\frac{1}{\sqrt{N}}\mathrm{DFT}_N\right) \cdot \left(\frac{1}{\sqrt{N}}\mathrm{DFT}_N^*\right) = \left(\frac{1}{\sqrt{N}}\mathrm{DFT}_N^*\right) \cdot \left(\frac{1}{\sqrt{N}}\mathrm{DFT}_N\right) = I_N$. Also ist $\frac{1}{\sqrt{N}}\mathrm{QFT}_N$ unitär und die Inverse dieser Matrix ist $\frac{1}{\sqrt{N}}\mathrm{DFT}_N^* = \frac{1}{\sqrt{N}}\left(e^{2\pi i \frac{xy}{N}}\right)_{0 \le x,y < N}$. □

Wir zeigen nun, wie das Problem der Phasenschätzung mit Hilfe der DFT gelöst werden kann. Wir berechnen mithilfe der Blackbox für f die Folge

$$\mathbf{a} = (a_0, a_1, \ldots, a_{N-1}), \tag{7.5}$$

mit

$$a_y = f(y) = e^{2\pi i \omega y}, \quad 0 \le y < N \tag{7.6}$$

Tab. 7.1 Die Fourier-Koeffizienten der Folge $\mathbf{a} = \left(e^{2\pi i*.3*y}\right)_{0\le y<16}$

k	0	1	2	3	4	5	6	7	8	9	10	11	12	13	14	15
$\lvert A_k \rvert$	0,7	0,9	1,1	1,7	3,8	15,0	2,5	1,4	1,0	0,8	0,7	0,6	0,6	0,6	0,6	0,6

Anschließend bestimmen wir die diskrete Fourier-Transformierte

$$\mathbf{A} = (A_0, \ldots, A_{N-1}) = \mathrm{DFT}_N \mathbf{a} \tag{7.7}$$

der Folge $\mathbf{a}$.

Wir zeigen zunächst in einem Spezialfall, wie ω mithilfe der diskreten Fourier-Transformierten bestimmt werden kann. Wir nehmen dazu an, dass $N\omega \in \mathbb{Z}$ ist. Dann gibt es ein eindeutig bestimmtes $k \in \mathbb{Z}_N$ mit $\omega \equiv \frac{k}{N} \bmod 1$ und es gilt

$$A_x = \sum_{y=0}^{N} a_y e^{-2\pi i \frac{x}{N} y} = \sum_{y=0}^{N} e^{2\pi i \frac{k-x}{N} y} = \begin{cases} N & \text{für } x \equiv k \mod N \\ 0 & \text{andernfalls.} \end{cases} \tag{7.8}$$

Also ist k der Index des einzigen von Null verschiedenen Fourier-Koeffizienten und $\omega \bmod 1 = \frac{k}{N}$.

Beispiel 7.2.7 Sei $\omega = \frac{1}{2}$ und $N = 4$. Dann ist $\mathbf{a} = (a_0, a_1, a_2, a_3) = (1, -1, -1, 1)$ und gemäß Beispiel 7.2.3 ist die diskrete Fourier-Transformierte von $\mathbf{a}$ die Folge $(0, 0, 4, 0)$. Also ist $k = 2$ und es gilt $\omega = \frac{k}{N} = \frac{1}{2} \bmod 1$.

Im nächsten Beispiel zeigen wir, dass mit Hilfe der DFT der Wert $\omega \bmod 1$ auch dann approximiert werden kann, wenn $N\omega$ keine ganze Zahl ist.

Beispiel 7.2.8 Sei $\omega = 0{,}3$ und $N = 16$. Die DFT der Folge $(e^{2\pi i \omega y})_{0\le y<16}$ ist in Tab. 7.1 zu finden. Der Index des Fourier-Koeffizienten mit dem größten Absolutbetrag ist $k = 5$. Der Wert $\omega' = \frac{k}{N} = \frac{5}{16} \approx 0{,}31$ ist eine gute Approximation von ω.

Die in Beispiel 7.2.8 gezeigte Methode zur Approximation von $\omega \bmod 1$ ist aber nicht besonders effizient, weil dafür die gesamte Folge $\mathbf{a}$ und ihre Fourier-Transformierte berechnet werden müssen.

7.3 Die Quanten-Fourier-Transformation

Das wichtigste Hilfsmittel der Shor-Algorithmen ist die Quanten-Fourier-Transformation (QFT) . Dieser Abschnitt motiviert die QFT unter Verwendung der Diskussion der DFT in

Abschn. 7.2. Außerdem wird gezeigt, dass die Quanten-Fourier-Transformation durch einen polynomiellen Quanten-Schaltkreis implementiert werden kann.

7.3.1 Motivation und Definition

Wie bereits in Abschn. 7.1 erwähnt, spielt das folgende Problem im Zusammenhang mit dem Shor-Algorithmen eine wichtige Rolle.

Problem 7.3.1 (Quanten-Phasenschätzung)
Eingabe: $m, n \in \mathbb{N}$, eine Blackbox für einen unitären Operator U auf $\mathbb{H}_m$ und ein Eigenzustand $|\psi\rangle$ von U. Der zugehörige Eigenwert sei $e^{2\pi i\omega}$ mit $\omega \in \mathbb{R}$.
Ausgabe: $x \in \mathbb{Z}^{2^n}$, sodass $\frac{x}{2^n}$ eine gute Approximation von ω ist.

Was „gute Approximation" bedeutet, erläutern wir in Abschn. 7.4. Die obige Formulierung des Problems der Quanten-Phasenschätzung genügt, um die Quanten-Fourier-Transformation zu motivieren.

Im gesamten Abschnitt seien $m, n \in \mathbb{N}$ und $\omega \in \mathbb{R}$. Außerdem benötigen wir die Folge

$$\mathbf{a}(\omega, n) = (a_y(\omega, n))_{0 \le y < 2^n} = \left(e^{2\pi i \omega y}\right)_{0 \le y < 2^n} \tag{7.9}$$

und ihre diskrete Fourier-Transformierte

$$\mathbf{A}(\omega, n) = (A_x(\omega, n))_{0 \le x < 2^n} = \left(\sum_{y=0}^{2^n-1} a_y e^{-2\pi i \frac{xy}{2^n}}\right)_{0 \le x < 2^n} . \tag{7.10}$$

Wie in Beispiel 3.1.5 verwenden wir die Bijektion

$$\text{stringToInt} : \{0,1\}^n \to \mathbb{Z}_{2^n}, \quad \mathbf{x} = (x_0, \ldots, x_{n-1}) \mapsto x = \sum_{j=0}^{n-1} x_j 2^{n-j-1} \tag{7.11}$$

um die Folgen in $\{0,1\}^n$ mit den ganzen Zahlen $x \in \mathbb{Z}_{2^n}$ zu identifizieren. Unter Verwendung dieser Identifikation schreiben wir

$$|\mathbf{x}\rangle = |x\rangle_n \tag{7.12}$$

für die Elemente der Berechnungsbasis von $\mathbb{H}_n$. Der Index n gibt die Länge des Bitstrings an, der x kodiert.

Wir verwenden nun folgenden Hilbertraum-Isomorphismus:

$$\mathbb{C}^{2^n} \to \mathbb{H}_n, \quad (v_0, \ldots, v_{2^n-1}) \mapsto \sum_{y=0}^{2^n-1} v_y |y\rangle_n . \tag{7.13}$$

Er bildet einen Vektor $\mathbf{v}$ in $\mathbb{C}^{2^n}$ auf eine Linearkombination der Berechnungsbasiselemente in $\mathbb{H}_n$ ab, deren Koeffizienten die Einträge in $\mathbf{v}$ sind. Wir führen außerdem folgende Bezeichnung ein:

Definition 7.3.2 Wir setzen

$$|\psi_n(\omega)\rangle = \frac{1}{\sqrt{2^n}} \sum_{y=0}^{2^n-1} a_y(\omega, n)\, |y\rangle_n = \frac{1}{\sqrt{2^n}} \sum_{y=0}^{2^n-1} e^{2\pi i \omega y}\, |y\rangle_n . \tag{7.14}$$

Beispiel 7.3.3 Es gilt

$$\begin{aligned}\psi_2\left(\frac{1}{4}\right) &= \frac{1}{2}\left(e^{2\pi i\cdot\frac{1}{4}\cdot 0}\,|0\rangle_2 + e^{2\pi i\cdot\frac{1}{4}\cdot 1}\,|1\rangle_2 + e^{2\pi i\cdot\frac{1}{4}\cdot 2}\,|2\rangle_2 + e^{2\pi i\cdot\frac{1}{4}\cdot 3}\,|3\rangle_2\right)\\ &= \frac{1}{2}\left(|0\rangle_2 + i\,|1\rangle_2 - |2\rangle_2 - i\,|3\rangle_2\right).\end{aligned}$$

Nun gilt Folgendes:

Proposition 7.3.4

1. $|\psi_n(\omega)\rangle$ ist das Bild der Folge $\frac{1}{\sqrt{2^n}}\mathbf{a}(\omega, n)$ unter dem Isomorphismus (7.13)
2. $|\psi_n(\omega)\rangle$ ist ein Quantenzustand in $\mathbb{H}_n$.

Beweis Die erste Aussage folgt aus der Definition von $|\psi_n(\omega)\rangle$. Die zweite Aussage ergibt sich daraus, dass $\|\mathbf{a}\|^2 = 2^n$ gilt. □

Der Quantenzustand $|\psi_n(\omega)\rangle$ ist also eine Superposition aller Berechnungsbasiszustände von $\mathbb{H}_n$. Ihre Koeffizienten sind die Elemente der Folge $\frac{1}{\sqrt{2^n}}\mathbf{a}(\omega, n)$. Wie Abschn. 7.2 erklärt, erlaubt die Berechnung von $\mathbf{A}(\omega, n) = \mathrm{DFT}_{2^n}\mathbf{a}(\omega, n)$ eine Approximation von ω. Um auf dieser Grundlage eine effiziente Lösung des Problems der Quanten-Phasenschätzung zu erhalten, definieren wir nun die Quanten-Fourier-Transformation.

Definition 7.3.5 (6.2.1). Die Quanten-Fourier-Transformation vom Grad n ist

$$\mathrm{QFT}_n = \frac{1}{\sqrt{2^n}}\mathrm{DFT}_{2^n}^{-1}. \tag{7.15}$$

Aus Proposition 7.2.6 folgt unmittelbar die folgende Aussage:

Proposition 7.3.6 QFT_n ist ein unitärer Operator auf $\mathbb{H}_n$.

Die Quanten-Fourier-Transformation entspricht also der inversen diskreten Fourier-Transformation. Das Bild eines Basiszustands $|x\rangle_n$, $x \in \mathbb{Z}_{2^n}$, unter QFT_n ist

$$\mathrm{QFT}_n\,|x\rangle_n = \left|\psi_n\left(\frac{x}{2^n}\right)\right\rangle = \frac{1}{\sqrt{2^n}}\sum_{y=0}^{2^n-1} e^{2\pi i \frac{x}{2^n} y}\,|y\rangle_n\,. \tag{7.16}$$

Beispiel 7.3.7 Es gilt

$$\begin{aligned}\mathrm{QFT}_1\frac{1}{\sqrt{2}}(|0\rangle + |1\rangle) &= \frac{1}{\sqrt{2}}(\mathrm{QFT}_1\,|0\rangle + \mathrm{QFT}_1\,|1\rangle)\\ &= \frac{1}{\sqrt{2}}\left(\frac{1}{\sqrt{2}}(|0\rangle + |1\rangle) + \frac{1}{\sqrt{2}}(|0\rangle - |1\rangle)\right) = |0\rangle\,.\end{aligned}$$

Beispiel 7.3.8 Es gilt

$$\mathrm{QFT}_n|\underbrace{00\cdots 00}_{n}\rangle = \mathrm{QFT}\,|0\rangle_n = |\psi_n(0)\rangle = \frac{1}{\sqrt{2^n}}\sum_{y=0}^{2^n-1}|y\rangle_n\,. \tag{7.17}$$

Also ist $\mathrm{QFT}_n\,|0\rangle_n$ die gleichgewichtete Superposition aller Berechnungsbasiszustände von $\mathbb{H}_n$.

Die entscheidende Beobachtung ist nun folgende:

Proposition 7.3.9 Es gilt

$$\mathrm{QFT}^{-1}\,|\psi_n(\omega)\rangle = \frac{1}{2^n}\sum_{x=0}^{2^n-1} A_x(\omega, n)\,|y\rangle_n\,. \tag{7.18}$$

Beweis Nach Proposition 7.3.4 ist $|\psi_n(\omega)\rangle$ das Bild von $\frac{1}{\sqrt{2^n}}\mathbf{a}$ unter dem Isomorphismus (7.13). Nun gilt

$$\mathrm{QFT}_n\left(\frac{1}{\sqrt{2^n}}\mathbf{a}(\omega, n)\right) = \frac{1}{2^n}\mathrm{DFT}_{2^n}^{-1}\mathbf{a}(\omega, n) = \frac{1}{2^n}\mathbf{A}(\omega, n). \tag{7.19}$$

Eine weitere Anwendung des Isomorphismus (7.13) beweist die Behauptung. □

Aus Proposition 7.3.9 und der Diskussion in Abschn. 7.2 folgt, dass eine Approximation von ω mod 1 folgendermaßen gefunden werden kann: Man konstruiert den Quantenzustand $\mathrm{QFT}^{-1}\,|\psi_n(\omega)\rangle$ und misst ihn in der Berechnungsbasis von $\mathbb{H}_n$. Für den Index x des Fourierkoeffizienten $A_x(\omega, n)$ mit größtem Absolutbetrag $|A_x(\omega, n)|$ ist $\frac{x}{2^n}$ eine gute Approximation von ω mod 1. Die Wahrscheinlichkeit, dieses x zu messen, ist hoch, weil diese Wahrscheinlichkeit $|A_x(\omega, x)|^2$ ist.

Wir werden im nächsten Abschnitt zeigen, dass mit Hilfe der Blackbox für den unitären Operator U aus dem Problem der Quanten-Phasenschätzung 7.3.1 der Quantenzustand $\mathrm{QFT}^{-1} |\psi_n(\omega)\rangle$ in Quanten-Polynomzeit konstruiert werden werden kann. Daraus können wir dann folgern, dass das Problem der Quanten-Phasenschätzung in Quanten-Polynomzeit gelöst werden kann.

7.3.2 Schaltkreise für QFT_n und QFT_n^{-1}

In diesem Abschnitt präsentieren wir effiziente Implementierungen von QFT_n und QFT_n^{-1}. Wieder sei $n \in \mathbb{N}$ und $\omega \in \mathbb{R}$. Wir geben zunächst eine alternative Darstellung des Quantenzustands $|\psi_n(\omega)\rangle$ an.

Proposition 7.3.10 Sei $\omega \in \mathbb{R}$. Dann gilt

$$|\psi_n(\omega)\rangle = \bigotimes_{j=0}^{n-1} \frac{|0\rangle + e^{2\pi i \cdot 2^{n-j-1}\omega} |1\rangle}{\sqrt{2}}. \tag{7.20}$$

Beweis Es gilt

$$\begin{aligned}
&\bigotimes_{j=0}^{n-1} \frac{|0\rangle + e^{2\pi i \cdot 2^{n-j-1}\omega} |1\rangle}{\sqrt{2}} \\
&= \frac{1}{\sqrt{2^n}} \sum_{\mathbf{y}=(y_0,\ldots,y_{n-1})\in\{0,1\}^n} \prod_{j=0}^{n-1} e^{2\pi i y_j 2^{n-j-1}\omega} |\mathbf{y}\rangle \\
&= \frac{1}{\sqrt{2^n}} \sum_{\mathbf{y}=(y_0,\ldots,y_{n-1})\in\{0,1\}^n} e^{2\pi i (\sum_{j=0}^{n-1} y_j 2^{n-j-1})\omega} |\mathbf{y}\rangle \\
&= \frac{1}{\sqrt{2^n}} \sum_{y=0}^{2^n-1} e^{2\pi i y\omega} |y\rangle_n \\
&= |\psi_n(\omega)\rangle .
\end{aligned} \tag{7.21}$$

Dies beweist die Behauptung. □

Beispiel 7.3.11 Die alternative Darstellung des Zustands $\psi_2\left(\frac{1}{4}\right)$, der bereits in Beispiel 7.3.3 betrachtet wurde, ist

$$\begin{aligned}\psi_2\left(\frac{1}{4}\right) &= \frac{|0\rangle + e^{2\pi i \cdot 2^1 \cdot \frac{1}{4}}\,|1\rangle}{\sqrt{2}} \otimes \frac{|0\rangle + e^{2\pi i \cdot 2^0 \cdot \frac{1}{4}}\,|1\rangle}{\sqrt{2}} \\ &= \frac{|0\rangle - |1\rangle}{\sqrt{2}} \otimes \frac{|0\rangle + i\,|1\rangle}{\sqrt{2}}.\end{aligned}$$

Wir verwenden Proposition 7.3.10, um alternative Formeln für QFT_n und QFT_n^{-1} zu erhalten. Für $m \in \mathbb{N}$ und $(b_0, \ldots, b_{m-1}) \in \{0, 1\}^m$ schreiben wir

$$0.b_0 b_1 \cdots b_{m-1} = \sum_{i=0}^{m-1} b_i 2^{-i-1}. \tag{7.22}$$

Beispiel 7.3.12 Es gilt

$$0.101 = 1 \cdot 2^{-1} + 0 \cdot 2^{-2} + 0 \cdot 2^{-3} + 1 \cdot 2^{-4} = 2^{-1} + 2^{-4}.$$

Mit dieser Notation erhalten wir folgendes Ergebnis:

Proposition 7.3.13 Sei $x \in \mathbb{Z}_{2^n}$ und sei $\mathbf{x} = (x_0 x_1 x_2 \cdots x_{n-1}) \in \{0, 1\}^n$ mit $x = \sum_{i=0}^{n-1} x_i 2^{n-i-1}$. Dann gilt

$$\mathrm{QFT}_n\,|x\rangle_n = \bigotimes_{j=0}^{n-1} \frac{|0\rangle + e^{2\pi i \cdot 0.x_{n-j-1}x_{n-j-2}\cdots x_{n-1}}\,|1\rangle}{\sqrt{2}} \tag{7.23}$$

und

$$\mathrm{QFT}_n^{-1}\,|x\rangle_n = \bigotimes_{j=0}^{n-1} \frac{|0\rangle + e^{-2\pi i \cdot 0.x_{n-j-1}jx_{n-j-2}\cdots x_{n-1}}\,|1\rangle}{\sqrt{2}}. \tag{7.24}$$

Beweis Die Aussage folgt daraus, dass $\mathrm{QFT}_n\,|x\rangle_n = \left|\psi_n(\frac{x}{2^n})\right\rangle$ und $\mathrm{QFT}_n^{-1}\,|x\rangle_n = \left|\psi_n(\frac{-x}{2^n})\right\rangle$ gilt und aus Gl. (7.20). □

Übung 7.3.14 Verwenden Sie Proposition 7.3.6, um zu zeigen, dass

$$H^{\otimes n}\,|0\rangle^{\otimes n} = \frac{1}{\sqrt{2^n}} \sum_{y=0}^{2^n-1} |y\rangle_n \tag{7.25}$$

gilt und konstruieren Sie einen Quantenschaltkreis, der die gleichgewichtete Superposition aller Berechnungsbasiszustände von $\mathbb{H}_n$ erzeugt.

Als Nächstes präsentieren wir einen Quantenschaltkreis, der die Quanten-Fourier-Transformation berechnet. Abb. 7.1 zeigt diesen Quantenschaltkreis bis auf eine Permu-

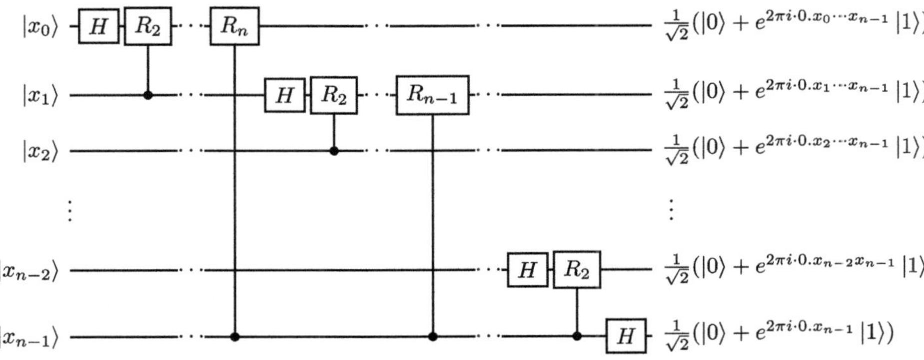

Abb. 7.1 Ein Quantenschaltkreis, der QFT_n. Er implementiert diesen Operator bis auf eine Permutation, die die Reihenfolge der Ausgabequbits umkehrt

tation, die die Reihenfolge der Ausgabequbits umkehrt. Ein Schaltkreis, der auch diese Permutation berücksichtigt, ist in Algorithmus 7.3.15 spezifiziert.

Algorithmus 7.3.15 Quanten-Fourier-Transformation

Input: $|\psi\rangle \in \mathbb{H}_n$
Output: $\mathrm{QFT}_n\,|\psi\rangle$
1: Initialisiere das Eingaberegister mit $|\psi\rangle$
2: **for** $j = 0$ to $n-1$ **do**
3:     Wende H auf das j-te Qubit an
4:     **for** $k = 1$ bis $n - j - 1$ **do**
5:         Wende den vom $(j+k)$-ten Qubit kontrollierten Operator R_{k+1} auf das j-te Qubit an
6:     **end for**
7: **end for**
8: Wende eine Permutation an, die die Reihenfolge der Qubits im aktuellen Quantenzustand $|\psi\rangle$ umkehrt

---

Das nächste Theorem stellt die Korrektheit der Implementierung der Quanten-Fourier-Transformation fest.

Theorem 7.3.16 Der in Algorithmus 7.3.15 spezifizierte Quantenschaltkreis berechnet QFT_n und hat die Größe $O(n^2)$.

Beweis Sei $j \in \{0, \ldots, n-1\}$. Wir erklären die Entwicklung des Eingabequbits $|x_j\rangle$ im Quantenschaltkreis, der in Abb. 7.1 gezeigt ist. Zuerst wendet der Quantenschaltkreis den Hadamard-Operator auf $|x_j\rangle$ an. Abb. 7.2 zeigt den Effekt:

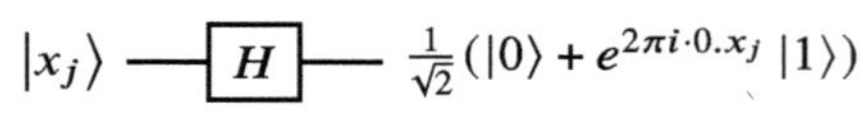

Abb. 7.2 Anwendung des Hadamard-Gatters auf $|x_j\rangle$

$$H\left|x_j\right\rangle = \frac{1}{\sqrt{2}}\left(|0\rangle + e^{2\pi i \cdot 0.x_j}|1\rangle\right). \tag{7.26}$$

Die anderen Qubits werden nicht geändert.

Als Nächstes wendet der Quantenschaltkreis für $k = 1, \ldots, n - j - 1$ die kontrollierte-R_{k+1}-Operation auf dieses Qubit an. Diese Operatoren werden jeweils vom k-ten Qubit kontrolliert. Wie in Abb. 7.3 gezeigt, fügt diese Operation der Phase des Koeffizienten von $|1\rangle$ im j-ten Qubit den Wert $2\pi \cdot 0.\underbrace{0\cdots0}_{k}x_{j+k}$ hinzu (Phase-Kickback), während die Amplitude von $|0\rangle$ und die anderen Qubits unverändert bleiben. Der Endzustand dieses Qubits ist daher

$$\frac{1}{\sqrt{2}}\left(|0\rangle + e^{2\pi i \cdot 0.x_j \cdots x_{n-1}}|1\rangle\right). \tag{7.27}$$

Wir schätzen die Größe des Quantenschaltkreises. In Abb. 7.1 ist zu sehen, dass $O(n^2)$ elementare Quantengatter und kontrollierte-R_k-Gatter verwendet werden, bevor die Reihenfolge der Ausgabequbits umgekehrt wird. Nach Theorem 5.10.8 erfordert die Implementierung der kontrollierten-R_k-Gatter $O(1)$ elementare Gatter. Daher hat dieser Teil des Quantenschaltkreises die Größe $O(n^2)$. Nach Proposition 5.5.2 erfordert die Umkehrung der Reihenfolge der Ausgabequbits weitere $O(n)$ elementare Quantengatter. Dies zeigt, dass die Größe des Schaltkreises $O(n^2)$ ist. □

Übung 7.3.17 Finden Sie eine P-Familie von Quantenschaltkreisen Q_n der Größe $O(n)$, der für alle $n \in \mathbb{N}$ und alle $(b_0, \ldots, b_{n-1}) \in \{0, 1\}^n$

$$Q_n |b_0 \cdots b_{n-1}\rangle = |b_{n-1} \cdots b_0\rangle \tag{7.28}$$

erfüllt.

Übung 7.3.18 Verifizieren Sie, dass die Quantenschaltkreise in den Abb. 7.2 und 7.3 die angegebenen Ausgaben haben.

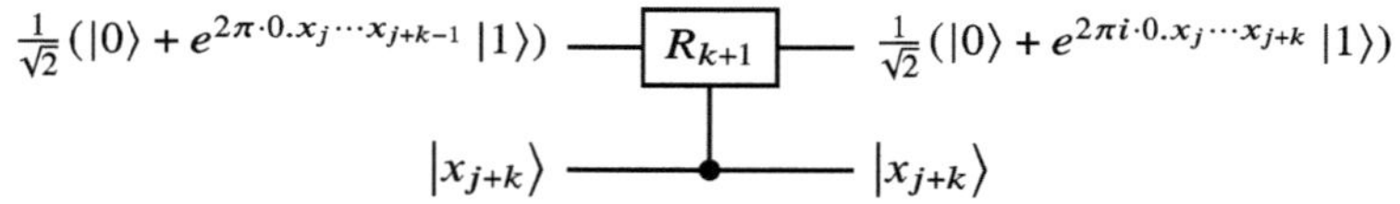

Abb. 7.3 Das kontrollierte-R_{k+1}-Gatter dem Koeffizienten von $|1\rangle$ die Phase $2\pi x_{j+k}/2^{k+1}$ hinzu (Phase-Kickback)

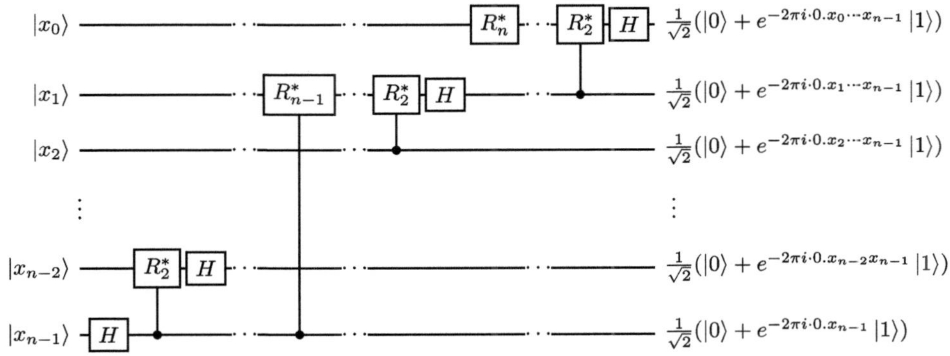

Abb. 7.4 Quantenschaltkreis für QFT_n^{-1}. Er implementiert diesen Operator bis auf eine Permutation, die die Reihenfolge der Ausgabequbits umkehrt

Theorem 7.3.16 impliziert das folgende Korollar:

Korollar 7.3.19 Der Quantenschaltkreis in Abb. 7.4 berechnet QFT_n^{-1} bis auf eine Permutation, die die Reihenfolge der Ausgabequbits umkehrt. Er hat die Größe $\mathrm{O}(n^2)$.

Beweis Der Quantenschaltkreis in Abb. 7.4 ist die Umkehrung des Quantenschaltkreises in Abb. 7.1. □

7.4 Quanten-Phasenschätzung

In diesem Abschnitt beschreiben wir die Lösung des Problems der Quanten-Phasenschätzung, das bereits in Abschn. 7.3.1 eingeführt wurde. Wie in diesem Problem seien $m, n \in \mathbb{N}$, U ein unitärer Operator auf $\mathbb{H}_m$, $|\psi\rangle$ ein Eigenzustand von U mit Eigenwert $e^{2\pi i\omega}$, $\omega \in \mathbb{R}$. In Abschn. 7.3.1 wurde auch beschrieben, wie eine Approximation für ω berechnet werden kann: Konstruiere den Quantenzustand $\mathrm{QFT}^{-1} |\psi_n(\omega)\rangle$ und miss diesen Zustand in der Berechnungsbasis von $\mathbb{H}_n$. Wenn $x \in \mathbb{Z}_{2^n}$ das Messergebnis ist, hat man mit hoher Wahrscheinlichkeit eine gute Approximation $\frac{x}{2^n}$ von ω gefunden. Diese Lösung diskutieren wir nun im Einzelnen.

Zunächst stellen wir einen Quantenschaltkreis vor, der das Problem der Quanten-Phasenschätzung löst. Er ist in Abb. 7.5 dargestellt und in Algorithmus 7.4.1 spezifiziert.

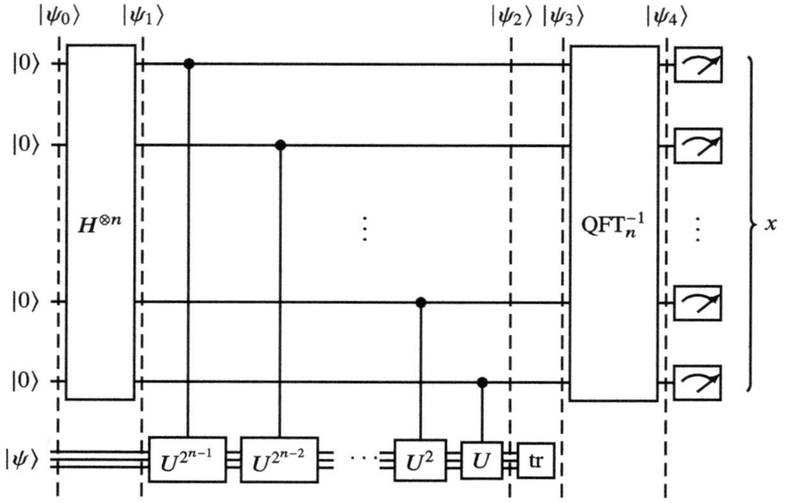

Abb. 7.5 Quantenschaltkreis für die Phasenschätzung

Algorithmus 7.4.1 Phasenschätzalgorithmus

Input: Positive ganze Zahlen m, n, eine Implementierung des Operators $C^1(U)$ für einen unitären Operator U auf $\mathbb{H}_m$ und ein Eigenzustand $|\psi\rangle$ von U.
Output: $x \in \mathbb{Z}_{2^n}$

PHASEESTIMATE($m, n, C^1(U), |\psi\rangle$)
  Initialisiere das Kontrollregister mit $|0\rangle^{\otimes n}$
  Initialisiere das Zielregister mit $|\psi\rangle$
  Wende $H^{\otimes n}$ auf das Kontrollregister an
  for $j = 1$ to $n - 1$ **do**
    Wende $U^{2^{n-j}}$ auf das Zielregister an, kontrolliert durch das j-te Qubit des Kontrollregisters
  end for
  Spure das Zielregisters heraus
  Wende QFT_n^{-1} auf das Kontrollregister an
  Miss das Kontrollregister in der Berechnungsbasis; das Ergebnis sei x
  return x
end

Im weiteren Verlauf dieses Abschnitts beweisen wir die Korrektheit des Algorithmus und analysieren ihn.

Die folgende Definition ermöglicht es zunächst, die Genauigkeit der Approximation von $\frac{x}{2^n}$ an $\omega \bmod 1$ zu quantifizieren. Wir erinnern daran, dass $\lfloor r \rceil$ die zu einer reellen Zahl r nächste ganze Zahl bezeichnet. Sie ist in Definition A.1.2 spezifiziert.

Definition 7.4.2 Sei $\omega \in \mathbb{R}$, $n \in \mathbb{N}$ und $x \in \mathbb{Z}_{2^n}$. Dann setzen wir

$$\Delta(\omega, n, x) = \omega - \frac{x}{2^n} - \left\lfloor \omega - \frac{x}{2^n} \right\rceil. \tag{7.29}$$

Der Wert $\Delta(\omega, n, x)$ aus Definition 7.4.2 hat die folgenden Eigenschaften.

Lemma 7.4.3 Sei $\omega \in \mathbb{R}$, $n \in \mathbb{N}$ und $x \in \mathbb{Z}_{2^n}$. Dann gilt

$$e^{2\pi i(\omega - \frac{x}{2^n})} = e^{2\pi i \Delta(\omega,n,x)} \tag{7.30}$$

und

$$-\frac{1}{2} < \Delta(\omega, n, x) \leq \frac{1}{2}. \tag{7.31}$$

Beweis Die erste Aussage folgt aus der Periodizität der Funktion $f(y) = e^{2\pi i y}$ modulo 1. Die zweite Aussage folgt aus der Definition von $\Delta(\omega, n, x)$. □

In verschiedenen Situationen sind wir daran interessiert, $\omega - \frac{x}{2^n}$ anstelle von $\Delta(\omega, n, x)$ abzuschätzen. Das folgende Lemma gibt eine hinreichende Bedingung dafür an, dass der zweite Ausdruck durch den ersten ersetzt werden kann.

Lemma 7.4.4 Sei $\omega \in \mathbb{R}$, $n \in \mathbb{N}$, $x \in \mathbb{Z}_{2^n}$. Angenommen, es gilt

$$|\Delta(\omega, n, x)| < \frac{1}{2^n} \text{ und } 0 \leq \omega \leq 1 - \frac{1}{2^n}. \tag{7.32}$$

Dann folgt

$$\Delta(\omega, n, x) = \omega - \frac{x}{2^n}. \tag{7.33}$$

Beweis Setze

$$z = \left\lfloor \omega - \frac{x}{2^n} \right\rceil. \tag{7.34}$$

Dann gilt

$$\Delta(\omega, n, x) = \omega - \frac{x}{2^n} - z \tag{7.35}$$

und daher

$$z = \omega - \frac{x}{2^n} - \Delta(\omega, n, x). \tag{7.36}$$

Die erste Ungleichung in (7.32) impliziert also

$$\omega - \frac{x}{2^n} - \frac{1}{2^n} < z < \omega - \frac{x}{2^n} + \frac{1}{2^n}. \tag{7.37}$$

Da $x \in \mathbb{Z}_{2^n}$ ist und die Ungleichungen für ω in (7.32) gelten, erhalten wir

$$-1 \leq -\frac{1}{2^n} - \frac{x}{2^n} < z < 1 - \frac{x}{2^n}. \tag{7.38}$$

Also ist $z = 0$. □

Wir geben nun eine Formel für die Wahrscheinlichkeit an, dass die Messung des Endzustandes im Quanten-Schaltkreis in Abb. 7.5 einen Wert $x \in \mathbb{Z}_{2^n}$ liefert.

Proposition 7.4.5 Seien $n \in \mathbb{N}$ und $\omega \in \mathbb{R}$. Für $x \in \mathbb{Z}_{2^n}$ sei $p(x)$ die Wahrscheinlichkeit dafür, dass x das Ergebnis der Messung von $\text{QFT}_n^{-1} |\psi_n(\omega)\rangle$ in der Berechnungsbasis von $\mathbb{H}_n$ ist. Dann gilt Folgendes:

1. Wenn $2^n\omega \in \mathbb{Z}$ ist, dann gilt $p(x) = 1$ für $x = 2^n\omega \bmod 2^n$ und $p(x) = 0$ für alle anderen $x \in \mathbb{Z}_{2^n}$.
2. Wenn $2^n\omega \notin \mathbb{Z}$ ist, dann gilt für alle $x \in \mathbb{Z}_{2^n}$

$$p(x) = \frac{1}{2^{2n}} \frac{\sin^2(2^n\pi\,\Delta(\omega, n, x))}{\sin^2(\pi\,\Delta(\omega, n, x))}. \tag{7.39}$$

Beweis Nach Proposition 7.3.9 gilt für alle $x \in \mathbb{Z}_N$

$$p(x) = \frac{1}{2^{2n}} |A_x(\omega, n)|^2 = \frac{1}{2^{2n}} \left| \sum_{y=0}^{N-1} e^{2\pi i\,\Delta(\omega,n,x)y} \right|^2. \tag{7.40}$$

Wenn $2^n\omega \in \mathbb{Z}$ und $x = 2^n\omega \bmod 2^n$ ist, dann ist $\Delta(\omega, n, x) = 0$ und $p(x) = 1$.

Angenommen, $2^n\omega \notin \mathbb{Z}$. Dann gilt für alle $\theta \in \mathbb{R}$

$$|1 - e^{2\pi i\theta}| = |e^{-\pi i\theta} - e^{\pi i\theta}| = 2|\sin(\pi\theta)|. \tag{7.41}$$

Daher ergibt die Auswertung der geometrischen Reihe $\sum_{y=0}^{2^n-1} e^{2\pi i\,\Delta(\omega,n,x)y}$ in (7.40)

$$p(x) = \frac{1}{2^{2n}} \left| \frac{1 - e^{2\pi i 2^n \Delta(\omega,n,x)}}{1 - e^{2\pi i\,\Delta(\omega,n,x)}} \right|^2 = \frac{1}{2^{2n}} \frac{\sin^2(2^n\pi\,\Delta(\omega, n, x))}{\sin^2 \pi\,\Delta(\omega, n, x)}. \tag{7.42}$$

□

Das folgende Theorem stellt die Korrektheit des Quanten-Phasenschätzalgorithmus fest und schätzt seine Erfolgswahrscheinlichkeit ab.

Theorem 7.4.6 Seien m, n positive ganze Zahlen und sei U ein unitärer Operator auf $\mathbb{H}_m$. Sei $\omega \in \mathbb{R}$, sodass $e^{2\pi i\omega}$ ein Eigenwert von U ist, und sei $|\psi\rangle$ ein entsprechender Eigenzustand. Sei außerdem $x \in \mathbb{Z}_{2^n}$ der Rückgabewert des Quanten-Phasenschätzalgorithmus. Dann gilt:

1. Für $2^n\omega \in \mathbb{Z}$ ist $x = 2^n\omega \bmod 2^n$ mit Wahrscheinlichkeit 1.
2. Mit Wahrscheinlichkeit mindestens $\frac{4}{\pi^2}$ gilt $|\Delta(\omega, n, x)| \leq \frac{1}{2^{n+1}}$.
3. Mit Wahrscheinlichkeit mindestens $\frac{8}{\pi^2}$ gilt $|\Delta(\omega, n, x)| < \frac{1}{2^n}$.

Beweis Der Quantenschaltkreis arbeitet mit zwei Quantenregistern. Das erste ist das Kontrollregister. Seine Länge ist der Präzisionsparameter n und es wird mit $|0\rangle^{\otimes n}$ initialisiert. Das zweite Register ist das Zielregister. Es hat die Länge m und wird mit dem Eigenvektor $|\psi\rangle$ von U initialisiert. Daher ist der Anfangszustand des Algorithmus

$$|\psi_0\rangle = |0\rangle^{\otimes n} |\psi\rangle . \tag{7.43}$$

Der Algorithmus wendet dann $H^{\otimes n}$ auf das Kontrollregister an. Dies ergibt den Zustand

$$|\psi_1\rangle = \left(\frac{|0\rangle + |1\rangle}{\sqrt{2}}\right)^{\otimes n} |\psi\rangle . \tag{7.44}$$

Nun gilt für $j = 0, \ldots, n-1$

$$U^{2^{n-j-1}} |\psi\rangle = e^{2\pi i 2^{n-j-1}\omega} |\psi\rangle . \tag{7.45}$$

Dies ist eine globale Phasenverschiebung. Für $j = 1, \ldots, n-1$ werden die Operatoren $U^{2^{n-j-1}}$ kontrolliert durch das j-te Qubit des Kontrollregisters auf das Zielregister angewandt. Es folgt aus (7.45) und Proposition 7.3.10, dass dies den folgenden Zustand ergibt:

$$|\psi_2\rangle = \bigotimes_{j=0}^{n-1} \frac{|0\rangle + e^{2\pi i 2^{n-j-1}\omega} |1\rangle}{\sqrt{2}} |\psi\rangle = |\psi_n(\omega)\rangle |\psi\rangle . \tag{7.46}$$

Die globalen Phasenverschiebungen aus (7.45) werden also Phasenfaktoren der Koeffizienten der Zustände $|1\rangle$ im Kontrollregister. Dies ist wieder eine Anwendung des Phase-Kickback-Tricks. Da der Zustand $|\psi_2\rangle$ bezüglich der Zerlegung in Kontroll- und Zielregister separabel ist, folgt aus Korollar 4.7.12, dass Herausspuren des Zielregisters den folgenden Zustand ergibt

$$|\psi_3\rangle = |\psi_n(\omega)\rangle . \tag{7.47}$$

Der finale Zustand ist daher

$$|\psi_4\rangle = \mathrm{QFT}_n^{-1} |\psi_n(\omega)\rangle . \tag{7.48}$$

Dieser Zustand wird gemessen. Daher folgt die erste Aussage aus Proposition 7.4.5.

Um die zweite Aussage zu beweisen, setzen wir

$$N = 2^n, \quad x = \lfloor N\omega \rceil \bmod N, \quad \theta = N\,|\Delta(\omega, n, x)| . \tag{7.49}$$

Dann folgt

$$\left|\omega - \frac{x}{N}\right| \leq \frac{1}{2N} \tag{7.50}$$

und daher

$$\theta = \left|N\left(\omega - \frac{x}{N} - \left\lfloor \omega - \frac{x}{N} \right\rceil\right)\right| = \left|N\left(\omega - \frac{x}{N}\right)\right| \leq \frac{1}{2}. \tag{7.51}$$

Aus Proposition 7.4.5, Lemma A.5.3, Lemma A.5.5 und Ungleichung (7.51) erhalten wir

$$p(x) = \frac{1}{N^2}\frac{\sin^2(\pi\theta)}{\sin^2(\pi\theta/N)} \geq \frac{1}{N^2}\frac{(2\theta)^2}{(\pi\theta/N)^2} = \frac{4}{\pi^2}. \tag{7.52}$$

Um die dritte Aussage zu beweisen, wählen wir, wie in Übung 7.4.7 gezeigt, $x' \in \{x \pm 1\}$ mit

$$N\left|\Delta(\omega, n, x')\right| = 1 - N\left|\Delta(\omega, n, x)\right| = 1 - \theta. \tag{7.53}$$

Dann gilt

$$\left|\Delta(\omega, n, x')\right| < \frac{1}{N}. \tag{7.54}$$

Sei p die Wahrscheinlichkeit dafür, x oder x' zu messen. Dann folgt aus Proposition 7.4.5 und Lemma A.5.5

$$\begin{aligned} p &= \frac{1}{N^2}\frac{\sin^2(\pi\theta)}{\sin^2(\pi\theta/N)} + \frac{1}{N^2}\frac{\sin^2(\pi(1-\theta))}{\sin^2(\pi(1-\theta)/N)} \\ &= \frac{\sin^2(\pi\theta)}{N^2}\left(\frac{1}{\sin^2(\pi\theta/N)} + \frac{1}{\sin^2(\pi(1-\theta)/N)}\right) \\ &\geq \frac{\sin^2(\pi\theta)}{\pi^2}\left(\frac{1}{\theta^2} + \frac{1}{(1-\theta)^2}\right). \end{aligned} \tag{7.55}$$

Da die Funktion

$$f(x) = \sin^2(\pi\theta)\left(\frac{1}{\theta^2} + \frac{1}{(1-\theta)^2}\right) \tag{7.56}$$

auf dem Intervall $]0, 1[$ für $\theta = \frac{1}{2}$ ihr Minimum 8 erreicht (siehe [Yun23]), folgt die Aussage. □

Übung 7.4.7 Zeigen Sie die Existenz von x' im Beweis der dritten Behauptung von Theorem 7.4.6.

Abb. 7.6 ist eine vereinfachte Darstellung des Schaltkreises aus Abb. 7.5. In dieser Darstellung verwenden wir einen kontrollierten U^c-Operator, der $|\psi\rangle$ auf $U^c\,|\psi\rangle$ abbildet, wenn das Kontrollregister den Zustand $|c\rangle_n$ für ein bestimmtes $c \in \mathbb{Z}_{2^n}$ enthält.

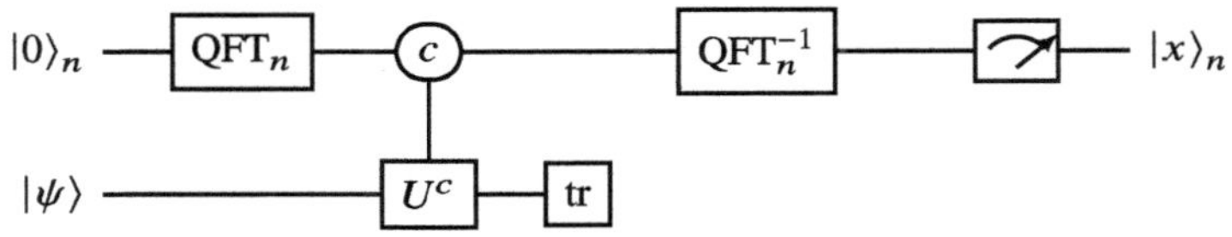

Abb. 7.6 Vereinfachte Darstellung des Quantenschaltkreises zur Eigenwertschätzung

7.5 Ordnungsbestimmung

Wir stellen nun eine wichtige Anwendung der Quanten-Phasenschätzung vor: einen Quantenalgorithmus, der die Ordnung einer Zahl modulo einer anderen positiven Zahl in polynomieller Zeit berechnet. Dieser Algorithmus ist der zentrale Baustein in den Algorithmen von Peter Shor zur Faktorisierung ganzer Zahlen und zur Berechnung diskreter Logarithmen, die wir in den Abschn. 7.6 und 7.7 besprechen.

7.5.1 Problem

Das *Ordnungsproblem* ist folgendes.

Problem 7.5.1 (Ordnungsproblem)
Eingabe: $N \in \mathbb{N}$ und $a \in \mathbb{Z}_N$, so dass $\gcd(a, N) = 1$.
Ausgabe: Die Ordnung r von a modulo N.

Im Folgenden präsentieren wir einen Quanten-Polynomzeitalgorithmus, der das Ordnungsproblem löst. Dabei seien N, a, r die im Ordnungsproblem spezifizierten Größen. Außerdem sei $n \in \mathbb{N}$ und $m = \lceil \log_2 N \rceil$.

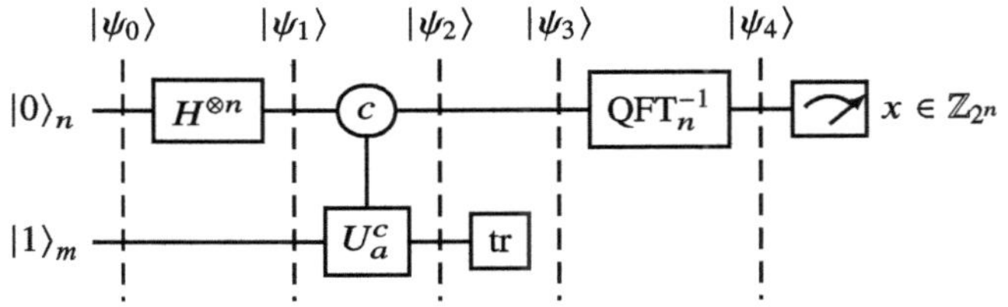

Abb. 7.7 Der modifizierte Phasenschätz-Schaltkreis Q_a, der im Ordnungsalgorithmus verwendet wird

7.5.2 Operator U_c

Wir führen einen unitären Operator ein, der im Ordnungsalgorithmus verwendet wird, und diskutieren ihn.

Definition 7.5.2 Für jedes $c \in \mathbb{Z}$ mit $\gcd(c, N) = 1$ definieren wir den linearen Operator

$$U_c : \mathbb{H}_m \to \mathbb{H}_m, \quad |x\rangle_m \mapsto \begin{cases} |cx \bmod N\rangle_m & \text{wenn } 0 \leq x < N, \\ |x\rangle_m & \text{wenn } N \leq x < 2^m. \end{cases} \tag{7.57}$$

Proposition 7.5.3 Für alle $c \in \mathbb{Z}$ mit $\gcd(c, N) = 1$ ist der Operator U_c unitär.

Beweis Nach Definition ist die Abbildung U_c linear. Es genügt daher zu zeigen, dass die Abbildung

$$f_c : \mathbb{Z}_{2^m} \to \mathbb{Z}_{2^m}, \quad x \mapsto \begin{cases} cx \bmod N & \text{wenn } 0 \leq x < N, \\ x & \text{wenn } N \leq x < 2^m \end{cases} \tag{7.58}$$

eine Bijektion ist. Dazu genügt es, zu zeigen, dass f_c surjektiv ist, da der Definitions- und Wertebereich von f_c gleich sind. Sei $y \in \mathbb{Z}_{2^m}$. Falls $y \geq N$ ist, gilt $f(y) = y$. Falls $y < N$, gilt $y = f(x)$ für ein $x \in \mathbb{Z}_N$ mit $cx \equiv y \bmod N$. Diese Zahl x existiert, da $\gcd(c, N) = 1$. □

Als Nächstes bestimmen wir die Eigenzustände der Operatoren U_{a^t} für alle $t \in \mathbb{N}$ mit a aus dem Ordungsproblem. Im Kontext des Ordnungsalgorithmus ist nur der Fall $t = 1$ relevant. Im Quantenalgorithmus zur Bestimmung diskreter Logarithmen verwenden wir jedoch $t > 1$.

Proposition 7.5.4

1. Für jedes $k \in \mathbb{Z}$ und jedes $t \in \mathbb{N}$ ist der Zustand

$$|u_k\rangle = \frac{1}{\sqrt{r}} \sum_{s=0}^{r-1} e^{-2\pi i \frac{k}{r} s} \left|a^s \bmod N\right\rangle_m \tag{7.59}$$

   ein Eigenzustand von U_{a^t} mit Eigenwert $e^{2\pi i \frac{tk}{r}}$.
2. Die Folge $(|u_0\rangle, \ldots, |u_{r-1}\rangle)$ ist eine orthonormale Basis von $\operatorname{Span}\{|a^s \bmod N\rangle_m : s \in \mathbb{Z}_r\}$.

Beweis Zum Beweis der ersten Aussage, sei $k \in \mathbb{Z}$ und $t \in \mathbb{N}$. Die Abbildung

$$\mathbb{Z}_r \to \mathbb{Z}_r, \quad s \mapsto (s + t) \bmod r \tag{7.60}$$

ist eine Bijektion. Daher gilt

$$\begin{aligned} U_{a^t}|u_k\rangle &= \frac{1}{\sqrt{r}}\sum_{s=0}^{r-1} e^{-2\pi i \frac{k}{r}s} U_{a^t}\left|a^s \bmod N\right\rangle_m \\ &= \frac{1}{\sqrt{r}}\sum_{s=0}^{r-1} e^{-2\pi i \frac{k}{r}s}\left|a^{s+t} \bmod N\right\rangle_m \\ &= e^{2\pi i \frac{kt}{r}}\frac{1}{\sqrt{r}}\sum_{s=0}^{r-1} e^{-2\pi i \frac{k}{r}(s+t) \bmod r}\left|a^{(s+t) \bmod r} \bmod N\right\rangle_m \\ &= e^{2\pi i \frac{kt}{r}}\frac{1}{\sqrt{r}}\sum_{s=0}^{r-1} e^{-2\pi i \frac{k}{r}s}\left|a^s \bmod N\right\rangle_m \\ &= e^{2\pi i \frac{kt}{r}}|u_k\rangle\,. \end{aligned} \tag{7.61}$$

Dies schließt den Beweis der ersten Aussage ab.

Als Nächstes wenden wir uns der zweiten Aussage zu. Da r die Ordnung von a modulo N ist, sind die Elemente der Folge $(|a^s \bmod N\rangle_m)_{0\le s<r}$ paarweise verschieden. Daher ist diese Folge eine Basis von $\operatorname{Span}\{|a^s \bmod N\rangle_m : 0 \le s < r\}$. Außerdem gilt für alle $k, k' \in \mathbb{Z}_r$

$$\begin{aligned} \langle u_k|u_{k'}\rangle &= \frac{1}{r}\sum_{s=0}^{r-1} e^{2\pi i \frac{k-k'}{r}s} \\ &= \begin{cases} 1 & \text{wenn } k = k', \\ \frac{1-e^{2\pi i (k-k')s}}{1-e^{2\pi i \frac{k-k'}{r}s}} = 0 & \text{wenn } k \ne k'. \end{cases} \end{aligned} \tag{7.62}$$

Daher ist die Folge $(|u_0\rangle, \ldots, |u_{r-1}\rangle)$ orthonormal. □

Wenn wir das Zielregister im Phasenschätzalgorithmus auf einen Eigenzustand $|u_k\rangle$ von U_a initialisieren könnten, würden wir eine rationale Näherung $\frac{x}{2^n}$ an $\frac{k}{r}$ erhalten und damit Informationen über die Ordnung r modulo N. Leider ist nicht bekannt ist, wie man die Eigenzustände von U_a präparieren kann. Aber die folgende Proposition ist hilfreich.

Proposition 7.5.5 Es gilt

$$\frac{1}{\sqrt{r}}\sum_{k=0}^{r-1}|u_k\rangle = |1\rangle_m\,. \tag{7.63}$$

Beweis Es gilt

$$\begin{aligned}\frac{1}{\sqrt{r}}\sum_{k=0}^{r-1}|u_k\rangle &= \frac{1}{\sqrt{r}}\sum_{k=0}^{r-1}\frac{1}{\sqrt{r}}\sum_{s=0}^{r-1}e^{-2\pi i\frac{k}{r}s}\left|a^s \bmod N\right\rangle_m \\ &= \frac{1}{r}\sum_{s=0}^{r-1}\left(\sum_{k=0}^{r-1}e^{-2\pi i\frac{k}{r}s}\right)\left|a^s \bmod N\right\rangle_m .\end{aligned} \tag{7.64}$$

Wir bestimmen den Koeffizienten von $|1\rangle_n$ im Zustand (7.64). Da $a^s \equiv 1 \bmod N$ genau dann gilt, wenn $s \equiv 0 \bmod r$ ist, ist dieser Koeffizient

$$\frac{1}{r}\sum_{k=0}^{r-1}e^{-2\pi i\frac{k}{r}\cdot 0} = \frac{r}{r} = 1. \tag{7.65}$$

Da $\frac{1}{\sqrt{r}}\sum_{k=0}^{r-1}|u_k\rangle$ ein Quantenzustand ist, müssen die Koeffizienten der anderen Basiszustände 0 sein. Daraus folgt die Behauptung. □

7.5.3 Algorithmus

Wir präsentieren und analysieren nun einen Quantenalgorithmus, der das Ordnungsproblem lösen kann. Der Pseudocode ist in Algorithmus 7.5.6 dargestellt. Er verwendet eine Variante des Phasenschätz-Schaltkreises, die in Abb. 7.5 gezeigt ist. Dort wird das Zielregister auf $|1\rangle_m$ initialisiert wird. Dieser Zustand kann präpariert werden und gemäß Proposition 7.5.5 ist er die gleichgewichtete Superposition der Eigenzustände $|u_k\rangle$ von U_a für $0 \le k < r$. Nach Proposition 7.5.4 sind die entsprechenden Eigenwerte $e^{2\pi i\frac{k}{r}}$. Ihre Phase enthält Informationen über die Ordnung r von a modulo N. Wie wir im Beweis von Theorem 7.5.8 sehen werden, kann der modifizierten Schaltkreis für Quanten-Phasenschätzung verwendet werden, um r zu bestimmen.

In Algorithmus 7.5.6 wird der Präzisionsparameter $n \in \mathbb{N}$ so gewählt, dass

$$2r^2 \le 2^n \text{ und } n \le 2m + 1 \tag{7.66}$$

Zum Beispiel können wir

$$n = 2m + 1. \tag{7.67}$$

setzen. Dann gilt

$$2r^2 \le 2N^2 \le 2^n. \tag{7.68}$$

Falls jedoch weitere Informationen über N und r vorliegen, können wir möglicherweise einen kleineren Wert für n wählen. Dies ist wichtig, da die Anzahl der Qubits im Ordnungsalgorithmus $m + n$ ist. Je kleiner also n ist, desto effizienter ist der Ordnungsalgorithmus. Für zusammengesetzte Zahlen N können wir zum Beispiel $n = m + 1$ wählen, falls N zwei verschiedene Primfaktoren hat. Das wird in Übung 7.5.7 gezeigt.

Algorithmus 7.5.6 Quantenalgorithmus zur Lösung des Ordnungsproblems

Input: $N \in \mathbb{N}$, $a \in \mathbb{Z}_N$ mit $\gcd(a, N) = 1$, $n \in \mathbb{N}$ mit $2r^2 \leq 2^n \leq 4N^2$, wobei r die Ordnung von a modulo N ist.
Output: r oder „Failure“

FINDORDER(N, a, n)
  for $j = 1, 2$ **do**
    Wende den Quantenschaltkreis Q_a aus Abb. 7.7 an und erhalte $x_j \in \mathbb{Z}_{2^n}$
    Wende den Kettenbruchalgorithmus auf $\frac{x_j}{2^n}$ an
    if $|\frac{x_j}{2^n} - \frac{p}{q}| \leq \frac{1}{2^n}$ für eine Konvergente mit reduzierter Darstellung $\frac{p}{q}$ **then**
      Setze $m_j \leftarrow p$ und $r_j \leftarrow q$
    else
      return „Failure“
    end if
  end for
  $r \leftarrow \mathrm{lcm}(r_1, r_2)$
  return r
end

Übung 7.5.7 Sei N eine zusammengesetzte Zahl mit mindestens zwei verschiedenen Primfaktoren. Zeigen Sie, dass (7.66) für $n = m + 1$ erfüllt ist.

Wir werden nun das folgende Theorem beweisen, das die Korrektheit und die Komplexität des Algorithmus beschreibt.

Theorem 7.5.8 Bei Eingabe von $N \in \mathbb{N}$ und $a \in \mathbb{Z}_N$ mit $\gcd(a, N) = 1$ berechnet Algorithmus 7.5.6 die Ordnung r von a modulo N mit einer Wahrscheinlichkeit von mindestens $\frac{3.958.924}{101.761\pi^4} > 0{,}399$. Der Algorithmus hat eine Laufzeit von $\mathrm{O}((\log N)^3)$. Hat N mindestens zwei verschiedene Primfaktoren, so benötigt der Algorithmus $2\lceil\log_2 N\rceil + 1$ Qubits.

Zur Analyse der Erfolgswahrscheinlichkeit des Ordnungsalgorithmus benötigen wir die folgende Proposition, in der wir eine Darstellung $r = \frac{p}{q}$ einer von null verschiedenen rationalen Zahl r als *reduziert* bezeichnen, wenn $q > 0$ und $\gcd(p, q) = 1$ ist.

Proposition 7.5.9 Sei x der Rückgabewert des Quantenschaltkreises Q_a aus Abb. 7.7 und sei $k \in \mathbb{Z}_r$. Dann gilt folgendes:

1. Mit Wahrscheinlichkeit mindestens $\frac{8}{r\pi^2}$ gilt
$$\left|\frac{x}{2^n} - \frac{k}{r}\right| < \frac{1}{2^n}. \tag{7.69}$$
2. Falls (7.69) gilt, so ist $\frac{k}{r}$ eine Konvergente der Kettenbruchdarstellung von $\frac{x}{2^n}$. Sie ist die einzige Konvergente dieser Darstellung, deren reduzierte Darstellung $\frac{p}{q}$ folgende

Bedingung erfüllt:

$$\left|\frac{x}{2^n} - \frac{p}{q}\right| < \frac{1}{2^n} \text{ und } q \leq 2^{\frac{n-1}{2}}. \tag{7.70}$$

Beweis Nach Proposition 7.5.5 ist der Anfangszustand von Q_a

$$|\psi_0\rangle = |0\rangle_n |1\rangle_m = \frac{1}{\sqrt{r}} \sum_{k=0}^{r-1} |0\rangle_n |u_k\rangle. \tag{7.71}$$

Die Anwendung von $H^{\otimes n}$ auf das erste Register ergibt

$$|\psi_1\rangle = \frac{1}{\sqrt{r}} \sum_{k=0}^{r-1} \left(\frac{|0\rangle + |1\rangle}{\sqrt{2}}\right)^{\otimes n} |u_k\rangle. \tag{7.72}$$

Wie in (7.46) gesehen, gilt

$$|\psi_2\rangle = \frac{1}{\sqrt{r}} \sum_{k=0}^{r-1} \left|\psi_n\left(\frac{k}{r}\right)\right\rangle |u_k\rangle. \tag{7.73}$$

Da die Folge $(|u_k\rangle)$ laut Proposition 7.5.4 orthonormal ist, folgt aus Proposition 4.7.10, dass Herausspuren des Zielregisters den gemischten Zustand

$$|\psi_3\rangle = \left(\left(\frac{1}{r}, \left|\psi_n\left(\frac{0}{r}\right)\right\rangle\right), \ldots, \left(\frac{1}{r}, \left|\psi_n\left(\frac{r-1}{r}\right)\right\rangle\right)\right) \tag{7.74}$$

liefert. Nach Anwendung von QFT_n^{-1} ist dieser gemischte Zustand

$$|\psi_4\rangle = \left(\left(\frac{1}{r}, \mathrm{QFT}_n^{-1}\left|\psi_n\left(\frac{0}{r}\right)\right\rangle\right), \ldots, \left(\frac{1}{r}, \mathrm{QFT}_n^{-1}\left|\psi_n\left(\frac{r-1}{r}\right)\right\rangle\right)\right). \tag{7.75}$$

Es folgt aus Theorem 7.4.6, dass die Messung dieses gemischten Zustands in der Berechnungsbasis von $\mathbb{H}_n$ mit Wahrscheinlichkeit mindestens $\frac{8}{r\pi^2}$ eine ganze Zahl $x \in \mathbb{Z}_{2^n}$ liefert mit

$$\left|\Delta\left(\frac{k}{r}, n, x\right)\right| < \frac{1}{2^n} \tag{7.76}$$

In Übung 7.5.10 wird gezeigt, dass $\left|\Delta(\frac{k}{r}, n, x))\right| = \left|\frac{k}{r} - \frac{x}{2^n}\right|$ gilt. Damit ist die erste Aussage bewiesen.

Angenommen, (7.69) gilt. Da wir n so gewählt haben, dass $2^n \geq 2r^2$ gilt, folgt

$$r \leq 2^{\frac{n-1}{2}} \tag{7.77}$$

und

$$\left|\frac{x}{2^n} - \frac{k}{r}\right| < \frac{1}{2r^2}. \tag{7.78}$$

Gemäß Proposition A.3.35 ist der Bruch $\frac{k}{r}$ eine Konvergente der Kettenbruchentwicklung von $\frac{x}{2^n}$ und ihre reduzierte Darstellung $\frac{p}{q}$ erfüllt (7.70). Um die Eindeutigkeit dieser Konvergente zu zeigen, sei $\frac{p}{q}$ eine andere Konvergente dieser Kettenbruchentwicklung, die (7.70) erfüllt. Dann gilt nach (7.70) und (7.77)

$$|kq - pr| = rq\left|\frac{k}{r} - \frac{p}{q}\right| \leq 2^{n-1}\left(\left|\frac{x}{2^n} - \frac{k}{r}\right| + \left|\frac{x}{2^n} - \frac{p}{q}\right|\right) < \frac{2 \cdot 2^{n-1}}{2^n} = 1. \tag{7.79}$$

Also gilt $kq = pr$, woraus $\frac{k}{r} = \frac{p}{q}$ folgt. □

Übung 7.5.10 Verwenden Sie Lemma 7.4.4, um zu zeigen, dass aus (7.76) $\left|\Delta(\frac{k}{r}, n, x)\right| = \left|\frac{k}{r} - \frac{x}{2^n}\right|$ folgt.

Das nächste Lemma liefert eine hinreichende Bedingung dafür, dass Algorithmus 7.5.6 die Ordnung r von a modulo N findet.

Lemma 7.5.11 Für $j = 1, 2$ sei $k_j, m_j \in \mathbb{N}_0$ und $r_j \in \mathbb{N}$ mit $\frac{k_j}{r} = \frac{m_j}{r_j}$ und sei $\gcd(k_1, k_2, r) = \gcd(m_j, r_j) = 1$. Dann gilt $r = \operatorname{lcm}(r_1, r_2)$.

Beweis Für $j = 1, 2$ gilt $\frac{k_j}{r} = \frac{m_j}{r_j}$ und $\gcd(m_j, r_j) = 1$. Daraus folgt, dass r_1 und r_2 Teiler von r sind. Daher ist $\operatorname{lcm}(r_1, r_2)$ ein Teiler von r. Das bedeutet, dass wir

$$r = u \cdot \operatorname{lcm}(r_1, r_2) = uu_1r_1 = uu_2r_2 \tag{7.80}$$

schreiben können mit $u, u_1, u_2 \in \mathbb{N}$. Daher gilt

$$\frac{m_j}{r_j} = \frac{k_j}{r} = \frac{k_j}{uu_jr_j} \tag{7.81}$$

für $j = 1, 2$. Also teilt u die drei Zahlen k_1, k_2 und r. Da $\gcd(k_1, k_2, r) = 1$ gilt, ist $u = 1$ und aus (7.80) folgt $r = \operatorname{lcm}(r_1, r_2)$. □

Die letzte Aussage in diesem Abschnitt ermöglicht es uns, die Wahrscheinlichkeit dafür abzuschätzen, dass die hinreichende Bedingung in Lemma 7.5.11 erfüllt ist.

Proposition 7.5.12 Sei Pr eine Wahrscheinlichkeitsverteilung auf $\mathbb{Z}_r$ und sei $c \in [0, 1]$, sodass für alle $k \in \mathbb{Z}_r$ die Ungleichung $\Pr(k) \geq \frac{c}{r}$ gilt. Betrachte das Experiment, bei dem zwei ganze Zahlen k_1 und k_2 gemäß der Wahrscheinlichkeitsverteilung Pr unabhängig aus $\mathbb{Z}_r$ ausgewählt werden. Dann ist die Wahrscheinlichkeit dafür, dass das Experiment ein Paar (k_1, k_2) liefert mit $\gcd(k_1, k_2, r) = 1$, mindestens $\frac{989.731}{1.628.176}c^2 > 0{,}6c^2$.

Beweis Zunächst ist die Anzahl der Paare (k_1, k_2) in $\mathbb{Z}_r^2$ mit $\gcd(k_1, k_2, r) = 1$ gleich der Anzahl aller solcher Paare in $\{1, \ldots, r\}^2$. Diese Anzahl ist mindestens die Anzahl der teilerfremden Paare in $\{1, \ldots, r\}^2$. Es wird jedoch in [Fon12] gezeigt, dass diese Anzahl mindestens $\frac{989.731}{1.628.176} r^2 \geq 0{,}6r^2$ beträgt. Da im Experiment jedes solche Paar mit einer Wahrscheinlichkeit von mindestens $\frac{c^2}{r^2}$ gewählt wird, folgt daraus, dass die Wahrscheinlichkeit, ein solches Paar auszuwählen, mindestens $\frac{989.731}{1.628.176} c^2$ ist. □

Wir können nun die Erfolgswahrscheinlichkeit beweisen, die in Theorem 7.5.8 behauptet wird. Aus Proposition 7.5.9 folgt, dass für $j = 1, 2$ und jedes $k_j \in \mathbb{Z}_r$ die j-te Iteration der **for**-Schleife in Algorithmus 7.5.6 mit einer Wahrscheinlichkeit von mindestens $\frac{8}{r\pi^2}$ ganze Zahlen $m_j, r_j \in \mathbb{Z}_{2^n}$ findet mit $\frac{m_j}{r_j} = \frac{k_j}{r}$. Nach Proposition 7.5.12 ist die Wahrscheinlichkeit, dass die beiden Iterationen der **for**-Schleife solche Zahlen finden, für die $\gcd(k_1, k_2, r) = 1$ gilt, mindestens

$$p \geq \frac{989.731}{1.628.176} \frac{64}{\pi^4} = 0{,}399 \tag{7.82}$$

Nun müssen wir noch die Komplexität des Ordnungsalgorithmus analysieren. Dazu stellen wir im nächsten Abschnitt einen Algorithmus vor, der den kontrollierten U_a^c berechnet.

7.5.4 Modulare Exponentiation

Mit C-U_a bezeichnen wir den kontrollierten Operator, der die Berechnungsbasiselemente $|c\rangle_n |t\rangle_m$ folgendermaßen abbildet: $c, t \in \mathbb{Z}_{2^m}$

$$\text{C-}U_a |c\rangle_n |t\rangle_m = \begin{cases} |c\rangle_n |a^c t \bmod N\rangle_m & \text{wenn } 0 \leq t < N, \\ |c\rangle_n |t\rangle_m & \text{wenn } N \leq t < 2^m. \end{cases} \tag{7.83}$$

Für alle $i \in \mathbb{Z}_n$ sei

$$a_i = a^{2^i} \bmod N. \tag{7.84}$$

Dann gilt für $1 \leq i < n$

$$a_i = a_{i-1}^2 \bmod N. \tag{7.85}$$

Sei $c \in \mathbb{Z}_{2^n}$, $t \in \mathbb{Z}_{2^m}$, wobei $c = \sum_{i=0}^{n-1} c_i 2^{n-1-i}$ ist mit $c_i \in \{0, 1\}$ für $0 \leq i < n$. Für $0 \leq i \leq n$ sei außerdem

$$t_i^n = \begin{cases} \prod_{l=0}^{i-1} a_{n-l-1}^{c_l} t \bmod N & \text{für } t < N, \\ t & \text{für } t \geq N. \end{cases} \tag{7.86}$$

Dann gilt

$$t_0 = t, \quad t_n = \begin{cases} a^c t \bmod N & \text{für } t < N, \\ t & \text{für } t \geq N. \end{cases} \tag{7.87}$$

Weiterhin gilt für $0 \leq i \leq n - 1$

$$t_{i+1} = \begin{cases} a_{n-i}^{c_i} t_i \bmod N & \text{wenn } t < N, \\ t & \text{wenn } t \geq N. \end{cases} \tag{7.88}$$

Übung 7.5.13 Verifizieren Sie (7.87) und (7.88).

Der Schaltkreis, der C-U_a implementiert, verwendet den modularen Multiplikationsoperator U_{mult}, der durch seine Wirkung auf die Basiszustände $|x\rangle\,|y\rangle$ von $\mathbb{H}_{2m}$, $x, y \in \mathbb{Z}_{2^m}$, definiert ist als

$$U_{\text{mult}}\,|x\rangle\,|y\rangle = \begin{cases} |x\rangle\,|xy \bmod N\rangle & \text{wenn } (x, y) \in \mathbb{Z}_N^2 \wedge \gcd(y, N) = 1, \\ |x\rangle\,|y\rangle & \text{wenn } (x, y) \notin \mathbb{Z}_N^2 \vee \gcd(y, N) > 1. \end{cases} \tag{7.89}$$

Dieser Operator ist unitär, weil, wie in Übung 7.5.14 gezeigt, die Abbildung

$$(x, y) \mapsto \begin{cases} (x, xy \bmod N) & \text{wenn } (x, y) \in \mathbb{Z}_N^2 \wedge \gcd(y, N) = 1, \\ (x, y) & \text{wenn } (x, y) \notin \mathbb{Z}_N^2 \vee \gcd(y, N) > 1 \end{cases} \tag{7.90}$$

eine Bijektion von $\{0, 1\}^{2n}$ ist.

Übung 7.5.14 Zeigen Sie, dass die Funktion in (7.90) eine Bijektion ist.

Wie in der Übersicht [RC18] über die Quantenschaltkreise, die modulare Multiplikation implementieren, gezeigt wird, gibt es einen solchen Schaltkreis der Größe $O(m^2)$.

Die Idee für die Schaltkreisimplementierung von C-U_a besteht darin, unter Verwendung von (7.84) und (7.85) zunächst $|a_i\rangle_m$ für $0 \leq i < n$ zu berechnen und dann unter Verwendung von (7.86) und (7.88) die Quantenzustände $|t_i\rangle_m$ für $1 \leq i \leq n$. Wie (7.87) zeigt, ist das gewünschte Ergebnis der Zustand $|t_n\rangle_m$.

Wir beschreiben also als Erstes einen Quantenschaltkreis U_p, der $|a_i\rangle_m$ für $0 \leq i < n$ konstruiert. Er verwendet den bitweisen CNOT-Operator, der für $(x_0, \ldots, x_{m-1}), (y_0, \ldots, y_{m-1}) \in \{0, 1\}^m$ gegeben ist durch

$$\begin{aligned} &\mathsf{CNOT}_m\,|x_0 \cdots x_{m-1}\rangle\,|y_0 \cdots y_{m-1}\rangle \\ &\quad = |x_0 \cdots x_{m-1}\rangle\, X^{x_0}\,|y_0\rangle \cdots X^{x_{m-1}}\,|y_{m-1}\rangle\,. \end{aligned} \tag{7.91}$$

Man beachte, dass

$$\mathsf{CNOT}_m\,|x_0 \cdots x_{m-1}\rangle\,|0 \cdots 0\rangle = |x_0 \cdots x_{m-1}\rangle\,|x_0 \cdots x_{m-1}\rangle \tag{7.92}$$

gilt.

Abb. 7.8 zeigt den Schaltkreis U_p für $n = 3$. Er funktioniert wie folgt: Der Eingabe-Zustand ist $|a\rangle_m\,|0\rangle_m\,|0\rangle_m$. Im ersten Schritt berechnet der Schaltkreis den neuen Zustand

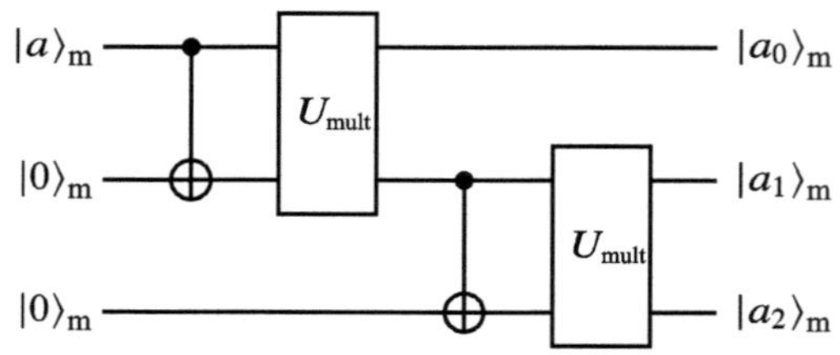

Abb. 7.8 Schaltkreis U_p für $n = 3$

$$U_{\text{mult}}\mathsf{CNOT}_m(|a\rangle_m\,|0\rangle_m)\,|0\rangle_m = U_{\text{mult}}(|a_0\rangle_m\,|a_0\rangle_m)\,|0\rangle_m = |a_0\rangle_m\,|a_1\rangle_m\,|0\rangle_m\,. \tag{7.93}$$

Im zweiten Schritt berechnet der Schaltkreis den neuen Zustand

$$|a_0\rangle_m\,U_{\text{mult}}\mathsf{CNOT}_m(|a_1\rangle_m\,|0\rangle_m) = |a_0\rangle_m\,U_{\text{mult}}(|a_1\rangle_m\,|a_1\rangle_m) = |a_0\rangle_m\,|a_1\rangle_m\,|a_2\rangle_m\,. \tag{7.94}$$

Die Schaltkreis-Spezifikation für den allgemeinen Fall wird in Algorithmus 7.5.15 vorgestellt.

Algorithmus 7.5.15 Schaltkreis U_p zur Berechnung von $|a_i\rangle_m = \left|a^{2^i} \bmod N\right\rangle_m$ für $0 \le i < n$

Input: $m, n \in \mathbb{N}$, $N \in \mathbb{Z}_{2^m}$, $a \in \mathbb{Z}_N^*$
Output: $|a_0\rangle_m \cdots \left|a_{n-1}\right\rangle_m$ mit a_i wie in (7.84)

$U_p(m, n, N, a)$
  /* Der Schaltkreis arbeitet auf $|\psi\rangle = |\psi_0\rangle \cdots \left|\psi_{n-1}\right\rangle \in \mathbb{H}_m^{\otimes m}$ */
  $|\psi\rangle \leftarrow |a\rangle_m\,|0\rangle_m^{\otimes(n-1)}$
  for $i = 1, \ldots, n-1$ **do**
    $\left|\psi_{i-1}\right\rangle|\psi_i\rangle \leftarrow \mathsf{CNOT}_m\left|\psi_{i-1}\right\rangle|\psi_i\rangle$
    $\left|\psi_{i-1}\right\rangle|\psi_i\rangle \leftarrow U_{\text{mult}}\left|\psi_{i-1}\right\rangle|\psi_i\rangle$
  end for
end

Wir beweisen, dass der Quantenschaltkreis U_p die behauptete Eigenschaft hat und analysieren seine Komplexität.

Proposition 7.5.16 Es gilt

$$U_p\,|a\rangle_m\,|0\rangle_m^{\otimes n-1} = |a_0\rangle_m \cdots |a_{n-1}\rangle_m\,. \tag{7.95}$$

Außerdem hat U_p die Größe $\mathrm{O}(nm^2)$.

Beweis Wir verwenden die Notation von Algorithmus 7.5.15 und zeigen durch Induktion über i, dass nach der i-ten Iteration der Schleife gilt

$$|\psi\rangle = |a_0\rangle_m \cdots |a_i\rangle_m |0\rangle_m \cdots |0\rangle_m . \tag{7.96}$$

Der Basisfall $i = 0$ folgt aus der Wahl des Anfangszustands. Für den Induktionsschritt nehmen wir an, dass $0 \leq i < n - 1$ ist und (7.96) erfüllt ist. Es folgt aus (7.85), dass nach Abschluss der $(i + 1)$-ten Iteration der Schleife gilt:

$$\begin{aligned}
|\psi\rangle &= |a_0\rangle_m \cdots |a_{i-1}\rangle_m U_{\text{mult}}\mathsf{CNOT}_m(|a_i\rangle_m |0\rangle_m) |0\rangle_m \cdots |0\rangle_m \\
&= |a_0\rangle_m \cdots |a_{i-1}\rangle_m U_{\text{mult}}(|a_i\rangle_m |a_i\rangle_m) |0\rangle_m \cdots |0\rangle_m \\
&= |a_0\rangle_m \cdots |a_{i-1}\rangle_m |a_i\rangle_m \left|a_i^2 \bmod N\right\rangle_m |0\rangle_m \cdots |0\rangle_m \\
&= |a_0\rangle_m \cdots |a_{i-1}\rangle_m |a_i\rangle_m |a_{i+1}\rangle_m |0\rangle_m \cdots |0\rangle_m .
\end{aligned} \tag{7.97}$$

Dies beweist, dass U_p den Quantenzustand $|a_0\rangle \cdots |a_{n-1}\rangle$ erzeugt. Da der Schaltkreis n mal die Operatoren CNOT_m und U_{mult} anwendet und beide die Komplexität $O(m^2)$ haben, ist seine Gesamtgröße $O(m^3)$. □

Wir konstruieren nun einen Quantenschaltkreis, der den unitären Operator C-U_a aus (7.88) implementiert für n = 2 und in Abb. 7.9 dargestellt ist. Sein Anfangszustand ist $|c\rangle_2 |t\rangle_m$, wobei $c \in \mathbb{Z}_4$ ist. Dann werden die Ancilla-Qubits $|a\rangle_m$, $|0\rangle_m$ sowie $|1\rangle_m$ zwischen $|c\rangle_2$ und $|t\rangle_m$ eingefügt. Der Operator U_p wird auf $|a\rangle_m |0\rangle_m$ angewendet. Dies ergibt den Zustand $|c\rangle_2 |a_0\rangle_m |a_1\rangle_m |1\rangle_m |t\rangle_m$. Dann wird der SWAP-Operator auf $|a_1\rangle_m$ und $|1\rangle_m$ angewendet, kontrolliert durch $|c_0\rangle = |1\rangle$. Daher ist $\left|a_1^{c_0}\right\rangle_m |t\rangle_m$ der Eingabezustand für U_{mult}. Die Anwendung von U_{mult} ergibt den Zustand $|c\rangle_2 |a_0\rangle_m \left|a_1^{1-c_0}\right\rangle_m \left|a_1^{c_0}\right\rangle_m |t_1\rangle_m$. Der nächste kontrollierte SWAP-Operator setzt die drei Hilfsregister zurück auf $|a_0\rangle_2 |a_1\rangle_2 |1\rangle_2$. Der Schaltkreis wendet dann einen weiteren kontrollierten SWAP-Operator, den Operator U_{mult} und nochmal einen SWAP-Operator an. Das Ergebnis ist der Zustand $|c\rangle_m |a_0\rangle_m |a_1\rangle_m |1\rangle_2 |t_2\rangle_m$. Herausspuren der Ancilla-Qubits liefert das gewünschte Ergebnis.

Algorithmus 7.5.17 Schaltkreis, der C-U_a implementiert

Input: $|c\rangle_n |t\rangle_m \in \mathbb{H}_{2m}$
Output: $|c\rangle_n |t_m\rangle_m$

$C - U_a$
  */ Der Schaltkreis arbeitet auf $|\psi\rangle = |\psi_0\rangle \cdots \left|\psi_{n+2}\right\rangle \in \mathbb{H}_n \otimes \mathbb{H}_m^{n+2}$ */
  $|\psi\rangle \leftarrow |c\rangle_n |a\rangle_m |0\rangle_m^{\otimes(n-1)} |1\rangle_m |t\rangle_m$
  $|\psi_1\rangle \cdots |\psi_m\rangle \leftarrow U_p |\psi_1\rangle \cdots |\psi_m\rangle = |a_0\rangle_m \cdots \left|a_{n-1}\right\rangle_m$
  for $i = 1$ to n **do**
    $|\psi\rangle \leftarrow \mathsf{CSWAP}_{i-1} |\psi\rangle$
    $\left|\psi_{n+1}\right\rangle \left|\psi_{n+2}\right\rangle \leftarrow U_{\text{mult}} \left|\psi_{n+1}\right\rangle \left|\psi_{n+2}\right\rangle$
    $|\psi\rangle \leftarrow \mathsf{CSWAP}_{i-1} |\psi\rangle$
  end for
  Spure $|\psi_1\rangle \cdots \left|\psi_{n+1}\right\rangle$ heraus
end

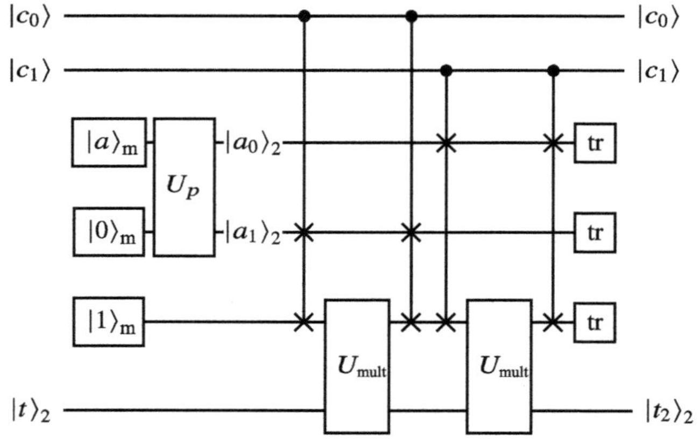

Abb. 7.9 Quantenschaltkreis, der C-U_a für $n = 2$ implementiert

Der Schaltkreis, der C-U_a für den allgemeinen Fall implementiert, ist in Algorithmus 7.5.17 spezifiziert. Er verwendet den kontrollierten Swap-Operator CSWAP_i für $i = 0, \ldots, n-1$. Angewendet auf einen Quantenzustand $|c\rangle_n |\xi_0\rangle \cdots |\xi_{n-1}\rangle |\varphi_0\rangle |\varphi_1\rangle$ vertauscht er $|\xi_{n-i-1}\rangle$ und $|\varphi_0\rangle$ wenn $|c_i\rangle = |1\rangle$ ist. Dabei ist $c \in \mathbb{Z}_{2^n}$ mit der Binärentwicklung $c = \sum_{i=0}^{n-1} c_i 2^{n-i-1}$. Zum Beispiel verwendet der Schaltkreis in Abb. 7.9 den Operator CSWAP_1, der $|a_1\rangle_m$ und $|1\rangle_m$ vertauscht, wenn $|c_0\rangle = |1\rangle$ ist.

Wir beweisen nun das folgende Ergebnis:

Proposition 7.5.18 Der in Algorithmus 7.5.17 spezifizierte Schaltkreis implementiert den unitären Operator C-U_a aus (7.88) und hat die Größe $O(nm^2)$.

Beweis Wir beweisen durch Induktion über i, dass nach i Iterationen der **for**-Schleife gilt:

$$|\psi\rangle = |c\rangle_m |a_0\rangle_m \cdots |a_{n-1}\rangle_m |1\rangle_m |t_i\rangle_m . \tag{7.98}$$

Wenn man dies für $i = n$ anwendet, sieht man, dass der Schaltkreis C-U_a implementiert.

Der Basisfall folgt aus den Anweisungen in den Zeilen 3 und 4 sowie Proposition 7.5.16.

Für den Induktionsschritt nehmen wir an, dass $0 \leq i < n$ ist und dass (7.98) gilt. In der $(i+1)$-ten Iteration der **for**-Schleife vertauscht die Anweisung in Zeile 6 die Zustände $|a_{n-i-1}\rangle_m$ und $|1\rangle_m$ wenn $|c_{i+1}\rangle = |1\rangle$ ist. Nach dieser Operation gilt

$$|\psi_n\rangle |\psi_{n+1}\rangle = \left|a_{n-i-1}^{c_{i+1}}\right\rangle_m |t_i\rangle_m . \tag{7.99}$$

Daher ergibt die Anwendung von U_{mult} auf diesen Quantenzustand

$$\left|a_{m-i-1}^{c_{i+1}}\right\rangle_m |t_{i+1}\rangle_m . \tag{7.100}$$

Eine weitere Anwendung von CSWAP_i vertauscht $|a_{n-i-1}\rangle_m$ und $|1\rangle_m$ wenn $|c_{i+1}\rangle = |1\rangle$ ist. Also gilt (7.98).

Schließlich schätzen wir die Größe des Schaltkreises ab. Die Anzahl der benötigten Ancilla-Qubits ist $\mathrm{O}(nm)$. Nach Proposition 7.5.16 hat der Schaltkreis U_p die Größe $\mathrm{O}(nm^2)$. Die Anzahl der Iterationen der **for**-Schleife beträgt n. Wir analysieren die Komplexität der Implementierung von CSWAP_i. Wie in Abb. 5.26 zu sehen ist, kann ein Quanten-SWAP-Operatorhilfe mithilfe von $O(1)$ elementaren Gattern implementiert werden. Daher kann das Vertauschen von m Qubits mittels $\mathrm{O}(m)$ elementaren Gattern realisiert werden. Nach Theorem 5.10.8 kann daher auch der kontrollierte Operator CSWAP_i mithilfe von $\mathrm{O}(m)$ elementaren Quantengattern implementiert werden kann. Der Operator U_{mult} erfordert $\mathrm{O}(m^2)$ elementare Quantengatter. Daher ist die Komplexität der **for**-Schleife $\mathrm{O}(nm^2)$, was den Beweis abschließt. □

Wir können nun die Komplexitätsaussage von Theorem 7.5.8 wie folgt beweisen. Der Ordnungsalgorithmus verwendet den Quantenschaltkreis Q_a zweimal. Nach Annahme erfüllt der Präzisionsparameter n, der in diesem Schaltkreis verwendet wird, die Bedingung $2^n \leq 4N^2$. Also ist $n = \mathrm{O}(\log N)$ ist. Außerdem is $m = \lceil \log_2 N \rceil$. Nach Proposition 7.5.18 hat dieser Schaltkreis daher die Größe $\mathrm{O}((\log N)^3)$. Gemäß Proposition A.3.28 erfordert die Anwendung des Kettenbruchalgorithmus Zeit von $\mathrm{O}((\log N)^2)$. Darüber hinaus hat die Berechnung des lcm, von $a^r \bmod N$ und aller anderen Operationen eine Laufzeit von $\mathrm{O}((\log N)^3)$. Also gilt die Komplexitätsaussage von Theorem 7.5.8. Werden schnellere Algorithmen für die Ganzzahlarithmetik, die Division mit Rest und des lcm verwendet, kann die Komplexität des Ordnungsalgorithmus auf $(\log N)^2(\log\log N)^{\mathrm{O}(1)}$ reduziert werden. Solche Algorithmen werden beispielsweise in [AHU74] und [HvdH21] vorgestellt.

Abschließend eine Bemerkung zur Anzahl der benötigten Qubits. In unserer Darstellung des Shor-Algorithmus ist sie $\mathrm{O}(nm)$ für eine m-Bit-Zahl. Es gibt aber optimierte Implementierungen, die mit $2m + 2$ Qubits auskommen (siehe [Hrs07]).

7.6 Faktorisierung ganzer Zahlen

In diesem Abschnitt erklären wir, wie das folgende Problem in Quanten-Polynomzeit mithilfe des Ordnungsalgorithmus aus Abschn. 7.5 gelöst werden kann.

Problem 7.6.1 (Faktorisierungsproblem)
Eingabe: Eine zusammengesetzte positive ganze Zahl N
Ausgabe: Ein echter Teiler d von N

Der schnellste klassische, vollständig analysierte Monte-Carlo-Algorithmus für dieses Problem hat die subexponentielle Komplexität $e^{(1+\mathrm{o}(1))(\log N \log\log N)^{1/2}}$ [LP92]. Der beste heuristische Monte-Carlo-Algorithmus für das Faktorisierungsproblem ist schneller. Er hat subexponentielle Komplexität $e^{(c+\mathrm{o}(1))(\log N)^{1/3}(\log\log N)^{2/3}}$, wobei $c = \sqrt[3]{64/9}$ [BLP93]. Der Quanten-Faktorisierungsalgorithmus ist Algorithmus 7.6.2. Er wurde bereits in Abschn. 7.1

skizziert. Er wählt $a \in \mathbb{Z}_N$ gleichverteilt zufällig und berechnet $d = \gcd(a, N)$. Wenn $d > 1$, dann ist d ein echter Teiler von N und der Algorithmus gibt diesen Teiler zurück. Andernfalls ruft der Algorithmus FindOrder(N, a, n) mit n aus (7.67) auf. Nach Theorem 7.5.8 findet er die Ordnung r von a modulo N mit einer Wahrscheinlichkeit von mindestens 0,399. Wenn r gerade ist, dann gilt

$$(a^{r/2} - 1)(a^{r/2} + 1) \equiv 0 \bmod N. \tag{7.101}$$

Wenn zusätzlich N die Zahl $a^{r/2} + 1$ nicht teilt, dann ist $\gcd(a^{r/2} - 1, N)$ ein echter Teiler von N. Das testet der Algorithmus.

Algorithmus 7.6.2 Faktorisierung mittels Ordnungsberechnung

Input: Eine ungerade zusammengesetzte Zahl $N \in \mathbb{N}$
Output: Ein echter Teiler d von N
1: FACTOR(N)
2:    $a \leftarrow \text{randomInt}(N)$
3:    $d \leftarrow \gcd(a, N)$
4:    **if** $d > 0$ **then**
5:       **return** (d)
6:    **end if**
7:    $n \leftarrow \lceil 2 \log_2 N \rceil + 1$
8:    $r \leftarrow \text{FindOrder}(N, a, n)$
9:    **if** $r \neq$ „Failure" und $r \equiv 0 \bmod 2$ **then**
10:       $b \leftarrow a^{r/2} \bmod N$
11:       $d \leftarrow \gcd(b - 1, N)$
12:       **if** $d \neq 1$ **then**
13:          **return** d
14:       **end if**
15:    **end if**
16:    **return** „Failure"
17: **end**

Wir geben Beispiele für eine erfolgreiche und eine erfolglose Ausführung von Algorithmus 7.6.2.

Beispiel 7.6.3 Sei $N = 15$. Angenommen, der Faktorisierungsalgorithmus wählt $a = 2$. Dann gilt $\gcd(a, N) = 1$. Wie leicht überprüft werden kann, ist die Ordnung von 2 modulo 15 gleich 4. Angenommen, der Ordnungsalgorithmus gibt $r = 4$ zurück. Dann berechnet er $b = a^{r/2} \bmod N = 2^2 \bmod 15 = 4$ und $d = \gcd(b - 1, N) = \gcd(4 - 1, 15) = 3$. Das ist ein echter Teiler von 15.

Sei $N = 15$. Angenommen, der Faktorisierungsalgorithmus wählt $a = 14$. Dann gilt $\gcd(a, N) = 1$. Wie leicht überprüft werden kann, ist die Ordnung von 14 modulo 15 gleich 2. Angenommen, der Ordnungsalgorithmus gibt $r = 2$ zurück. Dann berechnet er

$b = a^{r/2} \bmod N = 14$ und $d = \gcd(14 - 1, 15) = \gcd(13, 15) = 1$. Das ist kein echter Teiler von 15.

Im weiteren Verlauf dieses Abschnitts werden wir folgendes Theorem beweisen:

Theorem 7.6.4 Bei Eingabe einer ungeraden zusammengesetzten Zahl $N \in \mathbb{N}$ gibt Algorithmus 7.6.2 mit einer Wahrscheinlichkeit von mindestens 0.199 einen echten Teiler von N zurück und hat eine Laufzeit von $O((\log N)^3)$. Wenn N mindestens zwei verschiedene Primfaktoren hat, benötigt der Algorithmus $2\lceil \log_2 N \rceil + 1$ Quantenbits.

Wir merken an, dass, wie in Abschn. 2.3.4 beschrieben, durch wiederholte Anwendung des Quanten-Faktorisierungsalgorithmus eine Erfolgswahrscheinlichkeit erreicht werden kann, die beliebig nahe an 1 liegt, ohne die asymptotische Komplexität des Algorithmus zu verändern.

Nun analysieren wir die Erfolgswahrscheinlichkeit und die Laufzeit des Quanten-Faktorisierungsalgorithmus. Er ist in mindestens zwei Fällen erfolgreich: (1) Wenn $\gcd(a, N) > 1$ ist oder (2) wenn $\gcd(a, N) = 1$ ist, der Ordnungsalgorithmus die Ordnung r von a modulo N zurückgibt, diese Ordnung gerade ist und $a^{r/2} \not\equiv -1 \bmod N$ gilt. Um eine untere Schranke für die Wahrscheinlichkeit für den zweiten Fall zu erhalten, benötigen wir das folgende Lemma.

Lemma 7.6.5 Sei p eine ungerade Primzahl und $e \in \mathbb{N}$. Sei $d \in \mathbb{N}$ der Exponent von 2 in der Primfaktorzerlegung von $p - 1$. Wähle eine ganze Zahl $a \in \mathbb{Z}_{p^e}^*$ gleichverteilt zufällig. Dann ist die Wahrscheinlichkeit dafür, dass 2^d die Ordnung von a modulo p^e teilt, $1/2$.

Beweis Die Ordnung von $\mathbb{Z}_{p^e}^*$ ist

$$\varphi = \varphi(p^e) = (p - 1)p^{e-1}. \tag{7.102}$$

Da p ungerade ist, ist der Exponent von 2 in der Primfaktorzerlegung von φ gleich d. Wähle eine Primitivwurzel $g \in \mathbb{Z}_{p^e}^*$ modulo p^e. Ihre Ordnung modulo p^e ist φ und

$$\mathbb{Z}_\varphi \to \mathbb{Z}_{p^e}^*, \quad k \mapsto g^k \bmod p^e \tag{7.103}$$

ist eine Bijektion. Wähle $k \in \mathbb{Z}_\varphi$ gleichverteilt zufällig. Aufgrund der Bijektivität von (7.103) ist die ganze Zahl $a = g^k \bmod p^e$ gleichverteilt in $\mathbb{Z}_{p^e}^*$. Außerdem ist die Ordnung von $a^k \bmod p^e$

$$r = \frac{\varphi}{\gcd(k, \varphi)}. \tag{7.104}$$

Sei d' der Exponent von 2 in der Primfaktorzerlegung von r. Wegen (7.104) und weil φ gerade ist, gilt $d' = d$, wenn k ungerade ist und $d' < d$, wenn k gerade ist. Da φ gerade ist, folgt außerdem, dass die Hälfte der Zahlen in $\mathbb{Z}_\varphi$ gerade und die andere Hälfte ungerade ist. Daher gilt $d = d'$ mit Wahrscheinlichkeit $1/2$. □

Die nächste Proposition gibt eine untere Schranke für die Erfolgswahrscheinlichkeit von Algorithmus 7.6.2 an im Fall, dass eine ganze Zahl a gewählt wird, die teilerfremd zu N ist und der Ordnungsalgorithmus die Ordnung von a modulo N zurückgibt.

Proposition 7.6.6 Sei N eine ungerade zusammengesetzte Zahl mit m verschiedenen Primfaktoren. Wähle $a \in \mathbb{Z}_N^*$ gleichverteilt zufällig. Dann ist die Wahrscheinlichkeit dafür, dass die Ordnung r von a modulo N gerade ist und dass $a^{r/2} \not\equiv -1 \bmod N$ ist, mindestens $1 - 1/2^{m-1}$.

Beweis Wir zeigen, dass die Wahrscheinlichkeit, dass r ungerade ist oder r gerade ist und $a^{r/2} \equiv -1 \bmod N$ erfüllt, höchstens $1/2^{m-1}$ beträgt.

Sei

$$N = \prod_{i=1}^{m} p_i^{e_i} \tag{7.105}$$

die Primfaktorzerlegung von N.

Wähle a gleichverteilt zufällig in $\mathbb{Z}_N^*$. Sei r die Ordnung von a modulo N und für $1 \le i \le m$ sei r_i die Ordnung von a modulo $p_i^{e_i}$. Dann gilt gemäß Übung A.4.24

$$r = \operatorname{lcm}(r_1, \ldots, r_m). \tag{7.106}$$

Sei f der Exponent von 2 in der Primfaktorzerlegung von r und sei f_i der Exponent von 2 in der Primfaktorzerlegung von r_i. Wir zeigen, dass

$$f = f_i \text{ für } 1 \le i \le m \tag{7.107}$$

gilt, wenn r ungerade ist oder r gerade ist und $a^{r/2} \equiv -1 \bmod N$ erfüllt. Sei $i \in \{1, \ldots, m\}$. Wenn r ungerade ist, dann ist $f = 0$ und (7.106) impliziert $f_i = 0$. Nehmen wir nun an, dass $f > 0$ und $a^{r/2} \equiv -1 \bmod N$ ist. Aus $a_i^r \equiv 1 \bmod p_i^{e_i}$ folgt $r_i | r$ und daher $f_i \le f$. Da jedoch $a_i^{r/2} \equiv -1 \bmod p_i^{e_i}$ gilt, folgt $f_i = f$.

Aus dem obigen Argument folgt, dass die Wahrscheinlichkeit dafür, dass r ungerade ist oder dass r gerade ist und $a^{r/2} \equiv -1 \bmod N$ erfüllt, höchstens die Wahrscheinlichkeit dafür ist, dass alle f_i gleich sind. Wir zeigen, dass diese Wahrscheinlichkeit höchstens $1/2^{m-1}$ beträgt. Sei $i \in \{2, \ldots, m\}$. Wenn f_1 der Exponent von 2 in der Primfaktorzerlegung von $p_i - 1$ ist, dann ist gemäß Lemma 7.6.5 $f_i = f_1$ mit Wahrscheinlichkeit $1/2$. Wenn f_1 nicht dieser Exponent ist, dann ist gemäß Lemma 7.6.5 die Wahrscheinlichkeit für $f_i = f_1$ höchstens $1 - 1/2 = 1/2$. Daher ist die Wahrscheinlichkeit dafür, dass alle f_i gleich sind, höchstens $1/2^{m-1}$. □

Wir können jetzt Theorem 7.6.4 beweisen. Wie oben bereits bemerkt, ist der Quanten-Faktorisierungsalgorithmus in mindestens zwei Fällen erfolgreich: Im ersten Fall ist a nicht teilerfremd zu N, was mit Wahrscheinlichkeit $1 - 1/\varphi(N)$ eintritt. Im zweiten Fall passiert Folgendes: (a) Algorithmus findet die Ordnung r von a modulo N und (b) diese Ordnung ist gerade und $a^{r/2} \not\equiv -1 \bmod N$. Nach Theorem 7.5.8 tritt (a) mit einer Wahrscheinlichkeit von mindestens $\frac{3.958.924}{101.761\pi^4}$ ein. Außerdem tritt (b) nach Proposition 7.6.6 mit Wahrscheinlichkeit von mindestens $\frac{1}{2}$ auf, da N mindestens zwei Primfaktoren hat. Daher ist die Wahrscheinlichkeit von (a) und (b) mindestens

$$\frac{3.958.924}{2 \cdot 101.761\pi^4} > 0,199. \tag{7.108}$$

Zusammenfassend ist die gesamte Erfolgswahrscheinlichkeit mindestens

$$\frac{N - \varphi(N) + 0,199\varphi(N)}{N} > 0,199. \tag{7.109}$$

Nach Theorem 7.5.8 ist die Laufzeit des Algorithmus $O((\log N)^3)$. Die Anzahl der Qubits, die der beschriebene Algorithmus verwendet, ist $O(m^2)$ für eine m-Bit-Zahl N. Wie im Zusammenhang mit der Analyse des Ordnungsalgorithmus erwähnt, gibt es aber optimierte Implementierungen, die mit $2m + 2$ Qubits auskommen (siehe [Hrs07]).

Übung 7.6.7 Finden Sie einen polynomiellen Quantenalgorithmus, der die Primfaktorzerlegung jeder positiven ganzen Zahl bestimmt.

Übung 7.6.8 Sei $N \in \mathbb{N}, a \in \mathbb{Z}_N^*$ und $r \in \mathbb{Z}_N$. Zeigen Sie, wie der Quanten-Faktorisierungs -algorithmus verwendet werden kann, um in polynomieller Zeit zu überprüfen, ob r die Ordnung von a modulo N ist.

7.7 Berechnung diskreter Logarithmen

In diesem Abschnitt geht es um das Diskrete-Logarithmen-Problem oder kurz: das DL-Problem. Allgemein lässt es sich so formulieren: Sei G eine Gruppe. Gegeben zwei Gruppenelemente a und b mit der Eigenschaft, dass b in der von a erzeugten Untergruppe liegt. Finde einen Exponenten t mit $a^t = b$. Ein solcher Exponent heißt *diskreter Logarithmus von b zur Basis a*. Wir präsentieren zunächst einen polynomiellen Quanten-Algorithmus für das DL-Problem in der Gruppe $\mathbb{Z}_N^*$ für eine Zahl $\mathbb{N} \in \mathbb{N}$. Danach diskutieren wir kurz das DL-Problem in anderen Gruppen.

7.7.1 DL-Problem in $\mathbb{Z}_N^*$

Wir zeigen, wie der Ordnungsalgorithmus und der Phasenschätzalgorithmus verwendet werden können, um das folgende DL-Problem in Quanten-Polynomzeit zu lösen.

Problem 7.7.1 (Diskrete-Logarithmen-Problem in $\mathbb{Z}_N^*$)
Eingabe: $N \in \mathbb{Z}_{\geq 3}$, $a, b \in \mathbb{Z}_N^*$ mit $b \equiv a^t \bmod N$, wobei $t \in \mathbb{Z}_r$ und r die Ordnung von a modulo N ist.
Ausgabe: Der Exponent t.

Zur Vereinfachung der Darstellung bezeichnen wir in diesem Abschnitt das DL-Problem in $\mathbb{Z}_N^*$ kurz als DL-Problem. Der Exponent t im DL-Problem wird als *diskreter Logarithmus von b zur Basis a modulo N* bezeichnet.

Wir stellen nun einen Polynomzeit-Quantenalgorithmus für das DL-Problem vor und verwenden dabei die Notation aus dem DL-Problem.

Wir machen einige vorbereitende Bemerkungen. Nach Übung 7.6.7 kann man mithilfe des Quanten-Faktorisierungsalgorithmus aus dem vorhergehenden Abschnitt die Primfaktorzerlegung von N in Polynomzeit finden. Dies ermöglicht es uns, die Ordnung $\varphi(N)$ von $\mathbb{Z}_N^*$ zu berechnen, da

$$\varphi(N) = N \prod_{p|N} \left(1 - \frac{1}{p}\right) \tag{7.110}$$

gilt. Dies wird in [Buc04], Theorem 2.17.2 gezeigt. Durch Anwendung des Quanten-Faktorisierungsalgorithmus können wir auch die Primfaktorzerlegung von $\varphi(N)$ bestimmen. Der *Pohlig-Hellman-Algorithmus,* der in Abschn. 10.5 von [Buc04] beschrieben wird, stellt eine Polynomzeit-Reduktion vom allgemeinen DL-Problem auf das Problem der Berechnung diskreter Logarithmen von Basiselementen a dar, deren Ordnung r eine bekannte Primzahl ist. Daher genügt es, einen Quantenalgorithmus anzugeben, der in polynomieller Zeit das DL-Problem für solche Basiselemente löst. Wir nehmen also an, dass r eine Primzahl ist. Außerdem nehmen wir an, dass $t > 1$ ist, da die Fälle $t = 0$ und $t = 1$ durch Inspektion gelöst werden können.

Die Idee des DL-Quantenalgorithmus in diesem speziellen Fall ist folgende. Der Algorithmus wählt einen geeigneten Präzisionsparameter $m \in \mathbb{N}$ und verwendet die unitären Operatoren U_a und U_b, die in Definition 7.5.2 spezifiziert sind. Da $b \equiv a^t \bmod N$ gilt, folgt aus Proposition 7.5.4, dass die Eigenwerte dieser Operatoren $e^{2\pi i \frac{k}{r}}$ und $e^{2\pi i \frac{tk}{r}}$ sind für $0 \leq k < r$. Mithilfe der Quanten-Phasenschätzung können wir $x, y \in \mathbb{Z}_{2^m}$ finden, sodass für ein $k \in \mathbb{Z}_r^*$ die Brüche $\frac{x}{2^m}$ und $\frac{y}{2^m}$ so nah an $\frac{k}{r}$ und $\frac{tk \bmod r}{r}$, dass

$$k = \left\lfloor \frac{rx}{2^m} \right\rceil \text{ und } kt \bmod r = \left\lfloor \frac{ry}{2^m} \right\rceil \tag{7.111}$$

gilt. Da r eine Primzahl ist, folgt $\gcd(k, r) = 1$. Wir können also k' berechnen mit $kk' \equiv 1 \bmod r$ und erhalten

$$t = k' \left\lfloor \frac{ry}{2^m} \right\rceil \bmod r. \tag{7.112}$$

Der Quanten-DL-Algorithmus ist Algorithmus 7.7.2. Im weiteren Verlauf dieses Abschnitts werden wir beweisen, dass der Algorithmus korrekt ist und polynomielle Laufzeit hat.

Algorithmus 7.7.2 Quanten-DL-Algorithmus

Input: N, a, b, r wie im DL-Problem 7.7.1, wobei die Ordnung r von a modulo N eine Primzahl ist.

Output: Der diskrete Logarithmus t von b zur Basis a modulo N oder „Failure“

```
DL(N, a, b, r)
    n ← ⌈log_2 r⌉ + 1, m ← ⌈log_2 N⌉
    Wende den Quantenschaltkreis Q_DL aus Abb. 7.10 an und erhalte (x, y) ∈ Z^2_{2^n}
    k ← ⌊xr/2^n⌉ mod r
    if k ≠ 0 then
        l ← ⌊yr/2^n⌉ mod r
        t ← lk^{-1} mod r
        return t
    end if
    return „Failure“
end
```

Theorem 7.7.3 Bei Eingabe von N, a, b, r wie im DL-Problem 7.7.1, wobei r eine Primzahl ist, gibt Algorithmus 7.7.2 den diskreten Logarithmus von b zur Basis a Zahl t mit Wahrscheinlichkeit mindestens $64(r-1)/r\pi^4 > 0{,}328$ zurück. Seine Laufzeit ist $\mathrm{O}((\log N)^3)$.

Wir beweisen Theorem 7.7.3. Algorithmus 7.7.2 setzt

$$n = \lceil \log_2 r \rceil + 1, \quad m = \lceil \log_2 N \rceil. \tag{7.113}$$

Daraus folgt

$$2^n > 2r. \tag{7.114}$$

Dann wird der Quantenschaltkreis Q_{DL} aus Abb. 7.10 angewendet. Die folgende Proposition beschreibt die Ausgabe dieses Schaltkreises.

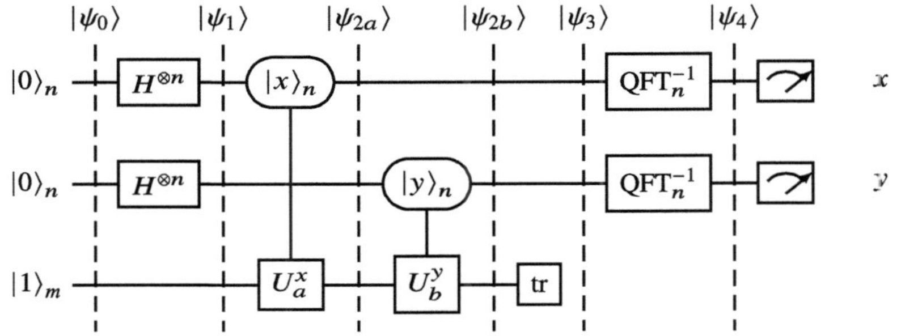

Abb. 7.10 Der Quantenschaltkreis Q_{DL} zur Berechnung des diskreten Logarithmus

Proposition 7.7.4 Für alle $k \in \mathbb{Z}_r^*$ liefert der Quantenschaltkreis in Abb. 7.10 mit Wahrscheinlichkeit $64(r-1)/r\pi^4$ zwei Zahlen $x, y \in \mathbb{Z}_{2^n}$ mit

$$k = \left\lfloor \frac{rx}{2^n} \right\rceil \text{ und } kt \bmod r = \left\lfloor \frac{ry}{2^n} \right\rceil . \tag{7.115}$$

Beweis Der Schaltkreis operiert auf dem Tensorprodukt von drei Quantenregistern, das auf

$$|\psi_0\rangle = |0\rangle_n \, |0\rangle_n \, |1\rangle_m \tag{7.116}$$

initialisiert ist. Dann wird $H^{\otimes n}$ auf die ersten beiden Quantenregister angewendet. Dies ergibt den Zustand

$$\left(\frac{|0\rangle + |1\rangle}{\sqrt{2}}\right)^{\otimes n} \left(\frac{|0\rangle + |1\rangle}{\sqrt{2}}\right)^{\otimes n} |1\rangle_m . \tag{7.117}$$

Als Nächstes wird der Operator C-U_a aus (7.83) auf das erste und dritte Quantenregister angewendet. Wie in (7.73) gesehen ergibt dies den Zustand

$$|\psi_{2a}\rangle = \frac{1}{\sqrt{2^n r}} \sum_{k=0}^{r-1} \left|\psi_n\left(\frac{k}{r}\right)\right\rangle \left(\frac{|0\rangle + |1\rangle}{\sqrt{2}}\right)^{\otimes n} |u_k\rangle . \tag{7.118}$$

Danach wird der Operator C-U_b auf das zweite und dritte Quantenregister angewendet. Aus Proposition 7.5.4 folgt, dass die Zustände $|u_k\rangle$ Eigenzustände von U_b sind mit den Eigenwerten $e^{2\pi i \frac{kt}{r}}$. Also ergibt sich der Zustand

$$|\psi_{2b}\rangle = \frac{1}{r} \sum_{k=0}^{r-1} \left|\psi_n\left(\frac{k}{r}\right)\right\rangle \left|\psi_n\left(\frac{kt}{r}\right)\right\rangle |u_k\rangle . \tag{7.119}$$

Durch das Herausspuren des dritten Quantenregisters ergibt sich der gemischte Zustand

$$|\psi_3\rangle = \left(\left(\frac{1}{r}, \left|\psi_n\left(\frac{k}{r}\right)\right\rangle \left|\psi_n\left(\frac{kt}{r}\right)\right\rangle\right)\right)_{0 \le k < r} . \tag{7.120}$$

Der Algorithmus wendet dann QFT_n^{-1} auf die ersten beiden Register an. Dies ergibt den gemischten Zustand

$$|\psi_4\rangle = \left(\left(\frac{1}{r}, \mathrm{QFT}_n^{n-1} \left|\psi_n\left(\frac{k}{r}\right)\right\rangle \mathrm{QFT}_n^{n-1} \left|\psi_n\left(\frac{kt}{r}\right)\right\rangle\right)\right)_{0 \le k < r} . \tag{7.121}$$

Sei $k \in \mathbb{Z}_r$. Nach Theorem 7.4.6 und (7.114) ergibt die Messung dieser Register in der Berechnungsbasis von $\mathbb{H}_n^{\otimes 2}$ mit Wahrscheinlichkeit $64/\pi^4 r$ ein Zahlenpaar $(x, y) \in \mathbb{Z}_{2^n}^2$ mit

$$\left|\Delta\left(\frac{k}{r}, n, x\right)\right| < \frac{1}{2^n} < \frac{1}{2r}, \text{ und } \left|\Delta\left(\frac{kt}{r}, n, y\right)\right| < \frac{1}{2^n} < \frac{1}{2r}. \tag{7.122}$$

Nun gilt

$$0 \leq \frac{k}{r} \leq 1 - \frac{1}{r} < 1 - \frac{1}{2^n} \text{ und } 0 \leq \frac{kt \bmod r}{r} \leq 1 - \frac{1}{r} < 1 - \frac{1}{2^n}. \tag{7.123}$$

Daher implizieren die Lemmata 7.4.4 und (7.122)

$$\left|\frac{k}{r} - \frac{x}{2^n}\right| < \frac{1}{2r}, \quad \left|\frac{kt \bmod r}{r} - \frac{y}{2^n}\right| < \frac{1}{2r}. \tag{7.124}$$

Folglich erhalten wir

$$k = \left\lfloor \frac{rx}{2^n} \right\rceil \text{ und } kt \bmod r = \left\lfloor \frac{ry}{2^n} \right\rceil \tag{7.125}$$

was den Beweis abschließt. □

Es folgt aus Proposition 7.7.4, dass der Quantenschaltkreis in Abb. 7.10 mit einer Wahrscheinlichkeit von mindestens $64(r-1)/r\pi^4 \geq 32/\pi^4$ zwei Zahlen $x, y \in \mathbb{Z}_{2^n}$ zurückgibt, die (7.115) für ein $k \in \mathbb{Z}_r^*$ erfüllen. Falls dies der Fall ist, berechnet der Algorithmus gemäß Proposition 7.7.4 die Werte k und $l = kt \bmod r$. Also gilt $t = lk^{-1} \bmod r$, was bedeutet, dass der Algorithmus das korrekte Ergebnis liefert. Aus Theorem 7.5.8 folgt, dass die Komplexität des Quanten-DL-Algorithmus $O((\log N)^3)$ ist.

7.7.2 Diskrete Logarithmen in anderen Gruppen

Der polynomielle Quanten-DL-Algorithmus aus dem vorigen Abschnitt berechnet den diskreten Logarithmus in der multiplikativen Gruppe modulo einer positiven ganzen Zahl. Wie oben erläutert, lässt sich das DL-Problem aber leicht auf andere Gruppen G verallgemeinern und ist in vielen Gruppen schwer zu lösen. Es gibt darum eine Vielzahl von Public-Key-Kryptografie-Algorithmen, deren Sicherheit auf einem DL-Problem beruht. Aus Anwendungssicht ist besonders die Elliptische-Kurven-Kryptografie wichtig. Ihre Sicherheit basiert auf der Schwierigkeit, diskrete Logarithmen in der Gruppe der Punkte einer elliptischen Kurve über einem endlichen Körper zu berechnen. Aber für alle in der Kryptografie relevanten Varianten des DL-Problems wurden polynomielle Quanten-DL-Algorithmen gefunden. Folglich bietet kein kryptografisches Verfahren, dessen Sicherheit auf einem DL-Problem beruht, Sicherheit gegen Angriffe mit Quantencomputern. Eine umfassende Übersicht über polynomielle Quanten-DL-Algorithmen findet sich in [Jor].

7.8 Relevanz für die Kryptografie

Die Entdeckung von Shors Algorithmen, die in Quanten-Polynomzeit ganze Zahlen faktorisieren und diskrete Logarithmen in $\mathbb{Z}_N^*$ berechnen können, hat erhebliche Auswirkungen auf die Cybersicherheit. So werden die RSA-Public-Key-Verschlüsselung und das RSA-Signaturverfahren sowie der Digital Signature Algorithm (DSA) (siehe [Buc04]) unsicher, wenn es hinreichend große Quantencomputer gibt. Diese kryptografischen Verfahren sind aber entscheidend für die Cybersicherheit, insbesondere für die Sicherheit des Internets.

Wie in Abschn. 7.7.2 erläutert, können Varianten des Shor-Algorithmus auch alle anderen in der Kryptografie relevanten DL-Probleme in Quanten-Polynomzeit lösen, etwa das DL-Problem in der Punktgruppe einer elliptischen Kurve über einem endlichen Körper. Daher bedrohen Quantenalgorithmen die gesamte klassische Public-Key-Kryptografie. Darum arbeiten Wissenschaftler an der Entwicklung von Post-Quanten-Kryptografie (siehe [BLM17], [BLM18]), die gegen Angriffe von Quantencomputern sicher ist.

7.9 Verborgene-Untergruppe-Probleme

In diesem Abschnitt besprechen wir das Verborgene-Untergruppe-Problem, das ein Framework für die Formulierung vieler algorithmischer Probleme in Gruppen darstellt. Wir werden insbesondere zeigen, dass zahlreiche Berechnungsprobleme aus diesem und dem vorangegangenen Kaptitel wir das Faktorisierungsproblem und das DL-Problem als Verborgene-Untergruppe-Probleme betrachtet werden können. Es gibt jedoch noch weitere Instanzen des Verborgene-Untergruppe-Problems. Einen Überblick findet man in [Wan10].

7.9.1 Problem

Um das Verborgene-Untergruppe-Problem zu formulieren, benötigen wir die folgende Definition.

Definition 7.9.1 Sei G eine Gruppe, sei H eine Untergruppe von G und sei X eine Menge. Wir sagen, dass eine Funktion $f : G \to X$ die Untergruppe H verbirgt, wenn für alle $g, g' \in G$ genau dann $f(g) = f(g')$ gilt, wenn $gH = g'H$ ist. Die Funktion f hat also für alle Elemente einer linken Nebenklasse von H denselben Wert, während die Funktionswerte für Elemente verschiedener linker Nebenklassen unterschiedlich sind.

In allen Beispielen, die wir in diesem Abschnitt vorstellen, ist die Gruppe G aus Definition 7.9.1 kommutativ. Daher brauchen wir nicht zwischen linken und rechten Nebenklassen zu unterscheiden und können einfach von „Nebenklassen" sprechen.

Das Verborgene-Untergruppe-Problem lautet wie folgt.

Problem 7.9.2 (Verborgene-Untergruppe-Problem)
Eingabe: Eine Blackbox, die eine Funktion $f : G \to X$ implementiert, wobei G eine Gruppe sowie X eine Menge ist und f eine endlich erzeugte Untergruppe H von G verbirgt.
Ausgabe: Ein endliches Erzeugendensystem für H.

7.9.2 Verborgene-Untergruppe-Versionen der Deutsch- und Simon-Probleme

Das Deutsch-Problem aus Abschn. 6.1 besteht darin, herauszufinden, ob eine Funktion $f : \{0, 1\} \to \{0, 1\}$ konstant oder balanciert ist. Um es als Verborgene-Untergruppe-Problem darzustellen, setzen wir $G = (\{0, 1\}, \oplus)$, $X = \{0, 1\}$ und benutzen die Funktion f. Falls f konstant ist, hat $f(x)$ für alle Elemente von G denselben Wert. Daher verbirgt die Funktion f die Untergruppe $H = G$. Falls f balanciert ist, dann sind $f(0)$ und $f(1)$ verschieden. Also verbirgt f die Untergruppe $H = \{0\}$ mit den Nebenklassen $0 \oplus H = \{0\}$ und $1 \oplus H = \{1\}$. Wir zeigen, dass jeder Algorithmus, der dieses Verborgene-Untergruppe-Problem löst, auch dazu verwendet werden kann, um das Deutsch-Problem zu lösen und umgekehrt. Angenommen, ein Algorithmus löst das Verborgene-Untergruppeproblem. Dann findet der Algorithmus ein Erzeugendensystem der verborgenen Untergruppe H. Wenn f konstant ist, dann ist G diese verborgene Untergruppe. Die beiden Erzeugendensysteme von G sind $\{1\}$ und $\{0, 1\}$. Sie enthalten beide das Element 1. Wenn f aber balanciert ist, dann ist die verborgene Untergruppe $H = \{0\}$ mit dem einzigen Erzeugendensystem $\{0\}$. Darum kann man das Deutsch-Problem lösen, indem man prüft, ob das Erzeugendensystem der verborgenen Untergruppe das Element 1 enthält. Ist das der Fall, dann ist f konstant und andernfalls ist f balanciert. Wenn umgekehrt ein Algorithmus das Deutsch-Problem löst, dann kann er folgendermaßen zu einem Algorithmus weiterentwickelt werden, der das Verborgene-Untergruppe-Problem löst. Wenn der Algorithmus findet, dass f konstant ist, gibt er das Erzeugendensystem $\{1\}$ zurück und andernfalls das Erzeugendensystem $\{0\}$.

Übung 7.9.3 Zeigen Sie, dass das Deutsch-Jozsa-Problem als ein Verborgene-Untergruppe-Problem betrachtet werden kann, indem Sie G, X, f und H wie in Definition 7.9.1 finden und zeigen, dass das Finden der verborgenen Untergruppe äquivalent zur Lösung des Deutsch-Jozsa-Problems ist.

Im Simon-Problem aus Abschn. 6.3 ist eine Blackbox-Implementierung einer Funktion $f : \{0, 1\}^n \to \{0, 1\}^n$ gegeben, die die Eigenschaft hat, dass es ein $\mathbf{s} \in \{0, 1\}^n$, $\mathbf{s} \neq 0$, gibt, sodass für alle $\mathbf{x}, \mathbf{y} \in \{0, 1\}^n$ genau dann $f(\mathbf{x}) = f(\mathbf{y})$ gilt, wenn $\mathbf{y} = \mathbf{x} \oplus \mathbf{s}$ ist. Die Aufgabe besteht darin, $\mathbf{s}$ zu finden. In der Verborgene-Untergruppe-Version des Simon-Problems können wir $G = (\{0, 1\}^n, \oplus)$ und $X = \{0, 1\}^n$ setzen sowie f aus dem ursprünglichen Problem verwenden. Die verborgene Untergruppe ist $H = \{\mathbf{0}, \mathbf{s}\}$. Ihre Erzeugendensysteme sind $(\mathbf{s})$ und $(\mathbf{0}, \mathbf{s})$. Daher haben wir das Simon-Problem gelöst, wenn wir ein solches Erzeugendensystem finden. Umgekehrt liefert die Lösung des Simon-Problems ein Erzeugendensystem der verborgenen Untergruppe.

Übung 7.9.4 Zeigen Sie, dass die Verallgemeinerung des Simon-Problems als ein Verborgene-Untergruppe-Problem betrachtet werden kann, indem Sie G, X, f und H wie in

Definition 7.9.1 finden und zeigen, dass das Finden der verborgenen Untergruppe äquivalent zur Lösung der Verallgemeinerung des Simon-Problems ist.

7.9.3 Verborgene-Untergruppe-Version des Ordnungsproblems

Im Ordnungsproblem aus Abschn. 7.5 sind eine ungerade ganze Zahl $N \in \mathbb{Z}$ und $a \in \mathbb{Z}_N^*$ gegeben. Das Problem besteht darin, die Ordnung r von a modulo N zu finden. Um dieses Problem als ein Verborgene-Untergruppe-Problem zu formulieren, setzen wir $G = (\mathbb{Z}, +)$, $X = \mathbb{Z}_N$, $f : G \to X$, $j \mapsto a^j \bmod N$. Dann verbirgt f die Untergruppe $H = r\mathbb{Z}$. Denn sei $j, k \in \mathbb{Z}$, dann gilt $f(j) = a^j \bmod N = a^k \bmod N = f(k)$ genau dann, wenn $j \equiv k \bmod r$ also $jH = kH$ ist.

Wir zeigen, dass das Problem, die Ordnung r von a modulo N zu finden, äquivalent zum Problem der Bestimmung eines endlichen Erzeugendensystems von H ist. Wenn wir die Ordnung r von a modulo N kennen, dann kennen wir auch das Erzeugendensystem (r) von H. Um die Umkehrung zu beweisen, benötigen wir das folgende Ergebnis.

Lemma 7.9.5 Seien $r, m \in \mathbb{N}$ und sei $G = (r_0, \ldots, r_{m-1}) \in \mathbb{Z}^m$. Dann ist G genau dann ein Erzeugendensystem von $r\mathbb{Z}$, wenn $\gcd(r_0, \ldots, r_{m-1}) = r$ gilt.

Beweis Das Lemma folgt aus Theorem 1.7.5 in [Buc04]. □

Aus Lemma 7.9.5 folgt, dass r als gcd eines jeden endlichen Erzeugendensystems von $r\mathbb{Z}$ bestimmt werden kann. Wenn wir also ein endliches Erzeugendensystems von $H = r\mathbb{Z}$ finden können, dann können wir auch r bestimmen. Man beachte, dass die beschriebenen Transformationen des Ordnungs- und Verborgene-Untergruppe-Problems polynomielle Laufzeit haben. Sie transformieren also Polynomzeitalgorithmen in Polynomzeitalgorithmen.

7.9.4 Verborgene-Untergruppe-Version des Diskrete-Logarithmen-Problems

Als Nächstes zeigen wir, dass das DL-Problem ebenfalls als ein Verborgene-Untergruppe-Problem betrachtet werden kann. Im DL-Problem aus Abschn. 7.7 sind eine ungerade ganze Zahl N und $a, b \in \mathbb{Z}_N^*$ gegeben, sodass $b \equiv a^t$ gilt für ein $t \in \mathbb{Z}_r$, wobei r die Ordnung von a modulo N ist, die ebenfalls bekannt ist. Die Aufgabe besteht darin, den diskreten Logarithmus t von b zur Basis a zu finden. Wir setzen $G = (\mathbb{Z}_r^2, +)$, $X = \mathbb{Z}_N$, und $f : G \to X$, $(x, y) \mapsto a^x b^y \bmod N$. Die verborgene Untergruppe ist $H = \mathbb{Z}_r(1, -t)$. Wir zeigen, dass die Aufgabe, ein endliches Erzeugendensystems von H zu finden, äquivalent zur Bestimmung von t ist. Dazu benötigen wir das folgende Lemma.

Lemma 7.9.6 Seien $r, t, m \in \mathbb{N}$ und sei $((x_0, y_0), \ldots, (x_{m-1}, y_{m-1}))$ ein Erzeugendensystem von $H = \mathbb{Z}_r(1, -t)$, wobei $(x_i, y_i) \in \mathbb{Z}_r^2$ ist für alle $i \in \mathbb{Z}_m$. Dann ist $d = \gcd(x_0, \ldots, x_{m-1})$ teilerfremd zu r und $t = d' \gcd(y_0, \ldots, y_{m-1}) \bmod r$, wobei d' das Inverse von d modulo r ist.

Beweis Da $((x_0, y_0), \ldots, (x_{m-1}, y_{m-1}))$ ein Erzeugendensystem von $\mathbb{Z}_r(1, -t)$ ist, gibt es $u_0, \ldots, u_{m-1} \in \mathbb{Z}$ mit

$$\sum_{i=0}^{m-1} u_i(x_i, y_i) \equiv (1, -t) \bmod r. \tag{7.126}$$

Da $(x_i, y_i) \in \mathbb{Z}_r(1, -t)$ für alle $i \in \mathbb{Z}_r$ gilt, folgt aus (7.126)

$$\sum_{i=0}^{m-1} u_i x_i (1, -t) \equiv (1, -t) \bmod r. \tag{7.127}$$

Sei $d = \gcd(x_0, \ldots, x_{m-1})$ und sei $x_i' = x_i/d$ für alle $i \in \mathbb{Z}_r$. Dann erhalten wir aus (7.127)

$$d \sum_{i=0}^{m-1} u_i x_i' \equiv 1 \mod r. \tag{7.128}$$

Daher ist d teilerfremd zu r. Da $y_i \equiv -t x_i \bmod r$ für alle $i \in \mathbb{Z}_m$ ist, folgt

$$\gcd(y_0, \ldots, y_{m-1}) \equiv dt \bmod r. \tag{7.129}$$

Wenn also d' das Inverse von d modulo r ist, dann gilt

$$d' \gcd(y_0, \ldots, y_{m-1}) \equiv t \bmod r, \tag{7.130}$$

was die Aussage des Lemmas impliziert. □

Lemma 7.9.6 zeigt, wie der diskrete Logarithmus t von b modulo N zur Basis a aus einem Erzeugendensystem $((x_0, y_0), \ldots, (x_{m-1}, y_{m-1}))$ von $\mathbb{Z}_r(1, -t)$ berechnet werden kann. Wir bestimmen $d = \gcd(x_0, \ldots, x_{m-1})$, finden das Inverse d' von d modulo r und bestimmen $t = d' \gcd(y_0, \ldots, y_{m-1})$. Wenn wir umkehrt den diskreten Logarithmus t berechnen können, dann kennen wir das Erzeugendensystem $(1, -t)$ von $\mathbb{Z}_r(1, -t)$.

Quanten-Suche und Quanten-Zählen 8

Dieses Kapitel ist den bekannten Suchalgorithmus von Lov Grover gewidmet [Gro96] sowie den entsprechenden Zählalgorithmen, die von Gilles Brassard, Peter Høyer und Alain Tapp [BHT98] entwickelt wurden. Diese Algorithmen bieten eine quadratische Beschleunigung gegenüber klassischen Algorithmen für unstrukturierte Such- und Zählprobleme. Dies bezieht sich auf Situationen, in denen wir Blackbox-Zugriff auf eine Funktion $f : \{0, 1\}^n \to \{0, 1\}$ haben und unser Ziel darin besteht, eine Eingabe $\mathbf{x} \in \{0, 1\}^n$ zu finden, die $f(\mathbf{x}) = 1$ erfüllt, oder die Anzahl solcher Eingaben zu zählen. Aufgrund der breiten Anwendbarkeit dieses Problems sind die in diesem Abschnitt erläuterten Algorithmen in vielen Bereichen nützlich, etwa in der Kryptografie und dem maschinellen Lernen.

Der erste Abschnitt dieses Kapitels konzentriert sich auf Grovers Suchalgorithmus. Wir zeigen, dass zur Lösung des Suchproblems lediglich die Messung eines Quanten-Zustands erforderlich ist, der effektiv präpariert werden kann. Allerdings erweist sich die Erfolgswahrscheinlichkeit dieses Ansatzes als zu gering. Darum wird die wichtige Technik der Amplituden-Verstärkung eingeführt und dazu verwendet, die Lösungswahrscheinlichkeit so zu erhöhen, dass die bereits erwähnte quadratische Beschleunigung erzielt wird. Im darauf folgenden Teil des Kapitels, kommt eine Kombination von Amplituden-Verstärkung und Phasenabschätzung aus dem vorangegangenen Kapitel zum Einsatz, um das Zählproblem zu lösen. Dies führt unter bestimmten Bedingungen ebenfalls zu einer quadratischen Beschleunigung.

In den Komplexitätsanalysen dieses Kapitels gehen wir davon aus, dass alle Quantenschaltkreise unter Verwendung der elementaren Quanten-Gatter, die von der in Abschn. 5.10.2 besprochenen Plattform bereitgestellt werden, sowie unter Benutzung von entsprechenden Operatoren U_f implementiert werden.

J. A. Buchmann, *Quantenalgorithmen*,
https://doi.org/10.1007/978-3-662-71177-4_8

8.1 Quanten-Suche

In diesem Abschnitt präsentieren wir Grovers Quanten-Suchalgorithmus, der die grundlegende Technik der Amplitudenverstärkung verwendet, die auch in zahlreichen anderen Quanten-Algorithmen verwendet wird.

8.1.1 Klassisches Suchproblem

Der Algorithmus von Grover löst das unstrukturierte Suchproblem. Die klassische Version dieses Problems ist folgende:

Problem 8.1.1 (Klassisches Suchproblem)
Eingabe: $n \in \mathbb{N}$ und eine Blackbox, die eine Funktion $f : \{0, 1\}^n \to \{0, 1\}$ implementiert.
Ausgabe: Ein String $\mathbf{x} \in \{0, 1\}^n$ mit $f(\mathbf{x}) = 1$.

Dieses Problem tritt in unzähligen Anwendungen auf. Beispielsweise können wir $\{0, 1\}^n$ als die Menge der Adressen aller Einträge einer Datenbank betrachten und die Funktionswerte von f als eine Markierung der Adressen x derjenigen Einträge, die ein Suchkriterium erfüllen. Dieses Kriterium ist erfüllt, wenn $f(x) = 1$ und ist nicht erfüllt, wenn $f(x) = 0$ ist.

Es gibt mehrere Varianten des Suchproblems. Zum Beispiel können wir verlangen, dass das Suchproblem eine Lösung hat, „Keine Lösung" kann eine zulässige Ausgabe sein, und die Anzahl der Lösungen kann eine Eingabe sein.

Zu verlangen, dass der Definitionsbereich der Funktion f die Menge $\{0, 1\}^n$ ist, stellt keine Einschränkung dar. Um dies zu sehen, identifiziere $\{0, 1\}^n$ mit $\mathbb{Z}_{2^n}$, wie in Beispiel 3.1.5 erklärt. Für jedes $N \in \mathbb{N}$ und jede Funktion $f : \mathbb{Z}_N \to \{0, 1\}$ kann der Definitionsbereich $\mathbb{Z}_N$ einfach auf den größeren Bereich $\mathbb{Z}_{2^n}$ mit $n = \lceil \log_2 N \rceil$ erweitert werden, indem allen Eingaben außerhalb von $\mathbb{Z}_N$ der Wert 0 zugewiesen wird. Da $|\{0, 1\}^n| < 2N$ ist, ist der erweiterte Suchraum weniger als doppelt so groß wie der ursprüngliche Suchraum.

Auf einem klassischen Computer erfordert die Lösung des Suchproblems im schlechtesten Fall 2^n Auswertungen der Funktion f. Wie wir jedoch im Folgenden sehen werden, ist Grovers Algorithmus deutlich schneller: Er bietet eine quadratische Beschleunigung.

Dies hat viele Anwendungen. Beispielsweise kann Grovers Algorithmus verwendet werden, um nach einem geheimen Schlüssel in einem symmetrischen Verschlüsselungsverfahren, wie z. B. AES, zu suchen (siehe z. B. [GLRS16]). Die quadratische Beschleunigung führt dazu, dass die Schlüssellänge verdoppelt werden muss, um Schutz gegen Quantencomputer-Angriffe zu bieten. Grovers Algorithmus kann auch dazu verwendet werden, um Passwörter, die in gehashter Form gespeichert sind, zu knacken (siehe z. B. [DGM+21]). Grovers Algorithmus wird ebenfalls in Quantenalgorithmen für das maschinelle Lernen angewendet (siehe z. B. [BWP+17]).

8.1.2 Grover-Suchalgorithmus für eine bekannte Anzahl von Lösungen

In diesem Abschnitt präsentieren wir den ersten Quanten-Suchalgorithmus, der voraussetzt, dass die Anzahl der Lösungen des Suchproblems bekannt ist. Wie bei allen in diesem Kapitel vorgestellten Quanten-Suchproblemen wird die Funktion f durch den unitären Operator

$$U_f : \mathbb{H}_n \otimes \mathbb{H}_1 \to \mathbb{H}_n \otimes \mathbb{H}_1 \tag{8.1}$$

ersetzt, der in (6.11) eingeführt wurde. Für alle $\mathbf{x} \in \{0, 1\}^n$ und $y \in \{0, 1\}$ gilt:

$$U_f \left|\mathbf{x}\right\rangle \left|y\right\rangle = \left|\mathbf{x}\right\rangle \left|f(\mathbf{x}) \oplus y\right\rangle = \left|\mathbf{x}\right\rangle X^{f(\mathbf{x})} \left|y\right\rangle . \tag{8.2}$$

Das Problem, das wir lösen möchten, ist Folgendes:

Problem 8.1.2 (Quanten-Suchproblem mit einer bekannten Anzahl von Lösungen)
Eingabe: $n \in \mathbb{N}$, eine Blackbox, die U_f für eine Funktion $f : \{0, 1\}^n \to \{0, 1\}$ implementiert, $M = |f^{-1}(1)|$. Es wird angenommen, dass $M > 0$ ist.
Ausgabe: Ein String $\mathbf{x} \in \{0, 1\}^n$ mit $f(\mathbf{x}) = 1$.

In der Erklärung des Grover-Algorithmus, der Problem 8.1.2 löst, verwenden wir die Notation und Annahmen dieses Problems und setzen $N = 2^n$.

Zuerst erklären wir, wie das Suchproblem gelöst werden kann, indem der Quanten-Zustand

$$\left|s\right\rangle = \frac{1}{\sqrt{N}} \sum_{\mathbf{x}\in\{0,1\}^n} \left|\mathbf{x}\right\rangle \tag{8.3}$$

gemessen wird. Setze

$$\left|s_0\right\rangle = \frac{1}{\sqrt{N-M}} \sum_{\mathbf{x}\in\{0,1\}^n,\ f(\mathbf{x})=0} \left|\mathbf{x}\right\rangle , \quad \left|s_1\right\rangle = \frac{1}{\sqrt{M}} \sum_{\mathbf{x}\in\{0,1\}^n,\ f(\mathbf{x})=1} \left|\mathbf{x}\right\rangle , \tag{8.4}$$

und

$$\theta = \arcsin\sqrt{\frac{M}{N}}. \tag{8.5}$$

Man beachte, dass $\left|s_1\right\rangle$ nur für $M > 0$ definiert ist und darum die im Folgenden erläuterten Methoden nur für $M > 0$ funktionieren. Der Fall $M = 0$ wird im Abschn. 8.1.7 diskutiert.

Wir stellen zunächst Folgendes fest:

Proposition 8.1.3 Es gilt

$$\left|s\right\rangle = \sqrt{\frac{N-M}{N}} \left|s_0\right\rangle + \sqrt{\frac{M}{N}} \left|s_1\right\rangle = \cos\theta \left|s_0\right\rangle + \sin\theta \left|s_1\right\rangle . \tag{8.6}$$

Übung 8.1.4 Beweisen Sie Proposition 8.1.3.

Wenn der Quanten-Zustand $|s\rangle$ in der Berechnungsbasis von $\mathbb{H}_n$ gemessen wird, dann ist gemäß Proposition 8.1.3 die Wahrscheinlichkeit, ein $\mathbf{x}$ mit $f(\mathbf{x}) = 1$ zu erhalten,

$$p = \sin^2 \theta = \frac{M}{N}. \tag{8.7}$$

Dies ist genau die Wahrscheinlichkeit, eine Lösung des Suchproblems richtig zu raten, und daher bietet diese einfache Quantenstrategie keinen Vorteil gegenüber klassischen Lösungen. Um die Erfolgswahrscheinlichkeit der Quantenstrategie zu erhöhen, verwenden wir eine Technik namens *Amplitudenverstärkung,* die die Amplitude des Zustands $|s_1\rangle$ und damit die Wahrscheinlichkeit, eine Lösung zu finden, erheblich vergrößert. Die Amplitudenverstärkung verwendet einen unitären Operator G, der *Grover-Iterator* genannt und weiter unten eingeführt wird. Wir werden sehen, dass für jedes $\alpha \in \mathbb{R}$

$$G(\cos\alpha\,|s_0\rangle + \sin\alpha\,|s_1\rangle) = \cos(\alpha + 2\theta)\,|s_0\rangle + \sin(\alpha + 2\theta)\,|s_1\rangle \tag{8.8}$$

gilt. Daher folgt aus (8.6), dass für jedes $k \in \mathbb{N}_0$

$$G^k\,|s\rangle = \cos(2k+1)\theta\,|s_0\rangle + \sin(2k+1)\theta\,|s_1\rangle\,. \tag{8.9}$$

gilt. Der Quanten-Algorithmus für das Suchproblem ist Algorithmus 8.1.5. Er verwendet den Quantenschaltkreis aus Abb. 8.1. Dessen Anfangszustand ist $|\mathbf{0}\rangle$. Dann konstruiert er

$$|s\rangle = \mathbb{H}^{\otimes n}\,|\mathbf{0}\rangle\,. \tag{8.10}$$

Diese Gleichung gilt nach Lemma 6.2.6. Anschließend wendet der Schaltkreis G^k auf $|s\rangle$ an und misst den resultierenden Quanten-Zustand in der Berechnungsbasis von $\mathbb{H}_n$. Die Zahl k wird so gewählt, dass $2(k+1)\theta$ so nah wie möglich an $\frac{\pi}{2}$ liegt. Gemäß (8.9) maximiert dies die Wahrscheinlichkeit, dass der Algorithmus ein $\mathbf{x} \in \{0,1\}^n$ mit $f(\mathbf{x}) = 1$ findet. In Theorem 8.1.21 werden wir die Anzahl k der Anwendungen von G im Suchalgorithmus und die Erfolgswahrscheinlichkeit des Algorithmus abschätzen. Bevor wir dieses Theorem formulieren und beweisen, konstruieren wir im nächsten Abschnitt den Grover-Iterator. Beachte, dass Algorithmus 8.1.5 als Eingabe die Blackbox für U_f erhält, aber den Grover-Iterator G anwendet. In Abschn. 8.1.4 werden wir erklären, wie G effizient mithilfe von U_f implementiert werden kann.

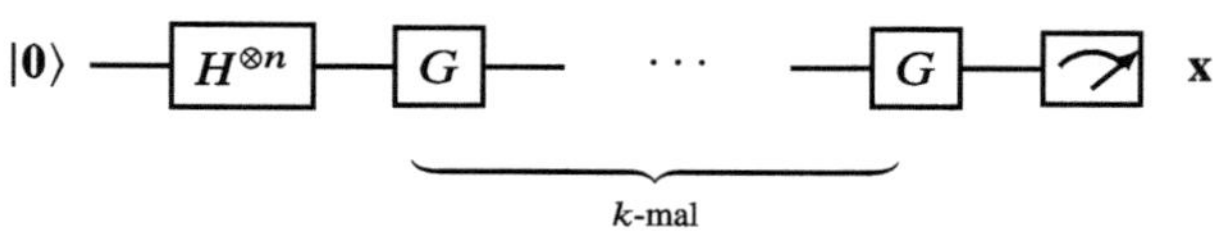

Abb. 8.1 Der Quantenschaltkreis für den Grover-Suchalgorithmus

Algorithmus 8.1.5 Grover-Algorithmus für Suchprobleme mit einer bekannten Anzahl von Lösungen

Input: $n \in \mathbb{N}$, eine Blackbox, die U_f für eine Funktion $f : \{0, 1\}^n \to \{0, 1\}$ implementiert und $M = |f^{-1}(1)|$, $M > 0$.
Output: $x \in \{0, 1\}^n$ mit $f(x) = 1$
1: QSEARCH(n, U_f, M)
2: $k \leftarrow \lfloor \frac{\pi}{4\theta} \rfloor$ mit $\theta = \arcsin\left(\sqrt{\frac{M}{N}}\right)$
3: Wende den Quantenschaltkreis aus Abbildung 8.1 an. Das Ergebnis ist $\mathbf{x} \in \{0, 1\}^n$
4: **return x**
5: **end**

8.1.3 Grover-Iterator

Wir erklären nun die Konstruktion des Grover-Iterators und beweisen dessen Eigenschaften.

Definition 8.1.6 Wir definieren die folgenden Operatoren auf $\mathbb{H}_n$:

$$U_1 = \begin{cases} I - 2\,|s_1\rangle\,\langle s_1| & \text{für } M \neq 0, \\ I & \text{für } M = 0, \end{cases} \qquad U_s = 2\,|s\rangle\,\langle s| - I. \tag{8.11}$$

Dabei bezeichnet I den Identitätsoperator auf $\mathbb{H}_n$. Dann ist der *Grover-Iterator* definiert als

$$G = U_s U_1. \tag{8.12}$$

Der Grover-Iterator wird auch *Grover-Diffusionsoperator* oder kurz *Grover-Operator* genannt. Für alle Suchalgorithmen, die im Folgenden erklärt werden, setzen wir $M \neq 0$ voraus. Wie oben erwähnt, ist dann $|s_1\rangle$ definiert. Im Abschn. 8.1.7 behandeln wir den Fall $M = 0$, für den dieser Zustand nicht definiert ist. Außerdem benötigen wir die Definition des Grover-Operators für $M = 0$ in den Quanten-Zählalgorithmen.

Die nächste Proposition gibt grundlegende Eigenschaften der Operatoren in Definition 8.1.6 an. Dazu definieren wir die Ebene

$$P = \mathbb{C}\,|s_0\rangle + \mathbb{C}\,|s_1\rangle \tag{8.13}$$

in $\mathbb{H}_n$. Beachte, dass $(|s_0\rangle\,,\,|s_1\rangle)$ eine orthonormale Basis von P ist.

Proposition 8.1.7

1. Die Operatoren U_1 und U_s sind unitäre, hermitesche Involutionen auf der Ebene P
2. Der Grover-Iterator G ist ein unitärer Operator auf der Ebene P.

Übung 8.1.8 Beweisen Sie Proposition 8.1.7.

Die Implementierungen der beiden Operatoren U_1 und U_s in den Abb. 8.5 und 8.6 erlauben die Fortsetzungen dieser Operatoren zu unitären Operatoren auf $\mathbb{H}_n$ und damit auch die Fortsetzung von G zu einem unitären Operator auf $\mathbb{H}_n$.

Als Nächstes stellen wir die geometrischen Eigenschaften von U_1 und U_s vor. Bei den Erklärungen werden wir Winkel benutzen. Diese haben im Gegensatz zu den in Definition 5.2.1 eingeführten Winkeln eine Richtung. Der Winkel zwischen zwei Vektoren ändert also sein Vorzeichen, wenn man die Reihenfolge der Vektoren vertauscht.

Proposition 8.1.9 In der Ebene P ist der Operator U_1 die Spiegelung an der Symmetrieachse $|s_0\rangle$. Für alle $\alpha \in \mathbb{R}$ gilt also

$$U_1(\cos\alpha\,|s_0\rangle + \sin\alpha\,|s_1\rangle) = \cos\alpha\,|s_0\rangle - \sin\alpha\,|s_1\rangle\,. \tag{8.14}$$

Proposition 8.1.9 wird in Abb. 8.2 veranschaulicht und in Übungsaufgabe 8.1.10 bewiesen.

Übung 8.1.10 Beweisen Sie Proposition 8.1.9.

Um die geometrische Bedeutung von U_s zu beschreiben, definieren wir den Quantenzustand

$$\left|s^{\perp}\right\rangle = -\sin\theta\,|s_0\rangle + \cos\theta\,|s_1\rangle\,. \tag{8.15}$$

der in der Ebene P liegt und orthogonal zu $|s\rangle$ ist. Wir definieren auch die Matrix

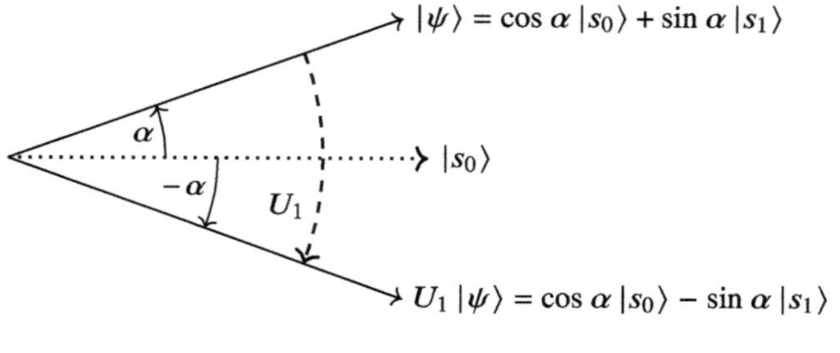

Abb. 8.2 Anwendung von U_1 auf $|\psi\rangle = \cos\alpha\,|s_0\rangle + \sin\alpha\,|s_1\rangle$

$$T = \begin{pmatrix} \cos\theta & -\sin\theta \\ \sin\theta & \cos\theta \end{pmatrix}. \tag{8.16}$$

Wie in Übungsaufgabe 8.1.11 gezeigt wird, ist die Matrix T unitär, $(|s\rangle, |s^\perp\rangle)$ ist eine weitere Orthonormalbasis der Ebene P und es gilt

$$\left(|s\rangle, \left|s^\perp\right\rangle\right) = (|s_0\rangle, |s_1\rangle)\, T, \quad (|s_0\rangle, |s_1\rangle) = \left(|s\rangle, \left|s^\perp\right\rangle\right) T^*. \tag{8.17}$$

Übung 8.1.11

1. Zeigen Sie, dass die Matrix T unitär ist.
2. Beweisen Sie, dass $(|s_1\rangle, |s_0\rangle)$ und $\left(|s\rangle, \left|s^\perp\right\rangle\right)$ Orthonormalbasen der Ebene P sind und verifizieren Sie (8.17).

Die nächste Proposition stellt die gewünschte geometrische Interpretation des Operators U_s dar.

Proposition 8.1.12 In der Ebene P ist der Operator U_s die Spiegelung an der Symmetrieachse $|s\rangle$. Insbesondere gilt für alle $\alpha \in \mathbb{R}$

$$U_s\left(\cos\alpha\, |s\rangle + \sin\alpha \left|s^\perp\right\rangle\right) = \cos\alpha\, |s\rangle - \sin\alpha \left|s^\perp\right\rangle. \tag{8.18}$$

Proposition wird in Abb. 8.3 veranschaulicht und in Übungsaufgabe 8.1.13 bewiesen.

Übung 8.1.13 Beweisen Sie Proposition 8.1.12.

Sei $\alpha \in \mathbb{R}$. Unter Verwendung der Propositionen 8.1.9 und 8.1.12 können wir auch die Wirkung des Grover-Iterators auf einen Quantenzustand $|\psi\rangle = \cos\alpha\, |s_0\rangle + \sin\alpha\, |s_1\rangle$ geometrisch beschreiben. Dies wird in Abb. 8.4 veranschaulicht. Da die Anwendung von U_1 auf $|\psi\rangle$ eine Spiegelung von $|\psi\rangle$ an der Achse $|s_0\rangle$ ist, hat der Winkel zwischen $|s_0\rangle$ und $U_1\, |\psi\rangle$

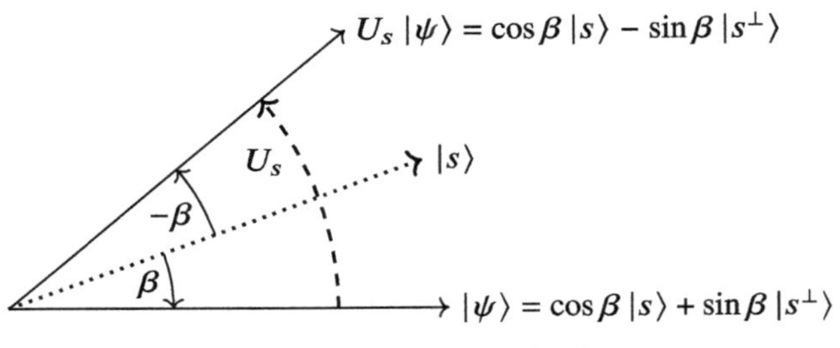

Abb. 8.3 Anwendung von U_s auf $|\psi\rangle = \cos\beta\, |s\rangle + \sin\beta \left|s^\perp\right\rangle$

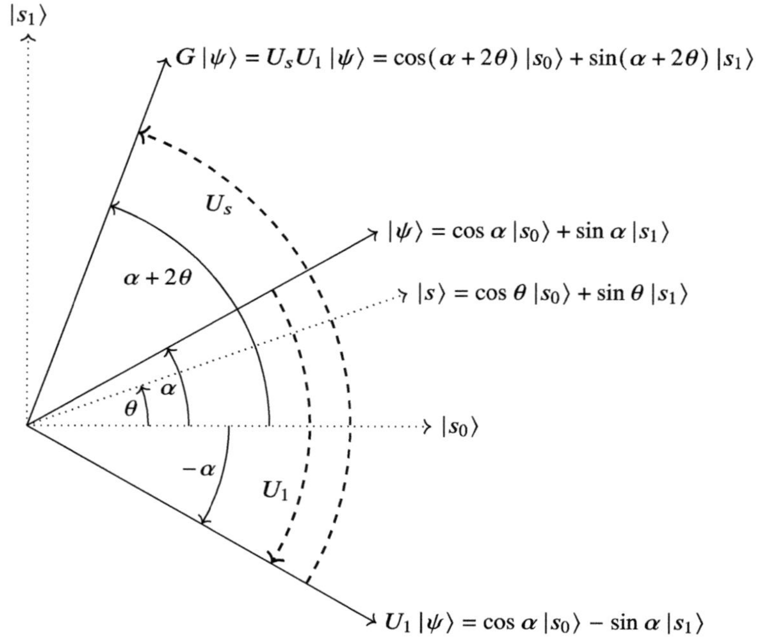

Abb. 8.4 Anwendung des Grover-Iterators G auf $|\psi\rangle = \cos\alpha\,|s_0\rangle + \sin\alpha\,|s_1\rangle$

den Wert $-\alpha \bmod \pi$. Der Winkel zwischen $|s\rangle$ und $U_1\,|\psi\rangle$ ist daher $-\alpha - \theta \bmod 2\pi$. Als nächstes bedeutet die Anwendung von U_s auf $U_1\,|\psi\rangle$, dass $U_1\,|\psi\rangle$ an $|s\rangle$ gespiegelt wird. Daher hat der Winkel zwischen $G\,|\psi\rangle = U_s U_1\,|\psi\rangle$ und $|s\rangle$ den Wert $\alpha + \theta \bmod 2\pi$, und der Winkel zwischen $|s_0\rangle$ und $G\,|\psi\rangle$ ist $\alpha + 2\theta \bmod 2\pi$. Deshalb gilt

$$G\,|\psi\rangle = \cos(\alpha + 2\theta)\,|s_0\rangle + \sin(\alpha + 2\theta)\,|s_1\rangle\,. \tag{8.19}$$

Um (8.19) auch algebraisch zu verifizieren, benötigen wir noch folgendes Resultat.

Proposition 8.1.14 Sei $\alpha \in \mathbb{R}$, dann gilt

$$\cos\alpha\,|s\rangle + \sin\alpha\,\left|s^\perp\right\rangle = \cos(\alpha + \theta)\,|s_0\rangle + \sin(\alpha + \theta)\,|s_1\rangle \tag{8.20}$$

und

$$\cos\alpha\,|s_0\rangle - \sin\alpha\,|s_1\rangle = \cos(\alpha + \theta)\,|s\rangle - \sin(\alpha + \theta)\,\left|s^\perp\right\rangle. \tag{8.21}$$

Übung 8.1.15 Beweisen Sie Proposition 8.1.14.

Jetzt können wir (8.19) auch algebraisch beweisen.

Proposition 8.1.16 Sei $\alpha \in \mathbb{R}$. Dann gilt

$$G\left(\cos\alpha\,|s_0\rangle + \sin\alpha\,|s_1\rangle\right) = \cos(\alpha + 2\theta)\,|s_0\rangle + \sin(\alpha + 2\theta)\,|s_1\rangle\,. \tag{8.22}$$

Beweis Aus den Propositionen 8.1.9, 8.1.12 und 8.1.14 erhalten wir

$$\begin{aligned}
&G\left(\cos\alpha\,|s_0\rangle + \sin\alpha\,|s_1\rangle\right)\\
&\quad= U_s U_1\left(\cos\alpha\,|s_0\rangle + \sin\alpha\,|s_1\rangle\right)\\
&\quad= U_s(\cos\alpha\,|s_0\rangle - \sin\alpha\,|s_1\rangle)\\
&\quad= U_s(\cos(\alpha+\theta)\,|s\rangle - \sin(\alpha+\theta)\,\left|s^\perp\right\rangle\\
&\quad= \cos(\alpha+\theta)\,|s\rangle + \sin(\alpha+\theta)\,\left|s^\perp\right\rangle\\
&\quad= \cos(\alpha+2\theta)\,|s_0\rangle + \sin(\alpha+2\theta)\,|s_1\rangle\,.
\end{aligned} \tag{8.23}$$

□

8.1.4 Implementierung des Grover-Iterators

In diesem Abschnitt zeigen wir, dass der Grover-Iterator unter Verwendung des Operators U_f effizient implementiert werden kann. Wir verwenden die Quantenzustände $|s\rangle$, $\left|s^\perp\right\rangle$, $|s_0\rangle$, $|s_1\rangle$, die Ebene $P = \mathbb{C}\,|s\rangle + \mathbb{C}\left|s^\perp\right\rangle = \mathbb{C}\,|s_0\rangle + \mathbb{C}\,|s_1\rangle$, und die in Abschn. 8.1.3 eingeführten Operatoren U_1 und U_s.

Abb. 8.5 zeigt einen Quantenschaltkreis, der den Operator U_1 auf der Ebene P implementiert. Dies wird in der nächsten Proposition bewiesen.

Proposition 8.1.17 Der Schaltkreis in Abb. 8.5 implementiert den Operator U_1 in der Ebene P. Er wendet die Blackbox für U_f einmal an und verwendet vier zusätzliche elementare Quantengatter.

Beweis Sei $M = 0$. Dann ist U_1 der Identitätsoperator auf $\mathbb{H}_n$ und U_f ist der Identitätsoperator auf $\mathbb{H}_{n+1}$. Also implementiert der Schaltkreis in Abb. 8.5 den Operator U_1. Sei nun $M \neq 0$. Wir zeigen, dass der Schaltkreis die Quantenzustände $U_1\,|s_0\rangle$ und $U_1\,|s_1\rangle$ korrekt berechnet. Das genügt, da U_1 linear ist und $(|s_0\rangle\,, |s_1\rangle)$ eine Basis der Ebene P ist. Sei

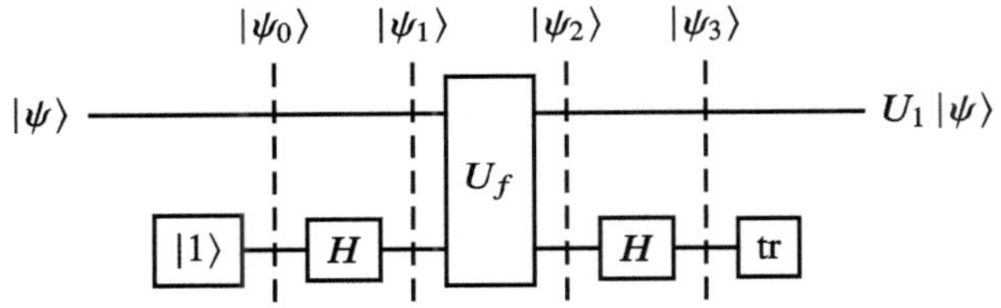

Abb. 8.5 Implementierung von U_1

$j \in \{0, 1\}$. Zunächst gilt

$$U_1 \left|s_j\right\rangle = (I - 2\left|s_1\right\rangle \left\langle s_1\right|) \left|s_j\right\rangle = (-1)^j \left|s_j\right\rangle,$$

$$U_f \left|s_j\right\rangle|0\rangle = \begin{cases} \left|s_j\right\rangle|0\rangle & \text{für } j = 0, \\ \left|s_j\right\rangle|1\rangle & \text{für } j = 1, \end{cases} \qquad U_f \left|s_j\right\rangle|1\rangle = \begin{cases} \left|s_j\right\rangle|1\rangle & \text{für } j = 0, \\ \left|s_j\right\rangle|0\rangle & \text{für } j = 1, \end{cases}$$

und daher

$$\begin{aligned} U_f \left|s_j\right\rangle|x_-\rangle &= \frac{U_f \left|s_j\right\rangle|0\rangle - U_f \left|s_j\right\rangle|1\rangle}{\sqrt{2}} \\ &= (-1)^j \left|s_j\right\rangle|x_-\rangle = \left(U_1 \left|s_j\right\rangle\right)|x_-\rangle . \end{aligned} \tag{8.24}$$

Dies ermöglicht die Bestimmung der Zwischenzustände im Schaltkreis. Diese sind

$$\begin{aligned} |\psi_0\rangle &= \left|s_j\right\rangle|1\rangle, \\ |\psi_1\rangle &= \left|s_j\right\rangle|x_-\rangle, \\ |\psi_2\rangle &= U_f \left|s_j\right\rangle|x_-\rangle = \left(U_1 \left|b_j\right\rangle\right)|x_-\rangle, \\ |\psi_3\rangle &= \left(U_1 \left|s_j\right\rangle\right)|1\rangle . \end{aligned}$$

Dies beweist die Proposition. □

Als Nächstes zeigt Proposition 8.1.18, dass Abb. 8.6 eine Implementierung des Operators $-U_s$ zeigt. Da globale Phasenfaktoren die Messergebnisse nicht verändern, ist dies genauso gut wie eine Implementierung von U_s.

Proposition 8.1.18 Der Schaltkreis in Abb. 8.6 implementiert $-U_s$ auf der Ebene P. Er verwendet $O(n)$ elementare Gatter.

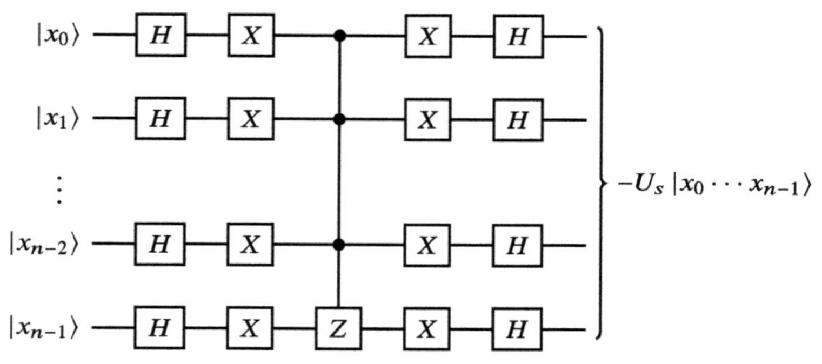

Abb. 8.6 Implementierung von $-U_s$

Beweis Nach der Definition von $|s\rangle$ in (8.3), der Gl. (7.3.14) und der Definition von U_s in (8.11) gilt

$$U_s = H^{\otimes n}(2\,|0\rangle_n\,\langle 0|_n - I)H^{\otimes n}. \tag{8.25}$$

Wir setzen

$$V = 2\,|\mathbf{0}\rangle\,\langle\mathbf{0}| - I. \tag{8.26}$$

Um zu verifizieren, dass der Schaltkreis den Operator $-U_s$ implementiert, genügt es Folgendes zu zeigen:

$$V = -X^{\otimes n}C^{n-1}(Z)X^{\otimes n}. \tag{8.27}$$

Um diese Gleichung zu beweisen, sei $\mathbf{x} \in \{0, 1\}^n$. Dann ist

$$V\,|\mathbf{x}\rangle = \begin{cases} -\,|\mathbf{x}\rangle & \text{für } \mathbf{x} \neq \mathbf{0}, \\ |\mathbf{x}\rangle & \text{für } \mathbf{x} = \mathbf{0}. \end{cases} \tag{8.28}$$

Außerdem gilt

$$X^{\otimes n}\,|\mathbf{x}\rangle = |\neg\mathbf{x}\rangle\,. \tag{8.29}$$

wobei $\neg\mathbf{x}$ die Zeichenfolge in $\{0, 1\}^n$ bezeichnet, die man durch Negation aller Einträge in $\mathbf{x}$ erhält. Wir zeigen nun

$$C^{n-1}(Z)X^{\otimes n}\,|\mathbf{x}\rangle = C^{n-1}(Z)\,|\neg\mathbf{x}\rangle = \begin{cases} -\,|\neg\mathbf{x}\rangle & \text{für } \mathbf{x} = \mathbf{0}, \\ |\neg\mathbf{x}\rangle & \text{für } \mathbf{x} \neq \mathbf{0}. \end{cases} \tag{8.30}$$

Für $\mathbf{x} = \mathbf{0}$ gilt $\neg\mathbf{x} = (\underbrace{11\cdots 11}_{n})$. Daher erhält man $C^{n-1}(Z)\,|\neg\mathbf{x}\rangle$ durch Anwendung des Pauli Z-Gatters auf das letzte Qubit $|1\rangle$, das zu $-\,|1\rangle$ wird. Das Ergebnis ist $-\,|\neg\mathbf{x}\rangle$. Angenommen, es gilt $\mathbf{x} \neq \mathbf{0}$. Dann hat mindestens ein Eintrag von $\neg\mathbf{x}$ den Wert 0. Wenn einer der ersten $n-1$ Einträge von $\neg\mathbf{x}$ das Bit 0 ist, wird Z nicht auf das letzte Qubit von $|\neg\mathbf{x}\rangle$ angewendet. Das bedeutet, dass $|\neg\mathbf{x}\rangle$ durch die Anwendung von $C^{n-1}(Z)$ nicht verändert wird. Wenn jedoch die ersten $n-1$ Einträge von $\neg\mathbf{x}$ den Wert 1 haben, dann ist der letzte Eintrag 0 und Z wird auf das letzte Qubit $|0\rangle$ von $|\neg\mathbf{x}\rangle$ angewendet, was dieses Qubit nicht ändert. Also bleibt $|\neg\mathbf{x}\rangle$ durch die Anwendung von $C^{n-1}(Z)$ unverändert. Zusammenfassend gilt, dass (8.30) zutrifft, was zusammen mit (8.28) impliziert

$$X^{\otimes n}C^{n-1}(Z)X^{\otimes n}\,|\mathbf{x}\rangle = \left\{\begin{matrix} -\,|\mathbf{x}\rangle & \text{für } \mathbf{x} = \mathbf{0}, \\ |\mathbf{x}\rangle & \text{für } \mathbf{x} \neq \mathbf{0} \end{matrix}\right\} = V\,|\mathbf{x}\rangle\,. \tag{8.31}$$

Wir schätzen die Größe des Schaltkreises ab. Er verwendet $O(n)$ Pauli X- und Hadamard-Gatter und einen $C^{n-1}(Z)$-Operator, der nach Proposition 5.8.11 und Theorem 5.10.8 unter Verwendung von $O(n)$ elementaren Quantengattern implementiert werden kann. Insgesamt hat der Schaltkreis also die Größe $O(n)$. □

Aus den Propositionen 8.1.17 und 8.1.18 erhalten wir das folgende Ergebnis.

Proposition 8.1.19 Der Grover-Iterator G kann unter Verwendung einer Blackbox für U_f und $\mathrm{O}(n)$ zusätzlichen elementaren Quantengattern implementiert werden.

Übung 8.1.20 Beweisen Sie Proposition 8.1.19.

8.1.5 Analyse des Suchalgorithmus für eine bekannte Anzahl von Lösungen

Nach den Vorbereitungen der vorherigen Abschnitte können wir nun die Erfolgswahrscheinlichkeit und die Komplexität des Grover-Suchalgorithmus für eine bekannte Anzahl von Lösungen abschätzen.

Theorem 8.1.21 Sei $n \in \mathbb{N}$, $N = 2^n$, $f : \{0,1\}^n \to \{0,1\}$, $M = |f^{-1}(1)| > 0$. Bei Eingabe von n, einer Blackbox, die U_f implementiert, und M, gibt Algorithmus 8.1.5 mit einer Wahrscheinlichkeit von mindestens $1 - \frac{M}{N}$ einen String $\mathbf{x} \in \{0,1\}^n$ aus mit $f(\mathbf{x}) = 1$. Der Algorithmus wendet die Blackbox für U_f höchstens $\frac{\pi}{4}\sqrt{\frac{N}{M}}$ mal an und verwendet $\mathrm{O}\left(\log N\sqrt{\frac{N}{M}}\right)$ zusätzliche elementare Quantengatter.

Beweis Aus Proposition 8.1.16 folgt, dass der letzte Quantenzustand, der im vom Algorithmus aufgerufenen Quantenschaltkreis erzeugt wird,

$$|\psi\rangle = G^k\,|s\rangle = \cos(2k+1)\theta\,|s_0\rangle + \sin(2k+1)\theta\,|s_1\rangle \tag{8.32}$$

ist mit

$$\theta = \arcsin\sqrt{\frac{M}{N}} \text{ und } k = \left\lfloor \frac{\pi}{4\theta} \right\rfloor. \tag{8.33}$$

Dann misst Schaltkreis den Zustand $|\psi\rangle$ in der Berechnungsbasis von $\mathbb{H}_n$. Aus der Definition von $|s_0\rangle$ und $|s_1\rangle$ folgt, dass diese Messung mit Wahrscheinlichkeit

$$p = \sin^2(2k+1)\theta. \tag{8.34}$$

einen Vektor $\mathbf{x} \in \{0,1\}^n$ liefert mit $f(\mathbf{x}) = 1$. Um das Theorem zu beweisen, schätzen wir k und p ab. Aus Korollar A.5.6 und (8.33) folgt, dass

$$k \le \frac{\pi}{4\theta} = \frac{\pi}{4\arcsin\sqrt{M/N}} \le \frac{\pi}{4}\sqrt{\frac{N}{M}}. \tag{8.35}$$

Um p abzuschätzen, verwenden wir

$$0 < \theta \leq \frac{\pi}{2}. \tag{8.36}$$

Außerdem setzen wir

$$\tilde{k} = \frac{\pi}{4\theta} - \frac{1}{2}. \tag{8.37}$$

Dann gilt

$$(2\tilde{k} + 1)\theta = \left(\frac{\pi}{2} - \theta + \theta\right) = \frac{\pi}{2}. \tag{8.38}$$

Außerdem impliziert die Wahl von k in (8.33)

$$0 \leq \frac{\pi}{4\theta} - k < 1 \tag{8.39}$$

und daher

$$-\frac{1}{2} \leq \frac{\pi}{4\theta} - \frac{1}{2} - k = \tilde{k} - k < \frac{1}{2}. \tag{8.40}$$

Daraus folgt

$$\left|k - \tilde{k}\right| \leq \frac{1}{2} \tag{8.41}$$

und daher

$$\left|(2k + 1)\theta - (2\tilde{k} + 1)\theta\right| = \left|2(k - \tilde{k})\theta\right| \leq \theta. \tag{8.42}$$

Aus (8.38) folgt $\sin(2\tilde{k} + 1)\theta = 1$ und $\cos(2\tilde{k} + 1)\theta = 0$. Diese Gleichungen, die trigonometrische Identität (A.5.3) und die Gl. (8.42) und (8.36) implizieren

$$\begin{aligned}
&|\cos(2k + 1)\theta| \\
&= \left|\cos((2k + 1)\theta)\sin((2\tilde{k} + 1)\theta) - \cos((2\tilde{k} + 1)\theta)\sin((2k + 1)\theta)\right| \\
&= \left|\sin\left((2k + 1)\theta - 2(\tilde{k} + 1)\theta\right)\right| \\
&= \sin\left|(2k + 1)\theta - 2(\tilde{k} + 1)\theta\right| \leq \sin\theta.
\end{aligned} \tag{8.43}$$

Daher ist die Fehlerwahrscheinlichkeit des Grover-Suchalgorithmus nach k Iterationen

$$\cos^2(2k + 1)\theta \leq \sin^2\theta = \frac{M}{N}, \tag{8.44}$$

woraus Aussage über die Erfolgswahrscheinlichkeit folgt.

Wir schätzen die Komplexität des Algorithmus ab. Aus (8.35) folgt, dass die Anzahl der Anwendungen des Grover-Iterators im Algorithmus durch $\frac{\pi}{4}\sqrt{\frac{N}{M}}$ beschränkt ist. Daher folgt aus Proposition 8.1.19, dass der Algorithmus die Blackbox für U_f höchstens $\frac{\pi}{4}\sqrt{\frac{N}{M}}$-mal aufruft und $\mathrm{O}\left(\log N\sqrt{\frac{M}{N}}\right)$ zusätzliche elementare Quantengatter verwendet. □

8.1.6 Grover-Suchalgorithmus für Suchprobleme mit unbekannter Anzahl von Lösungen

Sei $f : \{0,1\}^n \to \{0,1\}$, $N = 2^n$, und angenommen, es gilt $M = \left|f^{-1}\{1\}\right| > 0$. Wir wollen $\mathbf{x} \in \{0,1\}^n$ finden mit $f(\mathbf{x}) = 1$. In diesem Abschnitt präsentieren und analysieren wir Algorithmus 8.1.22, der dieses Suchproblem löst, wenn die Anzahl der Lösungen M unbekannt ist. Dieser Algorithmus ist ein Las-Vegas-Algorithmus. Er berechnet und misst wiederholt $G^k\,|s\rangle$ für ein zufällig gewähltes k aus $\mathbb{Z}_m$, wobei m exponentiell zunimmt, bis eine Lösung des Suchproblems gefunden wird.

Algorithmus 8.1.22 Quanten-Suche für eine unbekannte Anzahl von Lösungen

Input: $n \in \mathbb{N}$, eine Blackbox, die U_f für eine Funktion $f : \{0,1\}^n \to \{0,1\}$ implementiert
Output: $\mathbf{x} \in \{0,1\}^n$ mit $f(\mathbf{x}) = 1$

QSEARCH(n, U_f)
  $l \leftarrow 1$
  $\lambda \leftarrow 6/5$
  repeat
    $m \leftarrow \left\lfloor \min\{l, \sqrt{N}\} \right\rfloor$
    $k \leftarrow \text{randomInt}(m)$
    Wende den Quantenschaltkreis aus Abb. 8.1 an; das Ergebnis ist $\mathbf{x} \in \{0,1\}^n$
    $l = \lambda l$
  until $f(\mathbf{x}) = 1$
  return x
end

Unser Ziel ist es, das folgende Theorem zu beweisen.

Theorem 8.1.23 Angenommen, es gilt $1 \leq M \leq \frac{3N}{4}$. Dann ist die erwartete Anzahl der Anwendungen des Grover-Iterators und damit des Operators U_f, die Algorithmus 8.1.22 benötigt, um eine Lösung des Suchproblems zu finden, höchstens $9\sqrt{\frac{N}{M}}$. Die erwartete Laufzeit des Algorithmus ist $\left(\sqrt{\frac{N}{M}}\right)^{1+o(1)}$.

Die Bedingung $M \leq \frac{3N}{4}$ stellt keine Einschränkung dar, da bei $M > \frac{3N}{4}$ das Raten einer Lösung des Suchproblems eine Erfolgswahrscheinlichkeit von mindestens $\frac{3}{4}$ hat.

Im Beweis von Theorem 8.1.23 verwenden wir erneut den Winkel

$$\theta = \arcsin\sqrt{\frac{M}{N}}. \tag{8.45}$$

Im Beweis benötigen wir die folgenden beiden Hilfsergebnisse.

Lemma 8.1.24 Für jedes $\alpha \in \mathbb{R}$ und $m \in \mathbb{N}$ gilt

$$2 \sin \alpha \sum_{k=0}^{m-1} \cos(2k+1)\alpha = \sin 2m\alpha. \tag{8.46}$$

Beweis Wir beweisen die Behauptung durch Induktion über m. Für $m = 1$ ergibt die trigonometrische Identität (A.5.4)

$$2 \sin \alpha \sum_{k=0}^{m-1} \cos((2k+1)\alpha) = 2 \sin \alpha \cos \alpha = \sin 2\alpha. \tag{8.47}$$

Sei nun $m \geq 1$ und angenommen, es gilt (8.46). Dann folgt aus dieser Gleichung und den trigonometrischen Identitäten (A.5.2) und (A.5.3)

$$\begin{aligned}
&2 \sin \alpha \sum_{k=0}^{m} \cos(2k+1)\alpha \\
&= 2 \sin \alpha \left(\sum_{k=0}^{m-1} \cos(2k+1)\alpha + \cos(2m+1)\alpha \right) \\
&= \sin 2m\alpha + 2 \sin \alpha \cos(2m+1)\alpha \\
&= \sin 2m\alpha + \sin \alpha \cos(2m+1)\alpha - \cos \alpha \sin(2m+1)\alpha \\
&\quad + \sin \alpha \cos(2m+1)\alpha + \cos \alpha \sin(2m+1)\alpha \\
&= \sin 2m\alpha - \sin 2m\alpha + \sin 2(m+1)\alpha \\
&= \sin 2(m+1)\alpha.
\end{aligned} \tag{8.48}$$

□

Lemma 8.1.25 Sei $m \in \mathbb{N}$ und angenommen, k wird gleichverteilt zufällig aus $\mathbb{Z}_m$ gewählt. Dann liefert die Messung von $G^k |s\rangle$ eine Lösung des Suchproblems mit der Wahrscheinlichkeit

$$p_m = \frac{1}{2} - \frac{\sin 4m\theta}{4m \sin 2\theta}. \tag{8.49}$$

Insbesondere gilt $p_m \geq \frac{1}{4}$, wenn $m \geq \frac{1}{\sin 2\theta}$ ist.

Beweis Nach (8.9) ist die Wahrscheinlichkeit, eine Lösung des Suchproblems zu erhalten, wenn man $G^k |s\rangle$ für ein beliebiges $k \in \mathbb{N}_0$ misst, $\sin^2(2k+1)\theta$. Wenn also k zufällig aus $\mathbb{Z}_m$ für ein beliebiges $m \in \mathbb{N}$ gewählt wird, dann folgt aus der trigonometrischen Identität (A.5.7) und Lemma 8.1.24, dass diese Wahrscheinlichkeit

$$\begin{aligned} p_m &= \frac{1}{m}\sum_{k=0}^{m-1}\sin^2(2k+1)\theta \\ &= \frac{1}{2m}\sum_{k=0}^{m-1}(1-\cos(2k+1)2\theta) \\ &= \frac{1}{2}-\frac{\sin 4m\theta}{4m\sin 2\theta}. \end{aligned} \tag{8.50}$$

Wenn $m \geq \frac{1}{\sin 2\theta}$, dann gilt

$$\frac{1}{2}-\frac{\sin 4m\theta}{4m\sin 2\theta} \geq \frac{1}{2}-\frac{\sin 4m\theta}{4} \geq \frac{1}{4}. \tag{8.51}$$

□

Nun beweisen wir Theorem 8.1.23. Setze

$$m_0 = \frac{1}{\sin 2\theta}. \tag{8.52}$$

Da $\sin\theta = \sqrt{\frac{M}{N}}$ und $\cos\theta = \sqrt{\frac{N-M}{N}}$ ist, folgt aus (A.5.4) und $M \leq \frac{3N}{4}$, dass

$$m_0 = \frac{1}{2\sin\theta\cos\theta} = \frac{N}{2\sqrt{(N-M)M}} \leq \sqrt{\frac{N}{M}}. \tag{8.53}$$

In Zeile 6 der j-ten Iteration der **repeat**-Schleife in Algorithmus 8.1.22 gilt

$$m = \left\lfloor \min\{\lambda^{j-1}, \sqrt{N}\}\right\rfloor \tag{8.54}$$

mit $\lambda = \frac{6}{5}$. Die erwartete Anzahl E_j der Anwendungen des Grover-Iterators in der anschließenden Anwendung des Quantenschaltkreises ist folgendermaßen beschränkt:

$$E_j = \frac{m}{2} \leq \min\frac{1}{2}\{\lambda^{j-1}, \sqrt{N}\}. \tag{8.55}$$

Wir sagen, dass der Algorithmus die kritische Phase erreicht, wenn zum ersten Mal $m \geq m_0$ gilt. Weil gemäß (8.53) die Ungleichung $m_0 \leq \sqrt{N}$ gilt, tritt dies ein, wenn in Zeile 5 des Algorithmus $j = \lceil \log_\lambda m_0 \rceil$ erreicht ist. Aus (8.55) und $\lambda = \frac{6}{5}$ folgt, dass die erwartete Anzahl der Anwendungen des Grover-Iterators, bevor der Algorithmus eine Lösung findet oder die kritische Phase erreicht, höchstens

$$\frac{1}{2}\sum_{j=1}^{\lceil \log_\lambda m_0\rceil}\lambda^{j-1} = \frac{\lambda^{\lceil \log_\lambda m_0\rceil}-1}{2(\lambda-1)} < \frac{\lambda}{2(\lambda-1)}m_0 = 3m_0. \tag{8.56}$$

Wenn die kritische Phase erreicht ist, dann gilt in jeder Iteration der **repeat**-Schleife des Algorithmus von diesem Punkt an $m \geq m_0 = 1/\sin 2\theta$. Nach Lemma 8.1.24 ist die Erfolgswahrscheinlichkeit für jedes solche m mindestens $\frac{1}{4}$, die Misserfolgswahrscheinlichkeit also höchstens $\frac{3}{4}$. Für alle $u \geq 1$ ist daher die Wahrscheinlichkeit, dass der Algorithmus in der $(\lceil \log_\lambda m_0 \rceil + u)$-ten Iteration der Schleife erfolgreich ist, höchstens $\left(\frac{3}{4}\right)^{u-1}$. Daher ist die erwartete Anzahl der Anwendungen des Grover-Iterators, die in der kritischen Phase benötigt werden, höchstens

$$\frac{\lambda^{\lceil \log_\lambda m_0 \rceil}}{2} \sum_{u=0}^{\infty} \left(\frac{3\lambda}{4}\right)^u < \frac{3m_0}{5} \sum_{u=0}^{\infty} \left(\frac{9}{10}\right)^u = 6m_0. \tag{8.57}$$

Daher ist die gesamte erwartete Anzahl der Anwendungen des Grover-Iterators im Algorithmus auf $9m_0$ beschränkt, was nach (8.52) durch $9\sqrt{\frac{N}{M}}$ beschränkt ist. Die Abschätzung der erwarteten Laufzeit des Algorithmus ergibt sich aus den Aussagen 8.1.17 und 8.1.18.

8.1.7 Fall $M = 0$

Die Quanten-Suchalgorithmen setzen $M \neq 0$ voraus. Ist $M = 0$, so gilt

$$G\,|s\rangle = -\,|s\rangle\,. \tag{8.58}$$

Für alle $k \in \mathbb{N}_0$ liefert also die Messung von $G^k\,|s\rangle$ ein gleichverteilt zufälliges Element von $\{0,1\}^n$. Da $f(\mathbf{x}) = 0$ gilt für alle $\mathbf{x} \in \{0,1\}^n$, terminiert der Quanten-Suchalgorithmus 8.1.22 für $M = 0$ nicht.

8.2 Quanten-Zählalgorithmen

Ein Problem, das eng mit dem Suchproblem verwandt ist, ist Folgendes: Für $n \in \mathbb{N}$, sei $f : \{0,1\}^n \to \{0,1\}$ eine Funktion, bestimme die Anzahl $M = |f^{-1}(1)|$ der Lösungen des Suchproblems. In diesem Abschnitt beschreiben wir Quantenalgorithmen, um Approximationen von M zu finden oder M sogar genau zu bestimmen.

Diese Algorithmen verwenden die Quantenzustände $|s\rangle$, $|s^\perp\rangle$, $|s_0\rangle$ und $|s_1\rangle$, die Ebene $P = \mathbb{C}\,|s\rangle + \mathbb{C}\,|s^\perp\rangle = \mathbb{C}\,|s_0\rangle + \mathbb{C}\,|s_1\rangle$, die Operatoren U_f, U_1 und U_s, $N = 2^n$ und den Winkel $\theta = \arcsin\left(\sqrt{\frac{M}{N}}\right)$, die zuvor in diesem Kapitel eingeführt wurden. Einige dieser Definitionen setzen allerdings $M \neq 0$ voraus und werden auch nur für diesen Fall verwendet.

8.2.1 Implementierung des kontrollierten Grover-Iterators

Die im Folgenden beschriebenen Algorithmen verwenden die Quantenphasenschätzung, um die Eigenwerte des Grover-Iterators G zu approximieren. Sie wird in Abschn. 7.4 ausführlich erklärt, und ihre Implementierung benutzt den in Abb. 7.5 gezeigten Quantenschaltkreis. Wird er benutzt, um die Phasen der Eigenwerte des Grover-Iterators zu schätzen, müssen die kontrollierten-G^{2^i}-Operatoren für $0 \leq i < l$ verwendet werden, wobei l der Präzisionsparameter ist. In diesem Abschnitt erläutern wir, die diese kontrollierten Operatoren implementiert werden können. Gemäß (8.12) gilt $G = U_s U_1$. Abb. 8.6 zeigt eine Implementierung von U_s, die gemäß Proposition 8.1.18 $\mathrm{O}(n)$ elementare Quantengatter erfordert. Aus Theorem 5.10.8 folgt, dass der kontrollierte-U_s-Operator ebenfalls durch einen Quantenschaltkreis mit $\mathrm{O}(n)$ elementaren Quantengattern implementiert werden kann. Als Nächstes wird in Abb. 8.5 eine Quantenschaltkreis-Implementierung von U_1 gezeigt, die einmal den U_f-Operator und $\mathrm{O}(1)$ elementare Quantengatter verwendet. Daraus erhält man eine Implementierung des kontrollierten U_1-Operators, die einen kontrollierten-U_f-Operator und $\mathrm{O}(1)$ elementare Operatoren benötigt. Insgesamt kann der kontrollierte Grover-Iterator also mithilfe eines kontrollierten U_f-Gatters und $\mathrm{O}(n)$ elementaren Quantengattern implementiert werden.

Wenn eine Implementierung von U_f verfügbar ist, die ausschließlich elementare Quantengatter verwendet, kann nach der im Beweis von Theorem 5.10.8 beschriebenen Methode ein Quantenschaltkreis für den kontrollierten-U_f-Operator unter ausschließlicher Verwendung von elementaren Quantengattern konstruiert werden, der höchstens um einen konstanten Faktor größer ist als der U_f-Schaltkreis. Andernfalls muss die generische Implementierung von $C^1(U)$ aus Abschn. 5.8.1 verwendet werden. Jede Verwendung von $C^1(U)$ erfordert also eine Anwendung der Blackbox für U und $\mathrm{O}(n)$ elementare Operationen. In beiden Fällen benötigt die Implementierung des kontrollierten Grover Iterators ein U_f-Gatter und $\mathrm{O}(n)$ weitere elementare Quantengatter.

8.2.2 Approximativer Quanten-Zählalgorithmus

Wir beginnen mit einem approximativen Quanten-Zählalgorithmus, der auch die Methoden zeigt, die in den anderen in diesem Kapitel behandelten Zählalgorithmen verwendet werden. Wir bestimmen zunächst die Eigenwerte des auf die Ebene P aus (8.13) eingeschränkten Grover-Iterators $G|_P$. Für $M \neq 0$ führen wir folgende Quantenzustände ein:

$$|s_+\rangle = \frac{|s_1\rangle + i\,|s_0\rangle}{\sqrt{2}}, \quad |s_-\rangle = \frac{|s_1\rangle - i\,|s_0\rangle}{\sqrt{2}}. \tag{8.59}$$

Proposition 8.2.1 Sei $M \neq 0$. Dann ist das Paar $(|s_+\rangle, |s_-\rangle)$ eine orthonormale Basis von Eigenzuständen der Einschränkung $G|_P$ des Grover-Iterators auf die Ebene P. Die entsprechenden Eigenwerte sind $e^{2i\theta}$ und $e^{-2i\theta}$ mit θ aus (8.45) und es gilt

$$|s\rangle = \frac{-i}{\sqrt{2}}\left(e^{i\theta}|s_+\rangle - e^{-i\theta}|s_-\rangle\right). \tag{8.60}$$

Beweis Nach Übung 8.2.2 ist das Paar $(|s_+\rangle, |s_-\rangle)$ eine Orthonormalbasis von P. Außerdem wissen wir aus Proposition 8.1.16, dass für alle $\alpha \in \mathbb{R}$ gilt:

$$G(\cos\alpha\,|s_0\rangle + \sin\alpha\,|s_1\rangle) = \cos(\alpha + 2\theta)\,|s_0\rangle + \sin(\alpha + 2\theta)\,|s_1\rangle \tag{8.61}$$

Wie in Übung 8.2.2 gezeigt wird, folgt daraus

$$G\,|s_0\rangle = \cos 2\theta\,|s_0\rangle + \sin 2\theta\,|s_1\rangle, \quad G\,|s_1\rangle = -\sin 2\theta\,|s_0\rangle + \cos 2\theta\,|s_1\rangle \tag{8.62}$$

und daher

$$G\,|s_+\rangle = e^{2i\theta}\,|s_+\rangle, \quad G\,|s_-\rangle = e^{-2i\theta}\,|s_-\rangle. \tag{8.63}$$

Somit sind $|s_+\rangle$ und $|s_-\rangle$ Eigenzustände von $G|_P$ mit den Eigenwerten $e^{2i\theta}$ bzw. $e^{-2i\theta}$. Gl. (8.60) wird ebenfalls in Übung 8.2.2 bewiesen. □

Übung 8.2.2 Verifizieren Sie die Gl. (8.62), (8.63) und (8.60).

Proposition 8.2.1 zeigt, dass für $M \neq 0$ der Wert $M = N\sin^2\theta$ bestimmt werden kann, indem man eine der Phasen $\pm 2\theta$ der Eigenwerte des eingeschränkten des Grover-Iterators $G|_P$ approximiert. Um diese Approximation zu erhalten, verwenden wir Algorithmus 8.2.3, der auf den in Abb. 8.7 dargestellten Quantenschaltkreis zurückgreift. Die Idee dieses Algorithmus ist folgende: Nach Übung 7.3.14 und (8.60) gilt

$$H^{\otimes n}\,|0\rangle^{\otimes n} = |s\rangle = \frac{-i}{\sqrt{2}}\left(e^{i\theta}|s_+\rangle - e^{-i\theta}|s_-\rangle\right). \tag{8.64}$$

Dies zeigt, dass wir effizient eine gleichgewichtete Superposition der beiden Eigenzustände von $G|_P$ erzeugen können. Dies geschieht im zweiten Register des in Abb. 8.7 dargestellten Quantenschaltkreises. Der Schaltkreis führt dann eine Quantenphasenschätzung mit einem Präzisionsparameter $l \in \mathbb{N}$ auf dieser Superposition aus. Dies ergibt einen Wert $x \in \mathbb{Z}_L$, $L = 2^l$, sodass $\frac{x}{L}$ eine Approximation einer der reellen Zahlen $\pm\frac{\theta}{\pi}$ ist. Daher ist $\tilde{M} = N\sin^2\frac{\pi x}{L}$ eine Approximation von $M = N\sin^2\theta$. Algorithmus 8.2.3 führt diese Berechnungen durch und gibt diese Approximation zurück. Man beachte aber Folgendes: Der Wert $\tilde{M}$ ist eine reelle Zahl und der Algorithmus kann nur eine rationale Approximation dieser Zahl bestimmen. Daher müssen Implementierungen des Algorithmus sicherstellen, dass die Genauigkeit der Approximation den Anforderungen der jeweiligen Anwendung genügt.

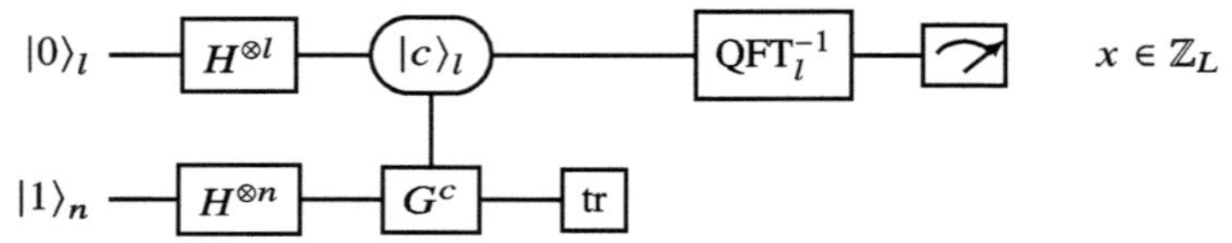

Abb. 8.7 Schaltkreis für den approximativen Quanten-Zählalgorithmus

Algorithmus 8.2.3 Approximativer Quanten-Zählalgorithmus

Input: $n \in \mathbb{N}$, U_f für eine Funktion $f : \{0, 1\}^n \to \{0, 1\}$ und ein Präzisionsparameter $l \in \mathbb{N}$
Output: Eine Approximation $\tilde{M}$ von $M = |f^{-1}(1)|$
1: QCOUNT(n, U_f, l)
2: Wende den Quantenschaltkreis aus Abbildung 8.7 an und erhalte $x \in \mathbb{Z}_L$ mit $L = 2^l$
3: **return** $\tilde{M} \leftarrow N \sin^2 \frac{\pi x}{L}$
4: **end**

Das folgende Theorem zeigt die Korrektheit von Algorithmus 8.2.3 und schätzt seine Erfolgswahrscheinlichkeit und Komplexität ab. Es zeigt sich, dass der Algorithmus auch für $M = 0$ funktioniert. Darin verwenden wir den Ausdruck *elementare Operationen.* Darunter verstehen wir die Anwendung elementarer Quantengatter bzw. von Bitoperationen.

Theorem 8.2.4 Angenommen, die Eingabe des Algorithmus 8.2.3 ist n, U_f, l, wie im Algorithmus angegeben. Sei $L = 2^l$. und bezeichne $\tilde{M}$ den Rückgabewert des Algorithmus. Dann gilt Folgendes:

1. Ist $M = 0$, so gibt der Algorithmus mit Wahrscheinlichkeit 1 den Wert $\tilde{M} = 0$ zurück.
2. Ist $M \neq 0$, dann gilt mit einer Wahrscheinlichkeit von mindestens $\frac{8}{\pi^2}$
$$\left|\tilde{M} - M\right| < 2\pi \frac{\sqrt{M(N-M)}}{L} + \frac{\pi^2 N}{L^2}. \tag{8.65}$$
3. Der Algorithmus benötigt $O(L)$ Anwendungen von U_f und $O(Ln)$ zusätzliche elementare Operationen.

Beweis Für $M = 0$ ist $|s\rangle$ ein Eigenvektor vor G mit Eigenwert -1. Daher folgt die Behauptung aus Theorem 7.4.6.

Sei $M \neq 0$. Aus (8.60) und (7.46) folgt, dass der Zustand des Quantenschaltkreises vor dem Herausspuren des zweiten Registers folgender ist:

$$|\psi\rangle = -\frac{-i}{\sqrt{2}}\left(e^{i\theta}\psi_l\left(\frac{\theta}{\pi}\right)|s_+\rangle - e^{-i\theta}\psi_l\left(\frac{-\theta}{\pi}\right)|s_-\rangle\right). \tag{8.66}$$

Da $(|s_+\rangle, |s_-\rangle)$ eine Orthonormalbasis der Ebene P ist, folgt aus Korollar 4.7.12, dass das erste Register nach dem Herausspuren des zweiten Registers in folgendem gemischten Zustand ist:

$$\left(\left(\frac{1}{2}, \psi_l\left(\frac{\theta}{\pi}\right)\right), \left(\frac{1}{2}, \psi_l\left(-\frac{\theta}{\pi}\right)\right)\right). \tag{8.67}$$

Daher folgt also aus Theorem 7.4.6, dass das Messergebnis x in Algorithmus 8.2.3 mit einer Wahrscheinlichkeit von mindestens $\frac{8}{\pi^2}$ einer der folgenden Ungleichungen genügt:

$$\left|\Delta\left(\frac{\theta}{\pi}, l, x\right)\right| < \frac{1}{L} \text{ oder } \left|\Delta\left(\frac{-\theta}{\pi}, l, x\right)\right| < \frac{1}{L}. \tag{8.68}$$

Die Ausdrücke auf den linken Seiten der Ungleichungen (8.68) können wir folgendermaßen schreiben:

$$\Delta\left(\frac{\theta}{\pi}, l, x\right) = \frac{\theta}{\pi} - \frac{x}{2^l} - u, \quad \Delta\left(-\frac{\theta}{\pi}, l, x\right) = -\frac{\theta}{\pi} - \frac{x}{2^l} - v \tag{8.69}$$

mit $u, v \in Z$. Setze außerdem

$$\tilde{\theta} = \begin{cases} \frac{\pi x}{L} + u\pi & \text{wenn in (8.69) die linke Ungleichung gilt,} \\ -\frac{\pi x}{L} - v\pi & \text{wenn in (8.69) die rechte Ungleichung gilt.} \end{cases} \tag{8.70}$$

und

$$\varepsilon = \tilde{\theta} - \theta. \tag{8.71}$$

Dann folgt aus (8.68)

$$|\varepsilon| < \frac{\pi}{L}. \tag{8.72}$$

Setzt man noch

$$\tilde{p} = \sin^2 \tilde{\theta}, \tag{8.73}$$

dann ist der Rückgabewert des Algorithmus 8.2.3

$$\tilde{M} = N \sin^2 \frac{\pi x}{L} = N \sin^2 \tilde{\theta} = N\tilde{p}. \tag{8.74}$$

Mit

$$p = \sin^2 \theta = \frac{M}{N}. \tag{8.75}$$

gilt außerdem

$$\sin\theta = \sqrt{p}, \quad \cos\theta = \sqrt{1-p} \tag{8.76}$$

sowie

$$M = Np. \tag{8.77}$$

Wir werden nun folgende Ungleichung zeigen:

$$|\tilde{p} - p| < 2\pi \frac{\sqrt{p(1-p)}}{L} + \frac{\pi^2}{L^2}. \tag{8.78}$$

Wenn man diese Gleichung mit N multipliziert, erhält man die Behauptung des Theorems. Unter Verwendung von (A.5.8), Lemma A.5.5, (8.76), (8.72) und $|1 - 2p| \leq 1$ erhalten wir

$$\begin{aligned}
|\tilde{p} - p| &= |\sin^2(\theta + \varepsilon) - \sin^2\theta| \\
&= |\sin\theta\cos\theta\sin 2\varepsilon + (1 - 2\sin^2\theta)\sin^2\varepsilon| \\
&= |\sqrt{p(1-p)}\sin 2\varepsilon + (1 - 2p)\sin^2\varepsilon| \\
&\leq 2|\varepsilon|\sqrt{p(1-p)} + \varepsilon^2 < 2\pi \frac{\sqrt{p(1-p)}}{L} + \frac{\pi^2}{L}.
\end{aligned} \tag{8.79}$$

Damit ist (8.78) bewiesen, woraus (8.65) folgt.

Nun kommen wir zur Komplexitätsaussage. Die Implementierung des Quantenschaltkreises für die Phasenschätzung erfordert die Verwendung der kontrollierten G^{2^i}-Operatoren für $0 \leq i < l$. Wie in Abschn. 8.2.1 erläutert, benötigt die Implementierung dieser Operatoren insgesamt $\sum_{i=0}^{l-1} 2^i = 2^l = L - 1$ Anwendungen des U_f-Operators und zusätzlich $\mathrm{O}(Ln)$ elementare Quantengatter. □

8.2.3 Quanten-Zählalgorithmus mit vorgegebenem Fehler

Algorithmus 8.2.5 ist eine Modifikation des approximativen Quanten-Zählalgorithmus aus dem vorherigen Abschnitt. Bei Eingabe eines Fehlerparameters $\varepsilon \in \mathbb{R}, 0 < \varepsilon < 1$, berechnet er eine Annäherung $\hat{M}$ an die Lösungsanzahl $M = f^{-1}(1)$ mit

$$\left|M - \hat{M}\right| \leq \varepsilon M. \tag{8.80}$$

Wir erklären die Idee des Algorithmus. Für $l = 0, 1, 2, \ldots$ ruft er $\mathrm{QCount}(n, U_f, l)$ auf, bis der Rückgabewert zum ersten Mal von 0 verschieden ist oder $2^l \geq 2\sqrt{N}$ gilt. Angenommen, der Aufruf liefert zum ersten Mal einen von Null verschiedenen Wert. Bezeichne die Anzahl der Aufrufe von QCount vorher mit $l_{\max}$. Wir werden zeigen, dass mit einer Wahrscheinlichkeit von mindestens $\cos^2 \frac{2}{5}$ gilt:

$$2^{l_{\max}} \geq \frac{2}{5}\sqrt{\frac{N}{M}}. \tag{8.81}$$

Der Wert $l_{\max}$ liefert darum entscheidende Informationen über Lösungsanzahl M. Je größer $l_{\max}$ ist, desto kleiner ist M. Wir werden außerdem folgendes sehen: wählt man einen Präzisionsparameter ε mit $0 < \varepsilon < 1$ mit $l = \varepsilon < 1$ sowie $l_{\max} + \left\lceil \log_2 \frac{20\pi^2}{\varepsilon} \right\rceil$, dann liefert der Aufruf $\mathrm{QCount}(n, U_f, l)$ die gewünschte Annäherung $\tilde{M}$ mindestens mit Wahrscheinlichkeit $\frac{8}{\pi^2}$. Daher liegt die Gesamterfolgswahrscheinlichkeit des Algorithmus bei mindestens $\frac{8}{\pi^2}\cos^2\frac{2}{5}$.

Algorithmus 8.2.5 Quanten-Zählalgorithmus mit vorgegebenem Fehler

Input: $n \in \mathbb{N}$, U_f mit $f : \{0,1\}^n \to \{0,1\}$, ein Parameter $\varepsilon \in \mathbb{R}$ mit $0 < \varepsilon < 1$

Output: Eine Annäherung $\hat{M} \in \mathbb{N}_0$ an M derart, dass $\left|M - \hat{M}\right| < \varepsilon M$

ApproxQCount(n, U_f, ε)
    $l \leftarrow 0$
    repeat
        $l \leftarrow l + 1$
        $\tilde{M} \leftarrow \text{QCount}(n, U_f, l)$
    until $\tilde{M} \neq 0$ oder $2^l \geq 2\sqrt{N}$
    $l \leftarrow l + \left\lceil \log_2 \frac{20\pi^2}{\varepsilon} \right\rceil$
    $\tilde{M} \leftarrow \text{QCount}(n, U_f, l)$
    return $\hat{M} \leftarrow \left\lfloor \tilde{M} \right\rceil$
end

Das folgende Theorem zeigt die Korrektheit und Komplexität von Algorithmus 8.2.5.

Theorem 8.2.6 Seien n, U_f, ε die Eingaben von Algorithmus 8.2.5. Bezeichne den Rückgabewert des Algorithmus mit $\hat{M}$. Dann gilt Folgendes:

1. Ist $M = 0$, dann gilt $\hat{M} = 0$ mit Wahrscheinlichkeit 1.
2. Mit einer Wahrscheinlichkeit von mindestens $\frac{2}{3}$ ist
$$|\hat{M} - M| < \varepsilon M. \tag{8.82}$$
3. Der Algorithmus erfordert $\mathrm{O}\left(\frac{\sqrt{N}}{\varepsilon}\right)$ Anwendungen von U_f und $\mathrm{O}\left(\frac{n\sqrt{N}}{\varepsilon}\right)$ zusätzliche elementare Operationen.

Beweis Für $M = 0$ folgt die Behauptung aus Theorem 8.2.4.

Sei nun $M \neq 0$ und
$$\theta = \arcsin\sqrt{\frac{M}{N}}, \quad k = \left\lceil \log_2 \frac{1}{5\theta} \right\rceil \tag{8.83}$$

Dann gilt
$$2^k \geq 2^{\log_2 \frac{1}{5\theta}} = \frac{1}{5\theta}. \tag{8.84}$$

Außerdem folgt aus Korollar A.5.6

$$2^k < 2^{\log_2 \frac{1}{5\theta}+1} = \frac{2}{5\theta} = \frac{2}{5 \arcsin \sqrt{\frac{M}{N}}} \leq \frac{2}{5}\sqrt{\frac{N}{M}}. \tag{8.85}$$

In Zeile 6 des Algorithmus erhalten wir $l = k$, falls der Aufruf QCount(n, U_f, l) in Zeile 5 des Algorithmus $k - 1$ mal den Wert 0 zurückgegeben hat. Wir schätzen die Wahrscheinlichkeit dafür ab. Der Aufruf QCount(n, U_f, l) gibt 0 zurück, wenn die Messung des gemischten Zustands

$$\left(\left(\frac{1}{2}, \mathrm{QFT}^{-1}\psi_l\left(\frac{\theta}{\pi}\right)\right), \left(\frac{1}{2}, \mathrm{QFT}^{-1}\psi_l\left(-\frac{\theta}{\pi}\right)\right)\right) \tag{8.86}$$

0 ergibt. Nun gilt für alle $l \in \mathbb{N}$ und $s \in \{\pm 1\}$

$$\sin^2\left(\pi \Delta\left(s\frac{\theta}{\pi}, l, 0\right)\right) = \sin^2\left(\pi\left(s\frac{\theta}{\pi} - \left\lfloor s\frac{\theta}{\pi}\right\rceil\right)\right) = \sin^2 s\theta = \sin^2\theta \tag{8.87}$$

und analog

$$\sin^2\left(2^l \pi \Delta\left(s\frac{\theta}{\pi}, l, 0\right)\right) = \sin^2 2^l\theta. \tag{8.88}$$

Daher ist nach Proposition 7.4.5 und (8.87) die Wahrscheinlichkeit dafür, dass der Aufruf QCount(n, U_f, l) den Wert 0 ergibt

$$\frac{1}{2^{2l}} \frac{\sin^2(2^l\theta)}{\sin^2\theta}. \tag{8.89}$$

Die Wahrscheinlichkeit dafür, dass der Aufruf QCount(n, U_f, l) für $l = 1, \ldots, k-1$ den Wert 0 ergibt, können wir nun folgendermaßen abschätzen:

$$\begin{aligned} p &= \prod_{l=1}^{k-1} \frac{1}{2^{2l}} \frac{\sin^2(2^l\theta)}{\sin^2\theta} \underset{(1)}{\geq} \prod_{l=1}^{k-1} \cos^2(2^l\theta) \\ &\underset{(2)}{=} \frac{\sin^2(2^k\theta)}{2^{2(k-1)}\sin^2(2\theta)} \underset{(3)}{\geq} \cos^2(2^k\theta) \underset{(4)}{>} \cos^2\frac{2}{5}. \end{aligned} \tag{8.90}$$

Hierbei folgt Ungleichung (1) aus Lemma A.5.7 mit $x = 2^l$ und $\alpha = \theta$. Wegen (8.85) gilt nämlich

$$2^l\theta \leq 2^{k-1}\theta \leq \frac{\pi}{5} < \frac{\pi}{4}. \tag{8.91}$$

Gl. (2) erhält man aus Lemma A.5.8. Für Ungleichung (3) verwenden wir erneut Lemma A.5.7 mit $x = 2^{k-1}$ und $\alpha = 2\theta$, denn aus (8.91) folgt $2^k\theta < \pi/2$. Ungleichung (4) verwendet die Monotonie des Cosinus und (8.85).

Angenommen, dass der maximale Wert $l_{\max}$ für l, der in der Schleife angenommen wird, mindestens k beträgt. Setze wie in Zeile 7 des Algorithmus

$$l = l_{\max} + \left\lceil \log_2 \frac{20\pi^2}{\varepsilon} \right\rceil. \tag{8.92}$$

Korollar A.5.4 impliziert

$$\theta = \arcsin\sqrt{\frac{M}{N}} \le \frac{\pi}{2}\sqrt{\frac{M}{N}}. \tag{8.93}$$

Also erhalten wir für $L = 2^l$ aus (8.92), (8.84) und (8.93)

$$\frac{1}{L} \le 5\theta\frac{\epsilon}{20\pi^2} \le \frac{\varepsilon}{8\pi}\sqrt{\frac{M}{N}}. \tag{8.94}$$

Theorem 8.2.4 impliziert, dass QCount(n, U_f, l) mit einer Wahrscheinlichkeit von mindestens $\frac{8}{\pi^2}$ eine reelle Zahl $\tilde{M}$ zurückgibt mit

$$\begin{aligned} \left|M - \tilde{M}\right| &\le 2\pi\frac{\sqrt{M(N-M)}}{L} + \pi^2\frac{N}{L^2} \\ &\le \frac{\varepsilon}{4}M\sqrt{\frac{N-M}{N}} + \frac{\varepsilon^2 M}{64} \\ &\le \varepsilon M\left(\frac{1}{4} + \frac{1}{64}\right) < \frac{\varepsilon M}{2}. \end{aligned} \tag{8.95}$$

Setze $\hat{M} = \left\lfloor \tilde{M} \right\rceil$. Wenn $\varepsilon M < 1$ ist, dann impliziert (8.95), $\left|\hat{M} - M\right| < \frac{1}{2}$ und damit $\hat{M} = M$, also $\left|\hat{M} - M\right| = 0$. Wenn $\varepsilon M \ge 1$ ist, dann gilt $\left|\hat{M} - \tilde{M}\right| \le \frac{1}{2} \le \varepsilon\frac{M}{2}$. Zusammen mit (8.95) impliziert dies, dass $\left|\hat{M} - M\right| \le \left|\hat{M} - \tilde{M}\right| + \left|\tilde{M} - M\right| < \varepsilon M$. Die Gesamterfolgswahrscheinlichkeit beträgt

$$\frac{8}{\pi^2}\cos^2\frac{2}{5} \ge \frac{2}{3}. \tag{8.96}$$

Die Komplexitätsaussage kann wie folgt gezeigt werden. Gemäß Theorem 8.2.4 erfordert der Aufruf von QCount(n, U_f, l) in Zeile 5 $\mathrm{O}(2^l)$ Anwendungen von U_f und $\mathrm{O}(n2^l)$ zusätzliche elementare Operationen. Außerdem wird aufgrund der Bedingung in Zeile 6 der maximale Wert von 2^l in der Schleife durch $\mathrm{O}(\sqrt{N})$ begrenzt. Daher erfordert diese Schleife $\mathrm{O}(\sqrt{N})$ Anwendungen von U_f und $\mathrm{O}(n\sqrt{N})$ zusätzliche elementare Operationen. Nach der Zuweisung in Zeile 7 gilt $l = \mathrm{O}\left(\frac{\sqrt{N}}{\varepsilon}\right)$. Eine weitere Anwendung des Theorems 8.2.4 schließt den Beweis ab. □

8.2.4 Exaktes Zählen

Die beiden Algorithmen, QCount und ApproxQCount, können genutzt werden, um die Anzahl der Lösungen $M = f^{-1}(1)$ exakt zu bestimmen. Der Idee besteht darin, ApproxQCount$(n, U_f, \frac{1}{2})$ zu verwenden, um eine zuverlässige Approximation $\tilde{M}_1$ von M

zu erhalten. Anschließend wird unter Verwendung dieser Approximation eine Zahl $l \in \mathbb{N}$ bestimmt, sodass $\text{QCount}(n, U_f, l)$ ein $\tilde{M}_2$ liefert mit $|M - \tilde{M}_2| < \frac{1}{2}$. Dann gilt $M = \lfloor \tilde{M}_2 \rceil$. Dieser Prozess wird in Algorithmus 8.2.7 implementiert.

Algorithmus 8.2.7 Exaktes Zählen

Input: $n \in \mathbb{N}, U_f$ mit $f : \{0, 1\}^n \to \{0, 1\}$
Output: $M = |f^{-1}(1)|$
1: $\text{ExactQCount}(n, U_f)$
2: $\quad \tilde{M}_1 \leftarrow \text{ApproxQCount}(n, U_f, \frac{1}{2})$
3: $\quad l \leftarrow \left\lceil \log_2 26\sqrt{\tilde{M}_1 N} \right\rceil$
4: $\quad \tilde{M}_2 \leftarrow \text{QCount}(n, U_f, l)$
5: $\quad$ **return** $M \leftarrow \lfloor \tilde{M}_2 \rceil$
6: **end**

Theorem 8.2.8 Bei Eingabe von $n \in \mathbb{N}$ und U_f für eine Funktion $f : \{0, 1\}^n \to \{0, 1\}$ liefert Algorithmus 8.2.7 das Ergebnis $M = |f^{-1}(1)|$ mit einer Wahrscheinlichkeit von mindestens $\frac{1}{2}$. Der Algorithmus erfordert $\text{O}(\sqrt{MN})$ Anwendungen von U_f und $\text{O}(n\sqrt{MN})$ zusätzliche elementare Operationen.

Beweis Für $M = 0$ ist nach den Theoremen 8.2.4 und 8.2.6 liefert der Algorithmus $M = 0$ mit Wahrscheinlichkeit 1

Sei $M \neq 0$. Dann gilt $|\tilde{M}_1 - M| < \frac{M}{2}$ und daher $\tilde{M}_1 > \frac{M}{2} > 0$. Wähle $l = \left\lceil \log_2 26\sqrt{\tilde{M}_1 N} \right\rceil$ wie in Zeile 3 von Algorithmus 8.2.7 und $L = 2^l$. Dann gilt

$$\frac{1}{L} \leq \frac{1}{26\sqrt{\tilde{M}_1 N}}. \tag{8.97}$$

Aus Theorem 8.2.4 folgt

$$\begin{aligned} \left|M - \tilde{M}_2\right| &< \frac{2\pi}{26}\sqrt{\frac{MN}{\tilde{M}_1 N}} + \frac{\pi^2 N}{26^2 \tilde{M}_1 N} \\ &\leq \frac{4\pi}{26} + \frac{\pi^2}{26^2} < \frac{1}{2}. \end{aligned} \tag{8.98}$$

Somit liefert der Algorithmus das korrekte M.

Die Komplexitätsaussage folgt aus den Theoremen 8.2.4 und 8.2.6. □

Der HHL-Algorithmus

9

In den vorherigen Kapiteln haben wir frühe Quantenalgorithmen und grundlegende Techniken wie Phasenschätzung und Amplitudenverstärkung dargestellt. Simons und Shors Algorithmen bieten den größten Effizienzgewinn. Sie lösen die jeweiligen Probleme in polynomieller Zeit, was klassisch bis jetzt nicht möglich ist. Der Grover-Suchalgorithmus und die entsprechenden Zählalgorithmen bieten eine quadratische Geschwindigkeitssteigerung, was ebenfalls sehr beeindruckend ist. Diese Fortschritte haben Forscher dazu inspiriert, weitere Quantenalgorithmen mit ähnlichen Vorteilen zu entwickeln, Für einen umfassenden Überblick über die derzeit bekannten Quantenalgorithmen siehe [Jor].

In diesem Kapitel konzentrieren wir uns auf einen faszinierenden, neueren Quantenalgorithmus, den HHL-Algorithmus, der 2008 von Aram W. Harrow, Avinatan Hassidim und Seth Lloyd vorgeschlagen wurde [HHL09]. Der HHL-Algorithmus adressiert ein Problem, das in zahlreichen Anwendungen in Wissenschaft und Technik auftritt: die Lösung linearer Gleichungssysteme über $\mathbb{C}$. Wenn bestimmte Bedingungen erfüllt sind und das Problem geeignet formuliert ist, erreicht der HHL-Algorithmus eine exponentielle Geschwindigkeitssteigerung im Vergleich zu den besten klassischen Algorithmen.

Unsere Darstellung basiert auf der Beschreibung des Algorithmus in [DHM+18] und soll einen Eindruck des Algorithmus und seiner Analyse vermitteln. Eine detaillierte Erklärung würde jedoch den Rahmen dieses Buches sprengen.

9.1 Problem

Eine der größten Herausforderungen in der algorithmischen linearen Algebra ist das sogenannte *Linear Systems Problem (LSP),* das wir auch in Abschn. B.5.8 besprechen. Hier konzentrieren wir uns auf einen speziellen Fall des LSP, das durch $M \in \mathbb{N}$, $A \in \mathsf{GL}(M, \mathbb{C})$

J. A. Buchmann, *Quantenalgorithmen*,
https://doi.org/10.1007/978-3-662-71177-4_9

und $\mathbf{b} \in \mathbb{C}^M$ parametrisiert ist. Das Problem besteht darin, $\mathbf{x} = A^{-1}\mathbf{b}$ zu berechnen. In Abschnitt B.5.8 zeigen wir, dass das Gaußsche Eliminationsverfahren die Lösung $\mathbf{x}$ mittels $O(M^3)$ elementarer Operationen in $\mathbb{C}$ finden kann.

Der HHL-Algorithmus adressiert das Quantum Linear System Problem (QLSP). Wie das LSP wird es durch die Parameter $M \in \mathbb{N}$, $A \in \mathsf{GL}(M, \mathbb{C})$ und $\mathbf{b} \in \mathbb{C}^M$ beschrieben. Um die Beschreibung des HHL-Algorithmus zu vereinfachen, werden folgende Annahmen getroffen:

1. $M = 2^m$ mit $m \in \mathbb{N}$.
2. A ist hermitesch, daher sind die Eigenwerte von A nach Proposition 3.4.61 von Null verschiedene reelle Zahlen.
3. Die Eigenwerte von A liegen im Intervall $[0, 2\pi[$.
4. $\|\mathbf{b}\| = 1$.

Wenn diese Annahmen zunächst nicht erfüllt sind, können die HHL-Parameter M, A und $\mathbf{b}$ entsprechend angepasst werden. Dies wird in der nächsten Übung gezeigt.

Übung 9.1.1 Sei $A \in \mathsf{GL}(M, \mathbb{C})$, $\mathbf{b}, \mathbf{x} \in \mathbb{C}^M$ mit $A\mathbf{x} = \mathbf{b}$. Zeigen Sie, dass $A' = \begin{pmatrix} 0 & A \\ A^* & 0 \end{pmatrix}$ nicht singulär und hermitesch ist und dass für $\mathbf{b}' = (\mathbf{b}, \mathbf{0})$ und $\mathbf{x}' = (\mathbf{0}, \mathbf{x})$ gilt: $A'\mathbf{x}' = \mathbf{b}'$.

Sei $\mathbf{b} = (b_0, \ldots, b_{M-1})$. Da $\|\mathbf{b}\| = 1$ gilt, ist

$$|\mathbf{b}\rangle = \sum_{i \in \mathbb{Z}_M} b_i \,|i\rangle_m \tag{9.1}$$

ein Quantenzustand in $\mathbb{H}_m$. Somit ist die Anzahl $m = \log_2 M$ der benötigten Qubits, um $\mathbf{b}$ darzustellen, logarithmisch in der Dimension M des zu lösenden linearen Systems. Dies eröffnet die Möglichkeit, dass der HHL-Algorithmus

$$|\mathbf{x}\rangle = \sum_{i \in \mathbb{Z}_M} x_i \,|i\rangle_m \tag{9.2}$$

in polynomieller Zeit in $m = \log_2 M$ findet, wobei $\mathbf{x} = (x_0, \ldots, x_{M-1})$ ist. Das ist ein exponentieller Vorteil gegenüber allen klassischen LSP-Algorithmen. Es ist jedoch zu beachten, dass $|\mathbf{x}\rangle$ möglicherweise kein Quantenzustand ist, da die euklidische Länge von $\mathbf{x}$ möglicherweise nicht 1 beträgt.

Im nächsten Abschnitt geben wir einen Überblick über den HHL-Algorithmus, und in Abschn. 9.3 beschreiben wir Bedingungen, unter denen der Algorithmus seine exponentielle Geschwindigkeitssteigerung erreicht. Hier machen wir zunächst einige Bemerkungen. Um eine exponentielle Geschwindigkeitssteigerung zu erreichen, kann der Algorithmus nicht alle Komponenten von $\mathbf{x}$ berechnen, da dieser Vektor die Länge $M = 2^m$ hat. Stattdessen kann er bestimmte Eigenschaften von $\mathbf{x}$ finden, indem er $|\mathbf{x}\rangle$ in Bezug auf ein entsprechende Observable von $\mathbb{H}_m$ misst. In verschiedenen Anwendungsbereichen ist dies ausreichend. Darüber hinaus kann die Eingabe des Algorithmus nicht aus den Standarddarstellungen der Matrix A und des Vektors $\mathbf{b}$ bestehen, weil sie die Größe $\Omega(M^2)$ haben. Daher müssen A und $\mathbf{b}$ aber sehr dünn besetzt sein und es muss eine effiziente Methode geben, um auf die Einträge von A und $\mathbf{b}$ zuzugreifen.

9.2 Überblick

Seien m, M, A, $\mathbf{b}$, $\mathbf{x}$, $|\mathbf{b}\rangle$ und $|\mathbf{x}\rangle$ die Parameter des HHL-Problems wie im vorigen Abschnitt beschrieben. Im Folgenden geben wir einen Überblick über den HHL-Algorithmus.

Da A hermitesch ist, folgt aus Theorem 3.4.54, dass wir eine orthonormale Basis $(|u_0\rangle, \ldots, |u_{M-1}\rangle)$ von $\mathbb{H}_m$ wählen können, die nur aus Eigenzuständen von A besteht. Bezeichne die entsprechenden Eigenwerte mit $\lambda_0, \ldots, \lambda_M$. Nach unserer Annahme aus dem vorigen Abschnitt sind dies von Null verschiedene reelle Zahlen in $[0, 2\pi[$. Aus Theorem 3.4.57 folgt

$$A = \sum_{j=0}^{M-1} \lambda_j \left|u_j\right\rangle \langle u_j|. \tag{9.3}$$

Die Inverse von A ist also

$$A^{-1} = \sum_{j=0}^{M-1} \frac{1}{\lambda_j} \left|u_j\right\rangle \langle u_j|. \tag{9.4}$$

Der Quantenzustand $|\mathbf{b}\rangle$ kann geschrieben werden als

$$|\mathbf{b}\rangle = \sum_{j=0}^{M-1} \beta_j \left|u_j\right\rangle \tag{9.5}$$

mit $\beta_j \in \mathbb{C}$ für $j \in \mathbb{Z}_M$. Mit dieser Notation gilt

$$|\mathbf{x}\rangle = A^{-1} |\mathbf{b}\rangle = \sum_{j=0}^{M-1} \frac{\beta_j}{\lambda_j} \left|u_j\right\rangle. \tag{9.6}$$

Der in Abb. 9.1 gezeigte HHL-Schaltkreis verwendet diese Identität, um $|\mathbf{x}\rangle$ zu approximieren. Wir erklären, wie dies funktioniert, indem wir die Zwischenzustände $|\psi_0\rangle, \ldots, |\psi_4\rangle$ bestimmen.

Der HHL-Schaltkreis operiert auf einem Quantenregister, das aus drei kleineren Quantenregistern besteht. Das erste ist das *Ancilla-Register*. Es enthält ein zusätzliches Qubit. Das zweite ist das *Clock-Register*. Es hat die Länge $n \in \mathbb{N}$, die eine Präzisionskonstante ist. Das dritte Register ist das *b-Register*. Es hat die Länge m. Um die Erklärung des Algorithmus zu vereinfachen, nehmen wir an, dass die Eigenwerte von A als

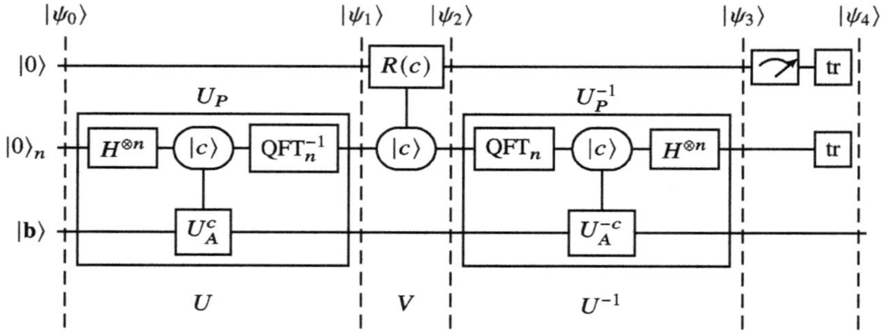

Abb. 9.1 Der HHL-Schaltkreis

$$\lambda_j = \frac{2\pi c_j}{2^n} \tag{9.7}$$

geschrieben werden können mit $c_j \in \mathbb{Z}_{2^n}$ für $0 \leq j < M$. Dies bedeutet, dass alle λ_j eine endliche Binärentwicklung von höchstens n Stellen haben und daher durch Quantenphasenschätzung genau bestimmt werden können. Wir werden zeigen, dass der Endzustand $|\psi_4\rangle$ proportional zu $|\mathbf{x}\rangle$ ist, wenn die Messung des ersten Qubits 1 ergibt. Wenn (9.7) nicht erfüllt ist, findet der Algorithmus eine Näherung eines zu $|\mathbf{x}\rangle$ proportionalen Quantenzustands.

Der Anfangszustand des HHL-Algorithmus ist

$$|\psi_0\rangle = |0\rangle\,|0\rangle_n\,|\mathbf{b}\rangle\,. \tag{9.8}$$

Als Nächstes gilt

$$|\psi_1\rangle = U\,|\psi_0\rangle = |0\rangle\,U_P\,|0\rangle_n\,|\mathbf{b}\rangle \tag{9.9}$$

mit U und U_P aus Abb. 9.1. Hierbei ist U_P Phasenschätz-Schaltkreis aus Abb. 7.5. Er wird verwendet, um die Eigenwerte des Operators

$$U_A = e^{iA} = \sum_{j\in\mathbb{Z}_M} e^{i\lambda_j}\,|u_j\rangle\,\langle u_j|. \tag{9.10}$$

zu berechnen, der in Definition 3.4.70 eingeführt wurde. Nach Theorem 3.4.73 ist dieser Operator unitär, da A hermitesch ist. Außerdem zeigt (9.10), dass $(|u_0\rangle\,, \ldots, |u_{M-1}\rangle)$ eine orthonormale Basis von Eigenzuständen von U_A ist und

$$e^{i\lambda_0} = e^{2\pi i\frac{c_0}{2^n}}, \ldots, e^{i\lambda_{M-1}} = e^{2\pi i\frac{c_{M-1}}{2^n}} \tag{9.11}$$

die entsprechenden Eigenwerte der Basiselemente sind. Aus Gl. (7.48) in der Analyse des Phasenschätzsalgorithmus, Definition 7.3.5 und der Umkehrbarkeit von QFT_n, die in Proposition 7.3.6 gezeigt wurde, folgt

$$
\begin{aligned}
|\psi_1\rangle &= |0\rangle \sum_{j=0}^{M-1} \beta_j U_P |0\rangle_n |u_j\rangle \\
&= |0\rangle \sum_{j=0}^{M-1} \beta_j \mathrm{QFT}_n^{-1} \left|\psi_n\left(\frac{c_j}{2^n}\right)\right\rangle |u_j\rangle \\
&= |0\rangle \sum_{j=0}^{M-1} \beta_j |c_j\rangle_n |u_j\rangle .
\end{aligned} \tag{9.12}
$$

Um $|\psi_2\rangle$ zu erhalten, wendet der HHL-Schaltkreis den in Abb. 9.1 ebenfalls gezeigten Operator V auf $|\psi_1\rangle$ an. Dieser Operator wirkt als Rotation

$$
R(c) = R_{\hat{y}}(2\theta(c)) \tag{9.13}
$$

auf das Ancilla-Register, kontrolliert durch das Clock-Register $|c\rangle_n$, $c \in \mathbb{Z}_{2^n}$, und ändert weder das Clock- noch das b-Register. Hierbei verwenden wir $R_{\hat{y}}$ aus Definition 5.3.7 und

$$
\theta(c) = \arcsin \frac{C}{\lambda(c)}, \lambda(c) = \frac{c}{2^n} \tag{9.14}
$$

mit einer Konstante $C \in \mathbb{R}$. Sie wird so gewählt, dass $\theta(c)$ in (9.14) definiert ist, im Intervall $[0, \frac{\pi}{2}]$ liegt und die Erfolgswahrscheinlichkeit des Algorithmus maximiert wird. Aus (5.74) erhalten wir

$$
R(c)|0\rangle = \cos\theta(c)|0\rangle + \sin\theta(c)|1\rangle = \sqrt{1 - \frac{C^2}{\lambda(c)^2}}|0\rangle + \frac{C}{\lambda(c)}|1\rangle . \tag{9.15}
$$

Dies impliziert

$$
\begin{aligned}
|\psi_2\rangle = V|\psi_1\rangle &= \sum_{j=0}^{M-1} \beta_j R(c)|0\rangle |c_j\rangle_n |u_j\rangle \\
&= |0\rangle \sum_{j=0}^{M-1} \beta_j \sqrt{1 - \frac{C^2}{\lambda_j}} |c_j\rangle_n |u_j\rangle + |1\rangle \sum_{j=0}^{M-1} \beta_j \frac{C}{\lambda_j} |c_j\rangle_n |u_j\rangle .
\end{aligned} \tag{9.16}
$$

Übung 9.2.1 Zeigen Sie, dass der Operator V unitär ist.

Aus (9.12) erhalten wir

$$
\begin{aligned}
|\psi_3\rangle &= |0\rangle \sum_{j=0}^{M-1} \beta_j \sqrt{1 - \frac{C^2}{\lambda_j}}\, |0\rangle_n \left|u_j\right\rangle + |1\rangle \sum_{j=0}^{M-1} \beta_j \frac{C}{\lambda_j} |0\rangle_n \left|u_j\right\rangle \\
&= |0\rangle\, |0\rangle_n \sum_{j=0}^{M-1} \beta_j \sqrt{1 - \frac{C^2}{\lambda_j}} \left|u_j\right\rangle + |1\rangle\, |0\rangle_n\, C\, |\mathbf{x}\rangle .
\end{aligned}
\tag{9.17}
$$

Übung 9.2.2 Verifizieren Sie (9.17).

Daraus ergibt sich folgendes Resultat.

Theorem 9.2.3 Die Messung des ersten Qubits von $|\psi_3\rangle$ ergibt $|1\rangle$ mit einer Wahrscheinlichkeit von $(C\,\|\mathbf{x}\|)^2$. Falls $|1\rangle$ gemessen wird, ist der Endzustand im HHL-Schaltkreis

$$
|\psi_4\rangle = \frac{1}{\|\mathbf{x}\|} |\mathbf{x}\rangle . \tag{9.18}
$$

Beweis Die Messung des ersten Qubits von $|\psi_3\rangle$ entspricht der Messung des Observablen $O = (|0\rangle\langle 0| + |1\rangle\langle 1|) I_B$, wobei B das Quantensystem ist, das aus dem zweiten und dritten Quantenregister besteht. Daher ist die Wahrscheinlichkeit, $|1\rangle$ zu messen, $(C\,\|\mathbf{x}\|)^2$, und falls $|1\rangle$ gemessen wird, gilt (9.18). □

Wir merken an, dass der Proportionalitätsfaktor $\frac{1}{\|\mathbf{x}\|}$ aus C und der Wahrscheinlichkeit, $|1\rangle$ zu messen, bestimmt werden kann. Falls jedoch die Messung des ersten Qubits $|1\rangle$ ergibt, aber (9.7) nicht gilt, was im Allgemeinen der Fall ist, dann ist der Endzustand

$$
|\psi_4\rangle = \frac{1}{\|\mathbf{x}'\|} \left|x'\right\rangle . \tag{9.19}
$$

wobei $\mathbf{x}' = (x'_0, \ldots, x'_{M-1})$ eine Näherung von $\mathbf{x}$ ist und $\left|x'\right\rangle = \sum_{j=0}^{M-1} x'_j \left|u_j\right\rangle$.

9.3 Analyse und Anwendungen

In diesem Abschnitt präsentieren wir das Komplexitätsergebnis für den HHL-Algorithmus, das diesen Algorithmus so interessant macht. Wie in den beiden vorherigen Kapiteln gehen wir davon aus, dass alle Quantenschaltkreise unter Verwendung der in Abschnitt 5.10.2 angegebenen elementaren Quantengatter konstruiert sind.

Um das Komplexitätsergebnis zu formulieren, benötigen wir folgende Bezeichnungen und Annahmen: Wir verwenden M, A, λ_j, $j \in \mathbb{Z}_M$, $\mathbf{b}$, $\mathbf{x}$, $\mathbf{x}'$, $|\mathbf{b}\rangle$, $|\mathbf{x}\rangle$ und $\left|\mathbf{x}'\right\rangle$, wie in den vorherigen Abschnitten eingeführt. Die *Konditionszahl* von A ist

$$\kappa = \frac{\max\{|\lambda_i| : i \in \mathbb{Z}_M\}}{\min\{|\lambda_i| : i \in \mathbb{Z}_M\}}. \tag{9.20}$$

Wir nehmen an, dass es in der Matrix A höchstens s von Null verschiedene Einträge pro Zeile gibt und dass die Einträge jeder Zeile in Zeit $O(s)$ berechnet werden können, wobei $s \in \mathbb{N}$ ist. Die Parameter C und n werden so gewählt, dass $\|\mathbf{x} - \mathbf{x}'\| < \varepsilon$ für einen Fehlerparameter $\varepsilon \in \mathbb{R}_{>0}$ gilt.

Mit diesen Bezeichnungen und Annahmen ist die Zeitkomplexität des HHL-Algorithmus

$$\mathcal{O}\left(\frac{\log M \cdot s^2 \cdot \kappa^2}{\varepsilon}\right). \tag{9.21}$$

Die Komplexität ist also polynomiell in $m = \log_2 M$, solange $s\kappa$ diese Eigenschaft hat. Das bedeutet, dass der Algorithmus im Vergleich zu den besten bekannten klassischen Algorithmen eine exponentielle Beschleunigung bietet, wenn A dünn besetzt ist und die Konditionszahl von A klein ist. Das Endergebnis ist jedoch ein Quantenzustand, der $\mathbf{x}'$ repräsentiert, und wie bereits in Abschn. 9.1 erwähnt, würde das Lesen aller M Komponenten von $\mathbf{x}'$ mindestens die Zeit M in Anspruch nehmen und somit die exponentielle Beschleunigung zunichtemachen. Innerhalb der Zeitkomplexität (9.21) ist es jedoch möglich, den Endzustand des HHL-Algorithmus zu messen und Informationen über $\mathbf{x}$ zu erhalten, etwa über die Länge von $\mathbf{x}$. Dies hat interessante Anwendungen in verschiedenen Bereichen wie maschinelles Lernen, Datenanalyse und Optimierung.

Grundlagen

A

Dieses Kapitel stellt einige mathematische Grundlagen zusammen, die in diesem Buch benötigt werden. Der erste Teil umfasst grundlegende Begriffe wie Zahlen, Relationen, Funktionen und Operationen. Anschließend erklären wir gerichtete Graphen, die verwendet werden, um Boolesche Schaltkreise zu modellieren, und die asymptotische Notation, ein unverzichtbares Werkzeug für die Analyse von Algorithmen. Für das Verständnis der von Peter Shor entwickelten Algorithmen, die in Kap. 7 diskutiert werden, ist ein gewisses Maß an Zahlentheorie erforderlich, etwa die Verwendung von Kettenbrüchen zur Bestimmung guter rationaler Approximationen. Wir stellen auch grundlegende Konzepte aus der Algebra vor, darunter Gruppen, Ringe und Körper. Darüber hinaus verwenden viele Analysen trigonometrische Identitäten und Ungleichungen. Diese werden im abschließenden Abschnitt behandelt.

A.1 Grundlagen

A.1.1 Zahlen

Wir verwenden die folgenden Zahlenmengen:

- $\mathbb{N}$ ist die Menge der *natürlichen Zahlen*, d. h. $\mathbb{N} = \{1, 2, \ldots\}$.
- $\mathbb{N}_0$ ist die Menge der *natürlichen Zahlen* einschließlich 0, d. h. $\mathbb{N}_0 = \{0, 1, 2, \ldots\}$.
- $\mathbb{Z}$ ist die Menge der *ganzen Zahlen*, d. h. $\mathbb{Z} = \{0, \pm 1, \pm 2, \ldots\}$.
- $\mathbb{Q}$ ist die Menge der *rationalen Zahlen*, d. h. $\mathbb{Q} = \left\{\frac{p}{q} : p \in \mathbb{Z}, q \in \mathbb{N}\right\}$.
- $\mathbb{R}$ ist die Menge der *reellen Zahlen*, d. h. die Menge aller Zahlen, die durch unendliche Dezimalzahlen dargestellt werden können, wie z. B. $\sqrt{2} = 1{,}414\ldots$ oder $\pi = 3{,}14159\ldots$.

J. A. Buchmann, *Quantenalgorithmen*,
https://doi.org/10.1007/978-3-662-71177-4

- $\mathbb{C}$ ist die Menge der *komplexen Zahlen,* d. h. die Menge aller Zahlen $\gamma = \alpha + i\beta$, wobei α, β reelle Zahlen sind und i eine Quadratwurzel von -1 ist, d. h. $i^2 = -1$. In dieser Darstellung wird α als der *Realteil* von γ bezeichnet und $\mathrm{Re}\gamma$ geschrieben, und β wird als der *Imaginärteil* von γ bezeichnet und $\mathrm{Im}\gamma$ geschrieben.

Es gilt

$$\mathbb{N} \subset \mathbb{N}_0 \subset \mathbb{Z} \subset \mathbb{Q} \subset \mathbb{R} \subset \mathbb{C}. \tag{A.1}$$

Für jedes $k \in \mathbb{N}$ schreiben wir

$$\mathbb{Z}_k = \{0, 1, \ldots, k-1\}. \tag{A.2}$$

und für $l \in \mathbb{Z}$, bezeichnen wir mit $l \bmod k$ den Rest der Division von l durch k.

Beispiel A.1.1 Es gilt $\mathbb{Z}_5 = \{0, 1, 2, 3, 4\}$, $123 \bmod 5 = 3$ und $-123 \bmod 5 = 2$.

Als Nächstes führen wir die folgende Notation ein:

Definition A.1.2 Sei r eine reelle Zahl. Dann setzen wir

1. $\lfloor r \rfloor = \max\{z \in \mathbb{Z} : z \leq r\}$,
2. $\lceil r \rceil = \min\{z \in \mathbb{Z} : z \geq r\}$, und
3. $\lfloor r \rceil$ auf die eindeutig bestimmte ganze Zahl z mit $-\frac{1}{2} < r - z \leq \frac{1}{2}$.

Beispiel A.1.3 Es gilt $\lfloor 1{,}5 \rfloor = 1$, $\lceil 1{,}5 \rceil = 2$, $\lfloor 1{,}5 \rceil = 1$, $\lfloor -1{,}5 \rfloor = -2$, $\lceil -1{,}5 \rceil = -1$, $\lfloor -1{,}5 \rceil = -2$.

A.1.2 Relationen

Definition A.1.4

1. Seien S und T Mengen. Das *kartesische Produkt* $S \times T$ von S und T ist die Menge aller Paare (s, t) mit $s \in S$ und $t \in T$, d. h.

$$S \times T = \{(s, t) : s \in S, t \in T\}. \tag{A.3}$$

2. Sei $k \in \mathbb{N}$ und seien $S_1, \ldots, S_k$ Mengen. Dann ist das *kartesische Produkt* dieser Mengen

$$S_0 \times \cdots \times S_{k-1} = \{(s_0, \ldots, s_{k-1}) : s_i \in S_i, i \in \mathbb{Z}_k\}. \tag{A.4}$$

Wir schreiben auch $\prod_{i=0}^{k-1} S_i$ für dieses kartesische Produkt.

Definition A.1.5 Seien S und T Mengen. Eine *Relation* zwischen S und T ist eine Teilmenge R von $S \times T$. Wenn $S = T$ ist, dann wird R *als Relation auf* S bezeichnet.

Beispiel A.1.6 Betrachte die beiden Mengen $S = \{$„ungerade“, „gerade“$\}$, $T = \mathbb{Z}$. Dann stellt „ist die Parität von“ eine Relation zwischen S und T dar. Bezeichne sie mit R. Ein Paar (s, t) gehört genau dann zu R, wenn s die Parität von t ist. Zum Beispiel gehört („gerade“, 2) zu R. Auch („ungerade“, -3) gehört zu R. Das Paar („ungerade“, 0) gehört jedoch nicht zu R.

Wir führen einige wichtige Begriffe für Relationen auf einer einzelnen Menge ein.

Definition A.1.7 Sei S eine Menge und sei $R \subset S \times S$ eine Relation auf S.

1. Die Relation R wird *reflexiv* genannt, wenn $(s, s) \in R$ gilt für alle $s \in S$ gilt.
2. Die Relation R wird *symmetrisch* genannt, wenn für jedes Paar (s, t) in R auch das Paar (t, s) in R ist.
3. Die Relation R wird *antisymmetrisch* genannt, wenn für alle $s, t \in S$ aus $(s, t) \in R$ und $(t, s) \in R$ folgt, dass $s = t$ gilt.
4. Die Relation R wird *transitiv* genannt, wenn für alle $s, t, u \in S$ aus $(s, t) \in R$ und $(t, u) \in R$ in R folgt, dass auch (s, u) in R ist.
5. Die Relation R wird *Äquivalenzrelation* genannt, wenn sie reflexiv, symmetrisch und transitiv ist.

Beispiel A.1.8 Betrachte die Relation $\leq$ auf $\mathbb{Z}$, also

$$R = \{(s, t) : s, t \in \mathbb{Z}, s \leq t\}. \tag{A.5}$$

Diese Relation ist reflexiv, da $s \leq s$ für alle $s \in \mathbb{Z}$ gilt. Sie ist antisymmetrisch, da für alle $s, t \in \mathbb{Z}$ aus $s \leq t$ und $t \leq s$ folgt, dass $s = t$ gilt. Die Relation ist auch transitiv, da für alle $s, t, u \in \mathbb{Z}$ aus $s \leq t$ und $t \leq u$ folgt, dass $s \leq u$ gilt.

Definition A.1.9 Sei S eine Menge und sei $R \subset S \times S$ eine Äquivalenzrelation auf S.

1. Die *Äquivalenzklasse* eines Elements $s \in S$ bezüglich der Relation R ist die Menge $[s]_R = \{t \in S : (s, t) \in R\}$.
2. Die Menge aller Äquivalenzklassen von S bezüglich R wird als S/R geschrieben. Ein Element einer Äquivalenzklasse wird als *Vertreter* dieser Äquivalenzklasse bezeichnet.

Theorem A.1.10 Sei S eine Menge und sei R eine Äquivalenzrelation auf S. Dann sind die Äquivalenzklassen von zwei Elementen in S entweder gleich oder disjunkt. Mit anderen Worten, S ist die disjunkte Vereinigung der Äquivalenzklassen in S/R.

Übung A.1.11 Beweisen Sie Theorem A.1.10.

Beispiel A.3.3 zeigt eine Äquivalenzrelation.

A.1.3 Funktionen

In diesem Abschnitt führen wir Funktionen ein und diskutieren sie.

Definition A.1.12 Eine Funktion ist ein Tripel $f = (S, T, R)$, wobei S und T Mengen sind und R eine Relation zwischen S und T ist, die jedes Element von S genau einem Element von T zuordnet. Das bedeutet, dass für jedes $s \in S$ genau ein $t \in T$ existiert, sodass $(s, t) \in R$ gilt. Dieses Element t wird als $f(s)$ bezeichnet. Wir schreiben die Funktion als

$$f : S \to T \tag{A.6}$$

oder, expliziter, als

$$f : S \to T, \quad s \mapsto f(s). \tag{A.7}$$

Eine solche Funktion wird auch als *Abbildung* von S nach T bezeichnet. Die Menge aller Funktionen (S, T, f) wird mit S^T bezeichnet.

Wir führen weitere Begriffe für Funktionen ein.

Definition A.1.13 Sei

$$f : S \to T \tag{A.8}$$

eine Funktion.

1. Die Menge S wird als *Definitionsmenge* und die Menge T als *Wertemenge* von f bezeichnet.
2. Jedes $s \in S$ wird als *Argument* oder *Eingabe* von f bezeichnet und $f(s)$ heißt *Wert* oder *Bild* von f bei der Eingabe s. Wir nennen $f(s)$ auch das *Bild* von s unter f und sagen, dass f *das Argument* s *auf den Wert* $f(s)$ *abbildet*.
3. Wenn $S' \subset S$ ist, dann bezeichnen wir mit $f(S')$ die Menge der Bilder aller Argumente in der Teilmenge S', d. h.
$$f(S') = \{f(s) : s \in S'\}. \tag{A.9}$$
Wir nennen $f(S')$ das *Bild* von S' unter f.
4. Wenn $s \in S$ und $t \in T$ ist mit $f(s) = t$, dann nennen wir s ein *Urbild* von t unter f.
5. Sei $T' \subset T$. Die Menge aller Urbilder der Elemente von T' wird mit $f^{-1}(T')$ bezeichnet. Das Urbild $f^{-1}(\{t\})$ eines einzelnen Elements $t \in T$ wird mit $f^{-1}(t)$ bezeichnet.

Definition A.1.14

1. Die *Identitätsfunktion* auf einer Menge S ist die Funktion $I_S : S \to S, \quad s \mapsto s$. Diese Funktion wird auch als *Identitätsabbildung*, *Identitätsrelation* oder kurz *Identität* bezeichnet.
2. Für Mengen A, B, C mit $B \subset A$ und eine Abbildung $f : A \to C$ bezeichnen wir mit $f|_B$ die *Einschränkung* von f auf B, d. h. die Abbildung $f|_B : B \to C, b \mapsto f(b)$.

Definition A.1.15 Sei $f : S \to T$ eine Funktion.

1. Die Funktion f wird als *injektiv, eins-zu-eins* oder *Injektion* bezeichnet, wenn für alle $s \in S$ genau ein Urbild von $f(s)$ unter f existiert, nämlich s.
2. Die Funktion f wird als *surjektiv* oder *Surjektion* bezeichnet, wenn $f(S) = T$ gilt, d. h. für jedes $t \in T$ ein Argument $s \in S$ existiert, sodass $f(s) = t$ ist.
3. Die Funktion f wird als *bijektiv* oder *Bijektion* bezeichnet, wenn sie sowohl injektiv als auch surjektiv ist.
4. Falls f eine Bijektion ist und $S = T$ gilt, dann wird f als *Permutation* von S bezeichnet.
5. Falls f eine Bijektion ist, dann bezeichnen wir mit f^{-1} die Funktion, die $t \in T$ auf ihr eindeutig bestimmtes Urbild $s \in S$ unter f abbildet. Diese Funktion wird als *Inverse* von f bezeichnet.

Beispiel A.1.16

1. Betrachte die Funktion

$$f : \mathbb{Z} \to \{\text{„gerade“}, \text{„ungerade“}\}, \quad s \mapsto \text{Parität von } s. \tag{A.10}$$

Zum Beispiel gilt $f(2) =$ „gerade“ und $f(-3) =$ „ungerade“. Diese Funktion ist nicht injektiv, da es viele gerade und ungerade ganze Zahlen gibt. Die Funktion ist jedoch surjektiv, weil es gerade und ungerade ganze Zahlen gibt.

2. Betrachte als Nächstes die Funktion

$$f : \mathbb{Z} \to \mathbb{Z}, \quad s \mapsto s \bmod 11. \tag{A.11}$$

Diese Funktion ist weder injektiv noch surjektiv. Zum Beispiel gilt $f(0) = f(11) = 0$. Daher ist f nicht injektiv. Außerdem ist f nicht surjektiv, da $f(\mathbb{Z}) = \mathbb{Z}_{11}$ ist. Wenn wir jedoch den Definitionsbereich von f auf $\mathbb{Z}_{11}$ einschränken, wird f injektiv. Wenn wir außerdem den Wertebereich von f auf $\mathbb{Z}_{11}$ einschränken, wird f surjektiv. Tatsächlich ist die Funktion $f : \mathbb{Z}_{11} \to \mathbb{Z}_{11}, s \mapsto s \bmod 11$, die Identitätsabbildung auf $\mathbb{Z}_{11}$. Eine weitere Bijektion ist

$$f : \mathbb{Z}_{11} \to \mathbb{Z}_{11}, \quad s \mapsto (s + 1) \bmod 11. \tag{A.12}$$

Diese Funktion ist nicht die Identitätsabbildung.

Wir definieren auch Familien.

Definition A.1.17 Sei S eine Menge. Eine *Familie* von Elementen in S ist eine Abbildung

$$I \to S, \quad i \mapsto s_i, \tag{A.13}$$

wobei I eine nichtleere Menge ist. Sie wird *Indexmenge* genannt. Eine solche Familie wird als $(s_i)_{i \in I}$ geschrieben.

Man beachte, dass jede nichtleere Menge S auch als Familie betrachtet werden kann. Als Indexmenge kann man nämlich $I = S$ verwenden und die Abbildung $I \to S, i \mapsto s_i = i$.

Als Nächstes führen wir die Komposition von Funktionen ein.

Definition A.1.18 Seien S, T, U Mengen und seien

$$f : T \to U, \quad g : S \to T \tag{A.14}$$

Funktionen. Dann ist die *Komposition* von f und g die Abbildung

$$f \circ g : S \to U, \quad s \mapsto f(g(s)). \tag{A.15}$$

Beispiel A.1.19 Betrachte die Funktionen

$$f : \mathbb{Z}_6 \to \mathbb{Z}_5, \quad x \mapsto x \bmod 5 \tag{A.16}$$

und

$$g : \mathbb{Z} \to \mathbb{Z}_6, \quad x \mapsto x \bmod 6. \tag{A.17}$$

Dann gilt

$$f \circ g : \mathbb{Z} \to \mathbb{Z}_5, \quad x \mapsto f(g(x)) = (x \bmod 6) \bmod 5. \tag{A.18}$$

Zum Beispiel ist

$$(f \circ g)(11) = f(g(11)) = (11 \bmod 6) \bmod 5 = 5 \bmod 5 = 0. \tag{A.19}$$

A.1.4 Operationen

Um algebraische Strukturen definieren zu können, führen wir Operationen auf einer nichtleeren Menge S ein.

Definition A.1.20 Eine *binäre Operation* auf S ist eine Abbildung

$$\circ : S \times S \to S. \tag{A.20}$$

Wir schreiben das Bild $\circ(s, s')$ von (s, s') unter dieser Abbildung als $s \circ s'$.

Definition A.1.21 Sei $\circ$ eine Operation auf S.

1. Die Operation $\circ$ heißt *assoziativ,* wenn $(a \circ b) \circ c = a \circ (b \circ c)$ für alle $a, b, c \in S$ gilt.
2. Die Operation $\circ$ heißt *kommutativ,* wenn $a \circ b = b \circ a$ für alle $a, b \in S$ gilt.
3. Ein Element i von S heißt *neutrales Element* bezüglich $\circ$, wenn $a \circ i = i \circ a = a$ für alle $a \in S$ gilt.

Beispiel A.1.22

1. Addition und Multiplikation sind binäre Operationen auf den Mengen der natürlichen Zahlen $\mathbb{N}$ und auf der Menge der ganzen Zahlen $\mathbb{Z}$.

Sei m eine positive ganze Zahl. Wir definieren die binären Operationen Addition und Multiplikation auf $\mathbb{Z}_m$ wie folgt:

$$\begin{aligned} +_m &: \mathbb{Z}_m \times \mathbb{Z}_m, \quad (a, b) \mapsto a +_m b = (a + b) \bmod m, \\ \cdot_m &: \mathbb{Z}_m \times \mathbb{Z}_m, \quad (a, b) \mapsto a \cdot_m b = (a \cdot b) \bmod m. \end{aligned} \tag{A.21}$$

A.1.5 Gerichtete Graphen

Um in Kap. 2 Boolesche Schaltkreise zu definieren, sind gerichtete Graphen erforderlich, die wir nun einführen.

Definition A.1.23 Ein gerichteter Graph ist ein Paar $G = (V, E)$, wobei V eine nichtleere Menge und E eine Teilmenge von V^2 ist. Die Elemente von V werden als *Knoten* von G bezeichnet und die Elemente von E werden *Kanten* von G genannt.

Abb. A.1 zeigt ein Beispiel für einen gerichteten Graphen.

Definition A.1.24 Sei $G = (V, E)$ ein gerichteter Graph.

1. Eine Kante (u, v) von G wird als *ausgehende Kante* von u und als *eingehende Kante* von v bezeichnet.

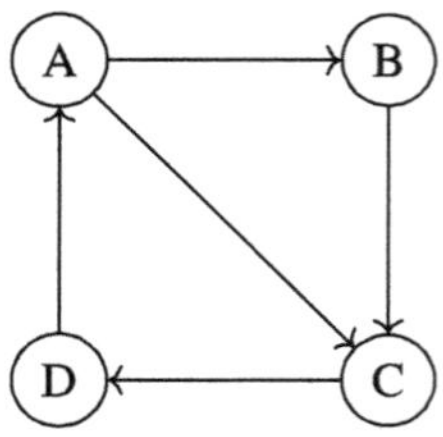

Abb. A.1 Beispiel eines gerichteten Graphen

2. Sei $k \in \mathbb{N}$. Eine Folge $(v_0, \ldots, v_k)$ wird als *Pfad* in G bezeichnet, wenn $(v_i, v_{i+1}) \in E$ für $0 \leq i < k$ gilt. Die *Länge* eines solchen Pfades ist k. Der Pfad wird als *Zyklus* bezeichnet, wenn $k > 0$ und $v_0 = v_k$ gilt.
3. Der Graph G wird als *zyklusfrei* bezeichnet, wenn er keine Zyklen enthält.

Übung A.1.25

1. Bestimmen Sie die eingehenden und ausgehenden Kanten aller Knoten des Graphen G in Abb. A.1.
2. Entfernen Sie eine minimale Anzahl von Kanten aus G, so dass der Graph zyklusfrei wird.

A.2 Asymptotische Notation

Um das asymptotische Verhalten von Funktionen zu vergleichen, wird die folgende Notation verwendet. Sie ist besonders in der Komplexitätsanalyse von Algorithmen nützlich.

Definition A.2.1 Sei $X \subset \mathbb{R}_{\geq 0}$ und seien $f, g : X \to \mathbb{R}_{\geq 0}$ Funktionen. Dann schreiben wir Folgendes:

1. $f = \mathrm{o}(g)$, wenn für alle $\varepsilon > 0$ ein $x_0 > 0$ existiert, sodass für alle $x > x_0$ gilt: $f(x) \leq \varepsilon g(x)$.
2. $f = \omega(g)$, wenn $g = \mathrm{o}(f)$ ist.
3. $f = \mathrm{O}(g)$, wenn es $C > 0$ und $x_0 > 0$ gibt, sodass für alle $x > x_0$ gilt: $f(x) \leq Cg(x)$.
4. $f = \Omega(g)$, wenn $g = \mathrm{O}(f)$ ist.
5. $f = \Theta(g)$, wenn $f = \mathrm{O}(g)$ und $g = \mathrm{O}(f)$ ist.

Diese Terminologie kann asymptotisch wie folgt interpretiert werden: Wenn $f = \mathrm{O}(g)$, dann wächst f nicht schneller als g. Wenn $f = \mathrm{o}(g)$, dann wächst f viel langsamer als g. Wenn $f = \Theta(g)$, dann wachsen diese Funktionen gleich schnell.

Beispiel A.2.2 Es gilt $n^2 = \mathrm{o}(n^3 + 1)$, $n^2 = \mathrm{O}(2n^2 + n + 1)$, $n^2 = \Theta(2n^2 + n + 1)$.

Übung A.2.3 Beweisen Sie die Aussagen im Beispiel A.2.2.

A.3 Zahlentheorie

Wir präsentieren die Konzepte und Ergebnisse aus der Zahlentheorie, die in diesem Buch verwendet werden.

A.3.1 Teilbarkeit

Wir beginnen mit der Diskussion der Teilbarkeit in $\mathbb{Z}$.

Definition A.3.1 Wir sagen, dass eine ganze Zahl m eine ganze Zahl a *teilt,* wenn es eine ganze Zahl n gibt, so dass $a = nm$. Wenn m a teilt, dann wird m als *Teiler* von a bezeichnet a wird als *Vielfaches* von m bezeichnet, und wir schreiben $m \mid a$. Wir sagen auch, dass a durch m *teilbar* ist. Wenn m kein Teiler von a ist, dann schreiben wir $m \nmid a$.

Beispiel A.3.2 Es gilt $13 \mid 182$, denn $182 = 14 \cdot 13$. Ebenso gilt $-5 \mid 30$, denn $30 = (-6) \cdot (-5)$. Die Teiler von 30 sind $\pm 1, \pm 2, \pm 3, \pm 5, \pm 6, \pm 10, \pm 15, \pm 30$.

Wir merken außerdem Folgendes an: Jede ganze Zahl m teilt 0, denn $0 = m \cdot 0$. Die einzige ganze Zahl, die von 0 teilbar ist, ist 0 selbst, weil aus $a = 0 \cdot m$ folgt, dass $a = 0$ ist.

Wie im folgenden Beispiel erläutert, erlaubt das Konzept der Teilbarkeit in $\mathbb{Z}$ auch die Definition einer Äquivalenzrelation.

Beispiel A.3.3

1. Seien s und t ganze Zahlen und sei m eine positive ganze Zahl. Wir schreiben

$$s \equiv t \bmod m \tag{A.22}$$

wenn m die Differenz $t - s$ teilt. Betrachten wir nun die Relation

$$R = \{(s, t) \mid s, t \in \mathbb{Z},\ s \equiv t \bmod m\}. \tag{A.23}$$

Sie ist eine Äquivalenzrelation und wird als *Kongruenzrelation* bezeichnet. Sei zum Beispiel $m = 3$. Dann gibt es die drei Äquivalenzklassen $0 + 3\mathbb{Z} = \{0, \pm 3, \pm 6, \ldots\}$, $1 + 3\mathbb{Z} = \{\ldots, -5, -2, 1, 4, 7, \ldots\}$, und $2 + 3\mathbb{Z} = \{\ldots, -4, -1, 2, 5, 8, \ldots\}$. Typischerweise wird $\mathbb{Z}/R$ als $\mathbb{Z}/m\mathbb{Z}$ geschrieben.

A.3.2 Größter gemeinsamer Teiler

Unser nächstes Thema ist der größte gemeinsame Teiler zweier ganzer Zahlen. Wir werden insbesondere zeigen, dass der Euklidische Algorithmus diesen effizient berechnet. Die Beweise aller Ergebnisse in diesem Abschnitt sind in [Buc04], Abschn. 1.10, zu finden.

Definition A.3.4 Ein *gemeinsamer Teiler* zweier ganzer Zahlen a und b ist eine ganze Zahl, die sowohl a als auch b teilt.

Proposition A.3.5 Unter allen gemeinsamen Teilern zweier ganzer Zahlen a und b, die nicht beide Null sind, gibt es genau einen größten Teiler (in Bezug auf $\leq$). Dieser wird als *größter gemeinsamer Teiler* von a und b bezeichnet und $\gcd(a, b)$ geschrieben.

Der Vollständigkeit halber setzen wir $\gcd(0, 0) = 0$. Der größte gemeinsame Teiler zweier Zahlen ist also niemals negativ.

Wir präsentieren eine weitere nützliche Charakterisierung des größten gemeinsamen Teilers.

Proposition A.3.6 Es gibt genau einen nichtnegativen gemeinsamen Teiler von a und b, der durch alle anderen gemeinsamen Teiler von a und b teilbar ist. Dieser ist der größte gemeinsamen Teiler von a und b.

Beispiel A.3.7 Der größte gemeinsame Teiler von 18 und 30 ist 6. Der größte gemeinsame Teiler von -10 und 20 ist 10. Der größte gemeinsame Teiler von -20 und -14 ist 2. Der größte gemeinsame Teiler von 12 und 0 ist 12.

Eine wichtige Eigenschaft des größten gemeinsamen Teilers ist, dass er sehr effizient durch den Euklidischen Algorithmus 2.1.16 berechnet werden kann. Die folgende Proposition beschreibt seine Komplexität.

Proposition A.3.8 Der Euklidische Algorithmus benötigt Zeit $O((\text{bitLength}\, a)(\text{bitLength}\, b))$ und Platz $O(\text{bitLength}\, a + \text{bitLength}\, b)$ zur Berechnung von $\gcd(a, b)$.

In mehreren Kontexten verwenden wir die Eulersche Phi-Funktion, die wie folgt definiert ist.

Definition A.3.9 Sei $m \in \mathbb{N}$.

1. Mit $\mathbb{Z}_m^*$ bezeichnen wir die Menge aller $a \in \mathbb{Z}_m$, für die $\gcd(a, m) = 1$ gilt.
2. Wir schreiben $\varphi(m) = |\mathbb{Z}_m^*|$.
3. Die Funktion, die $m \in \mathbb{N}$ auf $\varphi(m)$ abbildet, wird als *Eulersche Phi-Funktion* bezeichnet.

Beispiel A.3.10 Es gilt $\mathbb{Z}_1^* = \emptyset$, $\varphi(1) = 0$, $\mathbb{Z}_2^* = \{1\}$, $\varphi(2) = 1$, $\mathbb{Z}_{15}^* = \{1, 2, 4, 7, 8, 11, 13, 14\}$ und $\varphi(15) = 8$.

Übung A.3.11 Sei $m \in \mathbb{N}$, $m > 1$. Zeigen Sie, dass $\mathbb{Z}_m^*$ eine Gruppe bezüglich der Multiplikation modulo m ist.

A.3.3 Kleinstes gemeinsames Vielfaches

Wir benötigen auch das kleinste gemeinsame Vielfache zweier ganzer Zahlen.

Definition A.3.12 Sei $n \in \mathbb{N}$ und seien $a_0, \ldots, a_{n-1}$ von null verschiedene ganze Zahlen. Dann ist das *kleinste gemeinsame Vielfache* dieser ganzen Zahlen die kleinste positive ganze Zahl, die ein Vielfaches aller a_i ist. Es wird mit $\operatorname{lcm}(a_0, \ldots, a_{n-1})$ bezeichnet.

Beispiel A.3.13 Das kleinste gemeinsame Vielfache von 2, 3 und 4 ist $\operatorname{lcm}(2, 3, 4) = 12$.

Die nächste Übung rechtfertigt die Definition des kleinsten gemeinsamen Vielfachen und findet einen Algorithmus zu dessen Berechnung.

Übung A.3.14

1. Beweisen Sie die Existenz und Eindeutigkeit des kleinsten gemeinsamen Vielfachen endlich vieler von Null verschiedener ganzer Zahlen. Warum müssen diese Zahlen von Null verschieden sein?
2. Nutzen Sie den Euklidischen Algorithmus, um einen Algorithmus zur Berechnung des kleinsten gemeinsamen Vielfachen zu beschreiben, der quadratische Laufzeit hat.

A.3.4 Primfaktorzerlegung

Ein berühmter Quantenalgorithmus von Peter Shor, den wir in Kap. 7 besprechen, kann die Primfaktorzerlegung einer positiven ganzen Zahl in polynomieller Zeit berechnen. In diesem Abschnitt erläutern wir die mathematischen Grundlagen einer solchen Primfaktorzerlegung.

Definition A.3.15 Eine ganze Zahl $p > 1$ wird *Primzahl* genannt, wenn sie genau zwei positive Teiler hat, nämlich 1 und p. Eine ganze Zahl a mit $|a| > 1$, die keine Primzahl ist, wird als *zusammengesetzte Zahl* bezeichnet. Wenn die Primzahl p die ganze Zahl a teilt, dann wird p *Primfaktor* von a genannt.

Beispiel A.3.16 Die ersten acht Primzahlen sind $2, 3, 5, 7, 11, 13, 17, 19$. Die größte bekannte Primzahl (Stand Oktober 2025) ist $2^{136.279.841} - 1$.

Wir formulieren den Fundamentalsatz der Arithmetik, der auf Euklid (ca. 300 v. Chr.) zurückgeht.

Theorem A.3.17 Jede ganze Zahl $a > 1$ kann als Produkt von Primzahlen geschrieben werden. Bis auf Permutation sind die Faktoren dieses Produkts eindeutig bestimmt.

Beispiel A.3.18 Der französische Mathematiker Pierre de Fermat (1601 bis 1665) glaubte, dass alle sogenannten *Fermat-Zahlen*

$$F_i = 2^{2^i} + 1$$

Primzahlen sind. Tatsächlich sind $F_0 = 3$, $F_1 = 5$, $F_2 = 17$, $F_3 = 257$ und $F_4 = 65537$ Primzahlen. Allerdings entdeckte Euler 1732, dass $F_5 = 641 \cdot 6700417$, also zusammengesetzt ist. Beide Faktoren dieser Zerlegung sind Primzahlen. F_6, F_7, F_8 und F_9 sind ebenfalls zusammengesetzt. Die Zerlegung von F_6 wurde 1880 von Landry und Le Lasseur gefunden. Die Zerlegung von F_7 fanden Brillhart und Morrison im Jahr 1970. Die Zerlegung von F_8 wurde 1980 von Brent und Pollard berechnet, und F_9 wurde erst 1990 von Lenstra, Lenstra, Manasse und Pollard faktorisiert. Dies zeigt die Schwierigkeit des Faktorisierungsproblems. Andererseits sehen wir jedoch auch, dass erheblicher Fortschritt bei der Entwicklung von Faktorisierungsalgorithmen erzielt wurde. Es dauerte bis 1970, bis die 39-stellige Zahl F_7 faktorisiert war. Aber nur 20 Jahre später wurde die 155-stellige Zahl F_9 faktorisiert.

A.3.5 Kettenbruchalgorithmus

In diesem Abschnitt stellen wir den Kettenbruchalgorithmus und seine Eigenschaften vor. Er wird im Ordnungsalgorithmus von Shor verwendet, um gute rationale Approximationen zu berechnen.

Wir beginnen mit einem Beispiel.

Beispiel A.3.19 Der Kettenbruch $(a_0, a_1, a_2) = [1, 2, 3]$ stellt die rationale Zahl

$$[1,2,3] = 1 + \cfrac{1}{2 + \cfrac{1}{3}} \tag{A.24}$$

dar. Diese rationale Zahl ist

$$[1,2,3] = 1 + \cfrac{1}{2 + \cfrac{1}{3}} = 1 + \cfrac{1}{\cfrac{7}{3}} = 1 + \frac{3}{7} = \frac{10}{7} \tag{A.25}$$

Definition A.3.20 Sei $n \in \mathbb{N}_0$ und $(a_0, a_1, \ldots, a_n) \in \mathbb{Q}_{\geq 0} \times \mathbb{Q}^n_{>0}$. Dann setzen wir

$$[a_0, a_1 \ldots, a_n] = a_0 + \cfrac{1}{a_1 + \cfrac{1}{a_2 + \cfrac{}{\ddots + \cfrac{1}{a_{n-1} + \cfrac{1}{a_n}}}}}. \tag{A.26}$$

Dies definiert die Abbildung

$$\mathbb{Q}_{\geq 0} \times \mathbb{Q}^n_{>0} \to \mathbb{Q} : (a_0, a_1, \ldots, a_n) \mapsto [a_0, \ldots, a_n] \tag{A.27}$$

Wir machen einige Anmerkungen zu dieser Definition. Seien $n \in \mathbb{N}_0$ und $(a_0, \ldots, a_n) \in \mathbb{Q}_{\geq 0} \times \mathbb{Q}^n_{>0}$. Um unsere Diskussion zu vereinfachen, verwenden wir die Bezeichnung $[a_0, \ldots, a_n]$ sowohl für die rationale Zahl aus Definition A.3.20 als auch für die Folge $(a_0, \ldots, a_n)$. Allerdings gibt es für jede rationale Zahl mehrere solche Folgen, die zu ihrer Darstellung verwendet werden können. Zum Beispiel gilt für $n > 0$

$$\underbrace{[a_0, \ldots, a_n]}_{n+1} = \underbrace{[a_0, \ldots, a_{n-1} + \frac{1}{a_n}]}_{n} \tag{A.28}$$

Beachte, dass die Folge auf der linken Seite von (A.28) Länge $n + 1$ hat, während die Folge auf der rechten Seite Länge n hat. Das folgende Lemma verallgemeinert diese Beobachtung.

Lemma A.3.21 Seien $n, k \in \mathbb{N}_0$, $(a_0, \ldots, a_n) \in \mathbb{Q}_{\geq 0} \times \mathbb{Q}^n_{>0}$, und $(b_0, \ldots, b_k) \in \mathbb{Q}^{k+1}_{>0}$. Dann gilt

$$[a_0, \ldots, a_n, [b_0, \ldots, b_k]] = [a_0, \ldots, a_n, b_0, \ldots, b_k]. \tag{A.29}$$

Beweis Wir beweisen die Aussage durch Induktion über k. Für $k = 0$ folgt sie daraus, dass $[b_0] = b_0$ ist. Nun nehmen wir an, dass $k > 0$ ist und die Aussage für $k - 1$ gilt. Aus der

Induktionsannahme und (A.28) folgt

$$
\begin{aligned}
&[a_0, \ldots, a_n, [b_0, \ldots, b_k]] \\
&= \left[a_0, \ldots, a_n, \left[b_0, \ldots, b_{k-1} + \frac{1}{b_k}\right]\right] \\
&= [a_0, \ldots, a_n, b_0, \ldots, b_{k-1} + \frac{1}{b_k}] \\
&= [a_0, \ldots, a_n, b_0, \ldots, b_k].
\end{aligned}
\tag{A.30}
$$

□

Nun definieren wir endliche einfache Kettenbrüche.

Definition A.3.22 Ein *endlicher einfacher Kettenbruch* ist eine endliche Folge $(a_0, a_1, \ldots, a_n) \in \mathbb{N}_0 \times \mathbb{N}^n$. Wir sagen, dass er die rationale Zahl $[a_0, \ldots, a_n]$ darstellt.

Da wir es im Folgenden nur mit endlichen einfachen Kettenbrüchen zu tun haben, nennen wir sie einfach „Kettenbrüche". Wie oben erläutert, machen wir keinen Unterschied zwischen Kettenbrüchen und den durch sie dargestellten rationalen Zahlen. Wir schreiben also $[a_0, \ldots, a_n]$ für einen Kettenbruch $(a_0, \ldots, a_n)$. Beispiel A.3.19 zeigt einen endlichen einfachen Kettenbruch.

Als Nächstes präsentieren wir einen Algorithmus, der für eine nichtnegative rationale Zahl einen Kettenbruch findet, der sie darstellt.

Algorithmus A.3.23 Kettenbruchalgorithmus

Input: $p \in \mathbb{N}_0, q \in \mathbb{N}$
Output: Ein Kettenbruch $[a_0, a_1, \ldots, a_n] \in \mathbb{N}_0 \times \mathbb{N}^n$ der die Zahl $\frac{p}{q}$ darstellt

CFA(p, q)
  $r_{-1} \leftarrow p$
  $r_0 \leftarrow q$
  $i \leftarrow -1$
  repeat
    $i \leftarrow i + 1$
    $a_i \leftarrow \lfloor r_{i-1}/r_i \rfloor$
    $r_{i+1} \leftarrow r_{i-1} - a_i r_i$
  until $r_{i+1} = 0$
  $n \leftarrow i$
  return $([a_0, \ldots, a_n])$
end

Beispiel A.3.24 Sei $p = 15$ und $q = 13$. Die Folgen der Werte r_i und a_i aus Algorithmus A.3.23 ist in Tab. A.1 gezeigt. Wir verifizieren, dass $[1, 6, 2] = \frac{15}{13}$ ist. Es gilt

Tab. A.1 Durchlauf des Kettenbruchalgorithmus mit den Eingaben $p = 15, q = 13$

i	-1	0	1	2
r_i	15	13	2	1
a_i		1	6	2

$$[1, 6, 2] = 1 + \cfrac{1}{6 + \cfrac{1}{2}} = 1 + \cfrac{1}{\cfrac{13}{2}} = 1 + \frac{2}{13} = \frac{15}{13} \tag{A.31}$$

Wie in Übung A.3.25 gezeigt, ist der Kettenbruchalgorithmus eine Variante des Euklidischen Algorithmus, der die Folge $(a_0, \ldots, a_n)$ der Quotienten ausgibt, die in diesem Algorithmus berechnet werden.

Übung A.3.25 Verwenden Sie die Notation aus Algorithmus A.3.23 und zeigen Sie, dass $r_n = \gcd(p, q)$ gilt.

Die folgende Proposition zeigt, dass der Kettenbruchalgorithmus das richtige Ergebnis liefert.

Proposition A.3.26 Bei Eingabe von $p \in \mathbb{N}_0$ und $q \in \mathbb{N}$ berechnet Algorithmus A.3.23 einen Kettenbruch $[a_0, a_1, \ldots, a_n]$ für ein $n \in \mathbb{N}_0$, der $\frac{p}{q}$ darstellt und $a_n > 1$ erfüllt, falls $n > 0$ ist. Dies ist der einzige Kettenbruch mit dieser Eigenschaft.

Beweis Wir verwenden die Notation aus Algorithmus A.3.23. Nach der i-ten Iteration der **repeat**-Schleife gilt

$$r_{i-1} = a_i r_i + r_{i+1} \text{ und } 0 \leq r_{i+1} < r_i \text{ für } 0 \leq i \leq n. \tag{A.32}$$

Dies zeigt, dass die Folge $r_0, r_1, \ldots$ streng monoton fallend ist. Daher terminiert der Algorithmus.

Für $0 \leq i \leq n$ sei $\alpha_i = [a_i, \ldots, a_n]$. Dann gilt

$$\alpha_n = a_n \text{ und } \alpha_i = a_i + \frac{1}{\alpha_{i+1}} \text{ für } 0 \leq i < n. \tag{A.33}$$

Wir zeigen durch Induktion über $i = n, n-1, \ldots, 0$, dass

$$\alpha_i = \frac{r_{i-1}}{r_i} \text{ und } a_i = \lfloor \alpha_i \rfloor \tag{A.34}$$

gilt. Für $i = 0$ zeigt dies, dass $[a_0, \ldots, a_n] = \frac{p}{q}$ ist.

Der Basisfall für $i = n$ ergibt sich aus $r_{n-1} = a_n r_n$, was aus (A.32) und $r_{n+1} = 0$ folgt. Für den Induktionsschritt sei $i \in \mathbb{N}$, $n \geq i > 0$ und nehmen wir an, dass (A.34) gilt. Dann folgt aus (A.32)

$$\frac{r_{i-2}}{r_{i-1}} = a_{i-1} + \frac{1}{\frac{r_{i-1}}{r_i}} = a_{i-1} + \frac{1}{\alpha_i} = \alpha_{i-1}. \tag{A.35}$$

Da gemäß (A.32) $\alpha_i = \frac{r_{i-1}}{r_i} > 1$ gilt, folgt daraus, dass $a_{i-1} = \lfloor \alpha_{i-1} \rfloor$. Dies beendet den Induktionsbeweis. Als Nächstes nehmen wir an, dass $n > 0$ ist und zeigen $a_n > 1$. Aus $r_{n+1} = 0$ folgt $r_{n-1} = a_n r_n$. Also würde $a_n = 1$ bedeuten, dass $r_{n-1} = r_n$ ist, was (A.32) widerspricht.

Schließlich beweisen wir die Eindeutigkeit von $[a_0, \ldots, a_n]$. Sei $k \in \mathbb{N}$, $k \geq n$, und sei $[b_0, \ldots, b_k]$ ein Kettenbruch, der $\frac{p}{q}$ darstellt, wobei $b_k > 1$ ist für $k > 0$. Für $k = 0$ gilt $n = 0$ und $\frac{p}{q} = a_0 = b_0$. Angenommen, dass $k > 0$ ist. Für $0 \leq i \leq k$ sei $\beta_i = [b_i, \ldots, b_k]$. Dann gilt

$$\beta_k = b_k \text{ und } \beta_i = b_i + \frac{1}{\beta_{i+1}} \text{ für } 0 \leq i < k. \tag{A.36}$$

Da $b_k > 1$ ist, folgt aus (A.36)

$$\beta_i > 1 \text{ für } 1 \leq i \leq k. \tag{A.37}$$

Aus (A.36) und (A.37) erhalten wir

$$b_i = \lfloor \beta_i \rfloor \text{ für } 0 \leq i \leq k. \tag{A.38}$$

Wir zeigen durch Induktion über $i = 0, \ldots, n$

$$\alpha_i = \beta_i \text{ und } a_i = b_i. \tag{A.39}$$

Nach Annahme gilt $\alpha_0 = [a_0, a_1, \ldots, a_n] = \frac{r_0}{r_{-1}} = [b_0, \ldots, b_k] = \beta_0$ und gemäß (A.34) und (A.38) ist $b_0 = a_0$. Sei nun $i \in \{0, \ldots, n-1\}$ und gelte (A.39). Dann folgt aus (A.33) und (A.36)

$$\beta_{i+1} = \frac{1}{b_i - \beta_i} = \frac{1}{a_i - \alpha_i} = \alpha_{i+1}. \tag{A.40}$$

Daher implizieren (A.34) und (A.38)

$$b_{i+1} = \lfloor \beta_{i+1} \rfloor = \lfloor \alpha_{i+1} \rfloor = a_{i+1}. \tag{A.41}$$

Aus (A.36) erhält man aber $\beta_i > b_i$ für $1 \leq i < k$. Daher folgt aus $\beta_n = \alpha_n = a_n = b_n$, dass $n = k$ ist. □

Definition A.3.27 Sei $\alpha \in \mathbb{Q}_{\geq 0}$. Der eindeutig bestimmte Kettenbruch aus Proposition A.3.26, der α darstellt, wird als die *Kettenbruchentwicklung* von α bezeichnet.

Wir schätzen die Laufzeit des Kettenbruchalgorithmus ab.

Proposition A.3.28 Sei $p \in \mathbb{N}_0$, $q \in \mathbb{N}$ und sei $l = \max\{\text{bitLength}(p), \text{bitLength}(q)\}$. Dann ist die Anzahl der Iterationen im Kettenbruchalgorithmus $O(l)$ und seine Laufzeit und der Speicherbedarf sind $O(l^2)$.

Beweis Die Aussage kann unter Verwendung der Techniken aus Abschn. 1.6.4 in [Buc04] bewiesen werden. Beachte, dass der Speicherplatz benötigt wird, um Kettenbrüche darzustellen. □

Wir führen nun die Konvergenten von Kettenbrüchen ein.

Definition A.3.29 Die Konvergenten eines Kettenbruchs $[a_0, \ldots, a_n]$ sind die rationalen Zahlen $[a_0, \ldots, a_i]$, $0 \le i \le n$.

Beispiel A.3.30 Die Konvergenten der Kettenbruchentwicklung $[1, 6, 2]$ von $\frac{15}{13}$ sind $[1] = 1$, $[1, 6] = 1 + \frac{1}{6} = \frac{7}{6}$ und $[1, 6, 2] = \frac{15}{13}$.

Die folgende Proposition liefert ein Verfahren zur Berechnung von Konvergenten.

Proposition A.3.31 Sei $n \in \mathbb{N}_0$, $(a_0, \ldots, a_n) \in \mathbb{Q}_{\ge 0} \times \mathbb{Q}^n_{>0}$ Setze

$$p_{-2} = 0, \quad p_{-1} = 1, \quad q_{-2} = 1, \quad q_{-1} = 0 \tag{A.42}$$

und für $0 \le i \le n$ setze

$$p_i = a_i p_{i-1} + p_{i-2}, \quad q_i = a_i q_{i-1} + q_{i-2}. \tag{A.43}$$

Dann gilt

$$[a_0, \ldots, a_i] = \frac{p_i}{q_i} \quad \text{für } 0 \le i \le n. \tag{A.44}$$

Beweis Wir beweisen die Aussage durch Induktion über n. Für den Basisfall beachten wir, dass

$$\frac{p_0}{q_0} = \frac{a_0}{1} = [a_0]. \tag{A.45}$$

und

$$\frac{p_1}{q_1} = \frac{a_1 a_0 + 1}{a_1} = a_0 + \frac{1}{a_1} = [a_0, a_1]. \tag{A.46}$$

Für den Induktionsschritt sei $i \in \mathbb{N}_0$ mit $0 \le i < n$ und wir nehmen an, dass die Aussage der Proposition für i gilt. Aus dieser Induktionsannahme folgt

$$
\begin{aligned}
[a_0, \ldots, a_{i+1}] &= [a_0, \ldots, a_i + \frac{1}{a_{i+1}}] \\
&= \frac{\left(a_i + \frac{1}{a_{i+1}}\right) p_{i-1} + p_{i-2}}{\left(a_i + \frac{1}{a_{i+1}}\right) q_{i-1} + q_{i-2}} \\
&= \frac{a_i p_{i-1} + p_{i-2} + \frac{p_{i-1}}{a_{i+1}}}{a_i q_{i-1} + q_{i-2} + \frac{q_{i-1}}{a_{i+1}}} = \frac{p_i + \frac{p_{i-1}}{a_{i+1}}}{q_i + \frac{q_{i-1}}{a_{i+1}}} \\
&= \frac{a_{i+1} p_i + p_{i-1}}{a_{i+1} q_i + q_{i-1}} = \frac{p_{i+1}}{q_{i+1}}.
\end{aligned}
\tag{A.47}
$$

□

Übung A.3.32 Sei $[a_0, \ldots, a_n]$ ein endlicher einfacher Kettenbruch. Verwende die Notation aus Proposition A.3.31 und zeige, dass $p_{i-1}q_i + p_i q_{i-1} = (-1)^i$ für $-1 \leq i \leq n$ und $\gcd(p_i, q_i) = 1$ für $-2 \leq i \leq n$ gilt.

Nun zeigen wir, dass es genau zwei endliche einfache Kettenbrüche gibt, die eine gegebene positive rationale Zahl darstellen.

Proposition A.3.33 Sei $\alpha \in \mathbb{Q}_{>0}$ und sei $[a_0, \ldots, a_n]$ die Kettenbruchentwicklung von α. Dann ist $[a_0, \ldots, a_{n-1}, a_n - 1, 1]$ der einzige andere endliche einfache Kettenbruch, der α darstellt.

Beweis Für $-2 \leq i \leq n$ bezeichne mit p_i, q_i die ganzen Zahlen aus Proposition A.3.31 für den Kettenbruch $[a_0, \ldots, a_n]$ und für $-2 \leq i \leq n+1$ bezeichne mit p_i', q_i' die entsprechenden ganzen Zahlen für den Kettenbruch $[a_0, \ldots, a_n - 1, 1]$. Dann gilt

$$
p_n' = (a_n - 1)p_{n-1} + p_{n-2}, \quad p_{n+1}' = p_n' + p_{n-1} = a_n p_{n-1} + p_{n-2} = p_n. \tag{A.48}
$$

Ebenso kann gezeigt werden, dass $q_{n+1}' = q_n$. Das zeigt, dass $[a_0, \ldots, a_n - 1, 1] = \alpha$ ist.
Die Eindeutigkeit wird in Übung A.3.34 bewiesen. □

Übung A.3.34 Verifizieren Sie die Eindeutigkeitsbehauptung in Proposition A.3.33.

Schließlich beweisen wir, dass hinreichend gute Approximationen einer positiven rationalen Zahl Konvergenten ihrer Kettenbruch-Erweiterung sind.

Proposition A.3.35 Sei $\alpha \in \mathbb{Q}_{\geq 0}$ und seien $p \in \mathbb{N}_0$, $q \in \mathbb{N}$ mit

$$
\left| \frac{p}{q} - \alpha \right| \leq \frac{1}{2q^2}. \tag{A.49}
$$

Dann ist $\frac{p}{q}$ ein Konvergente der Kettenbruchentwicklung von α.

Beweis Aus $\alpha = 0$ folgt $p = 0$. Nun ist [0] die Kettenbruchentwicklung von 0. Darum ist $\frac{p}{q} = 0$ eine Konvergente dieser Kettenbruchentwicklung.

Sei nun $\alpha \neq 0$ und sei δ die rationale Zahl mit

$$\alpha = \frac{p}{q} + \frac{\delta}{2q^2}. \tag{A.50}$$

Dann impliziert die Annahme der Proposition $|\delta| \leq 1$. Gemäß Proposition A.3.33 können wir einen einfachen Kettenbruch $[a_0, \ldots, a_n]$ wählen, der $\frac{p}{q}$ darstellt, mit

$$\operatorname{sign} \delta = (-1)^n. \tag{A.51}$$

Für $-2 \leq i \leq n$ definiere p_i, q_i wie in Proposition A.3.31. Dann gilt $\frac{p}{q} = \frac{p_n}{q_n}$. Setze

$$\lambda = \frac{2}{|\delta|} - \frac{q_{n-1}}{q_n}. \tag{A.52}$$

Dann folgt aus $q_{n-1} < q_n$ und $|\delta| \leq 1$

$$\lambda > 2 - 1 = 1. \tag{A.53}$$

Außerdem gilt

$$\lambda p_n + p_{n-1} = \frac{2p_n}{|\delta|} - \frac{p_n q_{n-1}}{q_n} + p_{n-1} \tag{A.54}$$

und

$$\lambda q_n + q_{n-1} = \frac{2q_n}{|\delta|}. \tag{A.55}$$

Aus Übung A.3.32 und (A.51) folgt

$$\frac{\lambda p_n + p_{n-1}}{\lambda q_n + q_{n-1}} = \frac{p_n}{q_n} - \frac{(p_n q_{n-1} - p_{n-1} q_n)|\delta|}{2q_n^2} = \frac{p_n}{q_n} - \frac{\delta}{2q_n^2} = \alpha. \tag{A.56}$$

Daher gilt nach Proposition A.3.31

$$\alpha = [a_0, \ldots, a_{n-1}, \lambda]. \tag{A.57}$$

Wenn $[b_0, \ldots, b_k]$ die Kettenbruchentwicklung von λ ist, dann impliziert (A.53), dass $b_0 > 0$ gilt. Daher folgt aus Lemma A.3.21

$$\alpha = [a_0, \ldots, a_n, b_0, \ldots, b_k] \tag{A.58}$$

Da $b_k > 1$ gilt, ist dies die Kettenbruchentwicklung von α. Also ist $\frac{p}{q} = [a_0, \ldots, a_n]$ eine Konvergente von α. □

Beispiel A.3.36 Es gilt

$$\left|\frac{15}{13} - \frac{7}{6}\right| = \frac{1}{78} \leq \frac{1}{2 \cdot 6^2} = \frac{1}{72}. \tag{A.59}$$

Daher sagt Proposition A.3.35 voraus, dass $\frac{7}{6}$ ein Konvergente der Kettenbruchentwicklung von $\frac{15}{13}$ ist, was wir in Beispiel A.3.30 gezeigt haben.

A.4 Algebra

Wir führen einige grundlegende Konzepte der Algebra ein, die in diesem Buch benötigt werden.

A.4.1 Halbgruppen und Gruppen

Definition A.4.1 Eine *Halbgruppe* ist ein Paar $(S, \circ)$, wobei S eine nichtleere Menge ist und $\circ$ eine assoziative binäre Operation auf S. Falls aus dem Kontext klar ist, auf welche Operation $\circ$ wir uns beziehen, dann schreiben wir auch S anstelle von $(S, \circ)$.

Als Nächstes führen wir einige Begriffe im Zusammenhang mit Halbgruppen ein.

Definition A.4.2 Sei $(S, \circ)$ eine Halbgruppe.

1. Die Halbgruppe heißt *abelsch* oder *kommutativ,* wenn die Operation $\circ$ kommutativ ist.
2. Die Halbgruppe heißt *Monoid,* wenn S ein neutrales Element i bezüglich $\circ$ enthält. Es ist dadurch charakterisiert, dass $i \circ s = s \circ i = s$ gilt für alle $s \in S$.

Übung A.4.3 Beweisen Sie, dass $\mathbb{N}$ kein Monoid bezüglich der Addition ist.

Wir zeigen, dass das neutrale Element und die Inversen in Monoiden eindeutig bestimmt sind.

Proposition A.4.4 Ein Monoid $(S, \circ)$ hat genau ein neutrales Element.

Beweis Seien i und i' neutrale Elemente in S. Dann gilt $i = i \circ i' = i'$. □

Definition A.4.5 Ein Element u eines Monoids $(S, \circ)$ mit neutralem Element 1 heißt *invertierbar* in S, wenn es ein $u' \in S$ gibt, sodass $u \circ u' = u' \circ u = 1$. Invertierbare Elemente in S heißen auch *Einheiten* von S.

Proposition A.4.6 Jede Einheit eines Monoids hat ein eindeutig bestimmtes Inverses.

Beweis Sei u eine Einheit eines Monoids $(S, \circ)$ mit neutralem Element 1 und seien u' und u'' Inverse von u. Dann gilt $u' = u \circ 1 = u' \circ (u \circ u'') = (u' \circ u) \circ u'' = 1 \circ u'' = u''$. □

Wir definieren Gruppen.

Definition A.4.7

1. Eine *Gruppe* ist ein Monoid, in dem jedes Element invertierbar ist.
2. Eine *kommutative* oder *abelsche* Gruppe ist eine Gruppe, in der die Gruppenoperation kommutativ ist.
3. Sei G eine endliche Gruppe. Dann wird $|G|$ die *Ordnung* von G genannt.

Proposition A.4.8 Sei $(S, \circ)$ ein Monoid und sei U die Menge aller invertierbaren Elemente in S. Dann ist $(U, \circ)$ eine Gruppe. Sie wird *Einheitengruppe* von $(S, \circ)$ genannt.

Übung A.4.9 Beweisen Sie die Proposition A.4.8.

Wir geben einige konkrete Beispiele für Halbgruppen, Monoide und Gruppen.

Beispiel A.4.10 Die Aussagen in diesem Beispiel werden in Übung A.4.11 gezeigt.

1. $(\mathbb{N}, +)$ ist eine abelsche Halbgruppe. Aber $(\mathbb{N}, +)$ ist kein Monoid, da es in dieser Halbgruppe kein neutrales Element gibt.
2. $(\mathbb{Z}, +)$, $(\mathbb{Q}, +)$, $(\mathbb{R}, +)$ und $(\mathbb{C}, +)$ sind abelsche Gruppen mit dem neutralen Element 0.
3. $(\mathbb{N}, \cdot)$ und $(\mathbb{Z}, \cdot)$ sind abelsche Monoide mit dem neutralen Element 1. Aber sie sind keine Gruppen. Tatsächlich ist 1 die einzige Einheit in $(\mathbb{N}, \cdot)$ und die einzigen Einheiten in $(\mathbb{Z}, \cdot)$ sind ± 1.
4. $(\mathbb{Q} \setminus \{0\}, \cdot)$, $(\mathbb{R} \setminus \{0\}, \cdot)$ und $(\mathbb{C} \setminus \{0\}, \cdot)$ sind abelsche Gruppen mit dem neutralen Element 1.
5. Wenn $m \in \mathbb{N}$ ist, dann ist $(\mathbb{Z}_m, +_m)$ eine endliche abelsche Gruppe der Ordnung m.
6. Wenn $m \in \mathbb{N}$ ist, dann ist $(\mathbb{Z}_m^*, \cdot_m)$ eine endliche abelsche Gruppe der Ordnung $\varphi(n)$.

Übung A.4.11 Zeigen Sie, dass die Aussagen in Beispiel A.4.10 korrekt sind.

A.4.2 Untergruppen

Wir führen auch den Begriff der Untergruppe ein.

Definition A.4.12 Sei $(G, \circ)$ eine Gruppe und sei H eine Teilmenge von G. Dann wird H eine *Untergruppe* von G genannt, wenn $(H, \circ)$ eine Gruppe ist.

Beispiel A.4.13 $(2\mathbb{Z}, +)$ ist eine Untergruppe von $(\mathbb{Z}, +)$, wobei $2\mathbb{Z} = \{2z : z \in \mathbb{Z}\}$ die Menge aller geraden ganzen Zahlen ist.

Proposition A.4.14 Sei $(G, \circ)$ eine Gruppe und sei S eine Teilmenge von G. Dann gibt es eine bezüglich Inklusion kleinste Untergruppe von G, die S enthält. Sie wird als die von S in G *erzeugte Untergruppe* bezeichnet.

Übung A.4.15 Beweisen Sie die Proposition A.4.14.

Als Nächstes diskutieren wir Faktorgruppen. Wir beschränken unsere Diskussion auf kommutative Gruppen, da wir in diesem Buch nur das benötigt wird.

Proposition A.4.16 Sei $(G, \circ)$ eine kommutative Gruppe mit dem neutralen Element e und sei H eine Untergruppe von G. Sei $G/H = \{g \circ H : g \in G\}$. Dann ist

$$\circ : G/H \times G/H \to G/H, \quad (g_0 \circ H, g_1 \circ H) \mapsto (g_0 \circ g_1) \circ H \tag{A.60}$$

eine wohldefinierte Operation auf G/H und $(G/H, \circ)$ ist eine kommutative Gruppe mit dem neutralen Element $e \circ H$. Sie wird *Faktorgruppe* oder *Quotientengruppe* genannt und für jedes $g \in H$ wird $g \circ H$ die *Nebenklasse* von g in G/H genannt.

Übung A.4.17 Beweisen Sie Proposition A.4.16.

Beispiel A.4.18 Die Menge $5\mathbb{Z}$ aller ganzzahligen Vielfachen von 5 ist eine Untergruppe der kommutativen Gruppe $\mathbb{Z}$ bezüglich der Addition. Die entsprechende Faktorgruppe ist $\mathbb{Z}/5\mathbb{Z} = \{a + 5\mathbb{Z}, 0 \leq a < 5\}$. Ihr neutrales Element ist $0 + 5\mathbb{Z} = 5\mathbb{Z}$.

A.4.3 Ordnung von Gruppenelementen

Wir diskutieren nun die Ordnung von Gruppenelementen.

Definition A.4.19 Sei G eine Gruppe mit neutralem Element 1 und sei $g \in G$. Wenn es ein $n \in \mathbb{N}$ gibt mit $g^n = 1$, dann sagt man, dass g *endliche Ordnung* hat und das kleinste n mit dieser Eigenschaft wird die *Ordnung* von g in G genannt. Wenn es kein solches n gibt, dann sagt man, dass g *unendliche Ordnung* hat.

Proposition A.4.20 Sei G eine endliche Gruppe und sei $g \in G$. Dann hat g endliche Ordnung und die Ordnung von g teilt die Ordnung von G.

Übung A.4.21 Beweisen Sie Proposition A.4.20.

Beispiel A.4.22 Sei $m \in \mathbb{N}$ und sei $a \in \mathbb{Z}_m^*$. Dann wird die Ordnung von a in der multiplikativen Gruppe $\mathbb{Z}_m^*$ als *Ordnung von a modulo m* bezeichnet . Die Ordnung von 3 modulo 4 ist 3, weil $2^2 \equiv 4 \bmod 7$ und $2^3 \equiv 8 \equiv 1 \bmod 7$.

Proposition A.4.23 Sei G eine Gruppe mit neutralem Element 1, sei $g \in G$ von endlicher Ordnung k und sei $e \in \mathbb{N}_0$. Dann gilt Folgendes:

1. Genau dann gilt $g^e = 1$, wenn k den Exponenten e teilt.
2. Die Ordnung von g^e ist $k/\gcd(k, e)$.
3. Die Menge $\{g^i : i \in \mathbb{Z}_k\}$ ist eine Untergruppe von G. Sie heißt die *von G erzeugte Gruppe* und hat die Ordnung k.

Übung A.4.24 Sei $m \in \mathbb{N}$, seien $p_1, \dots, p_m$ Primzahlen und sei $N = \prod_{i=1}^m p_i^{e_i}$, wobei $e_1, \dots, e_m$ positive ganze Zahlen sind. Sei $a \in \mathbb{Z}$ mit $\gcd(a, N) = 1$. Zeigen Sie, dass die Ordnung von a modulo N das kleinste gemeinsame Vielfache der Ordnungen von a modulo $p_i^{e_i}$ für $1 \leq i \leq n$ ist.

Definition A.4.25 Eine Gruppe G heißt *zyklisch,* wenn G von einem ihrer Elemente erzeugt wird.

Theorem A.4.26 Sei p eine ungerade Primzahl und sei $e \in \mathbb{N}$. Dann gilt folgendes

1. Die Gruppe $\mathbb{Z}_{p^e}^*$ ist zyklisch. Ihre Ordnung ist $\varphi(p^e) = (p-1)p^{e-1}$. Eine ganze Zahl a heißt *Primitivwurzel* modulo p^e, wenn $a \bmod p$ die Gruppe $\mathbb{Z}_{p^e}$ erzeugt.
2. Wenn a eine Primitivwurzel modulo p ist, dann ist a oder $a + p$ eine Primitivwurzel modulo p^2.
3. Wenn $e \geq 3$ und a eine Primitivwurzel modulo p^{e-1} ist, dann ist a auch eine Primitivwurzel modulo p^e. e

Beweis Siehe [IR10], Chapter 4, §1, Theorem 2 und den zugehörigen Beweis. □

Beispiel A.4.27 Die Primitivwurzeln modulo 5 in $\mathbb{Z}_5^*$ sind 2 und 3. Sie sind beide auch Primitivwurzeln modulo 25.

A.4.4 Symmetrische Gruppe

In vielen Kontexten, zum Beispiel in Abschn. 5.5, spielen symmetrische Gruppen eine wichtige Rolle. Wir besprechen sie in diesem Abschnitt.

Proposition A.4.28 Sei S eine nicht leere Menge. Dann gilt Folgendes:

1. Die Menge aller Permutationen von S ist eine Gruppe bezüglich der Komposition. Sie wird *symmetrische Gruppe auf* S genannt.
2. Falls S endlich ist, dann hat die symmetrische Gruppe auf S die Ordnung $|S|!$.

Übung A.4.29 Beweisen Sie Proposition A.4.28.

In der nächsten Definition wird eine spezielle symmetrische Gruppe eingeführt.

Definition A.4.30 Sei $n \in \mathbb{N}$. Die *symmetrische Gruppe vom Grad* n ist die Gruppe der Permutationen von $\mathbb{Z}_n$. Sie wird mit S_n bezeichnet. Falls $\pi \in S_n$ ist, dann schreiben wir π als

$$\begin{pmatrix} 0 & 1 & 2 & \dots & n-1 \\ \pi(0) & \pi(1) & \pi(2) & \dots & \pi(n-1) \end{pmatrix} \tag{A.61}$$

oder einfach als die Folge $(\pi(0), \pi(1), \dots, \pi(n-1))$.

Beispiel A.4.31 Es gibt $3! = 6$ Permutationen vom Grad 3. Sie sind

$$\begin{aligned} &\begin{pmatrix} 0\,1\,2 \\ 0\,1\,2 \end{pmatrix}, \quad \begin{pmatrix} 0\,1\,2 \\ 0\,2\,1 \end{pmatrix}, \quad \begin{pmatrix} 0\,1\,2 \\ 1\,0\,2 \end{pmatrix}, \\ &\begin{pmatrix} 0\,1\,2 \\ 1\,2\,0 \end{pmatrix}, \quad \begin{pmatrix} 0\,1\,2 \\ 2\,0\,1 \end{pmatrix}, \quad \begin{pmatrix} 0\,1\,2 \\ 2\,1\,0 \end{pmatrix}. \end{aligned} \tag{A.62}$$

Wir führen Transpositionen ein.

Definition A.4.32 Eine *Transposition* ist eine Permutation einer nicht leeren Menge S, die zwei verschiedene Elemente von S vertauscht und die anderen Elemente nicht verändert. Falls a und b die vertauschten Elemente sind, schreiben wir die Transposition als (a, b).

Beispiel A.4.33 Die Transpositionen in S_3 sind die Permutationen

$$\begin{pmatrix} 0\,1\,2 \\ 0\,2\,1 \end{pmatrix}, \quad \begin{pmatrix} 0\,1\,2 \\ 1\,0\,2 \end{pmatrix}, \quad \begin{pmatrix} 0\,1\,2 \\ 2\,1\,0 \end{pmatrix}. \tag{A.63}$$

Sie können auch als $(1, 2)$, $(0, 1)$ und $(0, 2)$ geschrieben werden.

Wir beweisen einen wichtigen Darstellungssatz für die symmetrische Gruppe vom Grad n.

Theorem A.4.34 Sei $n \in \mathbb{N}$. Dann kann jedes Element der symmetrischen Gruppe S_n als Komposition von höchstens $n - 1$ Transpositionen geschrieben werden.

Beweis Wir beweisen das Theorem durch Induktion über n. Für $n = 1$ ist die Behauptung gültig, da S_1 nur die Identität enthält, die als Komposition von 0 Transpositionen geschrieben werden kann. Angenommen, die Behauptung gilt für $n \in \mathbb{N}$ und $\pi \in S_{n+1}$.

Zuerst nehmen wir an, dass $\pi(n) = n$ gilt. Dann ist die Abbildung $\pi' = \pi|_{\mathbb{Z}_n}$ in S_n. Nach der Induktionshypothese kann π' als Komposition von höchstens $n - 1$ Transpositionen in S_n geschrieben werden, die auch Transpositionen in S_{n+1} sind. Da $\pi(n) = n$ gilt, ist die Permutation π die Komposition der gleichen Transpositionen.

Nehmen wir nun an, dass $\pi(n) = j$ mit $j < n$ gilt. Dann ist die Abbildung $\pi' = \pi \circ (j, n)|_{\mathbb{Z}_n}$ in S_n. Nach der Induktionshypothese kann π' als Komposition von höchstens $n - 1$ Transpositionen in S_n geschrieben werden, die auch Transpositionen in S_{n+1} sind. Daher ist die Permutation π die Komposition der gleichen Transpositionen und (j, n). Das sind höchstens n Transpositionen. □

Beispiel A.4.35 Betrachte die Permutation $\pi = (3, 2, 1, 0)$ in S_4. Sie kann folgendermaßen in eine Komposition von Transpositionen zerlegt werden:

$$\pi = \begin{pmatrix} 0 & 1 & 2 & 3 \\ 3 & 2 & 1 & 0 \end{pmatrix} = \begin{pmatrix} 0 & 1 & 2 & 3 \\ 0 & 2 & 1 & 3 \end{pmatrix} \circ (0, 3) = (1, 2) \circ (0, 3). \tag{A.64}$$

Übung A.4.36 Finden Sie einen Algorithmus, der in polynomieller Zeit die Darstellung einer Permutation in S_n als Komposition von höchstens $n - 1$ Transpositionen in S_n berechnet.

Wir definieren das Vorzeichen der Elemente von symmetrischen Gruppen.

Definition A.4.37 Sei $k \in \mathbb{N}$ und sei $\pi \in S_k$. Dann wird das *Vorzeichen* von π definiert als

$$\operatorname{sign}(\pi) = |\{(u, v) \in \mathbb{Z}_k^2 : u < v \text{ und } \pi(u) > \pi(v)\}|. \tag{A.65}$$

Beispiel A.4.38 Betrachte die Permutation $(0, 2, 1) \in S_3$. Dann gilt $\pi(0) = 0$, $\pi(1) = 2$ und $\pi(2) = 1$. Daher ist $(u, v) = (1, 2)$ das einzige Paar in $\mathbb{Z}_3^2$ mit $u < v$ und $\pi(u) > \pi(v)$. Daher ist $\operatorname{sign}(\pi) = 1$.

Wir zeigen, wie man das Vorzeichen einer Permutation bestimmen kann.

Proposition A.4.39 Sei $k, m \in \mathbb{N}$ und angenommen $\pi \in S_k$ kann als Komposition von m Transpositionen geschrieben werden. Dann gilt $\operatorname{sign}(\pi) = (-1)^m$.

Beweis Wir beweisen die Aussage durch Induktion über m. Für $m = 1$ ist π gleich einer Transposition (u, v) mit $u, v \in \mathbb{Z}_k$. Das impliziert $\operatorname{sign}(\pi) = -1$. Nehmen wir nun an, dass $m \geq 1$ ist und dass die Aussage für m gilt. Außerdem sei angenommen, dass $\pi \in S_k$ als eine Komposition von $m + 1$ Transpositionen dargestellt werden kann. Dann gilt $\pi = \tau \circ (u, v)$, wobei $\tau \in S_k$ die Komposition von m Transpositionen ist und (u, v) eine weitere Transposition mit $u, v \in \mathbb{Z}_k$ ist. Diese Darstellung und die Induktionsannahme implizieren $\operatorname{sign}(\pi) = -\operatorname{sign}(\tau) = (-1)^{m+1}$. □

Korollar A.4.40 Sei $k \in \mathbb{N}, k \geq 2$. Dann ist die Abbildung $S_k \to \{\pm 1\}, \pi \mapsto \operatorname{sign}(\pi)$ ein surjektiver Homomorphismus.

Übung A.4.41 Beweisen Sie Korollar A.4.40.

A.4.5 Ringe und Körper

Wir führen ein weiteres grundlegendes Konzept der Algebra ein.

Definition A.4.42 Ein Ring ist ein Tripel $(R, +, \cdot)$. Dabei ist R eine nicht leere Menge. Außerdem sind $+$ sowie $\cdot$ binäre Operationen auf R sind, die Addition und Multiplikation genannt werden und die folgenden Bedingungen erfüllen:

1. $(R, +)$ ist eine abelsche Gruppe.
2. $(R, \cdot)$ ist ein Monoid.
3. Die Multiplikation ist *distributiv* bezüglich der Addition, das heißt
   - $a \cdot (b + c) = a \cdot b + a \cdot c$ für alle $a, b, c \in R$ *(linke Distributivität),*
   - $(b + c) \cdot a = b \cdot a + c \cdot a$ für alle $a, b, c \in R$ *(rechte Distributivität).*

Definition A.4.43 Sei $(R, +, \cdot)$ ein Ring.

1. Der Ring R wird *kommutativ* genannt, wenn die Halbgruppe $(R, \cdot)$ kommutativ ist.
2. Die *Einheitengruppe* des Rings R ist die Einheitengruppe des Monoids $(R, \cdot)$.
3. Ein *Nullteiler* in R ist ein Element $a \in R$, sodass es $x, y \in R \setminus \{0\}$ gibt, mit $xa = ay = 0$.
4. Der Ring R wird *Körper* genannt, wenn $(R \setminus \{0\}, \cdot)$ eine abelsche Gruppe ist.

Theorem A.4.44 Sei $(R, +, \cdot)$ ein Ring. Dann sind die Mengen der Einheiten und der Nullteiler in diesem Ring disjunkt.

Übung A.4.45 Beweisen Sie Theorem A.4.44.

Wir geben einige Beispiele für Ringe, deren Einheitengruppen und Nullteiler.

Beispiel A.4.46 Die Aussagen dieses Beispiels werden in Übung A.4.47 verifiziert.

1. Die ganzen Zahlen mit der üblichen Addition und Multiplikation bilden einen kommutativen Ring ohne Nullteiler.
2. Wenn k eine positive ganze Zahl ist, dann ist $(\mathbb{Z}_k, +_k, \cdot_k)$ ein kommutativer Ring, wobei $+_k$ und $\cdot_k$ wie in Beispiel A.1.22 definiert sind. Die Einheiten in diesem Ring sind alle ganzen Zahlen $a \in \mathbb{Z}_k$, für die $\gcd(a, k) = 1$ gilt. Die Nullteiler in diesem Ring sind alle ganze Zahlen $a \in \mathbb{Z}_k$, für die $\gcd(a, k) > 1$ gilt.
3. Die rationalen Zahlen, reellen Zahlen und komplexen Zahlen mit der üblichen Addition und Multiplikation, sind Körper.

Übung A.4.47 Verifizieren Sie die Aussagen in Beispiel A.4.46.

Wie in [Buc04], Abschn. 2.20, erklärt, gibt es für alle Primzahlen p und alle positiven ganzen Zahlen e einen endlichen Körper mit $q = p^e$ Elementen. Er ist bis auf Isomorphie eindeutig bestimmt und wird mit $\mathbb{F}_q$ bezeichnet. Dies sind alle endlichen Körper, die existieren.

A.4.6 Polynomringe

In diesem Abschnitt nehmen wir an, dass R ein kommutativer Ring ist und diskutieren Polynome über R. Das neutrale Element bezüglich der Multiplikation bezeichnen wir mit 1.

Definition A.4.48 Ein *Polynom* in einer *Variablen* x über R ist ein Ausdruck

$$f(x) = a_n x^n + a_{n-1} x^{n-1} + \cdots + a_1 x + a_0. \tag{A.66}$$

wobei $a_i \in R$ für $0 \leq i \leq n$ und x kein Element von R ist. Wir verwenden außerdem die folgende Notation:

1. Die Ringelemente a_i werden *Koeffizienten* von f genannt.
2. Die Menge aller Polynome über R in der Variablen x wird mit $R[x]$ bezeichnet.

3. Wenn in (A.66) der Koeffizient a_n nicht null ist, dann heißt n der *Grad* des Polynoms f, wir schreiben $n = \deg f$, und a_n wird als *Leitkoeffizient* von f bezeichnet.
4. Wenn der Leitkoeffizient von f den Wert 1 hat, dann wird f *normiert* genannt.
5. Wenn alle Koeffizienten von f außer dem Leitkoeffizienten Null sind, dann wird f als *Monom* bezeichnet.
6. Wenn $f = a_0$ ist, dann wird f als *konstantes Polynom* oder einfach als *Konstante* bezeichnet.
7. Für $r \in R$ schreiben wir $f(r) = a_n r^n + \cdots + a_0$.
8. Ein Element $r \in R$ mit $f(r) = 0$ wird als *Nullstelle* oder *Wurzel* von f bezeichnet.

Beispiel A.4.49 Die Polynome $2x^3 + x + 1$, x, und 1 sind Elemente von $\mathbb{Z}[x]$. Das erste Polynom hat den Grad 3, das zweite hat den Grad 1, und das dritte hat den Grad 0. Außerdem sind das zweite und das dritte Polynom Monome. Das erste Polynom ist kein Monom.

Beispiel A.4.50 Betrachte das Polynom $x^2 + 1$ in $\mathbb{Z}_2[x]$. Dieses Polynom hat die einzige Nullstelle 1 in $\mathbb{Z}_2$.

Wir definieren Summen und Produkte von Polynomen über R. Sei $f(x)$ das Polynom aus Definition A.4.48, sei

$$g(x) = b_m x^m + \cdots + b_0$$

ein weiteres Polynom über R und sei $l = \max\{n, m\}$. Die *Summe* der Polynome f und g ist das Polynom

$$(f + g)(x) = (a_l + b_l)x^l + \cdots + (a_0 + b_0).$$

Hierbei werden die nicht definierten Koeffizienten auf Null gesetzt.

Beispiel A.4.51 Sei $f(x) = x^3 + 2x^2 + x + 2$ und $g(x) = x^2 + x + 1$. Dann ist $(f + g)(x) = x^3 + 3x^2 + 2x + 3$.

Das *Produkt* der Polynome f und g ist

$$(f \cdot g)(x) = (fg)(x) = c_{n+m} x^{n+m} + \cdots + c_0,$$

mit

$$c_k = \sum_{i=0}^{k} a_i b_{k-i}, \quad 0 \leq k \leq n + m.$$

Beispiel A.4.52 Sei $f(x) = x^3 + 2x^2 + x + 2$ und $g(x) = x^2 + x + 1 \in \mathbb{Z}[x]$. Dann ist $(fg)(x) = (x^3 + 2x^2 + x + 2)(x^2 + x + 1) = x^5 + (1 + 2)x^4 + (1 + 2 + 1)x^3 + (2 + 1 + 2)x^2 + (1 + 2)x + 2 = x^5 + 3x^4 + 4x^3 + 5x^2 + 3x + 2$.

Im Beweis von Proposition 3.2.25 verwenden wir die Diskriminante quadratischer Polynome, die in der nächsten Übung eingeführt wird.

Übung A.4.53 Sei $f(x) = ax^2 + bx + c \in R[x]$. Dann ist $\Delta(f) = b^2 - 4ac$ die Diskriminante von f. Beweisen Sie Folgendes: Sei $R = \mathbb{R}$. Ist $\Delta(f) > 0$, dann hat f zwei verschiedene reelle Nullstellen. Ist $\Delta(f) = 0$, dann hat f genau eine reelle Nullstelle. Ist $\Delta(f) < 0$, dann hat f zwei komplexe, nicht reelle Nullstellen, die komplex konjugiert zueinander sind.

Proposition A.4.54 Sei F ein Körper und sei $f \in F[x]$ ein Polynom vom Grad n. Wenn $\alpha \in F$ eine Nullstelle von f ist, dann gilt $n \geq 1$ und wir können $f = (x - \alpha)g$ schreiben, wobei $g \in F[x]$ ein Polynom vom Grad $n - 1$ ist.

Übung A.4.55 Beweisen Sie Proposition A.4.54.

Beispiel A.4.56 Das Polynom $x^2 - 1 \in \mathbb{Q}[x]$ hat die Nullstelle 1 und kann als $f(x) = (x - 1)^2$ geschrieben werden.

Abschließend formulieren wir den Fundamentalsatz der Algebra (Siehe [FK03], 31.18 Theorem).

Theorem A.4.57 Jedes Polynom $f \in \mathbb{C}[x]$ vom Grad n kann als

$$f = a_n \prod_{i=0}^{n-1} (x - \alpha_i) \tag{A.67}$$

geschrieben werden, wobei a_n der Leitkoeffizient von f ist und α_i die komplexen Nullstellen von f sind für $0 \leq i < n$.

Übung A.4.58 Sei $f \in \mathbb{R}[x]$ ein Polynom vom Grad $n \in \mathbb{N}$. Zeigen Sie, dass es nichtnegative ganze Zahlen s und t gibt, sodass $n = s + 2t$ gilt und das Polynom f genau s reelle Nullstellen und $2t$ Paare komplex konjugierter Nullstellen hat, die nicht reell sind.

A.5 Trigonometrische Identitäten und Ungleichungen

Wir präsentieren trigonometrische Identitäten und Ungleichungen, die für mehrere Beweise erforderlich sind. Wir beginnen mit einigen Identitäten, die in [Abr72] zu finden sind. Die entsprechenden Gleichungsnummern aus diesem Buch sind hinter jeder Identität angegeben, außer den letzten drei, die in Übung A.5.1 bewiesen werden.

$$\sin^2 x + \cos^2 x = 1, \quad 4.3.10, \tag{A.68}$$

$$\sin(x + y) = \sin x \cos y + \cos x \sin y, \quad 4.3.16, \tag{A.69}$$

$$\sin(x - y) = \sin x \cos y - \cos x \sin y, \quad 4.3.13, 4.3.14, 4.3.16, \tag{A.70}$$

$$\sin 2x = 2 \sin x \cos x, \quad 4.3.24, \tag{A.71}$$

$$\cos(x + y) = \cos x \cos y - \sin x \sin y, \quad 4.3.17, \tag{A.72}$$

$$\cos(x - y) = \cos x \cos y + \sin x \sin y, \quad 4.3.13, 4.3.14, 4.3.17, \tag{A.73}$$

$$\cos 2x = \cos^2 x - \sin^2 x = 2\cos^2 x - 1 = 1 - 2\sin^2 x, \quad 4.3.25, \tag{A.74}$$

$$\sin^2(x + y) - \sin^2 x = \sin x \cos x \sin 2y + (1 - 2\sin^2 x) \sin^2 y, \tag{A.75}$$

$$\sin^2 x - \sin^2(x - y) = \sin x \cos x \sin 2y - (1 - 2\sin^2 x) \sin^2 y, \tag{A.76}$$

$$\cos((n + 1)y) + \cos((n - 1)y) = 2\cos(y)\cos(ny) \text{ für alle } n \in \mathbb{N}_0 \tag{A.77}$$

Übung A.5.1 Zeigen Sie (A.75), (A.76) und (A.77).

Wir beweisen nun einige benötigte trigonometrische Ungleichungen.

Lemma A.5.2 Für alle $x, y \in \mathbb{R}$ gilt

$$|\sin x - \sin y| \leq |x - y|, \quad |\cos x - \cos y| \leq |x - y|. \tag{A.78}$$

Beweis Seien $x, y \in \mathbb{R}$. Wenn $x = y$, dann ist die Aussage gültig. Sei also $x \neq y$. Nach dem Mittelwertsatz (siehe [Rud76] 5.10 Theorem) gibt es $z \in \mathbb{R}$ mit

$$\sin(x) - \sin(y) = \cos(z)(x - y). \tag{A.79}$$

Dies impliziert

$$|\sin(x) - \sin(y)| = |\cos(z)||x - y| \leq |x - y|. \tag{A.80}$$

Ebenso folgt aus dem Mittelwertsatz die zweite Behauptung des Lemmas. □

Lemma A.5.3 Für alle $x \in \left]0, \frac{1}{2}\right[$ gilt $\sin \pi x > 2x$ und daher $\sin \pi x \geq 2x$ für alle $x \in \left[0, \frac{1}{2}\right]$.

Beweis [Abr72], 4.3.79. □

Korollar A.5.4 Für alle $y \in]-1, 1[$ gilt $\arcsin y < \frac{\pi y}{2}$ und für alle $y \in [-1, 1]$ gilt $\arcsin y \leq \frac{\pi y}{2}$.

Lemma A.5.5 Für alle $x \in \mathbb{R}$ gilt $|\sin x| \leq |x|$.

Beweis Wir wenden den Mittelwertsatz an und erhalten $|\sin x| = |\sin x - \sin 0| = |\cos z(x-0)| \leq |x|$, wobei $z \in \mathbb{R}$ ist. □

Korollar A.5.6 Für alle $y \in [-1, 1]$ gilt $|\arcsin y| \geq |y|$.

Lemma A.5.7 Seien $x, \alpha \in \mathbb{R}_{>0}$ und $0 \leq x\alpha < \frac{\pi}{2}$. Dann gilt

$$\frac{\sin x\alpha}{x \sin \alpha} \geq \cos x\alpha. \tag{A.81}$$

Beweis Da $0 \leq x\alpha < \pi/2$ gilt

$$\frac{\sin x\alpha}{\cos x\alpha} = \tan x\alpha \geq x\alpha \geq x \sin \alpha. \tag{A.82}$$

Die erste Ungleichung gilt nach [Abr72], 4.3.80. □

Schließlich benötigen wir noch folgende Identität:

Lemma A.5.8 Für alle $\alpha \in \mathbb{R}$ und $k \in \mathbb{N}$ gilt

$$\prod_{l=1}^{k} \cos(2^l \alpha) = \frac{\sin(2^{k+1}\alpha)}{2^k \sin 2\alpha}. \tag{A.83}$$

Beweis Wir beweisen die Behauptung durch Induktion über k. Für $k = 0$ gilt die Behauptung, da beide Seiten von (A.83) gleich 1 sind. Angenommen $k \geq 0$ und die Behauptung gilt für k. Dann folgt

$$\begin{aligned}\prod_{l=1}^{k+1} \cos(2^l \alpha) &= \cos(2^{k+1}\alpha) \prod_{l=0}^{k} \cos(2^l \alpha) \\ &= \cos(2^{k+1}\alpha) \frac{\sin(2^{k+1}\alpha)}{2^k \sin(2\alpha)} = \frac{\sin(2^{k+2}\alpha)}{2^{k+1} \sin(2\alpha)}\end{aligned} \tag{A.84}$$

wobei die letzte Gleichung aus der trigonometrischen Identität (A.71) folgt. □

Lineare Algebra

B

Die lineare Algebra ist zentral für die Modellierung von Phänomenen in vielen wissenschaftlichen Disziplinen. In diesem Buch ist sie besonders wichtig, da sie die Theorie der Hilberträume umfasst, die die mathematische Grundlage der Quantenmechanik ist. Die Theorie der endlich-dimensionalen Hilberträume wird in Kap. 3 behandelt. In diesem Kapitel erläutern wir die dafür nötigen Grundlagen der linearen Algebra.

Das Kapitel ist in zwei Teile gegliedert. Im ersten Teil, der die Abschn. B.1.1 bis B.5.10 umfasst, geben wir einen kurzen Überblick über grundlegende Konzepte, die in Einführungskursen zur linearen Algebra üblicherweise behandelt werden. Wir stellen sie zusammen, um uns darauf beziehen zu können, lassen aber Beweise, Beispiele und Übungen weg. Die Themen umfassen Vektoren, Matrizen, Vektorräume, lineare Abbildungen, charakteristische Polynome, Eigenwerte und Eigenräume. In diesem Teil behandeln wir auch das Gaußsche Eliminationsverfahren, seine Komplexität und wichtige Anwendungen wie die Bestimmung von Bildern und Kernen linearer Abbildungen und die Lösung linearer Gleichungssysteme.

Der folgende Abschnitt dieses Anhangs, Abschn. B.6, behandelt Tensorprodukte von Vektorräumen sowie das Konzept der partiellen Spur. Diese Themen werden in Einführungskursen zur linearen Algebra meist nicht behandelt, sind jedoch für die mathematische Modellierung der Quantenmechanik wesentlich. Da sie den Lesern möglicherweise neu sind, geben wir ausführliche Erklärungen, Beweise, Beispiele und Übungen, um das Verständnis zu fördern.

In diesem Kapitel verwenden wir folgende Notation. Mit k, l, m und n bezeichnen wir positive ganze Zahlen, $(F, +, \cdot)$ ist ein Körper. Wir schreiben 0 für das neutrale Element bezüglich der Addition in F und 1 für das neutrale Element bezüglich der Multiplikation in F. Falls das Element $r \in F$ ungleich Null ist, schreiben wir r^{-1} für sein multiplikatives Inverses in F.

J. A. Buchmann, *Quantenalgorithmen*,
https://doi.org/10.1007/978-3-662-71177-4

B.1 Vektorräume

B.1.1 Grundlagen

Sei S eine nichtleere Menge.

Definition B.1.1

1. Ein *Vektor* über S ist eine Folge $\mathbf{v} = (v_0, \ldots, v_{k-1})$ von Elementen in S. Die Elemente v_i heißen *Einträge* oder *Komponenten* von $\mathbf{v}$.
2. Die Menge aller Vektoren der Länge k über S wird mit S^k bezeichnet.
3. Für $\mathbf{v} = (v_0, \ldots, v_{k-1}) \in S^k$ schreiben wir auch $\mathbf{v} = (v_i)_{0 \leq i < k}$ oder $\mathbf{v} = (v_i)_{i \in \mathbb{Z}_k}$.
4. Wenn $\mathbf{v} \in S^l$ und $\mathbf{w} \in S^k$ ist, dann bezeichnet $\mathbf{v} \| \mathbf{w}$ die Verkettung von $\mathbf{v}$ und $\mathbf{w}$, die ein Element von S^{k+l} ist.

Normalerweise beginnen wir die Nummerierung der Einträge eines Vektors mit 0, aber wir können die Einträge auch anders nummerieren. Wir unterscheiden nicht zwischen Zeilenvektoren und Spaltenvektoren. In Abschn. B.3.2 werden Vektoren aber mit Matrizen identifiziert und dadurch eine entsprechende Unterscheidung gemacht.

Proposition B.1.2 Sei S endlich. Dann gilt $|S^k| = |S|^k$.

Vektorräume über F sind folgendermaßen definiert:

Definition B.1.3 Ein *F-Vektorraum* oder *Vektorraum über F* ist ein Tripel $(V, +, \cdot)$, wobei V eine nichtleere Menge ist und

$$\begin{aligned} + &: V \times V \to V, (\mathbf{v}, \mathbf{w}) \mapsto \mathbf{v} + \mathbf{w}, \\ \cdot &: F \times V \to V, (r, \mathbf{w}) \mapsto r\mathbf{w} = r \cdot \mathbf{w} \end{aligned} \tag{B.1}$$

Abbildungen sind. Sie werden *Addition* und *Skalarmultiplikation* genannt und erfüllen die folgenden Bedingungen:

1. $(V, +)$ ist eine abelsche Gruppe.
2. Die Skalarmultiplikation ist *assoziativ*, d. h. $(r \cdot s) \cdot \mathbf{v} = r \cdot (s \cdot \mathbf{v})$ für alle $r, s \in F$ und alle $\mathbf{v} \in V$.
3. Das neutrale Element 1 von F ist ebenfalls ein neutrales Element bezüglich der Skalarmultiplikation, d. h. $1 \cdot \mathbf{v} = \mathbf{v}$ für alle $\mathbf{v} \in V$.
4. Die Skalarmultiplikation ist *distributiv* bezüglich der Addition in V, d. h. $r \cdot (\mathbf{v} + \mathbf{w}) = r \cdot \mathbf{v} + r \cdot \mathbf{w}$ für alle $r \in F$ und alle $\mathbf{v}, \mathbf{w} \in V$.

5. Die Skalarmultiplikation ist *distributiv* bezüglich der Addition in F, d. h. $(r + s) \cdot \mathbf{v} = r \cdot \mathbf{v} + s \cdot \mathbf{v}$ für alle $r, s \in F$ und alle $\mathbf{v} \in V$.

Als Nächstes geben wir wichtige Beispiele für Vektorräume. Dafür definieren wir die folgenden Operationen für Vektoren über F:

Definition B.1.4 Sei $r \in F$ und $\mathbf{v} = (v_0, \ldots, v_{k-1}), \mathbf{w} = (w_0, \ldots, w_{k-1}) \in F^k$.

1. Das *Produkt* von r mit $\mathbf{v}$ ist definiert als

$$r\mathbf{v} = r \cdot \mathbf{v} = (rv_0, rv_1, \ldots, rv_{k-1}). \tag{B.2}$$

   Diese Operation wird *Skalarmultiplikation* auf F^k genannt.
2. Die *Summe* von $\mathbf{v}$ und $\mathbf{w}$ ist definiert als

$$\mathbf{v} + \mathbf{w} = (v_0 + w_0, v_1 + w_1, \ldots, v_{k-1} + w_{k-1}). \tag{B.3}$$

   Diese Operation wird *Addition* in F^k genannt.
3. Wir schreiben $-\mathbf{w} = (-w_0, \ldots, -w_{k-1})$ und $\mathbf{v} - \mathbf{w}$ für $\mathbf{v} + (-\mathbf{w})$.

Proposition B.1.5

1. $(F^k, +, \cdot)$ ist ein F-Vektorraum, wobei „+“ und „·“ die in Definition B.1.4 eingeführte Addition und Skalarmultiplikation bezeichnen.
2. Für alle $\mathbf{v} = (v_0, \ldots, v_{k-1}) \in F^k$ ist $-\mathbf{v}$ das additive Inverse von $\mathbf{v}$.
3. Der *Nullvektor* $\mathbf{0} = (0, \ldots, 0)$ ist das neutrale Element in F^k bezüglich der Addition.

Um die Notation zu vereinfachen, bezeichnen wir einen F-Vektorraum $(V, +, \cdot)$ auch mit V, wenn klar ist, was mit Addition und Skalarmultiplikation gemeint ist. Sofern nicht anders angegeben, wird die Vektorraumaddition immer mit $+$ und die Skalarmultiplikation mit $\cdot$ bezeichnet.

B.1.2 Unterräume

Sei V ein F-Vektorraum.

Definition B.1.6 Ein *F-Unterraum* von V ist eine additive Untergruppe W von V, die *unter Skalarmultiplikation abgeschlossen* ist, d. h. es gilt $r\mathbf{v} \in W$ für alle $\mathbf{v} \in W$ und alle $r \in F$. Ist der Körper F aus dem Kontext klar, nennen wir W einen *Unterraum* von V.

Proposition B.1.7 Jeder F-Unterraum von V ist ein F-Vektorraum mit derselben Addition und Skalarmultiplikation wie in V.

Definition B.1.8

1. Seien $\mathbf{v}_0, \ldots, \mathbf{v}_{l-1}, \mathbf{v}$ Vektoren in V. Wir sagen, dass $\mathbf{v}$ eine *Linearkombination* der Vektoren $\mathbf{v}_0, \ldots, \mathbf{v}_{l-1}$ ist, wenn
$$\mathbf{v} = r_0\mathbf{v}_0 + \cdots + r_{l-1}\mathbf{v}_{l-1} = \sum_{j=0}^{l-1} r_j\mathbf{v}_j \tag{B.4}$$
gilt mit $r_j \in F$ für $0 \leq j < l$. Die Körperelemente r_j werden als die *Koeffizienten* der Linearkombination (B.4) bezeichnet.
2. Die *Linearkombination der leeren Folge* in V ist definiert als $\mathbf{0}$.
3. Für jede Teilmenge S von V definieren wir die *lineare Hülle* von S als die Menge aller Linearkombinationen von endlich vielen Elementen von S. Wir schreiben sie als $\text{Span}(S)$. Also gilt
$$\text{Span}(S) = \left\{ \sum_{j=0}^{l-1} r_j\mathbf{v}_j : l \in \mathbb{N}_0, r_j \in F, \mathbf{v}_j \in S \text{ für alle } j \in \mathbb{Z}_l \right\}. \tag{B.5}$$
Insbesondere ist $\{\mathbf{0}\}$ die lineare Hülle der leeren Menge.

Proposition B.1.9 Sei S eine Teilmenge von V. Dann ist die lineare Hülle W von S ein F-Vektorraum und sie ist der (bezüglich Inklusion) kleinste Unterraum von V, der S enthält. Er wird *von S erzeugter Unterraum* von V genannt. Wir sagen auch: *S spannt W auf.*

Definition B.1.10 Der Vektorraum V heißt *endlich erzeugt,* wenn $V = \text{Span}(S)$ gilt für eine endliche Teilmenge S von V.

Proposition B.1.11 Sei X eine Menge von Unterräumen von V. Dann ist die Menge
$$\sum_{W \in X} W = \left\{ \sum_{W \in X} \mathbf{v}_W : \mathbf{v}_W \in W, \text{ endlich viele } \mathbf{v}_W \text{ sind ungleich null} \right\} \tag{B.6}$$
ein Unterraum von V. Er wird *die Summe der Unterräume in X* genannt.

Definition B.1.12 Sei X eine Menge von Unterräumen von V.

1. Die Summe $\sum_{W \in X} W$ der Unterräume in X wird *direkt* genannt, wenn alle ihre von Null verschiedenen Elemente $\mathbf{v}$ eine eindeutig bestimmte Darstellung

$$\mathbf{v} = \sum_{W \in X} \mathbf{v}_W \tag{B.7}$$

haben, wobei $\mathbf{v}_W \in W$ ist und nur endlich viele dieser Elemente ungleich null sind.
2. Wenn $\sum_{W \in X} W$ direkt ist, dann wird der Vektorraum $P = \sum_{W \in X} W$ als *direkte Summe* der Unterräume in X bezeichnet.

B.1.3 Direktes Produkt

Proposition B.1.13 Sei $l \in \mathbb{N}$ und seien $V_0, \ldots, V_{l-1}$ F-Vektorräume. Auf dem kartesischen Produkt $\prod_{i=0}^{l-1} V_i$ definieren wir die komponentenweise Addition und Skalarmultiplikation wie folgt. Für $(\mathbf{v}_0, \ldots, \mathbf{v}_{l-1}), (\mathbf{w}_0, \ldots, \mathbf{w}_{l-1}) \in \prod_{i=0}^{l-1} V_i$ und $r \in R$ setzen wir

$$\begin{aligned} (\mathbf{v}_0, \ldots, \mathbf{v}_{l-1}) + (\mathbf{w}_0, \ldots, \mathbf{w}_{l-1}) &= (\mathbf{v}_0 + \mathbf{w}_0, \ldots, \mathbf{v}_{l-1} + \mathbf{w}_{l-1}), \\ r \cdot (\mathbf{v}_0, \ldots, \mathbf{v}_{l-1}) &= (r \cdot \mathbf{v}_0, \ldots, r \cdot \mathbf{v}_{l-1}). \end{aligned} \tag{B.8}$$

Dann ist $\left(\prod_{i=0}^{l-1} V_i, +, \cdot\right)$ ein F-Vektorraum. Es wird als das *direkte Produkt* der F-Vektorräume $V_0, \ldots, V_{l-1}$ bezeichnet und auch $\prod_{i=0}^{l-1} V_i$ geschrieben.

B.1.4 Quotientenräume

Proposition B.1.14 Sei W ein Unterraum eines F-Vektorraums V. Auf der Quotientengruppe V/W definieren wir die Skalarmultiplikation

$$\cdot : F \times V/W \to V/W, \quad (r, \mathbf{v} + W) \mapsto r \cdot (\mathbf{v} + W) = r\mathbf{v} + W. \tag{B.9}$$

Dann ist $(V/W, +, \cdot)$ ein F-Vektorraum. Es wird als *Quotientenraum* oder kurz als *Quotient* von V und W bezeichnet. Wenn die Operationen $+$ und $\cdot$ klar sind, wird dieser Quotientenraum als V/W geschrieben. Außerdem heißt für jedes $\mathbf{v} \in V$ die Menge $\mathbf{v} + W$ die *Nebenklasse* von $\mathbf{v}$ in V/W.

B.1.5 Basen

Definition B.1.15 Sei V ein F-Vektorraum, sei I eine nichtleere Menge und sei $B = (\mathbf{b}_i)_{i \in I}$ eine Familie von Elementen $\mathbf{b}_i$ in V.

1. B wird als *Erzeugendensystem* von V bezeichnet, wenn $V = \sum_{i \in I} F\mathbf{b}_i$ gilt.
2. B wird als *linear unabhängig* bezeichnet, wenn B die direkte Summe der Teilmodule $F\mathbf{b}_i$, $i \in I$, ist.
3. B wird als *linear abhängig* bezeichnet, wenn B nicht linear unabhängig ist.
4. B wird als *Basis* von V bezeichnet, wenn B ein linear unabhängiges Erzeugendensystem von V ist.

Theorem B.1.16 Jeder Vektorraum V über F hat eine Basis.

B.2 Lineare Abbildungen zwischen Vektorräumen

Seien V und W zwei F-Vektorräume.

B.2.1 Grundlagen

Definition B.2.1

1. Eine Abbildung
$$f : V \to W \tag{B.10}$$
wird *F-linear* oder *F-Vektorraum-Homomorphismus* genannt, wenn sie die Operationen der Addition und der Skalarmultiplikation respektiert, d. h. es gilt

   a. $f(\mathbf{v} + \mathbf{w}) = f(\mathbf{v}) + f(\mathbf{w})$ für alle $\mathbf{v}, \mathbf{w} \in V$,
   b. $f(r\mathbf{v}) = rf(\mathbf{v})$ für alle $r \in F$ und alle $\mathbf{v} \in V$.

2. Die Menge aller F-Vektorraum-Homomorphismen $f : V \to W$ wird mit $\mathrm{Hom}_F(V, W)$ bezeichnet. Wenn aus dem Kontext klar ist, auf welchen Körper F wir uns beziehen, schreiben wir einfach $\mathrm{Hom}(V, W)$.
3. Ein bijektiver F-Vektorraum-Homomorphismus $f : V \to W$ wird als *F-Vektorraum-Isomorphismus* oder als *Isomorphismus* zwischen V und W bezeichnet.
4. Die F-Vektorräume V und W werden *isomorph* genannt, wenn es einen Isomorphismus zwischen V und W gibt.

Definition B.2.2 Seien
$$f, g : V \to W \tag{B.11}$$
Funktionen und sei $r \in F$.

1. Die *Summe* von f und g ist die Funktion

$$f + g : V \to W, \quad \mathbf{v} \mapsto f(\mathbf{v}) + g(\mathbf{v}). \tag{B.12}$$

2. Das *Produkt* von r mit f ist die Funktion

$$rf = r \cdot f : V \to W, \quad \mathbf{v} \mapsto rf(\mathbf{v}). \tag{B.13}$$

Proposition B.2.3 $(\mathrm{Hom}_F(V, W), +, \cdot)$ ist ein F-Vektorraum.

B.2.2 Kern und Bild

Definition B.2.4 Sei $f \in \mathrm{Hom}_F(V, W)$.

1. Das Bild von f ist definiert als $\mathrm{im}(f) = \{f(\mathbf{u}) : \mathbf{u} \in V\}$.
2. Der *Kern* von f ist definiert als $\ker(f) = \{\mathbf{u} \in V : f(\mathbf{u}) = \mathbf{0}\}$.

Das folgende Theorem wird als *Homomorphiesatz* für F-Vektorräume bezeichnet.

Theorem B.2.5 Sei $f \in \mathrm{Hom}_F(V, W)$. Dann ist der Kern von f ein F-Unterraum von V, das Bild von f ist ein F-Unterraum von W und die Abbildung

$$g : V/\ker(f) \to \mathrm{im}(f), \quad \mathbf{u} + \ker(f) \mapsto f(\mathbf{u}) \tag{B.14}$$

ist ein Isomorphismus von F-Vektorräumen.

B.2.3 Dualer Vektorraum

Definition B.2.6

1. Die Menge $\mathrm{Hom}_F(V, F)$ der Homomorphismen zwischen V und dem Körper F wird *dualer Vektorraum von* V genannt und mit V^* bezeichnet.
2. Wenn V ein F-Vektorraum ist, dann wird V^* *dualer Vektorraum von* V bezeichnet.

Theorem B.2.7 Sei V ein endlich-dimensionaler F-Vektorraum. Der duale Vektorraum V^* ist als F-Vektorraum isomorph zu V.

B.2.4 Algebren

Definition B.2.8 Eine *F-Algebra* ist ein Tupel $(V, +, \cdot, \circ)$, das die folgenden Eigenschaften hat:

1. $(V, +, \cdot)$ ist ein F-Vektorraum.
2. $(V, +, \circ)$ ist ein Ring.
3. Die Skalarmultiplikation des F-Vektorraums V ist assoziativ bezüglich der $\circ$-Operation, d. h. es gilt
$$r \cdot (A \circ B) = (r \cdot A) \circ B = A \circ (r \cdot B) \tag{B.15}$$
für alle $A, B \in V$ und $r \in F$.

Definition B.2.9 Seien $(V, +, \cdot, \circ)$ und $(W, +, \cdot, \circ)$ F-Algebren. Eine Abbildung
$$f : V \to W \tag{B.16}$$
wird *linear* genannt, wenn sie ein F-Vektorraum-Homomorphismus ist und auch die Operation $\circ$ respektiert, d. h. es gilt
$$f(A \circ B) = f(A) \circ f(B) \tag{B.17}$$
für alle $A, B \in V$ und
$$f(I_V) = I_W \tag{B.18}$$
wobei I_V und I_W die neutralen Elemente von V und W bezüglich $\circ$ sind. Solch eine lineare Abbildung wird auch als *F-Algebra-Homomorphismus* bezeichnet. Die Menge aller solchen Homomorphismen wird ebenfalls mit $\mathrm{Hom}_F(V, W)$ bezeichnet. Der Homomorphismus f wird *F-Algebra-Isomorphismus* genannt, wenn er bijektiv ist.

B.2.5 Endomorphismen

Definition B.2.10

1. Ein F-Vektorraum-Homomorphismus, der V auf sich selbst abbildet, wird *F-Vektorraum-Endomorphismus* oder einfach *Endomorphismus von V* genannt.
2. Die Menge aller Endomorphismen von V wird mit $\mathrm{End}_F(V)$ oder $\mathrm{End}(V)$ bezeichnet, wenn klar ist, auf welchen Körper F wir uns beziehen.
3. Ein bijektiver Endomorphismus von V wird *Automorphismus von V* genannt.
4. Die Menge aller Automorphismen von V wird mit $\mathrm{Aut}_F(V)$ oder einfach mit $\mathrm{Aut}(V)$ bezeichnet, wenn klar ist, auf welchen Körper F wir uns beziehen.

Diese Begriffe übertragen sich analog auf F-Algebren.

Proposition B.2.11 Das Tupel $(\mathrm{End}(V), +, \cdot, \circ)$ ist eine F-Algebra, wobei $+$ und $\cdot$ die Addition und die Skalarmultiplikation aus Definition B.2.2 bezeichnen und $\circ$ die Komposition von Funktionen bedeutet. Sie wird *Endomorphismenalgebra von V* genannt. Außerdem heißt $(\mathrm{End}(V), +, \circ)$ *Endomorphismenring von V*.

B.3 Matrizen

In diesem Abschnitt führen wir Matrizen ein, die eine sehr wichtige Rolle als Darstellungen von Vektorraum-Homomorphismen spielen. Sei S eine nichtleere Menge.

B.3.1 Grundlagen

Definition B.3.1

1. Eine $k \times l$ *Matrix* über S ist ein zweidimensionales Schema

$$A = \begin{pmatrix} a_{0,0} & a_{0,1} & \dots & a_{0,l-1} \\ a_{1,0} & a_{1,1} & \dots & a_{1,l-1} \\ \vdots & \vdots & & \vdots \\ a_{k,0} & a_{k,1} & \dots & a_{k,l-1} \end{pmatrix} \tag{B.19}$$

   mit $a_{i,j} \in S$ für $0 \le i < k$, $0 \le j < l$. Die Elemente $a_{i,j}$ werden als *Einträge* der Matrix A bezeichnet. Diese Matrix kann auch als $A = (a_{i,j})_{0 \le i < k, 0 \le j < l}$ oder $A = (a_{i,j})_{i \in \mathbb{Z}_k, j \in \mathbb{Z}_l}$ geschrieben werden. Wenn die Intervalle für k und l aus dem Kontext klar sind, schreiben wir auch $A = (a_{i,j})$. Auch andere Nummerierungen der Einträge sind möglich.
2. Die Menge aller $k \times l$ Matrizen über S wird mit $S^{(k,l)}$ bezeichnet.

Definition B.3.2 Sei

$$A = \begin{pmatrix} a_{0,0} & a_{0,1} & \dots & a_{0,l-1} \\ a_{1,0} & a_{1,1} & \dots & a_{1,l-1} \\ \vdots & \vdots & & \vdots \\ a_{k,0} & a_{k,1} & \dots & a_{k,l-1} \end{pmatrix} \in S^{(k,l)}. \tag{B.20}$$

1. Wir nennen $(a_{i,0}, a_{i,1}, \dots, a_{i,l-1})$, $0 \le i < k$, die *Zeilenvektoren* oder *Zeilen* von A und $(a_{0,j}, a_{1,j}, \dots, a_{k-1,j})$, $0 \le j < l$, die *Spaltenvektoren* oder *Spalten* von A.

2. Die *Transponierte* von A ist die Matrix

$$A^{\mathrm{T}} = (a_{j,i})_{j\in\mathbb{Z}_l, i\in\mathbb{Z}_k} = \begin{pmatrix} a_{0,0} & a_{1,0} & \dots & a_{k-1,0} \\ a_{0,1} & a_{1,1} & \dots & a_{k-1,1} \\ \vdots & \vdots & & \vdots \\ a_{0,l-1} & a_{1,l-1} & \dots & a_{k-1,l-1} \end{pmatrix} \in S^{(l,k)}. \tag{B.21}$$

Die Zeilen von A^{T} sind also die Spalten von A und umgekehrt.

Definition B.3.3 Sei $\mathbf{a}_0, \dots, \mathbf{a}_{l-1} \in S^k$, dann schreiben wir

$$A = (\mathbf{a}_0, \dots, \mathbf{a}_{l-1}) \tag{B.22}$$

für die Matrix in $S^{(k,l)}$ mit Spaltenvektoren $\mathbf{a}_0, \dots, \mathbf{a}_{l-1}$ und

$$A = \begin{pmatrix} \mathbf{a}_0 \\ \vdots \\ \mathbf{a}_{l-1} \end{pmatrix} \tag{B.23}$$

für die Matrix in $S^{(l,k)}$ mit Zeilenvektoren $\mathbf{a}_0, \dots, \mathbf{a}_{l-1}$.

B.3.2 Vektoren als Matrizen

In manchen Kontexten ist es nützlich, Vektoren mit Matrizen zu identifizieren. Wir tun dies auf folgende Weise. Sei S eine nichtleere Menge und sei $\mathbf{a} = (a_0, \dots, a_{k-1}) \in S^k$. Dann identifizieren wir $\mathbf{a}$ mit der Matrix

$$\mathbf{a} = \begin{pmatrix} a_0 \\ a_1 \\ \vdots \\ a_{k-1} \end{pmatrix} \in S^{(k,1)}. \tag{B.24}$$

Diese Matrix hat $\mathbf{a}$ als ihren einzigen Spaltenvektor.

Unter Verwendung dieser Identifikation definieren wir die Transponierte von $\mathbf{a}$ als die Matrix mit $\mathbf{a}$ als ihrem einzigen Zeilenvektor, d. h.

$$\mathbf{a}^{\mathrm{T}} = \begin{pmatrix} a_0 & a_1 & \dots & a_{k-1} \end{pmatrix} \in S^{(1,k)}. \tag{B.25}$$

B.3.3 Matrixoperationen

Definition B.3.4 Sei $r \in F$, $A = (a_{i,j})$, $B = (b_{i,j}) \in F^{(l,k)}$.

1. Das *Produkt* von r mit A ist die Matrix
$$r \cdot A = rA = (ra_{i,j}) \in F^{(k,l)}. \tag{B.26}$$
Diese Operation wird als *Skalarmultiplikation* bezeichnet.
2. Die *Summe* von A und B ist
$$A + B = (a_{i,j} + b_{i,j}) \in F^{(k,l)}. \tag{B.27}$$
Diese Operation wird als *(komponentenweise) Addition* von Matrizen bezeichnet.
3. Wir schreiben $-B = (-b_{i,j})$ und $A - B$ für $A + (-B)$.

Proposition B.3.5

1. $(F^{(k,l)}, +, \cdot)$ ist ein F-Vektorraum, wobei „+“ für die Matrixaddition und „·“ für die Skalarmultiplikation auf $F^{(k,l)}$ steht.
2. Für jede Matrix $A \in F^{(k,l)}$ ist die Matrix $-A$ das additive Inverse von A.
3. Das neutrale Element der Gruppe $(F^{(k,l)}, +)$ ist die *Nullmatrix* in $F^{(k,l)}$, deren Einträge alle null sind. Wir bezeichnen sie mit $0_{k,l}$ oder einfach als 0, wenn aus dem Kontext klar ist, was mit k und l gemeint ist.

Definition B.3.6 Sei $A = (a_{i,j}) \in F^{(k,l)}$ und $B = (b_{i,j}) \in F^{(l,m)}$. Dann definieren wir das Produkt von A und B als

$$A \cdot B = \left(\sum_{u=0}^{l-1} a_{i,u} b_{u,j} \right)_{i \in \mathbb{Z}_k, j \in \mathbb{Z}_m}. \tag{B.28}$$

Statt $A \cdot B$ schreiben wir auch AB.

Proposition B.3.7 Die Matrixmultiplikation ist assoziativ im folgenden Sinne: Wenn $A \in F^{(k,l)}$, $B \in F^{(l,m)}$ und $C \in F^{(m,n)}$ ist, dann gilt

$$(A \cdot B) \cdot C = A \cdot (B \cdot C). \tag{B.29}$$

Definition B.3.8 Sei $A \in F^{(k,l)}$ mit Spaltenvektoren $\mathbf{a}_0, \ldots, \mathbf{a}_{l-1}$ und sei $\mathbf{v} = (v_0, \ldots, v_{l-1}) \in F^l$. Dann definieren wir das Produkt von A mit $\mathbf{v}$ als

$$A \cdot \mathbf{v} = A\mathbf{v} = \sum_{j=0}^{l-1} v_j \mathbf{a}_j. \tag{B.30}$$

Beachten Sie, dass das Produkt einer Matrix A mit einem Vektor $\mathbf{v}$ dasselbe ist wie das Produkt von A mit der Matrix, die $\mathbf{v}$ entspricht.

B.4 Quadratische Matrizen

Quadratische Matrizen, d. h. Matrizen mit der gleichen Anzahl von Zeilen und Spalten, sind in der linearen Algebra von besonderem Interesse. In diesem Abschnitt behandeln wir die Struktur und Eigenschaften der Menge $F^{(k,k)}$ aller quadratischen $k \times k$-Matrizen über F, wobei $k \in \mathbb{N}$ ist.

B.4.1 Grundlagen

Wir bezeichnen mit S eine nichtleere Menge.

Definition B.4.1

1. Sei $A \in S^{(k,k)}$,

$$A = \begin{pmatrix} \mathbf{a_{0,0}} & a_{0,1} & a_{0,2} & \cdots & a_{0,k-1} \\ a_{1,0} & \mathbf{a_{1,1}} & a_{1,2} & \cdots & a_{1,k-1} \\ a_{2,0} & a_{2,1} & \mathbf{a_{2,2}} & \cdots & a_{2,k-1} \\ \vdots & \vdots & \vdots & \ddots & \vdots \\ a_{k-1,0} & a_{k-1,1} & a_{k-1,2} & \cdots & \mathbf{a_{k-1,k-1}} \end{pmatrix}. \tag{B.31}$$

   Dann werden die Einträge $a_{i,i}$, $0 \leq i < k$, als *Diagonalelemente* von A bezeichnet (hervorgehoben in (B.31)). Die anderen Einträge werden als *Nebendiagonalelemente* von A bezeichnet.
2. Die *Nullmatrix der Ordnung* k über F ist die Matrix in $F^{(k,k)}$, deren sämtliche Einträge 0 sind. Wir bezeichnen sie mit 0_k oder einfach mit 0, wenn aus dem Kontext klar ist, was mit k gemeint ist.
3. Die *Einheitsmatrix der Ordnung* k über F ist die folgende quadratische Matrix in $F^{(k,k)}$:

$$I_k = \begin{pmatrix} 1 & 0 & 0 & \cdots & 0 \\ 0 & 1 & 0 & \cdots & 0 \\ 0 & 0 & 1 & \cdots & 0 \\ \vdots & \vdots & \vdots & \ddots & \vdots \\ 0 & 0 & 0 & \cdots & 1 \end{pmatrix}. \tag{B.32}$$

Alle ihre Diagonalelemente sind 1 und die Nebendiagonalelemente sind 0. Die Matrix I_k wird auch als I geschrieben, wenn k aus dem Kontext klar ist.

Definition B.4.2 Sei $A = (a_{i,j}) \in S^{(k,k)}$.

1. Wir sagen, dass A eine *obere Dreiecksmatrix* oder in *oberer Dreieckform* ist, wenn A die Form
$$A = \begin{pmatrix} a_{0,0} & a_{0,1} & a_{0,2} & \dots & a_{0,k-1} \\ 0 & a_{1,1} & a_{1,2} & \dots & a_{1,k-1} \\ 0 & 0 & a_{2,2} & \dots & a_{2,k-1} \\ \vdots & \vdots & \vdots & \ddots & \vdots \\ 0 & 0 & 0 & \dots & a_{k-1,k-1} \end{pmatrix} \tag{B.33}$$
hat, d. h. $a_{i,j} = 0$ für $0 \leq j < i < k$.
2. Wir sagen, dass A eine *untere Dreiecksmatrix* oder in *unterer Dreieckform* ist, wenn A die Form
$$A = \begin{pmatrix} a_{0,0} & 0 & 0 & \dots & 0 \\ a_{1,0} & a_{1,1} & 0 & \dots & 0 \\ a_{2,0} & a_{2,1} & a_{2,2} & \dots & 0 \\ \vdots & \vdots & \vdots & \ddots & \vdots \\ a_{k-1,0} & a_{k-1,1} & a_{k-1,2} & \dots & a_{k-1,k-1} \end{pmatrix} \tag{B.34}$$
hat, d. h. $a_{i,j} = 0$ für $0 \leq i < j < k$.
3. Wir sagen, dass A eine *Diagonalmatrix* oder in *Diagonalform* ist, wenn A die Form
$$A = \begin{pmatrix} a_{0,0} & 0 & 0 & \dots & 0 \\ 0 & a_{1,1} & 0 & \dots & 0 \\ 0 & 0 & a_{2,2} & \dots & 0 \\ \vdots & \vdots & \vdots & \ddots & \vdots \\ 0 & 0 & 0 & \dots & a_{k-1,k-1} \end{pmatrix}, \tag{B.35}$$
hat, d. h. $a_{i,j} = 0$ für $0 \leq i, j < k, i \neq j$. Für eine solche Matrix schreiben wir auch
$$A = \operatorname{diag}(a_{0,0}, \dots, a_{k-1,k-1}). \tag{B.36}$$

B.4.2 Algebraische Struktur von $F^{(k,k)}$

Proposition B.4.3 Die Menge $(F^{(k,k)}, +, \cdot, \cdot)$ ist eine F-Algebra, wobei „+" die Matrixaddition bedeutet, das erste „·" die Skalarmultiplikation und das zweite „·" die Matrixmultiplikation bezeichnet. Das neutrale Element bezüglich der Addition ist die Nullmatrix 0_k der

Ordnung k. Das neutrale Element bezüglich der Matrixmultiplikation ist die Einheitsmatrix I_k der Ordnung k.

Definition B.4.4

1. Eine Matrix $A \in F^{(k,k)}$ wird als invertierbar bezeichnet, wenn sie ein Inverses in der multiplikativen Halbgruppe $F^{(k,k)}$ hat, d. h., es gibt eine Matrix $B \in F^{(k,k)}$ mit $AB = BA = I_k$.
2. Falls $A \in F^{(k,k)}$ invertierbar ist, dann bezeichnen wir das multiplikative Inverse von A mit A^{-1}. Diese Matrix wird auch *Inverse von* A genannt.
3. Die Einheitengruppe von $F^{(k,k)}$, d. h., die Menge aller invertierbaren $k \times k$ Matrizen mit Einträgen aus F, wird *allgemeine lineare Gruppe vom Grad k über F* genannt und mit $\mathsf{GL}(k, F)$ bezeichnet.

Definition B.4.4 verwendet die Tatsache, dass gemäß Proposition A.4.4 das Inverse eines Elements einer Halbgruppe eindeutig bestimmt ist. Wir werden in Korollar B.4.22 zeigen, dass eine Matrix $A \in F^{(k,k)}$ invertierbar ist, wenn A ein linkes oder rechtes Inverses hat, d. h., es gibt eine Matrix $B \in F^{(k,k)}$ mit $BA = I_k$ oder $AB = I_k$. Dieses rechte oder linke Inverse der Matrix A ist ihr Inverses.

B.4.3 Permutationsmatrizen

Permutationsmatrizen erhält man durch Permutation der Zeilenvektoren der Einheitsmatrix. Um sie zu definieren, bezeichnen wir mit $\mathbf{e}_j$ die Zeilenvektoren der Einheitsmatrix I_k für $0 \leq i < k$.

Definition B.4.5 Sei $\sigma \in S_k$. Dann ist die *Permutationsmatrix* P_σ die Matrix in $F^{(k,k)}$ mit den Zeilenvektoren $\mathbf{e}_{\sigma(0)}, \ldots, \mathbf{e}_{\sigma(k-1)}$, in dieser Reihenfolge.

Wir geben zwei weitere Darstellungen der Permutationsmatrizen an. Dafür benutzen wir das *Kronecker-Delta,* das die folgende Funktion ist:

$$\mathbb{N}_0^2 \to \{0, 1\}, \quad (i, j) \mapsto \delta_{i,j} = \begin{cases} 1 & \text{wenn } i = j, \\ 0 & \text{wenn } i \neq j. \end{cases} \tag{B.37}$$

Proposition B.4.6 Sei $\sigma \in S_k$. Dann gilt Folgendes:

1. $P_\sigma = (\delta_{\sigma(i),j})_{i,j \in \mathbb{Z}_k} = (\delta_{i,\sigma^{-1}(j)})_{i,j \in \mathbb{Z}_k}$.
2. P_σ ist die Matrix mit den Spaltenvektoren $\mathbf{e}_{\sigma^{-1}(0)}, \ldots, \mathbf{e}_{\sigma^{-1}(k-1)}$, in dieser Reihenfolge.

Proposition B.4.7

1. Für alle $\sigma, \tau \in S_k$ gilt $P_{\sigma \circ \tau} = P_\tau P_\sigma$.
2. Für alle $\sigma \in S_k$ ist die Matrix P_σ invertierbar und es gilt $P_{\sigma^{-1}} = P_\sigma^{-1} = P_\sigma^{\mathrm{T}}$.

Korollar B.4.8 Die Menge der Permutationsmatrizen in $F^{(k,k)}$ ist eine Untergruppe von $\mathsf{GL}(k, R)$.

Die nächste Proposition zeigt, welche Wirkung die Multiplikation von Matrizen mit Permutationsmatrizen hat.

Proposition B.4.9

1. Für alle $A \in F^{(k,l)}$ mit Zeilenvektoren $\mathbf{a}_0, \ldots, \mathbf{a}_{k-1}$ und alle $\sigma \in S_k$ ist das Produkt $P_\sigma A$ die Matrix in $F^{(k,l)}$ mit den Zeilenvektoren $\mathbf{a}_{\sigma(0)}, \ldots, \mathbf{a}_{\sigma(k-1)}$, in dieser Reihenfolge.
2. Für alle $A \in F^{(l,k)}$ mit Spaltenvektoren $\mathbf{a}_0, \ldots, \mathbf{a}_{k-1}$ und alle $\sigma \in S_l$ ist das Produkt AP_σ die Matrix in $F^{(l,k)}$ mit den Spaltenvektoren $\mathbf{a}_{\sigma^{-1}(0)}, \ldots, \mathbf{a}_{\sigma^{-1}(l-1)}$, in dieser Reihenfolge.

B.4.4 Determinanten

Definition B.4.10 Betrachte eine Abbildung

$$\det : F^{(k,k)} \to F. \tag{B.38}$$

1. Die Abbildung det wird als *multilinear* bezeichnet, wenn sie die folgenden Eigenschaften hat: Für alle $A \in F^{(k,k)}$ mit Spaltenvektoren $\mathbf{a}_0, \ldots, \mathbf{a}_{k-1}$, alle $\mathbf{b} \in F^k$, alle $j \in \mathbb{Z}_k$ und alle $r \in F$ gilt
$$\begin{aligned} &\det(\mathbf{a}_0, \ldots, \mathbf{a}_{j-1}, \mathbf{a}_j + \mathbf{b}, \mathbf{a}_{j+1}, \ldots, \mathbf{a}_{k-1}) \\ &= \det(\mathbf{a}_0, \ldots, \mathbf{a}_{j-1}, \mathbf{a}_j, \mathbf{a}_{j+1}, \ldots, \mathbf{a}_{k-1}) \\ &+ \det(\mathbf{a}_0, \ldots, \mathbf{a}_{j-1}, \mathbf{b}, \mathbf{a}_{j+1}, \ldots, \mathbf{a}_{k-1}) \end{aligned} \tag{B.39}$$
und
$$\begin{aligned} &\det(\mathbf{a}_0, \ldots, \mathbf{a}_{j-1}, r\mathbf{a}_j, \mathbf{a}_{j+1}, \ldots, \mathbf{a}_{k-1}) \\ &= r \cdot \det(\mathbf{a}_0, \ldots, \mathbf{a}_{j-1}, \mathbf{a}_j, \mathbf{a}_{j+1}, \ldots, \mathbf{a}_{k-1}). \end{aligned} \tag{B.40}$$
2. Die Abbildung det wird als *alternierend* bezeichnet, wenn für jede Matrix $A \in F^{(k,k)}$, die zwei gleiche Spalten hat, $\det(A) = 0$ gilt.
3. Die Abbildung det wird als *normalisiert* bezeichnet, wenn $\det(I_k) = 1$ gilt.

4. Die Abbildung det wird als *Determinantenfunktion* bezeichnet, wenn sie multilinear, alternierend und normalisiert ist.

Proposition B.4.11 Sei $\det : F^{(k,k)} \to F$ multilinear und alternierend. Dann gilt für alle $A \in F^{(k,k)}$ mit Spaltenvektoren $\mathbf{a}_0, \ldots, \mathbf{a}_{k-1}$ Folgendes:

1. Das Hinzufügen eines Vielfachen einer Spalte zu einer anderen Spalte von A ändert $\det(A)$ nicht, d. h., für alle $r \in F$ und alle $i, j \in \mathbb{Z}_k$ mit $i \neq j$ gilt

$$\det(\mathbf{a}_0, \ldots, \mathbf{a}_{j-1}, \mathbf{a}_j + r\mathbf{a}_i, \mathbf{a}_{j+1} \ldots, \mathbf{a}_{k-1}) = \det A. \tag{B.41}$$

2. Das Vertauschen zweier Spalten von A ändert das Vorzeichen von $\det(A)$, d. h., für alle $i, j \in \mathbb{Z}_k$ mit $i < j$ gilt

$$\det(\mathbf{a}_0, \ldots, \mathbf{a}_j, \ldots, \mathbf{a}_i \ldots, \mathbf{a}_{k-1}) = -\det A. \tag{B.42}$$

3. Wenn eine Spalte von A null ist, dann gilt $\det A = 0$.

Theorem B.4.12 Die Abbildung

$$\det : F^{(k,k)} \to F, \quad A \mapsto \det(A) = \sum_{\sigma \in S_k} \operatorname{sign}(\sigma) \prod_{j=0}^{k-1} a_{\sigma(j),j} \tag{B.43}$$

ist eine Determinantenfunktion. Sie ist die einzige Determinantenfunktion, die $F^{(k,k)}$ nach F abbildet.

Definition B.4.13 Für $A \in F^{(k,k)}$ wird der Wert $\det(A)$ als *Determinante von A* bezeichnet.

Die Formel (B.43) wird als *Leibniz-Formel* zur Berechnung von Determinanten bezeichnet.

Proposition B.4.14

1. Die Determinante einer quadratischen Matrix über F und ihrer Transponierten sind gleich, d. h., für alle $A \in F^{(k,k)}$ gilt

$$\det(A) = \det(A^{\mathrm{T}}). \tag{B.44}$$

2. Die Determinante ist linear bezüglich der Matrixmultiplikation, d. h., für alle $A, B \in F^{(k,k)}$ gilt

$$\det(AB) = \det(A)\det(B). \tag{B.45}$$

3. Die Determinante einer oberen oder unteren Dreiecksmatrix ist das Produkt ihrer Diagonaleinträge.

Definition B.4.15 Sei $A \in F^{(k,k)}$ und sei $k > 1$. Sei außerdem $i, j \in \mathbb{Z}_k$. Dann ist der *Minor* $A_{i,j}$ die Matrix in $F^{(k-1,k-1)}$, die durch Löschen der i-ten Zeile und der j-ten Spalte in A entsteht.

Wir formulieren den *Laplace-Entwicklungssatz* für Determinanten.

Theorem B.4.16 Sei $k > 1$ und sei $A = (a_{i,j}) \in F^{(k,k)}$. Dann gilt für jedes $i \in \mathbb{Z}_k$

$$\det A = \sum_{j=0}^{k-1} (-1)^{i+j} a_{i,j} \det A_{i,j} \tag{B.46}$$

und für jedes $j \in \mathbb{Z}_k$ gilt

$$\det A = \sum_{i=0}^{k-1} (-1)^{i+j} a_{i,j} \det A_{i,j}. \tag{B.47}$$

Proposition B.4.17 Sei $A \in F^{(k,k)}$ in oberer oder unterer Dreiecksform. Dann ist die Determinante das Produkt der Diagonalelemente von A.

B.4.5 Einheitengruppe von $F^{(k,k)}$

Definition B.4.18 Sei $A = (a_{i,j}) \in F^{(k,k)}$. Für $k > 1$ ist die *Adjunkte* von A als die Matrix

$$\operatorname{adj}(A) = \left((-1)^{i+j} \det A_{j,i}\right)_{i,j \in \mathbb{Z}_k} \in F^{(k,k)} \tag{B.48}$$

definiert, wobei $A_{j,i}$ die Minoren von A sind. Für $k = 1$ ist die Adjunkte von A die Matrix $\operatorname{adj}(A) = (1)$. Wir schreiben auch $\operatorname{adj} A$ anstelle von $\operatorname{adj}(A)$.

Die Adjunkte einer quadratischen Matrix hat folgende Eigenschaft.

Proposition B.4.19 Sei $A \in F^{(k,k)}$. Dann gilt

$$(\operatorname{adj} A)A = A(\operatorname{adj} A) = \det A \cdot I_k. \tag{B.49}$$

Nun können wir die Elemente von $\mathsf{GL}(k, F)$ charakterisieren und zeigen, wie man die Inversen von quadratischen Matrizen berechnet.

Definition B.4.20 Eine Matrix $A \in F^{(k,k)}$ heißt *singulär*, wenn $\det A = 0$ ist und andernfalls *nicht-singulär*.

Theorem B.4.21

1. Eine Matrix $A \in F^{(k,k)}$ ist genau dann invertierbar, wenn sie nicht-singulär ist, d. h.

$$\mathsf{GL}(k, F) = \{A \in F^{(k,k)} : \det A \neq 0\} \tag{B.50}$$

2. Sei $A \in \mathsf{GL}(k, F)$. Dann gilt

$$\det(A^{-1}) = (\det A)^{-1} \tag{B.51}$$

und die Inverse von A ist

$$A^{-1} = \det(A)^{-1} \operatorname{adj}(A). \tag{B.52}$$

Korollar B.4.22 Sei $A, B \in F^{(k,k)}$ mit $AB = I_k$. Dann gilt $A, B \in \mathsf{GL}(k, F)$, $B = A^{-1}$ und $A = B^{-1}$.

Korollar B.4.23 Sei $A, B \in \mathsf{GL}(k, F)$. Dann gilt $(AB)^{-1} = B^{-1}A^{-1}$.

B.4.6 Spur

Definition B.4.24 Die *Spur* einer quadratischen Matrix A über F ist die Summe ihrer Diagonalelemente. Sie wird mit $\operatorname{tr}(A)$ oder $\operatorname{tr} A$ bezeichnet.

Proposition B.4.25

1. Die Spurabbildung $\operatorname{tr} : F^{(k,k)} \to F$ ist F-linear, d. h. $\operatorname{tr}(r(A + B)) = r(\operatorname{tr}(A) + \operatorname{tr}(B))$ für alle $r \in F$ und $A, B \in F^{(k,k)}$.
2. $\operatorname{tr}(A^{\mathrm{T}}) = \operatorname{tr}(A)$ für alle $A \in F^{(k,k)}$.
3. $\operatorname{tr}(AB) = \operatorname{tr}(BA)$ für alle $A, B \in F^{(k,k)}$.

B.4.7 Charakteristische Polynome

Definition B.4.26 Das *charakteristische Polynom* einer Matrix $A \in F^{(k,k)}$ ist das Polynom $p_A(x) = \det(xI_k - A) \in F[x]$.

Proposition B.4.27 Sei $A \in F^{(k,k)}$. Dann ist

$$p_A(x) = x^k + \sum_{i=0}^{k-1} r_i x^i \tag{B.53}$$

mit $r_i \in F$ für alle $i \in \mathbb{Z}_k$. Außerdem gilt

$$r_{k-1} = -\mathrm{tr}(A) \tag{B.54}$$

und

$$r_0 = (-1)^k \det(A). \tag{B.55}$$

Korollar B.4.28 Sei $A \in F^{(k,k)}$ und angenommen, das charakteristische Polynom von A kann geschrieben werden als

$$p_A(x) = \prod_{i=0}^{k-1}(x - \lambda_i) \tag{B.56}$$

mit $\lambda_i \in F$ für $0 \leq i < k$. Dann gilt

$$\mathrm{tr}(A) = \sum_{i=0}^{k-1} \lambda_i \tag{B.57}$$

und

$$\det(A) = \prod_{i=0}^{k-1} \lambda_i. \tag{B.58}$$

B.4.8 Ähnliche Matrizen

Definition B.4.29 Zwei Matrizen $A, B \in F^{(k,k)}$ heißen *ähnlich*, wenn es eine Matrix $U \in \mathsf{GL}(k, F)$ gibt mit $B = U^{-1}AU$.

Proposition B.4.30 Ähnliche Matrizen in $F^{(k,k)}$ haben dasselbe charakteristische Polynom, dieselbe Spur und dieselbe Determinante.

B.5 Endlichdimensionale Vektorräume

Sei V ein F-Vektorraum.

B.5.1 Operationen auf V^k

Definition B.5.1 Sei $B = (\mathbf{b}_0, \ldots, \mathbf{b}_{k-1}) \in V^k$.

1. Wir definieren das Produkt von B mit einem Vektor $\mathbf{x} = (x_0, \ldots, x_{k-1}) \in F^k$ als
$$B\mathbf{x} = B \cdot \mathbf{x} = \sum_{i=0}^{k-1} x_i \mathbf{b}_i. \tag{B.59}$$
2. Sei $T \in F^{(k,l)}$ mit Spaltenvektoren $\mathbf{t}_0, \ldots, \mathbf{t}_{l-1}$. Dann definieren wir das Produkt von B mit T als
$$BT = B \cdot T = (B\mathbf{t}_0, \ldots, B\mathbf{t}_{l-1}). \tag{B.60}$$

Proposition B.5.2 Sei $B = (\mathbf{b}_0, \ldots, \mathbf{b}_{k-1}) \in V^k$.

1. Für alle $r \in F$ und alle $\mathbf{x}, \mathbf{y} \in F^k$ gilt $(rB)\mathbf{x} = B(r\mathbf{x})$ und $B(\mathbf{x} + \mathbf{y}) = B\mathbf{x} + B\mathbf{y}$.
2. Für alle $r \in F$, $X \in F^{(k,l)}$ und $Y \in F^{(k,l)}$ gilt $(rB)X = B(rX)$ und $B(X + Y) = BX + BY$.
3. Für alle $X \in F^{(k,l)}$ und $Y \in F^{(l,m)}$ gilt $(BX)Y = B(XY)$.

B.5.2 Basen und Dimension

Proposition B.5.3 Sei $B = (\mathbf{b}_0, \ldots, \mathbf{b}_{m-1})$ eine Folge von Elementen in V. Dann ist B genau dann linear unabhängig, wenn aus $\sum_{j=0}^{m-1} r_j \mathbf{b}_j = 0$ mit $r_j \in F$ für $0 \le j < m$ folgt, dass $r_0, \ldots, r_{m-1} = 0$ ist.

Theorem B.5.4 Sei V endlich erzeugt. Dann gilt Folgendes:

1. Alle Basen von V sind endlich und haben dieselbe Länge, die als *Dimension* von V bezeichnet wird.
2. Falls B eine endliche Basis von V der Länge k ist, dann kann jede Basis von V als BT mit $T \in \mathsf{GL}(k, F)$ dargestellt werden, d. h., die Menge aller Basen von V ist $B\mathsf{GL}(k, F)$.

Definition B.5.5 Sei $B = (\mathbf{b}_0, \ldots, \mathbf{b}_{k-1})$ eine Basis von V und sei $\mathbf{v} \in V$. Dann heißt der eindeutig bestimmte Vektor $\mathbf{x} \in F^k$ mit $\mathbf{v} = B\mathbf{x}$ *Koeffizientenvektor* von $\mathbf{v}$ bezüglich der Basis B. Wir bezeichnen ihn mit $\mathbf{v}_B$.

Theorem B.5.6 Sei $B = (\mathbf{b}_0, \ldots, \mathbf{b}_{k-1})$ eine Basis von V. Dann ist die Abbildung

$$V \to F^k, \quad \mathbf{v} \mapsto \mathbf{v}_B, \tag{B.61}$$

die ein Element $\mathbf{v} \in V$ auf seinen Koeffizientenvektor bezüglich der Basis B abbildet, ein Isomorphismus von F-Vektorräumen.

Proposition B.5.7 Sei B eine endliche Basis von V der Länge k und sei $T \in \mathsf{GL}(k, F)$. Dann gilt für alle $\mathbf{v} \in V$

$$\mathbf{v}_B = T\mathbf{v}_{BT}. \tag{B.62}$$

Wir formulieren nun das *Steinitz-Austauschlemma* an, das es ermöglicht, weitere Ergebnisse für Basen und Erzeugendensysteme von V herzuleiten.

Lemma B.5.8 Seien $m, n \in \mathbb{N}$, sei $U = (\mathbf{u}_0, \ldots, \mathbf{u}_{m-1}) \in V^m$ eine linear unabhängige Folge und sei $G \in V^n$ ein Erzeugendensystem von V. Dann gilt $m \leq n$ und es gibt Elemente $\mathbf{u}_m, \ldots, \mathbf{u}_{n-1}$ in G, so dass $(\mathbf{u}_0, \ldots, \mathbf{u}_{n-1})$ ein Erzeugendensystem von V ist.

Aus diesem Lemma gewinnt man das folgende Theorem:

Theorem B.5.9

1. Linear unabhängige Folgen in V haben höchstens die Länge k.
2. Eine linear unabhängige Folge in V ist genau dann eine Basis von V, wenn ihre Länge k ist.
3. Jede linear unabhängige Folge in V kann zu einer Basis von V ergänzt werden.
4. Erzeugendensysteme von V haben mindestens die Länge k.
5. Ein Erzeugendensystem von V ist genau dann eine Basis von V, wenn seine Länge k beträgt.

B.5.3 Lineare Abbildungen

Seien V, W Vektorräume über F der Dimensionen k bzw. l. In diesem Abschnitt konstruieren wir Isomorphismen zwischen den F-Vektorräumen $\mathrm{Hom}_F(V, W)$ und $F^{(l,k)}$ sowie zwischen den F-Algebren $\mathrm{End}_F(V)$ und $F^{(k,k)}$. Dies zeigt, dass wir Homomorphismen zwischen endlich-dimensionalen F-Vektorräumen mit Matrizen über F identifizieren können.

Wir werden jedoch sehen, dass diese Identifikationen von der Wahl der Basen von V und W abhängen.

Seien $B = (\mathbf{b}_0, \ldots, \mathbf{b}_{k-1})$ und $C = (\mathbf{c}_0, \ldots, \mathbf{c}_{l-1})$ F-Basen von V bzw. W. Wir erinnern daran, dass für jedes $\mathbf{v} \in V$ der Koeffizientenvektor von $\mathbf{v}$ bezüglich der Basis B mit $\mathbf{v}_B$ bezeichnet wird. Ebenso wird für jedes $\mathbf{w} \in W$ der Koeffizientenvektor von $\mathbf{w}$ bezüglich der Basis C mit $\mathbf{w}_C$ bezeichnet. Nach Theorem B.5.6 sind die Abbildungen $V \to F^k$, $\mathbf{v} \mapsto \mathbf{v}_B$ und $W \to F^l$, $\mathbf{w} \mapsto \mathbf{w}_C$ F-Vektorraum-Isomorphismen. Wir definieren nun die Darstellungsmatrizen von linearen Abbildungen von V nach W.

Definition B.5.10

1. Für $f \in \mathrm{Hom}_F(V, W)$ definieren wir $\mathrm{Mat}_{B,C}(f)$ als die Matrix in $F^{(l,k)}$ mit den Spaltenvektoren $f(\mathbf{b}_0)_C, \ldots, f(\mathbf{b}_{k-1})_C$. Diese Matrix wird als *Darstellungsmatrix* von f bezüglich der Basen B und C bezeichnet.
2. Für $f \in \mathrm{End}(V)$ schreiben wir $\mathrm{Mat}_B(f)$ für $\mathrm{Mat}_{B,B}(f)$ und nennen diese Matrix die *Darstellungsmatrix* von f bezüglich der Basis B.
3. Sei $T \in F^{(l,k)}$. Dann definieren wir die Abbildung

$$f_{T,B,C} : V \to W, \quad \mathbf{v} \mapsto CT\mathbf{v}_B. \tag{B.63}$$

   Diese Abbildung liegt in $\mathrm{Hom}_F(V, W)$.
4. Sei $V = W$ und $T \in F^{(k,k)}$. Dann schreiben wir $f_{T,B}$ für $f_{T,B,B}$. Diese Abbildung liegt in $\mathrm{End}_F(V)$.

Theorem B.5.11 Die Abbildung

$$\mathrm{Hom}_F(V, W) \to F^{(l,k)}, \quad f \mapsto \mathrm{Mat}_{B,C}(f) \tag{B.64}$$

ist ein F-Vektorraum-Isomorphismus. Die Umkehrung dieses Isomorphismus bildet $T \in F^{(l,k)}$ auf $f_{T,B,C}$ ab.

Proposition B.5.12 Sei $S \in \mathsf{GL}(k, F)$ und $T \in \mathsf{GL}(l, F)$. Dann gilt für alle $f \in \mathrm{Hom}_F(V, W)$

$$\mathrm{Mat}(f)_{BS,CT} = T^{-1}\mathrm{Mat}(f)_{B,C}S. \tag{B.65}$$

B.5.4 Endomorphismen

Sei V ein F-Vektorraum endlicher Dimension k und sei $B = (\mathbf{b}_0, \ldots, \mathbf{b}_{k-1})$ eine Basis von V.

Theorem B.5.13 Die Abbildung

$$\mathrm{End}_F(V) \to F^{(k,k)}, \quad f \mapsto \mathrm{Mat}_B(f) \tag{B.66}$$

ist ein Isomorphismus von F-Algebren. Die Umkehrung dieses Isomorphismus ist

$$F^{(k,k)} \to \mathrm{End}_F(V), \quad T \mapsto f_{T,B}. \tag{B.67}$$

Theorem B.5.14

1. Ein Endomorphismus f von V ist genau dann ein Automorphismus, wenn $\mathrm{Mat}_B(f) \in \mathsf{GL}(k, F)$.
2. Für alle $f \in \mathrm{Aut}_F(V)$ gilt

$$\mathrm{Mat}_B(f^{-1}) = \mathrm{Mat}_B(f)^{-1}. \tag{B.68}$$

Proposition B.5.15 Für alle $U \in \mathsf{GL}(k, F)$ gilt $\mathrm{Mat}_{BU}(f) = U^{-1}\mathrm{Mat}_B(f)U$.

Korollar B.5.16 Die charakteristischen Polynome, Spuren und Determinanten aller Matrixdarstellungen eines Endomorphismus eines endlich-dimensionalen F-Vektorraums V sind gleich.

Dieses Ergebnis rechtfertigt die folgende Definition.

Definition B.5.17 Das charakteristische Polynom, die Determinante und die Spur eines Endomorphismus über einem endlich-dimensionalen F-Vektorraums ist definiert als das charakteristische Polynom, die Spur bzw. die Determinante einer seiner Darstellungsmatrizen.

B.5.5 Rang einer Matrix

Proposition B.5.18 Die Vektorräume, die von den Zeilen und den Spalten einer Matrix A über F erzeugt werden, haben dieselbe Dimension. Diese Dimension wird als *Rang* von A bezeichnet. Sie wird mit $\mathrm{rank}(A)$ oder $\mathrm{rank}\, A$ bezeichnet.

Das nächste Theorem stellt eine Verbindung zwischen dem Kern und dem Bild einer linearen Abbildung von V nach W und dem Rang der Darstellungsmatrizen dieser Abbildung her.

Proposition B.5.19 Sei $f \in \mathrm{Hom}_F(V, W)$. Dann ist der Rang r aller Darstellungsmatrizen von f gleich und es gilt

1. Die Dimension des Bildes von f ist r.
2. Die Dimension des Kerns von f ist $k - r$.

Definition B.5.20 Sei $A \in F^{(k,l)}$.

1. Der *Kern* von A ist definiert als der Kern der Abbildung $F^l \to F^k, \mathbf{x} \mapsto A\mathbf{x}$.
2. Das *Bild* von A ist definiert als das Bild der Abbildung $F^l \to F^k, \mathbf{x} \mapsto A\mathbf{x}$.

Proposition B.5.21 Sei $A \in F^{(k,k)}$. Dann sind die folgenden Aussagen äquivalent.

1. A ist nicht-singulär.
2. Der Rang von A ist k.
3. Die Spalten von A bilden eine Basis von F^k.
4. Die Zeilen von A bilden eine Basis von F^k.

B.5.6 Zeilen- und Spaltenstufenform

Definition B.5.22 Sei $A = (a_{i,j}) \in F^{(l,k)}$ mit Zeilenvektoren $\mathbf{a}_0, \ldots, \mathbf{a}_{l-1}$.

1. Wir sagen, dass A *Zeilenstufenform* hat, wenn die folgenden Bedingungen erfüllt sind:
   a. Alle Zeilenvektoren von A, die nur Nulleneinträge enthalten, stehen am unteren Ende von A, d.h. für $u, v \in \mathbb{Z}_k$ mit $\mathbf{a}_u \neq \mathbf{0}$ und $\mathbf{a}_v = \mathbf{0}$ gilt $u < v$.
   b. Wenn $u > 0$ und $\mathbf{a}_u$ nicht Null ist, dann ist der erste von Null verschiedene Eintrag in $\mathbf{a}_u$ (der Pivot) rechts vom Pivot in $\mathbf{a}_{u-1}$, d.h.

$$\min\{j \in \mathbb{Z}_k : a_{u,j} \neq 0\} > \min\{j \in \mathbb{Z}_k : a_{u-1,j} \neq 0\}. \tag{B.69}$$

2. Wir sagen, dass A in *reduzierter Zeilenstufenform* ist, wenn A Zeilenstufenform hat und der erste von Null verschiedene Eintrag in jeder von Null verschiedenen Zeile 1 ist.

Definition B.5.23 Wir sagen, dass eine Matrix $A \in F^{(k,l)}$ *Spaltenstufenform* hat, wenn A^{T} in Zeilenstufenform ist. Außerdem sagen wir, dass A *reduzierte Spaltenstufenform* hat, wenn A^{T} in reduzierter Zeilenstufenform ist.

Wir bemerken, dass eine quadratische Matrix in Zeilenstufenform eine obere Dreiecksmatrix ist. Außerdem ist eine quadratische Matrix in Spaltenstufenform eine untere Dreiecksmatrix.

B.5.7 Gaußsches Eliminationsverfahren

In diesem Abschnitt erläutern wir das Gaußsche Eliminationsverfahren. Es handelt sich dabei um Algorithmus B.5.25. Er transformiert eine Matrix $A \in F^{(l,k)}$ in Spaltenstufenform. Trotz seines Namens war dieser Algorithmus bereits im zweiten Jahrhundert in China bekannt.

Algorithmus B.5.25 Gaußsche Elimination

Input: $k, l \in \mathbb{N}, A \in F^{(l,k)}$
Output: $A' \in F^{(l,k)}$, $S \in \mathsf{GL}(k, F)$, $v, w \in \mathbb{N}_0$, sodass A' in Spaltenstufenform ist, $A' = AS$, v die Anzahl der Nicht-Null-Spalten in A' ist und $\det S = (-1)^w$.
1: COLUMNECHELON(k, l, A)
2:   $u, v, w \leftarrow 0$
3:   $A' \leftarrow A$
4:   /* Die Einträge von A' sind $a'_{i,j}$ */
5:   $S \leftarrow I_k$
6:   /*Die Spalten von A', S sind $\mathbf{a}'_j$ bzw. $\mathbf{s}_j$
7:   **while** $u < l$ und $v < k$ **do**
8:     **if** einer der Einträge $a'_{u,v}, a'_{u,v+1}, \ldots, a'_{u,k-1}$ nicht Null ist **then**
9:       Wähle $v_{\text{pivot}} \in \{v, \ldots, k-1\}$ mit $a'_{u,v_{\text{pivot}}} \neq 0$
10:      **if** $v \neq v_{\text{pivot}}$ **then**
11:        Vertausche $\mathbf{a}'_v$ und $\mathbf{a}'_{v_{\text{pivot}}}$
12:        Vertausche $\mathbf{s}_v$ und $\mathbf{s}_{v_{\text{pivot}}}$
13:        $w \leftarrow w + 1 \bmod 2$
14:      **end if**
15:      **for** $j = v + 1, \ldots, k - 1$ **do**
16:        $\alpha \leftarrow a_{u,j}/a_{u,v}$
17:        $\mathbf{a}_j \leftarrow \mathbf{a}_j - \alpha \mathbf{a}_v$
18:        $\mathbf{s}_j \leftarrow \mathbf{s}_j - \alpha \mathbf{s}_v$
19:      **end for**
20:      $v \leftarrow v + 1$
21:     **end if**
22:     $u \leftarrow u + 1$
23:   **end while**
24:   **return** A', S, v, w
25: **end**

Die Korrektheit des Algorithmus wird im nächsten Theorem festgestellt.

Theorem B.5.26 Bei Eingabe von $k, l \in \mathbb{N}$ und $A \in F^{(l,k)}$ haben die Rückgabewerte $A' \in F^{(l,k)}$, $S \in \mathsf{GL}(k, F)$, $v \in \mathbb{N}$ und $w \in \mathbb{N}_0$ von Algorithmus B.5.25 folgende Eigenschaften: die Matrix A' ist in Spaltenstufenform; es gilt $A' = AS$; v ist die Anzahl der Nicht-Null-Zeilen von A'; $\det S = (-1)^w$.

Der Name „Gaußsche Elimination“ rührt daher, dass in der **for**-Schleife, die in Zeile 15 beginnt, die Einträge $a_{u,j}$ für $v < j < k$ „eliminiert“ werden.

Algorithmus B.5.25 kann auch verwendet werden, um $A \in F^{(k,l)}$ in Zeilenstufenform zu transformieren, indem man den Algorithmus auf die Transponierte von A anwendet. Wenn der Algorithmus gibt A', S, v, w zurückgibt, ersetzen wir A', S durch ihre Transponierten. Dann ist A' in Zeilenstufenform und es gilt Folgendes: $A' = SA$, v ist die Anzahl der Nicht-Null-Zeilen von A', und $\det S = (-1)^w$.

Theorem B.5.27 Sei $k, l \in \mathbb{N}$ und $A \in F^{(l,k)}$ die Eingabe von Algorithmus B.5.25 und sei $n = \max\{k, l\}$. Der Algorithmus benötigt $\mathrm{O}(n^3)$ Operationen in F und Speicher für $\mathrm{O}(n^2)$ Elemente von F.

Der Algorithmus zur Gaußschen Elimination benötigt auch Zeit und Speicherplatz, um die Schleifenvariablen u, v und w zu initialisieren und zu erhöhen. Diese Zeit- und Speicheranforderungen werden jedoch von der Komplexität der Operationen im Körper F dominiert. Daher erwähnen wir sie nicht ausdrücklich.

Es sind mehrere Modifikationen von Algorithmus B.5.25 möglich. Je nach gewünschtem Ergebnis können wir die Berechnung von S oder w weglassen, was den Algorithmus vereinfacht und seine Leistung verbessert. Wenn F der Körper der reellen oder komplexen Zahlen ist, kann der Algorithmus nur Näherungen der Einträge der Matrix A verwenden. Dann ist eine gute Auswahl des Pivot-Elements entscheidend, um die Fehlerfortpflanzung unter Kontrolle zu halten.

B.5.8 Anwendungen der Gaußschem Elimination

Theorem B.5.28 Seien $l, k \in \mathbb{N}$, sei $A \in F^{(l,k)}$ die Eingabe des Gauß-Eliminationsalgorithmus und sei $A' \in F^{(l,k)}$, $S \in \mathsf{GL}(k, F)$, $v, w \in \mathbb{N}$ die entsprechende Ausgabe. Dann gilt Folgendes:

1. Der Rang von A ist v.
2. Die Folge der ersten v Spaltenvektoren von A' ist eine Basis des Bildes von A.
3. Die Folge der letzten $v - k$ Spaltenvektoren von S ist eine Basis des Kerns von A.
4. Für $k = l$ ist $(-1)^w \det A$ das Produkt der Diagonalelemente von A'.

Außerdem erfordert die Berechnung dieser Größen $\mathrm{O}(n^3)$ Operationen in F und Speicher für $\mathrm{O}(n^2)$ Elemente von F, wobei $n = \max\{k, l\}$ ist.

Als Nächstes betrachten wir das Problem der Lösung *linearer Gleichungssysteme.* Damit meinen wir Folgendes: Sei $A \in F^{(l,k)}$ und $\mathbf{b} \in F^l$. Ziel ist es, alle $\mathbf{x} \in F^k$ zu finden, die die Gleichung

$$A\mathbf{x} = \mathbf{b} \tag{B.70}$$

erfüllen. Wenn $\mathbf{x} \in F^k$ die Gl. (B.70) erfüllt, nennen wir $\mathbf{x}$ eine *Lösung des linearen Gleichungssystems* (B.70). Wir charakterisieren zunächst die Lösungen linearer Gleichungssysteme.

Proposition B.5.29 Sei $A \in F^{(l,k)}$ und $\mathbf{b} \in F^l$. Wenn das lineare Gleichungssystem $A\mathbf{x} = \mathbf{b}$ eine Lösung hat, dann ist $\mathbf{x} + \ker(A)$ die Menge aller solcher.

Proposition B.5.29 zeigt, wie man die Menge aller Lösungen des linearen Gleichungssystems (B.70) finden kann. Erstens entscheidet man, ob es eine Lösung gibt. Falls dies der Fall ist, findet man eine solche. Zweitens bestimmt man eine Basis des Kerns von A. Wir haben in Theorem B.5.28 gesehen, wie die zweite Aufgabe mithilfe des Gauß-Algorithmus gelöst werden kann. Wir müssen also noch die erste Aufgabe lösen. Dies geschieht in Algorithmus B.5.30.

Algorithmus B.5.30 Lösen eines linearen Gleichungssystems

Input: $k, l \in \mathbb{N}$, $A \in F^{(l,k)}$, $\mathbf{b} \in F^l$
Output: $\mathbf{x} \in F^k$ mit $A\mathbf{x} = \mathbf{b}$ oder „Keine Lösung"
1: SOLVE($k, l, A, \mathbf{b}$)
2: $\quad (A', S, v, w) \leftarrow$ ColumnEchelon(k, l, A)
3: $\quad$ /* Die Einträge von A' sind $a'_{i,j}$. Die Einträge von $\mathbf{b}$ sind b_i */
4: $\quad$ **for** $j = 0, \ldots, v-1$ **do**
5: $\quad\quad u = \min\{i \in \mathbb{Z}_k : a'_{i,j} \neq 0\}$
6: $\quad\quad y_j = \left(b_u - \sum_{i=0}^{j-1} x_i a'_{u,i}\right)/a'_{u,j}$
7: $\quad$ **end for**
8: $\quad \mathbf{y} \leftarrow (y_0, \ldots, y_{v-1}, \underbrace{0, \ldots, 0}_{k-v})$
9: $\quad$ **if** $A'\mathbf{y} = \mathbf{b}$ **then**
10: $\quad\quad \mathbf{x} \leftarrow S\mathbf{y}$
11: $\quad\quad$ **return** $\mathbf{x}$
12: $\quad$ **else**
13: $\quad\quad$ **return** „Keine Lösung"
14: $\quad$ **end if**
15: **end**

Proposition B.5.31 Seien $k, l \in \mathbb{N}$, $A \in F^{(l,k)}$ und $\mathbf{b} \in F^l$ die Eingaben von Algorithmus B.5.30. Wenn der Algorithmus $\mathbf{x} \in F^k$ zurückgibt, dann erfüllt dieser Vektor $A\mathbf{x} = \mathbf{b}$. Gibt der Algorithmus „Keine Lösung" zurück, so hat das lineare Gleichungssystem $A\mathbf{x} = \mathbf{b}$ keine Lösung. Der Algorithmus benötigt $O(n^3)$ Operationen in F und Speicher für $O(n^2)$ Elemente von F.

B.5.9 Eigenwerte, Eigenvektoren und Eigenräume

Definition B.5.32

1. Sei $f \in \mathrm{End}(V)$. Ein *Eigenwert* von f ist ein Körperelement $\lambda \in F$ mit $f(\mathbf{v}) = \lambda\mathbf{v}$ für einen von Null verschiedenen Vektor $\mathbf{v} \in V$. Ein solcher Vektor $\mathbf{v}$ wird *Eigenvektor von* f genannt.
2. Sei $A \in F^{(k,k)}$. Ein Eigenwert oder Eigenvektor von A ist definiert als ein Eigenwert bzw. Eigenvektor des Endomorphismus $F^k \to F^k$, $\mathbf{v} \mapsto A\mathbf{v}$.

Proposition B.5.33 Sei $f \in \mathrm{End}(V)$ und sei $\mathbf{v} \in V$ ein Eigenvektor von f. Dann gibt es genau einen Eigenwert $\lambda \in F$ von f mit $f(\mathbf{v}) = \lambda\mathbf{v}$. Dieser wird *Eigenwert des Eigenvektors* $\mathbf{v}$ genannt.

Proposition B.5.34 Wenn λ ein Eigenwert eines Endomorphismus $f \in \mathrm{End}(V)$ ist, dann ist die Menge aller Eigenvektoren mit diesem Eigenwert, ein Unterraum von V. Dieser wird *Eigenraum* von f zum Eigenwert λ genannt.

Proposition B.5.35 Ein Körperelement $\lambda \in F$ ist genau dann ein Eigenwert eines Endomorphismus $f \in \mathrm{End}(V)$, wenn $p_f(\lambda) = 0$ gilt.

Korollar B.5.36 Wenn $A \in F^{(k,k)}$ in oberer oder unterer Dreiecksform ist, dann sind die Eigenwerte von A die Diagonalelemente von A.

Definition B.5.37 Wenn λ ein Eigenwert von $f \in \mathrm{End}(V)$ ist, dann wird die Dimension des Eigenraums zum Eigenwert λ als *geometrische Vielfachheit* von λ bezeichnet. Weiterhin ist die *algebraische Vielfachheit* von λ die Potenz, mit der $(x - \lambda)$ das charakteristische Polynom $p_f(x)$ teilt.

Korollar B.5.38 Sei $A \in F^{(k,k)}$, seien $\lambda_0, \ldots, \lambda_{l-1}$ die verschiedenen Eigenwerte von A, und seien $m_0, \ldots, m_{l-1}$ ihre geometrischen Vielfachheiten. Dann ist A ähnlich zu einer Matrix der Form

$$A = \begin{pmatrix} A_1 & A_2 \\ \mathbf{0} & A_3 \end{pmatrix} \tag{B.71}$$

mit

$$A_1 = \operatorname{diag}(\underbrace{\lambda_0, \ldots, \lambda_0}_{m_0}, \ldots, \underbrace{\lambda_{l-1}, \ldots, \lambda_{l-1}}_{m_{l-1}}) \tag{B.72}$$

das Symbol $\mathbf{0}$ für die Matrix in $F^{(k-l,k)}$ steht, die nur Null-Einträge hat, $A_2 \in F^{(l,k-l)}$ und $A_3 \in F^{(l,k-l)}$ ist.

Korollar B.5.39 Sei $f \in \operatorname{End}(V)$. Dann sind die geometrischen Vielfachheiten der Eigenwerte von f höchstens so groß wie die entsprechenden algebraischen Vielfachheiten.

B.5.10 Diagonalisierbare Matrizen

Definition B.5.40 Eine Matrix $A \in F^{(k,k)}$ wird *diagonalisierbar* genannt, wenn A zu einer Diagonalmatrix ähnlich ist.

Theorem B.5.41 Sei $A \in F^{(k,k)}$. Dann sind die folgenden Aussagen äquivalent.

1. A ist diagonalisierbar.
2. Das charakteristische Polynom $p_A(x)$ von A ist ein Produkt von Linearfaktoren, und die geometrische Vielfachheit und algebraische Vielfachheit jedes Eigenwertes sind gleich.
3. F^k ist die direkte Summe der Eigenräume von A.

Korollar B.5.42 Sei $A \in F^{(k,k)}$ diagonalisierbar, seien $\lambda_0, \ldots, \lambda_{l-1}$ die verschiedenen Eigenwerte von A, und seien $m_0, \ldots, m_{l-1}$ ihre algebraischen Vielfachheiten. Dann gibt es eine Basis $(\mathbf{b}_0, \ldots, \mathbf{b}_{k-1})$ von Eigenvektoren von A, sodass die ersten m_0 davon Eigenvektoren mit Eigenwert λ_0 sind, die nächsten m_1 Eigenvektoren mit Eigenwert λ_1 usw. Außerdem gilt

$$B^{-1}AB = \operatorname{diag}(\underbrace{\lambda_0, \ldots, \lambda_0}_{m_0}, \underbrace{\lambda_1, \ldots, \lambda_1}_{m_1}, \ldots, \underbrace{\lambda_{l-1}, \ldots, \lambda_{l-1}}_{m_{l-1}}) \tag{B.73}$$

wobei B die Matrix mit den Spaltenvektoren $\mathbf{b}_0, \ldots, \mathbf{b}_{k-1}$ ist.

B.6 Tensorprodukte

In diesem Abschnitt behandeln wir Tensorprodukte von Vektorräumen. Sie spielen bei der Modellierung von Quantenalgorithmen eine zentrale Rolle.

Wir bezeichnen mit $V_0, \ldots, V_{m-1}$ Vektorräume über F mit Dimensionen $n_0, \ldots, n_{m-1} \in \mathbb{N}$ und setzen $n = \prod_{j=0}^{m-1} n_j$. Im Zusammenhang mit Quantenalgorithmen benötigen wir nur Tensorprodukte komplexer Vektorräume. Aber es ist kein Mehraufwand, Tensorprodukte von Vektorräumen über beliebigen Körpern einzuführen. Außerdem merken wir an, dass viele Begriffe und Resultate auch für unendlich-dimensionale Vektorräume gelten.

B.6.1 Motivation und Definition

Wir beginnen mit einem Beispiel, das die Einführung von Tensorprodukten motiviert und eine erste Idee präsentiert, wie sie konstruiert werden könnten.

Beispiel B.6.1 Quantencomputer operieren auf Quantenregistern. Das erläutern wir in Kap. 4. Es handelt sich dabei um endliche Folgen von Quantenbits oder kurz Qubits, die Quanteninformation speichern können. Ihre Zustände werden durch Vektoren der Länge 1 in bestimmten komplexen Vektorräumen modelliert, die Zustandsräume genannt werden. Das einfachste Quantenregister besteht nur aus einem einzigen Qubit. Sein Zustandsraum ist

$$\mathbb{H}_1 = \mathbb{C}\,|0\rangle + \mathbb{C}\,|1\rangle\,, \tag{B.74}$$

mit linear unabhängigen Basiszuständen $|0\rangle$ und $|1\rangle$. Die Zustände einzelner Qubits sind also von der Form

$$\alpha\,|0\rangle + \beta\,|1\rangle \tag{B.75}$$

mit komplexen Koeffizienten α, β, die $|\alpha|^2 + |\beta|^2 = 1$ erfüllen. Um die Zustände von Quantenregistern mit mehreren Qubits zu modellieren, könnte man zum Beispiel die Menge aller Vektoren verwenden, deren Einträge die Zustände der einzelnen Qubits sind, und die Linearkombinationen dieser Vektoren mit komplexen Koeffizienten.

Wie in Beispiel B.6.1 motiviert, ist der erste Kandidat für das Tensorprodukt von $V_0, \ldots, V_{m-1}$ der F-Vektorraum, der alle endlichen Linearkombinationen von Elementen in $\prod_{j=0}^{m-1} V_j$ mit Koeffizienten aus F enthält. Wir definieren ihn formal folgendermaßen:

Definition B.6.2 Mit L bezeichnen wir den F-Vektorraum, der folgende Eigenschaften hat:

1. Das neutrale Element bezüglich der Addition in L ist $\mathbf{0} = (\mathbf{0}, \ldots, \mathbf{0}) \in \prod_{j=0}^{m-1} V_j$.[1]
2. Die Menge aller von $\mathbf{0}$ verschiedenen Elemente in $\prod_{j=0}^{m-1} V_j$ ist eine Basis von L.

Der Vektorraum L besteht also aus $\mathbf{0}$ und allen Linearkombinationen

[1] Hier verwenden wir **0** in unterschiedlicher Bedeutung, was aber nicht zu Konfusion führen wird.

$$\sum_{\mathbf{v} \in \prod_{j=0}^{m-1} V_j, \mathbf{v} \neq \mathbf{0}} r_{\mathbf{v}} \mathbf{v} \tag{B.76}$$

wobei $r_{\mathbf{v}}$ Skalare in F sind, von denen nur endlich viele ungleich Null sind. Wegen der zweiten Bedingung in Definition B.6.2 hat jedes Element in L eine eindeutig bestimmte Darstellung (B.76).

Wir geben ein Beispiel für L, das aber auch zeigt, warum L nicht als Tensorprodukt der $V_0, \ldots, V_{m-1}$ geeignet ist.

Beispiel B.6.3 Sei $m = 2$, $F = \mathbb{C}$ und sei V_0 und V_1 der Zustandsraum $\mathbb{H}_1$ eines einzelnen Qubits, der in Beispiel B.6.1 definiert ist. Das neutrale Element bezüglich der Addition in L ist $\mathbf{0} = (\mathbf{0}, \mathbf{0})$, was nicht mit dem Zustand $(|0\rangle, |0\rangle)$ verwechselt werden sollte, der ungleich $\mathbf{0}$ ist. Die von $\mathbf{0}$ verschiedenen Elemente von L sind die Linearkombinationen $\sum_{\mathbf{v} \in \mathbb{H}_1^2, \mathbf{v} \neq \mathbf{0}} r_{\mathbf{v}} \mathbf{v}$, in denen nur endlich viele Koeffizienten $r_{\mathbf{v}} \in \mathbb{C}$ ungleich Null sind. Zum Beispiel sind

$$\frac{1}{\sqrt{2}}(|0\rangle, |1\rangle) + \frac{1}{\sqrt{2}}(|1\rangle, |1\rangle) \tag{B.77}$$

und

$$\left(\frac{1}{\sqrt{2}}(|0\rangle + |1\rangle), |1\rangle\right) \tag{B.78}$$

zwei verschiedene Elemente von L, weil die Menge der von $\mathbf{0}$ verschiedenen Paare in $\mathbb{H}_1^2$ eine Basis von L ist. Die beiden Elemente in (B.77) und (B.78) beschreiben aber denselben physikalischen Zustand: Das zweite Qubit ist im Zustand $|1\rangle$ während sich das erste Qubit in einer Superposition der beiden Zustände $|0\rangle$ und $|1\rangle$ befindet mit dem Normierungsfaktor $\frac{1}{\sqrt{2}}$. Im Tensorprodukt der Zustandsräume der einzelnen Qubits müssten diese Zustände also gleich sein. Darum ist L noch nicht als Tensorprodukt geeignet.

Wir definieren nun das Tensorprodukt von $V_0, \ldots, V_{m-1}$ so, dass die beiden Elemente in (B.77) und (B.78) tatsächlich gleich sind. Dazu führen wir folgenden Begriff ein:

Definition B.6.4 Sei P ein F-Vektorraum. Eine Abbildung

$$f : \prod_{j=0}^{m-1} V_j \to P \tag{B.79}$$

wird *multilinear* genannt, wenn für alle $(\mathbf{v}_0, \ldots, \mathbf{v}_{m-1}) \in \prod_{j=0}^{m-1} V_j$ und alle $i \in \mathbb{Z}_m$ die Abbildungen

$$V_i \to P, \quad \mathbf{v} \mapsto f(\mathbf{v}_0, \ldots, \mathbf{v}_{i-1}, \mathbf{v}, \mathbf{v}_{i+1}, \ldots, \mathbf{v}_{m-1}) \tag{B.80}$$

F-linear sind. Falls $m = 2$ ist, so wird f *bilinear* genannt.

Der in Definition B.4.10 eingeführte Konzept der Multilinearität ist ein Spezialfall dieser Definition.

Übung B.6.5 Sei $k \in \mathbb{N}$. Zeigen Sie, dass die Abbildung

$$f : F^k \to F, \quad (r_0, \ldots, r_{k-1}) \mapsto \prod_{i=0}^{k-1} r_i \tag{B.81}$$

multilinear ist.

Definition B.6.6 Ein *Tensorprodukt* der Vektorräume $V_0, \ldots, V_{m-1}$ über F ist ein Paar (T, θ) wobei T ein F-Vektorraum und

$$\theta : \prod_{j=0}^{m-1} V_j \to T \tag{B.82}$$

eine multilineare Abbildung ist, die folgende Eigenschaften hat:

1. Das Bild $\theta\left(\prod_{j=0}^{m-1} V_j\right)$ von $\prod_{j=0}^{m-1} V_j$ unter θ spannt T auf.
2. Universelle Eigenschaft: Für jeden F-Vektorraum P und jede multilineare Abbildung

$$\phi : \prod_{j=0}^{m-1} V_j \to P \tag{B.83}$$

gibt es eine F-lineare Abbildung $\Phi \to T$ mit

$$\phi = \Phi \circ \theta. \tag{B.84}$$

B.6.2 Konstruktion

Im Folgenden konstruieren wir ein Tensorprodukt von $V_0, \ldots, V_{m-1}$. Dazu benötigen wir folgende Definition:

Definition B.6.7 Mit S bezeichnen wir den Unterraum von L, der von allen Elementen in L von folgender Gestalt erzeugt wird:

$$\begin{aligned} &r(\mathbf{v}_0, \ldots, \mathbf{v}_{i-1}, \mathbf{v}, \mathbf{v}_{i+1}, \ldots, \mathbf{v}_{m-1}) \\ &+ r(\mathbf{v}_0, \ldots, \mathbf{v}_{i-1}, \mathbf{w}, \mathbf{v}_{i+1}, \ldots, \mathbf{v}_{m-1}) \\ &- (\mathbf{v}_0, \ldots, \mathbf{v}_{i-1}, r(\mathbf{v} + \mathbf{w}), \mathbf{v}_{i+1}, \ldots, \mathbf{v}_{m-1}) \end{aligned} \tag{B.85}$$

mit $i \in \mathbb{Z}_m$, $\mathbf{v}_j \in V_j$ für alle $j \in \mathbb{Z}_m$, $j \neq i$, $\mathbf{v}, \mathbf{w} \in V_i$ und $r \in F$.

Übung B.6.8 Zeigen Sie, dass die Differenz der Elemente aus (B.77) und (B.78) ein Element des Unterraums S ist.

Übung B.6.8 zeigt, dass die Nebenklassen der Elemente in (B.77) und (B.78) im Quotientenraum L/S gleich sind. Wir werden zeigen, dass das Paar bestehend aus diesem Quotientenraum und der Abbildung

$$\prod_{j=0}^{m-1} V_j \to L/S, \quad (\mathbf{v}_0, \ldots, \mathbf{v}_{m-1}) \mapsto (\mathbf{v}_0, \ldots, \mathbf{v}_{m-1}) + S \tag{B.86}$$

ein Tensorprodukt von $V_0, \ldots, V_{m-1}$ ist. Vorher führen wir einige übliche Bezeichnungen ein. Die Nebenklassen $(\mathbf{v}_0, \ldots, \mathbf{v}_{m-1}) + S$ der Tupel $(\mathbf{v}_0, \ldots, \mathbf{v}_{m-1}) \in \prod_{j=0}^{m-1} V_j$ in L/S werden

$$\mathbf{v}_0 \otimes_F \ldots \otimes_F \mathbf{v}_{m-1} \tag{B.87}$$

geschrieben. Ist der Körper F klar, dann schreibt man sie auch als

$$\mathbf{v}_0 \otimes \ldots \otimes \mathbf{v}_{m-1} \text{ oder } \bigotimes_{j=0}^{m-1} \mathbf{v}_j. \tag{B.88}$$

Damit ist der Quotientenraum L/S die Menge aller Linearkombinationen

$$\sum_{\mathbf{v}=(\mathbf{v}_0,\ldots,\mathbf{v}_{m-1}) \in \prod_{j=0}^{m-1} V_j} r_{\mathbf{v}} \mathbf{v}_0 \otimes_F \ldots \otimes_F \mathbf{v}_{m-1} \tag{B.89}$$

mit endlich vielen von Null verschiedenen Koeffizienten $r_{\mathbf{v}}$. Darum wird der Quotientenraum L/S geschrieben als

$$V_0 \otimes_F \ldots \otimes_F V_{m-1}. \tag{B.90}$$

Ist klar, welcher Körper F gemeint ist, benutzt man auch die Bezeichnungen

$$V_0 \otimes \ldots \otimes V_{m-1} \text{ oder } \bigotimes_{j=0}^{m-1} V_j \tag{B.91}$$

Beachte, dass $V_0 \otimes_F \ldots \otimes_F V_{m-1}$ nicht nur aus den Elementen $\mathbf{v}_0 \otimes_F \ldots \otimes_F \mathbf{v}_{m-1}$ besteht, sondern, wie in (B.89) gezeigt, die lineare Hülle der Menge dieser Elemente ist.

Zur weiteren Vereinfachung schreibt man

$$V^{\otimes m} = \underbrace{V \otimes \cdots \otimes V}_{m} \text{ und } \mathbf{v}^{\otimes m} = \underbrace{\mathbf{v} \otimes \cdots \otimes \mathbf{v}}_{m}, \tag{B.92}$$

wobei V ein F-Vektorraum und $\mathbf{v} \in V$ ist.

Nach Definition von S gilt im Vektorraum $V_0 \otimes_F \ldots \otimes_F V_{m-1}$ die Rechenregel

$$\begin{aligned} & r(\mathbf{v}_0 \otimes \cdots \otimes \mathbf{v}_{i-1} \otimes \mathbf{v} \otimes \mathbf{v}_{i+1} \otimes \cdots \otimes \mathbf{v}_{m-1}) \\ + & r(\mathbf{v}_0 \otimes \cdots \otimes \mathbf{v}_{i-1} \otimes \mathbf{w} \otimes \mathbf{v}_{i+1} \otimes \cdots \otimes \mathbf{v}_{m-1}) \\ = & \mathbf{v}_0 \otimes \cdots \otimes \mathbf{v}_{i-1} \otimes r(\mathbf{v} + \mathbf{w}) \otimes \mathbf{v}_{i+1} \otimes \cdots \otimes \mathbf{v}_{m-1} \end{aligned} \tag{B.93}$$

für alle $i \in \mathbb{Z}_m$, $\mathbf{v}_j \in V_j$ mit $j \in \mathbb{Z}_m$, $j \neq i$, $\mathbf{v}, \mathbf{w} \in V_i$ und $r \in F$. Wir definieren auch die Abbildung

$$\bigotimes : V_0, \ldots, V_{m-1} \to \bigotimes_{j=0}^{m-1} V_j, \quad (\mathbf{v}_0, \ldots, \mathbf{v}_{m-1}) \mapsto \bigotimes_{j=0}^{m-1} \mathbf{v}_j. \tag{B.94}$$

Beispiel B.6.9 Betrachte den $\mathbb{C}$-Vektorraum

$$\mathbb{H}_1 \otimes_{\mathbb{C}} \mathbb{H}_1 = \mathbb{H}_1 \otimes \mathbb{H}_1 = \mathbb{H}_1^{\otimes 2}. \tag{B.95}$$

Ersetzt man in den Elementen aus (B.77) und (B.78) die Tupel in $\mathbb{H}_1^2$ durch ihre Bilder unter $\bigotimes$, so erhält man die folgenden Elemente aus $\mathbb{H}_1^{\otimes 2}$:

$$\frac{1}{\sqrt{2}}(|0\rangle \otimes_{\mathbb{C}} |1\rangle) + \frac{1}{\sqrt{2}}(|1\rangle \otimes_{\mathbb{C}} |1\rangle) \tag{B.96}$$

und

$$\left(\frac{1}{\sqrt{2}}(|0\rangle + |1\rangle)\right) \otimes_{\mathbb{C}} |1\rangle\,. \tag{B.97}$$

Wendet man die Rechenregel (B.93) an, so sieht man: Im Gegensatz zu den Elementen aus (B.77) und (B.78) sind sie gleich, wie gewünscht.

Wir zeigen nun, dass $\left(\bigotimes_{j=0}^{m-1} V_j, \bigotimes\right)$ ein Tensorprodukt der Vektorräume $V_0, \ldots, V_{m-1}$ ist. Dazu benötigen wir noch folgendes Lemma:

Lemma B.6.10 Sei T ein F-Vektorraum und sei $\theta : \prod_{j=0}^{m-1} V_j \to T$ eine multilineare Abbildung mit $\operatorname{Span} \theta \left(\prod_{j=0}^{m-1} V_j\right) = T$. Dann sind die folgenden Aussagen äquivalent:

1. Das Paar (T, θ) hat die universelle Eigenschaft.
2. Für alle F-Vektorräume P, multilineare Abbildungen $\phi : \prod_{j=0}^{m-1} V_j \to P$, $n \in \mathbb{N}$, $\mathbf{v}_0, \ldots, \mathbf{v}_{n-1} \in \prod_{j=0}^{m-1} V_j$ und $r_0, \ldots, r_{n-1} \in F$ mit $\sum_{j=0}^{n-1} r_j \theta(\mathbf{v}_j) = 0$ gilt $\sum_{j=0}^{n-1} r_j \phi(\mathbf{v}_j) = 0$.

Beweis Sei P ein F-Vektorraum und sei $\phi : \prod_{j=0}^{m-1} V_j \to P$ multilinear. Angenommen, (θ, T) hat die universelle Eigenschaft. Dann gibt es eine lineare Abbildung $\Phi : T \to P$ mit $\phi = \Phi \circ \theta$. Sei $n \in \mathbb{N}$, $\mathbf{v}_0, \ldots, \mathbf{v}_{n-1} \in \prod_{j=0}^{m-1} V_j$ und $r_0, \ldots, r_{n-1} \in R$ mit $\sum_{j=0}^{n-1} r_j \theta(\mathbf{v}_j) = 0$. Dann folgt aus der Linearität von Φ

$$\sum_{j=0}^{n-1} r_j \phi(\mathbf{v}_j) = \sum_{j=0}^{n-1} r_j (\Phi \circ \theta)(\mathbf{v}_j) = \Phi\left(\sum_{j=0}^{n-1} r_j \theta(\mathbf{v}_j)\right) = \Phi(0) = 0. \tag{B.98}$$

Sei nun umgekehrt angenommen, dass die zweite Bedingung gilt. Betrachte die Abbildung

$$\Phi : T \to P, \quad \sum_{j=0}^{n-1} r_j \theta(\mathbf{v}_j) \mapsto \sum_{j=0}^{n-1} r_j \phi(\mathbf{v}_j). \tag{B.99}$$

für alle $n \in \mathbb{N}$, $\mathbf{v}_j \in \prod_{j=0}^{m-1} V_j$, $0 \le j < n$. Wie wir sehen werden, ist Φ wohldefiniert und linear. Aus (B.99) folgt dann $\phi = \Phi \circ \theta$ und die universelle Eigenschaft ist bewiesen.

Wir zeigen, dass Φ wohldefiniert ist. Da $\operatorname{Span} \theta \left(\prod_{j=0}^{m-1} V_j\right) = T$ ist, kann jedes $\mathbf{t} \in T$ geschrieben werden als

$$\mathbf{t} = \sum_{j=0}^{n-1} r_j \theta(\mathbf{v}_j) \tag{B.100}$$

wobei $n \in \mathbb{N}$, $\mathbf{v}_j \in \prod_{j=0}^{m-1} V_j$ und $r_j \in R$ ist für $0 \le j < n$. Also ist Φ für alle $\mathbf{t} \in T$ definiert und wir müssen zeigen, dass das Bild von $\mathbf{t}$ unter Φ unabhängig von der Darstellung von $\mathbf{t}$ ist. Sei

$$\mathbf{t} = \sum_{i=0}^{n'-1} r'_i \theta(\mathbf{v}'_i) \tag{B.101}$$

eine andere Darstellung, wobei $n' \in \mathbb{N}$, $\mathbf{v}'_i \in \prod_{j=0}^{m-1} V_j$, und $r'_i \in R$ ist für $0 \le i < n'$ ist. Durch Einfügen von Summanden mit Koeffizienten 0 in die Summen auf den rechten Seiten von (B.100) und (B.101) und durch Ändern der Reihenfolge der Terme in dieser Summen erhalten wir $n = n'$ und $\mathbf{v}_j = \mathbf{v}'_j$ für alle $j \in \mathbb{Z}_n$. Daher gilt

$$\sum_{j=0}^{n-1} (r_j - r'_j) \theta(\mathbf{v}_j) = \mathbf{0}. \tag{B.102}$$

Aus der zweiten Bedingung im Lemma folgt daher

$$\sum_{j=0}^{n-1} r_i \phi(\mathbf{v}_j) - \sum_{j=0}^{n-1} r_j' \phi(\mathbf{v}_j) = \sum_{j=0}^{n-1} (r_j - r_i') \phi(\mathbf{v}_j) = 0. \tag{B.103}$$

Dies zeigt, dass Φ tatsächlich wohldefiniert ist. Der Beweis der Linearität wird dem Leser als Übung B.6.11 überlassen. □

Übung B.6.11 Beweisen Sie die Linearität der in (B.99) definierten Abbildung.

Jetzt können wir zeigen, dass unsere Konstruktion tatsächlich ein Tensorprodukt liefert.

Theorem B.6.12 Das Paar $\left(\bigotimes_{j=0}^{m-1} V_j, \bigotimes\right)$ ist ein Tensorprodukt der Vektorräume $V_0, \ldots, V_{m-1}$ über F und wird *das Tensorprodukt dieser Vektorräume* genannt.

Beweis Die Multilinearität von $\bigotimes$ folgt aus der Definition von S und weil L aus Linearkombinationen von Tupeln in $\prod_{j=0}^{m-1} V_j$ besteht, ist Span $\bigotimes\left(\prod_{j=0}^{m-1} V_j\right) = L/S$.

Wir beweisen die universelle Eigenschaft, indem wir die zweite Bedingung in Lemma B.6.10 überprüfen. Gemäß der Definition von $\bigotimes$ ist eine Linearkombination $\sum_{i=0}^{n-1} r_i \mathbf{v}_{i,0} \otimes \cdots \otimes \mathbf{v}_{i,m-1}$ genau dann Null, wenn $\sum_{i=0}^{n-1} r_i (\mathbf{v}_{i,0}, \ldots, \mathbf{v}_{i,n-1}) \in S$ ist. Daher genügt es zu zeigen, dass die zweite Bedingung von Lemma B.6.10 für die Erzeuger von S in (B.85) gilt. Aber dies folgt aus der Multilinearität von ϕ. □

B.6.3 Eindeutigkeit

Wir zeigen, dass Tensorprodukte von $V_0, \ldots, V_{m-1}$ bis auf Isomorphie eindeutig bestimmt sind. Zunächst definieren wir Isomorphismen zwischen Tensorprodukten.

Definition B.6.13 Seien (T, θ) und (T', θ') Tensorprodukte von $V_0, \ldots, V_{m-1}$ über F. Ein *Tensorproduktisomorphismus* zwischen (T, θ) und (T', θ') ist ein F-Vektorraumisomorphismus $\Theta : T' \to T$, der $\theta = \Theta \circ \theta'$ erfüllt.

Wir benötigen folgendes Resultat:

Proposition B.6.14 Sei (T, θ) ein Tensorprodukt von $V_0, \ldots, V_{m-1}$, sei P ein F-Vektorraum und sei $\phi : \prod_{j=0}^{m-1} V_j \to P$ eine multilineare Abbildung. Dann ist die Abbildung

$$\Phi : T \to P, \quad \sum_{\mathbf{v} \in \prod_{j=0}^{m-1} V_j} r_{\mathbf{v}} \theta(\mathbf{v}) \mapsto \sum_{\mathbf{v} \in \prod_{j=0}^{m-1} V_j} r_{\mathbf{v}} \phi(\mathbf{v}) \tag{B.104}$$

ein wohldefinierter Homomorphismus, der $\phi = \Phi \circ \theta$ erfüllt und sie ist die einzige lineare Abbildung T $\to$ P mit dieser Eigenschaft.

Beweis Wir haben im Beweis von Lemma B.6.10 gezeigt, dass Φ ein wohldefinierter Homomorphismus mit $\phi = \Phi \circ \theta$ ist. Um die Eindeutigkeit zu beweisen, betrachte eine weitere lineare Abbildung $\Phi' : T \to P$ mit diesen Eigenschaften. Sei außerdem $\mathbf{t} \in T$ mit einer Darstellung wie in (B.100). Dann gilt $\Phi'(\mathbf{t}) = \Phi'(\sum_{i=0}^{n-1} r_i \theta(\mathbf{v}_i)) = \sum_{i=0}^{n-1} r_i (\Phi' \circ \theta)(\mathbf{v}_i) = \sum_{i=0}^{n-1} r_i \phi(\mathbf{v}_i) = \Phi(\mathbf{t})$. □

Theorem B.6.15 Alle Tensorprodukte von $V_0, \ldots, V_{m-1}$ über F sind zueinander isomorph. Genauer gilt Folgendes: Seien (T, θ) und $T', \theta')$ zwei solche Tensorprodukte. Dann ist die Abbildung

$$\Theta : T' \to T, \quad \sum_{\mathbf{v} \in \prod_{j=0}^{m-1} V_j} r_{\mathbf{v}} \theta'(\mathbf{v}) \mapsto \sum_{\mathbf{v} \in \prod_{j=0}^{m-1} V_j} r_{\mathbf{v}} \theta(\mathbf{v}), \tag{B.105}$$

wohldefiniert und der eindeutig bestimmte Tensorproduktisomorphismus zwischen (T, θ) und (T', θ'). Sein Inverses ist

$$\Theta' : T \to T', \quad \sum_{\mathbf{v} \in \prod_{j=0}^{m-1} V_j} r_{\mathbf{v}} \theta(\mathbf{v}) \mapsto \sum_{\mathbf{v} \in \prod_{j=0}^{m-1} V_j} r_{\mathbf{v}} \theta'(\mathbf{v}). \tag{B.106}$$

Dabei sind in den Linearkombinationen nur endlich viele Koeffizienten $r_{\mathbf{v}}$ ungleich Null.

Beweis Aus Proposition B.6.14 folgt

$$\theta' = \Theta' \circ \theta \text{ und } \theta = \Theta \circ \theta'. \tag{B.107}$$

Das impliziert

$$\theta' = (\Theta' \circ \Theta) \circ \theta' \text{ und } \theta = (\Theta \circ \Theta') \circ \theta. \tag{B.108}$$

Aus Gl. (B.108) folgt

$$\Theta' \circ \Theta|_{\theta'\left(\prod_{j=0}^{m-1} V_j\right)} = I_{\theta'\left(\prod_{j=0}^{m-1} V_j\right)} \text{ und } \Theta \circ \Theta'|_{\theta\left(\prod_{j=0}^{m-1} V_j\right)} = I_{\theta\left(\prod_{j=0}^{m-1} V_j\right)}. \tag{B.109}$$

Da Θ und Θ' lineare Abbildungen sind und da $\operatorname{Span} \theta\left(\prod_{j=0}^{m-1} V_j\right) = T$ und Span $\theta'\left(\prod_{j=0}^{m-1} V_j\right) = T'$ gilt, erhalten wir aus (B.109)

$$\Theta' \circ \Theta = \Theta' \circ \Theta|_{\operatorname{Span} \theta'\left(\prod_{j=0}^{m-1} V_j\right)} = I_{\operatorname{Span} \theta'\left(\prod_{j=0}^{m-1} V_j\right)} = I_{T'} \tag{B.110}$$

und

$$\Theta \circ \Theta' = \Theta \circ \Theta'|_{\operatorname{Span} \theta\left(\prod_{j=0}^{m-1} V_j\right)} = I_{\operatorname{Span} \theta\left(\prod_{j=0}^{m-1} V_j\right)} = I_T. \tag{B.111}$$

Daher ist Θ ein Isomorphismus zwischen T' und T. Die Eindeutigkeit von Θ folgt aus Proposition B.6.14 □

B.6.4 Eigenschaften

Wir beweisen weitere Eigenschaften von Tensorprodukten. Zuerst charakterisieren wir alle Tupel in $\prod_{j=0}^{m-1} V_j$, deren Tensorprodukte Null sind.

Proposition B.6.16 Sei $(\mathbf{v}_0, \ldots, \mathbf{v}_{m-1}) \in \prod_{j=0}^{m-1} V_j$. Dann gilt genau dann $\bigotimes_{j=0}^{m-1} \mathbf{v}_j = \mathbf{0}$, wenn $\mathbf{v}_i = \mathbf{0}$ ist für mindestens ein $i \in \mathbb{Z}_m$ ist.

Beweis Sei $i \in \mathbb{Z}_m$ mit $\mathbf{v}_i = \mathbf{0}$. Dann folgt aus der Multilinearität von $\bigotimes$

$$\bigotimes_{j=0}^{m-1} \mathbf{v}_j = 0 \cdot (\mathbf{v}_\otimes \cdots \otimes \mathbf{v}_{i-1} \otimes \mathbf{0} \otimes \mathbf{v}_\otimes \cdots \otimes \mathbf{v}_{i-1}) = \mathbf{0}. \tag{B.112}$$

Sei umgekehrt $(\mathbf{v}_0, \ldots, \mathbf{v}_{m-1}) \in \prod_{j=0}^{m-1} V_j$ und seien alle Komponenten dieser Folge ungleich Null. Dann ist diese Folge in L aber nicht in S, weil die von Null verschiedenen Elemente von S Linearkombinationen mit mindestens zwei Summanden sind. Daher ist $\bigotimes_{j=0}^{m-1} \mathbf{v}_j$ ungleich Null. □

Als Nächstes zeigen wir, dass Tensorprodukte von Erzeugendensystemen, linear unabhängigen Systemen und Basen ebenfalls diese Eigenschaften haben. Dazu definieren wir zunächst Tensorprodukte von Folgen.

Definition B.6.17 Für $0 \leq j < m$ seien D_j endliche Folgen in V_j,

$$D_j = (\mathbf{d}_{0,j}, \ldots, \mathbf{d}_{l_j-1,j}) \tag{B.113}$$

mit $l_j \in \mathbb{N}$ und $\mathbf{d}_{i,j} \in D_j$ für alle $i \in \mathbb{Z}_{l_j}$ und $j \in \mathbb{Z}_m$. Dann bezeichnen wir mit

$$D_0 \otimes_F \ldots \otimes_F D_{m-1} \tag{B.114}$$

die Folge aller Tensorprodukte

$$\left(\mathbf{d}_{i_0,0} \otimes_F \cdots \otimes_F \mathbf{d}_{i_{m-1},m-1}\right), \tag{B.115}$$

der Elemente der Folgen D_j, wobei die Indextupel $(i_0, \ldots, i_{m-1})$ in $\mathbb{Z}_{l_0} \times \cdots \times \mathbb{Z}_{l_{m-1}}$ liegen und die Folgenglieder anhand ihrer Indextupel lexikografisch geordnet sind. Die Folge in (B.115) wird *Tensorprodukt von* $D_0, \ldots, D_{m-1}$ genannt. Wenn F klar ist, schreiben wir statt $D_0 \otimes_F \ldots \otimes_F D_{m-1}$ auch

$$D_0 \otimes \ldots \otimes D_{m-1} \text{ oder } \bigotimes_{j=0}^{m-1} D_j. \tag{B.116}$$

Wir verwenden auch folgende vereinfachte Schreibweise:

$$\bigotimes_{j=0}^{m-1} D_j = (\mathbf{d}_0 \otimes_F \ldots \otimes_F \mathbf{d}_{m-1}) = (\mathbf{d}_0 \otimes \ldots \otimes \mathbf{d}_{m-1}) = \left(\bigotimes_{j=0}^{m-1} \mathbf{d}_j \right). \tag{B.117}$$

Dabei durchläuft $\mathbf{d}_0, \ldots, \mathbf{d}_{m-1}$ alle Folgenglieder von $D_0, \ldots, D_{m-1}$ in der richtigen Reihenfolge.

Wir zeigen, dass sich die Eigenschaften von Folgen in den Vektorräumen V_j auf die Eigenschaften ihrer Tensorprodukte übertragen.

Proposition B.6.18 Für $0 \leq j < m$ seien D_j endliche Folgen in V_j. Dann gilt Folgendes

1. Die Folgen $D_0, \ldots, D_{m-1}$ bilden genau dann Erzeugendensysteme der Vektorräume $V_0, \ldots, V_{m-1}$ wenn $\bigotimes_{j=0}^{m-1} D_j$ das Tensorprodukt $\bigotimes_{j=0}^{m-1} V_j$ erzeugt.
2. Die Folgen $D_0, \ldots, D_{m-1}$ sind genau dann linear unabhängig, wenn $\bigotimes_{j=0}^{m-1} D_i$ linear unabhängig ist.

Beweis Die erste Aussage folgt daraus, dass $\bigotimes_{j=0}^{m-1} V_j$ die Menge der Linearkombinationen der Elemente von $\bigotimes_{j=0}^{m-1} D_j$ mit Koeffizienten in F ist.

Wir beweisen die zweite Aussage. Seien $D_0, \ldots, D_{m-1}$ linear unabhängig. Wir ergänzen diese Folgen zu Basen der V_j und bezeichnen diese Basen ebenfalls mit D_j. Da das Tensorprodukt von Teilfolgen der D_j eine Teilfolge des Tensorprodukts der D_j ist und weil Teilfolgen linear unabhängiger Folgen selbst linear unabhängig sind, genügt es, die lineare Unabhängigkeit des Tensorprodukts der neuen D_j zu zeigen. Sei

$$\sum_{\mathbf{d} \in \prod_{j=0}^{m-1} D_j} r_{\mathbf{d}} \bigotimes \mathbf{d} = 0 \tag{B.118}$$

mit Koeffizienten $r_{\mathbf{d}} \in F$, wobei $\bigotimes \mathbf{d}$ das Tensorprodukt der Komponenten von $\mathbf{d}$ ist. Wir müssen zeigen, dass alle Koeffizienten $r_{\mathbf{d}}$ Null sind. Wähle dazu $\mathbf{d}' = \mathbf{d}_0, \ldots, \mathbf{d}_{m-1} \in \prod_{j=0}^{m-1} D_j$ und betrachte die folgende Abbildung:

$$\phi : \prod_{j=0}^{m-1} V_j \to F, \quad \left(\sum_{\mathbf{d}_j \in D_j} s_{\mathbf{d}'_j} \mathbf{d}'_j \right)_{j \in \mathbb{Z}_m} \mapsto \prod_{j=0}^{m-1} s_{\mathbf{d}'_j}. \tag{B.119}$$

Sie bildet Tupel in $\prod_{j=0}^{m-1} V_j$, deren Komponenten als Linearkombinationen der jeweiligen Basen D_j geschrieben sind, auf das Produkt der Koeffizienten der Komponenten von $\mathbf{d}'$ ab. Insbesondere bildet sie das Tupel $\mathbf{d}'$ auf 1 ab und alle anderen Tupel $\mathbf{d} \in \prod_{j=0}^{m-1} V_j$ auf Null und ist multilinear. Wegen der universellen Eigenschaft des Tensorprodukts $\left(\bigotimes_{j=0}^{m-1} V_j, \bigotimes\right)$ gibt es eine lineare Abbildung $\Phi : \prod_{j=0}^{m-1} V_j \to P$ mit $\phi = \Phi \circ \bigotimes$ und es gilt

$$\begin{aligned} 0 = \Phi\left(\sum_{\mathbf{d}\in\prod_{j=0}^{m-1} D_j} r_{\mathbf{d}} \bigotimes \mathbf{d}\right) &= \sum_{\mathbf{d}\in\prod_{j=0}^{m-1} D_j} r_{\mathbf{d}} \Phi\left(\bigotimes \mathbf{d}\right) \\ &= \sum_{\mathbf{d}\in\prod_{j=0}^{m-1} D_j} r_{\mathbf{d}} \phi(\mathbf{d}) = r_{\mathbf{d}'}. \end{aligned} \tag{B.120}$$

□

Übung B.6.19 Zeigen Sie, dass in der Situation von Proposition B.6.18 die lineare Unabhängigkeit von $\bigotimes_{j=0}^{m-1} D_j$ die lineare Unabhängigkeit von D_j für $0 \le j < m$ impliziert.

Aus Proposition B.6.18 erhalten wir folgende Aussage:

Theorem B.6.20

1. $\bigotimes_{j=0}^{m-1} V_j$ ist ein F-Vektorraum der Dimension $n = \prod_{n=0}^{m-1} n_j$.
2. Seien $B_0, \dots, B_{m-1}$ Basen von $V_0, \dots, V_{m-1}$. Dann ist $\bigotimes_{j=0}^{m-1} B_j$ eine Basis von $V_0 \otimes \dots \otimes V_{m-1}$ und darum gilt

$$\bigotimes_{j=0}^{m-1} V_j = \sum_{\mathbf{b}_0,\dots,\mathbf{b}_{m-1}\in\prod_{j=0}^{m-1} B_j} F \cdot \mathbf{b}_0 \otimes_F \dots \otimes_F \mathbf{b}_{m-1}. \tag{B.121}$$

Beispiel B.6.21 Wir konstruieren das Tensorprodukt $\mathbb{C}^{\otimes 3}$. Seine Elemente sind die Linearkombinationen von $x_0 \otimes x_1 \otimes x_2$ mit komplexen Koeffizienten, wobei $x_i \in \mathbb{C}$ ist. Wir zeigen

$$\mathbb{C}^{\otimes 3} = \mathbb{C} \cdot 1^{\otimes 3}. \tag{B.122}$$

Dazu stellen wir zunächst fest, dass $\mathbb{C} \cdot 1^{\otimes 3} \subset \mathbb{C}^{\otimes 3}$. Um die umgekehrte Inklusion zu zeigen, sei $x_0 \otimes x_1 \otimes x_2 \in \mathbb{C}^{\otimes 3}$ mit $x_0, x_1, x_2 \in \mathbb{C}$. Aufgrund der Multilinearität des Tensorprodukts gilt $x_0 \otimes x_1 \otimes x_2 = x \cdot 1^{\otimes 3}$ mit $x = x_0 x_1 x_2$. Also gilt $x_0 \otimes x_1 \otimes x_2 \in \mathbb{C} \cdot 1^{\otimes 3}$.

B.6.5 Tensorproduktklammerungen

Sei $m > 2$. Statt das Tensorprodukt $V_0 \otimes \ldots \otimes V_{m-1}$ zu bilden, können wir auch erst das Tensorprodukt $V_0 \otimes V_1$ konstruieren und danach $(V_0 \otimes V_1) \otimes V_2 \otimes \cdots \otimes V_{m-1}$. Das ist nur eine Möglichkeit, Tensorprodukte zu bilden, in denen die Vektorräume $V_0, \ldots, V_{m-1}$ in dieser Reihenfolge vorkommen. Eine andere ist $V_0 \otimes (V_1 \otimes V_2 \otimes \cdots \otimes V_{m-1})$. In diesem Abschnitt zeigen wir, dass die Tensorprodukte, die auf diese verschiedenen Weisen entstehen, alle miteinander identifiziert werden können. Wir definieren dazu Tensorproduktklammerungen.

Definition B.6.22 Die *Tensorproduktklammerungen* von $V_0, \ldots, V_{m-1}$ sind folgendermaßen definiert.

1. Das Tensorprodukt $\left(\bigotimes_{j=0}^{m-1} V_j, \otimes\right)$ ist eine Tensorproduktklammerung von $V_0, \ldots, V_{m-1}$.
2. Sei $m > 0$, $l \in \mathbb{N}$ mit $2 \leq l \leq m$. Gegeben eine Folge $i_0, i_1, \ldots, i_l \in \mathbb{N}_0$ mit

$$0 = i_0 < i_1 < \cdots < i_l = m - 1. \tag{B.123}$$

und Tensorproduktklammerungen (T_j, θ_j) von $V_{i_j}, \ldots V_{i_{j+1}-1}$ für $0 \leq j < l$. Definiere die Abbildung

$$\begin{aligned} \theta : \prod_{j=0}^{m-1} V_j &\to \bigotimes_{j=0}^{l-1} T_j \\ (\mathbf{v}_0, \ldots, \mathbf{v}_{m-1}) &\mapsto \bigotimes_{j=0}^{l-1} \theta_j(\mathbf{v}_{i_j}, \ldots, \mathbf{v}_{i_{j+1}-1}) \end{aligned} \tag{B.124}$$

Dann ist $\left(\bigotimes_{j=0}^{l-1} T_j, \theta\right)$ eine Tensorproduktklammerung von $V_0, \ldots, V_{m-1}$.

Theorem B.6.23 Jede Tensorproduktklammerung (T, θ) von $V_0, \ldots, V_{m-1}$ über F ist ein Tensorprodukt von $V_0, \ldots, V_{m-1}$ über F und die Abbildung

$$\bigotimes_{j=0}^{m-1} V_j \to T, \quad \bigotimes_{j=0}^{m-1} \mathbf{v}_j \mapsto \theta(\mathbf{v}_0, \ldots, \mathbf{v}_{m-1}) \tag{B.125}$$

definiert den Tensorproduktisomorphismus zwischen $\left(\bigotimes_{j=0}^{m-1} V_j, \otimes\right)$ und (T, θ). Mithilfe dieser Abbildung identifizieren wir die beiden Tensorprodukte.

Beweis Wir beweisen die Behauptung durch Induktion über m. Für $m = 1$ ist die Behauptung offensichtlich wahr. Sei $m > 1$ und angenommen, die Behauptung gilt für kürzere Folgen von Vektorräumen. Wir verwenden die Notation aus Definition B.6.22. Die Behauptung gilt also ebenfalls für die Tensorproduktklammerung $\left(\bigotimes_{j=0}^{m-1} V_j, \bigotimes\right)$ von $V_0, \ldots, V_{m-1}$. Wir beweisen die Behauptung für die Konstruktion im zweiten Punkt von Definition B.6.22. Definiere die Abbildung

$$\psi : \prod_{j=0}^{t-1} T_j \to \bigotimes_{j=0}^{m-1} T_j, \quad (\mathbf{t}_0, \ldots, \mathbf{t}_{l-1}) \mapsto \mathbf{t}_0 \otimes \ldots \otimes \mathbf{t}_{l-1} \tag{B.126}$$

Dann gilt

$$\theta = \psi \circ (\theta_0, \ldots, \theta_{l-1}). \tag{B.127}$$

Außerdem ist $\left(\bigotimes_{j=0}^{m-1} T_j, \psi\right)$ ein Tensorprodukt von $T_0, \ldots, T_{l-1}$ und nach Induktionsannahme sind (T_j, θ_j) Tensorprodukte von $V_{i_j}, \ldots, V_{i_{j+1}-1}$ für $0 \leq j < l$. Also sind ψ und $\theta_0, \ldots, \theta_{l-1}$ multilinear und wegen (B.127) ist auch θ multilinear. Außerdem erzeugt $\psi\left(\prod_{j=0}^{t-1} T_j\right)$ den Vektorraum $\bigotimes_{j=0}^{m-1} T_j$ und $\theta_j\left(\prod_{j=i_j}^{i_{j+1}-1} V_j\right)$ erzeugt T_j für $0 \leq j < l$. Also folgt aus (B.127), dass $\theta\left(\prod_{j=0}^{m-1} V_j\right)$ ebenfalls den Vektorraum $\bigotimes_{j=0}^{m-1} T_j$ aufspannt. Jetzt zeigen wir die universelle Eigenschaft von $\left(\bigotimes_{j=0}^{m-1} T_j, \theta\right)$. Sei dazu P ein F-Vektorraum und sei

$$\phi : \prod_{j=0}^{m-1} V_j \to P \tag{B.128}$$

eine multilineare Abbildung. Da $\left(\bigotimes_{j=0}^{m-1} V_j, \bigotimes\right)$ ein Tensorprodukt ist, gibt es eine lineare Abbildung $\Phi : \bigotimes_{j=0}^{m-1} V_j \to P$ mit

$$\phi = \Phi \circ \bigotimes. \tag{B.129}$$

Seien $B_0, \ldots, B_{m-1}$ F-Basen von $V_0, \ldots, V_{m-1}$. Es folgt aus Theorem B.6.20, dass

$$\theta_1(B_0, \ldots, B_{i_1-1}) \otimes \theta_1(B_{i_1}, \ldots, B_{i_2-1}) \otimes \cdots \otimes \theta_{l-1}(B_{i_{l-1}}, \ldots, B_{m-1}) \tag{B.130}$$

eine F-Basis von $\bigotimes_{j=0}^{m-1} T_j$ ist. Darum ist die Abbildung

$$\lambda : \bigotimes_{j=0}^{m-1} T_j \to \bigotimes_{j=0}^{m-1} V_j, \quad \bigotimes_{j=0}^{l-1} \theta_j(\mathbf{v}_{i_j}, \ldots, \mathbf{v}_{i_{j+1}-1}) \mapsto \bigotimes_{j=0}^{m-1} \mathbf{v}_j. \tag{B.131}$$

wohldefiniert und linear und es gilt

$$\bigotimes = \lambda \circ \theta. \tag{B.132}$$

Damit erhält man aus (B.129)

$$\phi = (\Phi \circ \lambda) \circ \theta. \tag{B.133}$$

Das beweist die universelle Eigenschaft von $(\bigotimes_{j=0}^{m-1} T_j, \theta)$ □

B.6.6 Homomorphismen

Wir zeigen, dass Homomorphismen von F-Vektorräumen zu Tensorprodukten von Homomorphismen kombiniert werden können. Dazu seien $W_0, \ldots, W_{m-1}$ weitere F-Vektorräume mit endlichen Dimensionen $l_0, \ldots l_{m-1} \in \mathbb{N}$. Setze $l = \prod_{j=0}^{m-1} l_j$,

$$V = \bigotimes_{i=0}^{m-1} V_i \text{ und } W = \bigotimes_{i=0}^{m-1} W_i. \tag{B.134}$$

Die nächste Proposition zeigt, dass wir jedem Element des Tensorprodukts $\bigotimes_{j=0}^{m-1} \mathrm{Hom}(V_j, W_j)$ einen Homomorphismus in $\mathrm{Hom}(V, W)$ zuordnen können.

Theorem B.6.24

1. Für $0 \leq j < m$ sei $f_j \in \mathrm{Hom}(V_j, W_j)$. Dann ist

$$\Phi(f_0, \ldots, f_{m-1}) : V \to W, \quad \bigotimes_{j=0}^{m-1} \mathbf{v}_j \mapsto \bigotimes_{j=0}^{m-1} f_j(\mathbf{v}_j) \tag{B.135}$$

eine Abbildung in $\mathrm{Hom}(V, W)$.

2. Die Abbildung

$$\bigotimes_{j=0}^{m-1} \mathrm{Hom}(V_j, W_j) \to \mathrm{Hom}(V, W), \quad \bigotimes_{j=0}^{m-1} f_j \mapsto \Phi(f_0, \ldots, f_{m-1}) \tag{B.136}$$

ist ein Isomorphismus von F-Vektorräumen. Wir bezeichnen die Homomorphismen $\Phi(f_0, \ldots, f_{m-1})$ mit $f_0 \otimes_F \cdots \otimes_F f_{m-1}$ bzw. $f_0 \otimes \cdots \otimes f_{m-1}$ oder $\bigotimes_{j=0}^{m-1} f_j$ und identifizieren auf diese Weise $\bigotimes_{j=0}^{m-1} \mathrm{Hom}(V_j, W_j)$ mit $\mathrm{Hom}(V, W)$.

Beweis Die Abbildung $\Phi(f_0, \ldots, f_{m-1})$ ist multilinear, da die Abbildungen f_j linear sind. Da $\left(V_0 \otimes \ldots \otimes V_{m-1}, \bigotimes\right)$ ein Tensorprodukt von $V_0, \ldots, V_{m-1}$ ist, folgt die erste Aussage aus Proposition B.6.14.

Wir beweisen die zweite Aussage. Seien $B_0, \ldots B_{m-1}$ und $C_0, \ldots, C_{m-1}$ Basen der Vektorräume $V_0, \ldots, V_{m-1}$ bzw. $W_0, \ldots, W_{m-1}$. Sei $j \in \mathbb{Z}_m$ und seien $\mathbf{b}$ und $\mathbf{c}$ Elemente der Basen B_j bzw. C_j. Definiere die Abbildung $f_{\mathbf{b},\mathbf{c}}$ aus $\mathrm{Hom}(V_j, W_j)$, die $\mathbf{b}$ auf $\mathbf{c}$ abbildet und alle anderen Elemente von B_j auf $\mathbf{0}$. Dann ist die Folge $U_j = (f_{\mathbf{b},\mathbf{c}})$, in der $\mathbf{b}$ und $\mathbf{c}$ die Elemente von B_j bzw. C_j durchlaufen, eine Basis von $\mathrm{Hom}(V_j, W_j)$. Nach Theorem B.6.20 ist $\bigotimes_{j=0}^{m-1} U_j$ eine Basis von $\bigotimes_{j=0}^{m-1} \mathrm{Hom}(V_j, W_j)$. Für $0 \leq j < m$ seien $\mathbf{b}_j$ und $\mathbf{c}_j$ Elemente von B_j bzw. C_j. Dann ist das Bild von $\bigotimes_{j=0}^{m-1} f_{\mathbf{b}_j,\mathbf{c}_j}$ unter der Abbildung (B.136) der Homomorphismus, der $\bigotimes_{j=0}^{m-1} \mathbf{b}_j$ auf $\bigotimes_{j=0}^{m-1} \mathbf{c}_j$ und alle anderen anderen Basiselemente aus $\bigotimes_{j=0}^{m-1} B_j$ auf $\mathbf{0}$. Damit ist die Folge eine Basis von $\mathrm{Hom}(V, W)$ und das beweist die zweite Aussage. □

Beispiel B.6.25 Wir setzen $F, M_0, M_1, N_0, N_1 = \mathbb{Z}_3$, $f : \mathbb{Z}_3 \to \mathbb{Z}_3$, $v \mapsto 2v \bmod 3$. Der Homomorphismus $f^{\otimes 2}$ in $\mathrm{End}(\mathbb{Z}_3^{\otimes 2})$ bildet $x \otimes y \in \mathbb{Z}_3^{\otimes 2}$ auf $(2x \bmod 3) \otimes (2y \bmod 3)$ ab. Dies ist die einzige Darstellung dieser Abbildung als Tensorprodukt von Endomorphismen von $\mathbb{Z}_3$.

B.6.7 Partielle Spur

Unser nächstes Ziel ist die Einführung der partiellen Spur. Dabei verwenden wir direkte Produkte $\prod_{j \in J} M_j$ und Tensorprodukte $\bigotimes_{j \in J} M_j$ für Teilmengen J von $\mathbb{Z}_m$. In diesen Ausdrücken sind die Indizes nach der Größe geordnet: vom kleinsten bis zum größten.

Zunächst stellen wir Folgendes fest:

Proposition B.6.26 Für $0 \le j < m$ sei $f_j \in \mathrm{End}(V_j)$. Dann gilt

$$\mathrm{tr}\left(\bigotimes_{j=0}^{m-1} f_j\right) = \prod_{j=0}^{m-1} \mathrm{tr} f_j. \tag{B.137}$$

Beweis Seien $B_0, \ldots, B_{m-1}$ Basen der Vektorräume $V_0, \ldots, V_{m-1}$. Für $0 \le j < m$ sei

$$B_j = \left(\mathbf{b}_{0,j}, \ldots, \mathbf{b}_{n_j-1,j}\right) \tag{B.138}$$

und sei

$$A_j = (a_{p,q,j})_{p,q \in \mathbb{Z}_{n_j}} \tag{B.139}$$

die Darstellungsmatrix des Endomorphismus f_j bezüglich der Basis B_j. Setze

$$Z = \mathbb{Z}_{n_0} \times \cdots \times \mathbb{Z}_{n_{m-1}} \tag{B.140}$$

Wir bestimmen die Darstellungsmatrix des Endomorphismus

$$f = \bigotimes_{j=0}^{m-1} f_j \tag{B.141}$$

bezüglich der Basis

$$B = \left(\bigotimes_{j_0}^{m-1} \mathbf{b}_{q_j,j}\right)_{(q_0,\ldots,q_{m-1}) \in Z}, \tag{B.142}$$

bestimmen die Spur von f als die Summe der Diagonalelemente dieser Matrix und beweisen so die Behauptung. Wähle $(q_0, \ldots, q_{m-1}) \in Z$. Dann ist das Bild des Basiselementes $\bigotimes_{j=0}^{m-1} \mathbf{b}_{q_j,j}$ unter der Abbildung f

$$\begin{aligned}\left(\bigotimes_{j=0}^{m-1} f_j\right)\left(\bigotimes_{j=0}^{m-1} \mathbf{b}_{q_j,j}\right) &= \bigotimes_{j=0}^{m-1} \sum_{p_j=0}^{n_j-1} a_{p_j,q_j,j}\mathbf{b}_{p_j,j} \\ &= \sum_{(p_0,\ldots,p_{j-1})\in Z} \prod_{j=0}^{m-1} a_{p_j,q_j,j} \bigotimes_{j=0}^{n_j-1} \mathbf{b}_{p_j,j}.\end{aligned} \tag{B.143}$$

Der Koeffizient von $\bigotimes_{j=0}^{n_j-1} \mathbf{b}_{q_j,j}$ in dieser Darstellung ist $\prod_{j=0}^{m-1} a_{q_j,q_j,j}$. Also ist die Spur von f

$$\sum_{(q_0,\ldots,q_{m-1})\in Z} \prod_{j=0}^{m-1} a_{q_j,q_j,j} = \prod_{j=0}^{m-1} \sum_{q_j=0}^{n_j-1} a_{q_j,q_j,j} = \prod_{j=0} \operatorname{tr}(f_j). \tag{B.144}$$

□

Wir führen nun die partielle Spur ein.

Theorem B.6.27 Sei $J \subset \mathbb{Z}_m$. Dann gibt es eine eindeutig bestimmte lineare Abbildung

$$\operatorname{tr}_J : \operatorname{End}\left(\bigotimes_{j\in\mathbb{Z}_m} V_j\right) \to \operatorname{End}\left(\bigotimes_{j\in\mathbb{Z}_m\setminus J} V_j\right) \tag{B.145}$$

mit

$$\operatorname{tr}_J\left(\bigotimes_{j\in\mathbb{Z}_m} f_j\right) = \prod_{j\in J} \operatorname{tr} f_j \bigotimes_{j\in\mathbb{Z}_m\setminus J} f_j. \tag{B.146}$$

für alle $(f_0, \ldots, f_{m-1}) \in \prod_{j=0}^{m-1} \operatorname{End}(V_j)$. Sie wird die *partielle Spur* über die V_j, $j \in J$, genannt.

Beweis Betrachte die Abbildung

$$\begin{aligned}\prod_{j\in\mathbb{Z}_m} \operatorname{End}(V_j) &\to \bigotimes_{j\in\mathbb{Z}_m\setminus J} \operatorname{End}(V_j), \\ (f_0, \ldots, f_{m-1}) &\mapsto \prod_{j\in J} \operatorname{tr} f_j \bigotimes_{j\in\mathbb{Z}_m\setminus J} f_j.\end{aligned} \tag{B.147}$$

Sie ist multilinear. Daher folgt die Behauptung aus Proposition B.6.14. □

Beispiel B.6.28 Sei $R, V_0, V_1 = \mathbb{Z}_3$, $f : \mathbb{Z}_3 \to \mathbb{Z}_3$, $v \mapsto 2v \bmod 3$. Die partielle Spur von $f^{\otimes 2}$ über V_0 ist die Abbildung $(x, y) \mapsto (\operatorname{tr} f) f(y) = y \mod 3$.

Wir zeigen, dass die partielle Spur die Spur erhält.

Proposition B.6.29 Sei $J \subset \mathbb{Z}_m$ und sei $f \in \bigotimes_{j=0}^{m-1} \operatorname{End}(V_j)$. Dann gilt

$$\operatorname{tr}(\operatorname{tr}_J(f)) = \operatorname{tr}(f). \tag{B.148}$$

Beweis Es gilt $\operatorname{End}\left(\bigotimes_{j=0}^{m-1} V_j\right) = \bigotimes_{j=0}^{m-1} \operatorname{End}(V_j)$. Daher folgt die Aussage der Proposition aus der Linearität der Spur, Proposition B.6.26, und (B.146). □

Wahrscheinlichkeitstheorie

C

Quantenalgorithmen sind von Natur aus probabilistisch. Daher erfordert ihre Analyse ein gewisses Maß an Wahrscheinlichkeitstheorie. Dieses Kapitel des Anhangs fasst die Konzepte und Ergebnisse der Wahrscheinlichkeitstheorie zusammen, die für die Analyse von probabilistischen und quantenmechanischen Algorithmen in diesem Buch erforderlich sind.

C.1 Grundlagen

Wir beginnen mit einigen grundlegenden Definitionen.

Definition C.1.1 Eine Menge S wird *abzählbar* genannt, wenn sie endlich ist oder eine Bijektion $\mathbb{N}_0 \to S$ existiert. Andernfalls wird S als *nicht abzählbar* oder *überabzählbar* bezeichnet.

Übung C.1.2 Zeigen Sie, dass die Menge $\mathbb{N} \times \mathbb{N}$ abzählbar ist.

Die Konvergenz von Reihen wird in [Rud76], Kap. 3, diskutiert. Hier benötigen wir folgenden Spezialfall:

Definition C.1.3 Eine unendliche Summe $\sum_{i=0}^{\infty} r_i$ mit $r_i \in \mathbb{R}$ für alle $i \in \mathbb{N}_0$ wird *absolut konvergent* genannt, wenn $\sum_{i=0}^{\infty} |r_i|$ konvergiert .

Im Folgenden benötigen wir den Riemannschen Umordnungssatz, den wir nun formulieren.

Theorem C.1.4 Betrachte die unendliche Summe $\sum_{i=0}^{\infty} r_i$ mit $r_i \in \mathbb{R}$ für alle $i \in \mathbb{N}_0$. Dann sind die folgenden Aussagen äquivalent.

J. A. Buchmann, *Quantenalgorithmen*,
https://doi.org/10.1007/978-3-662-71177-4

1. Die unendliche Summe $\sum_{i=0}^{\infty} r_i$ ist absolut konvergent.
2. Für alle Permutationen $\pi : \mathbb{N}_0 \to \mathbb{N}_0$ sind die unendlichen Summen $\sum_{i=0}^{\infty} r_{\pi(i)}$ konvergent und haben denselben Grenzwert.

Wenn beide Aussagen zutreffen, schreiben wir $\sum_{r \in R} r$ für den Grenzwert der unendlichen Summe $\sum_{i=0}^{\infty} r_i$, wobei R eine beliebige Anordnung der Folge (r_i) darstellt. Wenn die Elemente dieser Folge paarweise verschieden sind, dann bezeichnet R auch die Menge dieser Elemente.

Der Beweis dieses Theorems ist in [Rud76], Theorem 3.55 zu finden.

Definition C.1.5

1. Ein *diskreter Wahrscheinlichkeitsraum* ist ein Paar $(S, \Pr)$, wobei S eine abzählbare Menge ist, die *Ergebnismenge* oder *Stichprobenraum* genannt wird. Ihre Elemente werden als *Ergebnisse, Stichproben,* oder *elementare Ereignisse* bezeichnet. Außerdem ist Pr eine Abbildung
$$\Pr : S \to [0, 1] \tag{C.1}$$
die *Wahrscheinlichkeitsverteilung* genannt wird und die folgende Bedingung erfüllt:
$$\sum_{s \in S} \Pr(s) = 1. \tag{C.2}$$
Wir sagen, dass die Wahrscheinlichkeitsverteilung jedem elementaren Ereignis $s \in S$ die Wahrscheinlichkeit $\Pr(s)$ zuweist. Der Wahrscheinlichkeitsraum wird als *endlich* bezeichnet, wenn die Ergebnismenge endlich ist. Andernfalls wird er als *unendlich* bezeichnet.
2. Die Teilmengen von S werden *Ereignisse* genannt. Die *Wahrscheinlichkeit* eines Ereignisses $A \subset S$ ist
$$\Pr(A) = \sum_{a \in A} \Pr(a). \tag{C.3}$$

Man beachte, dass nach Theorem C.1.4 die Bedingung (C.2) bedeutet, dass diese Reihe für jede Anordnung der Elemente von S konvergiert und den Grenzwert 1 hat. Außerdem ist auch die Reihe in (C.3) absolut konvergent.

Beispiel C.1.6 Betrachte das Experiment, bei dem eine Münze geworfen wird. Der entsprechende diskrete Wahrscheinlichkeitsraum ist $(\{0, 1\}, \Pr)$, wobei 0 und 1 für Zahl und Kopf stehen und Pr sowohl 0 als auch 1 auf $\frac{1}{2}$ abbildet.

Beispiel C.1.7 Betrachte das Experiment, bei dem ein Würfel geworfen wird. Der entsprechende diskrete Wahrscheinlichkeitsraum ist $(\{1, \ldots, 6\}, \Pr)$, wobei Pr alle Elemente von $\{1, \ldots, 6\}$ auf $\frac{1}{6}$ abbildet.

Übung C.1.8 Betrachten Sie den Münzwurf. Wie hoch ist die Wahrscheinlichkeit, bei zwei Würfen mindestens einmal Kopf zu erhalten? Beschreiben Sie den entsprechenden Wahrscheinlichkeitsraum sowie das Ereignis und verwenden Sie dies, um die Lösung der Übung zu finden.

Beispiel C.1.9 Betrachten Sie das Experiment, bei dem ein Würfel geworfen wird, bis er eine 6 zeigt. Die Ergebnismenge ist die Menge aller endlichen Folgen $\mathbf{s}$ der Länge ≥ 1, bei denen der letzte Eintrag 6 ist und alle anderen Einträge zwischen 1 und 5 liegen. Die Wahrscheinlichkeitsverteilung ist

$$\Pr : S \to [0, 1], \quad \mathbf{s} \mapsto \frac{5^{|\mathbf{s}|-1}}{6^{|\mathbf{s}|}}. \tag{C.4}$$

Dies ist eine Wahrscheinlichkeitsverteilung, denn es gilt

$$\sum_{\mathbf{s} \in S} \Pr(\mathbf{s}) = \sum_{i=1}^{\infty} \frac{5^{i-1}}{6^i} = \frac{1}{6} \sum_{i=1}^{\infty} \left(\frac{5}{6}\right)^{i-1} = 1. \tag{C.5}$$

Beispiel C.1.10 Wir erläutern eine andere Möglichkeit, das Experiment aus Beispiel C.1.9 zu modellieren. Der Wahrscheinlichkeitsraum ist $\mathbb{N}$. Das elementare Ereignis $s \in \mathbb{N}$ bedeutet, dass das Experiment nach s Würfen erfolgreich ist. Die Wahrscheinlichkeitsverteilung ist

$$\Pr : \mathbb{N} \to [0, 1], \quad s \mapsto \frac{5^{s-1}}{6^s}. \tag{C.6}$$

Dies ist eine Wahrscheinlichkeitsverteilung aufgrund von (C.5).

Übung C.1.11 Betrachten Sie das Experiment, bei dem ein Würfel geworfen wird, bis zum ersten Mal eine ungerade Zahl auftritt. Bestimmen Sie den entsprechenden diskreten Wahrscheinlichkeitsraum wie in Beispiel C.1.10.

Definition C.1.12 Eine *Zufallsvariable auf einem diskreten Wahrscheinlichkeitsraum* $(S, \Pr)$ ist eine Funktion

$$X : S \to \mathbb{R}.$$

Der *Erwartungswert* von X ist

$$E[X] = \sum_{s \in S} \Pr(s) X(s). \tag{C.7}$$

wenn diese Summe absolut konvergent ist.

Beispiel C.1.13 Verwende die Notation von Beispiel C.1.9 und definiere die Zufallsvariable

$$X : S \to \mathbb{R}, \quad \mathbf{s} \mapsto |\mathbf{s}|. \tag{C.8}$$

Der Erwartungswert dieser Zufallsvariablen ist

$$E[X] = \frac{1}{6} \sum_{n=1}^{\infty} n \left(\frac{5}{6}\right)^{n-1} = \frac{1}{6} \frac{1}{(1 - 5/6)^2} = 6. \tag{C.9}$$

Das bedeutet, dass die erwartete Anzahl von Würfen, die benötigt wird, bis eine 6 geworfen wird, 6 beträgt.

Übung C.1.14 Berechnen Sie die erwartete Anzahl von Würfen, die erforderlich sind, um Erfolg im Experiment aus Übung C.1.11 zu haben.

Als Nächstes zeigen wir, dass der Erwartungswert von Zufallsvariablen Linearitätseigenschaften hat.

Proposition C.1.15 Sei $(S, \Pr)$ ein diskreter Wahrscheinlichkeitsraum und seien X und Y Zufallsvariablen darauf, deren Erwartungswerte $E[X]$ und $E[Y]$ definiert sind. Dann gilt Folgendes:

1. $\mathrm{E}[X] + \mathrm{E}[Y] = \mathrm{E}[X + Y]$
2. $\mathrm{E}[rX] = r\mathrm{E}[X]$ für alle $r \in \mathbb{R}$.

Beweis Die Aussage folgt aus [Rud76], Theorem 3.47. □

Wir benötigen auch die *Markov-Ungleichung,* die wir nun formulieren.

Proposition C.1.16 Sei $(S, \Pr)$ ein diskreter Wahrscheinlichkeitsraum, und sei $X : S \to \mathbb{R}_{\geq 0}$ eine Zufallsvariable darauf, deren Erwartungswert $E[X]$ definiert ist. Sei $c \in \mathbb{R}_{>0}$ und definiere das Ereignis $X \geq c\mathrm{E}[X]$ als die Menge aller elementaren Ereignisse $s \in S$ mit $X(s) \geq c\mathrm{E}[X]$. Dann gilt

$$\Pr(X \geq c\mathrm{E}[X]) \leq \frac{1}{c}. \tag{C.10}$$

Beweis Sei Y die Zufallsvariable, die $Y(s) = 0$ erfüllt, wenn $0 \leq X(s) < c\mathrm{E}[X]$ und $Y(s) = c\mathrm{E}[X]$, wenn $X(s) \geq c\mathrm{E}[X]$ für alle $s \in S$. Dann gilt

$$\mathrm{E}[X] \geq \mathrm{E}[Y] = c\mathrm{E}[X]\Pr(X \geq c\mathrm{E}[X]). \tag{C.11}$$

Dies impliziert die Aussage. □

C.2 Bernoulli-Experimente

In diesem Abschnitt behandeln wir Bernoulli-Experimente, die das Beispiel C.1.10 verallgemeinern. Sei $(S, \Pr)$ ein diskreter Wahrscheinlichkeitsraum und seien `Erfolg` und `Misserfolg` zwei komplementäre Ereignisse in S. Das modelliert ein Experiment mit zwei möglichen Resultaten. Sei p die Wahrscheinlichkeit für `Erfolg`. Dann ist die Wahrscheinlichkeit für `Misserfolg` $1 - p$.

Das entsprechende *Bernoulli-Experiment* besteht darin, das oben beschriebene Experiment zu wiederholen, bis das Ereignis `Erfolg` zum ersten Mal eintritt. Um dies zu modellieren, definieren wir den diskreten Wahrscheinlichkeitsraum $(\mathbb{N}, \Pr^*)$ wie folgt. Ein elementares Ereignis $i \in \mathbb{N}$ bedeutet, dass der Erfolg zum ersten Mal nach i Versuchen eintritt. Daher ist die Wahrscheinlichkeitsverteilung $\Pr^*$ definiert durch

$$\Pr^*(i) = (1-p)^{i-1}p, \quad i \in \mathbb{N}. \tag{C.12}$$

Proposition C.2.1 Das Paar $(\mathbb{N}, \Pr^*)$ ist ein diskreter Wahrscheinlichkeitsraum.

Übung C.2.2 Beweisen Sie Proposition C.2.1.

Beispiel C.2.3 Betrachte das Experiment, bei dem ein Würfel geworfen wird. Wir haben also $S = \{1, 2, \ldots, 6\}$ und $\Pr(s) = \frac{1}{6}$ für alle $s \in S$. Wir definieren ein Bernoulli-Experiment, indem wir das Ergebnis 6 als Erfolg und ein Ergebnis, das von 6 abweicht, als Misserfolg definieren. Daher gilt

$$\texttt{Erfolg} = \{6\}, \quad \texttt{Misserfolg} = \{1, 2, 3, 4, 5\}, \quad p = \frac{1}{6}. \tag{C.13}$$

Die entsprechende Wahrscheinlichkeitsverteilung $(\mathbb{N}, \Pr^*)$ wurde in Beispiel C.1.10 vorgestellt.

Wir sind an der erwarteten Anzahl von Wiederholungen im oben beschriebenen Bernoulli-Experiment interessiert, die erforderlich sind, um erfolgreich zu sein. Daher betrachten wir die Zufallsvariable

$$X : \mathbb{N} \to \mathbb{N}, \quad i \mapsto i. \tag{C.14}$$

Ihr Wert ist die Anzahl der Versuche, bis `Erfolg` eintritt. Ihr Erwartungswert wird nun bestimmt.

Proposition C.2.4 Die erwartete Anzahl der Versuche im Bernoulli-Experiment beträgt $\frac{1}{p}$.

Beweis Es gilt

$$\sum_{i \in \mathbb{N}} i \Pr^*(i) = p \sum_{i=1}^{\infty} i(1-p)^{i-1} = \frac{p}{(1-(1-p))^2} = \frac{1}{p}. \tag{C.15}$$

□

Beispiel C.2.5 Die erwartete Anzahl von Würfen, um eine 6 auf einem Würfel zu erhalten, beträgt 6. Die erwartete Anzahl von Münzwürfen, um Kopf zu erhalten, beträgt 2.

Übung C.2.6 Bestimmen Sie die erwartete Anzahl von Würfen, um eine Zahl > 3 auf einem Würfel zu erhalten.

Lösungen ausgewählter Übungen

D

Lösung von Übung 2.1.8 Setze $n = \lfloor \log_2 a \rfloor + 1$. Dann gilt $2^{n-1} \leq a < 2^n$. Wir beweisen die Aussage durch Induktion über n. Wenn $n = 1$ ist, gilt $a = 1$, was die Aussage beweist. Angenommen, $n > 1$ und die Aussage gilt für $n - 1$. Setze $a' = a - 2^{n-1}$. Dann gilt $0 \leq a' < 2^{n-1}$. Nach Induktionsannahme können wir $a' = \sum_{i=0}^{m-1} b'_i 2^{m-i-1}$ schreiben mit $m < n$, $b_i \in \{0, 1\}$ für $0 \leq i < m$. Wenn wir $b_0 = 1$, $b_1 = \ldots = b_{n-m-1} = 0$ und $b_{n-m} = b'_0, \ldots, b_{n-1} = b'_{m-1}$ setzen, dann gilt $a = \sum_{i=0}^{n-1} b_i 2^{n-i-1}$. Außerdem liefern zwei solche Darstellungen von a zwei Darstellungen von a', was die Eindeutigkeit beweist. □

Lösung von Übung 2.1.14 Es gilt $0 \oplus 0 = 0 = 0 + 0 \bmod 2$, $0 \oplus 1 = 1 = 0 + 1 \bmod 2$, $1 \oplus 0 = 0 = 1 + 0 \bmod 2$, und $1 \oplus 1 = 0 = 1 + 1 \bmod 2$. □

Lösung von Übung 2.1.20 Sei $a = bc$ mit zwei echten Teilern b, c von a, die $1 < b \leq |c|$ erfüllen. Dann gilt $b^2 \leq |bc| = |a|$. Daraus folgt $1 < b \leq \sqrt{|a|}$. □

Lösung von Übung 2.1.30 Nach Annahme ist $r_1 < r_0$. Außerdem gilt $0 < r_{i+2} < r_{i+1}$ für alle $i \in \mathbb{Z}_k$, da r_{i+2} der Rest der Division von r_i durch r_{i+1} ist. Daher ist die Folge $(r_i)_{i \in \mathbb{Z}_{k+2}}$ streng monoton fallend. Sei $i \in \mathbb{Z}_k$. Dann gilt $r_{i+2} < r_{i+1} < r_i$. Falls $r_{i+1} \leq r_i/2$ ist, folgt $r_{i+2} < r_i/2$. Angenommen, es ist

$$r_{i+1} > r_i/2. \tag{D.1}$$

Nun gilt $r_i = q r_{i+1} + r_{i+2}$ mit $q \in \mathbb{N}_0$. Daraus folgt $r_{i+2} = r_i - q r_{i+1}$ und daher gilt $0 \leq r_{i+2} < r_{i+1}$. Dies und (D.1) implizieren $q = 1$ und $r_{i+2} < r_i/2$. Aber aus $r_{i+2} < r_i/2$ folgt $r_{2l} < r_0/2^l$ für alle $l \in \mathbb{N}$, $l \leq k + 2$ und damit $k = \mathrm{O}(\mathrm{size}(r_0))$. □

J. A. Buchmann, *Quantenalgorithmen*,
https://doi.org/10.1007/978-3-662-71177-4

Lösung von Übung 2.2.7 Da a zusammengesetzt ist, ist nach Übung 2.1.20 $a = bc$ mit $a, b \in \mathbb{N}$ und $1 < b \leq \sqrt{a}$. Nun gilt $a < 2^{\text{bitLength}\, a}$ und daher $b \leq \sqrt{a} \leq 2^{(\text{bitLength}\, a)/2}$. Also ist $\text{bitLength}(b) \leq \lceil(\text{bitLength}\, a)/2\rceil = \text{m}(a)$. Da die binäre Darstellung von a in Polynomialzeit berechnet werden kann, gilt dasselbe für $m(a)$. □

Lösung von Übung 2.3.4 Die Menge $\text{FRand}(A, a) \cup \{\infty\}$ ist abzählbar und nach Lemma 2.3.2 ist $\Pr_{A,a}$ eine Wahrscheinlichkeitsverteilung auf dem Wahrscheinlichkeitsraum. Wenn $\Pr_{A,a}(\infty) = 0$ ist, dann ist Pr eine Wahrscheinlichkeitsverteilung auf dem Wahrscheinlichkeitsraum $\text{FRand}(A, a)$. □

Lösung von Übung 2.3.17 Schreibe $p = \text{p}_A(a)$ und $q = q_A(a)$ und bezeichne mit $q(a, k)$ die Fehlerwahrscheinlichkeit von $\mathsf{repeat}_A(a, k)$. Wenn $k \geq |\log \varepsilon|/p$, folgt aus (2.32) und $0 < \varepsilon \leq 1$

$$q_A(a, k) \leq e^{-kp} \leq e^{-|\log \varepsilon|} = e^{\log \varepsilon} = \varepsilon. \tag{D.2}$$

Wenn $q_A(a, k) \leq \varepsilon$ gilt, folgt aus (2.32) und $0 < \varepsilon \leq 1$

$$\varepsilon \geq q_A(a, k) \geq e^{-kp/q} \tag{D.3}$$

und daher

$$\log \varepsilon \geq -kp/q \tag{D.4}$$

bzw.

$$k \geq \log(1/\varepsilon)p/q \tag{D.5}$$

wie behauptet. □

Lösung von Übung 2.4.23 Die Sprache ist

$$L = \{(a, x) : a \in I, x \in \mathbb{R}_{>0},\ a \text{ hat eine Lösung } b \text{ mit size } b \leq x\}. \tag{D.6}$$

□

Lösung von Übung 3.1.4 Es gilt

$$|0\rangle = \frac{|x_+\rangle + |x_-\rangle}{\sqrt{2}}, \quad |1\rangle = \frac{|x_+\rangle - |x_-\rangle}{\sqrt{2}}. \tag{D.7}$$

Dies beweist die Aussage. □

Lösung von Übung 3.2.10 Sei $\mathbf{u} = (u_0, \ldots, u_{k-1})$, $\mathbf{v} = (v_0, \ldots, v_{k-1})$, $\mathbf{w} = (w_0, \ldots, w_{k-1}) \in \mathbb{C}^k$ und sei $\alpha \in \mathbb{C}$. Bezeichne mit $\langle\cdot|\cdot\rangle$ die Funktion, die in (3.26) definiert ist. Dann gilt

$$\langle \mathbf{u}|\mathbf{v}+\mathbf{w}\rangle = \sum_{i=0}^{k-1} \overline{u_i}(v_i + w_i) = \sum_{i=0}^{k-1} \overline{u_i} v_i + \sum_{i=0}^{k-1} \overline{u_i} w_i = \langle \mathbf{u}|\mathbf{v}\rangle + \langle \mathbf{u}|\mathbf{w}\rangle$$

und

$$\langle \mathbf{v}|\alpha\mathbf{w}\rangle = \sum_{i=0}^{k-1} \overline{v_i}(\alpha w_i) = \alpha \sum_{i=0}^{k-1} \overline{v_i} w_i = \alpha\langle \mathbf{v}|\mathbf{w}\rangle.$$

Dies beweist die Linearität im zweiten Argument. Als nächstes beweisen wir die konjugierte Symmetrie:

$$\langle \mathbf{w}|\mathbf{v}\rangle = \sum_{i=0}^{k-1} \overline{w_i} v_i = \sum_{i=0}^{k-1} v_i \overline{w_i} = \overline{\sum_{i=0}^{k-1} \overline{v_i} w_i} = \overline{\langle \mathbf{v}|\mathbf{w}\rangle}.$$

Schließlich gilt

$$\langle \mathbf{v}|\mathbf{v}\rangle = \sum_{i=0}^{k-1} \overline{v_i} v_i = \sum_{i=0}^{k-1} |v_i|^2$$

Dies impliziert die positive Definitheit und schließt den Beweis von Theorem 3.2.9 ab. □

Lösung von Übung 3.2.23 Wir beweisen, dass die Abbildung (3.37) eine Norm auf $\mathbb{C}$ definiert. Zuerst beweisen wir die Dreiecksungleichung. Sei $\alpha, \beta \in \mathbb{C}$. Wir wenden die Dreiecksungleichung für den Betrag in $\mathbb{R}$ an und erhalten

$$\begin{aligned}|\alpha+\beta|^2 &= |\operatorname{Re}\alpha + \operatorname{Re}\beta|^2 + |\operatorname{Im}\alpha + \operatorname{Im}\beta|^2\\ &\le (\operatorname{Re}\alpha)^2 + (\operatorname{Re}\beta)^2 + (\operatorname{Im}\alpha)^2 + (\operatorname{Im}\beta)^2\\ &= |\alpha|^2 + |\beta|^2.\end{aligned} \tag{D.8}$$

Die absolute Homogenität zeigt sich wie folgt.

$$\begin{aligned}|\alpha\beta|^2 &= |(\operatorname{Re}\alpha + i\operatorname{Im}\alpha)(\operatorname{Re}\beta + i\operatorname{Im}\beta)|^2\\ &= (\operatorname{Re}\alpha\operatorname{Re}\beta - \operatorname{Im}\alpha\operatorname{Im}\beta)^2 + (\operatorname{Re}\alpha\operatorname{Im}\beta + \operatorname{Im}\alpha\operatorname{Re}\beta)^2\\ &= (\operatorname{Re}\alpha\operatorname{Re}\beta)^2 + (\operatorname{Im}\alpha\operatorname{Im}\beta)^2 + (\operatorname{Re}\alpha\operatorname{Im}\beta)^2 + (\operatorname{Im}\alpha\operatorname{Re}\beta)^2\\ &= ((\operatorname{Re}\alpha)^2 + (\operatorname{Im}\alpha)^2)^2((\operatorname{Re}\beta)^2 + (\operatorname{Im}\beta)^2)^2\\ &= |\alpha|^2|\beta|^2.\end{aligned} \tag{D.9}$$

Schließlich folgt die positive Definitheit direkt aus (3.37). □

Lösung von Übung 3.3.3 Die Matrixdarstellung von Y bezüglich B ist

$$\mathrm{Mat}_B(Y) = \begin{pmatrix} 0 & -i \\ i & 0 \end{pmatrix}. \tag{D.10}$$

Um die Matrixdarstellungen von Y bezüglich C zu bestimmen, benötigt man

$$Y\,|x_+\rangle = \frac{Y\,|0\rangle + Y\,|1\rangle}{\sqrt{2}} = \frac{i\,|1\rangle - i\,|0\rangle}{\sqrt{2}} = -i\,|x_-\rangle\,, \tag{D.11}$$

und

$$Y\,|x_-\rangle = \frac{Y\,|0\rangle - Y\,|1\rangle}{\sqrt{2}} = \frac{i\,|1\rangle + i\,|0\rangle}{\sqrt{2}} = i\,|x_-\rangle\,. \tag{D.12}$$

Daher gilt

$$\mathrm{Mat}_C(Y) = \begin{pmatrix} 0 & i \\ -i & 0 \end{pmatrix}. \tag{D.13}$$

Diese Matrix stimmt mit $-\mathrm{Mat}_B(Y)$ überein. Um schließlich $\mathrm{Mat}_C(Z)$ zu finden, benötigen wir

$$Z\,|x_+\rangle = \frac{Z\,|0\rangle + Z\,|1\rangle}{\sqrt{2}} = \frac{|0\rangle - |1\rangle}{\sqrt{2}} = |x_-\rangle\,. \tag{D.14}$$

und

$$Z\,|x_-\rangle = \frac{Z\,|0\rangle - Z\,|1\rangle}{\sqrt{2}} = \frac{|0\rangle + |1\rangle}{\sqrt{2}} = |x_+\rangle\,. \tag{D.15}$$

Daraus folgt

$$\mathrm{Mat}_C(Z) = \begin{pmatrix} 0 & 1 \\ 1 & 0 \end{pmatrix}. \tag{D.16}$$

Diese Matrix stimmt mit $\mathrm{Mat}_B(X)$ überein. □

Lösung von Übung 3.3.10 Die Identität (3.92) folgt aus der Tatsache, dass Transposition und Konjugation von Matrizen Involutionen sind. Als nächstes gilt $(A + B)^{\mathrm{T}} = A^{\mathrm{T}} + B^{\mathrm{T}}$ und $\overline{(A + B)} = \overline{A} + \overline{B}$, was (3.93) impliziert. Außerdem folgt aus $(\alpha A)^{\mathrm{T}} = \alpha A^{\mathrm{T}}$ und $\overline{\alpha A} = \overline{\alpha}\,\overline{A}$ die Gl. (3.94).

Schließlich beweisen wir (3.95). Der Rang r von A ist die Anzahl der linear unabhängigen Spaltenvektoren von A. Die Konjugierten dieser Spaltenvektoren sind die Zeilenvektoren von A^*. Da Konjugation die lineare Abhängigkeit und Unabhängigkeit nicht verändert, ist die Anzahl der linear unabhängigen Zeilenvektoren von A^* ebenfalls r. Daher impliziert Proposition B.5.18, dass A und A^* den gleichen Rang haben.

Schließlich folgt die Gl. (3.96) aus $\overline{AB} = \overline{A}\,\overline{B}$ und $(AB)^{\mathrm{T}} = B^{\mathrm{T}}A^{\mathrm{T}}$. □

Lösung von Übung 3.4.5 Angenommen, alle Eigenwerte von $A \in \mathbb{C}^{(k,k)}$ haben algebraische Vielfachheit 1. Dann folgt aus der Definition eines Eigenwerts und aus Korollar B.5.39, dass alle Eigenwerte auch geometrische Vielfachheit 1 haben. Da gemäß Proposition 3.4.1

das charakteristische Polynom $p_A(x)$ ein Produkt von Linearfaktoren ist, folgt aus Theorem B.5.41 die Behauptung. □

Lösung von Übung 3.4.14 Sei $A = (a_{i,j}) \in \mathbb{C}^{(k,k)}$. Die Diagonalelemente von A sind $a_{i,i}$ und die Diagonalelemente von A^* sind $\overline{a_{i,i}}$. Da A hermitesch ist, gilt $A = A^*$ und daher $a_{i,i} = \overline{a_{i,i}}$ für alle $i \in \mathbb{Z}_k$. Dies beweist die erste Aussage. Die zweite Aussage folgt aus Proposition 3.3.14. Die verbleibenden Aussagen können aus Proposition 3.3.9 und daraus, dass A hermitesch ist. □

Lösung von Übung 3.4.43 Sei P eine Projektion. Dann ist gemäß Proposition 3.4.40 auch P^* eine Projektion. Wenn P hermitesch ist, dann gilt für allr $\mathbf{v} \in \mathbb{H}$

$$\begin{aligned}
&\langle P\mathbf{v}, \mathbf{v} - P\mathbf{v}\rangle \\
&= \langle P\mathbf{v}, \mathbf{v}\rangle - \langle P\mathbf{v}, P\mathbf{v}\rangle && \text{Linearität des Skalarprodukts,} \\
&= \langle P\mathbf{v}, \mathbf{v}\rangle - \langle P^*P\mathbf{v}, \mathbf{v}\rangle && \text{Eigenschaft der Adjungierten,} \\
&= \langle P\mathbf{v}, \mathbf{v}\rangle - \langle P^2\mathbf{v}, \mathbf{v}\rangle && P \text{ ist hermitesch,} \\
&= \langle P\mathbf{v}, \mathbf{v}\rangle - \langle P\mathbf{v}, \mathbf{v}\rangle = 0. && P \text{ ist eine Projektion.}
\end{aligned}$$

Also ist P eine orthogonale Projektion. Sei umgekehrt P orthogonal und sei $\mathbf{v} \in V$. Dann ist P^* gemäß Proposition 3.4.40 P^* auch eine orthogonale Projektion und es gilt

$$\begin{aligned}
&\langle (P - P^*)\mathbf{v}, (P - P^*)\mathbf{v}\rangle \\
&= \langle P\mathbf{v}, P\mathbf{v}\rangle - \langle P\mathbf{v}, P^*\mathbf{v}\rangle \\
&- \langle P^*\mathbf{v}, P\mathbf{v}\rangle + \langle P^*\mathbf{v}, P^*\mathbf{v}\rangle && \text{Linearität des Skalarprodukts,} \\
&= \langle P\mathbf{v}, P\mathbf{v}\rangle - \langle P^2\mathbf{v}, \mathbf{v}\rangle \\
&- \langle (P^*)^2\mathbf{v}, \mathbf{v}\rangle + \langle P^*\mathbf{v}, P^*\mathbf{v}\rangle && \text{Eigenschaft der Adjungierten,} \\
&= \langle P\mathbf{v}, P\mathbf{v}\rangle - \langle P\mathbf{v}, \mathbf{v}\rangle \\
&- \langle P^*\mathbf{v}, \mathbf{v}\rangle + \langle P^*\mathbf{v}, P^*\mathbf{v}\rangle && P \text{ und } P^* \text{ sind Projektionen,} \\
&= \langle P\mathbf{v}, P\mathbf{v} - \mathbf{v}\rangle + \langle P^*\mathbf{v}, P^*\mathbf{v} - \mathbf{v}\rangle && \text{Linearität des Skalarprodukts,} \\
&= 0 && P \text{ und } P^* \text{ sind orthogonal.}
\end{aligned}$$

Daher gilt $P = P^*$. Also ist P hermitesch ist. □

Lösung von Übung 3.4.51 Wenn A hermitesch ist, dann gilt $A = A^*$ und daher $A^*A = AA^*$. Wenn A unitär ist, dann gilt $A^*A = I_k = AA^*$. □

Lösung von Übung 4.1.10 Angenommen, $x, y \geq 0$. Aus $x^2 + y^2 = 1$ folgt $0 \leq x, y \leq 1$. Setze $\gamma = \arcsin y$. Dann ist γ die eindeutig bestimmte Zahl in $[0, \pi/2]$ mit $\sin \gamma = y$.

Weiterhin gilt

$$x^2 = 1 - y^2 = 1 - \sin^2\gamma = \cos^2\gamma. \tag{D.17}$$

Da $\gamma \in [0, \pi/2]$ liegt, folgt $\cos\gamma \geq 0$. Aus $x \geq 0$ folgt $x = \cos\gamma$. Wir zeigen, dass γ eindeutig ist modulo 2π. Sei $\gamma' \in [0, 2\pi[$ mit $\cos\gamma' = x$ und $\sin\gamma' = y$. Aus $y \geq 0$ folgt $\gamma' \in [0, \pi]$ und aus $x \geq 0$ folgt $\gamma' \in [0, \pi/2]$. Aber γ ist die einzige reelle Zahl in $[0, \pi/2]$ mit $x = \cos\gamma$. Dies impliziert $\gamma' = \gamma$. Falls $x > 0$ und $y < 0$ ist, können wir γ durch $2\pi - \gamma$ ersetzen und verwenden $\sin(2\pi - \gamma) = -\sin\gamma$ und $\cos(2\pi - \gamma) = \cos\gamma$. Die anderen Fälle werden analog behandelt. □

Lösung von Übung 4.1.17 Sei ohne Beschränkung der Allgemeinheit $|\alpha| = 1$. Dann ist $(\operatorname{Re}\alpha)^2 + (\operatorname{Im}\alpha)^2 = 1$. Nach Lemma 4.1.9 gibt es $\gamma \in \mathbb{R}$ mit $\cos\gamma = \operatorname{Re}\alpha$ und $\sin\gamma = \operatorname{Im}\alpha$. Daher gilt $e^{i\gamma} = \cos\gamma + i\sin\gamma = \operatorname{Re}\alpha + i\operatorname{Im}\alpha = \alpha$. Sei umgekehrt $\gamma \in \mathbb{R}$ mit $\alpha = e^{i\gamma} = \cos\gamma + i\sin\gamma$, dann gilt $\operatorname{Re}\alpha = \cos\gamma$ und $\operatorname{Im}\alpha = \sin\gamma$. Aus Lemma 4.1.9 folgt, dass γ eindeutig bestimmt modulo 2π. □

Lösung von Übung 4.1.22 Es gilt

$$|x_+\rangle = \cos(\pi/4)\,|0\rangle + e^{i\cdot 0}\sin(\pi/4)\,|1\rangle\,. \tag{D.18}$$

Daher sind die sphärischen Koordinaten des Punktes auf der Bloch-Kugel, der $|x_+\rangle$ entspricht, $(1, \pi/2, 0)$. Die kartesischen Koordinaten dieses Punktes sind $(1, 0, 0)$. Der Beweis für $|x_-\rangle$ kann analog geführt werden.

Außerdem gilt

$$|y_+\rangle = \cos(\pi/4)\,|0\rangle + e^{i\cdot\pi/2}\sin(\pi/4)\,|1\rangle\,. \tag{D.19}$$

Daher sind die sphärischen Koordinaten des Punktes auf der Bloch-Kugel, der $|y_+\rangle$ entspricht, $(1, \pi/2, \pi/2)$. Die kartesischen Koordinaten dieses Punktes sind $(0, 1, 0)$. Der Beweis für $|y_-\rangle$ kann analog geführt werden. □

Lösung von Übung 4.1.25 Bezeichne die Relation mit R. Sie ist reflexiv, da $|\psi\rangle = e^{i\cdot 0}\,|\psi\rangle$ gilt für alle $|\psi\rangle \in S$. Ist $|\varphi\rangle, |\psi\rangle \in S$ mit $|\psi\rangle = e^{i\gamma}\,|\varphi\rangle$ für ein $\gamma \in \mathbb{R}$, dann folgt $|\varphi\rangle = e^{i(-\gamma)}\,|\psi\rangle$. Daher ist R symmetrisch. Schließlich, seien $|\varphi\rangle, |\psi\rangle, |\xi\rangle \in S$ und seien $\gamma, \delta \in \mathbb{R}$ sodass $|\xi\rangle = e^{i\delta}\,|\psi\rangle$ und $|\psi\rangle = e^{i\gamma}\,|\varphi\rangle$. Dann gilt $|\xi\rangle = e^{i(\delta+\gamma)}\,|\varphi\rangle$. Daher ist R transitiv. □

Lösung von Übung 4.6.8 Sowohl O_A als auch I_B sind hermitesche Operatoren. Wie in Abschn. 3.5.5 gezeigt, ist auch $O_{AB} = O_A \otimes I_B$ hermitesch und daher eine Observable des Systems AB. Außerdem kann leicht überprüft werden, dass die Spektralzerlegung dieser Observablen durch (4.116) gegeben ist. Aus dem Messpostulat 4.6.5 und Theorem B.6.27 folgt, dass der Eigenwert λ mit Wahrscheinlichkeit

$$\begin{aligned}
\Pr(\lambda) &= \operatorname{tr}((P_\lambda \otimes I_B)(\rho_A \otimes \rho_B)) \\
&= \operatorname{tr}((P_\lambda \rho_A) \otimes (I_B \rho_B)) \\
&= \operatorname{tr}((P_\lambda \rho_A) \otimes \rho_B) \\
&= \operatorname{tr}(P_\lambda \rho_A)\operatorname{tr}(\rho_B) \\
&= \operatorname{tr}(P_\lambda \rho_A)
\end{aligned} \tag{D.20}$$

gemessen wird. Außerdem folgt aus dem Messpostulat 4.6.5, dass für diesen Messwert der Zustand unmittelbar nach der Messung

$$\frac{(P_\lambda \otimes I_b)(\rho_A \otimes \rho_B)(P_\lambda \otimes I_b)}{\operatorname{tr}(P_\lambda \rho_A)} = \frac{(P_\lambda \rho_A P_\lambda) \otimes \rho_B}{\operatorname{tr}(P_\lambda \rho_A)} \tag{D.21}$$

ist. Schließlich ist der Erwartungswert von $O \otimes I_b$

$$\operatorname{tr}((O \otimes I_b)(\rho_A \otimes \rho_B)) = \operatorname{tr}(O\rho_A \otimes I_b\rho_B) = \operatorname{tr}(O\rho_A)\operatorname{tr}(\rho_B) = \operatorname{tr}(O\rho_A). \tag{D.22}$$

□

Lösung von Übung 4.7.11 Proposition 3.4.28 impliziert

$$\rho = |\xi\rangle\langle\xi| = \frac{1}{l}\sum_{i,j=0}^{l-1} |\varphi_i\rangle|\psi_i\rangle\langle\varphi_j|\langle\psi_j|. \tag{D.23}$$

Da die Folge $(|\psi_i\rangle)$ orthonormal ist, folgt, dass für alle $i, j \in \mathbb{Z}_l$ gilt

$$\operatorname{tr}_B |\varphi_i\rangle|\psi_i\rangle\langle\varphi_j|\langle\psi_j| = |\varphi_i\rangle\langle\varphi_j|\delta_{i,j}. \tag{D.24}$$

Die Gl. (D.23) und (D.24) implizieren

$$\operatorname{tr}_B |\xi\rangle\langle\xi| = \frac{1}{l}\sum_{i=0}^{l-1} |\varphi_i\rangle\langle\varphi_i|. \tag{D.25}$$

Dies beweist die Behauptung. □

Lösung von Übung 5.1.5 Es gilt $\operatorname{tr} I^*X = \operatorname{tr} X = 0$, $\operatorname{tr} I^*Y = \operatorname{tr} Y = 0$, $\operatorname{tr} I^*Z = \operatorname{tr} Z = 0$. Außerdem ergibt sich aus Theorem 5.1.2:

$$\begin{aligned}
\operatorname{tr} X^*Y &= \operatorname{tr} XY = \operatorname{tr} iZ = 0, \\
\operatorname{tr} Z^*X &= \operatorname{tr} ZX = \operatorname{tr} iY = 0, \\
\operatorname{tr} Y^*Z &= \operatorname{tr} YZ = \operatorname{tr} iX = 0.
\end{aligned}$$

□

Lösung von Übung 5.2.26 Sei $B = (\hat{u}, \hat{v}, \hat{w}) \in \mathrm{SO}(3)$. Dann folgt aus Proposition 5.2.25, dass $\mathrm{Rot}_{\hat{w}}(\gamma) = B\,\mathrm{Rot}_{\hat{z}}(\gamma)B^{-1}$ gilt. Wählen wir $T \in \mathrm{SO}(3)$ mit $BT = (-\hat{u}, \hat{v}, -\hat{w})$, dann gilt $T\,\mathrm{Rot}_{\hat{z}}(\gamma)T^{-1} = \mathrm{Rot}_{\hat{z}}(-\gamma)$. Das bedeutet, dass

$$\mathrm{Rot}_{-\hat{w}}(\gamma) = BT\,\mathrm{Rot}_{\hat{z}}(\gamma)T^{-1}B^{-1} = B\,\mathrm{Rot}_{\hat{z}}(-\gamma)B^{-1} = \mathrm{Rot}_{\hat{w}}(-\gamma).$$

□

Lösung von Übung 5.3.9 Es gilt

$$R_{\hat{x}}(\gamma)\,|0\rangle = \left(\cos\frac{\gamma}{2}I - i\sin\frac{\gamma}{2}X\right)|0\rangle = \cos\frac{\gamma}{2}\,|0\rangle - i\sin\frac{\gamma}{2}\,|1\rangle \tag{D.26}$$

und

$$R_{\hat{x}}(\gamma)\,|1\rangle = \left(\cos\frac{\gamma}{2}I - i\sin\frac{\gamma}{2}X\right)|1\rangle = \cos\frac{\gamma}{2}\,|1\rangle - i\sin\frac{\gamma}{2}\,|0\rangle\,. \tag{D.27}$$

Das beweist (5.73). Weiterhin gilt

$$R_{\hat{y}}(\gamma)\,|0\rangle = \left(\cos\frac{\gamma}{2}I - i\sin\frac{\gamma}{2}Y\right)|0\rangle = \cos\frac{\gamma}{2}\,|0\rangle + \sin\frac{\gamma}{2}\,|1\rangle \tag{D.28}$$

und

$$R_{\hat{y}}(\gamma)\,|1\rangle = \left(\cos\frac{\gamma}{2}I - i\sin\frac{\gamma}{2}Y\right)|1\rangle = \cos\frac{\gamma}{2}\,|1\rangle - \sin\frac{\gamma}{2}\,|0\rangle\,. \tag{D.29}$$

Das beweist (5.74). Schließlich gilt

$$R_{\hat{z}}(\gamma)\,|0\rangle = \left(\cos\frac{\gamma}{2}I - i\sin\frac{\gamma}{2}Z\right)|0\rangle = \left(\cos\frac{\gamma}{2} - i\sin\frac{\gamma}{2}\right)|0\rangle = e^{-i\gamma/2}\,|0\rangle \tag{D.30}$$

und

$$R_{\hat{z}}(\gamma)\,|1\rangle = \left(\cos\frac{\gamma}{2}I - i\sin\frac{\gamma}{2}Z\right)|1\rangle = \left(\cos\frac{\gamma}{2} + i\sin\frac{\gamma}{2}\right)|1\rangle = e^{i\gamma/2}\,|1\rangle \tag{D.31}$$

Das beweist (5.74). □

Lösung von Übung 5.3.13 Sei $A \in \mathrm{su}(2)$,

$$A = \begin{pmatrix} a & b \\ c & d \end{pmatrix} \tag{D.32}$$

mit $a, b, c, d \in \mathbb{C}$. Da A hermitisch ist, gilt $a, d \in \mathbb{R}$ und $b = \overline{c}$. Da $\mathrm{tr}A = 0$ ist, folgt $d = -a$. Daher kann A wie im Lemma beschrieben geschrieben werden. Umgekehrt, wenn A eine Darstellung wie im Lemma hat, dann ist A Hermitesch und hat Spur 0, also $A \in \mathrm{su}(2)$. □

Lösung von Übung 5.3.18 Sei $\hat{w} \in \mathbb{R}^3$ ein Einheitsvektor und $\gamma \in \mathbb{R}$ mit $U = R_{\hat{w}}(\gamma)$. Wenn $U \in \{\pm I\}$ ist, dann folgt aus Theorem 5.3.15 $\gamma \equiv 0 \pmod{2\pi}$. Daher gilt gemäß Proposition 5.2.27 $\mathrm{Rot}(U) = I_3$. Angenommen, $U \neq \pm I$. Sei $\hat{w}' \in \mathbb{R}^3$ ein Einheitsvektor und $\gamma' \in \mathbb{R}$ mit $U = R_{\hat{w}'}(\gamma')$. Dann folgt aus Theorem 5.3.15, dass entweder $\hat{w} = \hat{w}'$ und $\gamma \equiv \gamma' \pmod{2\pi}$ oder $\hat{w} = -\hat{w}'$ und $\gamma \equiv -\gamma' \pmod{2\pi}$ gilt. Also folgt aus Proposition 5.2.27 $\mathrm{Rot}_{\hat{w}}(\gamma) = \mathrm{Rot}_{\hat{w}'}(\gamma')$. □

Lösung von Übung 5.3.23 Sei $\tau = (\tau_1, \tau_2, \tau_3)$, $p = (p_1, p_2, p_3)$ und $B = (b_{i,j})$. Dann gilt

$$\begin{aligned} B\mathbf{p} \cdot \tau &= (b_{1,1}p_1 + b_{1,2}p_2 + b_{1,3}p_3)\tau_1 \\ &\quad + (b_{2,1}p_1 + b_{2,2}p_2 + b_{2,3}p_3)\tau_2 \\ &\quad + (b_{3,1}p_1 + b_{3,2}p_2 + b_{3,3}p_3)\tau_3 \\ &= p_1(b_{1,1}\tau_1 + b_{2,1}\tau_2 + b_{3,1}\tau_3) \\ &\quad + p_2(b_{1,2}\tau_1 + b_{2,2}\tau_2 + b_{3,2}\tau_3) \\ &\quad + p_3(b_{1,3}\tau_1 + b_{2,3}\tau_2 + b_{3,3}\tau_3) \\ &= \mathbf{p} \cdot (B \cdot \tau). \end{aligned} \tag{D.33}$$

□

Lösung von Übung 5.3.29 Es gilt

$$\begin{aligned} (\mathbf{p} \cdot \sigma)|0\rangle &= \cos\phi \sin\theta\, X|0\rangle + \sin\phi \sin\theta\, Y|0\rangle + \cos\theta\, Z|0\rangle \\ &= \cos\phi \sin\theta\, |1\rangle + i \sin\phi \sin\theta\, |1\rangle + \cos\theta\, |0\rangle \\ &= \cos\theta\, |0\rangle + \sin\theta\, e^{i\phi}\, |1\rangle \end{aligned} \tag{D.34}$$

und

$$\begin{aligned} (\mathbf{p} \cdot \sigma)|1\rangle &= \cos\phi \sin\theta\, X|1\rangle + \sin\phi \sin\theta\, Y|1\rangle + \cos\theta\, Z|1\rangle \\ &= \cos\phi \sin\theta\, |0\rangle - i \sin\phi \sin\theta\, |0\rangle - \cos\theta\, |1\rangle \\ &= \sin\theta\, e^{-i\phi}\, |0\rangle - \cos\theta\, |1\rangle\,. \end{aligned} \tag{D.35}$$

Das beweist die Aussage. □

Lösung von Übung 5.4.3 Sei $\bullet \in \{+, -\}$. Dann gilt

$$\begin{aligned} X|x_\bullet\rangle &= X\frac{|0\rangle \bullet |1\rangle}{\sqrt{2}} = \frac{X|0\rangle \bullet X|1\rangle}{\sqrt{2}} \\ &= \frac{|1\rangle \bullet |0\rangle}{\sqrt{2}} = \bullet\frac{|0\rangle \bullet |1\rangle}{\sqrt{2}} \\ &= \bullet\, |x_\bullet\rangle\,. \end{aligned} \tag{D.36}$$

Auf $\{+, -\}$ definieren wir die Multiplikation auf die übliche Weise:

$$+ \cdot + = - \cdot - = + \quad + \cdot - = - \cdot + = -. \tag{D.37}$$

Dann erhalten wir aus (D.36) für alle $\circ, \bullet \in \{+, -\}$

$$
\begin{aligned}
\mathsf{CNOT}\,|x_\circ\rangle\,|x_\bullet\rangle &= \mathsf{CNOT}\frac{1}{2}(|0\rangle\,|x_\bullet\rangle \circ |1\rangle\,|x_\bullet\rangle) \\
&= \frac{1}{\sqrt{2}}(\mathsf{CNOT}\,|0\rangle\,|x_\bullet\rangle \circ \mathsf{CNOT}\,|1\rangle\,|x_\bullet\rangle) \\
&= \frac{1}{\sqrt{2}}(|0\rangle\,|x_\bullet\rangle \circ |1\rangle\,X\,|x_\bullet\rangle) \\
&= \frac{1}{\sqrt{2}}(|0\rangle\,|x_\bullet\rangle \circ \cdot \bullet\,|1\rangle\,|x_\bullet\rangle) \\
&= |x_{\circ\cdot\bullet}\rangle\,|x_\bullet\rangle\,.
\end{aligned}
\tag{D.38}
$$

Daraus folgt (5.122). □

Lösung von Übung 6.1.5 Da V unitär ist und $|\psi\rangle$ ein Eigenzustand von V ist, gilt $V\,|\psi\rangle = e^{i\phi}\,|\psi\rangle$ mit $\phi \in \mathbb{R}$. Außerdem gilt

$$
C(V)\,|x_+\rangle\,|\psi\rangle = \frac{|0\rangle + e^{i\phi}\,|1\rangle}{\sqrt{2}}\,|\psi\rangle \tag{D.39}
$$

Der Punkt auf der Bloch-Kugel, der $|x_+\rangle$ entspricht, hat die Kugelkoordinaten $(1, \pi/2, 0)$. Der Punkt auf der Bloch-Kugel, der dem ersten Qubit von $C(V)\,|x_+\rangle\,|\psi\rangle$ entspricht, hat die Kugelkoordinaten $(1, \pi/2, \phi)$. Schließlich gilt $U_f = (I \otimes X^{f(0)})C(V_f)$. □

Lösung von Übung 6.4.8 Wir verwenden (6.12) und erhalten

$$
\begin{aligned}
H^{\otimes n}\,|\mathbf{z} \oplus S\rangle &= \frac{1}{\sqrt{2^m}}\sum_{\mathbf{s}\in S} H^{\otimes n}\,|\mathbf{z} \oplus \mathbf{s}\rangle \\
&= \frac{1}{\sqrt{2^{m+n}}}\sum_{\mathbf{s}\in S}\sum_{\mathbf{w}\in\{0,1\}^n} (-1)^{(\mathbf{z}\oplus\mathbf{s})\cdot\mathbf{w}}\,|\mathbf{w}\rangle \\
&= \frac{1}{\sqrt{2^{m+n}}}\sum_{\mathbf{w}\in\{0,1\}^n} (-1)^{\mathbf{z}\cdot\mathbf{w}}\left(\sum_{\mathbf{s}\in S}(-1)^{\mathbf{s}\cdot\mathbf{w}}\right)|\mathbf{w}\rangle\,.
\end{aligned}
\tag{D.40}
$$

Wir werten die innere Summe des letzten Ausdrucks in (D.40) aus. Für $\mathbf{w} \in S^\perp$ gilt

$$
\sum_{\mathbf{s}\in S}(-1)^{\mathbf{s}\cdot\mathbf{w}} = \sum_{\mathbf{s}\in S}(-1)^0 = |S| = 2^m. \tag{D.41}
$$

Sei $\mathbf{w} \notin S^\perp$ und betrachte die Abbildung

$$
S \to \{0, 1\}, \quad \mathbf{s} \mapsto \mathbf{s}\cdot\mathbf{w}. \tag{D.42}
$$

Es handelt sich um einen surjektiven Homomorphismus von Gruppen. Nach Theorem B.2.5 enthält der Kern dieser Abbildung $|S|/2 = 2^{m-1}$ Elemente. Es folgt, dass für die Hälfte der

Elemente $\mathbf{s}$ von S $(-1)^{\mathbf{s}\cdot\mathbf{w}} = 1$ ist und für die andere Hälfte $(-1)^{\mathbf{s}\cdot\mathbf{w}} = -1$. Daher gilt

$$\sum_{\mathbf{s}\in S}(-1)^{\mathbf{s}\cdot\mathbf{w}} = 0. \tag{D.43}$$

Aus (D.40), (D.41) und (D.43) erhalten wir

$$H^{\otimes n}\,|\mathbf{z}\oplus S\rangle = \frac{2^m}{\sqrt{2^{m+n}}}\sum_{\mathbf{w}\in S^\perp}(-1)^{\mathbf{z}\cdot\mathbf{w}}\,|\mathbf{w}\rangle = \frac{1}{\sqrt{2^{n-m}}}\sum_{\mathbf{w}\in S^\perp}(-1)^{\mathbf{z}\cdot\mathbf{w}}\,|\mathbf{w}\rangle\,. \tag{D.44}$$

□

Lösung von Übung 7.5.13 Nach Definition ist t_0 das leere Produkt multipliziert mit t, also t. Außerdem gilt

$$t_n \equiv \begin{cases}\prod_{l=0}^{n-1} a_{n-l-1}^{c_l}t \equiv a^{\sum_{l=0}^{n-1}c_l 2^{n-l-1}}t \equiv a^c t \bmod N & \text{wenn } t < N,\\ t & \text{wenn } t \geq N.\end{cases} \tag{D.45}$$

□

Lösung von Übung 7.5.14 Es genügt zu zeigen, dass die Kardinalität des Bildes der Abbildung in (7.90) gleich 2^{2n} ist. Die Anzahl der Paare $(x, y) \in \mathbb{Z}_{2^n}^2$ mit $x \geq N$ ist $k_1 = (2^n - N)2^n$. Die Anzahl der Paare (x, y) mit $x < N$ und $y \geq N$ ist $k_2 = N(2^n - N)$. Die Anzahl der Paare $(x, y) \in \mathbb{Z}_N^2$ mit $\gcd(y, N) > 1$ ist $k_3 = N(N - \varphi(N))$, wobei $\varphi(N)$ die Anzahl der $y \in \mathbb{Z}_N$ ist mit $\gcd(y, N) = 1$. Schließlich folgt aus $y \in \mathbb{Z}_N$ und $\gcd(y, N) = 1$, dass ist die Abbildung $\mathbb{Z}_N \to \mathbb{Z}_N, x \mapsto xy \bmod N$ eine Bijektion ist. Daher ist die Anzahl der Paare $(x, xy \bmod N) \in \mathbb{Z}_N^2$ mit $\gcd(y, N) = 1$ gleich $k_4 = N\varphi(N)$. Insgesamt ist die Kardinalität des Bildes der Abbildung in (7.90) gleich $k_1 + k_2 + k_3 + k_4 = (2^n - N)2^n + N(2^n - N) + N(N - \varphi(N)) + N\varphi(N) = 2^{2n}$. □

Lösung von Übung 8.2.2 Es gilt

$$\langle s_+|s_+\rangle = \langle s_-|s_-\rangle = \frac{1}{2}\left(\langle s_1|s_1\rangle + \langle s_0|s_0\rangle\right) = 1$$
$$\langle s_+|s_-\rangle = \frac{1}{2}\left(\langle s_1|s_1\rangle - \langle s_0|s_0\rangle\right) = 0.$$

Also ist $(|s_+\rangle\,, |s_-\rangle)$ eine Orthonormalbasis von P. Außerdem impliziert Gl. (8.61)

$$G\,|s_0\rangle = G(\cos 0\,|s_0\rangle + \sin 0\,|s_1\rangle) = \cos 2\theta\,|s_0\rangle + \sin 2\theta\,|s_1\rangle \tag{D.46}$$

und

$$\begin{aligned} G\,|s_1\rangle &= G\left(\cos\frac{\pi}{2}\,|s_0\rangle + \sin\frac{\pi}{2}\,|s_1\rangle\right) \\ &= \cos\left(\frac{\pi}{2} + 2\theta\right)|s_0\rangle + \sin\left(\frac{\pi}{2} + 2\theta\right)|s_1\rangle \\ &= -\sin 2\theta\,|s_0\rangle + \cos 2\theta\,|s_1\rangle\,. \end{aligned} \tag{D.47}$$

Aus den Gl. (D.46) und (D.47) erhalten wir

$$\begin{aligned} G\,|s_+\rangle &= \frac{1}{\sqrt{2}}\left(G\,|s_1\rangle + i\,|s_0\rangle\right) \\ &= \frac{1}{\sqrt{2}}\left(-\sin 2\theta\,|s_0\rangle + \cos 2\theta\,|s_1\rangle + i(\cos 2\theta\,|s_0\rangle + \sin 2\theta\,|s_1\rangle)\right) \\ &= \frac{1}{\sqrt{2}}\left((\cos 2\theta + i\sin 2\theta)\,|s_1\rangle + (i\cos 2\theta - \sin 2\theta)\,|s_0\rangle\right) \\ &= \frac{1}{\sqrt{2}}\left((\cos 2\theta - i\sin 2\theta)\,|s_0\rangle + i(\cos 2\theta + i\sin 2\theta)\,|s_1\rangle\right) \\ &= e^{2\theta}\,|s_+\rangle\,. \end{aligned}$$

und

$$\begin{aligned} G\,|s_-\rangle &= \frac{1}{\sqrt{2}}\left(G(|s_1\rangle - i\,|s_0\rangle)\right) \\ &= \frac{1}{\sqrt{2}}\left(-\sin 2\theta\,|s_0\rangle + \cos 2\theta\,|s_1\rangle - i(\cos 2\theta\,|s_0\rangle + \sin 2\theta\,|s_1\rangle)\right) \\ &= \frac{1}{\sqrt{2}}\left((\cos 2\theta - i\sin 2\theta)\,|s_1\rangle + (-i\cos 2\theta - \sin 2\theta)\,|s_0\rangle\right) \\ &= \frac{1}{\sqrt{2}}\left((\cos 2\theta - i\sin 2\theta)\,|s_0\rangle - i(\cos 2\theta - i\sin 2\theta)\,|s_1\rangle\right) \\ &= e^{-2\theta}\,|s_-\rangle\,. \end{aligned}$$

Das bedeutet, dass $|s_+\rangle$ und $|s_-\rangle$ Eigenzustände von G mit den Eigenwerten $e^{2\theta}$ und $e^{-2\theta}$ sind. Schließlich beweisen wir (8.60). Es gilt

$$\begin{aligned} &\frac{1}{\sqrt{2}}\left(e^{i\theta}\,|s_+\rangle - e^{-i\theta}\,|s_-\rangle\right) \\ &= \frac{1}{2}(e^{i\theta}\left((|s_1\rangle + i\,|s_0\rangle) - e^{-i\theta}(|s_1\rangle - i\,|s_0\rangle)\right) \end{aligned} \tag{D.48}$$

□

Lösung von Übung 9.1.1 Es gilt $(A')^* = \begin{pmatrix} 0 & A \\ A^* & 0 \end{pmatrix}^* = A'$ und $A'\mathbf{x} = (A\mathbf{x}, \mathbf{0}) = (\mathbf{b}, \mathbf{0}) = \mathbf{b}'$. □

Lösung von Übung A.1.11 Sei $a, b \in S$ und nehmen wir an, dass die Äquivalenzklassen von a und b ein gemeinsames Element c haben. Sei $d \in S$. Außerdem sei $(a, d) \in R$. Dann gilt $(a, c) \in R$, und die Symmetrie sowie die Transitivität von R implizieren, dass auch $(b, d) \in R$ gilt. Daher ist die Äquivalenzklasse von a in der Äquivalenzklasse von b enthalten und umgekehrt. Folglich sind die Äquivalenzklassen gleich. □

Lösung von Übung C.1.8 Die Wahrscheinlichkeitsverteilung ist $(\{0, 1\}^2, \Pr)$, wobei 0 und 1 für Zahl und Kopf stehen, jeweils. Außerdem ordnet Pr jedem Paar $(a, b) \in \{0, 1\}^2$ seine Wahrscheinlichkeit $\frac{1}{4}$ zu. Das Ereignis „mindestens einmal Kopf" ist $\{(0, 1), (1, 0), (1, 1)\}$. Seine Wahrscheinlichkeit beträgt $\frac{3}{4}$. □

Lösung von Übung C.2.2 Wir müssen Folgendes zeigen:

$$\sum_{i \in \mathbb{N}} \Pr{}^*(i) = 1. \tag{D.49}$$

Tatsächlich gilt

$$\sum_{i \in \mathbb{N}} \Pr{}'(i) = p \sum_{i=0}^{\infty} (1-p)^i = \frac{p}{1-(1-p)} = 1. \tag{D.50}$$

□

Literatur

GLRS16. M. Grassl, B. Langenberg, M. Roetteler, and R. Steinwandt, *Applying grover's algorithm to AES: quantum resource estimates*, Post-Quantum Cryptography - 7th International Workshop, PQCrypto 2016, Fukuoka, Japan, 2016, Proceedings, Lecture Notes in Computer Sci., vol. 9606, Springer, 2016, p. 29–43.

Abr72. M. Abramowitz (ed.), *Handbook of mathematical functions: with formulas, graphs, and mathematical tables*, Applied mathematics series, no. 55, U. S. Government Printing Office, Washington, DC, 1972 (English).

AKS04. M. Agrawal, N. Kayal, and N. Saxena, *PRIMES is in P*, Ann. of Math. (2) **160** (2004), no. 2, 781–793 (en).

AHU74. A. V. Aho, J. E. Hopcroft, and J. D. Ullman, *The design and analysis of computer algorithms,* second printing, Addison-Wesley Series in Computer Science and Information processing, Addison-Wesley series in computer science and information processing, Addison-Wesley Publishing Co, Reading-Mass.-London-Amsterdam, 1974.

AGAP94. W. R. Alford, Granville, A., and C. Pomerance, *There are infinitely many Carmichael numbers*, Ann. of Math. (2) **139** (1994), no. 3, 703–722.

HHL09. Aram W Harrow, Avinatan Hassidim, and Seth Lloyd, *Quantum algorithm for linear systems of equations*, Physical Review Letters **103** (2009), no. 15, 150502.

AB09. S. Arora and B. Barak, *Computational complexity: a modern approach*, Cambridge University Press, Cambridge ; New York, 2009.

Ben80. P. Benioff, *The computer as a physical system: a microscopic quantum mechanical Hamiltonian model of computers as represented by Turing machines*, J. of Statist. Physics **5** (1980), 563–591.

BWP+17. J.D. Biamonte, P. Wittek, N. Pancotti, P. Rebentrost, N. Wiebe, and S. Lloyd, *Quantum machine learning*, Nat. **549** (2017), no. 7671, 195–202.

BHT98. G. Brassard, P. Høyer, and A. Tapp, *Quantum counting*, Automata, Languages and Programming, (Aalborg, 1998), Lecture Notes in Comput. Sci., vol. 1443, Springer, Berlin, 1998, pp. 820–831.

Buc04. J. Buchmann, *Introduction to cryptography*, 2nd ed., Undergraduate Texts in Mathematics, Springer-Verlag, New York, 2004.

BLM17. J. Buchmann, K. E. Lauter, and M. Mosca (eds.), *Postquantum cryptography, part i*, IEEE Security & Privacy, vol. 15, IEEE, 2017.

J. A. Buchmann, *Quantenalgorithmen*, https://doi.org/10.1007/978-3-662-71177-4

BLM18. J. Buchmann, K. E. Lauter, and M. Mosca (eds.), *Postquantum cryptography, part ii*, IEEE Security & Privacy, vol. 16, IEEE, 2018.

BLP93. J. P. Buhler, H. W. Lenstra, and C. Pomerance, *Factoring integers with the number field sieve*, The development of the number field sieve, Lecture Notes in Math., vol. 1554, Springer, Berlin, 1993, pp. 50–94.

CEH+98. R. Cleve, Artur E., L. Henderson, C. Macchiavello, and M. Mosca, *On quantum algorithms.*, Complexity **4** (1998), no. 1, 33–42.

Cle11. R. Cleve, *Classical lower bounds for simon's problem*, https://cs.uwaterloo.ca/~cleve/courses/F11CS667/SimonClassicalLB.pdf, 2011.

CLRS22. T. H. Cormen, C. E. Leiserson, R. L. Rivest, and C. Stein, *Introduction to algorithms*, 4th ed., The MIT Press, Cambridge, Massachusett, 2022.

DJ92. David D. and Richard J., *Rapid solution of problems by quantum computation*, Proc. Roy. Soc. London Ser. A **A439** (1992), 553–558.

Dav82. M. Davis, *Computability & unsolvability*, Dover, New York, 1982.

DHM+18. D. Dervovic, M. Herbster, P. Mountney, S. Severini, N. Usher, and L. Wossnig, *Quantum linear systems algorithms: a primer.*, CoRR **abs/1802.08227** (2018).

Deu85. D. Deutsch, *Quantum theory, the Church-Turing principle and the universal quantum computer*, Proc. Roy. Soc. London Ser. A **400** (1985), no. 1818, 97–117.

DGM+21. M. Dürmuth, M. Golla, P. Markert, A. May, and L. Schlieper, *Towards quantum large-scale password guessing on real-world distributions*, Cryptology and Network Security, Lecture Notes in Comput. Sci., vol. 13099, Springer, Berlin, 2021, pp. 412–431.

Fey82. R.P. Feynman, *Simulating physics with computers, Physics of computation, Part II (Dedham, Mass.,1981)*, Internat. J. Theoret. Phys. **21** (1982), no. 6-7, 467–488.

Fon12. F. Fontein, *The probability that two numbers are coprime*, https://math.fontein.de/2012/07/10/the-probability-that-two-numbers-are-coprime/, 2012.

FK03. J. B. Fraleigh and V. J. Katz, *A first course in abstract algebra*, 7th ed., Addison-Wesley, Boston, 2003.

Gro96. L. K. Grover, *A fast quantum mechanical algorithm for database search*, Proceedings of the Twenty-Eighth Annual ACM Symposium on the Theory of Computing, (Philadelphia, PA, 1996) (Gary L. Miller, ed.), ACM, New York, 1996, pp. 212–219.

Hrs07. T. Häner and M. Roetteler and K. M. Svore, *Factoring using 2n+2 qubits with Toffoli based modular multiplication.* arXiv:1611.07995, quant-ph (2017). https://arxiv.org/abs/1611.07995.

HvdH21. D. Harvey and J. van der Hoeven, *Integer multiplication in time* $o(n \log \mathrm{n})$, Ann. of Math. (2) **193** (2021), no. 2, 563–617.

Yun23. Ho Yun, *Redheffer: Trig to quantum error bounds*, https://arxiv.org/abs/2310.12993, 2023.

IR10. K. Ireland and M.I. Rosen, *A classical introduction to modern number theory*, 2nd ed., Graduate Texts in Mathematics, no. 84, Springer, New York-Berlin-Heidelberg, 2010.

Yep13. Jeffrey Yepez, *Lecture notes: Qubit representations and rotations*, https://www.phys.hawaii.edu/~yepez/Spring2013/lectures/Lecture1_Qubits_Notes.pdf, 2013.

Jor. S. Jordan, *Quantum algorithm zoo*, https://quantumalgorithmzoo.org/.

KLM06. P. Kaye, R. Laflamme, and M. Mosca, *An introduction to quantum computing*, Oxford University Press, Oxford, 2006.

Knu82. D. E. Knuth, *The art of computer programming. 1: Fundamental algorithms*, 2nd ed., Addison-Wesley, Reading, MA, 1982.

LP92. H. W. Lenstra and C. Pomerance, *A rigorous time bound for factoring integers*, J. Amer. Math. Soc. **5** (1992), no. 3, 483–516.

LP98. H. R. Lewis and C. H. Papadimitriou, *Elements of the theory of computation*, 2nd ed., Prentice-Hall, Upper Saddle River, N.J, 1998.

Man99. Y. I. Manin, *Classical computing, quantum computing, and Shor's factoring algorithm*, Séminaire Bourbaki **1999** (1999), no. 851, 375–404, Exp. No. 851, 1999.

Man80. Y. I. Manin, *Computable and noncomputable (Russian)*, Cybernetics, 1980.

NC16. M. A. Nielsen and I. L. Chuang, *Quantum computation and quantum information (10th anniversary edition).*, Cambridge University Press, 2016.

RC18. R. Rines and I. L. Chuang, *High performance quantum modular multipliers*, ArXiv **abs/1801.01081** (2018).

Rud76. W. Rudin, *Principles of mathematical analysis*, 3d ed ed., International series in pure and applied mathematics, McGraw-Hill Book Co., New York-Auckland-Düsseldorf, 1976.

Sho94. P. W. Shor, *Polynominal time algorithms for discrete logarithms and factoring on a quantum computer*, Algorithmic Number Theory, First International Symposium, ANTS-I, Ithaca, NY, Lecture Notes in Computer Sci., vol. 877, Springer, 1994, p. 289.

Sim97. D. R. Simon, *On the power of quantum computation.*, SIAM J. Comput. **26** (1997), no. 5, 1474–1483.

Sim94. D. R. Simon, *On the power of quantum computation*, 35th Annual Symposium on Foundations of Computer Science (Santa Fe, NM, 1994), IEEE Computer Society, 1994, pp. 116–123.

Vol99. H. Vollmer, *Introduction to circuit complexity: a uniform approach*, Texts in Theoretical Computer Science, Springer-Verlag, Berlin, Berlin ; New York, 1999.

Wan10. F. Wang, *The Hidden Subgroup Problem*, 2010, arXiv Version Number: 1.

Wat09. J. Watrous, *Quantum computational complexity*, Encyclopedia of Complexity and Systems Science (Robert A. Meyers, ed.), Springer, 2009, pp. 7174–7201.

Stichwortverzeichnis

Symbols
$E(U, V)$, 240
F-Algebra, 402
$R_{\hat{w}}(\gamma)$, 207
S^T, 366
S_n, 386
U-Operator, kontrollierter, 220
$\Omega(f)$, 370
Σ^*, 10
Σ^n, 10
$\Theta(f)$, 370
$\gamma(\psi)$, 144
$\lceil r \rceil$, 364
$\lfloor r \rfloor$, 364
$\lfloor r \rceil$, 364
$\mathbb{C}$, 364
$\mathbb{N}$, 363
$\mathbb{Q}$, 363
$\mathbb{R}$, 363
$\mathbb{Z}$, 363
$\mathbb{Z}_k$, 364
$\mathbb{Z}_m^*$, 373
$\omega(f)$, 370
$\phi(\psi)$, 144
$\phi(\mathbf{p})$, 142
$\pi/8$-Gatter, 217
$\mathrm{O}(f)$, 370
$\mathrm{o}(f)$, 370
NOT-Gatter, kontrolliertes, 62
O(3), 195
Aut(V), 402
BPP, 47
BQP, 263
Co-NP, 49
DSPACE(f), 47
DTIME(f), 47
EXPTIME, 47
End(V), 402
Hom(V, W), 400, 402
NP, 49
PP, 47
PSPACE, 47
PTIME-uniform, 258
$\mathrm{Pr}_{A,a}(\mathbf{r})$, 35
P, 47
P-uniform, 61
SIZE(f), 61
SU(3), 196
bitLength(a), 11
$\mathrm{eTime}_A(a)$, 39
gcd, 372
lcm, 373
m(a), 30
$\mathrm{p}_A(a)$, 38
$\mathrm{p}_A(a, k)$, 40
$\mathrm{q}_A(a)$, 38
$\mathrm{q}_A(a, k)$, 40
randomString, 28
size(a), 13
stringToInt, 12
wSpace_A, 25
wTime_A, 25

J. A. Buchmann, *Quantenalgorithmen*,
https://doi.org/10.1007/978-3-662-71177-4

CCNOT-Gatter, 63, 224
CNOT-Gatter, 62, 152, 187, 218
CSWAP-Gatter, 65
SWAP-Gatter, Kontrolliertes, 65
$\theta(\mathbf{p})$, 142
$\varphi(N)$, 373
$\mathbf{e}_j$, 408
$\mathbf{v} \neq \mathbf{0}$, 425
$a +_m b$, 369
$a \cdot_m b$, 369
$gt(\psi)$, 144
$l \bmod k$, 364
n-qubit Zustand, 148
$su(2)$, 208
$S^(k, l)$, 403
Span(S), 398

A
Abbildung, 366
abelsch, 382, 383
absolut konvergent, 441
Adjunkte, 411
ähnlich, 413
Äquivalenzklasse, 365
Äquivalenzrelation, 365
Algebra, 402
  Isomorphismus, 402
Algorithmus
  Bernoulli, 31
  deterministischer, 19
  Durchlauf, 20
  Invariante, 23
  Korrektheit, 22
  Las-Vegas, 30
  Monte-Carlo, 30
  Zustand, 21
Algorithmus, probabilistischer
  Erfolgswahrscheinlichkeit, 39
  erwartete Laufzeit, 39
  false-biased, 32
  fehlerfreier, 29
  mit einseitigem Fehler, 32
  mit zweiseitigem Fehler, 32
  true-biased, 32
  Zufallsfolge, 34
Alphabet, 10
  binäres, 10
  dezimales, 10
  hexadezimales, 10
  lateinisches, 10
  unäres, 10
alternierend, 409
Amplitude, 139, 143
Amplitudenverstärkung, 332
Ancilla-Bit, 67
Ancillagatter, 227
Anweisung, 14
Argument, 366
Assoziativität, 369, 396
Ausgabeknoten, 52
Automorphismus, 402
Azimuthreferenz, 193
Azimutwinkel, 142

B
Basis, 400
  orthogonale, 141
  orthonormale, 141
Bell-Zustand, 135
Berechnungsbasis, 75, 139
Berechnungsproblem, 44
  Instanz, 44
  Lösung, 44
Bernoulli-Algorithmus, 31
Bernoulli-Experiment, 445
Bijektion, 367
bijektive Funktion, 367
Bild, 366
  einer Matrix, 418
bilinear, 425
Bilinearität, 141
Bit, 10
Bitlänge, 11
Bitoperation, 14
Blackbox, 260
Blackbox-Zugriff, 266
Bloch-Kugel, 143
Boolesche Funktion, 52
Boolescher Schaltkreis, 52
Bra, 81
Bra-Notation, 78

C
Carmichael-Zahl, 29
Cauchy-Schwarz-Ungleichung, 84

D
Darstellung
  binäre, 11
  reduzierte rationaler Zahlen, 307
  unäre, 11
Darstellungsmatrix, 416
Datentyp, 12
  elementarer, 12
Datentypobjekt, 12
Definitheit, positive, 78, 84, 141
Definitionsmenge, 366
Determinante, 410
Determinantenfunktion, 410
Diagonalelement, 406
Diagonalmatrix, 407
Dichteoperator, 163
  reduzierter, 180
Dimension, 414
Diskrete-Logarithmen-Problem, 319
Diskriminante, 391
Distanz zwischen zwei unitären Operatoren, 240
distributiv, 388
Distributivität, 396
DL-Problem, 319
Dreiecksmatrix
  obere, 407
  untere, 407
Dreiecksungleichung, 84
Durchlauf eines Algorithmus, 20

E
Eigenraum, 422
Eigenschaft, universelle, 426
Eigenvektor, 422
Eigenwert, 422
  algebraische Vielfachheit, 422
  geometrische Vielfachheit, 422
Eigenwertschätzproblem, 297
Ein-Qubit-Gatter, 186
Eingabe, 366
Eingabeknoten, 52
Eingabevariable, 20
Einheit, 382
Einheitengruppe, 383, 388
Einheitsmatrix, 407
Einheitsvektor, 140
eins-zu-eins, 367
Einschränkung einer Funktion, 367
Einselement, 396
Element, neutrales, 369
Endomorphismenalgebra, 403
Endomorphismenring, 403
Endomorphismus, 402
  Darstellungsmatrix, 416
  Eigenvektor, 422
  Eigenwert, 422
Enscheidungsalgorithmus, 24
  probabilistischer, 32
Entscheidungsproblem, 44
Ereignis, 442
Ergebnis, 442
Erwartungswert, 158, 175, 443
  einer Messung, 175
Erzeugendensystem, 400
Euler-Winkel, 201
Eulersche Phi-Funktion, 373
Evolutionspostulat, 150

F
Faktorgruppe, 384
Faktorisierungsproblem, 45
false-biased, 32
Familie, 368
  von Quantenschaltkreise, 257
  von Schaltkreisen, 58
Fehler
  einseitiger, 32
  zweiseitiger, 32
Fermat-Test, 29
Fermat-Zahl, 374
Fließkommazahl, 12
for-Anweisung, 17
Fourier-Koeffizient, 287
Fourier-Transformation, diskrete, 287
Fourier-Transformierte
  diskrete, 287
Fredkin-Gatter, 64
Funktion, 366
  balancierte, 266, 270
  bijektive, 367
  eins-zu-eins, 367
  injektive, 367
  inverse, 367
  konstante, 266, 270
  surjektive, 367

G

Gatter, 52
  $\pi/8$, 217
  CCNOT, 63, 224
  CNOT, 62, 152, 218
  CSWAP, 65
  Fredkin, 64
  logisches, 52
  Pauli-X, 186
  Pauli-Y, 186
  Pauli-Z, 186
  reversibles, 62
  Toffoli, 63, 224
  unitäre, 227
Gattermenge, universelle, 55
ggT-Problem, 45
Gleichungssystem, lineares, 421
Goldbach-Sprache, 48
Größe
  einer Matrix, 13
  eines Schaltkreises, 53
  eines Vektors, 13
Größenkomplexität, 61
Grad eines Polynoms, 390
Gram-Schmidt-Orthogonalisierung, 87
Graph, 369
  gerichteter, 369
  zyklusfreier, 370
Gray-Code, 245
Grover-Diffusionsoperator, 333
Grover-Iterator, 332, 333
Gruppe, 383
  allgemeine lineare, 408
  orthogonale, 196
  spezielle orthogonale, 196
  spezielle unitäre, 103
  symmetrische, 386
  unitäre, 103
  zyklische, 385

H

Hülle, lineare, 398
Hadamard-Gatter, 151
Hadamard-Matrix, 98
Hadamard-Operator, 93, 151, 188
Halbgruppe, 382
Herausspuren von Teilsystemen, 182
Hilbert-Schmidt-Skalarprodukt, 97
Hilbertraum, 82
Homogenität, absolute , 84
Homomorphismus, 400, 402
  Darstellungsmatrix, 416
Homorphismus, 402
  Kern, 401

I

Identitätsfunktion, 367
Identitätsgatter, 186
if-Anweisung, 18
Imaginärteil, 364
Indexmenge, 368
Injektion, 367
Input-Statement, 20
inseparabel, 135
Instanz eines Berechnungsproblems, 44
Instruktion, 14
Invariante eines Algorithmus, 23
Involution, 100
Ismomorphismus, 402
Isometrie, 104
Isomorphismus, 400, 402

K

Körper, 388
Kante, 369
  ausgehende, 369
  eingehende, 369
kartesisches Produkt, 364
Kern, 401
  einer Matrix, 418
Ket, 74
Kettenbruch, 376
Kettenbruchentwicklung, 378
Knoten, 52, 369
  Ausgabe, 52
  Eingabe, 52
  konstanter, 52
Kodierung, 11, 60
  effiziente, 60, 257
  sinnvolle, 60, 257
Koeffizient, 389
Koeffizientenvektor, 415
kommutativ, 382, 383
Kommutativität, 369
  konjugierte, 78

Komplement, orthogonales, 90
Komplexität, 25, 45
  einer Schaltkreisfamilie, 61
  eines Schaltkreises, 58
  exponentielle, 25, 45, 46
  kubische, 25
  lineare, 25, 45, 46
  logarithmische, 25, 45, 46
  polynomielle, 25, 45, 46
  probabilistische, 46
  quadratische, 25
  quasilineare, 25, 45, 46
  subexponentielle, 25, 45, 46
Komplexitätsklasse, 47
Komposition von Funktionen, 368
Konditionszahl, 360
Kongruenzrelation, 371
konstantes Polynom, 390
Konvergente, 379
Koordinate
  kartesische , 140
  sphärische, 142, 193
Korrektheit eines Algorithmus, 22
Kreuzprodukt, 191
Kronecker-Delta, 408

L
Länge, 140
  binäre, 11
Löschgatter, 227
Lösung eines Berechnungsproblems, 44
Laplace-Entwicklungssatz, 411
Las-Vegas-Algorithmus, 30
Laufzeit, 25
  erwartete, 39
  Worst-Case, 25
Leibniz-Formel, 410
Leitkoeffizient, 390
linear abhängig, 400
Linear Systems Problem, 355
linear unabhängig, 400
Linearität
  konjugierte, 79
Linearkombination, 398

M
Markov-Ungleichung, 444
Matrix, 403
  adjungierte, 94
  Adjunkte, 411
  ähnliche, 413
  Bild, 418
  charakteristisches Polynom, 412
  Determinante, 410
  diagonalisierbare, 423
  duale, 79
  Eigenvektor, 422
  Eigenwert, 422
  hermitesche, 101
  in oberer Dreiecksform, 407
  in unterer Dreiecksform, 407
  Inverse, 408
  invertierbare, 408
  Kern, 418
  Minor, 411
  normale, 113
  orthogonale, 195
  positiv definite, 119
  positiv semidefinite, 119
  Produkt, 405
  Rang, 417
  singuläre, 411
  Skalarmultiplikation, 405
  Spaltenstufenform, 418
  Spaltenvektor, 403
  Spur, 412
  Summe, 405
  transponierte, 404
  Zeilenstufenform, 418
  Zeilenvektor, 403
Matrix, quadratische, 406
  Diagonalelement, 406
  Nebendiagonalelement, 406
Menge
  überabzählbare, 441
  abzählbare, 441
  perfekt universelle von Quantengattern, 241
Messgröße, 157
Messpostulat, 156
Messung, 157, 175
  Erwartungswert, 158, 175
  in der Berechnungsbasis, 139
Millennium-Preisprobleme, 49
Minor, 411
Monoid, 382

Monom, 390
Monte-Carlo-Algorithmus, 30
multilinear, 409, 425

N

Nebendiagonalelement, 406
Nebenklasse, 384
Norm, 84
  euklidische, 85, 140
normalisiert, 409
normiert, 390
Nullmatrix, 406
Nullstelle eines Polynoms, 390
Nullteiler, 388
Nullvektor, 397

O

Operation
  binäre, 369
  elementare, 263, 348
Operator
  adjungierter, 96
  hermitescher, 101
  linearer, 91
  mehrfach kontrollierter, 223
  normaler, 113
  positiv definiter, 119
  positiv semidefiniter, 119
Orakel, 270
Ordnung
  eines Gruppenelements, 384
  einer Gruppe, 383
  von a modulo m, 385
Ordnungsproblem, 303
orthogonal, 86
  Basis, 141
  Vektoren, 141
Output-Statement, 20

P

Pauli
  X-Operator, 92
  Y-Operator, 93
  Z-Operator, 93
  Matrix, 98
Pauli-Gatter, 186
Permutation, 367
  Vorzeichen, 387
Permutationsmatrix, 408
Pfad, 370
Phase, 143
Phase-Kickback, 267, 268, 272
Phasenfaktor, globaler, 146
Phasengatter, 217
Phasenverschiebungsgatter, 216
Platzkomplexität, 25
  Worst-Case, 25
Pohlig-Hellmann-Algorithmus, 320
Polarwinkel, 142
Polynom, 389
  charakteristisches, 412
  Grad, 390
  konstantes, 390
  Leitkoeffizient, 390
  normiertes, 390
  Nullstelle, 390
Polynomring, 389
Positivität, 78, 141
Positivitätsbedingung, 163
Primfaktor, 374
Primitivwurzel, 385
Primzahl, 374
Primzahltest, 29
Produkt
  außeres, 105
  direktes von Vektorräumen, 399
  kartesisches, 364
Produkt, inneres, 78, 128, 140
  hermitesches, 80
Projektion, 107
  orthogonale, 107, 109
Promise-Problem, 271
Pseudocode, 19
Purifikation, 231

Q

Quadratwurzelproblem, 44
Quanten-Permutationsoperator, 227
Quanten-Swap-Gatter, 227
Quantenbit, 75, 139
Quantengatter
  elementares, 260
  unitäres, 241
Quanteninterferenz, 267, 269

Quantenparallelität, 267, 268
Quantenregister, 147
Quantenschaltkreis, 229
unitärer, 230
quantum algorithm, 258
Quantum Linear Systems Problem, 356
Qubit, 75, 139
Quotientenraum, 399

R
Rang einer Matrix, 417
Realteil, 364
Rechte-Hand-Regel, 191
Relation, 365
antisymmetrische, 365
reflexive, 365
symmetrische, 365
transitive, 365
repeat-Anweisung, 17
return-Anweisung, 21
Ring, kommutativer, 388
Rotation in $\mathbb{R}^3$, 197
Rotationsoperator, 207

S
Schaltkreis, 52
Boolescher, 52
Größe, 53
Komplexität, 58
reversibler, 62, 65
Tiefe, 53
Schaltkreisfamilie, 58
P-uniforme, 61
uniforme, 60
Schmidt-Koeffizient, 135
Schmidt-Rang, 135
Schmidt-Zahl, 135
Schmidt-Zerlegung, 133
Schur-Zerlegung, 110
selbstadjungiert, 101
separabel, 135
Sesquilinearität, 79
Simon-Problem, 275
allgemeines, 281
Simons Algorithmus, 276
singulär, 411
Singulärwertzerlegung, 121
Skalarprodukt, 78
Hilbert-Schmidt, 97
Spaltenstufenform, 418
reduzierte, 418
Spaltenvektor, 403
Spektralzerlegung, 116
Sprache, 24
Spur, 412
partielle, 178, 439
Spurbedingung, 163
Standard-CNOT-Gatter, 218
Steinitz-Austauschlemma, 415
Stichprobe, 442
String, 10
Summe
direkte von Vektorräumen, 399
von Unterräumen, 398
Superposition, 139, 148, 267, 268
Supremum, 240
Surjektion, 367
Symmetrie
hermitesche, 78
konjugierte, 78

T
Teiler, 371
echter, 23
gemeinsamer, 372
größter gemeinsamer, 372
Teilmenge, dichte, 253
Tensorprodukt, 426
Isomorphismus, 430
Tensorproduktklammerung, 435
Tiefe
eines Knotens, 53
eines Schaltkreises, 53
Toffoli-Gatter, 63, 224
Transponierte, 404
Transposition, 386
Transpositionsoperator, 225
true-biased, 32
Turing-Church-These, 60
Turing-vollständig, 60, 258

U
Uncompute-Trick, 71
unitär, 102

Untergruppe, 384
  versteckte, 281
Unterraum, 397
  Summe, 398
Urbild, 366

V
Variable, 13, 389
  Wert einer, 14
Vektor, 396
  Addition, 397
  dualer, 79
  Summe, 397
Vektorraum, 397
  Automorphismus, 402
  Dimension, 414
  direkte Summe, 399
  direktes Produkt, 399
  dualer, 401
  endlich erzeugter, 398
  Endomorphismus, 402
  Homomorphismus, 400
  Isomorphismus, 400
  Quotient, 399
Verschränkung, 149, 150
Vertreter einer Äquivalenzklasse, 365
Vielfaches, 371
  kleinstes gemeinsames, 373
Vielfachheit
  algebraische, 422
  geometrische, 422
Vorzeichen einer Permutation, 387

W
Wahrscheinlichkeit, 442
Wahrscheinlichkeitsraum, 442
  diskreter, 442
WahrscheinlichkeitsVerteilung, 442
Wellenfunktion, 138
Wert, 366
Wertefunktion, 54
Wertemenge, 366
while-Anweisung, 17
Winkel zwischen zwei Vektoren, 190
Worst-Case-Platzkomplexität, 25
Worst-Case-Zeitkomplexität, 25
Wort, 10

Z
Zahl
  ganze, 363
  komplexe, 364
  natürliche, 363
  rationale, 363
  reelle, 363
  zusammengesetzte, 23, 374
Zeichen, 10
Zeilenstufenform, 418
  reduzierte, 418
Zeilenvektor, 403
Zeitkomplexität, 25
  Worst-Case, 25
Zenith, 193
Zertifikat, 48, 49
Zufallsfolge eines Algorithmusdurchlaufs, 34
Zufallsvariable, 443
Zusammengesetzte-Systeme-Postulat, 149
Zustand, 138
  eines Algorithmus, 21
  eines Qubits, 75
  gemischter, 164
  nicht-verschränkter, 150
  reiner, 164
  separabeler, 150
  verschränkter, 150
Zustandsraum, 75, 138
Zustandsraum-Postulat, 138
Zuweisung, 14
Zwei-Ebenen-Matrix, 242
Zyklus, 370

MIX
Papier aus verantwortungsvollen Quellen
Paper from responsible sources
FSC® C105338
FSC
www.fsc.org

If you have any concerns about our products, you can contact us on
ProductSafety@springernature.com

In case Publisher is established outside the EU, the EU authorized representative is:
Springer Nature Customer Service Center GmbH
Europaplatz 3, 69115 Heidelberg, Germany

Printed by Libri Plureos GmbH
in Hamburg, Germany